開箱

國立歷史博物館「中華文物箱」
檔案彙編（一九六九－一九八六）

Unpacking Culture

The Chinese Cultural Chests
in the National Museum of History:
Selected Archives (1969-1986)

國立歷史博物館
National Museum of History

研究組

感謝 *Acknowledgements*

王東白	Tung-pai Wang
王壽來	Stanley Show-lai Wang
王慶康	Kevin C. K. Wang
李義松	I-sung Lee
何定照	Esther Ho
林淑心	Shu-hsin Lin
楊式昭	Shih-chiao Yang
裴兆璞	David C. P. Pei
陳郁秀	Yu-chiou Tchen
羅煥光	Huan-kuang Lo
龔政定	Sainting Kung
(以上按個人中文姓氏筆劃序)	(In order of strokes of personal chinese first name above)
行政院	**Executive Yuan**
行政院主計總處	Directorate General of Budget, Accounting and Statistics, Executive Yuan
教育部	**Ministry of Education**
國際及兩岸教育司	Department of International and Cross-strait Education
秘書處	Department of Secretarial Affairs
外交部	**Ministry of Foreign Affairs**
公眾外交協調會	Public Diplomacy Coordination Council
資訊及電務處	Information Management and Telecommunications
駐外單位	**Embassies & Missions**
駐日本代表處	Taipei Economic and Cultural Representative Office of Japan
駐瓜地馬拉共和國大使館	Embajada de la República de China (Taiwán) en Guatemala
駐西班牙代表處	Oficina Económica y Cultural de Taipei, España
駐法國代表處	Bureau de Représentation de Taipei en France
駐波士頓辦事處	Taipei Economic and Cultural Office of Boston
駐南非代表處	Taipei Liaison Office in the Republic of South Africa
駐祕魯代表處	Oficina Económica y Cultural de Taipei en el Perú
駐紐約辦事處	Taipei Economic and Cultural Office of New York
駐泰國代表處	Taipei Economic and Cultural Office in Thailand
駐智利代表處	Oficina Económica y Cultural de Taipei en Chile
駐聖文森國大使館	Embassy of the Republic of China (Taiwan) in St. Vincent and the Grenadines
僑務委員會	**Overseas Community Affairs Council**
僑教處	Department of Overseas Compatriot Education Affairs
金山灣區華僑文化服務中心(南灣)	Culture Center of T.E.C.O. in San Francisco (Milpitas)
財政部	**Ministry of Finance**
財政部關務署	Customs Administration, Ministry of Finance
財政部關務署基隆關	Keelung Customs Office of Customs Administration, Ministry of Finance
國史館	**Academia Historica**
審編處	Department of Preservation and General Services
國家發展委員會檔案管理局	**National Archives Administration, National Development Council**
中央研究院近代史研究所	**Institute of Modern History, Academia Sinica**
中華郵政股份有限公司	**Chunghwa Post Co., Ltd**

目次

CONTENTS

第二部　文物箱的歷史身影　Part 2 The Historical Shadow of the Cultural Chest

第三部　附錄　Part 3 Appendix

館長序

國立歷史博物館（以下簡稱本館）自一九五五年創建以來，隨著館務的日漸發展，已累積了豐厚的檔案文獻，這些標記著館方歷史記憶的重要史料，應被妥善保存、整理、鑑定、研究與轉化，並已成為當務之急。適逢近年來文化部推動「國家文化記憶庫及數位加值應用計畫」，擴大全民共同參與建構臺灣原生文化，作為知識研究與教育推廣的基礎，為呼應此計畫，自我上任館長以來，遂將館史資料的建立列為本館事業的要項之一，以健全文化記憶之歷史脈絡。有鑒於一九六〇年代末期至一九八〇年代之間，本館製作的「中華文物箱」曾為我國文化外交貢獻良多，係國家記憶中的重要一環，於是我啓動以此主題作為研究計畫，進行檔案蒐整，具體落實上述檔案加值應用目標，並作為建構館史資料的主要範例，進而發揮文化資料收、存、取、用之博物館職能。

綜觀本館六十餘年來迄今的發展歷程，主要可以分為以下四個階段：一、一九五五年至一九八五年，中華文化基地、戰後臺灣三十年文化藝術歷史櫥窗及堡壘；二、一九八六年至一九九四年，啓動本土化、兩岸交流，開啓地方聯結，嘗試交流中國；三、一九九五年至二〇〇九年，國際接軌，超級大展、文創先聲；四、二〇一〇年迄今，升級整飭、重建臺灣藝術史，盤整與轉型。「中華文物箱」計畫即是在上述本館發展的第一階段中，於一九六九年至一九八六年間本館奉教育部令，為赴海外宣揚中華文化所籌製。這個箱子不簡單，除了當年作為歷史文物及文化的載體外，也是國際文化的櫥窗，富有文物旅行的意涵，如今更是充滿記憶與敘事的箱子，讓我們得以回溯過去。

在本館館史大事紀中有一項記載：「一九六九年，奉令製作『中華文物箱』，作爲我國駐外使館隨時借供留學生或僑團等文化活動，或參加各項小型國際展覽之用」，成為我們考掘「中華文物箱」館史研究的開端，繼透過政府各相關單位的檔案徵集，以及各駐外單位現存中華文物箱調查，終於重現「中華文物箱」發展的完整面貌——當年本館發揮「史博製造」（即人民製造、臺灣製造）的精神，運用大批人力精心籌設，製作各種歷代仿製文物、徵集各單位有關臺灣進步實況之文宣品、邀請藝術

家繪製真跡畫作，又力求運輸國際與攜帶方便、布置與安全兼顧、研究與觀賞並重為原則，展品分類裝箱，輸出海外，在任何大小場地均可陳列的中華文物展。這種「把知識送上門」及「一個箱子撐起一個展覽」的模式，在當時蔚為一項創舉，亦獲得廣泛回響；而此段時期正逢國際政治環境丕變，我國開始面臨退出聯合國及與美斷交後，前所未有的國家困境，致使政府外交處境日趨艱難，然而藉由每一次「中華文物箱」在海外的亮相，為僑民及留學生們創造一次又一次與國際人士相聚的機會，順利引發交流話題，也因此建立起互動關係，效益宏大。在長達十八年的文物箱文化外交之旅中，期間歷經我國四任元首、四任行政院院長、六任教育部部長、七任外交部部長、五任行政院新聞局局長、三任僑務委員會委員長與四任本館館長，傳播全球五大洲，三十餘國，共計輸出一千餘箱；這段歷史長征，不僅反映了中華文物箱在當時所肩負的「文化開箱作為文化外交」的重責大任，更反映了文物箱裡盛裝的歷史文物、各類專業人士，以及各部門及海外單位致力共構文化外交的成果。

回顧當年本館為執行「中華文物箱」計畫召集政府相關機構，儼然以「國家隊」組成形式共同設計打造文物箱；在該案結束三十餘年後，如今又為編輯此書，本館再次召喚當年的「國家隊」，共同徵集檔案文獻，合力拼圖出這段文化外交的歷史圖像，一起「走過從前」，創造珍貴歷史。所以，本館在此特別感謝行政院、財政部、教育部、外交部、僑務委員會、外交部及僑委會駐外機構、國家發展委員會檔案管理局、國史館、中華郵政股份有限公司，以及重要相關受訪人士，包括：陳郁秀女士、龔政定先生、王壽來先生、王東白先生、林淑心女士、楊式昭女士、羅煥光先生及李義松先生。由於上述各單位與個人的鼎力協助，此書才能順利完成編輯與出版，本人在此特申謝忱。

最後，本館也希望能藉由此書與讀者產生心靈相通的歷史意識與共感，並展望未來，透過豐富的檔案文獻典藏，進行研究、展覽與教育推廣，持續扮演臺灣文化藝術的交流窗口，傳承與開創本土、國際在文化與藝術方面的視野。

國立歷史博物館館長

二〇二二年十一月

PREFACE

Since the National Museum of History's establishment in 1955, in line with the development of its affairs, it has accumulated abundant archives and documents. These historical materials should be properly preserved, sorted, evaluated, researched and transformed, as a matter of top priority. At the same time, in order to conform with the Taiwan Cultural Memory Bank and Digital Value-Added Application Program promoted by the Ministry of Culture in recent years, since I assumed the post of director, the establishment of the museum's historical data has been listed as one of the museum's priorities, in order to improve the historical context of cultural memory. In view of the fact that, between the late 1960s and the 1980s, the Chinese Cultural Chest produced by the museum had contributed a lot to Taiwan's cultural diplomacy and was an important part of the country's memory, I started to treat this topic as a research project and conducted archive searches; this endeavor served as the principal model for the construction of the Museum's history and fulfilled the function of a museum.

There is a record in the annals of the museum: "In 1969, we received and accepted an order to produce the Chinese Cultural Chest, to be used by Chinese embassies abroad for cultural activities for overseas students or overseas Chinese groups and others, or to participate in various small international exhibitions." This became the beginning of our research on the history of the Chinese Cultural Chest. Following the collection of files from relevant government agencies and a survey of existing Chinese Cultural Chests by overseas units, the face of the development of the Chinese Cultural Chest was finally reproduced. Back then, the museum made use of the spirit of "Made by the National Museum of History" (namely also the spirit of "Made by the people," and "Made in Taiwan"), and used extensive manpower to prepare carefully, produce various imitation cultural relics, collect, from various organizations, publicity materials about the actual state of Taiwan's progress, and invite artists to draw authentic paintings, also striving to ship internationally and striving for portability. The exhibits were classified and packed, exported overseas, and could be exhibited in Chinese cultural relic exhibitions in venues of any size. This model of "delivering knowledge to the home" and "a box propping up an exhibition" became a pioneering undertaking at the time, and generated widespread reverberations. This period coincided with fundamental change in the international political environment, and Taiwan began to face withdrawal from the United Nations. The unprecedented national predicament following the severance of diplomatic relations with the United States made the government's diplomatic situation increasingly difficult. With every appearance of the Chinese Cultural Chest overseas, however, opportunities were created for expatriates and overseas students to meet again and again, and talking points for international figures were easily generated. In this way interactive relationships were established and spread to the world's five continents. A total of more than 1,000 chests were exported, and the benefits were huge. This 18-year historical expedition reflects not only the important cultural diplomacy shouldered by the Chinese Cultural Chest, but also the historical relics therein, various professionals, and various departments and overseas organizations committed to jointly developing the fruits of cultural diplomacy.

The library would like to thank the relevant government agencies and individuals for their tremendous assistance in the successful completion of the editing and publication of this book. We also hope that the book will resonate with readers and look forward in the future, through extensive archive literature research, to continuing to perform the role of Taiwan's cultural and artistic exchange window, inheriting and creating local and international perspectives in culture and art.

Director, National Museum of History,

Hsin Tien Liao

November, 2021

導言

國立歷史博物館（以下稱本館）成立於一九五五年，建館迄今已有六十餘年歷史，多年來做為臺灣重要的國際文化櫥窗，肩負著代表國家參加國際博覽會、藝術雙年展及辦理本國文化赴海外巡展等重要使命；其中又以一九六九年至一九八六年間辦理的「中華文物箱」計畫，更是本館曾積極協助政府建構對外文化交流形式的具體代表。

根據現存檔案記錄、文獻資料內容及受訪者憶述，「中華文物箱」計畫的構想由來，其實與當時我國的國家政策及時代背景有關。自一九六〇年代中期，政府為與中共之「文化大革命運動」分庭抗禮，積極於海內外推行「中華文化復興運動」，並藉此凝聚海外國人的向心力，提升中華民國在國際間的能見度。當年本館第二任館長王宇清曾云：「當時國際環境丕變，國際上的臺灣不爲人所知，外交也非常艱苦，爲讓世人知道有臺灣與中華民國政府，教育部令史博館製作十個中華文物箱，裡面放置歷代中華文物的仿製品以爲展示宣傳。」時任研究組主任夏美馴亦云：「該項構想，係將中華五千年歷史文化，採用圖片、器物服飾，使成展品，置諸一箱，且以極少之經費，使得用於海外，坐收傳播文化之效，其間曾煞費苦心，幾經試作，終於由構思而成爲事實。此種由無變成有的設計，形成我國宣揚文化的具體成果，乃有『中華文物箱』的設置。」是以，從一九六九年開始，教育部陸續委託本館製作「中華文物箱」，並與外交部、教育部（國際文教處、文化局）、中央文化工作會、中央海外工作會、行政院新聞局、僑務委員會、青年反共救國團等機構合作研討，共同設計打造中華文物箱，用以加強本國歷史文化在海外之弘揚與介紹中華民國經濟社會之進步實況為宗旨，輸送至我國駐外機構，於駐在國進行文化展覽，前後共有五批次，其間更有多次專案申請製作，傳播範圍跨足五大洲、三十餘國、四十餘處，成為當時我國與國際對話的重要管道之一，對於宣揚國家文化具有相當的成效。迄一九八〇年代中期以後，隨著「本土化」潮流的來臨，均衡城鄉文化政策成為我國國家文化施政中的重要一環；本館為協助政府推行國內文化建設工作，將原本專門輸出海外的中華文物箱，轉而運送至甫成立的各縣市文化中心展示，以落實「文化下鄉」的文化政策。至此，中華文物箱肩負歷時十八年的文化外交使命也告一段落。

「中華文物箱」計畫結束迄今雖已逾三十年，但以今日的眼光而言，其所具有的多樣性、歷史性、藝術性及其傳播效用，仍堪稱是我國文化史上的一項創舉，也是國家文化政策中的重要措施之一。本館為呈現當年政府各相關單位共同為文化外交目標，所付出的努力與心血，以及中華文物箱在國際上所展現的成果，故運用各機關與本館所存檔案、歷史文物及人員訪談等相關文獻資料的徵集與彙整而成此書，期為研究我國文化發展史的重要參考。

本書主要分為三大部分，概述如下：

第一部「文物箱的檔案敘事」。本單元以文獻檔案詮釋方式，蒐整現存於十二個政府機關的中華文物箱檔案，包括：行政院（主計處）、財政部（關務署、基隆關）、教育部、外交部、國史館、僑務委員會、國家發展委員會檔案管理局、中華郵政股份有限公司及史博館，完整敘述從一九六九年至一九八六年間，該案的構想由來、規劃、概算、展品徵集、免驗放行、申請代製、海外輸出與分配、巡迴展示及檢討改良等重要內容；為呈現該案的總體發展歷程，以五批次文物箱的製作與輸出時間斷限為基準，前後亦有專案申請製作者，均依案件性質進行分類彙整，再依檔案日期先後順序原件登錄及撰打，並提出檔案說明，最後區分為以下各個歷史階段：

一、**「首發．一九六九年粉墨登場」**：第一批中華文物箱製作十箱，輸出美國及比利時我大使館文參處，因所選歷史文物展品精美，且能放入鐵箱內搬運方便，有利於推動文化外交，對外國人士、僑胞與留學生而言均屬首創，故大受歡迎，各駐外機構紛相來函索取。

二、**「再發．一九七一年持續闡揚」**：第二批文物箱製作十三組三十九箱，輸出美洲、歐洲、亞洲及非洲國家。此際正值一九七一年我國退出聯合國，國家面臨史上重大斷交潮，為拓展國際空間，外館仍一致反應希望普遍分配，以應迫切需要；文物箱適時成為海外重要的文宣工具，需求者日甚。

三、**「續航．一九七四年發揚光大」**：第三批文物箱製作二十組八十箱，陸續輸出中美洲、歐洲、澳洲、亞洲等國家。此批原則上以汰舊換新第一、二批展品為主，並加強展示內容，其中尤以向當代名家徵集書畫真跡，展現臺灣繪畫創新風貌最富特色，引發海外各地熱烈爭取展出，要求再擴大供應。

四、**「高點．一九七八年遍及全球」**：第四批文物箱製作四十組三二〇箱，除原先輸出國家，更以中南美洲地區為甚。此階段適逢一九七九年我與美國斷交，國際舞臺再次面臨重大挑戰的時點，爭取國際人士與海外僑民認同更是刻不容緩，因此文物箱的製作內容及品質更加豐富精緻，數量更多，以應海外眾多單位的展出需求。

五、**「末航．一九八五年落日餘暉」**：第五批文物箱應海外要求，製作七十七組六一六箱，輸出海外六十五處國家與地區，數量與製作金額均為歷年規模最大，惟本館關於本批檔案所存不多，據當年參與本案之資深館員述憶，該批文物箱製作完成後在等待輸出海外之際，暫存於本館堆疊時，數量近一樓層高，為有史以來最多。然而，隨著一九八〇年代後期國家政策轉向本土化，此後，本館已不再進行海外大規模的文物箱製作與分配。

第二部「文物箱的歷史身影」。本單元呈現當年中華文物箱製作館員及駐外人員的口述歷史訪談、展品文物、文獻史料，以及文物箱全球輸出地圖，盼能驗證與活化前述檔案內容，提升參考價值。內容包括五個部分：

一、**「口述歷史」**：訪談當年參與文物箱計畫之相關人員，包括：美術工藝家王東白談仿製品製作、本館退休人員林淑心、楊式昭、羅煥光、李義松等人談籌製與輸出過程，前駐外官員龔政定、王壽來憶述海外展覽及效用，最後並訪問前文建會主委陳郁秀，回顧同樣，以「箱子」形式製作「臺灣文化百寶箱」，裝載藝術文化之美，推廣臺灣外交的共同理念。

二、**「前人成果」**：收錄當年本館研究組主任夏美馴撰述《中華文物箱籌製與換新》及《中華文物箱的製作》，有關文物箱計畫的緣起與製作之二篇文獻，讓後人了解全案的來龍去脈。

三、**「文物翦影」**：展示目前存於本館當年文物箱輸出海外的仿製品，計有銅器二十四組件、陶器十四組件、瓷器四十八組件、琺瑯七件、雕刻七件、漆器二件、歷代暨今人書畫複製品三十二件、今人書畫真跡六件、出版品十六冊，其他九件，共計一六五件，均重新以高解析拍攝，讓讀者欣賞文物之美；另有展覽摺頁、展品清冊、裝箱圖及展品類別綜合比率圖，以提供多元面向。

四、**「展覽回顧」**：文物箱於海外巡展長達十八年，理應存有許多圖像舊照，然因我國外交情勢變化，館所更迭頻繁且時間長久，致無法完整蒐集所有巡展照片。幸從外交部、國史館及本館檔案中遴選圖版二十四幅，按時序羅列並輔以圖說，一窺當年文物箱國際巡展之風貌。

五、**「輸出地圖」**：以 Google Maps 概念方式，整理出中華文物箱各批次配送的國家，以及概況表與數量圖，重現當年文物箱所建立的全球網路。

第三部「附錄」。本單元提供文物箱橫向及縱向的調研成果，呈現文物箱的發展及時代背景，內容包括八個部分：

一、**「相關政府機關首長一覽表」**：收錄中華文物箱計畫執行期間，相關機關單位的首長名單，以對應檔案中各種署名與時間。

二、**「文物箱籌製及輸出單位組織架構圖」**：以組織架構方式呈現文物箱籌製及輸出單位的相互關係，並區分為「行政體系」、「黨務體系」與「民間團體及個人」之三大系統。

三、**「文物箱需求及分工單位關係圖」**：以心智圖方式呈現文物箱需求及分工單位的關聯，並分化為「指導單位」、「需求單位」、「內容提供」、「經費來源」與「通關結匯」之五大機能，另亦將中華文物箱作業程序進行簡述。

四、**「政府機關現存文物箱檔案目錄總表」**：遴選庋藏於各政府機關現存之文物箱相關檔案，就其案名、檔號、案由及產生時間，整理成目錄總表，俾利綜覽。

五、**「駐外單位現存文物箱文物一覽表」**：本館於二〇二〇年七月至十二月之間，函請外交部及僑委會所屬五十六個駐外單位調查是否有保存中華文物箱，目前計有十所外館仍存有當年本館輸出的文物，包括：駐南非代表處六十六件、駐法國代表處六十一件、駐秘魯代表處六十二件、駐泰國代表處四十三件、駐紐約辦事處二十九件、駐波士頓辦事處二十六件、駐瓜地馬拉共和國大使館十二件、駐西班牙代表處二十八件、駐智利代表處二件、金山灣區華僑文化服務中心十九件，共計三四八件。以上歷史文物，成為拓展我國文化外交的最佳見證。

六、**「新聞集錦（一九七〇—二〇二〇）」**：為國內外有關文物箱的相關報導，共計十九條，包括本館及館外機關剪報檔案、《中央日報》、《聯合報》、《中國時報》及《雄獅美術》。因授權關係，本書僅以表列方式呈現。

七、**「大事紀要（一九六九—一九八七）」**：由本書檔案及新聞報導中，整理嚴選出有關文物箱發展的政策性記事，並對照國內外大事發展，鋪陳文物箱的時代背景。

本書的出版，期能藉由各機構所提供的檔案內容與圖版，讓讀者看見一九七〇至八〇年代間，中華文物箱曾為國家在海外所建構的文化外交地景，並有助於對當時我國外交處境的了解與砥礪。惟檔案彙編的編印，於本館事屬初創，疏漏之處，自所難免，尚祈關心本館及文化外交之學者專家，不吝指正。

——編輯小組

INTRODUCTION

The National Museum of History was established in 1955, and has a history more than 60 years. It is an important international cultural showcase for the Taiwan of the 30 years after the Second World War to attend International fairs, art biennales and travel exhibitions. Between 1969 and 1986, so that the government could strengthen the promotion of Chinese culture overseas and introduce the progress and prosperity of the Republic of China there, the Ministry of Education commissioned the museum to produce five batches of imitations of historical artifacts and pack them into Chinese Cultural Chests, to conduct cultural exhibitions through Taiwanese institutions abroad, in the host country, expanding international cultural diplomacy, with a high degree of effectiveness.

The Chinese Cultural Chest project lasted about 18 years, and it has been more than 30 years since it ended. It can be regarded as pioneering work in the history of Taiwan's cultural diplomacy and an important national cultural policy measure. In order to present the history of the joint efforts and contributions of various government agencies for cultural diplomacy, as well as the achievements of the Chinese Cultural Chests in the international arena, the National Museum of History has collected the relevant files, historical relics and personnel interviews and compiled and edited them into this book, as testimony.

The content of this book is mainly divided into three parts, which can be summarized as follows:

The first part is The Narrative of the Cultural Chest Archives. This section collects the archives of Chinese Cultural Chests currently in 12 government agencies, a total of 904 cases, from the origin of the idea, the collection of exhibits and export overseas to the historical process of the exhibition, a complete record of five batches of Cultural Chests: The Chinese Cultural Chest's Debut, 1969; The Chinese Cultural Chest's Continuing Development, 1971; The Chinese Cultural Chest's Endurance Rising High, 1974; The Chinese Cultural Chest's Spreading Overseas, 1978; and The Chinese Cultural Chest's Final Voyage, 1985.

The second part is The Historical Shadow of the Cultural Chest. This section mainly collects oral historical interviews with the makers of Chinese Cultural Chests and personnel stationed abroad, Cultural Chest exhibits and artifacts, documentary historical materials, and Cultural Chest global dispatch maps. We hope to verify and revitalize the content of the first part of the archives for expanded research and reference purposes.

The appendix in the third part; this section mainly provides the reader with the horizontal and vertical results of research on the Cultural Chest, presenting the background to its development and historical period. There are seven sub-sections: List of Heads of Relevant Government Agencies; Cultural Chest Preparation, Production and Dispatch Agency Organizational Charts; Relation Chart of Cultural Chest Requirements and Responsible Agencies; General List of Government Agencies' Current Cultural Chest Archive Catalogs; List of Artifacts in Current Cultural Chests of Overseas Organizations; News Highlights (1970-2020); and Chronicles (1969-1987).

凡例

一、為配合我國中文檔案直式書寫格式，本書以中翻直式編排。檔案編號以本館「案件編目著錄」編列，例如：060－1－514－1－21；外部檔案則依該單位案號呈現。
（年度號）（分類號）（案次號）（卷次號）（序號）

二、本書第一部「文物箱的檔案敘事」編輯重點如下：

（一）所載各機關檔案，採用編年方式，由「檔案撰打」、「檔案說明」及「原檔圖示」三部分組成，以具體呈現各批次中華文物箱計畫之製作與輸出的發展脈絡，部分檔案因具高度連結性，故以該案發展時序一併呈現，俾利讀者閱讀及理解。

（二）考量版面編排空間，原件中「批示」及「擬辦」內容於檔案說明中呈現；檔案日期維持原始的民國年代，圖說輔以西元日期，使用之數字亦尊重原案以原件照登；另為版面編輯，在不影響原文的前提下，部分檔案進行適當裁切與調整。

（三）因部分檔案已銷毀或未存副本，書中檔案以函文、簽呈及函稿等形式呈現。

三、本書第二部「文物箱的歷史身影」之歷史文物圖版名稱，乃依據當年本館清冊及駐外單位提供現存文物清單名稱為主，而非今日文物研究學名。

四、所用之機關名稱，於首次出現時用全名，爾後出現時除「國立歷史博物館」簡稱「本館」或「史博館」外，其餘均採通用及約定俗成之簡稱。例如：國家發展委員會檔案管理局簡稱「檔管局」，僑務委員會簡稱「僑委會」，行政院國軍退除役官兵輔導委員會簡稱「退輔會」等。

五、早年公文中所使用譯名及用字有時與現在略有不同，本書之檔案說明以現行譯名及用字為主要版本。例如：「羅安琪」今稱「洛杉磯」、「墨爾鉢」今用「墨爾本」等。

六、為避免個資問題，部分檔案內容予以適當遮蔽。

七、本書之論述，均以現存檔案為依歸，部分案情檔案若已銷毀，本書則不予以闡述，謹此說明。部分檔案原稿因頗具時日且筆跡飛揚，在不違案情下極力辨識以傳達原意；無法辨識者，則以□符號註記取代。文中若有誤植文字，尚祈指教。

第一部

文物箱的檔案敘事

PART 1

The Narrative of the Cultural Chest Archives

首發／一九六九年粉墨登場

The Chinese Cultural Chest's Debut, 1969

《國際巡展文化箱（第一批）》，檔號 060-1-514-1-21，史博館檔案

受文者：教育部國際文教處

文　別：箋函（稿）　　發文者：史博館

日　期：中華民國伍捌年伍月拾壹日

文　號：（58）台博研字第 308 號

事　由：爲函送「文化箱」概算請核辦由。

一、前承惠洽，設計一項國際巡展文化箱，擬置歷史文物美術品之複製品等供我國留外學生及僑團等文化活動或參加校外國際展示之用。惟在費用方面，盼以台幣一萬元爲原則付示。

二、茲經周密研究，特擬製上項「文化箱」籌辦經費概算書一分（含說明），隨函送請查照惠辦。惟是項展品，必須儘量提高水準，以免發生副作用。因此之故，對於經費部分，倘其數限爲一萬元，實感不足，必須略爲增加，經最低精算，將需每箱一萬九千二百元。應不恐其水準過低不便，但如必須降低，擬請惠就上項概算鈞核呈知遵辦，併請詧核。

（館戳）　敬啓　五月〇日

檔案說明

一、本案為現存最早的中華文物箱相關檔案，內容為本館於一九六九年五月十一日以（58）臺博研字第三〇八號函，回復教育部有關文化箱製作經費事項。

二、依據國史館藏外交部檔案（檔號 020-099999-0058），一九六九年四月間，教育部函令本館設計一項國際巡展文化箱，置放歷史文物美術仿製品，以提供我國留外學生及僑團等文化活動或參加校外國際展示之用，並飭本館擬妥籌辦計畫暨經費概算書，希望製作費用以新臺幣一萬元為原則；本館回復為避免製作水準過低，每箱製作經費應調高至一萬九千二百元。

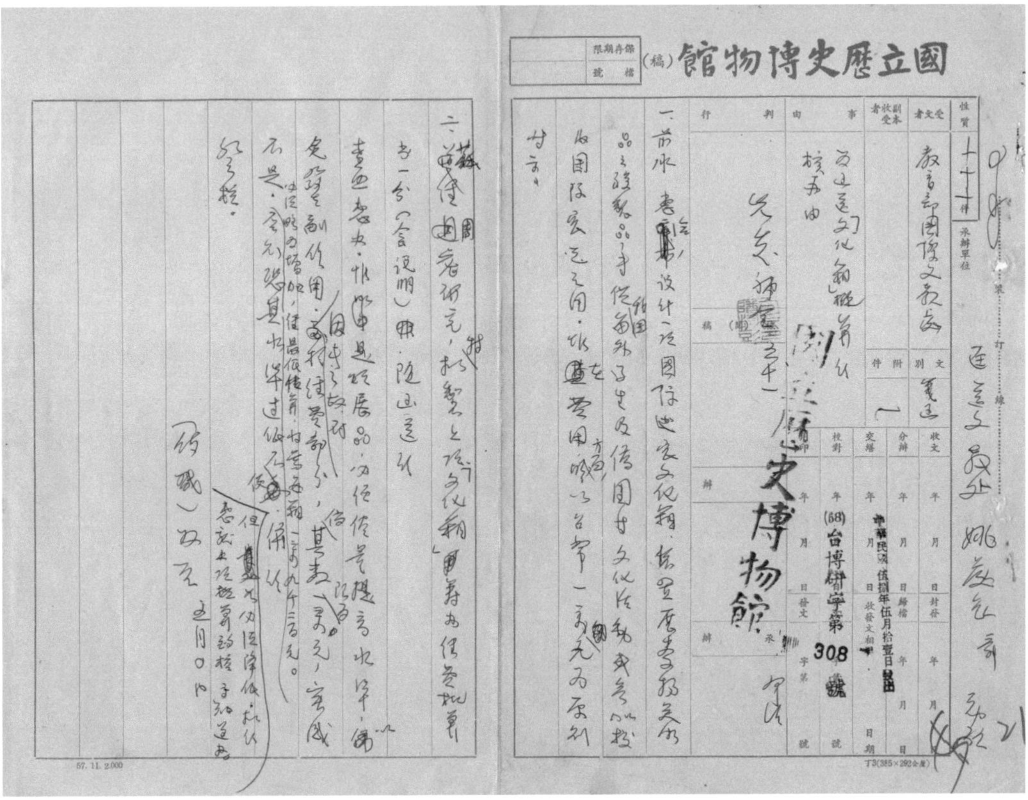

《國際巡展文化箱（第一批）》，檔號 060-1-514-1-21，史博館檔案（1969.05.11）

中華民國國際巡展文化箱（簡稱「文化箱」）籌辦經費概算書

中華民國五十八年五月　日
國立歷史博物館主辦

前言

一、本計劃中之「文化箱」專供駐外各使館文參處備供中國留學生、僑團等文化活動或參加校內國際展覽之用。

二、本「文化箱」各項展品，為代表國家宣揚文化之展品皆須儘求提高水準，以免發生反作用。

三、本「文化箱」每箱計有國父像、總統像、歷史文化圖各一件，圖片六十件，器物二十件（皆成系統）另幻燈片二百張，國樂唱片一組，可供一百平方公尺左右面積展覽場地之用。

四、裝璜及裝箱須作特別設計，每一單位之全部展品，限合裝一箱，裝璜皆須堅固耐久。各物皆有裝箱之固定位置，箱蓋背面黏置各物編號位置圖，按圖存置，說明卡片以中英文對照為原則（得按實需加用其他文字），擬印若干套，分送各文參處，以備隨時補充。

五、此後如經費許可，得局部增補新展品，以期展品之歷久長新。

款	項	目	科目	內容述要	金額（台幣）每一箱	金額（台幣）十箱	金額（台幣）廿箱	備註
一			國際巡展文化箱籌辦經費		一九、二〇〇〇〇	一九二、〇〇〇〇〇	三八四、〇〇〇〇〇	本概算一二三項金額皆係列實需數三分之二（因奉示限制金額） 本館因本案意義重大因對不足部分，擬以本館現有存品補足其數
	一		一般展品	國父像總統像國旗「中國歷史文化地理圖」（特製）各一件	一、〇〇〇〇〇	一〇、〇〇〇〇〇	二〇、〇〇〇〇〇	
	二		圖片		六、〇〇〇〇〇	六〇、〇〇〇〇〇	一二〇、〇〇〇〇〇	
		一	古器物選品圖片	殷周漢唐銅器玉器陶瓷器雕刻等黑白及彩色放大圖片二〇件	二、〇〇〇〇〇	二〇、〇〇〇〇〇	四〇、〇〇〇〇〇	選擇宗平均每件一〇〇元（按實需三分之二估計）合支如上數
		二	古今名畫選品圖片	古今名畫彩色（原畫為黑白者仍為黑白）圖片四〇件	四、〇〇〇〇〇	四〇、〇〇〇〇〇	八〇、〇〇〇〇〇	同右
	三		仿製古器物及古今手工藝品	史前及殷周漢唐銅器玉器陶瓷器木闆雕塑古今手工藝品等仿製品	六、〇〇〇〇〇	六〇、〇〇〇〇〇	一二〇、〇〇〇〇〇	平均每件三〇〇元（按實需三分之二估計）合支如上數
	四		幻燈片	宗教信仰民俗各項藝術活動反共義士新聞金馬前線實況地方選舉土地改革經濟建設退除役官兵建設農耕隊暑期戰訓九年國民教育及名勝古蹟等彩片二〇〇張	二、〇〇〇〇〇	二〇、〇〇〇〇〇	四〇、〇〇〇〇〇	每件以一〇元合支如上數
	五		國樂唱片	選用中廣公司國樂唱片選集一組	二〇〇〇〇	二、〇〇〇〇〇	四、〇〇〇〇〇	
	六		行政各費	含設計徵集編譯印製說明卡及交通運輸等各項費用	一、〇〇〇〇〇	一〇、〇〇〇〇〇	二〇、〇〇〇〇〇	
	七		包裝費	含各項器物之保固裝璜及特製耐用之鐵皮箱等費用	三、〇〇〇〇〇	三〇、〇〇〇〇〇	六〇、〇〇〇〇〇	

附註：本概算不含船運費，因不知運達地點之故。

《國際巡展文化箱（第一批）》，檔號 060-1-514-1-21，史博館檔案（1969.05.11）
附件：中華民國國際巡展文化箱（簡稱「文化箱」）籌辦經費概算書 -1（1969.05）

《國際巡展文化箱（第一批）》，檔號 060-1-514-1-21，史博館檔案（1969.05.11）
附件：中華民國國際巡展文化箱（簡稱「文化箱」）籌辦經費概算書 -2（1969.05）

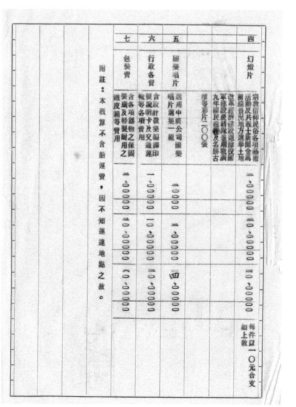

《國際巡展文化箱（第一批）》 檔號 060-1-514-1-30，史博館檔案

受文者：國立歷史博物館
文　別：令　　發文者：教育部
日　期：中華民國伍拾捌年陸月貳日
文　號：台（58）文第 10508 號
事　由：關於籌製文化箱事希妥爲設計報部由。（節錄）

一、案准我駐美大使館本年四月八日美文（58）字第五八〇六三二號致外交部代電副本開：「一、關於研議國內書刊雜誌分贈國外僑團留學生及調查電影片需要情形，鈞部五十七年十月二十六日外（57）北美一字第二〇六八三號代電奉悉。二、經分知留美各同學會並分飭駐美各總領事館調查意見，謹就所獲反映分項呈報如次……。（四）除書刊雜誌電影片外幻燈片及展覽品亦甚感需要。而本館所存極少，故各同學會於舉行文化活動或參加校內國際展覽時，向本館借用，常感供不應求，擬請多製有關我國故宮博物館古物、名勝古蹟、風景、郵票等之幻燈片，並購買我國古代衣飾、故宮字畫及文物複製品、國畫、織錦、刺綉、郵票、雕刻、樂器、日用器皿、以及新聞照片等分裝爲展覽箱十套，交由本館以供借用。……

二、查所提各項意見頗有價值，應請外交部洽商有關單位辦理。至其中二之（四）請設置展覽箱十套，包括文物、書畫、服飾、器皿及新聞照片等交由該館運用一節，與本部原擬設置文化箱之構想相合。希該館就設置文化箱一事，研擬具體可行辦法報核，每箱以新台幣壹萬元爲度，暫設廿箱交本部駐美、加、比等文化參事處運用。

三、隨文檢附有關美國大學名單乙份，令希遵照辦理具報。

四、本件副本連附件分送中央日報國際航空版、國立中央圖書館及中央委員會第三組副本（無附件）送外交部。

附件如文

部長　閻振興

檔案說明

本案為教育部於一九六九年六月二日以臺（58）文字第一〇五〇八號令頒本館「關於籌製文化箱事希妥為設計報部由」，內容為請本館設計文化箱事宜後回報該部，其中提及我國駐美大使館於一九六九年四月八日美文（58）字第五八〇六三二號致外交部代電中所稱：「一、關於研議國內書刊雜誌分贈國外僑團留學生及調查電影片需要情形，鈞部一九六八年十月二十六日外（57）北美一字第 20683 號代電奉悉……」、「……擬請多製有關我國故宮博物館古物、名勝古蹟、風景、郵票等之幻燈片，並購買我國古代衣飾、故宮字畫及文物複製品、國畫、織錦、刺綉、郵票、雕刻、樂器、日用器皿、以及新聞照片等分裝為覽箱十套交由本館以供借用。」與教育部原擬設置文化箱之構想相合，因此責成本館就設置文化箱一事，研擬具體可行辦法報核教育部，每箱製作費以新臺幣一萬元為限，先暫製作二十箱交教育部駐美、加、比等文化參事處運用。本案可視為中華文物箱正式進入規劃與製作階段，案中所提之文物物件，多為日後文物箱的內容。

教育部（令）

保存期限

檔號

收（一）台博字第471號 58年6月3日 11時

研究組

性質	件
受文者	國立歷史博物館
副本收受者	
事由	關於籌製文化箱事希妥為設計報部由
批示	擬辦
發文日期	中華民國伍拾捌年陸月貳日
字號	台(58)文 10508
附件	

一、案准我駐美大使館本年四月八日美文(58)字第五八〇六三二號致外交部代電副本開：「一、關於研議國內書刊雜誌分贈國外僑團留學生及調查電影片需要情形鈞部五十七年十月二十六日外(57)北美一字第二〇六八三號代電奉悉。二、經分知留美各同學會並分飭駐美各總領事館調查意見，謹就所獲反映分項呈報如次：(一)留美學生及僑團對下列各項書報雜誌較為歡迎：甲、報紙：中央日報、聯合報、新生報、大華晚報、自立晚報。乙、期刊：傳記文學、皇冠、自由談、中國一週、今日世界、中外雜誌、祖國一週、婦女週刊、拾穗、讀者文摘、純文學、幼獅文藝、科學教育、東方雜誌、大學論壇、問題與研究、暢流、留美學生通訊、丙、畫報：台灣、中外、國際電影、勝利之光。丁、其他：文藝、武俠書刊、介紹中國文物、風俗、藝術之各種小冊（中英文對照）、介紹政治、經濟、教育現況之書刊。目前全美國我國學生在五十人以上之大學計七十三所（附名單一份）以上各項書報雜誌似可分贈各該大學圖書館一份以備留學生借閱，並另寄駐美各總領事館各二十份以供分贈轄區僑團。(二)中央日報航空版贈閱名單似可授權總領事館每年調整一次，各地同學會需要不足數量擬仍請國內負擔。對於個人贈閱部份，似仍以繼續贈閱為宜。(三)關於電影片之供應問題，劇情片如歷史古裝片、武俠片、文藝愛情片及歌舞片等均極感需要，目前各同學會及僑團多向金山水星公司租用，每放映一次租金每部（三十五糎）美金一百五十元，外加人工及場地費用計需四百元之譜，據調查各同學會平均每年放映劇情片兩次，負擔甚重擬請國內每年購買上列各種劇情片拷貝（最好有中英文字幕）各十部，交由本館轉發駐美各總領事館以供借用。此外新聞紀錄片如介紹國內政治、經濟、教育、軍事等方面之進步情況，介紹中國歷史、文物、風俗、風景（如橫貫公路十二景）、金門馬祖前線乃至手工藝品製造過程等亦均受歡迎擬請大量提供。(四)除書刊雜誌電影片外、幻燈片及展覽品亦甚感需要。而本館所存極少，故各同學會於舉行文化活動或參加校內國際展覽時，向本館借用，常感供不應求，擬請多製有關我國故宮博物館古物、名勝古蹟、風景、郵票等之幻燈片，並購買我國古代衣飾、故宮字畫及文物複製品、國畫、織錦、刺繡、郵票、雕刻、樂器、日用器皿、以及新聞照片等分裝為展覽箱十套交由本館以供借用。三、敬請鑒核」等由並附件到部。

56. 2. 20,000

二、查所提各項意見頗有價值應請外交部洽商有關單位辦理至其中二之(四)請設置展覽箱十套包括文物書畫服飾器皿及新聞照片等交由該館運用一節與本部原擬設置文化箱之構想相合希該館就設置文化箱一事研擬具體可行辦法報核每箱以新台幣壹萬元為度暫設廿箱交本部駐美、加、比等文化參事處運用。

三、隨文檢附有關美國大學名單乙份令希遵照辦理具報。

四、本件副本連附件分送中央日報國際航空版、國立中央圖書館及中央委員會第三組副本（無附件）送外交部。

附件如文

部長 閻振興

58. 1. 30,000

教育部

《國際巡展文化箱（第一批）》，檔號 060-1-514-1-30，史博館檔案（1969.06.02）

《國際巡展文化箱（第一批）》 檔號 060-1-514-1-43，史博館檔案

受文者：教育部
文　別：呈（稿）　　　　　發文者：史博館
日　期：中華民國伍捌年陸月拾壹日
文　號：（58）台博研字第 382 號
事　由：爲擬呈國際巡展文化箱籌辦計劃暨經費概算請鑒核示遵由。

一、鈞部台（58）文一〇五〇八號令暨附件，飭設計籌製文化箱計劃於核□因奉悉。

二、遵查前奉鈞部文教處面囑試擬文化箱籌設計劃，經於本年五月十一日以（58）台博研字三〇八號箋函逕覆，并附是項文化箱籌辦經費概算在案。

三、茲經以上項原概算暨其「前言」欄所列計劃，與駐美大使館美文（58）五八〇六三二號代電所提有關部分核對，原計劃所列內容，與大使館之希望大致相同。惟未列入服飾、織飾、刺繡、郵票，蓋因服飾織繡，需費較多，且須爲多件使成系統，實非每箱台幣一、二萬元之經費所能負担，故未列入。至於郵票部分，所費較少，自可儘量編列爲宜。爰經特照原計劃特加修正藏事。隨文呈核。

四、復難奉令限制每箱以台幣一萬元爲度，實感金額太少，無法支應。經再三撙節計核，所需展品費用，至少每箱新台幣一萬三千七百元，特製鉄皮箱（必須堅固耐用）至少每箱二千八百元，自台北運往歐美之運費及報關經費每箱台幣三千元，以上合需每箱貳萬元，委實無法再減。倘若必須削減，惟有比例減少展品。但恐減少展品後，分量過輕，仍請特予考慮。

五、謹專具文責呈國際巡展「文化箱」籌辦計劃暨經費概算書（修正本）一分，恭請鑒核。仍候示遵。

（全署）

檔案說明

一、本案為本館於一九六九年六月十一日函復教育部臺（58）文字第一〇五〇八號令，有關國際巡展文化箱籌辦計畫暨經費概算說明事宜。本館已於同年五月十一日以（58）臺博研字第三〇八號箋函復教育部關於文化箱之內容與概算，與中華民國駐美大使館美文（58）字第五八〇六三二號代電所提有關部分核對大致相同。

二、前案服飾、織飾、刺繡、郵票項目並未列入，乃因服飾織繡所需費用較多，且須為多件使成系統，實非每箱新臺幣一萬元之經費所能負擔，故未列入；郵票部分所費較少，本館可自行編列吸收。

三、教育部前令限制每箱金額以新臺幣一萬元為限，本館認為金額過少恐無法支應。經該館再三撙節計核，展品費用每箱至少需新臺幣一萬三千七百元，特製鐵皮箱至少每箱新臺幣二千八百元，輸運至歐美運費及報關費新臺幣三千元，全額最低限度每箱需新臺幣二萬元；若仍要削減經費，只有依比例減少展品數量，但恐減少展品後展出之分量過輕，也請教育部特予考量。

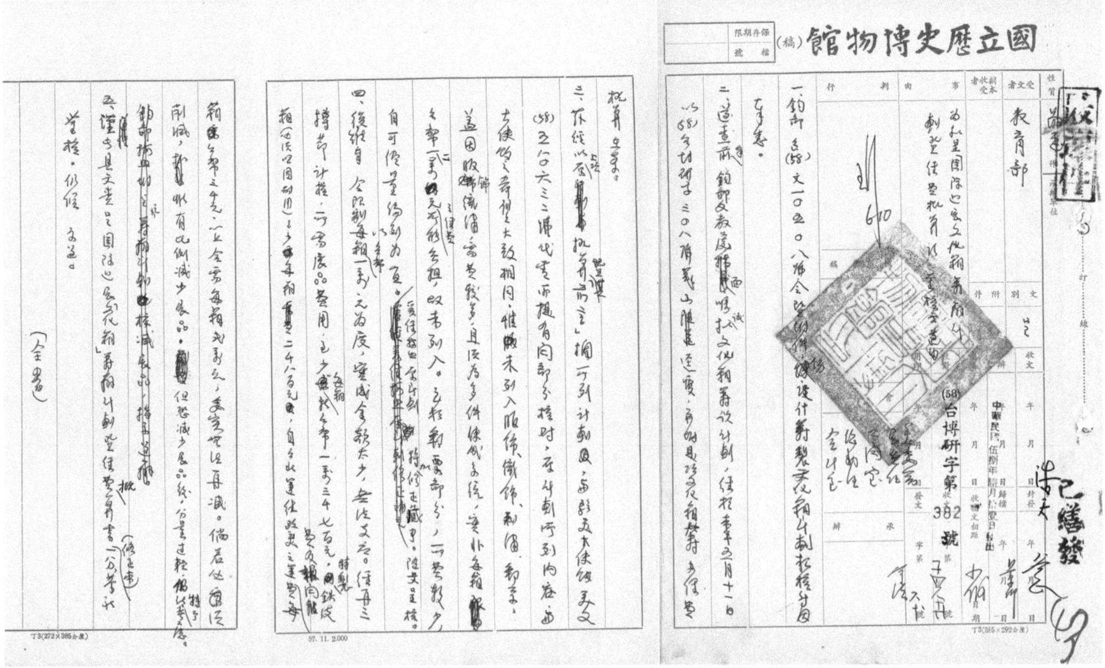
國立歷史博物館（稿）

(58)台博研字第382號

《國際巡展文化箱（第一批）》，檔號 060-1-514-1-43，史博館檔案（1969.06.11）

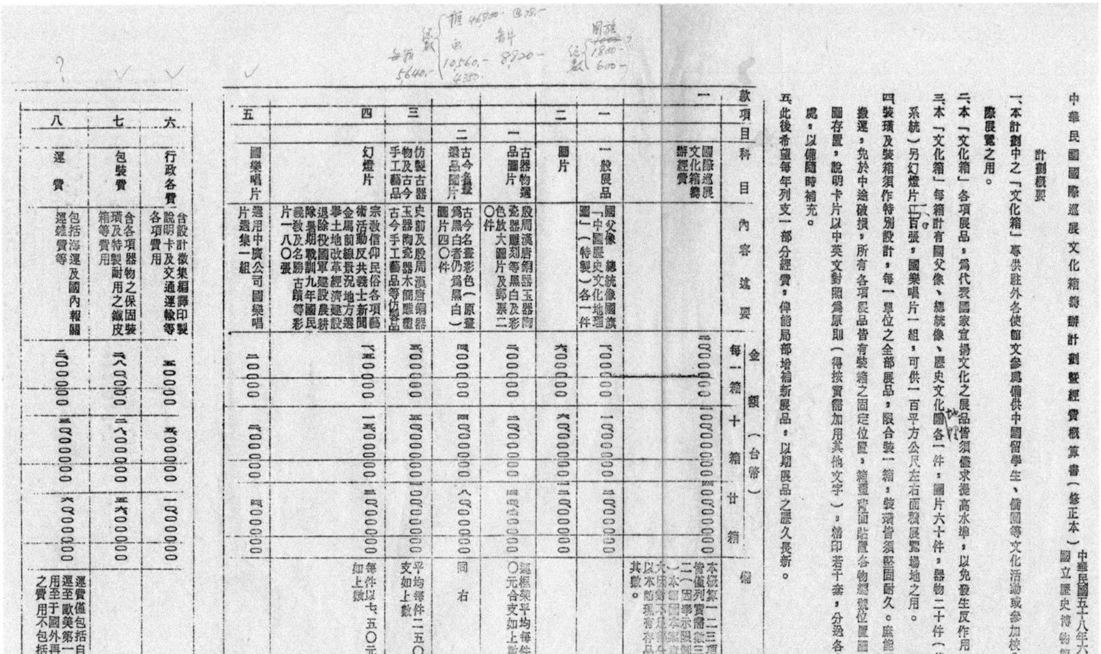
中華民國國際巡展文化箱籌辦計劃暨經費概算書（修正本） 中華民國五十八年六月 日 國立歷史博物館承辦

計劃概要

一、本計劃中之「文化箱」專供駐外各使館文參處備供中國留學生、僑團等文化活動或參加校內國際展覽之用。

二、本「文化箱」各項展品，為代表國家宣揚文化之展品皆須儘求提高水準，以免發生反作用。

三、本「文化箱」每箱計有國父像、總統像、歷史文化圖各一件，圖片六十件，器物二十件（皆成系統）另幻燈片二百張，國樂唱片一組，可供一百平方公尺左右面積展覽場地之用。

四、裝潢及裝箱須作特別設計，每一單位之全部展品，限合裝一箱，裝潢皆須堅固耐久。庶能輾轉搬運，免於中途破損，所有各項展品皆有裝箱之固定位置，箱蓋背面貼置各物編號位置圖，按圖存置，說明卡片以中英文對照為原則（得按實需加用其他文字），縮印若干套，分送各文參處，以備隨時補充。

五、此後希望每年列支一部分經費，俾能局部增補新展品，以期展品之歷久長新。

款	項	目	科目	內容述要	金額（台幣）每一箱	金額（台幣）十箱	金額（台幣）廿箱	備註
一			國際巡展文化箱籌辦經費		[illegible]	[illegible]	[illegible]	本概算一二三項金額皆僅列實需數三分之二（因本案限制金額）不足之數擬以本館現有存品補其數。
	一		一般展品	國父像 總統像 國旗「中國歷史文化地理圖」（特製）各一件	[illegible]	[illegible]	[illegible]	
	二		圖片		[illegible]	[illegible]	[illegible]	
		一	古器物選品圖片	殷周漢唐銅器玉器陶瓷器雕刻等黑白及彩色放大圖片及郵票二〇件	[illegible]	[illegible]	[illegible]	連框架平均每件一〇〇元合支如上數
		二	古今名畫選品圖片	古今名畫彩色（原畫為黑白者仍為黑白）圖片四〇件	[illegible]	[illegible]	[illegible]	同右
	三		仿製古器物及古今手工藝品	史前及殷周漢唐銅器玉器陶瓷器木雕塑古今手工藝品等仿製品	[illegible]	[illegible]	[illegible]	平均每件二五〇元合支如上數
	四		幻燈片	宗教信仰民俗各項藝術活動反共義士新聞金馬前線景況地方選舉土地改革經濟建設退除役國軍建設農耕除暑期戰訓九年國民義教及名勝古蹟等彩片一八〇張	[illegible]	[illegible]	[illegible]	每件以七、五〇元合支如上數
	五		國樂唱片	選用中廣公司國樂唱片選集一組	[illegible]	[illegible]	[illegible]	
	六		行政各費	含設計徵集編譯印製說明卡及交通運輸等各項費用	[illegible]	[illegible]	[illegible]	
	七		包裝費	含各項器物之保固裝璜及特製耐用之鐵皮箱等費用	[illegible]	[illegible]	[illegible]	
	八		運費	包括海運及國內報關運雜費等	[illegible]	[illegible]	[illegible]	運費僅包括自國內運至歐美第一站費用至于國外再轉運之費用不包括在內

《國際巡展文化箱（第一批）》，檔號 060-1-514-1-43，史博館檔案（1969.06.11）
附件：中華民國國際巡展文化箱籌辦計劃暨經費概算書（修正本）（1969.06）

四．文物箱設置座談會案（第一批：一九六九年七月）

《國際巡展文化箱（第一批）》檔號 060-1-514-1-46，史博館檔案

受文者：國立歷史博物館
文　別：開會通知單　　發文者：教育部
日　期：中華民國伍拾捌年柒月捌日
文　號：台（58）文第14009號
事　由：研議國際巡展「文化箱」籌辦計劃經費預算及其他有關事宜。
時　間：本（七）月十二日（星期六）上午九時
地　點：本部第三會議室（信義路廿巷一號之一）
出席者：外交部、僑務委員會、行政院新聞局、中央委員會第三組、中央委員會第四組、文化局、國立歷史博物館、本部會計處、文教處、青年救國團總團部
主持人：姚處長舜

《國際巡展文化箱（第一批）》檔號 060-1-514-1-45，史博館檔案

受文者：外交部等
文　別：函　　發文者：教育部
日　期：中華民國伍拾捌年柒月廿肆日
文　號：台（58）文第15231號
事　由：檢送研討設置國際「中華文物箱」座談會會議紀錄乙份。
一、茲隨文檢送五十八年七月十二日研討設置國際「中華文物箱」座談會會議紀錄乙份。
二、函請查照爲荷。
三、副本（含會議紀錄）抄發文化局、國立歷史博物館、本部會計處及國際文教處。附件如文。

部長　鍾皎光

檔案說明

此兩案為教育部對於文物箱案之經費預算召開的座談會及會議紀錄。教育部於一九六九年七月十二日邀集外交部、僑務委員會、行政院新聞局、中央委員會第三與四組、文化局、教育部會計處與文教處、青年救國團總團部（註）及本館等單位，針對「文物箱」經費預算及其他事項進行研討，主持人為國際文教處處長姚舜，國際文教處則為「文物箱籌製案」在教育部的業管單位。教育部於同年七月二十四日函該會議之會議紀錄，決議如下：（一）「文化箱」正式改名為「中華文物箱」。（二）中華文物箱每箱製作價格新臺幣二萬元，製作二十箱，經費共計四十萬元，除教育部支應二十萬元外，其他單位暫定分配經費分別為：行政院新聞局六萬元、外交部四萬元、僑務委員會四萬元、文化局四萬元、中央委員會三組一萬元、中央委員會四組一萬元。

註：（一）中央三、四組：全名為「中國國民黨中央委員會三組」，後改名為中國國民黨海外工作會（海工會），負責海外黨務工作，現已改名為海外部，隸屬中國國民黨中央委員會組織發展委員會；中央四組全名為「中國國民黨中央委員會四組」，負責文藝、宣傳活動，後改名為「中國國民黨中央委員會文化傳播工作會」（簡稱中央文化工作會、文工會）。二〇一二年與中央黨史委員會合併為文傳會。（二）文化局：此處指教育部文化局，為教育部於一九六七年正式成立的機構，首任局長為王洪鈞，負責全國文化業務（文藝、美術、音樂、舞蹈、攝影、電視、電影、廣播、戲劇、文化機關與事業之指導與文獻保有等事項），一九七三年裁併。（三）青年救國團總團部：當年救國團有率表演團隊及留學生服務的業務，活動期間曾配合文物箱巡展。（資料來源：黃翔瑜，〈教育部文化局之設置及其裁撤（1967-1973）〉，《臺灣文獻》，二〇一〇）

研究組

副本

收（ ）台博字第 608 號
文 58年 7月25日 9時

教育部函

受文者：外交部

事由：檢送研討設置國際「中華文物箱」座談會會議紀錄乙份

一、茲隨文檢送五十八年七月十二日研討設置國際「中華文物箱」座談會會議紀錄乙份。

二、函請查照爲荷。

三、副本（含會議紀錄）抄發文化局、國立歷史博物館、本部會計處及國際文教處。

附件如文

部長 鍾皎光

中華民國伍拾捌年柒月廿肆日發出
台(58)文 15231

《國際巡展文化箱（第一批）》，檔號 060-1-514-1-45，史博館檔案（1969.07.24）

研究組

收（ ）台博字第 570 號
文 58年 7月9日 9時

教育部開會通知

受文者：國立歷史博物館

事由	研議國際巡展「文化箱」籌辦計劃經費預算及其他有關事宜
時間	本(七)月十二日（星期六）上午九時
地點	本部第三會議室（信義路廿巷一號之二）
出席者	外交部　僑務委員會　行政院新聞局　中央委員會第三組　中央委員會第四組 文化局　國立歷史博物館　本部會計處　文教處 青年救國團總團部
主持人	姚處長舜
備註	

中華民國伍拾捌年柒月捌日發出
台(58)文 14009

《國際巡展文化箱（第一批）案》，檔號 060-1-514-1-46，史博館檔案（1969.07.08）

研討設置國際「中華文物箱」座談會會議紀錄

時間：五十八年七月十二日上午九時

地點：教育部第三會議室

出席單位：外交部　鄭松本　僑委會　陳說毅　行政院新聞局　鍾振宏
中央第三組　葉小萍　中央第四組　趙囊傑　青年救國團總團部　文化局　王化棠　國立歷史博物館　王宇清　夏美馴
教育部會計處　教育部文教處　姚舜

主席：姚處長舜　紀錄：程錫瑚

一、報告事項：

㈠主席報告（略）

㈡王館長宇清報告：1.陳述該館十多年來從事國際文化活動之經過情況。2.說明計劃內容及經費概算。

㈢其他出席代表對設置中華文物箱均極表贊助並建議內容應予充實尤其對古代服裝、刺繡、樂器、國內彩色畫報及革命史畫等皆可考慮並增置贈送品如小國旗及書籤等以加强效果。

二、討論事項：

㈠國立歷史博物館擬送國際巡展「文化箱」籌辦計劃暨經費概算乙份提請討論？

決定：

1.「文化箱」之名稱改爲「中華文物箱」。

2.中華文物箱之內容可參照各單位出席代表之建議由國立歷史博物館就原定項目再加充實。

3.暫定置中華文物箱貳拾箱依照原計劃所定價格每箱爲新台幣貳萬元共需經費肆拾萬元。

㈡中華文物箱所需經費應如何籌措請討論？

決定：所需經費肆拾萬元除教育部負責貳拾萬元外其餘不足之數擬商請各單位分擔暫定分配如下：

行政院新聞局六萬元
外交部肆萬元
僑務委員會肆萬元
文化局肆萬元
中央委員會第三組壹萬元
中央委員會第四組壹萬元

三、臨時動議

散會

《國際巡展文化箱（第一批）》，檔號 060-1-514-1-45，史博館檔案（1969.07.24）
附件：研討設置國際「中華文物箱」座談會會議紀錄

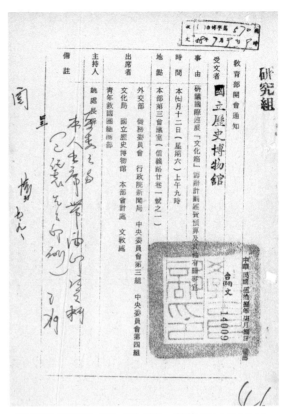

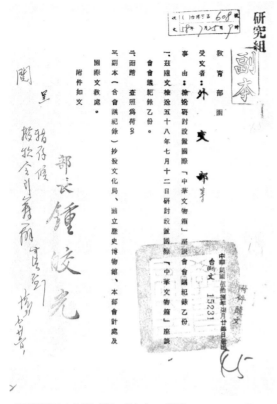

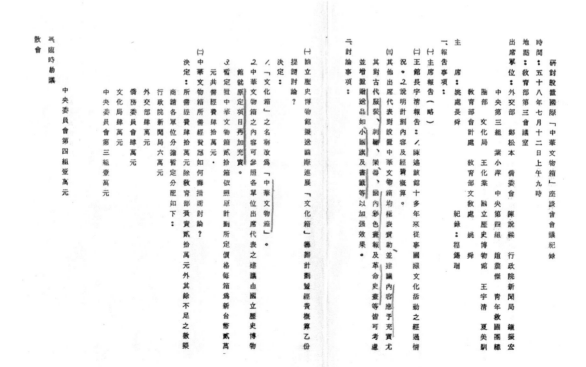

中華民國國外巡展「中華文物箱」籌辦計劃暨經費概算書

中華民國五十八年八月 日
國立歷史博物館承辦

計劃概要

一、本計劃中之「中華文物箱」，專供駐外各使館文參處或新聞處備供中國留學生、僑團等文化活動或參加校內國際展覽之用。

二、「中華文物箱」之各項展品，爲代表國家宣揚歷史文化及介紹國家各項建設進步，所有展品皆須儘求提高水準，以免發生相反之作用。

三、「中華文物箱」每箱計有 國父像、 總統像、歷史文化大地圖各一件，圖片六十件，器物廿件（其內容包括歷史文物、美術品及國家經濟文教等建設實況。）另備幻燈片一八〇張，國樂唱片一組，大約可供一百平方公尺左右面積展覽場地之用。

四、「中華文物箱」之裝璜及裝箱，須作特別設計，每一單位之全部展品，限合裝一箱，皆須堅固耐久。冀能長期輾轉搬運，所有各項展品皆有裝箱固定位置，箱蓋背面貼置各物編號位置圖，按圖存置。說明卡片以中英文對照爲原則，（並得按實際需要加用其他文字），精印若干套，以備隨時補充。

五、「中華文物箱」巡展時，希能附具本國電影影片（紀錄片或劇情片）加強介紹國家建設實況，惟因經費所限，其來源商請有關機構酌情提供。

六、「中華文物箱」內，得酌置介紹中華民國革命建國及各項進步實況之畫刊，商請有關機關贈送，並陸續增補，其增補辦法請贈送機關逕寄駐外館處隨時入箱。

七、此後希望每年列支一部分經費，局部增補新展品，以期展品之歷久長新。

八、「中華文物箱」巡展時，按照籌備會與各機關代表之意見，得隨贈書籤、小飾物之類之紀念品，但其所需經費，在本計劃概算限制金額無法匀支，應請另行籌措。

款	項	目	科目	內容述要	金額（台幣）每一箱	金額（台幣）十箱	金額（台幣）廿箱	備註
一			國際巡展「中華文物箱」籌辦經費		一三〇〇〇〇〇	一三〇〇〇〇〇〇	二六〇〇〇〇〇〇	本概算一二三項金額皆僅列實需數三分之二（一因奉示限制金額，二因本案意義重大，本館因對不足部分，擬以本館現有存品補足其數。
	一		一般展品	國父像 總統像國旗「中華歷史文化大地圖」（特製）各一件	七〇〇〇〇〇	七〇〇〇〇〇〇	一四〇〇〇〇〇〇	
	二		圖片		六〇〇〇〇〇	六〇〇〇〇〇〇	一二〇〇〇〇〇〇	

目	科目	內容述要	每一箱	十箱	廿箱	備註
一	古器物選品圖片	殷周漢唐銅器玉器陶瓷器雕刻樂器服飾等黑白及彩色放大圖片及郵票三〇件	二〇〇〇〇〇	二〇〇〇〇〇〇	四〇〇〇〇〇〇	連框架平均每件一〇〇元合支如上數。
二	古今名畫選品圖片	古今名畫複印品三〇件	四〇〇〇〇〇	四〇〇〇〇〇〇	八〇〇〇〇〇〇	同右
三	仿製古器物及古今手工藝品	史前及殷周漢唐銅器玉器陶瓷器木簡雕塑古今手工藝品等仿製品二十件	五〇〇〇〇〇	五〇〇〇〇〇〇	一〇〇〇〇〇〇〇	平均每件二五〇元合支如上數
四	幻燈片	內容包括宗教信仰民俗及藝術活動反共義士新聞金馬前線景況地方選舉土地改革經濟建設退除役國軍建設農耕隊暑期戰訓九年國民義教及名勝古蹟等彩片一八〇張	七五〇〇〇	七五〇〇〇〇	一五〇〇〇〇〇	每件約七五〇元合支如上數，但此等幻燈片如能商得有關機關贈送，則將此項經費移作充實其他展品之用。
五	國樂唱片	選用中廣公司國樂唱片選集一組	二〇〇〇〇	二〇〇〇〇〇	四〇〇〇〇〇	
六	行政各費	含設計徵集編譯印製說明卡及交通運輸等各項費用	五〇〇〇〇	五〇〇〇〇〇	一〇〇〇〇〇〇	
七	包裝費	合各項器物之保固裝璜及特製耐用之鐵皮箱等費用	三八〇〇〇	三八〇〇〇〇	七六〇〇〇〇	
八	運費	包括海運及國內報關運雜費等	三四〇〇〇	三四〇〇〇〇	六八〇〇〇〇	運費僅包括自國內運至歐美第一站費用至于國外再轉運之費用不包括在內

《國際巡展文化箱（第一批）》，檔號 060-1-514-1-30，史博館檔案（1969.06.02）
附件：中華民國國外巡展「中華文物箱」籌辦計劃暨經費概算書 -2（1969.08）

五・文物箱展品徵集案（幻燈片類：一九六九年十一月）

《國際巡展文化箱（第一批）》 檔號 060-1-514-1-42，史博館檔案

受文者：
文　別：函　　　發文者：史博館
日　期：五十八年十一月廿七日
文　號：（58）台博研字第八九七號
事　由：為請供應彩色幻燈片，以便國際宣揚由。

一、本館頃籌辦國際巡展「中華文物箱」一種，運交我國駐外各使館，專備隨時借供中國留學生或僑團等用于文化活動，或參加各項中小型國際展覽之所需，用以加强宣揚國家文化，促進文化交流。每箱分裝古今名畫，歷史文物及國樂唱片，另彩色幻燈片等件。復為同時報導國家建設實況，所有上項幻燈片之內容，除歷史文物外，并經計劃列入宗教信仰、民俗習慣、各項藝術活動，反共義士新聞，大陸災胞救助，三軍壯大實況，金馬前線景象，地方自治建設（包括選舉、議會等），土地改革，民生樂利，經濟生產建設，退除役官兵建設以及安居樂業生活，我農耕隊在國外之貢獻，青年暑期戰鬪訓練活動，教育現況，名勝古蹟等項，惟亟待各方惠予支援，共襄其成，素稔貴業績卓著，中外同欽，因特函請查照賜供貴屬職掌有關之各項彩色幻燈片二十套，每套最少二十張左右（規格135）多多益善，如蒙俞允，敬請於本年十二月底以前擲下（台北市南海路四九號國立歷史博物館）以便裝箱運交國外展覽。仍希附惠說明，俾利紹介。萬一現時尚無攝拍現場實況之機會，請自選現有圖片畫刊等翻攝。

二、敬請賜允并覆為荷。

檔案說明

一、本館於一九六九年因辦理中華文物箱之展品所需，請各機關單位提供彩色幻燈片，以期擴大展品蒐集範疇，用以加強宣揚國家文化，促進文化交流。

二、本案函送單位共計二十六個單位，包括：

（一）政府單位：行政院國軍退除役官兵輔導委員會、土地改革館、中國青年反共救國團總團部、臺灣省政府新聞處、臺北市政府新聞處、行政院國際經濟合作發展委員會、教育部文化局、僑務委員會、蒙藏委員會、中非技術合作委員會、臺灣省觀光局。

（二）軍事單位：國防部總政戰局、陸軍總部政戰部、海軍總部政戰部、空軍總部政戰部、聯勤總部政戰部。

（三）民間社團：亞洲反共聯盟總會（亞盟）、大陸災胞救濟總會、中國農村復興委員會。

（四）宗教團體：中國佛教總會、菩提樹雜誌社、中國回教協會、中華理教總會、中國佛學實踐研究社、天主教臺北總主教公署、基督教。

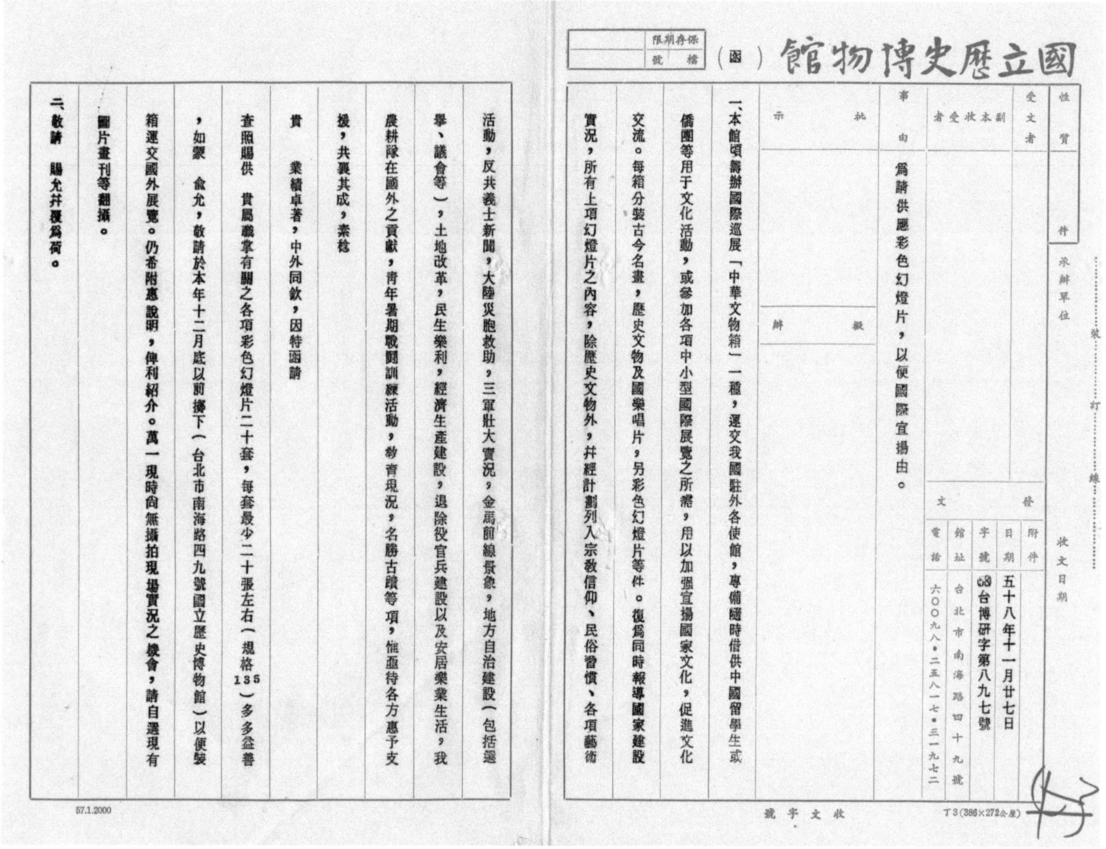

國立歷史博物館（函）

保存期限 / 檔號

性質	受文者	副本收受者	事由
件			爲請供應彩色幻燈片，以便國際宣揚由。

發文	
日期	五十八年十一月廿七日
字號	58台博研字第八九七號
附件	
館址	台北市南海路四十九號
電話	六〇〇九八・二五八一七・三一九七二

承辦單位　收文日期　批示　擬辦

一、本館頃籌辦國際巡展「中華文物箱」一種，運交我國駐外各使館，專備隨時借供中國留學生或僑團等用于文化活動，或參加各項中小型國際展覽之所需，用以加强宣揚國家文化，促進文化交流。每箱分裝古今名畫，歷史文物及國樂唱片，另彩色幻燈片等件。復爲同時報導國家建設實況，所有上項幻燈片之內容，除歷史文物外，并經計劃列入宗教信仰、民俗習慣、各項藝術活動，反共義士新聞，大陸災胞救助，三軍壯大實況，金馬前線景象，地方自治建設（包括選舉、議會等），土地改革，民生樂利，經濟生產建設，退除役官兵建設以及安居樂業生活，我農耕隊在國外之貢獻，青年暑期戰鬬訓練活動，教育現況，名勝古蹟等項，恇亟待各方惠予支援，共襄其成，素稔

貴　業績卓著，中外同欽，因特函請

查照賜供　貴局職掌有關之各項彩色幻燈片二十套，每套最少二十張左右（規格135）多多益善，如蒙　俞允，敬請於本年十二月底以前擲下（台北市南海路四九號國立歷史博物館）以便裝箱運交國外展覽。仍希附惠說明，俾利紹介。萬一現時尚無攝拍現場實況之機會，請自選現有圖片畫刊等翻攝。

二、敬請　賜允并覆爲荷。

57.1.2000

收文字號

丁3（386×272公厘）

《國際巡展文化箱（第一批）》，檔號 060-1-514-1-42，史博館檔案（1969.11.27）

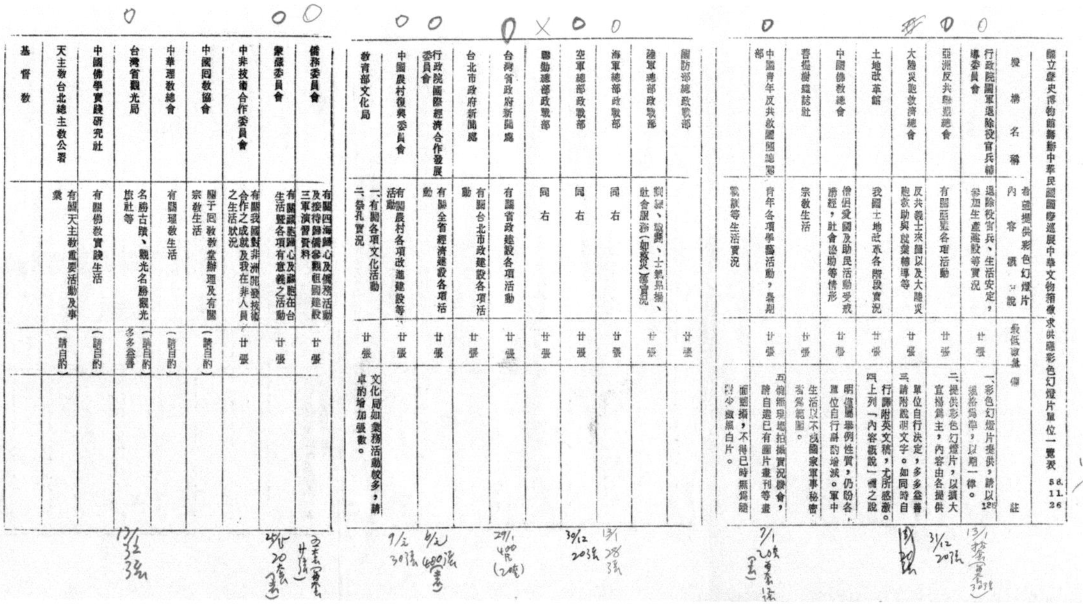

國立歷史博物館籌辦中華民國國際巡展中華文物箱徵求供應彩色幻燈片單位一覽表　58.11.26

撥辦名稱	內容概說（希望提供彩色幻燈片）	最低張數	備註
行政院國軍退除役官兵輔導委員會	退除役官兵、生活安定，參加生產建設等實況	廿張	一、彩色幻燈片提供，請以135規格爲準，以期一律。二、提供彩色幻燈片，以擴大宣揚爲主，內容由各提供單位自行決定，多多益善。三、請附說明文字。如同時自行譯附英文稿，尤所感激。四、上列「內容概說」欄之說明僅屬舉例性質，仍盼各單位自行斟酌增減。軍中生活以不洩國家軍事秘密者爲範圍。五、倘無現場拍攝實況機會，請自選已有圖片畫刊等畫面翻攝，不得已時無爲隨附少數黑白片。
亞洲反共聯盟總會	有關亞盟各項活動	廿張	
大陸災胞救濟總會	反共義士來歸以及大陸災胞救助與就業輔導等	廿張	
土地改革館	我國土地改革各階段實況	廿張	
中國佛教總會	僧侶愛國及助民活動受戒誦經，社會協助等情形	廿張	
菩提樹雜誌社	宗教生活	廿張	
中國青年反共救國團總部	青年各項學藝活動，暑期戰訓等生活實況	廿張	
國防部總政戰部		廿張	
陸軍總部政戰部	訓練、戰鬥、士氣昂揚、社會服務（如救災）等實況	廿張	
海軍總部政戰部	同右	廿張	
空軍總部政戰部	同右	廿張	
聯勤總部政戰部	同右	廿張	
台灣省政府新聞處	有關省政建設各項活動	廿張	
台北市政府新聞處	有關台北市政建設各項活動	廿張	
行政院國際經濟合作發展委員會	有關全省經濟建設各項活動	廿張	
中國農村復興委員會	有關農村各項改進建設等活動	廿張	
教育部文化局	一、有關各項文化活動 二、祭孔實況	廿張	文化局如業務活動較多，請卓酌增加張數。
僑務委員會	有關四海歸心及僑務活動及接待歸僑參觀祖國建設三軍演習資料	廿張	
蒙藏委員會	有關藏胞歸心及藏胞在台生活暨各項有意義之活動	廿張	
中非技術合作委員會	有關我國對非洲開發技術合作之成就及我在非人員之生活狀況	廿張	
中國回教協會	關于回教教堂辦理及有關宗教生活	（請自酌）	
中華理教總會	有關理教生活	（請自酌）	
台灣省觀光局	名勝古蹟、觀光名勝觀光旅社等	（請自酌）多多益善	
中國佛學實踐研究社	有關佛教實踐生活	（請自酌）	
天主教台北總主教公署	有關天主教重要活動及事業	（請自酌）	
基督教			

《國際巡展文化箱（第一批）》，檔號 060-1-514-1-42，史博館檔案（1969.11.27）
附件：國立歷史博物館籌辦中華民國國際巡展中華文物箱徵求供應彩色幻燈片單位一覽表（1969.11.26）

六．文物箱展品徵集案（郵票類：一九六九年十一月）

《國際巡展文化箱（第一批）》 檔號 060-1-514-1-41，史博館檔案

受文者：交通部郵政總局

文　別：函（稿）　　發文者：史博館

日　期：中華民國伍捌年拾壹月廿捌日

文　號：（58）台博研字第909號

事　由：爲請供應郵票俾作國際巡展由。

一、本館頃籌辦國際巡展「中華文物箱」一種，專供我駐外各使館備供中國留學生、僑團等文化活動或參加各項中心型展覽所需。箱內展品，均係代表國家宣揚文化，以最高標準從事徵集。其內容概分一般展品、仿古器物、古今名畫、國內各種活動彩色幻燈片、國樂唱片等。惟爲促使全球各國人士、華僑及中國留學生，對我郵政事業之卓著績效，以及從各種郵票中了然我國之進步，有所體認，并期增進中國郵票國際地位及廣泛蒐集之興趣。擬請貴局供贈精美郵票十二份，每份四框（每框面積爲五〇×八〇公分，框由本館自製）。在實施國際巡展時，自當註明該項郵票係貴局特別供應者。事關國家文化之宣揚，敬請賜予俯允供應，至深感幸。

二、敬請查照惠辦見覆爲荷。

館長　王〇〇

檔案說明

一、一九六九年，本館為充實第一批中華文物箱內容，除向各機關單位徵集文物之外，因為郵票亦為國家文化表徵，從各種郵票中可了解我國經濟社會的進步實況，因此亦請交通部郵政總局提供精美郵票十二份，於文物箱實施國際巡展時一併展出。

二、交通部郵政總局提供郵票供海外巡展，成為中華文物箱之必要展品，日後每批文物箱均見郵票參展。

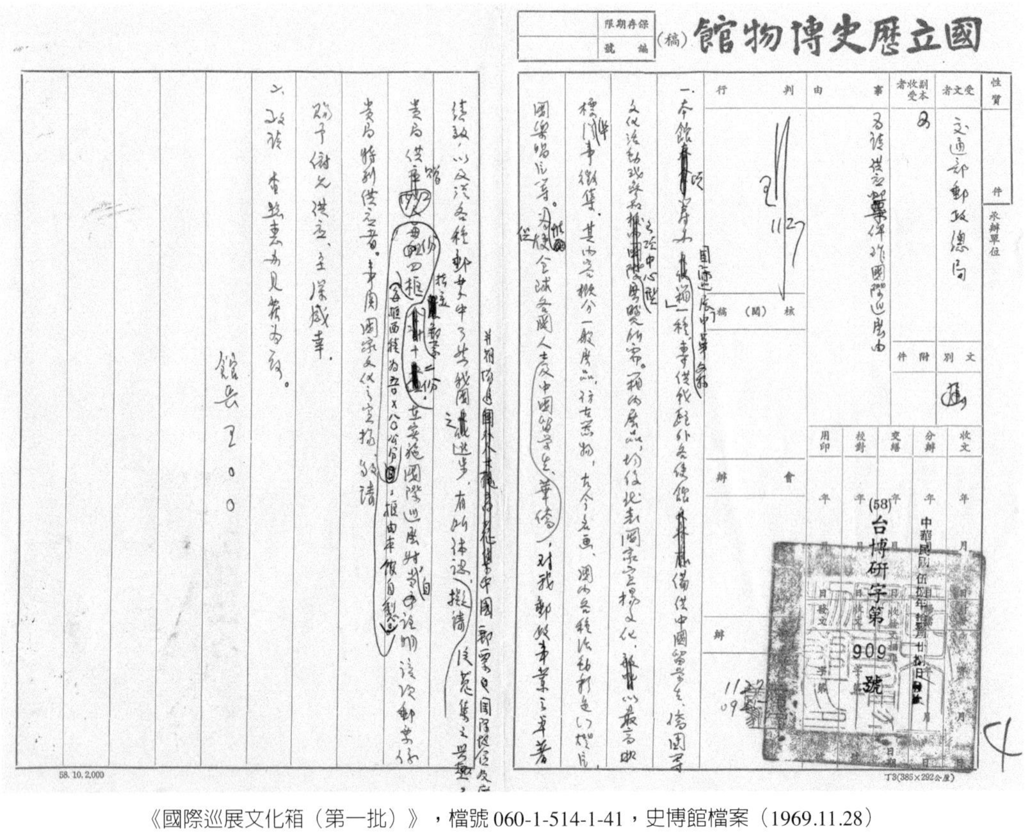

《國際巡展文化箱（第一批）》，檔號 060-1-514-1-41，史博館檔案（1969.11.28）

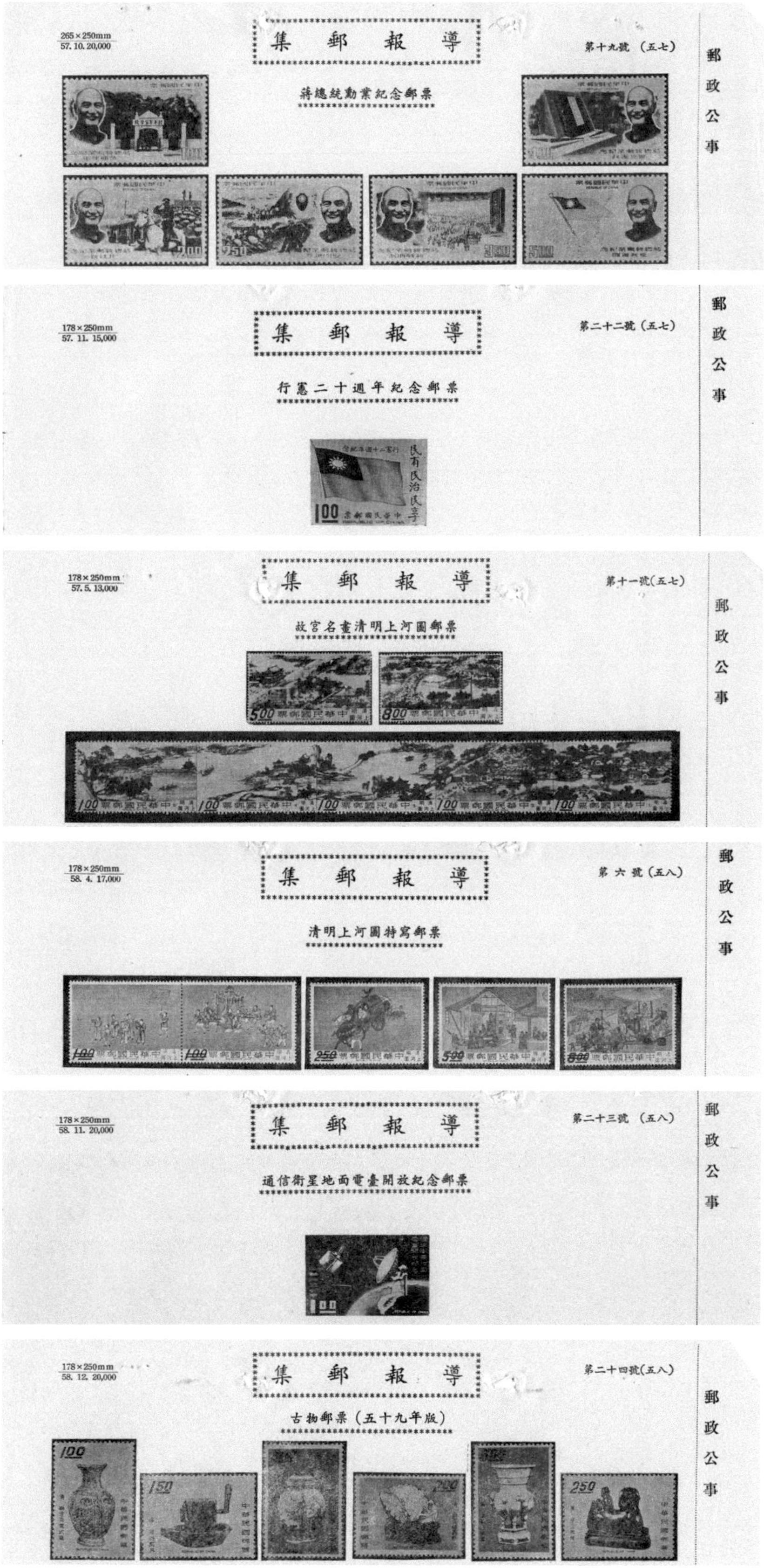

《國際巡展文化箱（第一批）》，檔號 060-1-514-1-41，史博館檔案（1969.11.28）
附件：交通部郵政總局提供史博館第一批中華文物箱郵票用以展示

七．文物箱展品徵集案（各單位回復：一九六九年十二月至一九七〇年四月）

《國際巡展文化箱（第一批）》史博館檔案

檔號	
060-1-514-1-40	發文者：蒙藏委員會
060-1-514-1-33	發文者：行政院國軍退除役官兵輔導委員會
060-1-514-1-31	發文者：臺灣省觀光事業管理局
060-1-514-1-28	發文者：臺灣省政府新聞處
060-1-514-1-23	發文者：交通部郵政總局
060-1-514-1-34	發文者：亞洲人民反共聯盟中華民國總會
060-1-514-1-37	發文者：聯合勤務總司令部政戰部
060-1-514-1-36	發文者：空軍總司令部政治作戰部
060-1-514-1-32	發文者：中國農村復興聯合委員會
060-1-514-1-06	發文者：交通部郵政總局
060-1-514-1-29	發文者：僑務委員會

檔案說明

此十一案為本館為豐富第一批中華文物箱內容，函請有關單位提供相關展品赴外展出，各單位之回函（回復（58）臺博研字第八九七號函）。自一九六九年十二月起至一九七〇年一月間，計有蒙藏委員會、行政院國軍退除役官兵輔導委員會、臺灣省觀光事業管理局、臺灣省政府新聞處、交通部郵政總局、亞洲人民反共聯盟中華民國總會、聯合勤務總司令部、空軍總司令、中國農村復興聯合委員會、僑務委員會等十個單位提供幻燈片、圖片及郵票；唯有聯勤總部因軍需生產、兵工擴建等涉及保密範圍，不予提供。

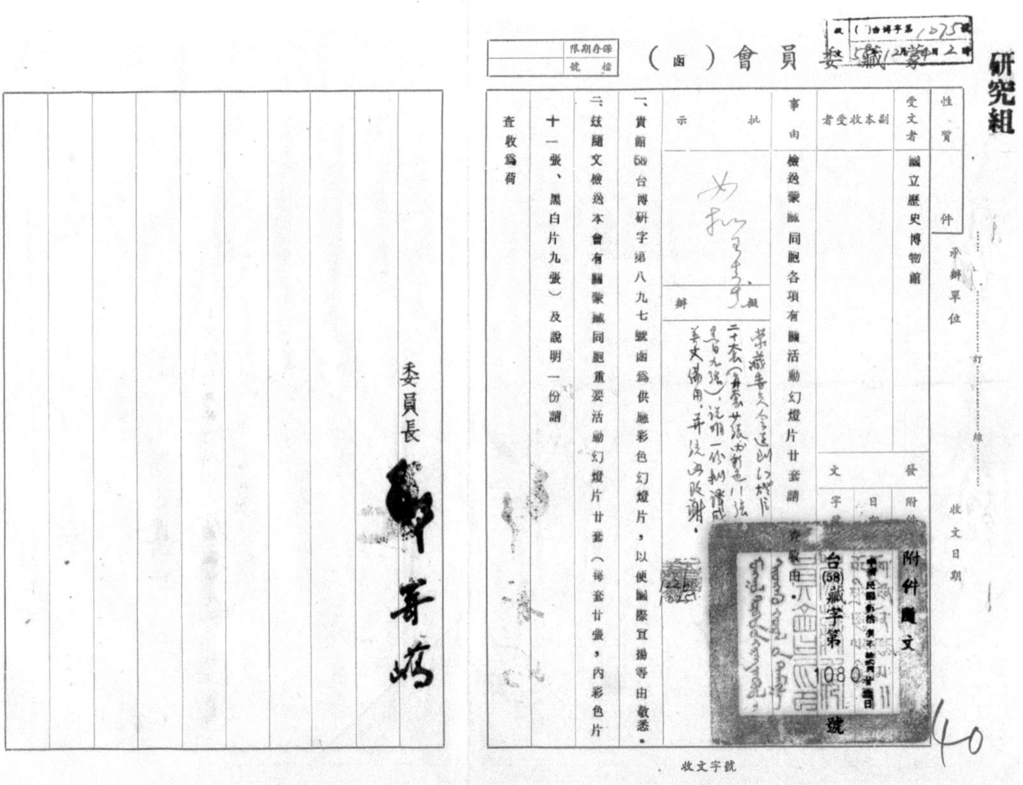

研究組

蒙藏委員會（函）

保存期限	
檔號	

性質：件
受文者：國立歷史博物館
副本收受者：
事由：檢送蒙藏同胞各項有關活動幻燈片廿套請查收由。
批示：
擬辦：
發文：日期、字號（附件）：台(58)藏字第1080號
附件：附件隨文

一、貴館58台博研字第八九七號函爲供應彩色幻燈片，以便國際宣揚等由敬悉。

二、茲隨文檢送本會有關蒙藏同胞重要活動幻燈片廿套（每套廿張，內彩色片十一張、黑白片九張）及說明一份請查收爲荷

委員長　郭寄嶠

收文日期
收文字號

《國際巡展文化箱（第一批）》，檔號 060-1-514-1-40，史博館檔案（1969.12.23）

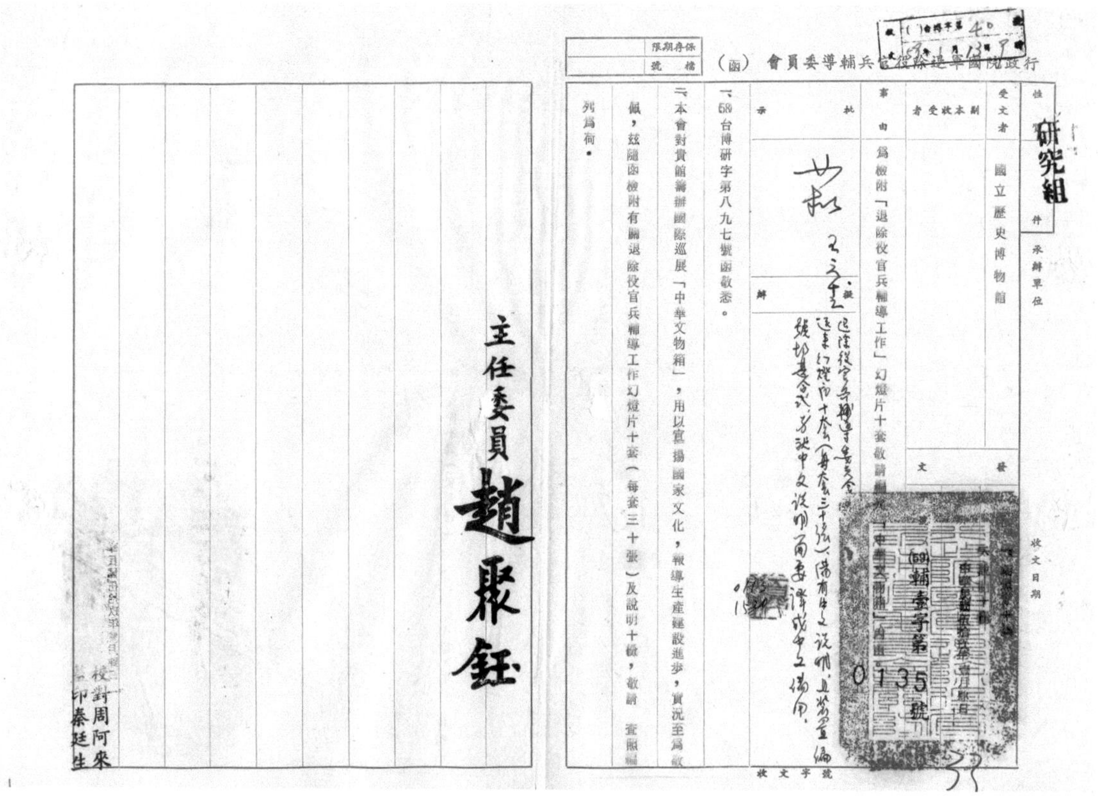
行政院國軍退除役官兵輔導委員會（函）

受文者：國立歷史博物館

事由：爲檢附「退除役官兵輔導工作」幻燈片十套敬請

一、58台博研字第八九七號函敬悉。

二、本會對貴館籌辦國際巡展「中華文物箱」，用以宣揚國家文化，報導生產建設進步，實況至爲欽佩，茲隨函檢附有關退除役官兵輔導工作幻燈片十套（每套三十張）及說明十份，敬請 查照編列爲荷。

主任委員 趙聚鈺

(59)輔秦字第0135號

校對 周阿來
監印 秦廷生

《國際巡展文化箱（第一批）》，檔號 060-1-514-1-33，史博館檔案（1970.01.04）

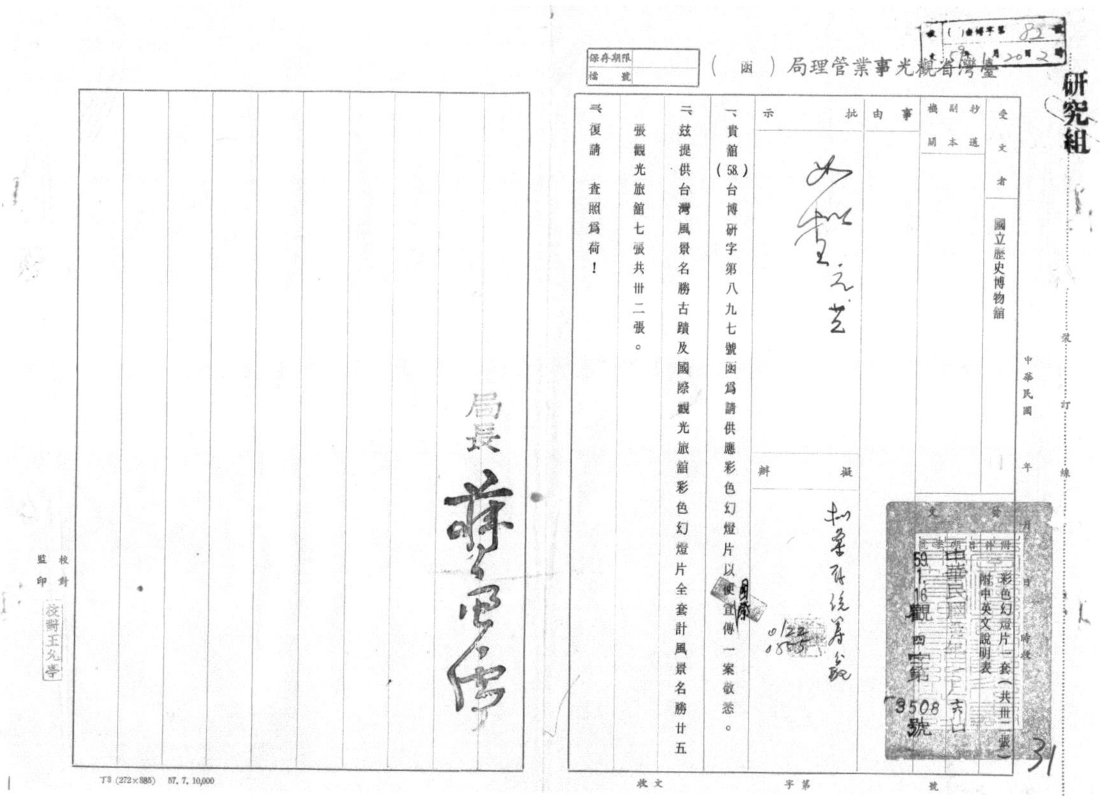
臺灣省觀光事業管理局（函）

受文者：國立歷史博物館

一、貴館（58）台博研字第八九七號函爲請供應彩色幻燈片以便宣傳一案敬悉。

二、茲提供台灣風景名勝古蹟及國際觀光旅館彩色幻燈片全套計風景名勝廿五張觀光旅館七張共卅二張。

三、復請 查照爲荷！

局長

附件：彩色幻燈片一套（共卅二張）附中英文說明表

59.1.16 觀四字第3508號

校對 監印

《國際巡展文化箱（第一批）》，檔號 060-1-514-1-31，史博館檔案（1970.01.16）

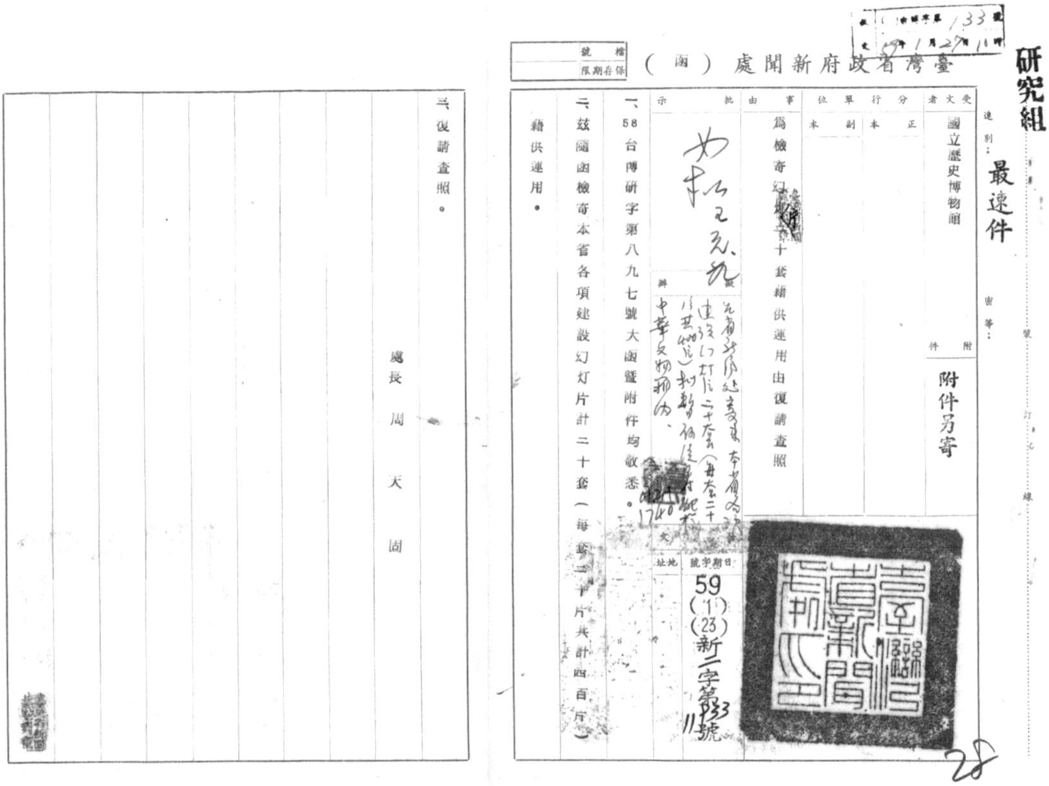
臺灣省政府新聞處（函）

受文者：國立歷史博物館

速別：最速件

附件：附件另寄

事由：爲檢奇幻燈片二十套藉供運用由復請查照

一、58台博研字第八九七號大函暨附件均敬悉。

二、茲隨函檢奇本省各項建設幻燈片計二十套（每套二十片共計四百片）藉供運用。

三、復請查照。

處長 周天固

研究組

《國際巡展文化箱（第一批）》，檔號 060-1-514-1-28，史博館檔案（1970.01.23）

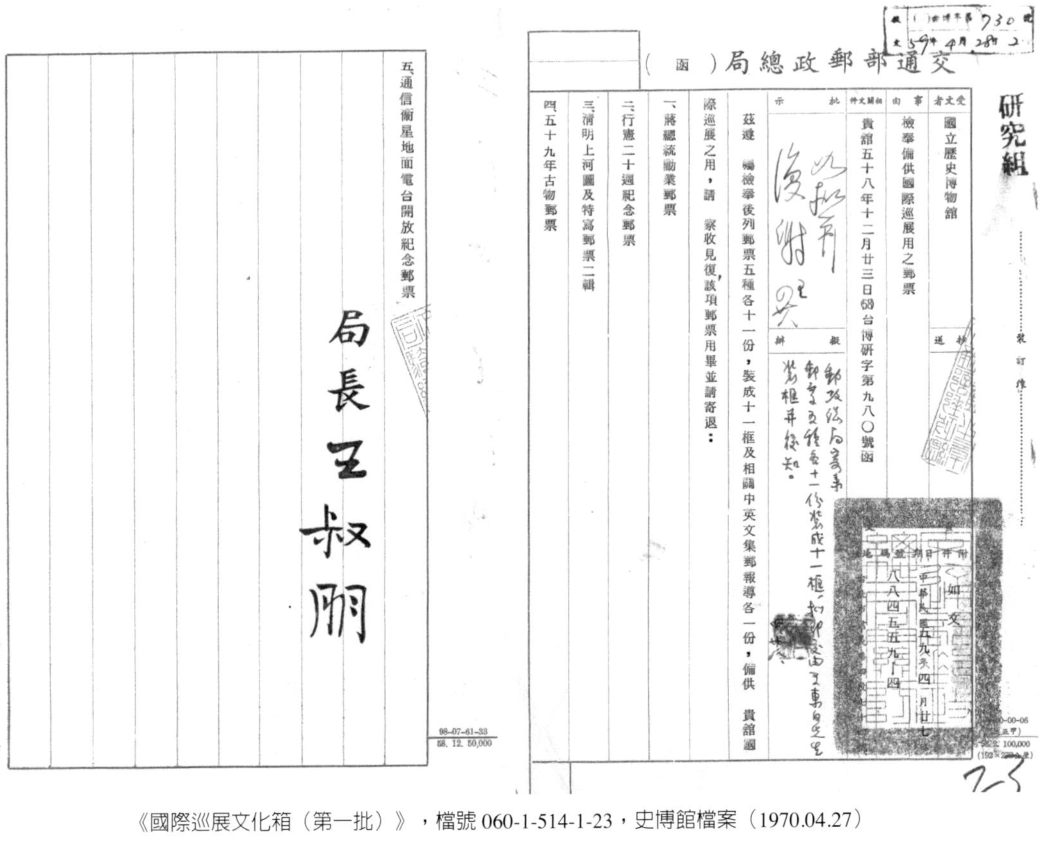
交通部郵政總局（函）

受文者：國立歷史博物館

事由：檢奉備供國際巡展用之郵票

貴館五十八年十二月廿三日(58)台博研字第九八〇號函

茲遵囑檢奉後列郵票五種各十一份，裝成十一框及相關中英文集郵報導各一份，備供 貴館國際巡展之用，請 察收見復，該項郵票用畢並請寄退：

一、蔣總統勳業郵票

二、行憲二十週紀念郵票

三、清明上河圖及特高郵票二組

四、五十九年古物郵票

五、通信衛星地面電台開放紀念郵票

局長 王叔銘

研究組

《國際巡展文化箱（第一批）》，檔號 060-1-514-1-23，史博館檔案（1970.04.27）

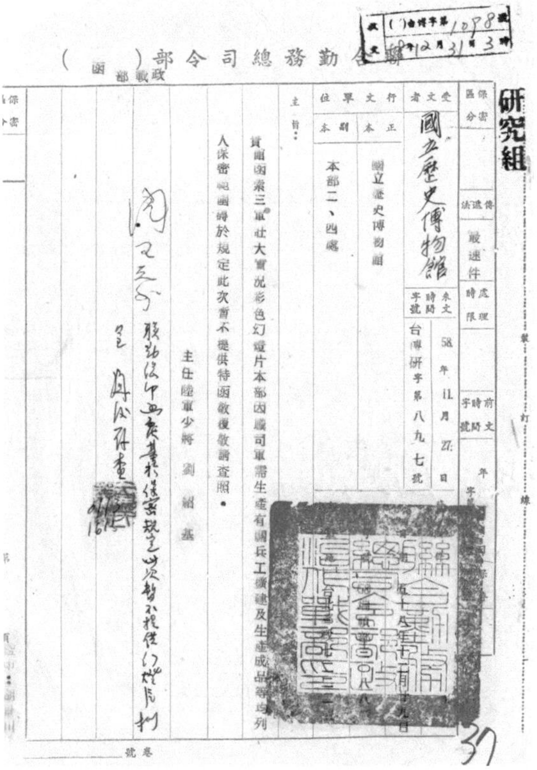
聯合勤務總司令部（函）

受文者：國立歷史博物館

主旨：貴館函索三軍壯大實況彩色幻燈片本部因屬司軍需生產有關兵工修建及生產成品等均列入保密範圍礙於規定此次暫不提供特函敬復敬請查照。

主任陸軍少將 劉 鑫

《國際巡展文化箱（第一批）》，檔號 060-1-514-1-37，史博館檔案（1969.12.29）

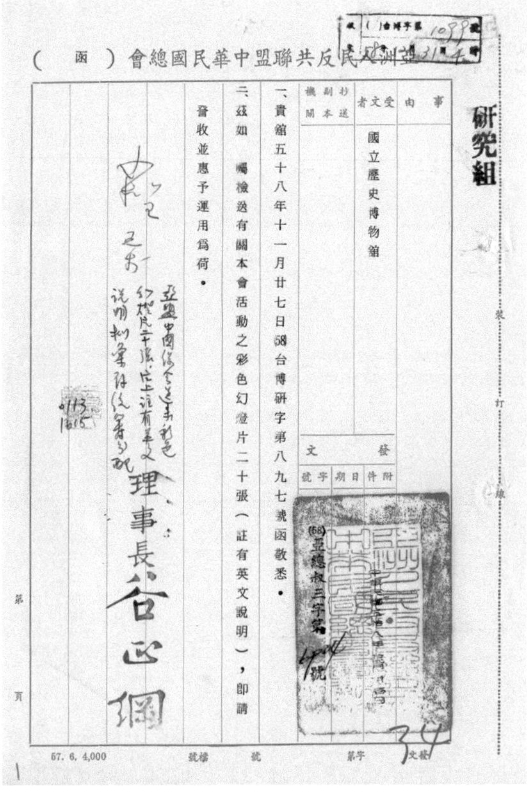
亞洲人民反共聯盟中華民國總會（函）

受文者：國立歷史博物館

一、貴館五十八年十一月廿七日68台博研字第八九七號函敬悉。

二、茲如囑檢送有關本會活動之彩色幻燈片二十張（註有英文說明），即請查收並惠予運用爲荷。

理事長谷正綱

《國際巡展文化箱（第一批）》，檔號 060-1-514-1-34，史博館檔案（1969.12.01）

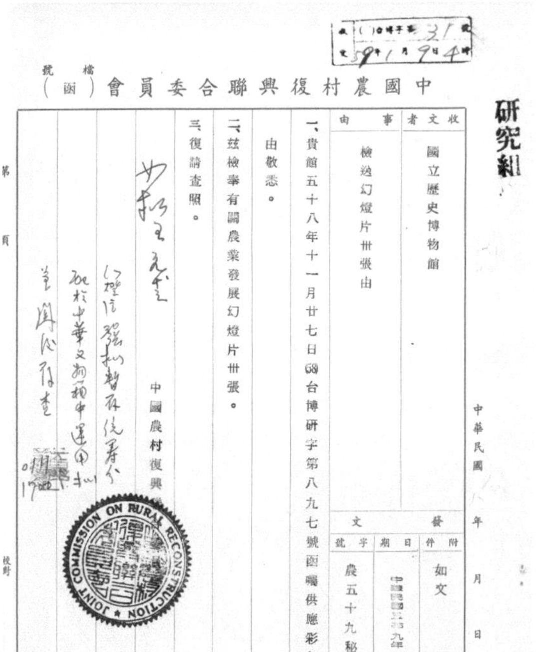
中國農村復興聯合委員會（函）

收文者：國立歷史博物館

事由：檢送幻燈片卅張由

一、貴館五十八年十一月廿七日68台博研字第八九七號函囑供應彩色幻燈片等由敬悉。

二、茲檢奉有關農業發展幻燈片卅張。

三、復請查照。

中國農村復興聯合委員會

發文：農五十九秘字第1147號

《國際巡展文化箱（第一批）》，檔號 060-1-514-1-32，史博館檔案（1970.01.09）

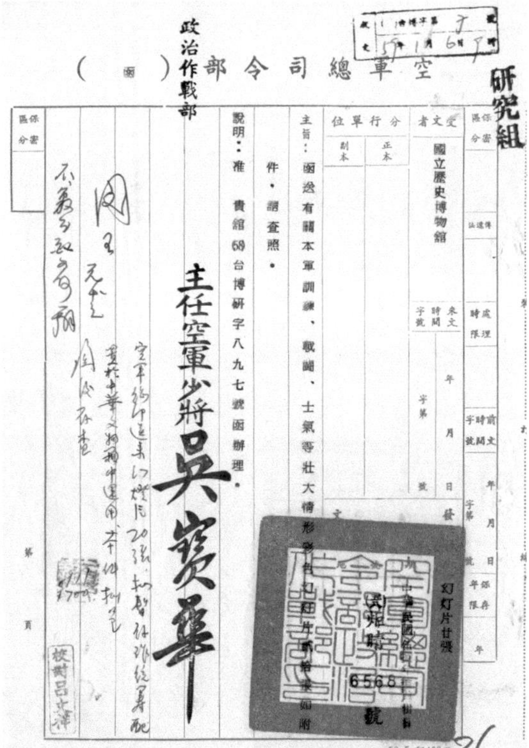
空軍總司令部（函）政治作戰部

受文者：國立歷史博物館

主旨：函送有關本軍訓練、戰鬥、士氣等壯大情形彩色幻燈片件，請查照。

說明：准 貴館68台博研字八九七號函辦理。

主任空軍少將吳寶華

幻燈片廿張

《國際巡展文化箱（第一批）》，檔號 060-1-514-1-36，史博館檔案（1969.12.30）

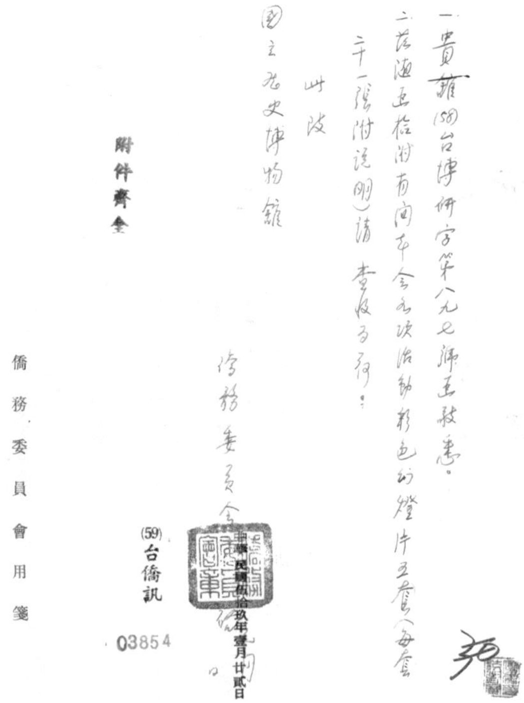
一、貴館(58)台博研字第八九七號函敬悉。
二、茲隨函檢附有關本會各項活動彩色幻燈片五套（每套二十一張附說明）請 查收為荷。
此致
國立歷史博物館
僑務委員會
附件齊全
(59)台僑訊
03854
中華民國伍拾玖年壹月廿貳日
僑務委員會用箋

《國際巡展文化箱（第一批）》，檔號 060-1-514-1-29，史博館檔案（1970.01.22）

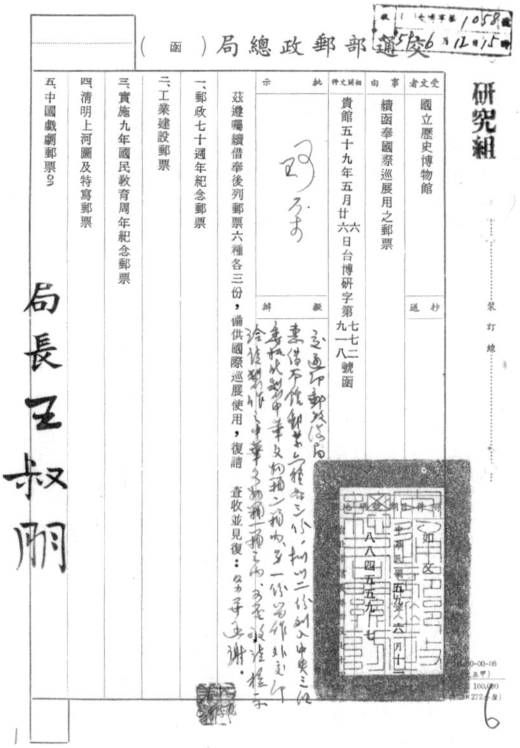
交通部郵政總局（函）
研究組
受文者：國立歷史博物館
事由：續函奉國際巡展用之郵票
相關文件：貴館五十九年五月廿六日台博研字第九七一七八二號函
茲遵囑續借奉後列郵票六種各三份，備供國際巡展使用，復請 查收並見復：
一、郵政七十週年紀念郵票
二、工業建設郵票
三、實施九年國民教育周年紀念郵票
四、清明上河圖及特寫郵票
五、中國戲劇郵票
局長 王叔銘

《國際巡展文化箱（第一批）》，檔號 060-1-514-1-06，史博館檔案（1970.06.11）

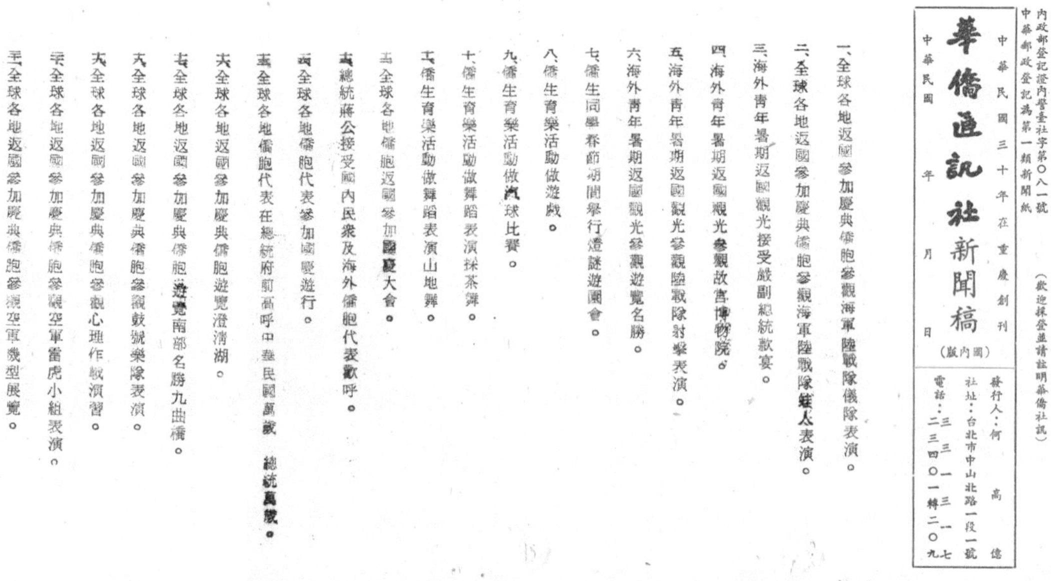
內政部登記證內營臺社字第〇八一號
中華郵政登記為第一類新聞紙
華僑通訊社新聞稿
中華民國三十年在重慶創刊
中華民國 年 月 日
（版內國）
發行人：何高億
社址：台北市中山北路一段一號
電話：三三一三二〇 二三四〇一轉二九七
（歡迎採登並請註明華僑社訊）

一、全球各地返國參加慶典僑胞參觀海軍陸戰隊儀隊表演。
二、全球各地返國參加慶典僑胞參觀海軍陸戰隊蛙人表演。
三、海外青年暑期返國觀光接受嚴副總統款宴。
四、海外青年暑期返國觀光參觀故宮博物院。
五、海外青年暑期返國觀光參觀陸戰隊射擊表演。
六、海外青年暑期返國觀光參觀遊覽名勝。
七、僑生同學春節期間舉行燈謎遊園會。
八、僑生育樂活動做遊戲。
九、僑生育樂活動做汽球比賽。
十、僑生育樂活動做舞蹈表演採茶舞。
十一、僑生育樂活動做舞蹈表演山地舞。
十二、全球各地僑胞返國參加國慶大會。
十三、總統蔣公接受國內民衆及海外僑胞代表歡呼。
十四、全球各地僑胞代表參加國慶遊行。
十五、全球各地僑胞代表在總統府前高呼中華民國萬歲 總統萬歲。
十六、全球各地返國參加慶典僑胞遊覽澄清湖。
十七、全球各地返國參加慶典僑胞遊覽南部名勝九曲橋。
十八、全球各地返國參加慶典僑胞參觀鼓號樂隊表演。
十九、全球各地返國參加慶典僑胞參觀心理作戰演習。
二十、全球各地返國參加慶典僑胞參觀空軍雷虎小組表演。
二十一、全球各地返國參加慶典僑胞參觀空軍機型展覽。

《國際巡展文化箱（第一批）》，檔號 060-1-514-1-29，史博館檔案（1970.01.22）
附件：僑務委員會各項活動之彩色幻燈片清單

《國際巡展文化箱（第一批）》檔號 060-1-514-1-27，史博館檔案

受文者：駐霍斯敦總領事館　　副本：駐美大使館、史博館
文　別：代電　　發文者：外交部
日　期：中華民國伍拾玖年貳月拾捌日
文　號：外（59）情二第 2762 號
事　由：關於製發展覽箱事。

駐霍斯敦總領事館：一、關於製發展覽箱事，該館本年元月廿九日霍（59）字第〇〇一〇四號代電悉。二、本案頃准國立歷史博物館告稱：該館已訂製「中華文物箱」若干個，將於近期內運交駐美大使館運用。箱內展品包括古物古畫之複製品、仿製品或圖片以及幻燈片、國樂唱片、郵票等，可供一百平方呎場地展出之用。駐美各總領館需用時可逕向駐美大使館洽取運用等語。四、復希知照。外交部（情）。副本抄送國立歷史博物館、駐美大使館。

部長　魏道明

檔案說明

本案為一九七〇年外交部代電並副知本館，復駐霍斯敦（今休士頓）總領事館有關本館製發中華文物箱一事。本館告稱已訂製中華文物箱若干個，且於近期內將運交駐美大使館運用。請駐美各總領事館需用時，可逕向駐美大使館洽借。

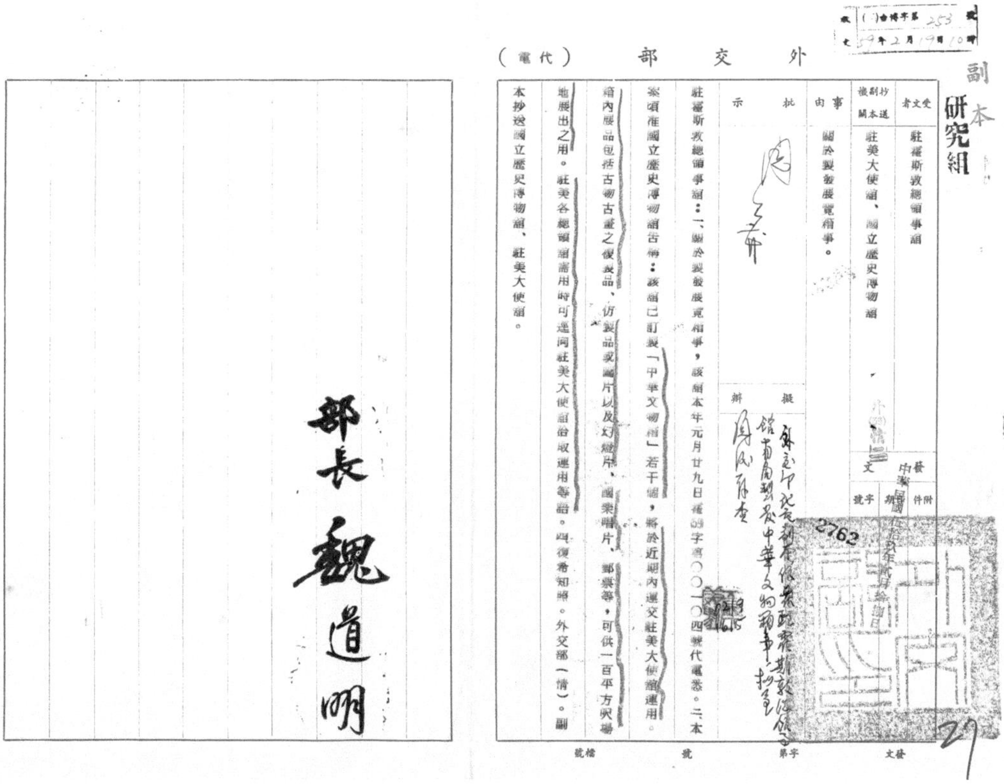

外交部（代電）

受文者：駐霍斯敦總領事館
副本抄送：駐美大使館、國立歷史博物館
事由：關於製發展覽箱事。

駐霍斯敦總領事館：一、關於製發展覽箱事，該館本年元月廿九日霍(59)字第〇〇一〇四號代電悉。二、本案頃准國立歷史博物館告稱：該館已訂製「中華文物箱」若干個，將於近期內運交駐美大使館運用。箱內展品包括古物古畫之複製品、仿製品或圖片以及幻燈片、國樂唱片、郵票等，可供一百平方呎場地展出之用。駐美各總領館需用時可逕向駐美大使館洽取運用等語。四、復希知照。外交部（情）。副本抄送國立歷史博物館、駐美大使館。

部長　魏道明

《國際巡展文化箱（第一批）》，檔號 060-1-514-1-27，史博館檔案（1970.02.18）

九．文物箱海外分配案（祕魯：一九七〇年三月）

《國際巡展文化箱（第一批）》 檔號 060-1-514-1-26，史博館檔案

受文者：國立歷史博物館王館長宇清同志　副本：中央第三組
文　別：函　發文者：鍾皎光
日　期：中華民國伍拾玖年叁月廿叁日
文　號：台（59）皎文第 4287 號
事　由：轉准秘魯大使館函請早日寄發文化箱一套以便配合展覽運用由。
一、准中央委員會第三組五十九年二月廿六日海四（59）字第一二九六號函：「一、准駐秘魯大使館函告：茲以此間中華文化復興運動委員會秘魯分會擬在近期成立『文化沙龍』，幷展開宣傳活動，亟需文化箱一套，以便配合展覽運用等語。二。查文化箱海外各地需要甚急，擬請早日籌置完成，以應海外中華文化復興之需。敬請查照幷將可能寄發日期預告，以便轉復該館爲荷。」
二、請查照逕復爲荷。

鍾皎光

《國際巡展文化箱（第一批）》 檔號 060-1-514-1-24，史博館檔案

受文者：中華文化復興運動推行委員會　副本：行政院新聞局、史博館
文　別：函　發文者：教育部
日　期：中華民國伍拾玖年叁月廿柒日
文　號：台（59）化第 6325 號
事　由：爲轉囑洽借故事影片暨國立歷史博物館所設計之文化箱寄秘一套事，復請查照由。
一、貴會五十（九）年三月四日文興（五九）推字第〇〇七四號大函敬悉。
二、轉囑洽借故事影片暨國立歷史博物館所設計之文化箱寄秘一套一節，自應照辦。惟查國外宣傳故事影片業務，係行政院新聞局主管，至文化箱部份，本部正積極籌劃辦理中，近期尚難分贈各地使館。
三、復請查照爲荷。

部長　鍾皎光

檔案說明

第一案為中國國民黨從政黨員文書，教育部部長鍾皎光以「從政黨員」身分發函本館館長王宇清，有關我國駐秘魯大使館及其他海外各地皆亟需中華文物箱用以展示，宣揚傳統文化，以響應國內中華文化復興政策。本館以館長王宇清名義函復，中華文化箱內部古器物仿製品之製作人楊英風（註 1.）、王東白（註 2.）等人，因趕製三月在日本大阪舉行的萬國博覽會展示器物，致不能早日籌製完成文物箱如期交付，現正積極辦理中，預期五月間可以寄發。至如何分配，仍應請國際文教處決定辦理。

第二案為一九七〇年教育部函中華文化復興運動推行委員會，有關中華文物箱需求一套寄祕魯乙事，顯示當時我國在海外亟需宣傳工具之實況。

註：

1. 楊英風（一九二六－一九九七），臺灣宜蘭人。涉獵傳統書畫、建築、雕塑等藝術，為臺灣首屈一指的前輩藝術家，亦為國際知名的藝術家。與本館情誼深厚，一九五五年即大力協助館方創館工程，製作敦煌石窟壁畫室；一九五七年至一九六七年多次代表本館參加「巴西聖保羅藝術雙年展」；一九六〇年舉辦首次雕塑版畫個展，開鄉土前衛之風，且作品為館方珍藏；一九六二年代表參加「現代繪畫赴美展覽預展」；一九七〇年運用五行相生相剋手法和天人合一觀點，規劃設計館方庭園景觀。（資料來源：楊英風美術館網站、史博館檔案）
2. 王東白（一九二四－），江蘇泰縣人。曾就讀江蘇京江藝專，從姚夢谷等人學習書畫，於西畫、工藝均有基礎。來臺後專研裝飾設計，一九五九年研究青銅器複製砂模法，鑄成商周兵器二十四種、商罍、簋、尊、壺、觚、鼎、匜等古代文物。與本館情誼深厚，曾協助館方複製商周銅器等館藏品於國內外展出，及製作中華文物箱青銅類展品輸出海外。本館著名的「北京人生態展」（一九七六－一九九二）之北京猿人展品，唯妙唯肖，亦出其手。（資料來源：王東白提供、史博館檔案）

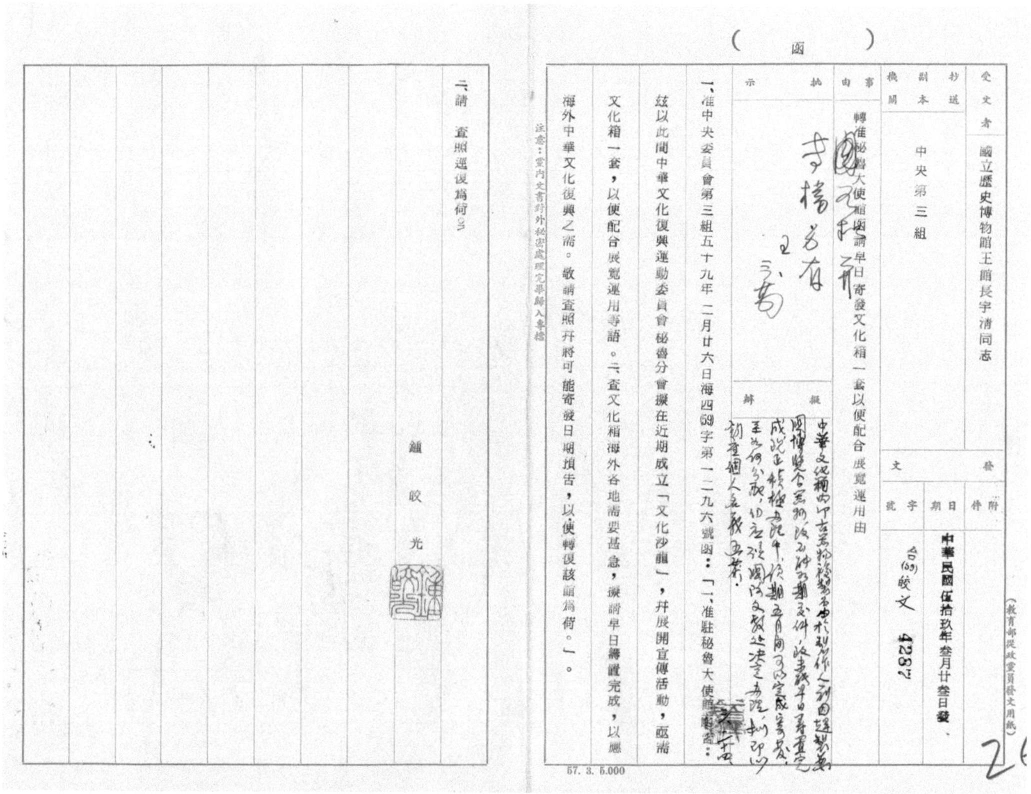

（函）

受文者：國立歷史博物館王館長宇清同志

抄送副本機關：中央第三組

事由：轉准秘魯大使館函請早日寄發文化箱一套以便配合展覽運用由

發文 附件 日期：中華民國伍拾玖年叁月廿叁日發 字號：台(59)皎文 4287

（教育部從政黨員發文用紙）

一、准中央委員會第三組五十九年二月廿六日海四(59)字第一二九六號函：「一、准駐秘魯大使館函：兹以此間中華文化復興運動委員會秘魯分會擬在近期成立「文化沙龍」，并展開宣傳活動，亟需文化箱一套，以便配合展覽運用等語。二、查文化箱海外各地需要甚急，擬請早日籌置完成，以應海外中華文化復興之需。敬請查照并將可能寄發日期見告，以便轉復該館為荷。」。

二、請 查照逕復為荷。

鍾皎光

注意：黨內文書對外秘密處理完畢歸入專檔

57. 3. 5,000

《國際巡展文化箱（第一批）》，檔號 060-1-514-1-26，史博館檔案（1970.03.23）

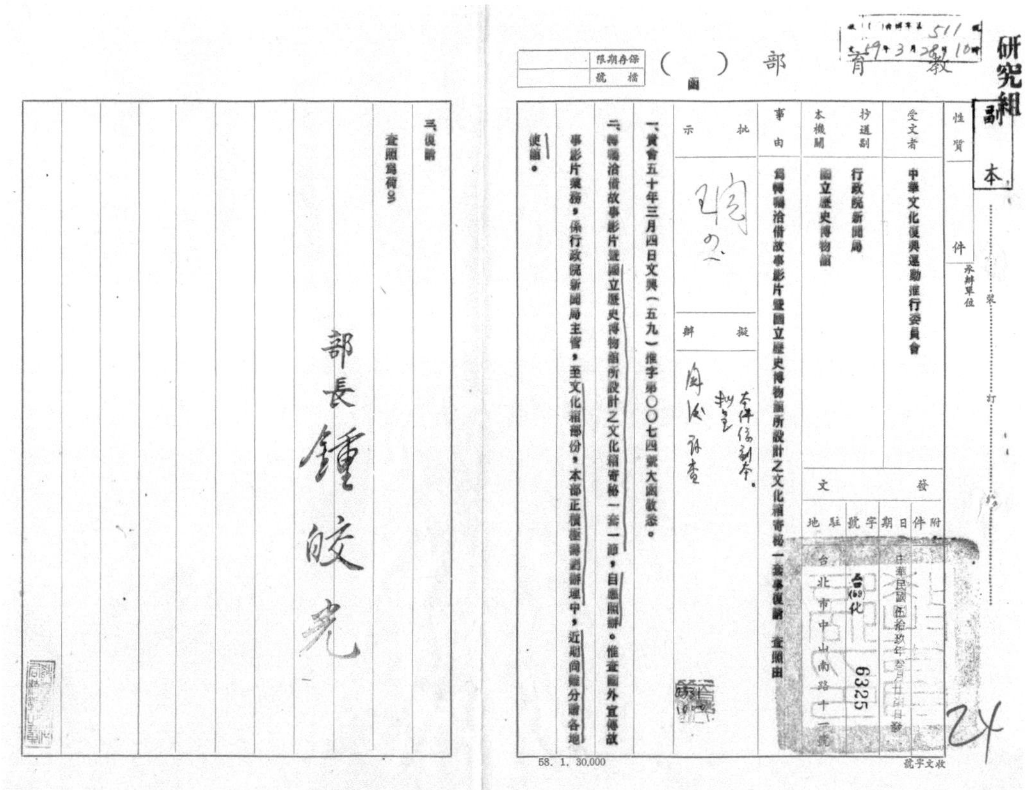

教育部（函）

保存期限	
檔號	

受文者：中華文化復興運動推行委員會

抄送副本：行政院新聞局

本機關：國立歷史博物館

事由：為轉囑洽借故事影片暨國立歷史博物館所設計之文化箱寄秘一套事復請 查照由

發文 附件 日期：中華民國伍拾玖年叁月（日期看不清）日發 字號：台(59)化 6325 駐地：台北市中山南路十一號

一、貴會五十年三月四日文興（五九）推字第〇〇七四號大函敬悉。

二、轉囑洽借故事影片暨國立歷史博物館所設計之文化箱寄秘一套一節，自應照辦。惟查國外宣傳故事影片業務，係行政院新聞局主管，至文化箱部份，本部正積極籌劃辦理中，近期內即分寄各地使館。

三、復請 查照為荷。

部長 鍾皎光

58. 1. 30,000 收文字號

《國際巡展文化箱（第一批）》，檔號 060-1-514-1-24，史博館檔案（1970.03.27）

十、文物箱樣品預展案（第一批：一九七〇年四月）

《國際巡展文化箱（第一批）》 檔號 060-1-514-1-20，史博館檔案

受文者：交通部郵政總局

文　別：箋函　　發文者：史博館

日　期：中華民國五十九年四月三十日

文　號：（59）台博研字第七四一號

事　由：

本館奉命籌辦「中華文物箱」拾箱，每箱包括一般展品、古器物選品圖片、古今名畫選品圖片、仿製古器物、彩色幻燈片、國樂唱片、郵票等計九十七件，業已全部製備完成。茲訂於五月五日（星期二）下午四時，在台北市南海路四九號國立歷史博物館舉行預展，特函奉邀，敬希光降指導，毋任感幸。

國立歷史博物館　謹啓　四月三十日

檔案說明

本案為本館奉命完成第一批中華文物箱作業，訂於一九七〇年五月五日（星期二）下午四時，在本館舉行第一次展品成果預展，邀請外交部、教育部、僑務委員會、交通部郵政總局等相關單檢視參觀文物情形。（本檔案為發函交通部郵政總局版本）

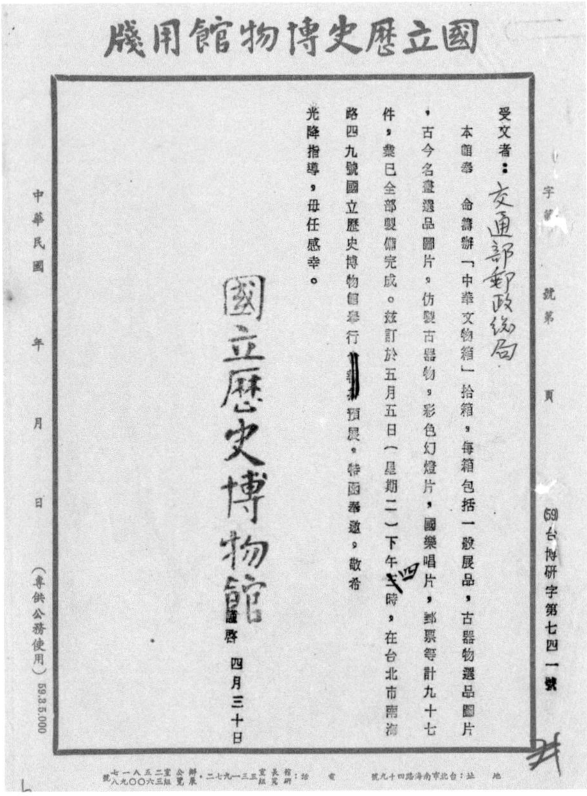

國立歷史博物館用牋

字第　號第　頁

（59）台博研字第七四一號

受文者：交通部郵政總局

本館奉　命籌辦「中華文物箱」拾箱，每箱包括一般展品，古器物選品圖片，古今名畫選品圖片，仿製古器物，彩色幻燈片，國樂唱片，郵票等計九十七件，業已全部製備完成。茲訂於五月五日（星期二）下午四時，在台北市南海路四九號國立歷史博物館舉行預展，特函奉邀，敬希光降指導，毋任感幸。

國立歷史博物館　謹啓　四月三十日

中華民國　年　月　日

（專供公務使用）59.3.5,000

《國際巡展文化箱（第一批）》，檔號 060-1-514-1-20，史博館檔案（1970.04.30）

《代辦文物箱出口案》 檔號 060-4-461-1-25，史博館檔案

受文者：國立歷史博物館
文　別：箋函　　發文者：中央委員會第三組
日　期：中華民國伍拾玖年伍月玖日
文　號：海三（59）第 2367 號
事　由：

一、貴館本年三月十七日（59）台博研字第四三三號函敬悉。
二、承惠允代製「中華文物箱」兩箱，至感。茲將有關事項奉告如次：
（一）請惠予儘速於本年六月底前製作完竣，分別寄運左列收件人備用：1. 我駐芝加哥總領事館李總領事惟岷先生收轉何維行先生收（附件(1)）。2. 我駐比利時王國大使館陳大使雄飛先生收（附件(2)）。
（二）該文物箱寄運前，請通知本組轉請有關單位派員辦理驗收手續。
（三）製作經費新台幣伍萬元，煩請派員掣據前來本組洽領。
三、覆請查照。
四、附件：（略）

此致

國立歷史博物館

中央委員會第三組

檔案說明

一、本案為中國國民黨中央委員會第三組於一九七〇年五月九日致函本館，請代製中華文物箱兩箱，並於同年六月底前完成。二、該兩箱文物將分別運往美國芝加哥總領事館轉黨務系統使用，及歐洲比利時大使館運用，製作費用新臺幣五萬元，請本館掣據向該組洽領。

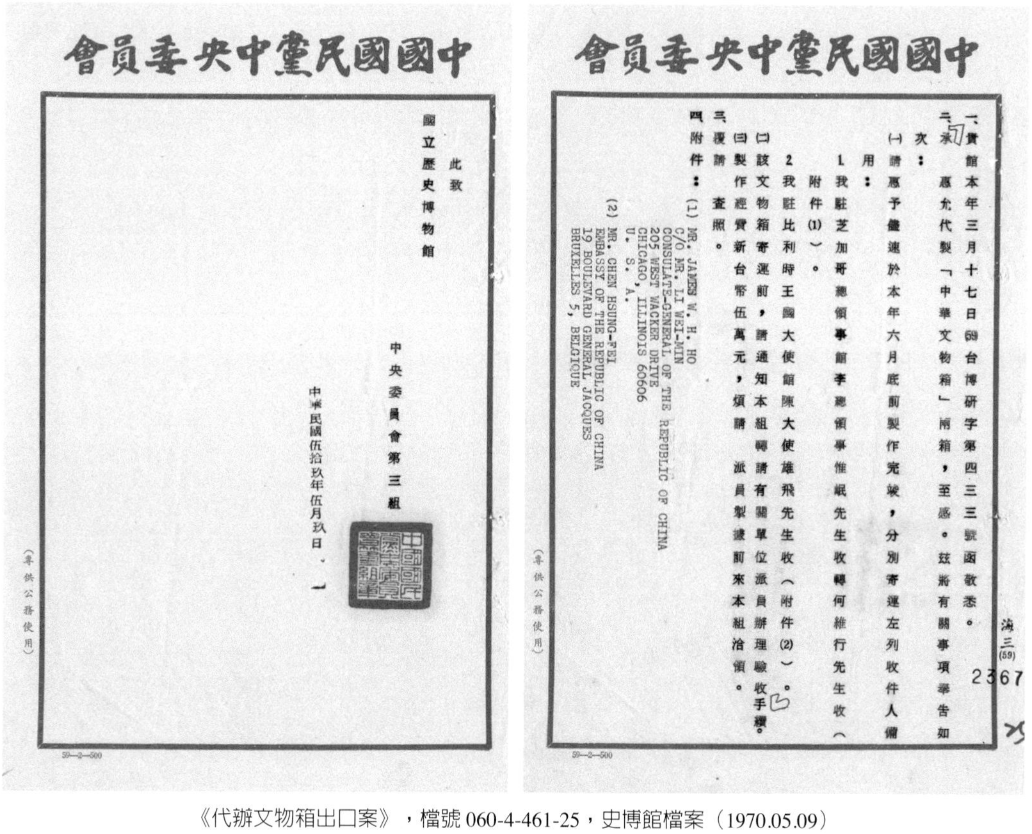
中國國民黨中央委員會

海三(59) 2367

一、貴館本年三月十七日(59)台博研字第四三三號函敬悉。
二、承惠允代製「中華文物箱」兩箱，至感。茲將有關事項奉告如次：
(一)請惠予儘速於本年六月底前製作完竣，分別寄運左列收件人備用：
1. 我駐芝加哥總領事館李總領事惟岷先生收轉何維行先生收（附件(1)）。
2. 我駐比利時王國大使館陳大使雄飛先生收（附件(2)）。
(二)該文物箱寄運前，請通知本組轉請有關單位派員辦理驗收手續。
(三)製作經費新台幣伍萬元，煩請派員掣據前來本組洽領。
三、覆請查照。
四、附件：(1) MR. JAMES W. H. HO
C/O MR. LI WEI-MIN
CONSULATE-GENERAL OF THE REPUBLIC OF CHINA
205 WEST WACKER DRIVE
CHICAGO, ILLINOIS 60606
U. S. A.
(2) MR. CHEN HSUNG-FEI
EMBASSY OF THE REPUBLIC OF CHINA
19 BOULEVARD GENERAL JACQUES
BRUXELLES 5, BELGIQUE

（專供公務使用）
59-2-500

中國國民黨中央委員會

此致
國立歷史博物館
中央委員會第三組
中華民國伍拾玖年伍月玖日

（專供公務使用）
59-2-500

《代辦文物箱出口案》，檔號 060-4-461-25，史博館檔案（1970.05.09）

十二．文物箱海外展覽案（澳洲：一九七〇年六月）

《代辦文物箱出口案》　檔號 060-4-461-1-30，史博館檔案

受文者：國立歷史博物館
文　別：函　　發文者：外交部
日　期：中華民國伍拾玖年陸月貳日
文　號：外（59）情一第 10157 號
事　由：爲擬價購「中華文物箱」一箱由。

一、據駐澳大使館本年五月十三日函略稱：該館爲應澳京國際婦女會之邀請，訂於本年七月間爲該會舉辦中華文物展覽會，惟展出之文物資料，當地甚感缺乏，因讓貴館設計之「中華文物箱」內容豐富，包含我歷史藝術文物等，專供海外小型展覽會之用，頗適合該館需要，爰擬購置一箱應用等情。

二、查現距展期爲時至爲迫近，爲應該館急需計，擬請優先檢供該文物箱一箱，惠便派員送交本部情報司收轉該館應用，需款若干，併請掣據向該司洽領。

三、相應函請查照惠辦並見覆爲荷。

部長　魏道明

檔案說明

本案為一九七〇年外交部函本館，有關駐澳大使館為辦理中華文物展覽會，然因當地缺乏歷史藝術文物資料，故亟需向本館購置中華文物箱一箱以豐富展出內容，並請外交部情報司先行收轉交該館應用。本館擬同意供給文物箱一箱，並說明製作費用新臺幣兩萬五千元，由總務組掣據向該司請款。

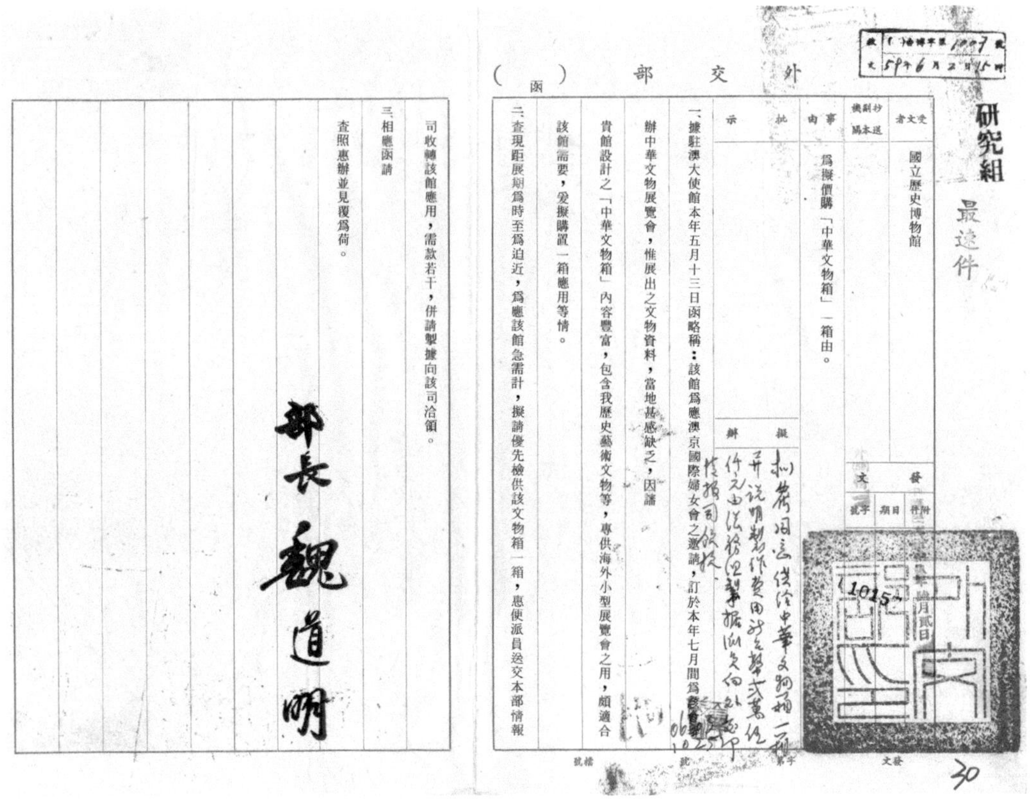

外交部（函）
受文者：國立歷史博物館
事由：爲擬價購「中華文物箱」一箱由。
一、據駐澳大使館本年五月十三日函略稱：該館爲應澳京國際婦女會之邀請，訂於本年七月間爲該會舉辦中華文物展覽會，惟展出之文物資料，當地甚感缺乏，因讓貴館設計之「中華文物箱」內容豐富，包含我歷史藝術文物等，專供海外小型展覽會之用，頗適合該館需要，爰擬購置一箱應用等情。
二、查現距展期爲時至爲迫近，爲應該館急需計，擬請優先檢供該文物箱一箱，惠便派員送交本部情報司收轉該館應用，需款若干，併請掣據向該司洽領。
三、相應函請查照惠辦並見覆爲荷。
部長　魏道明

《代辦文物箱出口案》，檔號 060-4-461-1-30，史博館檔案（1970.06.02）

《國際巡展文化箱（第一批）》　檔號 060-1-514-1-11，史博館檔案

受文者：基隆關國際貿易局　　副本：教育部、基隆港聯檢處、惠众包裝企業有限公司

文　別：函（稿）　　發文者：史博館

日　期：中華民國伍玖年捌月肆日

文　號：（59）台博總字第 1576 號

事　由：爲「中華文物箱」出口事，函請惠准放行免結匯由。

一、奉教育部本年六月二日台（58）文字第一〇五〇八號令略以：「希設置文化箱，交駐美、加、比等文化參事處運用。」等因。

二、遵經研擬具體計劃，呈准製作文化箱一種十箱，內裝歷代文物複製品，即將由基隆出口，海運我駐美大使館文參處八箱，駐比利時大使館文參處二箱。茲檢奉上項輸出物品清單七一份，敬請惠准免結匯出口，以憑分別付運。

三、於應函請查照俞允爲荷。

館長　王〇〇

檔案說明

本館製作之第一批中華文物箱十箱，已於一九七〇年八月全數完成，由基隆海運輸出，分別至我國駐美大使館文參處八箱，及駐比利時大使館文參處二箱，函請基隆關國際貿易局惠准放行免結匯事宜；由於中華文物箱展品均非商品，乃為宣揚本國文化之用，故每次運輸海外均請國貿海關單位免結匯通關，日後各批文物箱亦均有申請免結匯情形。

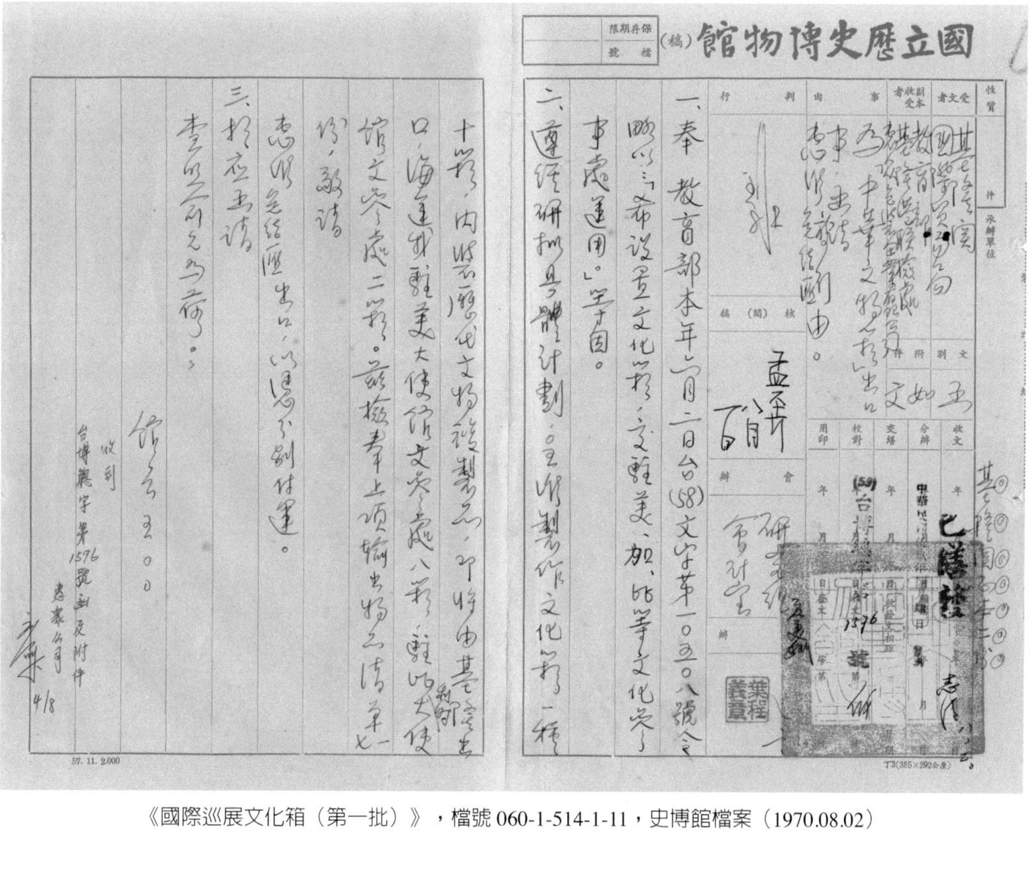
國立歷史博物館（稿）

《國際巡展文化箱（第一批）》，檔號 060-1-514-1-11，史博館檔案（1970.08.02）

十四・文物箱啓運案（第一批：一九七〇年九月）

《中華文物箱》　檔號 05900032725，教育部檔案

受文者：教育部

文　別：呈　　發文者：史博館

日　期：中華民國伍玖年玖月拾柒日

文　號：（59）台博研字第1867號

事　由：爲呈報中華文物箱啓運情形請鑒核由。

說　明：

一、前奉鈞部五八、六、二台（58）文一〇五〇八號令，籌製「中華文物箱」希妥爲辦理報部一案，經已積極策劃設計製作竣事，幷以五九、四、卅（59）台博研字第七四一號文報請鈞部，幷邀請有關單位於五月五日在本館舉行會報幷預展檢查各在卷。

二、上項「中華文物箱」拾箱，每箱包括一般展品，古器物選品圖片，古今名畫選品圖片及仿製古物陶器、銅器、玉器、漆器等項，另有彩色幻燈片郵票等計九十七件，國樂唱片一套（十張），全部製備完成，均有精美裝潢。復又將全部說明卡以中英文對照說明，中間嵌印國旗，計印製八十二種，全部裱於展品下方，避免輾轉失落訛錯之弊。其中幷備有國父遺像、總統玉照及六號尼龍質料國旗一面，復經函承行政院新聞局、台灣省新聞處、台北市新聞處贈送近期畫刊五〇本，亦均平均分配，內容充實完備，所有各項展品及裝潢，均經多日苦思試驗設計，壓縮體積，折裝便利，故甚精巧靈活，裝入長三尺、高三尺、寬二尺五寸之鐵皮箱，內襯防震防損器材，但展品可供一百平方公尺左右展場之用。

三、該項文物箱符合海空運輸之要求，且力求牢固，搬運方便，業經遵照鈞部國際文教處之指示，分別海運美國我大使館文參處八箱，比利時我大使館文參處二箱去訖。

四、謹將遵辦情形具文呈報，恭請鑒核備查。幷附呈目錄一分，運往美比兩國提單二紙（編號KBA-1、TCAW-3），鑰匙二〇枚，恭請賜就分配單位分別轉發，俾便提取運用爲禱。

國立歷史博物館館長　王宇清

檔案說明

本案為一九七〇年九月本館呈報教育部，關於奉示製作之第一批中華文物箱十箱已全數完成，並敘明箱內展品內容及其使用效能；同時，奉國際文教處指示，將分別海運至美國大使館文參處八箱，與比利時大使館文參處二箱，於海外運用展出事宜。

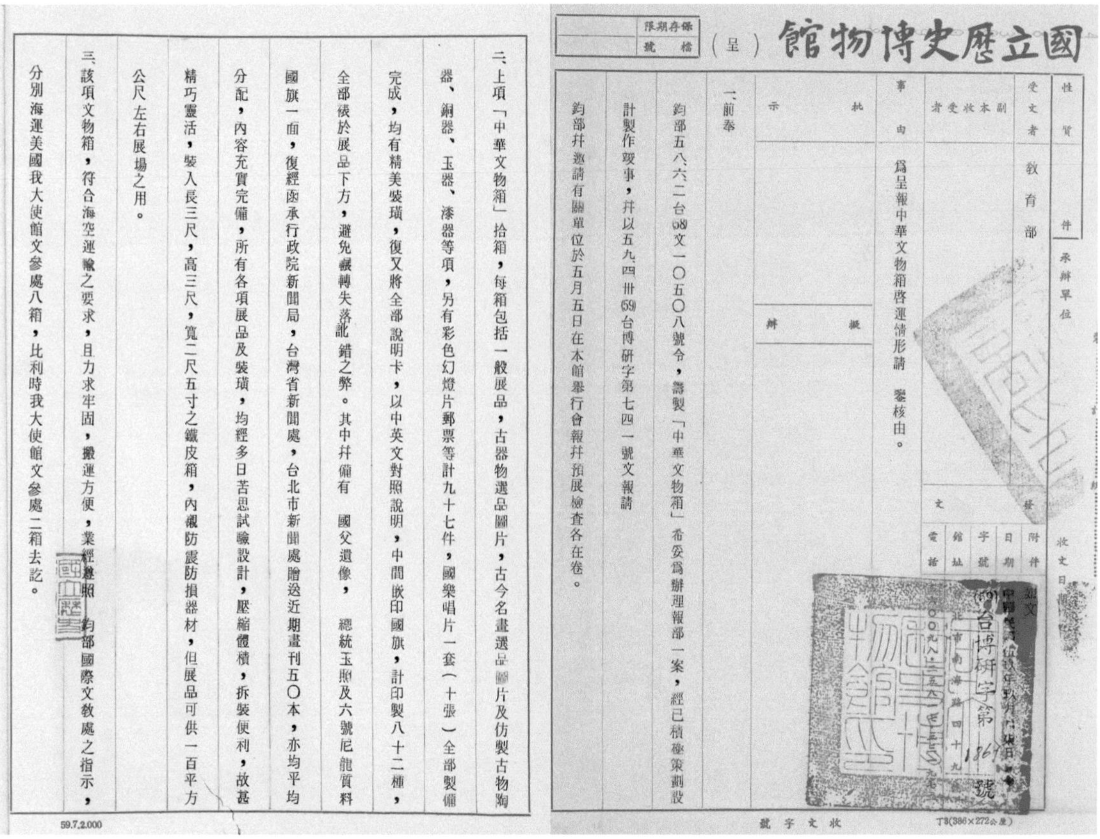

國立歷史博物館（呈）

保存期限
檔號

受文者：教育部
副本收受者：
事由：為呈報中華文物箱啓運情形請 鑒核由。

一、前奉
鈞部五八、六、二台(58)文一〇五〇八號令，籌製「中華文物箱」希妥為辦理報部一案，經已積極策劃設計製作竣事，并以五九、四卅(59)台博研字第七四一號文報請
鈞部并邀請有關單位於五月五日在本館舉行會報并預展檢查各在卷。

二、上項「中華文物箱」拾箱，每箱包括一般展品，古器物選品圖片，古今名畫選品圖片及仿製古物陶器、銅器、玉器、漆器等項，另有彩色幻燈片郵票等計九十七件，國樂唱片一套（十張）全部製備完成，均有精美裝璜，復又將全部說明卡，以中英文對照說明，中間嵌印國旗，計印製八十二種，全部裱於展品下方，避免輾轉失落訛錯之弊。其中并備有 國父遺像， 總統玉照及六號尼龍質料國旗一面，復經函承行政院新聞局，台灣省新聞處，台北市新聞處贈送近期畫刊五〇本，亦均平均分配，內容充實完備，所有各項展品及裝璜，均經多日苦思試驗設計，壓縮體積，拆裝便利，故甚精巧靈活，裝入長三尺，高三尺，寬二尺五寸之鐵皮箱，內襯防震防損器材，但展品可供一百平方公尺左右展場之用。

三、該項文物箱，符合海空運輸之要求，且力求牢固，搬運方便，業經遵照鈞部國際文教處之指示，分別海運美國我大使館文參處八箱，比利時我大使館文參處二箱去訖。

59.7.2.000

發文：日期、字號、館址、電話、附件
(59)台博研字第1869號
收文字號
T3(386×272公厘)

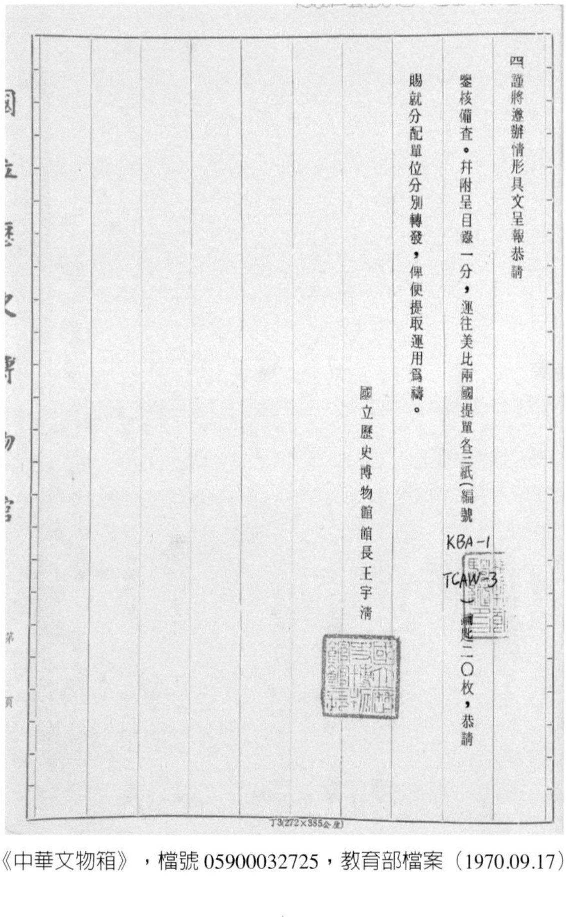

四、謹將遵辦情形具文呈報恭請
鑒核備查。并附呈目錄一分，運往美比兩國提單各三紙（編號KBA-1 TCAW-3）,照片二〇枚，恭請
賜就分配單位分別轉發，俾便提取運用為禱。

國立歷史博物館館長王宇清

T3(272×385公厘)

《中華文物箱》，檔號 05900032725，教育部檔案（1970.09.17）

十五・文物箱海外輸出案（第一批：一九七〇年十月）

《國際巡展文化箱（第一批）》檔號 060-1-514-1-07，史博館檔案

受文者：駐美、比大使館文化參事處
文　別：令　　發文者：教育部
日　期：中華民國伍拾玖年拾月伍日
文　號：台（59）文第 21944 號
事　由：
一、本部爲加强海外文化活動，前飭國立歷史博物館設計「中華文物箱」拾箱，業經就幷委託 MARCHESSINI LINES、ORIENT OVERSEAS LINE 海運該處捌、貳箱在途。
二、隨附上項文物箱鑰匙拾陸、肆枚及編號 KBA-1、TCAW-3 提單叁紙，希於該箱抵埠時即行提取運用並將使用情形及效果一併具報，俾供進一步之研究改進。
三、令仰遵照。
四、副本抄知國際文教處及國立歷史博物館。
附件如文

部長　鍾皎光

檔案說明

本案為一九七〇年教育部令我國駐美、比大使館文化參事處，有關本館設計第一批之中華文物箱拾箱，已分別經由海運公司輸出美國八箱，比利時兩箱，隨函附上提單及鑰匙，並須具報使用情形及效果，俾供日後文物箱改進參考，為中華文物箱正式輸出海外的首發紀錄。

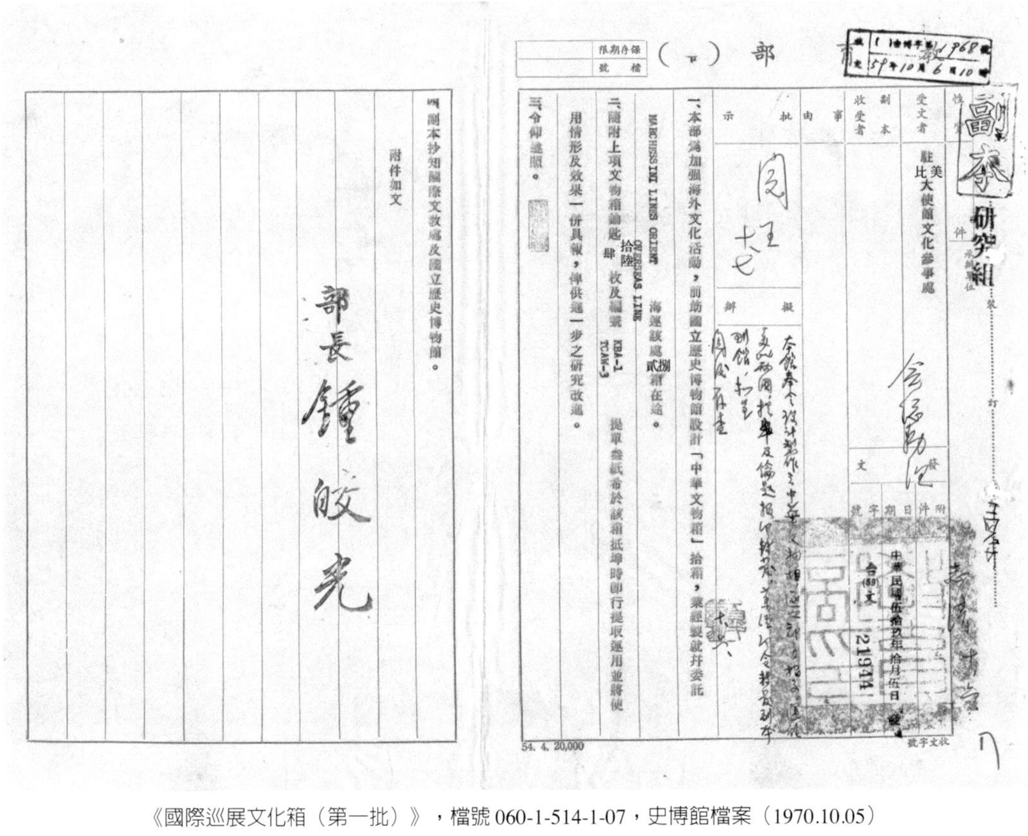
（令）部
副本
受文者：駐美、比大使館文化參事處
中華民國伍拾玖年拾月伍日
台（59）文 21944
一、本部爲加强海外文化活動，前飭國立歷史博物館設計「中華文物箱」拾箱，業經製就并委託 MARCHESSINI LINES、ORIENT OVERSEAS LINE 海運該處捌、貳箱在途。
二、隨附上項文物箱鑰匙拾陸、肆枚及編號 KBA-1、TCAW-3 提單叁紙，希於該箱抵埠時即行提取運用並將使用情形及效果一併具報，俾供進一步之研究改進。
三、令仰遵照。
四、副本抄知國際文教處及國立歷史博物館。
附件如文
部長　鍾皎光

《國際巡展文化箱（第一批）》，檔號 060-1-514-1-07，史博館檔案（1970.10.05）

十六．申請代製文物箱案（行政院新聞局：一九七〇年十月至十一月）

《國際巡展文化箱（第一批）》檔號 060-1-514-1-03，史博館檔案

受文者：國立歷史博物館
文　別：函　　　發文者：行政院新聞局
日　期：中華民國伍拾玖年拾月廿叁日
文　號：（59）局景際丙字第 5897 號
事　由：函請惠製「中華文物箱」一個事。
一、本局亟需貴館製作之「中華文物箱」一個，以便在國外地區巡迴展覽。
二、相應函請依照前式內容，惠予製作此箱一個，所需價款由本局撥付爲荷。
三、函請查照惠請辦見復爲荷。

局長　魏景蒙　公出
國際宣傳處處長　葉梅生　代行

《國際巡展文化箱（第一批）》檔號 060-1-514-1-02，史博館檔案

受文者：行政院新聞局
文　別：函（稿）　　　發文者：史博館
日　期：中華民國伍玖年拾壹月廿拾日
文　號：（59）台博研字第 2292 號
事　由：爲函覆同意製作中華文物箱一個由。
一、貴局 59、10、23（59）局景際丙字第五八九七號函敬悉。
二、承囑依照前式內容，製作「中華文物箱」一個，業已辦理中，謹附中華文物箱展品清單壹紙，經費預算表壹份，敬希查收。
三、至製作所需價款新台幣叁萬元整，當隨文檢奉由本館國博收字第一九八號統一收據壹紙，敬請查照撥付爲荷。

館長　王〇〇

《代辦文物箱出口案》檔號 060-4-461-1-33，史博館檔案

受文者：國立歷史博物館
文　別：函　　　發文者：行政院新聞局
日　期：中華民國伍拾玖年拾壹月卅日
文　號：（59）局景際丙字第 6654 號
事　由：關於寄發文物箱事，函請查照惠辦由。
說　明：
一、貴館十一月廿日（59）台博研字第二二九二號函及附件敬悉。
二、文物箱製作費用台幣三萬元，即另函寄奉。
三、該箱文物展品製作完成後，敬請按照後列地址交寄，並請惠檢提單見覆爲荷。

Mr. C. H. Chung
13 Rehov Tsel-Hagivea
Ramat-Gan, Isreal

局長　魏景豪

檔案說明

一、本批彙整的檔案，為國內機關向本館訂製文物箱的案例說明。

二、第一案為一九七〇年行政院新聞局亟需中華文物，俾利在國外地區巡迴展覽，故函請本館代製一箱，並依照前式內容價款製作，由該局撥付費用。

三、第二案為一九七〇年行政院新聞局請本館代製中華文物箱一箱，本館同意後，於製作前提供新聞局展品清單與預算表。

四、第三案為第一案（檔號 060-1-514-1-03）之延續，為典型中華文物箱之供需情形：首先由需求單位（行政院新聞局）向本館提出製作請求，再由本館製作，完成後由本館負責交寄，再向需求單位請款（製作及運費）。日後中華文物箱除原計畫輸出之外，多有各單位請求製作的案例。

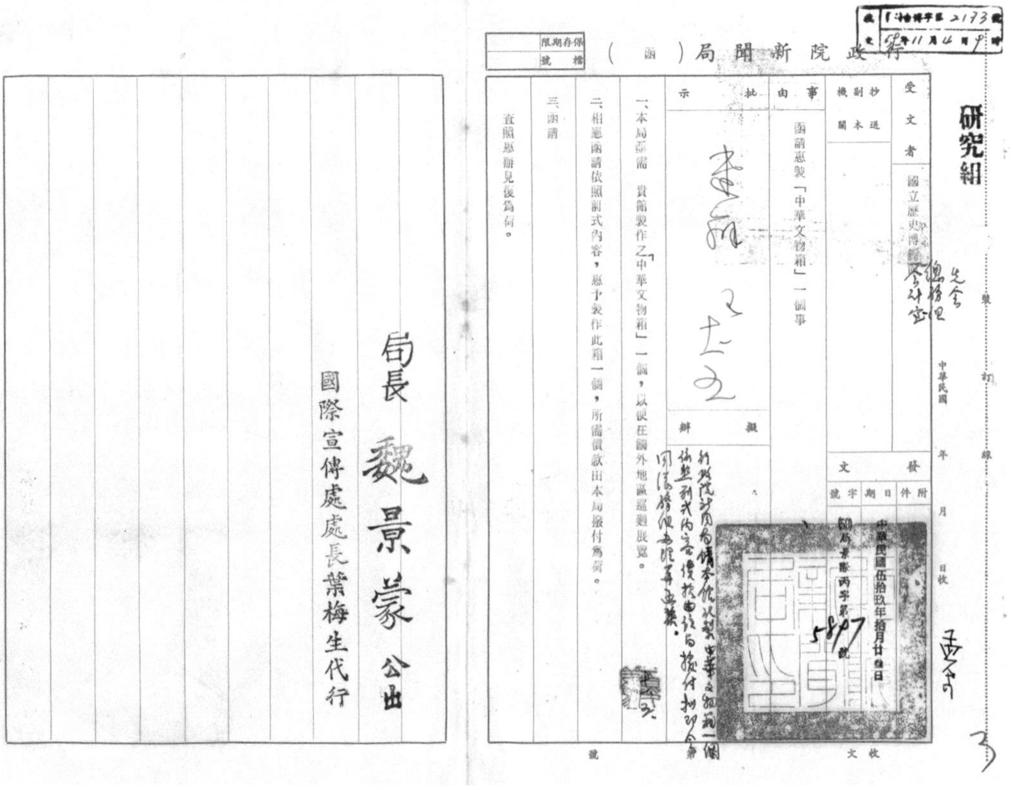
行政院新聞局（函）
受文者：國立歷史博物館
事由：函請惠製「中華文物箱」一個事
一、本局亟需　貴館製作之「中華文物箱」一個，以便在國外地區巡迴展覽。
二、相應函請依照前式內容，惠予製作此箱一個，所需價款由本局撥付為荷。
三、函請
查照惠辦見復為荷。
中華民國伍拾玖年拾月廿三日
局長　魏景蒙　公出
國際宣傳處處長葉梅生代行

《國際巡展文化箱（第一批）》，檔號 060-1-514-1-03，史博館檔案（1970.10.23）

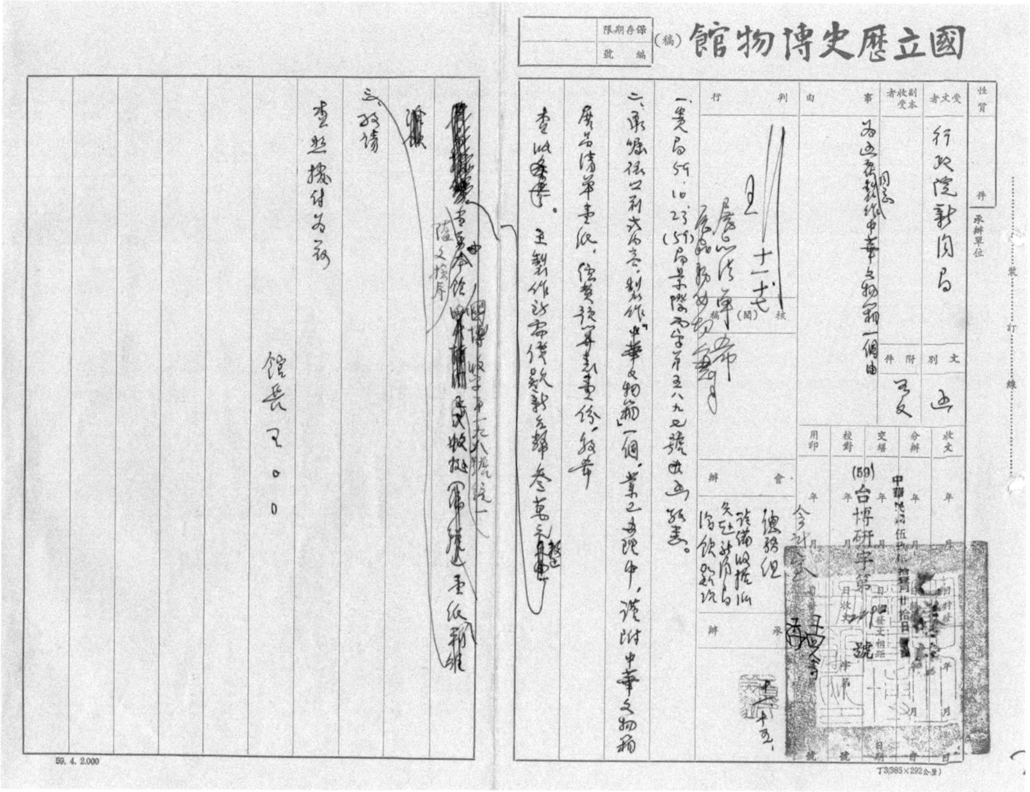

國立歷史博物館（稿）

受文者：行政院新聞局

《國際巡展文化箱（第一批）》，檔號 060-1-514-1-02，史博館檔案（1970.11.20）

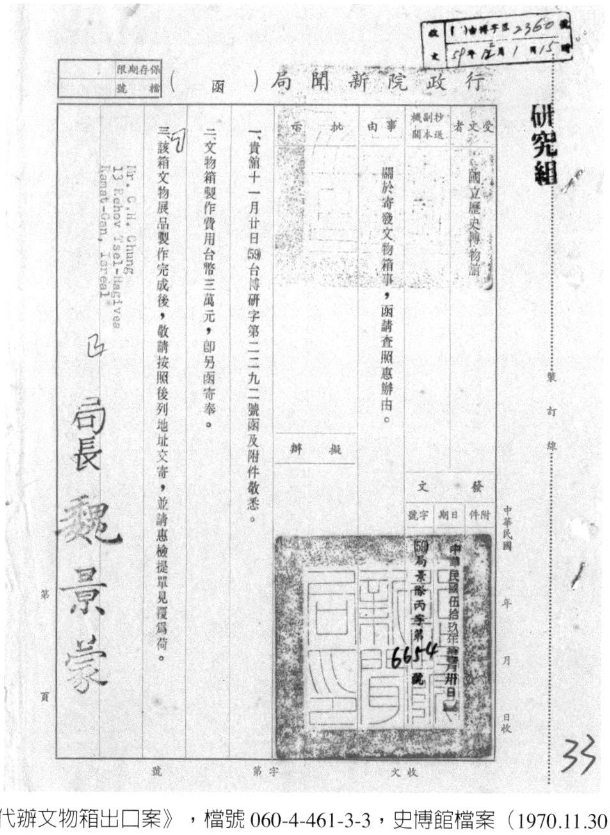

行政院新聞局（函）

受文者：國立歷史博物館

事由：關於寄發文物箱事，函請查照惠辦由。

一、貴館十一月廿日59台博研字第二二九二號函及附件敬悉。

二、文物箱製作費用台幣三萬元，即另函寄奉。

三、該箱文物展品製作完成後，敬請按照後列地址交寄，並請惠檢提單見覆爲荷。

Dr. C.H. Chung
13 Rehov Tsel-Hagivea
Ramat-Gan, Israel

局長 魏景蒙

《代辦文物箱出口案》，檔號 060-4-461-3-3，史博館檔案（1970.11.30）

十七．文物箱免驗放行免結匯出口案（一九七〇年十二月）

《國際巡展文化箱（第一批）》 檔號 060-4-461-1-32，史博館檔案

受文者：基隆關國際貿易局　副本：行政院新聞局、基隆港聯檢處、惠众包裝企業有限公司

文　別：函（稿）　發文者：史博館

日　期：中華民國伍拾玖年拾貳月拾玖日

文　號：（59）台博總字第 2481 號

事　由：爲「中華文物箱」出口事，函請惠准免驗、免結匯出口由。

一、本館特受行政院新聞局委託，爲推行中華文化復興運動，特製作「中華文物箱」一種，内裝歷代文物複製品，分別運往海内外各地巡展，藉以擴大宣揚歷史文化之效果。

二、頃准行政院新聞局本年十一月卅日（59）局景際丙字第六六五四號函節開：「（照錄第三條原文）」等由。茲檢奉該項展品清單一份，敬請惠准免驗、免結匯出口，以利付運。

三、於應函請查照俞允爲荷。

館長　王〇〇

檔案說明

本案為一九七〇年行政院新聞局為推行中華文化復興運動，委託本館製作中華文物箱，分別運往海外各地巡展。本館於製作完成後，函請基隆關國際貿易局惠准免驗、免結匯出口。

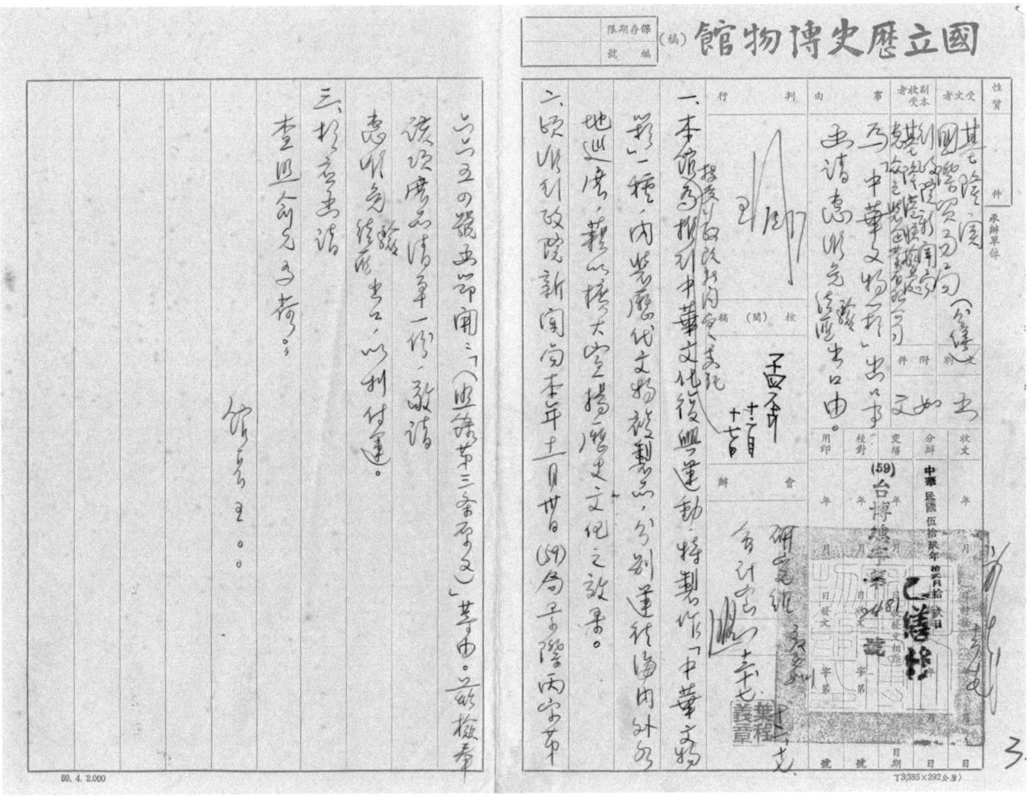

國立歷史博物館（稿）

《國際巡展文化箱（第一批）》，檔號 060-4-461-1-32，史博館檔案（1970.12.19）

《對西亞地區宣傳（一）》　檔號 020-090203-0090-0020，國史館藏外交部檔案

受文者：教育部
文　別：函　　發文者：行政院新聞局
日　期：中華民國六十一年一月廿五日
文　號：（61）局景際丙字第0470號
事　由：為有關中華文物箱在以色列展示情形請卓參由。（節錄）

一、頃接本局駐中東聯絡員元月六日（60）中聯字第〇〇五號呈稱：「關於中華文物展覽箱在以國各大城市巡迴展出一事，經於去年十一月三日起在以京耶路撒冷之青年國際文化中心連續展出五週後，連日來經職數度前往以國北部最大海港城市海法（HAIFA），日本博物院（THE MUSEUM OF JAPANESE ART）院長藍斯曼（ELI LANCMAN）之同意假該博物院之展覽場地展出，並由該院代為協助籌備，定元月十一日起開始展出，為期兩週。查該院雖名為日本博物院，實際展出物品多為東方文物，僅以該院之興建係日人出資之故，其展覽室之展品亦經常更換，而該院地居海法市進入上山之主要大道（按該市依山建築，頗似香港），故頗能吸引觀眾，該項展覽展出之時，並將分發希伯來文譯本『中國簡史』小冊及其他宣傳資料。」等情。……

局長　魏景蒙　公出
副局長　邱楠　代行

檔案說明

本案為一九七二年行政院新聞局函教育部，有關本館製作之第一批中華文物箱於一九七〇年十二月底寄達以色列後，至一九七二年被分別安排於首都耶路撒冷青年國際文化中心，以及北部最大海港城市海法日本（藝術）博物院展出情形。

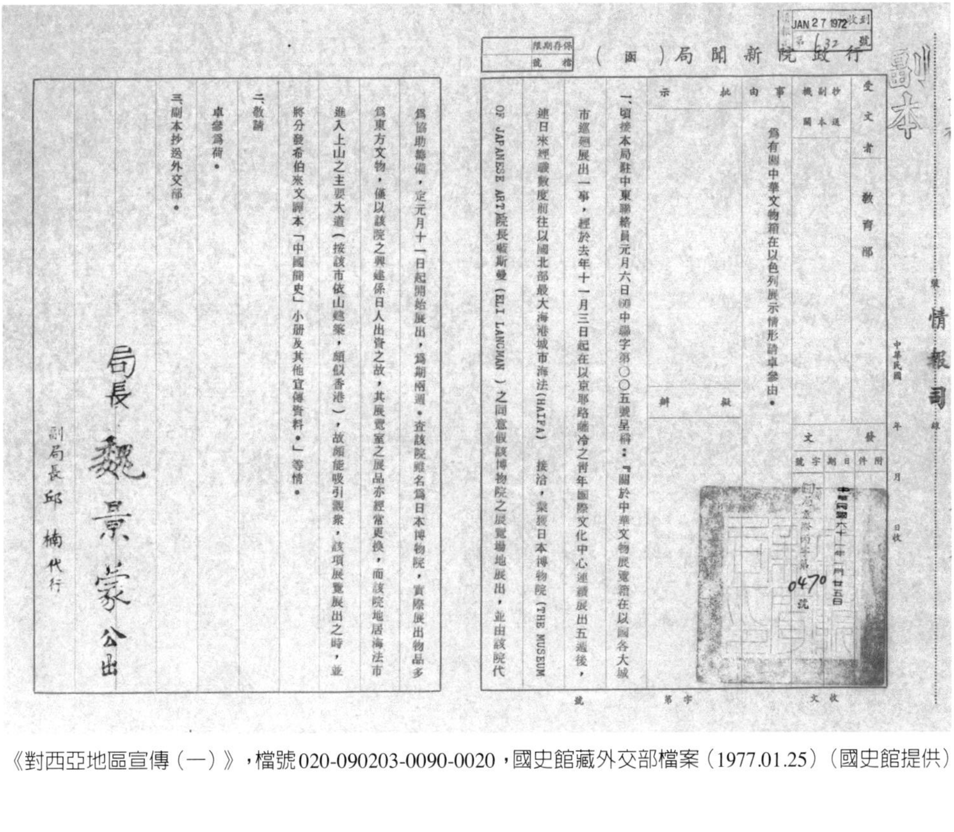
副本
行政院新聞局（函）
JAN 27 1972
受文者：教育部
事由：為有關中華文物箱在以色列展示情形請卓參由。
發文：中華民國六十一年一月廿五日　(61)局景際丙字第0470號
一、頃接本局駐中東聯絡員元月六日(60)中聯字第〇〇五號呈稱：「關於中華文物展覽箱在以國各大城市巡迴展出一事，經於去年十一月三日起在以京耶路撒冷之青年國際文化中心連續展出五週後，連日來經職數度前往以國北部最大海港城市海法（HAIFA）接洽，業獲日本博物院（THE MUSEUM OF JAPANESE ART）院長藍斯曼（ELI LANGMAN）之同意假該博物院之展覽場地展出，並由該院代為協助籌備，定元月十一日起開始展出，為期兩週。查該院雖名為日本博物院，實際展出物品多為東方文物，僅以該院之興建係日人出資之故，其展覽室之展品亦經常更換，而該院地居海法市進入上山之主要大道（按該市依山建築，頗似香港），故頗能吸引觀眾，該項展覽展出之時，並將分發希伯來文譯本「中國簡史」小冊及其他宣傳資料。」等情。
二、敬請
卓參為荷。
三、副本抄送外交部。
局長　魏景蒙　公出
副局長　邱楠　代行

《對西亞地區宣傳（一）》，檔號020-090203-0090-0020，國史館藏外交部檔案（1977.01.25）（國史館提供）

再發

一九七一年持續闡揚

The Chinese Cultural Chest's Continuing Development, 1971

一、文物箱檢討及改良案（第一、二批：一九七一年四月）

《第二批中華文物箱》 檔號 061-1-765-1-32，史博館檔案

受文者：
文　別：箋函　　發文者：史博館
日　期：中華民國六十年四月八日
文　號：（60）台博研字第〇五九八號
事　由：

本館奉教育部交辦籌製第二批「中華文物箱」，經已儘量容納各方意見，就展品内容積極改進，惟爲竭誠接受批評，特先製就樣品一箱，訂於本（四）月十二日（星期一）下午三時在本館陳列，敬請貴　派員光臨指導，毋任感幸。

此致

國立歷史博物館　敬啓　四月八日

《第二批中華文物箱》 檔號 061-1-765-1-31，史博館檔案

受文者：教育部　　副本：史博館
文　別：函　　發文者：外交部
日　期：中華民國陸拾年肆月拾陸日
文　號：外（60）情一第 07089 號
事　由：有關第七次駐美總領事會議建議事。

一、查第七次駐美總領事會議已於本年三月二日及三日在華府召開，會中就當前問題分別作成建議到部。其中有關「上年製發之文化箱體積似嫌過大，搬運不便，建議以小箱分裝爲原則，俾適合國外小型交通工具之裝運」一項，與貴館有關。

二、相應函請查照參辦爲荷。

部長　周書楷

《第二批中華文物箱》 檔號 061-1-765-1-30，史博館檔案

受文者：外交部　　副本：教育部國際文教處
文　別：函（稿）　　發文者：史博館
日　期：中華民國陸拾年肆月廿叁日
文　號：（60）台博研字第 0714 號
事　由：爲中華文物箱展品已計劃分裝爲原則覆請查照由。

一、大部 60、4、16 外（60）情二〇七〇八九號函有關第七次駐美總領事會議建議案敬悉。

二、上年經製之中華文物箱體積似嫌過大，搬運不便，本館亦具同感。彼時係就所有展品能予全部容納著眼，現復籌製第二批，業經計劃以三箱分裝，以便由旅行車能予載運，俾適合國外小型交通工具之裝載。

三、知注特聞并致謝忱。復請詧照爲荷。

館長　王〇〇

《一般經常性案件》 檔號 0060/002399/51/0031，檔管局藏史博館檔案

受文者：教育部國際文教處　　副本：中央委員會第三、四組、外交部、行政院新聞局、僑務委員會第二處
文　別：函　　發文者：史博館
日　期：中華民國陸拾年肆月廿肆日
文　號：（60）台博研字第 0724 號
事　由：爲就籌製中華文物箱樣品内容提示事項彙整處理意見如附表請參考由。

本館奉交辦籌製第二批「中華文物箱」一案，爲求接受批評，力謀改進，目前經先製成樣品一箱展示候教，荷承貴處及行政院新聞局魏局

長有關機關諸位先生光降指導，至深感紉。遵就當時各位提示事項分別整理擬具處理意見列表備函隨送，請賜指導，倘按此表一一照辦，每箱所有展品及裝運各費約需新台幣叁萬捌千元，較之原訂每箱叁萬零六百五元，增加約八千元，究竟如何辦理之處，敬請卓核惠覆爲荷。

館長　王宇清

檔案說明

一、第一批中華文物箱於一九七一年赴海外展覽後，各外館多有回應與建議事宜（如增加品項、文物箱體積及裝箱方式等，見隨後相關檔案）。本館在衡量各界意見後先製作樣品一箱，邀請相關單位於一九七一年四月十二日到館，先行檢視第二批展品。

二、一九六九年本館製造之第一批中華文物箱，於一九七〇年輸出海外交由駐外單位使用後，陸續收到寶貴意見供本館作為改進之參考。本案即為一九七一年外交部轉知本館，有關駐美總領事館反映：「……文物箱體積似嫌過大，搬運不便，建議以小箱分裝為原則，俾利國外小型交通工具裝運……。」本館於籌製第二批文物箱時已奉此原則辦理，擬就改進事項批示後，一併覆知副本抄送外交部查照。

三、承前案（檔號 061-1-765-1-31），駐美領事館反應之文物箱體積過大問題，本館致函外交部表示，第二批中華文物箱將改為三箱分裝，以利小型車載運。本案為一九七一年本館奉教育部指示，依照外交部轉知駐外單位建議改進第一批中華文物箱後並製作樣品，邀請中央委員會第三、四組、外交部行政院新聞局、僑務委員會第二處派員，遵就各機關代表意見，分項整理擬具文物箱改進措施列表備函隨送事宜。

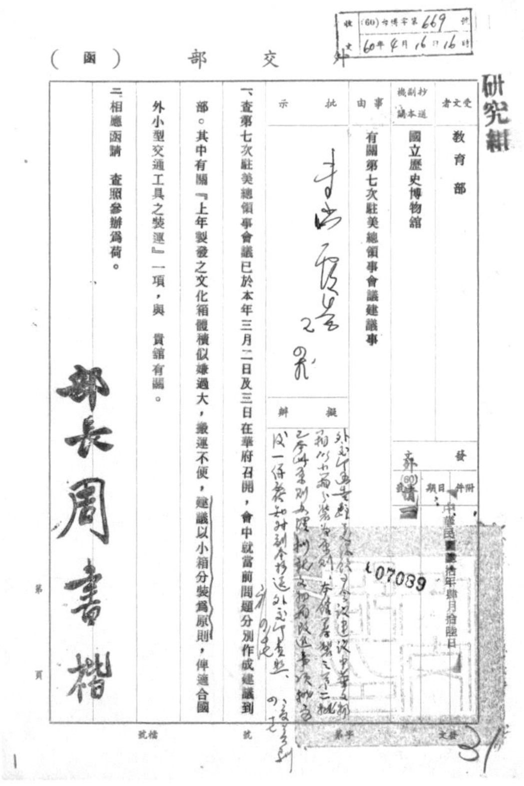
外交部（函）

收文 (60)台博字第669號 60年4月16日16時

研究組

受文者：教育部

副本抄送機關：國立歷史博物館

事由：有關第七次駐美總領事會議建議事

一、查第七次駐美總領事會議已於本年三月二日及三日在華府召開，會中就當前問題分別作成建議到部。其中有關『上年製發之文化箱體積似嫌過大，搬運不便，建議以小箱分裝爲原則，俾適合國外小型交通工具之裝運』一項，與貴館有關。

二、相應函請查照參辦爲荷。

部長　周書楷

發文 中華民國陸拾年肆月拾陸日

《第二批中華文物箱》，檔號 061-1-765-1-31，史博館檔案（1971.04.16）

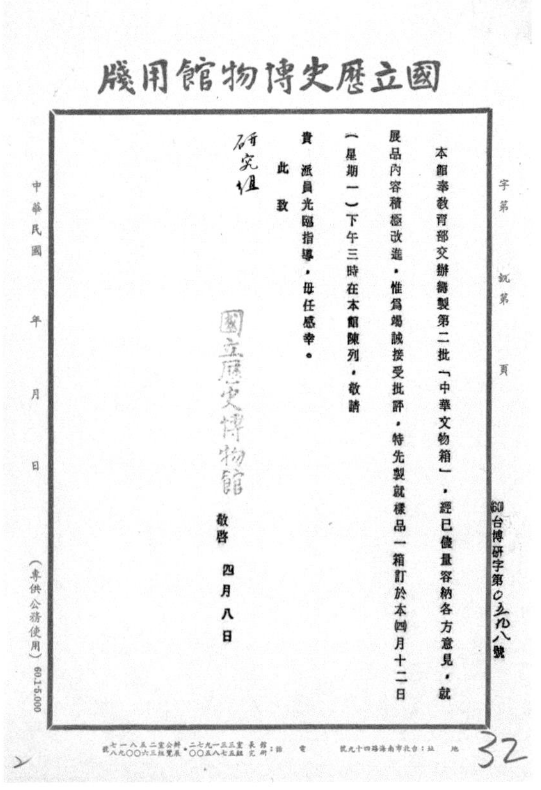
國立歷史博物館用牋

(60)台博研字第0598號

本館奉教育部交辦籌製第二批「中華文物箱」，經已儘量容納各方意見，就展品內容積極改進，惟爲竭誠接受批評，特先製就樣品一箱訂於本（四）月十二日（星期一）下午三時在本館陳列，敬請

貴　派員光臨指導，毋任感幸。

此　致

研究組

國立歷史博物館　敬啓　四月八日

中華民國　年　月　日

（專供公務使用）60.1-5.000

《第二批中華文物箱》，檔號 061-1-765-1-32，史博館檔案（1971.04.09）

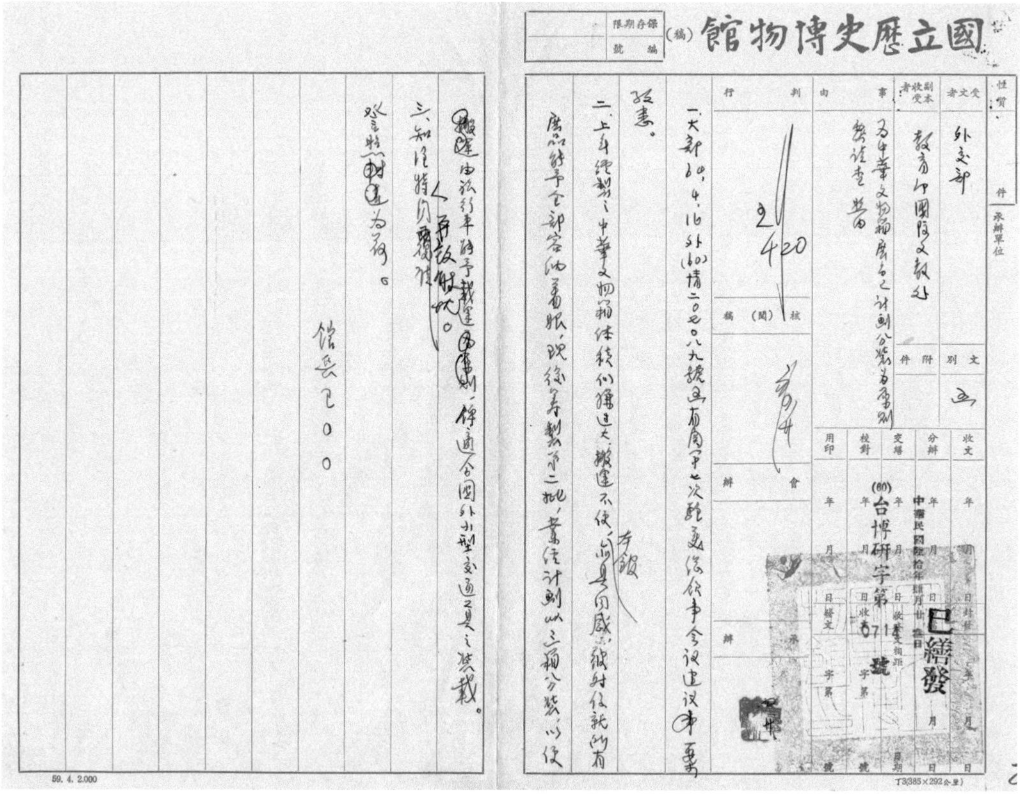

《第二批中華文物箱》，檔號 061-1-765-1-30，史博館檔案（1971.04.23）

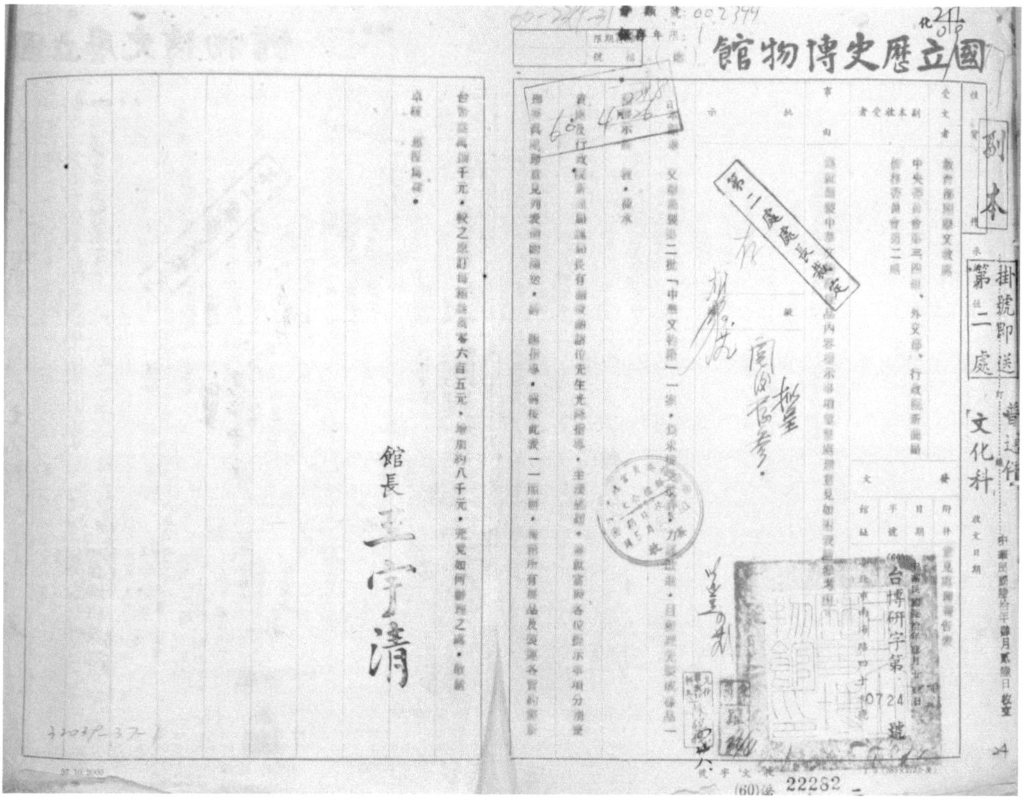

《一般經常性案件》，檔號 0060/002399/51/0031，檔管局藏史博館檔案（1971.04.24） （檔管局提供）

《第二批中華文物箱》檔號 061-1-765-1-25，史博館檔案

受文者：國立故宮博物院蔣院長復璁（註）
文　別：箋函（稿）　發文者：史博館
日　期：中華民國陸拾年伍月陸日
文　號：（60）台博研字第 0803 號
事　由：為請購置古畫複製品（一）成本供給由。

慰公院長賜鑒：

敬啓者：本館遵奉教育部意旨籌製「中華文物箱」一種，分置駐外使領館，專供僑團及留學生小型展覽活動之用。內中展品擬選列貴院歷代名畫複製品，用資弘揚。茲以貴院複印之惲南田「五清圖」、倪雲林「山水」、文徵明「山水」、宋徽宗「荷渚鴛鴦」四幅立軸，頗合需要，惟以奉准之經費至為拮据，難照一般售價購買。敬特肅函奉商，可否叩情按照印製成本一次供應各二十幅。事關中華文化海外宣揚，諒蒙惠允玉成，為荷俞允，無任感激。仍候裁示。并頌

崇安

後學　王〇〇　謹啓

五月〇日

檔案說明

中華文物箱仿製品內容包括歷代古畫項目，其主要複製對象除本館藏畫外，亦向國立故宮博物院徵集院藏名畫之複製品作為展品。本案為一九七一年本館館長王宇清函請故宮博物院院長蔣復璁協助提供四幅名畫立軸印刷品，且礙於預算有限，商請以成本價每幅複製品各購二十份，供第二批中華文物箱展品使用。

註：蔣復璁字慰堂，故文中稱其為「慰公」。

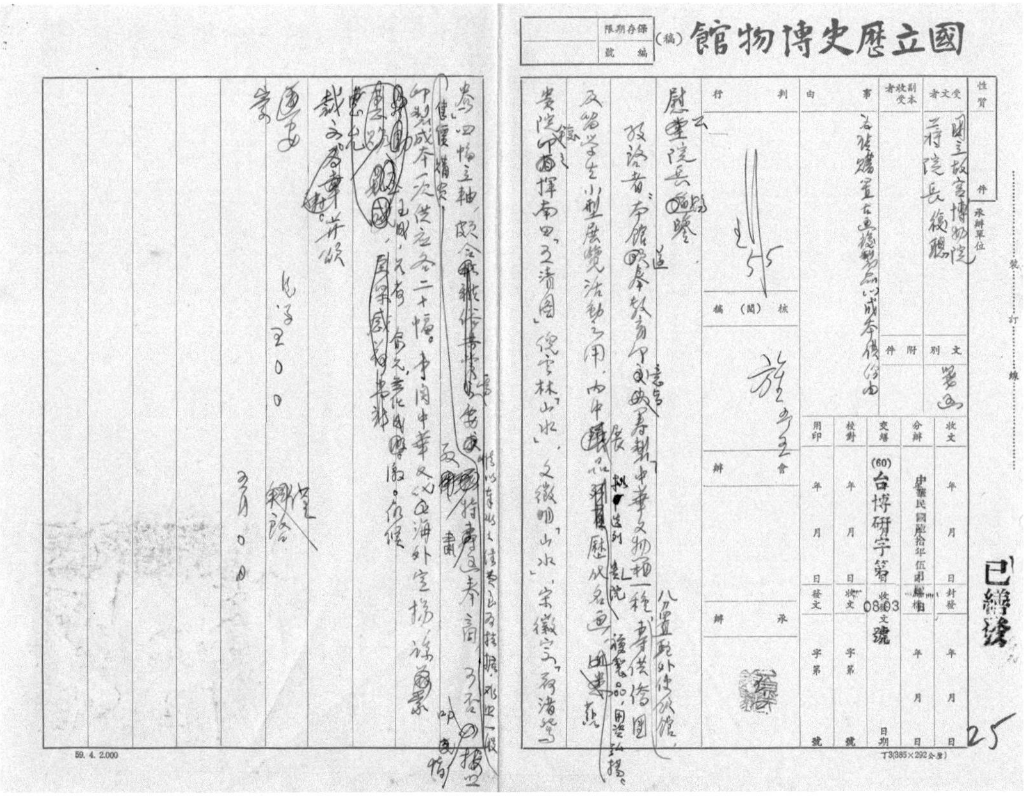
國立歷史博物館（稿）
受文者：國立故宮博物院蔣院長復璁
文別：箋函
事由：為請購置古畫複製品（一）成本供給由
發文：中華民國陸拾年伍月陸日
（60）台博研字第 0803 號
已繕發
25

《第二批中華文物箱》，檔號 061-1-765-1-25，史博館檔案（1971.05.06）

二、文物箱展品徵集案（私人收藏：一九七一年五月）

《第二批中華文物箱》檔號 061-1-765-1-24，史博館檔案

受文者：中華彩色印刷公司侯副董事長彧華
文　別：箋函（稿）　　發文者：史博館
日　期：中華民國陸拾年伍月伍日
文　號：（60）台博研字第 0798 號
事　由：爲請分讓明清畫家所繪扇面複製品由。

彧華先生道席：

敬啓者：日前獲睹先生珍藏之程嘉璲、董其昌、張宏、惲壽平、文徵明、沈周所繪扇面六幅複製品，印刷精良，幾可亂眞。本館爲籌製「中華文物箱」一種，分置駐外使領館，供僑團及留學生小型展覽活動之用。內中展品列有歷代畫家作品，此次擬將上項扇面複製品一併列入，藉資弘揚，希能分讓各二十份，費用由本館付奉用，特專函奉商，敬請惠允并請示知優價額，俾便派員洽辦。是所感荷。敬頌

道安

王〇〇　敬啓
五月〇日

《第二批中華文物箱》檔號 061-1-765-1-23，史博館檔案

受文者：中華彩色印刷股份有限公司侯副董事長彧華
文　別：箋函（稿）　　發文者：史博館
日　期：中華民國陸拾年拾壹月拾伍日
文　號：（60）台博研字第 2131 號
事　由：爲洽購程嘉璲等扇面複製品由。

彧華先生道席：

前接手書，承允優價分讓嘉璲等扇面六幅複製品，以廣弘揚，至深感紉。茲特遣人趨前并附新台幣肆仟元，敬希賜交貳拾套（每套六幅），俾便裝框彙同其他展品運往各駐外使領館供僑團小型展覽之用。無任企感，專此順頌

勛安

弟　王〇〇　敬啓
六十年十一月十日

附件：侯彧華復五月五日之箋函

宇清館長吾兄勛席，五月五日大示奉悉。對敝藏程嘉璲等扇面六幅複製品，繆承獎飾，至感雲誼。囑將是項複製品，優價分讓各貳拾份，俾置各駐外使領館，供僑團小型展覽之用，自應照辦。敬依成本計算，每六幅裝壹套，計需新台幣貳百元，貳拾套共需新台幣肆仟元，奉囑前因，特復台照，無任感荷。又此項複製品，須用鏡架安裝，始能保持長久。順此奉聞。專此祇頌

大祉

弟　侯彧華

檔案說明

為豐富中華文物箱展品內容，本館除以館藏及故宮院藏作為文物箱展品，亦向民間私人收購。此一案為一九七一年五月間，本館館長王宇清函請向中華彩色印刷公司副董事長侯彧華（註）購買六位古代著名書畫家所繪扇面之複製品六幅，每幅二十份，以充實第二批中華文物箱展品內容。同年十一月，侯彧華同意將所有二十套名家複製扇畫以新臺幣四千元售予本館，本館去函表示將派人前往付款並取回，供中華文物箱至駐外使館供僑團及留學生展覽使用。

註：侯彧華（一九〇四—一九四四），中華彩色印刷公司副董事長，嗜好書畫收藏，一九九四年逝世前，將其珍藏書畫共計八十七件捐贈本館，本館展覽並出版《清華映月：侯彧華捐贈書畫展》。（資料來源：史博館檔案）

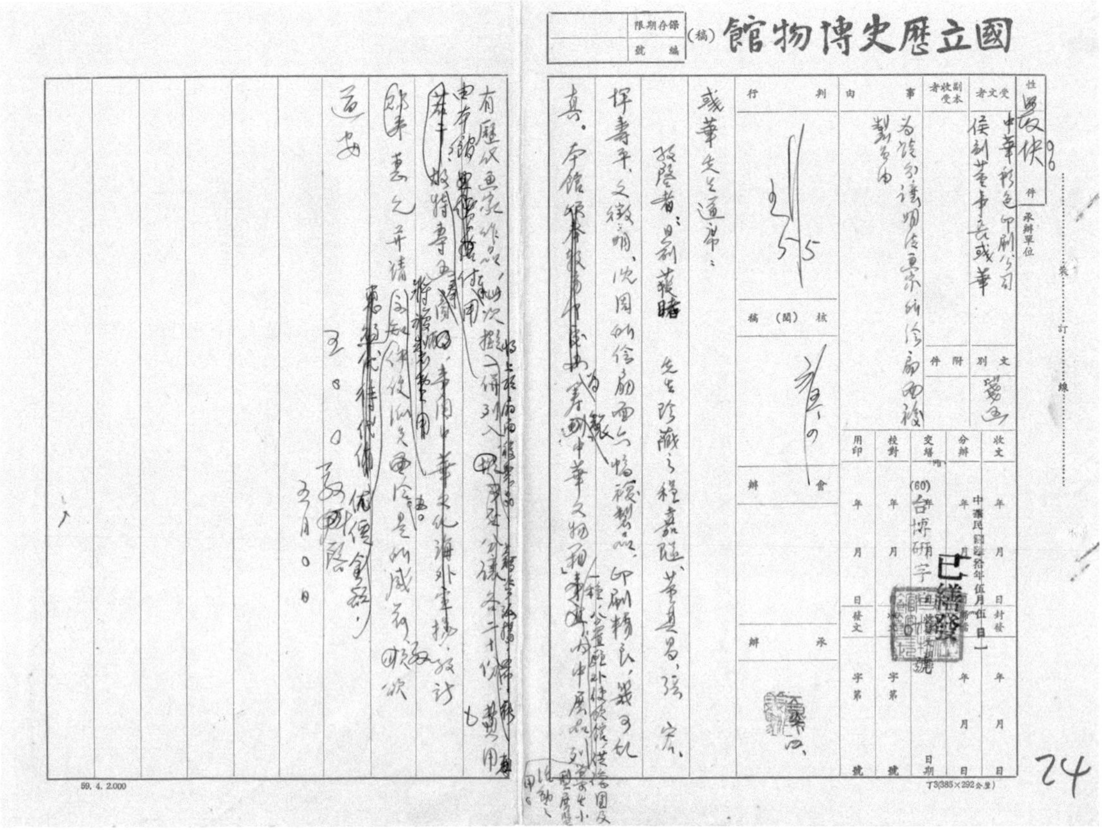
國立歷史博物館（稿）

《第二批中華文物箱》，檔號 061-1-765-1-24，史博館檔案（1971.05.05）

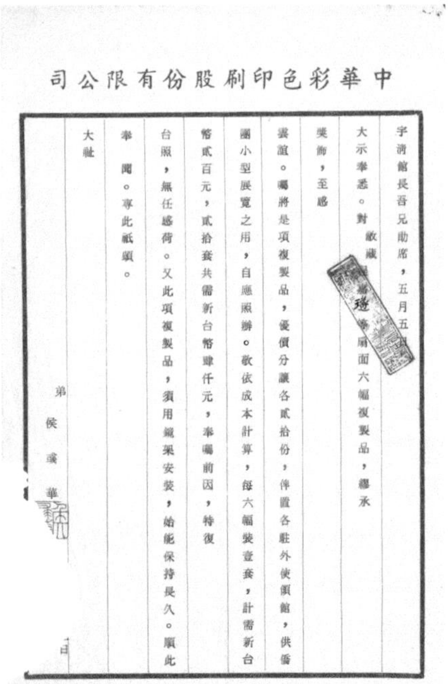
中華彩色印刷股份有限公司

宇清館長吾兄勛席，五月五日
大示奉悉。對 敝藏[illegible]等扇面六幅複製品，繆承
獎飾，至感
雲誼。囑將是項複製品，優價分讓各貳拾份，俾置各駐外使領館，供番
圖小型展覽之用，自應照辦。敬依成本計算，每六幅裝壹套，計需新台
幣貳百元，貳拾套共需新台幣肆仟元，奉囑前因，特復
台照，無任感荷。又此項複製品，須用鏡架安裝，始能保持長久。順此
奉聞。專此祇頌
大祉
弟侯彧華　日

地址：台北市羅斯福路一段一二五號二樓

《第二批中華文物箱》，檔號 061-1-765-1-23，史博館檔案（1971.11.15）
附件：侯彧華復王宇清五月五日之箋函（1972.05.05）

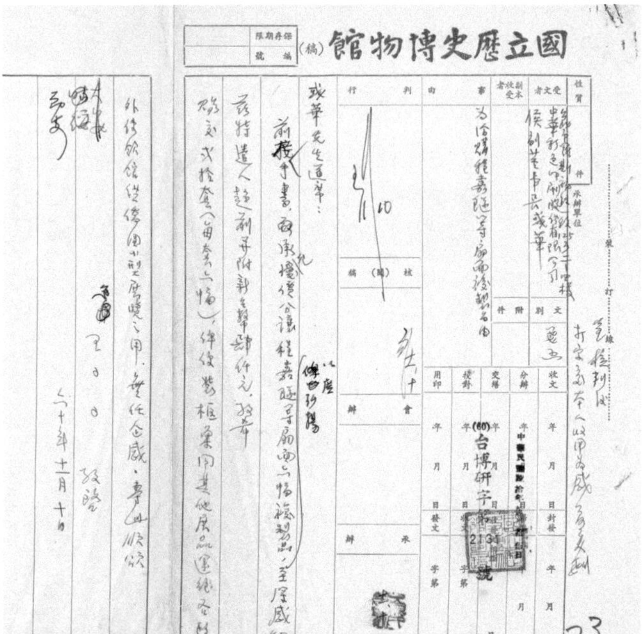
國立歷史博物館（稿）

《第二批中華文物箱》，檔號 061-1-765-1-23，史博館檔案（1971.11.15）

《第二批中華文物箱》 檔號 061-1-765-1-29，史博館檔案

受文者：陸海光先生　　副本：史博館
文　別：函　　發文者：羅雲平
日　期：中華民國陸拾年伍月拾壹日
文　號：台（60）平文第 4854 號
事　由：為國立歷史博物館承辦籌製「安祥專案」中華文物箱檢送樣品檢視意見處理報告表乙份函請查照惠復由。

一、據本部國際文教處呈稱以准國立歷史博物館六十年四月廿四日（60）台博研字第〇七二四號函「本館奉交辦籌製第二批『中華文物箱』一案為求接受批評，力謀改進，目前經先製成樣品一箱展示候教，荷承貴處及行政院新聞局魏局長有關機關諸位先生光降指導，至深感紉，遵就當時各位提示事項分別整理擬具處理意見列表備函隨送，請賜指導，倘按此表一一照辦，每箱所有展品及裝運各費約需新台幣叁萬捌仟元較之原訂每箱叁萬零六百五元，增加約八千元，究竟如何辦理之處，敬請卓核惠覆為荷」。

二、特隨函檢附該館承辦籌製第二批「中華文物箱」樣品檢視意見處理報告表抄件乙份函請查照惠復為荷。

附件如文

羅雲平

《第二批中華文物箱》 檔號 061-1-765-1-04，史博館檔案

受文者：國立歷史博物館
文　別：箋函　　發文者：教育部
日　期：中華民國六十年七月二日
文　號：台（60）文第 14948 號
事　由：

一、六十年六月八日（60）台博研字第一〇一一號函敬悉。

二、關於貴館籌辦「安祥專案」中華文物箱經費新台幣伍拾萬元，請即備領據辦理領款手續，再憑單據向部報銷。

三、復請查照辦理為荷。

教育部國際文教處

《第二批中華文物箱》 檔號 061-1-765-1-03，史博館檔案

受文者：陸海光先生　　副本：史博館
文　別：函　　發文者：羅雲平
日　期：中華民國六十一年三月廿七日
文　號：台（61）平文第 5289 號
事　由：為據國立歷史博物館呈以籌製之中華文物箱業已完成報請鑒核等情隨附分配單位名單乙份，函請查照見復由。

一、本部為執行「安祥專案」工作項目籌製「中華文物箱」貳拾箱事，前經轉飭國立歷史博物館設計辦理，茲據該館六十一年二月廿一日（61）台博研字第〇一一一號呈：「一、本館前奉交辦籌製第二批『中華文物箱』一案，計製作十三組（每組三箱），業經完成待運，并邀請中央第三組，僑務委員會，外交部暨鈞部國際文教處等機構派員親臨本館勘驗展品，就本館根據第一批使用之各項改進意見，均已儘力改進，表示滿意。奉撥之新台幣伍拾萬元，計支器物複製品費一四四、三〇〇元，五族仿古舞蹈及展示服裝五四、八六〇元，一般展品、圖片、國畫等一六八、五九七元，裝璜托座二〇〇、九九五元，鐵箱七〇、二〇〇元，行政院新

聞局代譯英、法西文說明文稿報酬五、二五〇元，四種文字說明卡印刷費六、七五〇元，展品清單印刷費二七〇元，現計支付四七一、二二二元，所有中文撰稿稿酬，中外文校對以及行政雜支費用，均未計入。目前待支經費不足三萬元。擬請核示海運國外各地確實收件地址，幷請賜准增撥海上輸運及水上保險等不足費用，俾便交運。上項不足費用，因未明確實收件地址，無法核算金額，俟核實結算後，另行專案簽請核撥實報實銷，合併陳明。

二、謹請鑒核。」等情。

二、特擬具該文物箱分配單位名單乙份，函請查照見復以憑辦理爲荷。

附件如文

羅雲平

檔案說明

此四案呈現了在中華文物箱的籌製機制中，除行政系統的政府相關部會共同運作外，也有中國國民黨黨務系統中之「中央三、四組」及「教育部從政黨員」亦曾參與的情況；同時，此四案也是首次出現中華文物箱與「安祥專案」關係的館藏檔案。所謂「安祥專案」，源自於一九七〇年三月，中國國民黨成立後對海外學人進行黨務工作的專案。該專案由中央第三組主導，部分行政部會亦被納入作為執行單位，如本館之上級機關教育部；而史博館奉令製造的中華文物箱，因具有中華文化宣揚的屬性，亦成為「安祥專案」執行項目之一，其目的在於「增製文物箱以備在歐美日各地巡迴展出之用，充實文物箱內容使能強調中國大陸與臺灣歷史淵源之關係」（教育部檔案 0610000643З）。上述四件檔案均為敘述文物箱展品費用、展示運用等內容，均無機敏性。另外，在「教育部從政黨員（函）」中所見之受文者均為「陸海光先生」，其實非指個人，而是黨務系統之代號。

《第二批中華文物箱》 檔號 061-1-765-1-02，史博館檔案

受文者：國立歷史博物館王館長宇清同志　　副本：陸海光先生

文　別：函　　發文者：羅雲平

日　期：中華民國六十一年四月廿日

文　號：台（61）平文第 5339 號

事　由：委託該館籌製之「中華文物箱」希即寄運由。

一、六十一年二月廿一日（61）台博研字第〇一一一號呈已悉。

二、案經轉准陸海光先生六十一年四月七日海指（61）七〇三號函：「一、六十一年三月廿七日台（61）平文五二八九函及附件敬悉。二、關於文物箱分配單位名單，本會無其他意見。惟寄發時，擬請同時分函各地留學生社團及文化團體向就近之分配單位洽借運用，以擴大效果。三、復請查照爲荷」等由。

三、希即按照分配單位名單迅速寄運爲要。

羅雲平

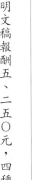

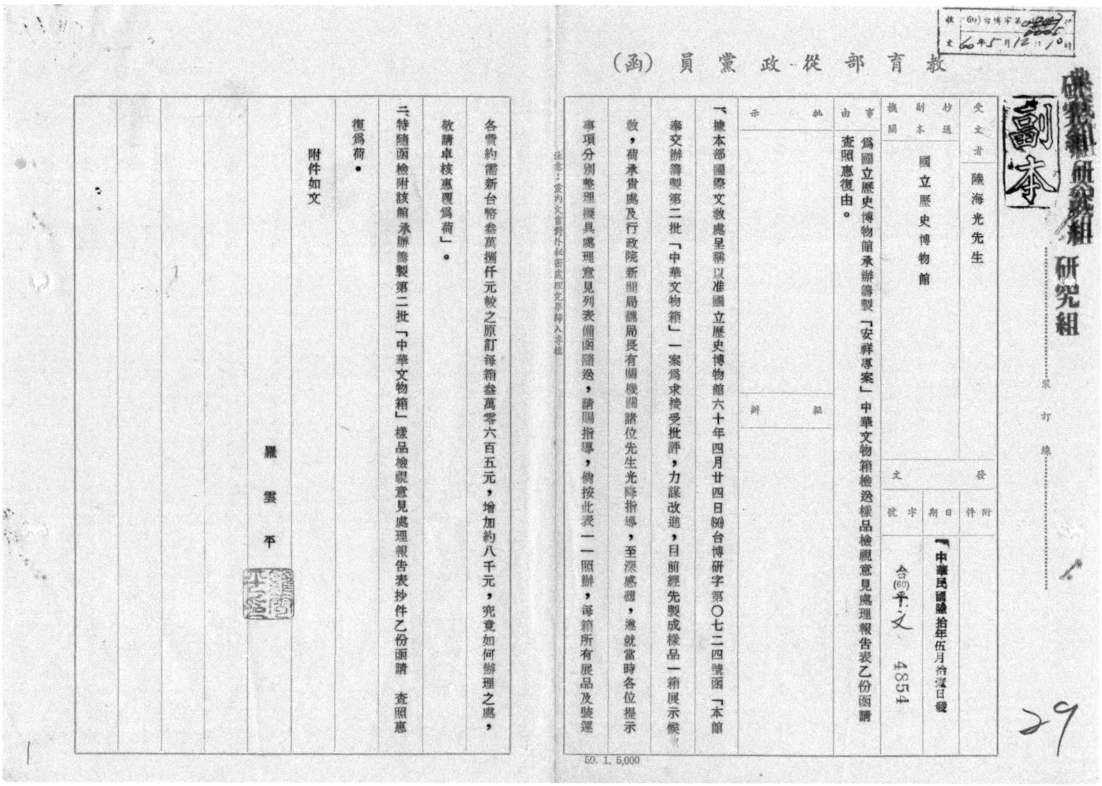

教育部從政黨員（函）

受文者：陸海光先生
副本抄送機關：國立歷史博物館
事由：爲國立歷史博物館承辦籌製「安祥專案」中華文物箱檢送樣品檢視意見處理報告表乙份函請查照惠復由。
發文：日期「中華民國陸拾年伍月拾壹日發」 字號：台(60)平文4854

一、據本部國際文教處呈稱以准國立歷史博物館六十年四月廿四日(60)台博研字第〇七二四號函「本館奉交辦籌製第二批「中華文物箱」一案爲求接受批評，力謀改進，目前經先製成樣品一箱展示候教，荷承貴處及行政院新聞局魏局長有關機關諸位先生光臨指導，至深感荷，並就當時各位提示事項分別整理擬具處理意見列表備函隨送，請賜指導，俾按此表一一照辦，每箱所有展品及裝運各費約需新台幣叁萬捌仟元較之原訂每箱叁萬零六百五元，增加約八千元，究竟如何辦理之處，敬請卓核惠覆爲荷」。

二、特隨函檢附該館承辦籌製第二批「中華文物箱」樣品檢視意見處理報告表抄件乙份函請查照惠復爲荷。

附件如文

羅雲平

注意：當內文書對外秘密處理完畢歸入專檔

59. 1. 5,000

《第二批中華文物箱》，檔號 061-1-765-1-29，史博館檔案（1971.05.11）

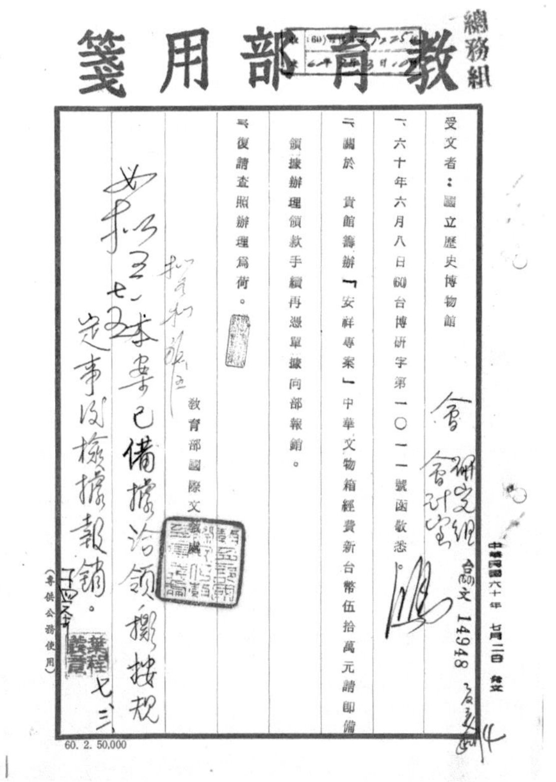

教育部用箋

受文者：國立歷史博物館

一、六十年六月八日(60)台博研字第一〇一一號函敬悉。

二、關於貴館籌辦「安祥專案」中華文物箱經費新台幣伍拾萬元請即備領據辦理領款手續再憑單據向部報銷。

三、復請查照辦理爲荷。

教育部國際文教處

中華民國六十年七月二日發文 台(60)文 14948

（專供公務使用）

60. 2. 50,000

《第二批中華文物箱》，檔號 061-1-765-1-04，史博館檔案（1971.07.02）

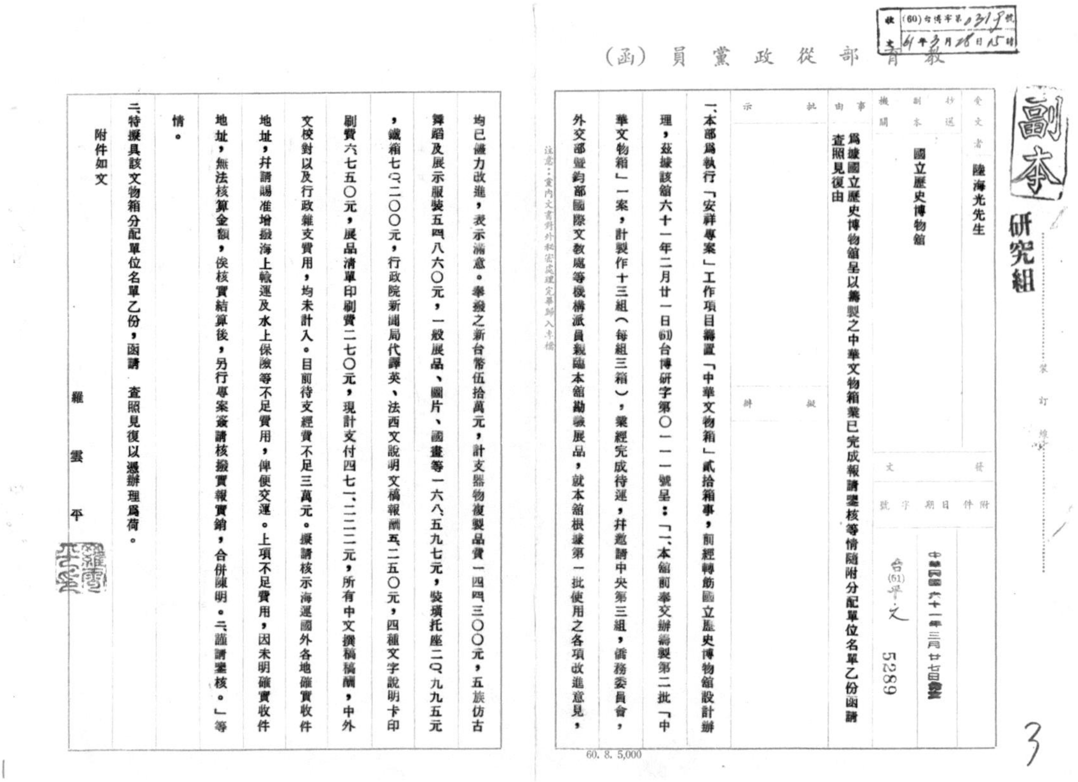
教育部從政黨員（函）

受文者：陸海光先生
抄送：
副本：國立歷史博物館
機關：

事由：爲據國立歷史博物館呈以籌製之中華文物箱業已完成報請鑒核等情隨附分配單位名單乙份函請查照見復由

發文：中華民國六十一年三月廿七日 台(61)平文 5289

批示： 擬辦：

一、本部爲執行「安祥專案」工作項目籌置「中華文物箱」貳拾箱事，前經轉飭國立歷史博物館設計辦理，茲據該館六十一年二月廿一日(61)台博研字第〇一一一號呈：「一、本館前奉交辦籌製第二批「中華文物箱」一案，計製作十三組（每組三箱），業經完成待運，并邀請中央第三組，僑務委員會，外交部暨鈞部國際文教處等機構派員親臨本館勘驗展品，就本館根據第一批使用之各項改進意見，均已儘力改進，表示滿意。奉撥之新台幣伍拾萬元，計支器物複製品費一四四、三〇〇元，五族仿古舞蹈及展示服裝五四、八六〇元，一般展品、圖片、國畫等一六八、五九七元，裝璜托座二〇、九九五元，鐵箱七〇、二〇〇元，行政院新聞局代譯英、法西文說明文稿報酬五、二五〇元，四種文字說明卡印刷費六、七五〇元，展品清單印刷費二七〇元，現計支付四七〇、二二二元，所有中文撰稿稿酬，中外文校對以及行政雜支費用，均未計入。目前待支經費不足三萬元。擬請核示海運國外各地確實收件地址，并請賜准增撥海上輸運及水上保險等不足費用，俾便交運。上項不足費用，因未明確實收件地址，無法核算金額，俟核實結算後，另行專案簽請核撥實報實銷，合併陳明。二、謹請鑒核。」等情。

二、特擬具該文物箱分配單位名單乙份，函請 查照見復以憑辦理爲荷。

附件如文

羅雲平

《第二批中華文物箱》，檔號 061-1-765-1-03，史博館檔案（1972.03.27）

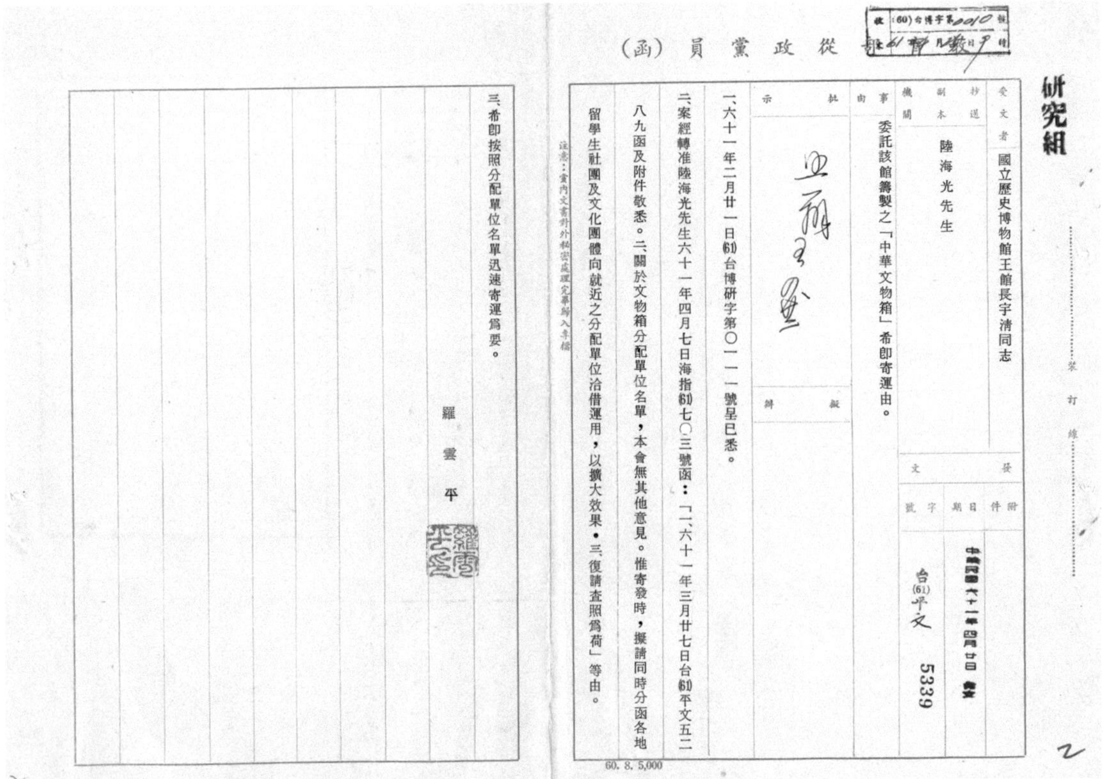
教育部從政黨員（函）

受文者：國立歷史博物館王館長宇清同志
抄送：
副本：陸海光先生
機關：

事由：委託該館籌製之「中華文物箱」希即寄運由。

發文：中華民國六十一年四月廿日 台(61)平文 5339

批示： 擬辦：

一、六十一年二月廿一日(61)台博研字第〇一一一號呈已悉。

二、案經轉准陸海光先生六十一年四月七日海指(61)七〇三號函：「一、六十一年三月廿七日台(61)平文五二八九函及附件敬悉。二、關於文物箱分配單位名單，本會無其他意見。惟寄發時，擬請同時分函各地留學生社團及文化團體向就近之分配單位洽借運用，以擴大效果。三、復請查照爲荷」等由。

三、希即按照分配單位名單迅速寄運爲要。

羅雲平

《第二批中華文物箱》，檔號 061-1-765-1-02，史博館檔案（1972.04.20）

《第二批中華文物箱》 檔號 061-1-765-1-37，史博館檔案

受文者：國立歷史博物館

文　別：函　　發文者：行政院新聞局

日　期：中華民國六十年五月十七日

文　號：（60）局景編字第 2766 號

事　由：關於代譯文物箱展品文字覆請卓裁見示由。

一、本年五月十日（60）台博研字第〇八二二號函暨附件均敬悉。

二、所囑代覓人士爲「中華文物箱」展品文字作英文潤飾，及譯成法文西班牙文一節，因此項人才難求，且多已有固定工作，必須情商協助，爲期總須一個月始能完成。稿酬方面，英文潤飾及法西文翻譯均各須新台幣貳千元，法西文譯就後尚須另覓人核稿，須各另付核稿費新台幣一千元，總計上述工作共需稿酬新台幣捌千元，至打字清稿等工作，當由本局人員代爲免費服務。

三、如何之處？敬請卓裁惠知，附件暫留本局。

局長　魏景蒙

檔案說明

本案為一九七一年本館委請行政院新聞局協助進行中華文物箱展品名稱之外語翻譯事宜。一九六九年，第一批文物箱輸出配送地區以美國為主，只有英文翻譯，由於在當地文化宣傳效果良好，歐洲駐外使館亦紛紛索求，因此本館奉教育部指示繼續製作第二批文物箱，並增加法文及西班牙文之展品文字，以擴大宣傳。

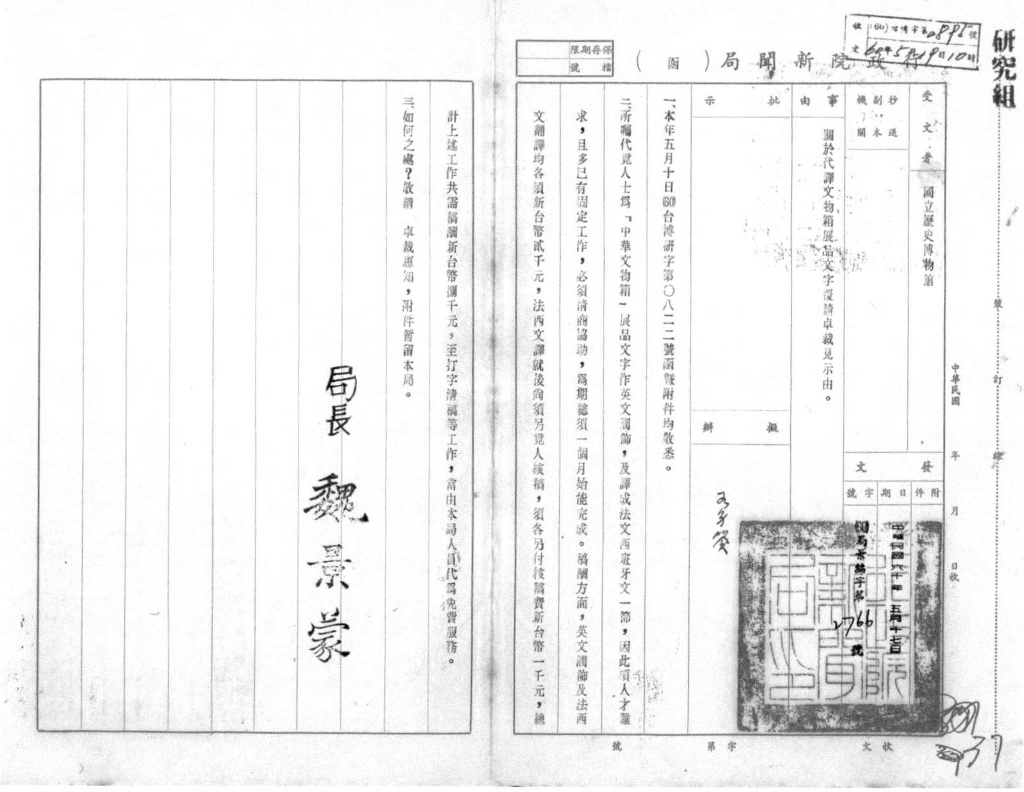
研究組

行政院新聞局（函）

受文者：國立歷史博物館

事由：關於代譯文物箱展品文字覆請卓裁見示由。

一、本年五月十日60台博研字第〇八二二號函暨附件均敬悉。

二、所囑代覓人士爲「中華文物箱」展品文字作英文潤飾，及譯成法文西班牙文一節，因此項人才難求，且多已有固定工作，必須請商協助，爲期總須一個月始能完成。稿酬方面，英文潤飾及法西文翻譯均各須新台幣貳千元，法西文譯就後尚須另覓人核稿，須各另付核稿費新台幣一千元，總計上述工作共需稿酬新台幣捌千元，至打字清稿等工作，當由本局人員代爲免費服務。

三、如何之處？敬請　卓裁惠知，附件暫留本局。

局長　魏景蒙

發文：中華民國六十年五月十七日　（60）局景綜字第2766號

《第二批中華文物箱》，檔號 061-1-765-1-37，史博館檔案（1971.05.17）

六．文物箱樣品預展案（第二批：一九七一年七月至一九七二年二月）

《第二批中華文物箱》檔號 061-1-765-1-40，史博館檔案

受文者：中央委員會三、四組、教育部國際文教處、僑務委員會二處、行政院新聞局、外交部
文　別：箋函　　發文者：史博館
日　期：中華民國六十年七月三日
文　號：（60）台博研字第 1228 號
事　由：

本館奉教育部交辦籌製第二批「中華文物箱」，曾先製就樣品一箱，承蒙貴代表蒞臨指導，旋經本館就提示事項分別整理擬具處理意見列表隨函送請指導在案。茲以該項文物箱亟待製作，謹訂於本（七）月七日（星期三）上午九時卅分，在本館會議室候教，俾就各方提示事項再作綜合考慮改進。敬請貴派員光臨指導，毋任感幸。

國立歷史博物館　敬啓　七月三日

附件「第二批中華文物箱展品概略說明」，內容如下：

1. 國父及元首像等一般展品，一〇三件，包括國父遺像、總統肖像、中華民國國旗、中國歷史系統圖。國旗以塑膠質印製一〇〇小幅聯綴成串便於縱橫懸掛室內。
2. 圖片，二十件，內中以先史人類、銅器、玉器、甲骨、陶器、瓷器計精選珍藏之實物拍攝照片放大爲十五吋，裝框。
3. 古畫，十件，精選歷代名家名作。複製品。
4. 今人國畫，十件，就今人國畫業經坊間發行者擇優選用。複製品。
5. 銅器，六件，就商、周、春秋漢代具有歷史價值之銅器實物精選。複製品。
6. 陶器，六件，就先史時期及唐代具有代表性之陶器實物精選。複製品。
7. 文字史料，一件，就罕見之熹平石經拓本加以裝裱外加框及以壓克力與三層板加以保護。拓本。
8. 石刻，一件，北周石佛。複製品。
9. 玉器，二件，就清代玉器中精選之。複製品。
10. 漆器，四件，就明清兩代各式雕花漆器中精選之。複製品。
11. 彩色幻燈片，五十張，就台灣民俗、風景、建設等精選。
12. 國樂唱片，十張，洽中廣公司低價供應具有代表性之國樂唱片計卅二曲。
13. 其他，二十四件，增列：中華民國各式郵票一框、張大千長江萬里圖長卷（大型）、古裝服裝（含頭飾及舞鞋在內）一套、宮燈（八吋）廿隻。實物。

合計二四七件。

附註：一、另製馬口鐵箱二隻，便於搬運儲放展品，并有防震防濕功能。
二、所有器物均另備有托座，以增加展出之效果。
三、圖片繪畫均用精美鏡框，外塗塑膠，以防污損。

《第二批中華文物箱》檔號 061-1-765-1-12，史博館檔案

受文者：
文　別：箋函　　發文者：史博館
日　期：中華民國六十一年二月九日
文　號：（61）台博研字第 0101 號
事　由：

本館奉教育部交辦籌製第二批中華文物箱拾叁組（每組三箱），經敬謹接受各方教示改進展品內容，現已分別製作完成。謹訂於本（二）

月十一日（星期五）上午十時在本館地下大樓陳列，敬請貴派員光臨指導，毋任感幸。

敬啓　二月九日

檔案說明

一、本二案為一九七一年本館製作第二批中華文物箱樣品，首次邀請有關單位於七月七日至本館檢視。本館依照駐外單位使用第一批文物箱後所提建議，改良及精進展品內容品質，並增列類別及數量。

二、一九七一年，本館製作第二批中華文物箱成品預展，第二次邀請有關單位如中央第三組、僑務委員會、外交部暨教育部國際文教處等機構派員親臨本館勘驗事宜。本次共計製作三十九箱（十三組，每組三箱），分配單位如下：一、美國：駐美大使館文化參事處、波士頓總領事館、支（芝）加哥總領事館、火奴魯魯（今夏威夷檀香山）總領事館、休士頓總領事館、羅安琪（今洛杉磯）總領館、紐約總領事館、三藩市（今舊金山）總領事館、西雅圖總領事館各乙組，共九組。二、日本：駐日大使館文化參事處二組。三、歐洲：駐西班牙大使館及比京（比利時布魯塞爾）中山文化中心各一組，共二組。

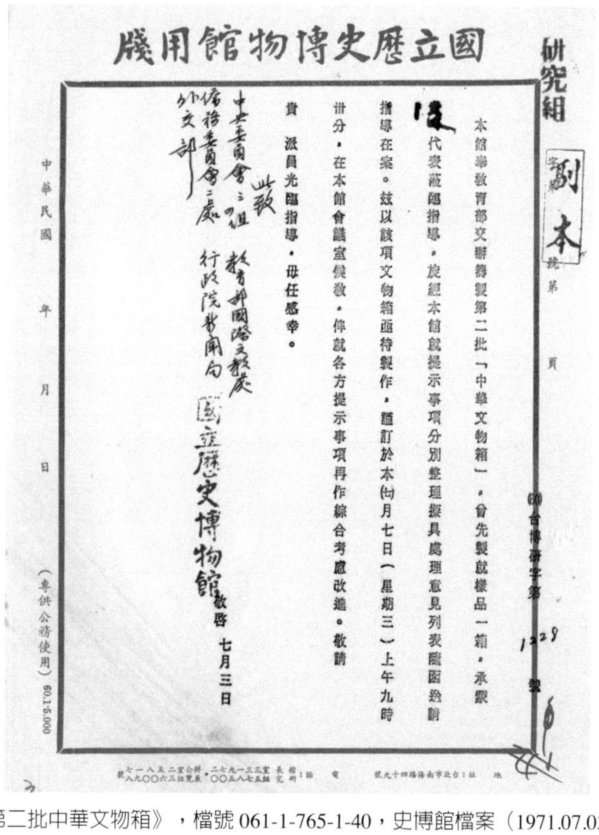

國立歷史博物館用牋

研究組

副本

(60)台博研字第1228號

本館奉教育部交辦籌製第二批「中華文物箱」，曾先製就樣品一箱，承蒙
代表蒞臨指導。旋經本館就提示事項分別整理擬具處理意見列表函送請
指導在案。茲以該項文物箱亟待製作，爰訂於本(七)月七日（星期三）上午九時
卅分，在本館會議室候教，俾就各方提示事項再作綜合考慮改進。敬請
貴　派員光臨指導，毋任感幸。

此致
中央委員會三組
僑務委員會三處
外交部
教育部國際文教處
行政院新聞局

國立歷史博物館　敬啓　七月三日

中華民國　年　月　日

（專供公務使用）60.1.5,000

地址：台北市南海路四十九號

《第二批中華文物箱》，檔號 061-1-765-1-40，史博館檔案（1971.07.03）

（二）

第二批中華文物箱展品概略說明

中華民國六十年二月三日
國立歷史博物館提供

類別	件數	說明	備考
國父及元首像等一般展品	103	國父遺像，總統肖像，中華民國國旗，中國歷史系統圖。	國旗以塑膠質印製一〇〇小幅連綴成串，便於纖橫懸掛室內
圖片	20	內中以先史人類、銅器、玉器、甲骨、陶器、瓷器計精選珍藏之實物拍攝照片放大爲十五吋，裝框。	
古畫	10	精選歷代名家名作。	複製品
今人國畫	10	就今人國畫業經坊間發行者擇優選用。	〃
銅器	6	就商、周、春秋漢代具有歷史價值之銅器實物精選。	〃
陶器	6	就先史時期及唐代具有代表性之陶器實物精選。	〃
文字史料	1	就罕見之熹平石經拓本加以裝裱外加框及以壓克力與三層板加以保護。	拓本
石刻	1	北周石佛。	複製品
玉器	2	就清代玉器中精選之。	複製品
漆器	4	就明清兩代各式雕花漆器中精選之。	〃
彩色幻燈片	50	就台灣民俗、風景、建設等精選。	〃
國樂唱片	10	洽中廣公司低價供應具有代表性之國樂唱片計卅二曲。	
其他	24	增列：一、中華民國各式郵票一框。二、張大千長江萬里圖長卷（大型）。三、古裝服（含頭飾及舞鞋在內）一套。四、宮燈（八吋）廿隻。	實物
合計	247		

附註：一、另製馬口鐵箱二隻，便於搬運儲放展品，并有防震防濕功能。
二、所有器物均另備有托座，以增加展出之效果。
三、圖片繪畫均用精美鏡框，外塗塑膠，以防污損。

國華印刷文具行

《第二批中華文物箱》，檔號 061-1-765-1-40，史博館檔案（1971.07.03）
附件：第二批中華文物箱展品概略說明（1971.02.03）

國立歷史博物館

(61)台博研字第 0101 號

本館奉 教育部文辦籌製第二批中華文物箱拾叁組（每組三箱），經敬謹接受各方教示改進展品內容，現已分別製作完成。謹訂於本(二)月十一日（星期五）上午十時在本館地下大樓陳列，敬請
貴 派員光臨指導，毋任感幸。

敬啓 二月九日

《第二批中華文物箱》，檔號 061-1-765-1-12，史博館檔案（1972.02.09）

「中華文物箱」拾叁組分配單位如下：

一、美國：
駐美大使館文化參事處、波士頓總領事館、支加哥總領事館、火奴魯魯總領事館、休士頓總領事館、羅安琪總領事館、紐約總領事館、三藩市總領事館、西雅圖總領事館各乙紙，共九組。

二、日本：
駐日大使館文化參事處貳組

三、歐洲：
駐西班牙大使館及比京中山文化中心各壹組共貳組

教育部

60. 2. 50,000

《第二批中華文物箱》，檔號 061-1-765-1-03，史博館檔案（1972.03.27）附件：「中華文物箱」13 組分配單位名單

七・文物箱完成待運案（第二批：一九七二年二月）

《第二批中華文物箱》檔號 061-1-765-1-11，史博館檔案

受文者：教育部

文別：呈（稿）　　發文者：史博館

日期：中華民國陸拾壹年貳月廿壹日

文號：（61）台博研字第0111號

事由：爲籌製中華文物箱業已完成待運報請鑒核由。

一、本館前奉交辦籌製第二批「中華文物箱」一案，計製作十三組（每組三箱），業經完成待運，并邀請中央第三組、僑務委員會、外交部暨鈞部國際文教處等機構派員親臨本館勘驗展品，就本館根據第一批使用之各項改進意見，均已儘力改進，表示滿意。奉撥之新台幣伍拾萬元，計支器物複製品費一四四、三〇〇元，五族仿古舞蹈及展示服裝五四、八六〇元，一般展品、圖片、國畫等一六八、五九七元，裝璜托座二〇、九九五元，鉄箱七〇、二〇〇元，行政院新聞局代譯英、法、西文說明文稿報酬五、二五〇元，四種文字說明卡印刷費六、七五〇元，展品清單印刷費二七〇元，現計支付四七一、二二二元，所有中文撰稿報酬，中外文校對以及行政雜支費用，均未計入。目前待支經費不足三萬元。擬請核示海運國外各地確實收件地址，并請賜准增撥海上輸運及水上保險等不足費用，俾便交運。上項不足費用，因未明確實收件地址，無法核算金額，俟核實結算後，另行專案簽請核撥實報實銷，合併陳明。

二、謹請鑒核。

國立歷史博物館館長　王〇〇

檔案說明

本案為一九七二年本館呈教育部，稟明有關第二批文物箱業已完成待運輸出，並說明展品製作項目費用。本批文物箱係依各界對第一批文物箱的意見進行改良，展品項製作、運輸及保險費用亦增加。

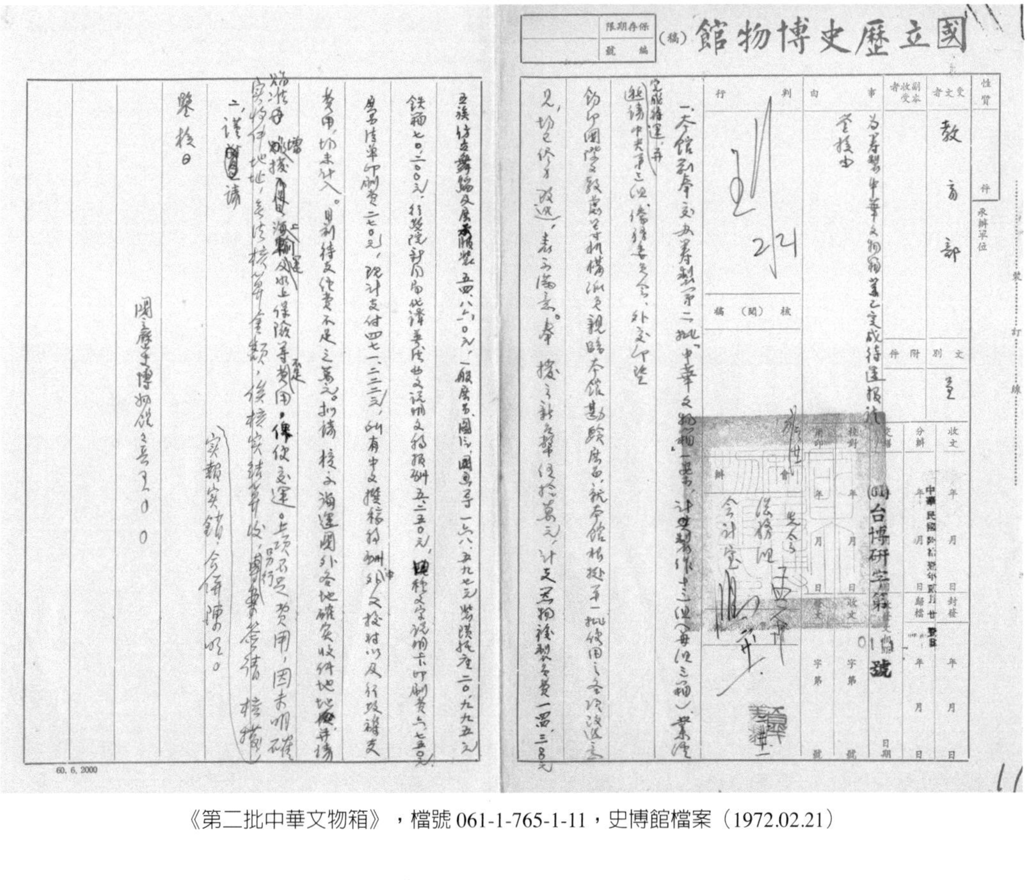
國立歷史博物館（稿）

《第二批中華文物箱》，檔號 061-1-765-1-11，史博館檔案（1972.02.21）

八．申請代製文物箱案（外交部：一九七二年二月）

《中華文物箱》檔號 06100006433，教育部檔案

受文者：外交部　副本：教育部
文別：代電　發文者：中華民國駐西雅圖總領事館
日期：中華民國61年2月24日
文號：雅總（61）字第727號
事由：請分配中華文物箱運用事。

外交部鈞鑒：謹查本館轄區華僑及留學生經常舉行各項聚會，請本館提供我國文物資料複製品參加陳列，惟館中資料有限，不足供應需求。館中原存之文物箱業已過時，內容亦欠充實，且因使用頻繁，早有破損。爲期在各項活動中進一步宣揚中華文化，加強華僑、留學生之向心力起見，擬請頒發國立歷史博物館新製之中華文物箱2個，俾資在轄區各地廣爲運用。謹報請鑒督賜洽並示復爲禱。

駐西雅圖總領事館

檔案說明

本案為一九七二年駐西雅圖總領事館代電外交部，由於該館原存之第一批中華文物箱業已過時且有破損，為因應海外華僑及留學生辦理各項活動時宣傳中華文化，及凝聚國人的向心力，擬請本館再行製作二個中華文物箱，以便在當地展出事宜。

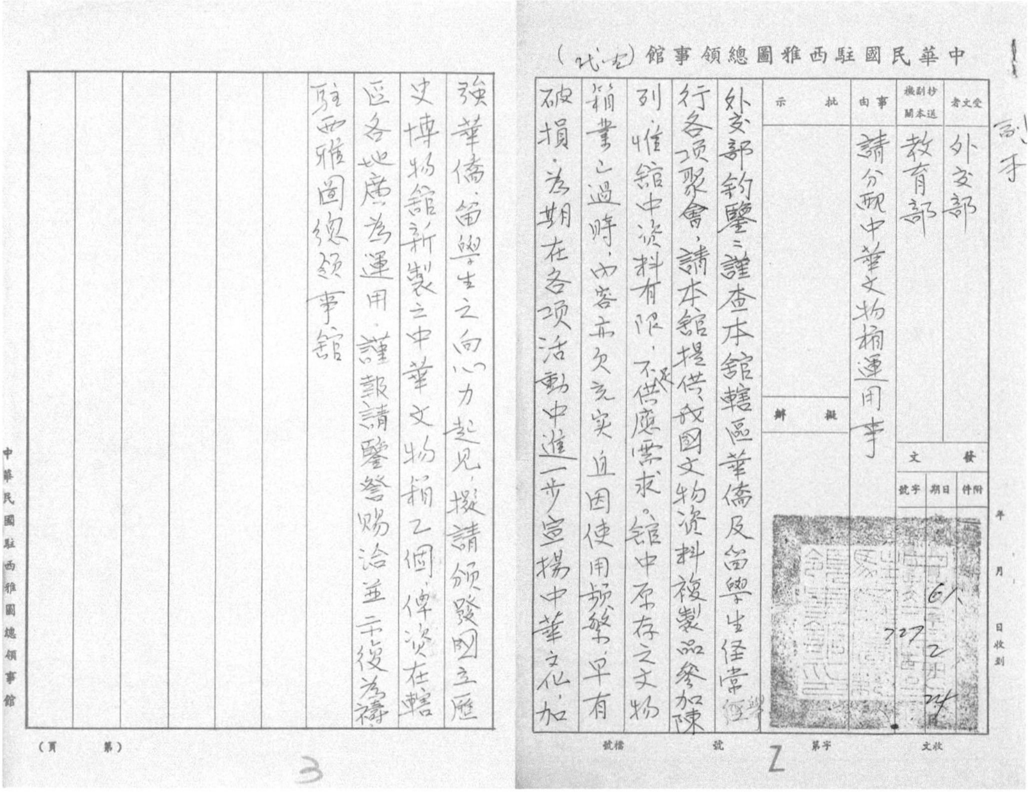

中華民國駐西雅圖總領事館（代電）

受文者：外交部
抄副本送機關：教育部
事由：請分配中華文物箱運用事

外交部鈞鑒：謹查本館轄區華僑及留學生經常舉行各項聚會，請本館提供我國文物資料複製品參加陳列，惟館中資料有限，不足供應需求。館中原存之文物箱業已過時，內容亦欠充實，且因使用頻繁，早有破損，為期在各項活動中進一步宣揚中華文化，加強華僑、留學生之向心力起見，擬請頒發國立歷史博物館新製之中華文物箱二個，俾資在轄區各地廣為運用。謹報請鑒督賜洽並示復為禱。

駐西雅圖總領事館

《中華文物箱》，檔號 06100006433，教育部檔案（1972.02.24）

《代辦文物箱出口案》 檔號 060-4-461-1-19，史博館檔案

受文者：國立歷史博物館　　副本：駐盧安達大使館
文　別：函　　發文者：外交部
日　期：中華民國陸壹年叁月拾日
文　號：外（61）情一第 04627 號
事　由：爲函請代辦小型文物箱一個由。

一、據駐盧安達大使館報稱：盧安達人民素性質樸，且對外來文化之吸收能力頗強；美、法等國利用其在盧所設之文化中心，廣作文化宣傳，收效甚宏；我似亦宜加強對盧文化宣傳，以期間接促進該國與我之政治關係。等情。
二、查該館所報頗具見地。本部擬委託貴館，在新台幣二萬餘元範圍內（包括裝運、保險等費），配製小型文物箱乙個，逕運寄該館運用，俾收宣傳之效。
三、特函請卓辦并見復爲荷。

部長　周書楷

《代辦文物箱出口案》 檔號 060-4-461-1-18，史博館檔案

受文者：外交部
文　別：函（稿）　　發文者：史博館
日　期：中華民國陸拾壹年叁月廿壹日
文　號：（61）台博研字第 0183 號
事　由：爲代辦小型中華文物箱一具檢附目錄函請查照由。

一、大部 61、3、10 外（61）情一〇四六二七號函爲請代辦小型文物箱一箱敬悉。
二、大部高瞻遠矚，擘劃在先，本館自應竭力效勞，樂觀厥成。謹就盧國國情實況，俟撥可支金額，選擇中華文物複製品一批（餘各所附目錄），配製中華文物箱（小型）壹具，用符雅望。
三、敬復詧照。

館長　王〇〇

《代辦文物箱出口案》 檔號 060-4-461-1-17，史博館檔案

受文者：國立歷史博物館　　副本：駐盧安達大使館（附文物箱目錄影本）
文　別：函　　發文者：外交部
日　期：中華民國陸壹年肆月拾肆日
文　號：外（61）情一第 07214 號
事　由：關於代辦小型中華文物箱事。

一、關於代辦小型中華文物箱事，本年三月廿一日（61）台博研字第〇一八三號函暨附件均敬悉。
二、該文物箱一具，請即依照貴館所開項目儘速包裝運寄駐盧安達大使館運用。所需各款即請派員掣據來部具領。
三、復請查照並將惠辦情形見示爲荷。

部長　周書楷

《代辦文物箱出口案》 檔號 060-4-461-1-16，史博館檔案

受文者：基隆關　　副本：外交部情報司、基隆港聯檢處、安全包裝轉運公司
文　別：函（稿）　　發文者：史博館
日　期：中華民國陸拾壹年伍月叁日

文　號：（61）台博總字第 0320 號
事　由：爲運交盧安達大使館中華文物一箱出口事，函請惠准放行由。
一、准外交部本年三月十日外（61）情一字第〇四六二七號函，略以：「本部擬委託貴館配製小型文物箱壹個，逕運我駐盧安達大使館運用，俾收宣傳之效。」等由。
二、上項文物箱業經製作完成，包裝壹箱，即將由基隆出口，海運該館備用。茲隨文檢奉上項文物目錄一份，敬請惠准放行出口，以利付運。
三、相應函請查照俞允爲荷。

館長　王〇〇

《代辦文物箱出口案》

檔號 060-4-461-1-13，史博館檔案

受文者：國立歷史博物館
文　別：信　　發文者：〇〇〇〇公司台灣分公司
日　期：中華民國 61 年 06 月 19 日
文　號：（61）台博字第 0586 號
事　由：國立歷史博物館托運非洲物品一箱，提單“3”號，原定交由 STRAAT RIO 輪運送，今改由 STRAAT TORRES 輪代運。該輪業於五月卅一日起航，約於六月廿日可到達東非洲蒙巴薩港。敬此奉聞，並祈原宥。

《代辦文物箱出口案》

檔號 060-4-461-1-12，史博館檔案

受文者：駐多哥大使館　　副本：史博館（無附件）
文　別：代電　　發文者：外交部
日　期：中華民國陸壹年陸月廿日
文　號：外（61）情一第 12476 號
事　由：關於運寄該館小型文物箱乙個，希遵收運用事。
駐多哥大使館：一、查本部前曾委託國立歷史博物館特製小型中華文物箱乙個，寄交前駐盧安達大使館運用。現該文物箱正由海運運非途中。二、頃以駐盧安達大使館業已裁撤，茲爲加強該館宣情工作，本部乃洽請原承辦單位轉洽承運公司將該文物箱轉運該館，以供展出之用。三、茲隨電檢附該文物箱目錄乙份，希遵收運用具報。外交部（情）。

部長　沈昌煥

《代辦文物箱出口案》

檔號 060-4-461-1-11，史博館檔案

受文者：國立歷史博物館
文　別：函　　發文者：外交部
日　期：中華民國陸壹年陸月廿日
文　號：外（61）情一第 12511 號
事　由：關於代辦小型中華文物箱事。
一、關於代辦小型中華文物箱運交駐盧安達大使館運用事，本部本年四月十四日外（61）情一字第〇七二一四號函計邀詧及。
二、查我駐盧安達大使館頃已裁撤，擬請速妥洽原承運公司將該文物箱改運駐多哥大使館。（地址附後）。
(Embassy of the Republic of China)
Boulevard Circulaire
Lomé, Togolese Republic
三、特函請惠辦並見復爲荷。

部長　沈昌煥

《代辦文物箱出口案》 檔號 060-4-461-1-10，史博館檔案

受文者：○○○○公司台北分公司　　副本：外交部、駐多哥大使館、安全包裝轉運公司
文　別：函（稿）　　發文者：史博館
日　期：中華民國陸拾壹年陸月廿肆日
文　號：（61）台博總字第 0445 號
事　由：函請惠將原運交東菲駐盧安達大使館之文物一箱，改運駐多哥大使館由。

一、貴公司本年六月十四日函敬悉。
二、頃准外交部本年六月廿日外（61）情一字第一二五一一號函節開：「（照錄第二條原文）」等由。查上項提單，已於本年六月一日，由安全包裝轉運公司以航郵掛號寄我駐盧安達大使館，請以最迅捷之方式，拍電通知貴屬海外分公司輪船，原件轉運我駐多哥大使館，所需一切費用，自當由本館負責洽請外交部核實照付。（又上項 B/L 三號提單聲明作廢。）
三、相應函請查照惠予速辦見覆爲荷。

館長　王○○

《代辦文物箱出口案》 檔號 060-4-461-1-09，史博館檔案

受文者：外交部　　副本：史博館
文　別：代電　　發文者：中華民國駐多哥國大使館
日　期：六十一年十月九日
文　號：多哥（61）字第 171 號
事　由：關於運寄本館小型文物箱迄未收到事。

外交部鈞鑒：（一）關於將前寄駐盧安達大使館之小型文物箱轉運本館事，本年六月廿日外（61）情一字第 12476 號代電奉悉。（二）查中多邦交現已中止，本館已奉令於十月四日關閉撤離，惟該項文物箱之提單文件迄今尚未收到，亦無法安排轉運事宜。爲免遺失計，敬祈電知承運公司轉運他館運用。（三）副本抄送國立歷史博物館、駐多哥大使館。

《代辦文物箱出口案》 檔號 060-4-461-1-08，史博館檔案

受文者：○○股份有限公司
文　別：函　　發文者：安全包裝轉運公司
日　期：中華民國 61 年 10 月 18 日
文　號：（71）安發字第三三○號
事　由：爲停止貨物運往他國由。

本公司受委代國立歷史博物館裝運複製品陶器一批，於五月二十五日裝“STRAAT FRANKLIN”輪，運往 MOMBASA 港。轉到盧安達，在運往途中，因與該國停止邦交，乃出函申請轉運往肯亞（KENYA），但不多久，亦與肯亞停止邦交。現經查明，該批貨物仍在 MOMBASA 港口，茲據國立歷史博物館決定，將該批陶器，贈送盧安達國家銀行首席顧問甘崇正先生。煩請儘速通知甘崇正先生前往提貨，以免延送運往肯亞。一切責任及倉庫費用等等，全由敝公司負擔。此請查照辦理爲何

總經理　○○○

《代辦文物箱出口案》 檔號 060-4-461-1-07，史博館檔案

受文者：國立歷史博物館
文　別：函　　發文者：○○○○股份有限公司北分公司
日　期：中華民國六十一年十二月十六日
事　由：如文。

一、貴館于本年五月廿六日裝本公司代理渣華郵船公司之STRAAT FRANKLIN輪由基隆運往香港再轉運至肯亞蒙巴沙港（MOMBASA）之文物複製品一箱，嗣因政治關係囑將該箱文物改運往羅美（LOME）港由多哥大使館提貨。本公司經于六月廿六日電知蒙巴沙代理行照辦。唯貴館復因多哥大使館已裁撤，囑將該箱文物製品中止運往羅美而仍在蒙巴沙交貨由甘崇正先生提領，本公司再于十月十四日去電（附電文抄本）通知蒙巴沙代理行照辦。孰料該代理行于十一月十日來電通知謂該箱文物已于十月廿一日裝FIRBANK輪運往羅美港，幷囑將其墊付之各項費用計美金五四元三角一分收回歸墊。

二、以上發生之經過情形本公司於十一月十一日曾分別向外交部情報司及安全包裝轉運公司報告幷請其指示善後之辦法，唯尚未蒙答覆，爰特再函請鑒察速作決定如何處理。

三、本案所以發生差誤之原因端在電訊之誤，而幷非本公司或蒙巴沙代理行之錯誤，設若該代理行確曾收到本公司十月十四日之電報則必不會將該箱文物續運往羅美。

四、本公司受託代爲按排改運各項事宜純係義務性質，故本公司對於意外事故未便負責，至於蒙巴沙代理行所代墊之款項應請貴館從速惠付。

五、函請查照爲荷。

六、副本抄送外交部情報司，安全包裝轉運公司。

〇〇〇〇股份有限公司台北分公司

中華民國六十一年十二月十六日

《代辦文物箱出口案》 檔號060-4-461-1-06，史博館檔案

受文者：國立歷史博物館　副本：〇〇〇〇公司

文　別：函　發文者：外交部

日　期：中華民國陸拾壹年拾貳月廿叁日

文　號：外（61）情一第25524號

事　由：關於代辦小型中華文物箱事。

一、關於本部前託貴館代辦，原擬運交前駐盧安達大使館運用之小型文物箱一個，被誤運多哥共和國之洛梅LOME港事，〇〇公司本年十二月十六日函計邀詧及。

二、查本部前決定將該文物箱就近運交盧安達國家銀行首席顧問甘崇正君時，曾於事先取得〇〇公司之認可，並據告能及時辦到等語。故本部對於該公司未能照本部意思辦理，逕將該文物箱誤運多哥所引起之各項額外費用，自無償付之責任。惟自該公司MOMBASA代理行通知前駐盧安達大使館前往提貨之日起，至該公司拍電要求MOMBASA代理行將該箱轉交甘崇正君之日（即十月十四日）止，其間由於該箱滯留MOMBASA港所應繳之倉租等費，及因本部兩度更改收件人所付之電報費則自應由本部負擔。

三、該文物箱現既已運往多哥，擬請貴館即洽〇〇公司就近將之運交駐達荷美大使館。該館地址如下：AMBASSADE DE LA REPUBLIQUE DE CHINE. B. P. 953, COTONOU, REPUBLIQUE DU DAHOMEY. (AFRICA)

四、請查照惠辦並見復爲荷。

部長　沈昌煥

《代辦文物箱出口案》 檔號060-4-461-1-05，史博館檔案

受文者：〇〇〇〇股份有限公司台北分公司　副本：外交部、駐達荷美大使館、安全包裝轉運公司

文　別：函（稿）　發文者：史博館

日　期：中華民國陸拾壹年拾貳月廿捌日

文　號：（61）台博總字第 1028 號
事　由：爲本館前託運「中華文物箱」事，函請惠予迅即運交駐達荷美大使館由。
一、貴公司本年十二月十六日函敬悉。
二、關於本館前託運「中華文物箱」事，頃准外交部本年十二月廿三日外（61）情字第二五五二四號函節開：「該文物箱現既已運往多哥，擬請貴館即洽〇〇公司就近將之運交駐達荷美大使館。」等由。並以副本抄送貴公司在案。敬請惠按外交部意見，迅即運交駐達荷美大使館。
三、相應覆請查照惠辦見覆爲荷。

館長　王〇〇

《代辦文物箱出口案》 檔號 060-4-461-1-04，史博館檔案

受文者：國立歷史博物館　　副本：〇〇〇〇公司
文　別：函　　發文者：外交部情報司
日　期：中華民國陸貳年壹月玖日
文　號：情司（一）字第 010 號
事　由：關於代辦小型中華文物箱事。
一、關於將前託運盧安達之「中華文物箱」改運駐達荷美大使館事，六十一年十二月廿八日（61）台博總字第一〇二八號函副本敬悉。
二、茲因情勢需要，擬請即洽〇〇公司蔣該箱運交駐象牙海岸大使館運用。該館地址如下：AMBASSADE DE LA REPUBLIQUE DE CHINE B. P. 2688 ABIDJAN, COTE D' IVOIRE. (W. AFRICA)
三、除已洽得〇〇公司同意外，特再函請查照卓辦爲荷。
四、副本抄送〇〇〇〇公司。

《代辦文物箱出口案》 檔號 060-4-461-1-03，史博館檔案

受文者：〇〇〇〇股份有限公司台北分公司　　副本：外交部情報司、駐象牙海岸大使館、駐達荷美大使館、安全包裝轉運公司
文　別：函（稿）　　發文者：史博館
日　期：中華民國陸拾貳年壹月拾壹日
文　號：（62）台博總字第 0032 號
事　由：爲本館前託運「中華文物箱」事，改運駐象牙海牙（岸）大使館，函請查照惠辦由。
一、本館六十一年十二月廿八日（61）台博總字第一〇二八號函計達。
二、頃准外交部情報司本年一月九日情司（一）字第〇一〇號函開：「（照錄原文）」等由。
三、相應函請查照惠辦見覆爲荷。

館長　王〇〇

《代辦文物箱出口案》 檔號 060-4-461-1-02，史博館檔案

受文者：國立歷史博物館
文　別：函　　發文者：〇〇〇〇股份有限公司台北分公司
日　期：中華民國六十二年元月十三日
文　號：（62）台博字第 0038 號
事　由：代辦「中華文物箱」改運象牙海岸由。
一、貴館六十一年十二月廿八日（61）台博總字第一〇二八號函及本年元月拾壹日（62）台博總字第〇〇三二號函均敬悉。
二、囑將貴館前托運之中華文物箱一件改運往象牙海岸一節，本公司業於本月十二日電請羅美代理行照辦。茲附上該電文抄本乙份請備查。
三、副本抄送外交部情報司。安全包裝運公司。

〇〇〇〇股份有限公司台北分公司
中華民國六十二年元月十三日

檔案說明

一、本批檔案初始為外交部於一九七二年三月十日，函請本館提供小型文物箱乙個運至我國駐盧安達（**Rwanda**）大使館舉辦展覽，以加強對該國之文化宣傳，本館亦於同年三月二十一日函復表示同意，製作完成後的費用（新臺幣二萬餘元，含製作、運輸及保險等費用）由外交部支付，後續相關之出口放行及託付運輸事項，均與其他文物箱作業相同。

二、該箱文物箱船運作業由〇〇〇公司臺北分公司承運（文物之裝箱郵寄，係由安全包裝轉運公司承攬），於一九七二年五月三十一日由基隆啓航，預計六月二十日抵達東非肯亞蒙巴薩（**Mombasa**）港，然盧安達已於五月十三日與我國斷交，因此外交部於六月二十日函知本館該箱文物轉運至我國駐多哥（**Togo**）共和國大使館（至多哥共和國羅美 **Lome** 港）。

三、多哥共和國於一九七二年十月與我國斷交，大使館已於十月四日關閉，我國駐多哥大使館於十月九日代電表示相關提單文件尚未收到，因使館裁撤關係亦無法辦理轉運事宜。十月十八日，負責本案包裝運送的承商（安全包裝轉運公司）去函輪船公司，表示該文物箱因與盧安達邦交中止，故原物件轉寄肯亞，惟「肯亞又與我國斷交」（編按：我國與肯亞始終無正式邦交，但曾有農技合作關係，此處應為原檔案「安全包裝轉運公司」信函之誤植）至無法送交，「茲據國立歷史博物館決定」（編按：此應為外交部之決定），將物品轉贈盧安達國家銀行首席顧問甘宗正先生（此時物品仍停留於蒙巴薩港），請渠前往提貨。

四、或因電訊通信因素，以致兩方溝通產生誤會，輪船公司之蒙巴薩代理行已於十月二十一日將該箱文物寄至多哥共和國，因該國已與我國斷交，外交部於同年十二月二十三日函知本館請將該文物箱轉寄我國駐達荷美大使館，本館於十二月二十八日函知輪船公司辦理。

五、正值辦理將文物箱寄送達荷美共和國（**République du Dahomey**）之際，外交部於一九七三年一月九日來函，因應情勢變化，請將該文物箱一箱轉寄我國駐象牙海岸大使館（編按：我國與達荷美於一九七三年一月十九日斷交），該批文物箱終於塵埃落定。

六、由本四案研判當時之國際情勢，聯合國大會於一九七一年十月二十五日表決第二七五八號決議時（「恢復中華人民共和國在聯合國組織中的合法權利問題」），盧安達與多哥兩個邦交國即已投下贊成票，與我國已有邦交不穩之跡象，因此外交部才有函請本館製作中華文物箱至盧安達宣傳的請求，希望藉以宣揚我國為中華文化之正統（編按：或許亦有其他措施以鞏固邦交，本書僅以中華文物箱檔案敘述）。惟我國退出聯合國之後，許多邦交國亦陸續斷交，以上述案件為例，盧安達（一九七二年五月十三日斷交）、多哥（一九七二年十月四日斷交）及達荷美（一九七三年一月十九日斷交），造成該箱文物箱於非洲輾轉近十個月時間，最終落腳於象牙海岸。

七、以上發展過程，呈現了一九七〇年代初期我國外交處境上的困境，及中華文物箱在文化外交中所扮演的角色。

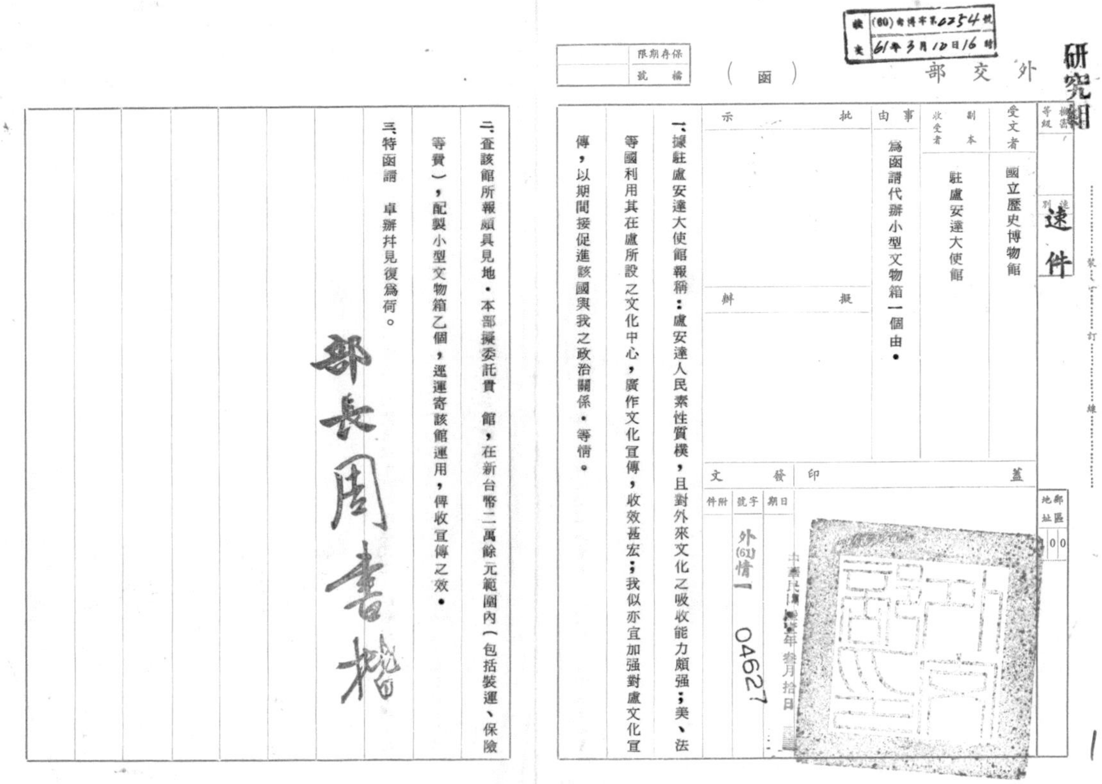

研究組

收文 (60)台博字第02354號 61年3月12日16時

外交部 （函）

速件

受文者：國立歷史博物館

副本收受者：駐盧安達大使館

事由：為函請代辦小型文物箱一個由。

一、據駐盧安達大使館報稱：盧安達人民素性質樸，且對外來文化之吸收能力頗強；美、法等國利用其在盧所設之文化中心，廣作文化宣傳，收效甚宏；我似亦宜加强對盧文化宣傳，以期間接促進該國與我之政治關係。等情。

二、查該館所報頗具見地。本部擬委託貴館，在新台幣二萬餘元範圍內（包括裝運、保險等費），配製小型文物箱乙個，逕運寄該館運用，俾收宣傳之效。

三、特函請　卓辦并見復為荷。

部長 周書楷

發文：外(61)情一 04627

《代辦文物箱出口案》，檔號 060-4-461-1-19，史博館檔案（1972.03.10）

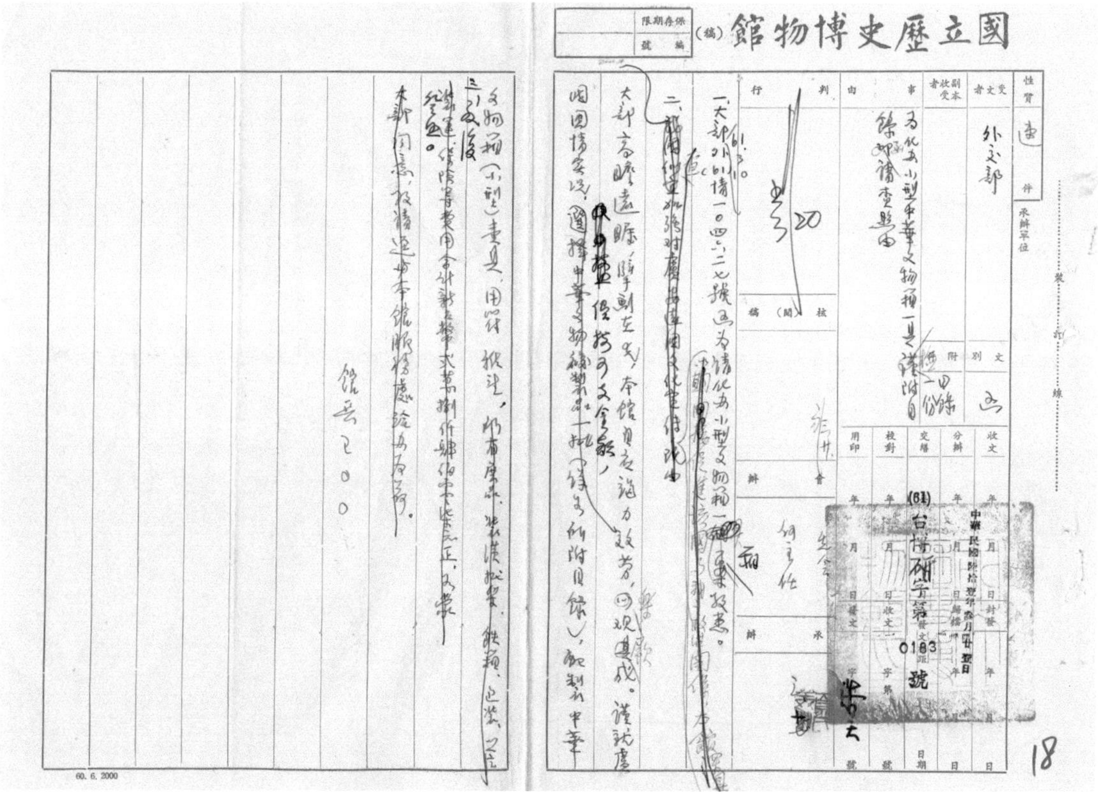

國立歷史博物館（稿）

受文者：外交部

事由：為代辦小型中華文物箱一只，請查照由

一、大部外(61)情一○四六二七號函為請代辦小型文物箱一個案。

(61)台博研字第0183號

60. 6. 2000

《代辦文物箱出口案》，檔號 060-4-461-1-18，史博館檔案（1972.03.21）

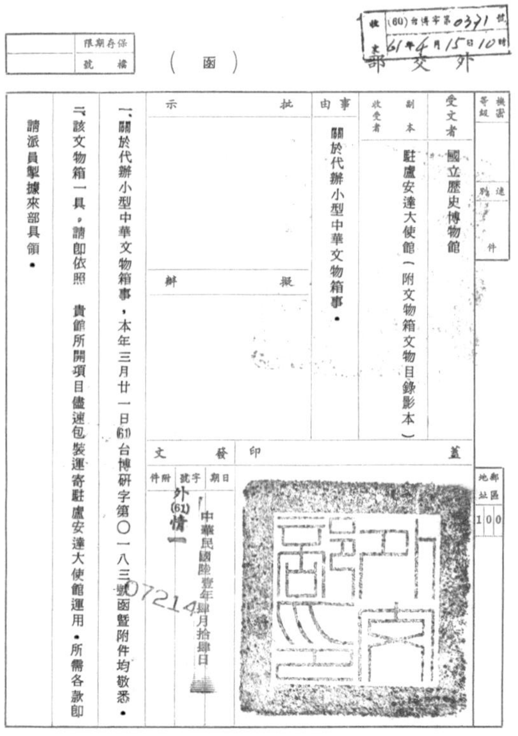

收文 (61)台博字第0331號 61年4月15日10時
研究組
外交部（函）
保存期限 檔號
受文者：國立歷史博物館
副本收受者：駐盧安達大使館（附文物箱文物目錄影本）
事由：關於代辦小型中華文物箱事。
一、關於代辦小型中華文物箱事，本年三月廿一日(61)台博研字第〇一八三號函暨附件均敬悉。
二、該文物箱一具，請即依照 貴館所開項目儘速包裝運寄駐盧安達大使館運用。所需各款即請派員擊據來部具領。
三、復請 查照並將惠辦情形見示為荷。
部長 周書楷
發文：中華民國陸壹年肆月拾肆日 外(61)情一 07214
郵遞區號 100

17

《代辦文物箱出口案》，檔號 060-4-461-1-17，史博館檔案（1972.04.14）

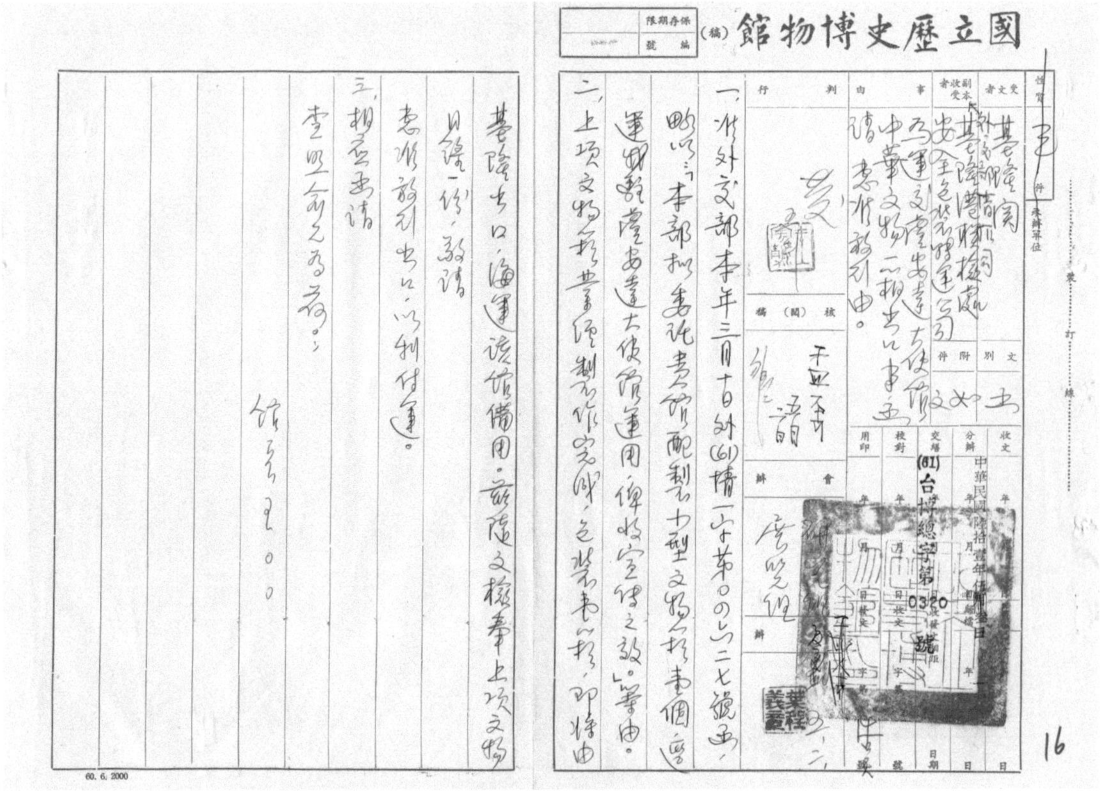

國立歷史博物館（稿）
保存期限 編號
受文者：基隆關
副本收受者：外交部、基隆港務局、安全室
事由：為運交盧安達大使館中華文物一箱出口事，請惠准放行由。
文別：函
一、准外交部本年三月十四日外(61)情一字第〇〇六二七號函，略以：「本部擬委託貴館配製小型文物箱壹個運駐盧安達大使館運用，俾收宣傳之效。」等由。
二、上項文物箱業經製作完成，已裝妥木箱，即將由基隆出口，海運該館備用。茲隨文檢奉上項文物目錄一份，敬請惠准放行出口，以利付運。
三、相應函請 查照為荷。
館長 王〇〇
(61)台博總字第0320號 中華民國陸拾壹年伍月參日
60. 6. 2000

16

《代辦文物箱出口案》，檔號 060-4-461-1-16，史博館檔案（1972.05.03）

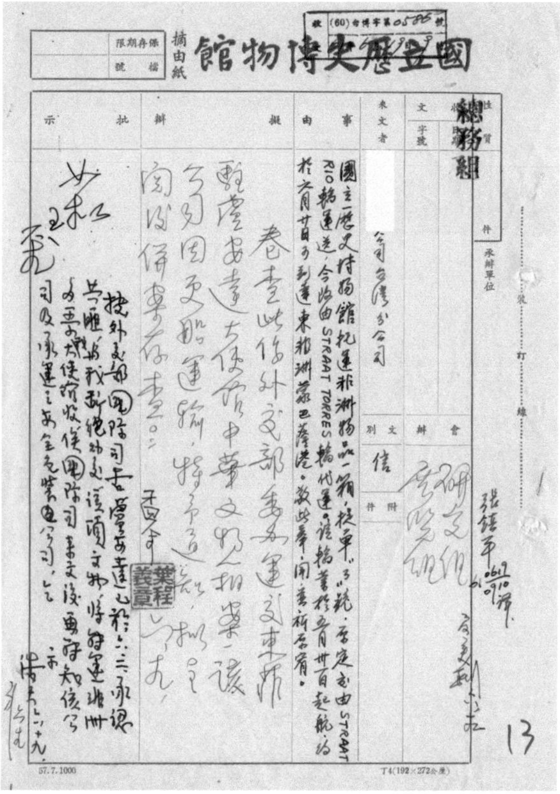

國立歷史博物館 摘由紙

(60)台博字第 號

《代辦文物箱出口案》，檔號 060-4-461-1-13，史博館檔案（1972.06.19）

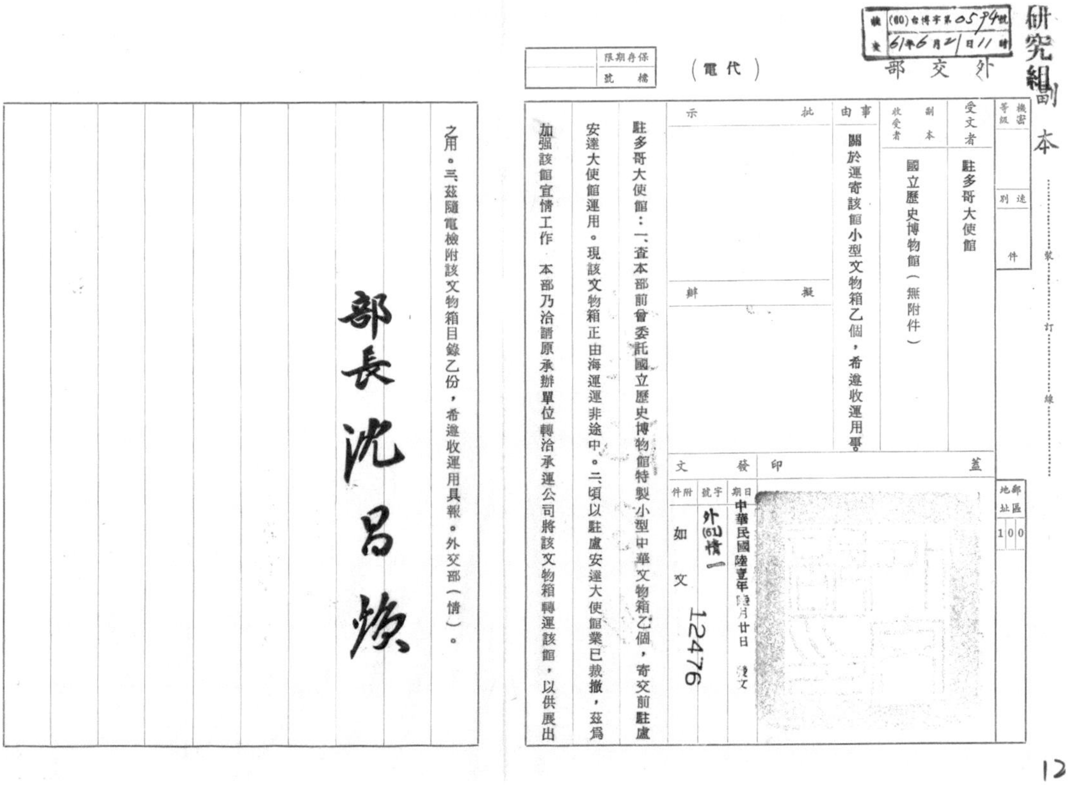

(60)台博字第0594號
61年6月21日11時

研究組 副本

（電代） 外交部

受文者：駐多哥大使館

副本收受者：國立歷史博物館（無附件）

事由：關於運寄該館小型文物箱乙個，希遴收運用具報。

駐多哥大使館：一、查本部前曾委託國立歷史博物館特製小型中華文物箱乙個，寄交前駐盧安達大使館運用。現該文物箱正由海運運非途中。二、頃以駐盧安達大使館業已裁撤，茲爲加強該館宣情工作，本部乃洽請原承辦單位轉洽承運公司將該文物箱轉運該館，以供展出之用。三、茲隨電檢附該文物箱目錄乙份，希遴收運用具報。外交部（情）。

部長 沈昌煥

發文 日期：中華民國陸壹年陸月廿日 字號：外(61)情一 12476 附件：如文

地區郵址 100

《代辦文物箱出口案》，檔號 060-4-461-1-12，史博館檔案（1972.06.20）

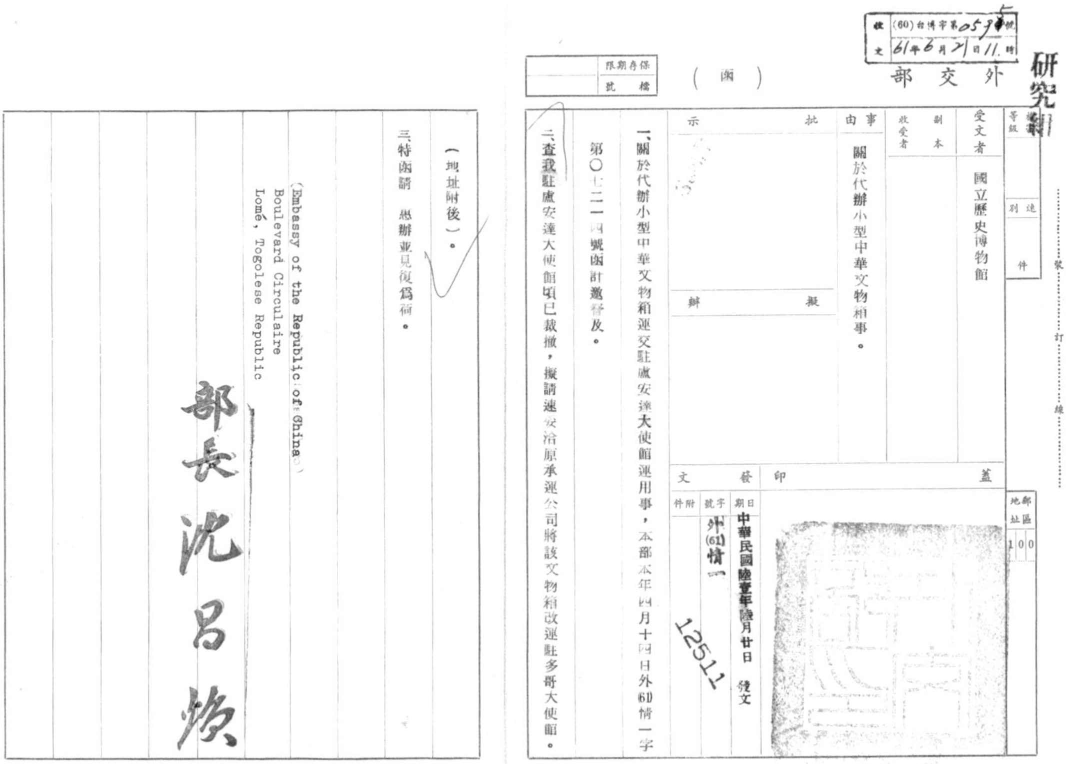
外交部 （函）

收文 (60)台博字第0595號 61年6月21日11時

受文者：國立歷史博物館

事由：關於代辦小型中華文物箱事。

一、關於代辦小型中華文物箱運交駐盧安達大使館運用事，本部本年四月十四日外(61)情一字第○七二二四號函計邀察及。

二、查我駐盧安達大使館頃已裁撤，擬請速洽原承運公司將該文物箱改運駐多哥大使館（地址附後）。

三、特函請　惠辦並見復為荷。

(Embassy of the Republic of China
Boulevard Circulaire
Lomé, Togolese Republic)

部長沈昌煥

發文：日期 中華民國陸壹年陸月廿日　字號 外(61)情一 12511

《代辦文物箱出口案》，檔號 060-4-461-1-11，史博館檔案（1972.06.20）

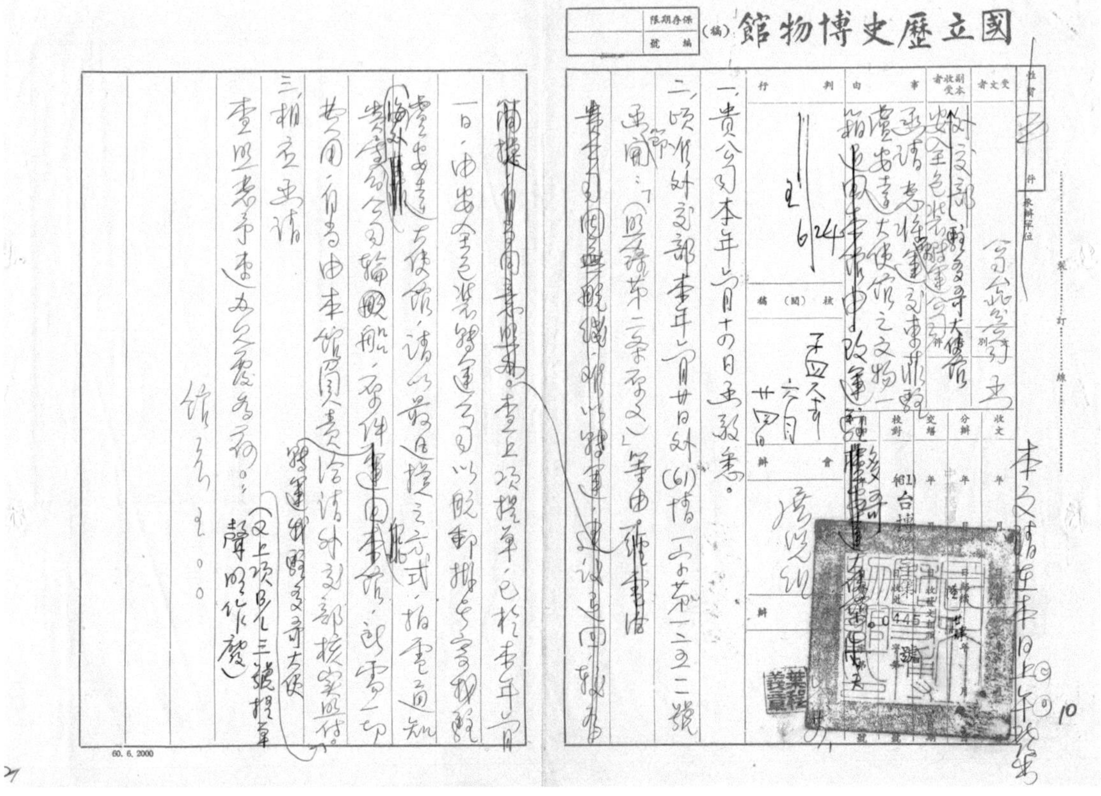
國立歷史博物館（稿）

一、貴公司本年六月十日函敬悉。

二、頃准外交部本年六月廿日外(61)情一字第一二五一一號函開：「（照錄第二項全文）」等由。

《代辦文物箱出口案》，檔號 060-4-461-1-10，史博館檔案（1972.06.24）

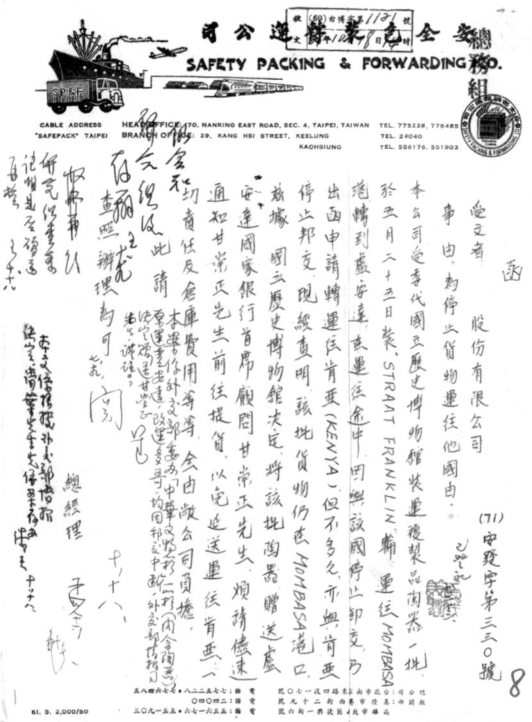

安全運送公司

SAFETY PACKING & FORWARDING CO.

CABLE ADDRESS "SAFEPACK" TAIPEI
HEAD OFFICE: 170, NANKING EAST ROAD, SEC. 4, TAIPEI, TAIWAN TEL. 775228, 776485
BRANCH OFFICE: 29, KANG HSI STREET, KEELUNG TEL. 24040
KAOHSIUNG TEL. 556176, 551903

函

(71) 安發字第三三〇號

受文者：股份有限公司

事由：為停止貨物運往他國由：

本公司受委代國立歷史博物館裝運複製品陶器一批，於五月二十三日裝 STRAAT FRANKLIN 輪運往 MOMBASA 港轉到盧安達，在運途中，因與該國停止邦交，乃出函申請轉運往肯亞（KENYA），但不多久，亦與肯亞停止邦交，現經查明該批貨物仍在 MOMBASA 港口。茲據國立歷史博物館決定，將該批陶器贈送盧安達國家銀行首席顧問甘崇正先生，煩請儘速通知甘崇正先生前往提貨，以免延遲運往肯亞（一切責任及倉庫費用等等，全由敝公司負擔）。

此請

總經理

61. 5. 2,000/50

《代辦文物箱出口案》，檔號 060-4-461-1-08，史博館檔案（1972.10.18）

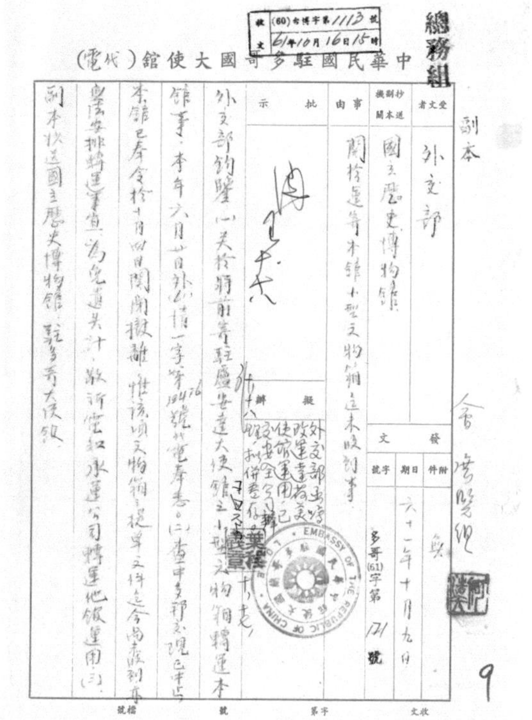

中華民國駐多哥大使館（代電）

受文者	外交部
副本送	國立歷史博物館
事由	關於運寄本館小型文物箱迄未收到事

外交部鈞鑒：

副本抄送國立歷史博物館。

駐多哥大使館

發文 日期 六十一年十月九日 字號 多哥(61)字第171號

《代辦文物箱出口案》，檔號 060-4-461-1-09，史博館檔案（1972.10.09）

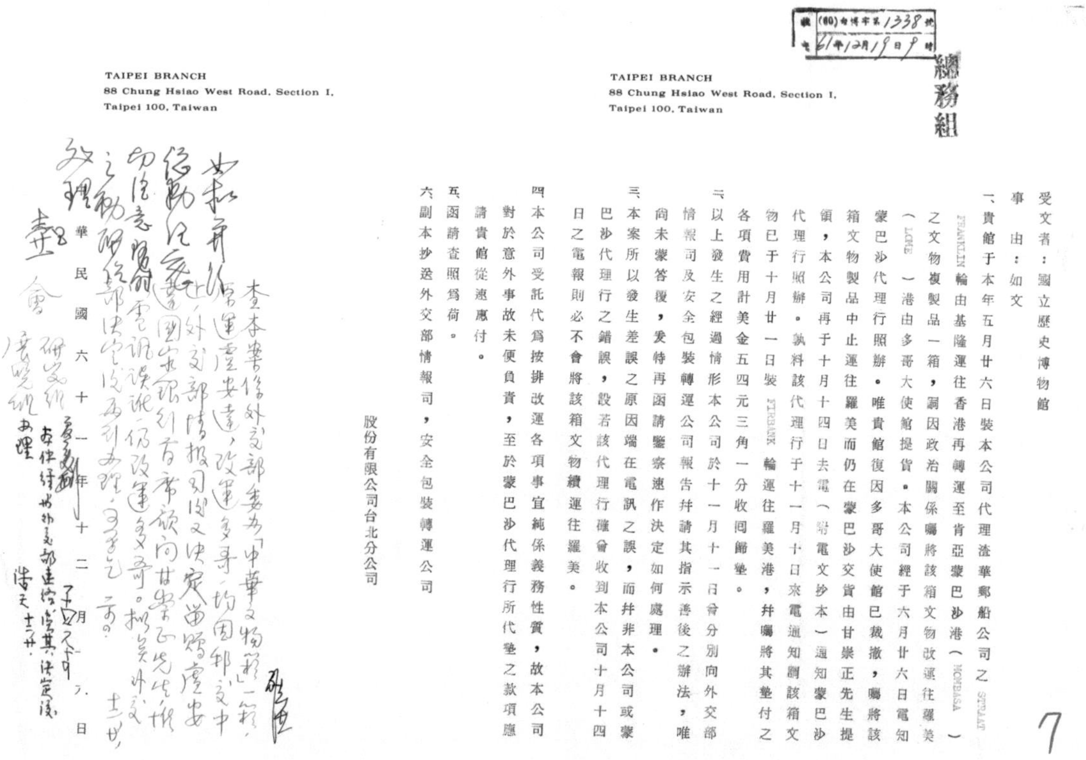

TAIPEI BRANCH
88 Chung Hsiao West Road, Section I,
Taipei 100, Taiwan

中華民國六十一年十二月 日

TAIPEI BRANCH
88 Chung Hsiao West Road, Section I,
Taipei 100, Taiwan

受文者：國立歷史博物館

事由：如文

一、貴館于本年五月廿六日裝本公司代理渣華郵船公司之 STRAAT FRANKLIN 輪由基隆運往香港再轉運至肯亞蒙巴沙港（MOMBASA）之文物複製品一箱，嗣因政治關係囑將該箱文物改運往羅美（LOME）港由多哥大使館提貨。本公司經于六月廿六日電知蒙巴沙代理行照辦。唯貴館復因多哥大使館已裁撤，囑將該箱文物製品中止運往羅美而仍在蒙巴沙交貨由甘崇正先生提領，本公司再于十月十四日去電（附電文抄本）通知蒙巴沙代理行照辦。孰料該代理行于十一月十日來電通知謂該箱文物已于十月廿一日裝 FIRBANK 輪運往羅美港，并囑將其墊付之各項費用計美金五四元三角一分收回歸墊。

二、以上發生之經過情形本公司於十一月十一日曾分別向外交部情報司及安全包裝轉運公司報告并請其指示善後之辦法，唯尚未蒙答覆，爰特再函請鑒察速作決定如何處理。

三、本案所以發生差誤之原因端在電訊之誤，而并非本公司或蒙巴沙代理行之錯誤，設若該代理行確曾收到本公司十月十四日之電報則必不會將該箱文物續運往羅美。

四、本公司受託代為按排改運各項事宜純係義務性質，故本公司對於意外事故未便負責，至於蒙巴沙代理行所代墊之款項應請貴館從速惠付。

五、函請查照為荷。

六、副本抄送外交部情報司，安全包裝轉運公司

股份有限公司台北分公司

《代辦文物箱出口案》，檔號 060-4-461-1-07，史博館檔案（1972.12.16）

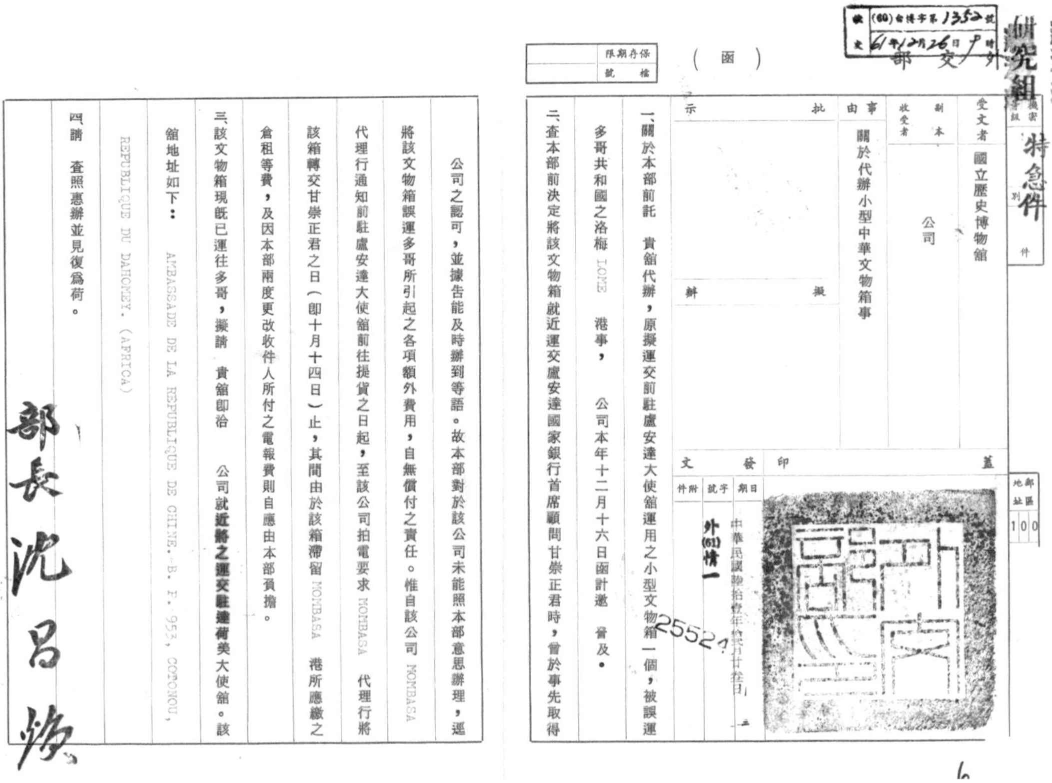

外交部（函）

收文 (61)台博字第1352號 61年12月26日

保存期限　檔號

速別：特急件

受文者：國立歷史博物館

副本收受者：公司

事由：關於代辦小型中華文物箱事

發文日期：中華民國陸拾壹年拾貳月廿叁日

字號：外(61)情一 25521

地區郵遞：100

一、關於本部前託　貴館代辦，原擬運交前駐盧安達大使館運用之小型文物箱一個，被誤運多哥共和國之洛梅 LOME 港事，　公司本年十二月十六日函計邀　詧及。

二、查本部前決定將該文物箱就近運交盧安達國家銀行首席顧問甘崇正君時，曾於事先取得　公司之認可，並據告能及時辦到等語。故本部對於該公司未能照本部意思辦理，逕將該文物箱誤運多哥所引起之各項額外費用，自無償付之責任。惟自該公司 MOMBASA 代理行通知前駐盧安達大使館前往提貨之日起，至該公司拍電要求 MOMBASA 代理行將該箱轉交甘崇正君之日（即十月十四日）止，其間由於該箱滯留 MOMBASA 港所應繳之倉租等費，及因本部兩度更改收件人所付之電報費則自應由本部負擔。

三、該文物箱現既已運往多哥，擬請　貴館即洽　公司就近將之運交駐達荷美大使館。該館地址如下：

AMBASSADE DE LA REPUBLIQUE DE CHINE.-B. F. 953, COTONOU, REPUBLIQUE DU DAHOMEY. (AFRICA)

四、請　查照惠辦並見復為荷。

部長沈昌煥

《代辦文物箱出口案》，檔號 060-4-461-1-06，史博館檔案（1972.12.23）

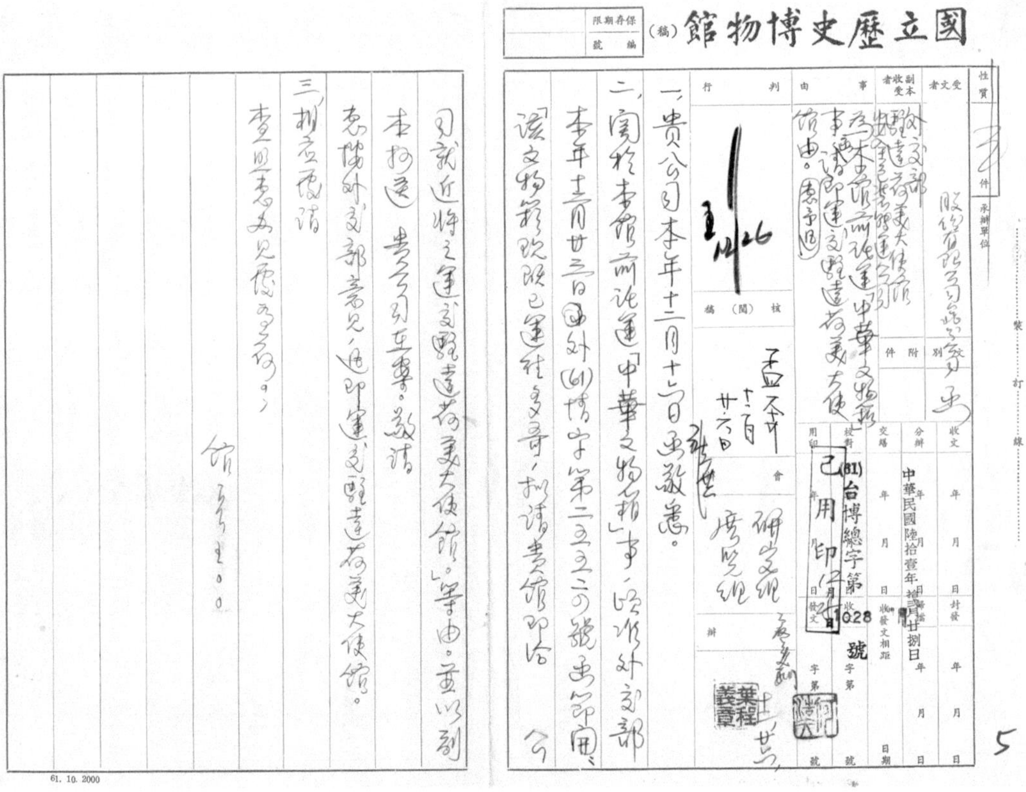

國立歷史博物館（稿）

保存期限　檔編

副本收受者：外交部、駐達荷美大使館

事由：為本館前託運中華文物箱事，請即運交駐達荷美大使館由。

(61)台博總字第1028號　中華民國陸拾壹年拾貳月廿捌日　己用印

一、貴公司本年十二月十六日函敬悉。

二、關於本館前託運「中華文物箱」事，頃准外交部本年十二月廿三日外(61)情一字第二五五二一號函節開：「該文物箱既已運往多哥，擬請貴館即洽　公司就近將之運交駐達荷美大使館。」等由。並以副本抄送　貴公司在案。敬請惠將外交部意見，迅即運交駐達荷美大使館。

三、相應函請

查照惠辦見復為荷。

館長王○○

61. 10. 2000

《代辦文物箱出口案》，檔號 060-4-461-1-05，史博館檔案（1972.12.28）

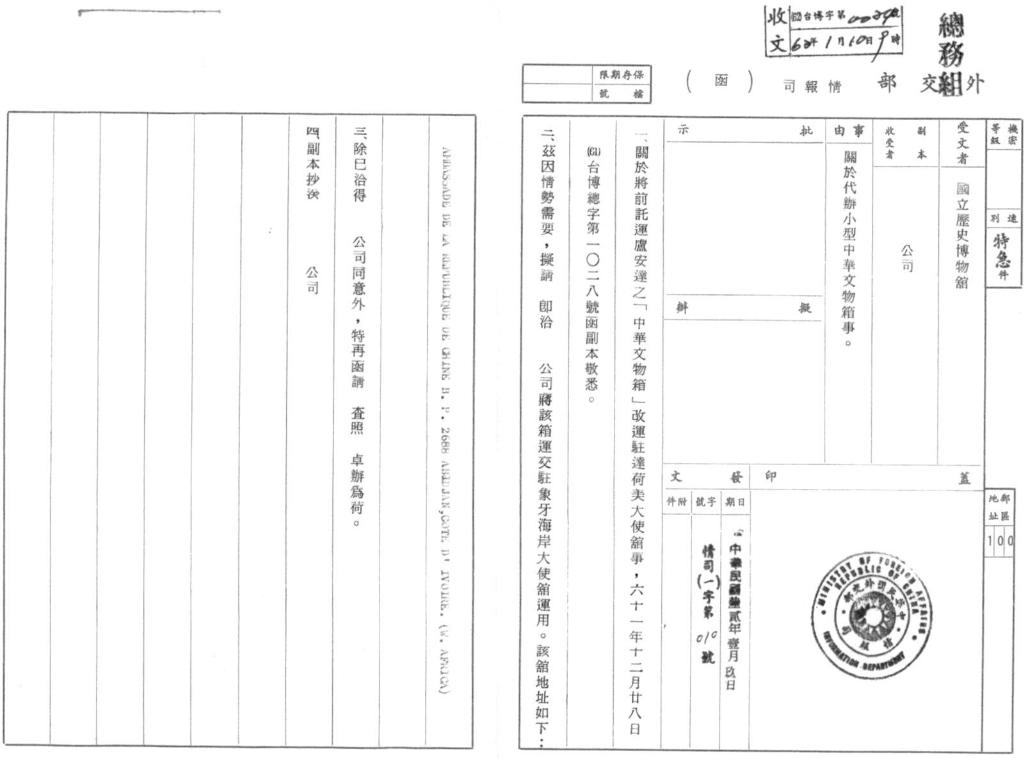

外交部 情報司 (函)

保存期限 / 檔號

收文 (63)台博字第[illegible]號 63年1月10日9時 總務組

受文者：國立歷史博物館

副本收受者：公司

速別：特急件

事由：關於代辦小型中華文物箱事。

一、關於將前託運盧安達之「中華文物箱」改運駐達荷美大使館事，六十一年十二月廿八日(61)台博總字第一〇二八號函副本敬悉。

二、茲因情勢需要，擬請 即洽 公司將該箱運交駐象牙海岸大使館運用。該館地址如下：

AMBASSADE DE LA REPUBLIQUE DE CHINE B. P. 2688 ABIDJAN, COTE D'IVOIRE. (W. AFRICA)

三、除已洽得 公司同意外，特再函請 查照 卓辦為荷。

四、副本抄送 公司

發文：中華民國陸拾貳年壹月玖日 情司(一)字第010號

《代辦文物箱出口案》，檔號 060-4-461-1-04，史博館檔案（1973.01.09）

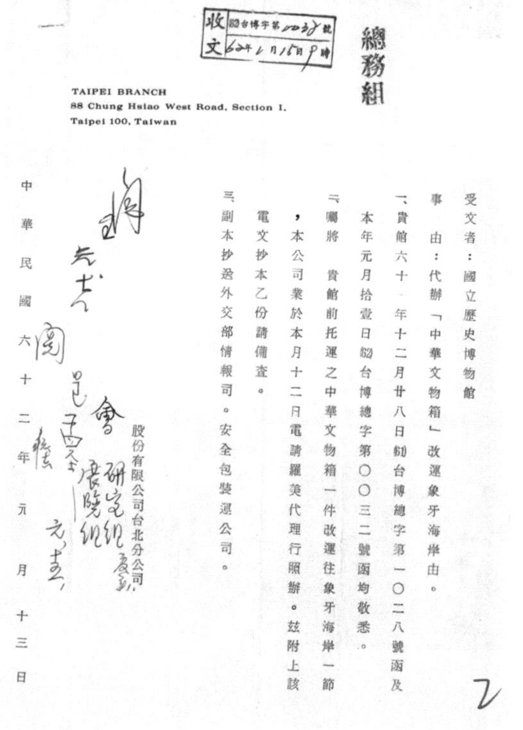

收文 (63)台博字第[illegible]號 63年1月15日9時 總務組

TAIPEI BRANCH
88 Chung Hsiao West Road, Section 1,
Taipei 100, Taiwan

受文者：國立歷史博物館

事由：代辦「中華文物箱」改運象牙海岸由。

一、貴館六十一年十二月廿八日(61)台博總字第一〇二八號函及本年元月拾壹日(63)台博總字第〇〇三二號函均敬悉。

二、囑將 貴館前托運之中華文物箱一件改運往象牙海岸一節，本公司業於本月十二月電請羅美代理行照辦。茲附上該電文抄本乙份請備查。

三、副本抄送外交部情報司。安全包裝運公司。

股份有限公司台北分公司

中華民國六十二年元月十三日

《代辦文物箱出口案》，檔號 060-4-461-1-02，史博館檔案（1973.01.13）

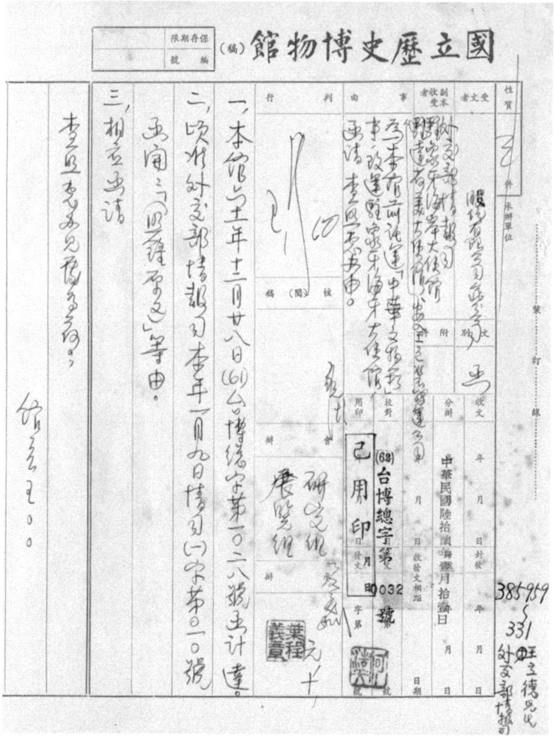

國立歷史博物館(稿)

保存期限 / 檔號

一、本館六十一年十二月廿八日(61)台博總字第一〇二八號函計達。

二、頃准外交部情報司本年一月九日情司(一)字第〇一〇號函開：(同錄原文)等由。

三、相應函請

中華民國陸拾貳年壹月拾壹日 (63)台博總字第0032號

《代辦文物箱出口案》，檔號 060-4-461-1-03，史博館檔案（1973.01.11）

十、文物箱海外輸出案（西班牙：一九七二年三月至一九七三年一月）

《第二批中華文物箱》 檔號 061-1-765-1-22，史博館檔案

受文者：國立歷史博物館
文　別：代電　發文者：中華民國駐西班牙國大使館
日　期：中華民國陸拾壹年叁月廿捌日
文　號：西（61）字第二二五號
事　由：爲請寄送中華文物箱以資運用事，請查照惠辦見復由。

國立歷史博物館公鑒：據報載貴館最近設計完成「中華文物箱」一批，將於近日內運往美國及歐洲各使領館，供應海外僑胞及留學生舉辦各項文化活動之用等語。查貴館曾於五十九年設計第一批「中華文物箱」，運往我國各駐外機構運用，對加強文化宣傳甚具功效，惟本館未蒙列入該批駐外機構名單之內。茲貴館再度設計分發中華文物箱，擬請惠將本館列入本次寄送名單內，並迅賜海運到館，俾資運用。特電請查照惠辦見復爲荷。駐西班牙大使館。副本抄呈外交部，並送教育部。

《對歐洲國家宣傳（四）》 檔號 020-090203-0117-0065，國史館藏外交部檔案

受文者：中華民國駐西班牙國大使館　副本：外交部
文　別：函　發文者：史博館
日　期：中華民國陸壹年肆月廿陸日
文　號：（61）台博研字第0295號
事　由：爲函告貴館已列爲分配中華文物箱單位由。

一、貴館六一、三、廿八西（61）字第二二五號代電爲請寄送中華文物箱以資運用一案敬悉。

二、本館前奉交辦籌製第二批「中華文物箱」一案，計製作十三組（每組三箱），業經完成待運。據悉：此批分配，歐洲方面爲駐西班牙大使館及比京中山文化中心各壹組，最近即將分別交付海運，知注特聞。

三、覆請查照爲荷。

館長　王宇清

《第二批中華文物箱》 檔號 061-1-765-1-20，史博館檔案

受文者：國立歷史博物館
文　別：代電　發文者：中華民國駐西班牙國大使館
日　期：中華民國陸拾壹年捌月貳叁日
文　號：西（61）字第六〇二號
事　由：關於寄運第二批中華文物箱事。

國立歷史博物館公鑒：關於寄運第二批中華文物箱事，本年五月廿五日（61）台博研字第三七二號平郵函暨附件均敬悉。茲爲辦理該批文物箱報關進口手續，擬請迅賜航寄物品清單二份，及查示在台估價總值。特電復請查照辦理見復爲荷。

駐西班牙大使館

《第二批中華文物箱》 檔號 061-1-765-1-19，史博館檔案

受文者：中華民國駐西班牙國大使館
文　別：便函（稿）　發文者：史博館
日　期：中華民國陸拾壹年玖月拾壹日
文　號：（61）台博研字第0686號

事　由：爲寄奉展品目錄二份敬請查收由。

一、貴館61、8、23西（61）字第六〇二號代電關於寄運第二批中華文物箱一案敬悉。

二、謹遵囑航寄展品目錄二份敬請查收。又該項中華文物箱一組（三箱）計值對價新台幣肆萬元。承詢特聞。

三、覆請詧照爲荷。

國立歷史博物館（條戳）敬啓

《第二批中華文物箱》 檔號 061-1-765-1-18，史博館檔案

受文者：外交部

文　別：收電　　發文者：駐西班牙大使館

日　期：61年9月18日

文　號：總編第11341號

事　由：

台北外交部並請轉歷史博物館：第六〇二號代電計達。文物箱已運抵西國港灣，請惠照前代電迅航寄物品清單及估價總值。

駐西班牙大使館

《第二批中華文物箱》 檔號 061-1-765-1-17，史博館檔案

受文者：國立歷史博物館

文　別：代電　　發文者：中華民國駐西班牙國大使館

日　期：中華民國陸拾壹年拾貳月拾玖日

文　號：西（61）字第九七九號

事　由：關於寄運第二批文物箱事。

國立歷史博物館公鑒：關於承寄運第二批中華文物箱事，貴館本年九月十一日（61）台博研字第六八六號函暨附件均敬悉。該批文物箱三箱前經運抵巴塞隆那港，距馬德里尚有六百五十公里，經本館另洽運輸公司由陸路於十一月五日轉運本館。所寄文物內容豐富精美，將有助於本館推展對外宣傳工作；且由於包裝妥善，各物均完美無損，至紉公誼。惟自巴塞隆那港運抵馬德里所需運費共計西幣五千七百九十七元，折合美金九十一元七角，本館因無此項預算，支付爲難，除已先挪墊外，倘承惠予協助設法歸墊，實所感荷。茲檢附運輸公司所具運費單據乙紙，電請查照核辦見復。駐西班牙大使館。

附件。副本無附件呈外交部。

《第二批中華文物箱》 檔號 061-1-765-1-16，史博館檔案

受文者：外交部　　副本：中華民國駐西班牙國大使館、教育部國際文教處、外交部國際司

文　別：函（稿）　　發文者：史博館

日　期：中華民國陸拾貳年壹月拾日

文　號：（62）台博研字第0024號

事　由：爲駐西大使館墊付陸運費用轉請賜撥付歸墊由。

主旨：我駐西班牙大使館61、12、19西（61）字第九七九號代電副本諒同詧閱。文物箱陸運費用美金九十一元七角，敬請惠予撥付歸墊由。

說明：

一、本館奉令籌辦中華文物箱一批，分配我駐外機構保管運用，所有海運費用因原籌經費不足，乃由本館勉力代爲負担，實感拮据。

二、所有港口運抵各在地之費用，均由各保管使用機構自行負責，該項第二批中華文物箱拾叁組三十九箱，業經先後運達收訖在案。

三、頃准貴屬駐西大使館代電見示，由巴塞隆那港轉運馬德里所需運費西幣五千七百九十七元折合美金九十一元七角，該館無此項預算，支付爲難，囑爲協助設法歸墊。本館實感爲難，無以從命。

辦法：謹檢附我駐西大使館運費單據壹紙，所有運費美金九十一元七角，轉請大部俞允撥付歸墊，至爲感幸。

館長　王〇〇

《第二批中華文物箱》 檔號 061-1-765-1-15，史博館檔案

受文者：教育部　副本：駐西班牙大使館、史博館

文別：函　發文者：外交部

日期：中華民國陸拾貳年貳月拾叁日

文號：外（62）國一第02407號

事由：關於駐西班牙大使館墊付文物箱陸運費請撥付歸墊事。

一、關於駐西班牙大使館墊付文物箱陸運費事，國立歷史博物館本年元月十日（62）台博研字第二四號致本部函副本計達。

二、查國立歷史博物館寄運駐西班牙大使館之第二批中華文物箱三箱，自巴塞隆那港運至馬德里之陸路運費共計西幣五千七百九十七元，折合美金九十一元七角，由駐西班牙大使館墊付，該館因無此項預算，支付困難，曾於上年十二月十九日以西（61）字第九七九號代電致歷史博物館，請其設法歸墊。今歷史博物館既感爲難，鑒於本案係屬國際文教宣傳，擬請貴部核撥歸墊。

三、茲檢附歷史博物館轉來上述文物箱陸路運費單據乙紙，函請查照辦理見復爲荷。

四、副本無附件送駐西班牙大使館、國立歷史博物館。

部長　沈昌煥

檔案說明

一、本案為一九七二年駐西班牙國大使館據報紙報導，得知本館製作第一批文物箱輸送美國及比利時，故主動來函請求冀能於製作第二批文物箱時，亦將該館列入分配名單，以資運用。本館經查教育部致陸海光名（61）平文字第五二八九號函，第二批中華文物十三組分配單位已列有駐西班牙大使館一組，之後亦於一九七二年四月再次告知大使館，並即將文物箱託運出國。

二、駐西班牙大使館於一九七二年八月三日，函請本館提供物品清單及估價總值，以利文物箱運至西班牙後辦理報關手續；本館於九月十一日回復該批文物估值對價新臺幣三萬元。

三、該組文物箱於九月中旬運抵西班牙巴塞隆納港之後，以陸路載運至首都馬德里，需運費為西幣五千七百九十七元（約美金九十一元七角），此筆額外費用意外引發了以下涉及兩部（教育部與外交部）與兩館（本館與駐西班牙大使館）之間的公文往返：

（一）一九七二年十二月十九日：駐西班牙大使館表示無預算支付，除已先行挪墊外，並代電請本館設法協助歸墊。

（二）一九七三年一月九日：本館收付電報後，致函外交部表示已支付所有中華文物箱運送海外運費，所有港口運抵各在地的費用，請由各保管使用機構自行負責，故請外交部撥歸墊付該筆運費。

（三）一九七三年二月十三日：外交部再致函教育部，表示駐西使館無預算支付，本館亦感為難，由於本案性質屬國際文教宣傳，故仍請教育部核撥墊付。

四、本案相關檔案未能顯示後續處理方式，惟透過此案，呈現了在中華文物箱的整體輸出過程中，時有外部機關與本館及教育部間討論經費支用等問題之公文往返；此後，在後續幾批文物箱計畫中，遂將「運費」列為編列項目之一。

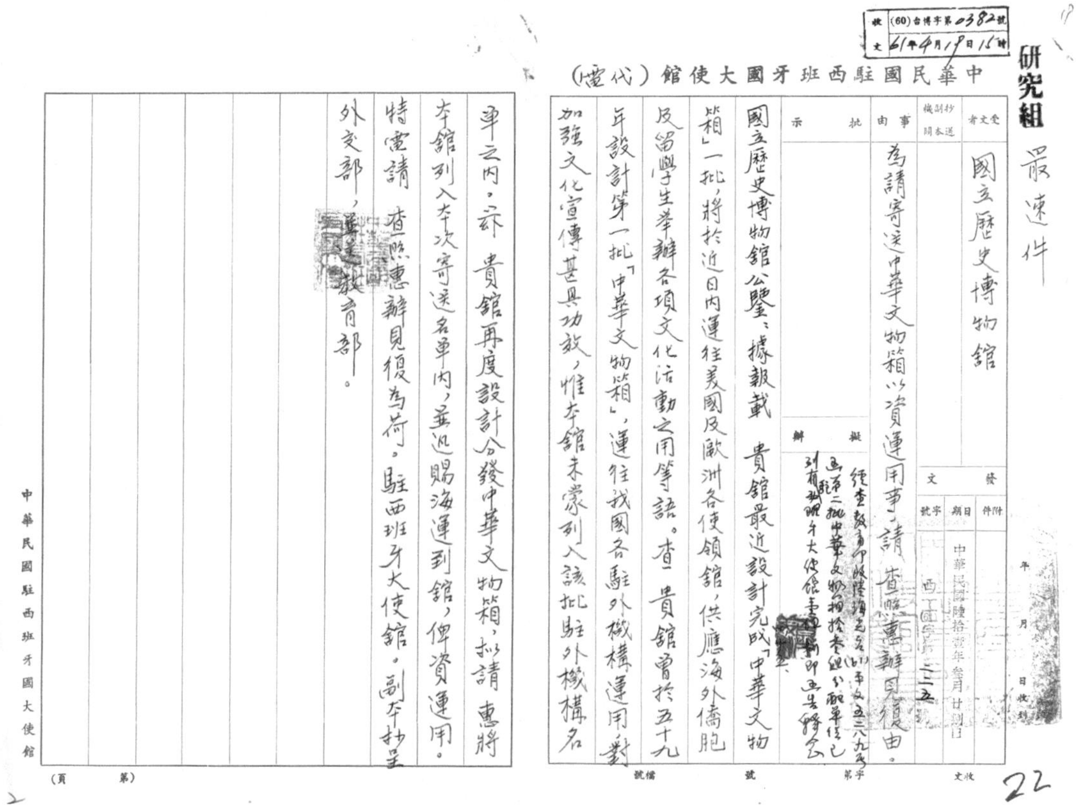

最速件　研究組

收文 (60)台博字第0382號 61年4月19日16時

中華民國駐西班牙國大使館（代電）

受文者：國立歷史博物館

事由：為請寄送中華文物箱以資運用事，請查照惠辦見復由。

國立歷史博物館公鑒：據報載貴館最近設計完成「中華文物箱」一批，將於近日內運往美國及歐洲各使領館，供應海外僑胞及留學生舉辦各項文化活動之用等語。查貴館曾於五十九年設計第一批「中華文物箱」，運往我國各駐外機構運用，對加強文化宣傳甚具功效，惟本館未蒙列入該批駐外機構名單之內。茲貴館再度設計分發中華文物箱，擬請惠將本館列入本次寄送名單內，並迅賜海運到館，俾資運用。特電請查照惠辦見復為荷。駐西班牙大使館。副本抄呈外交部，並送教育部。

擬辦：經查教育部陸續去文(61)年文五三八九九號函第二批中華文物箱捨叁組分配單位已列有西班牙大使館……即函告

發文：中華民國陸拾壹年叁月廿捌日　西(61)字第二二五號

中華民國駐西班牙國大使館

22

《第二批中華文物箱》，檔號 061-1-765-1-22，史博館檔案（1972.03.28）

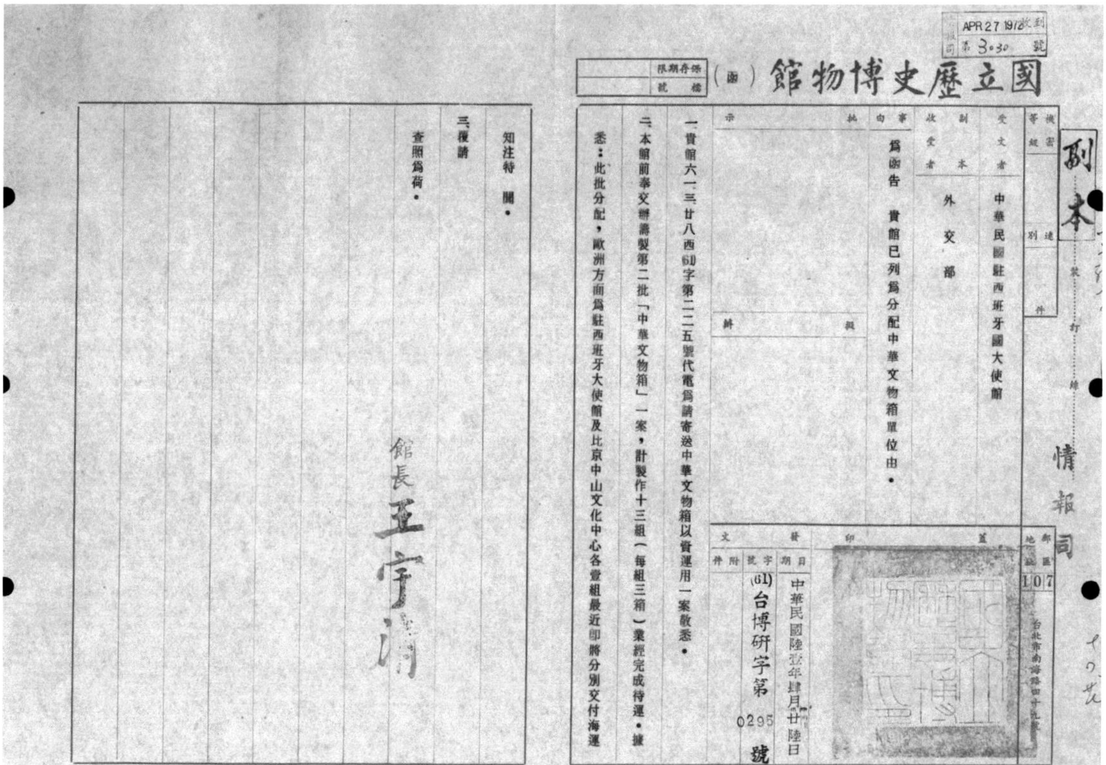

APR 27 1972 收到 第3030號

副本　情報司

國立歷史博物館（函）

受文者：中華民國駐西班牙國大使館

副本收受者：外交部

事由：為函告貴館已列為分配中華文物箱單位由。

一、貴館六一三廿八西(61)字第二二五號代電為請寄送中華文物箱以資運用一案敬悉。

二、本館前奉文辦籌製第二批「中華文物箱」一案，計製作十三組（每組三箱）業經完成待運。據悉：此批分配，歐洲方面為駐西班牙大使館及比京中山文化中心各壹組最近即將分別交付海運知注特　聞。

三、覆請查照為荷。

館長 王宇清

發文：中華民國陸壹年肆月廿陸日　(61)台博研字第0295號

《對歐洲國家宣傳（四）》，檔號 020-090203-0117-0065，國史館藏外交部檔案（1972.04.26）　（國史館提供）

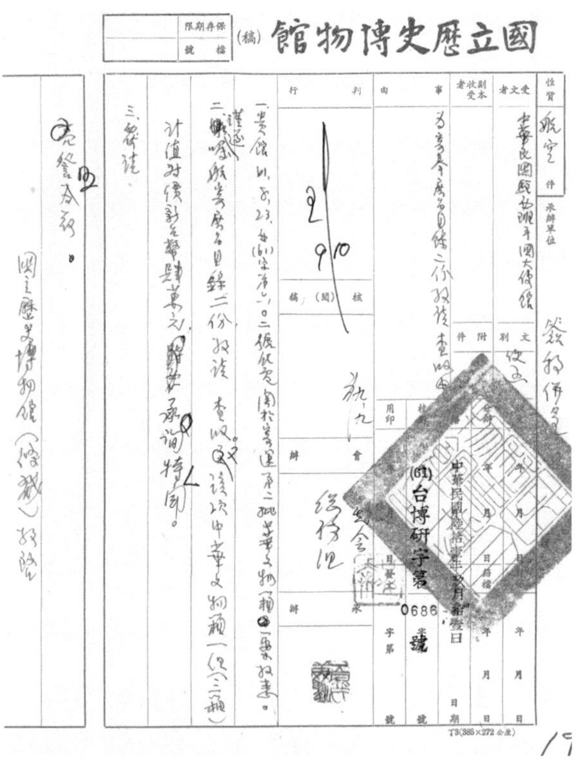

國立歷史博物館（稿）

《第二批中華文物箱》，檔號 061-1-765-1-19，史博館檔案（1972.09.11）

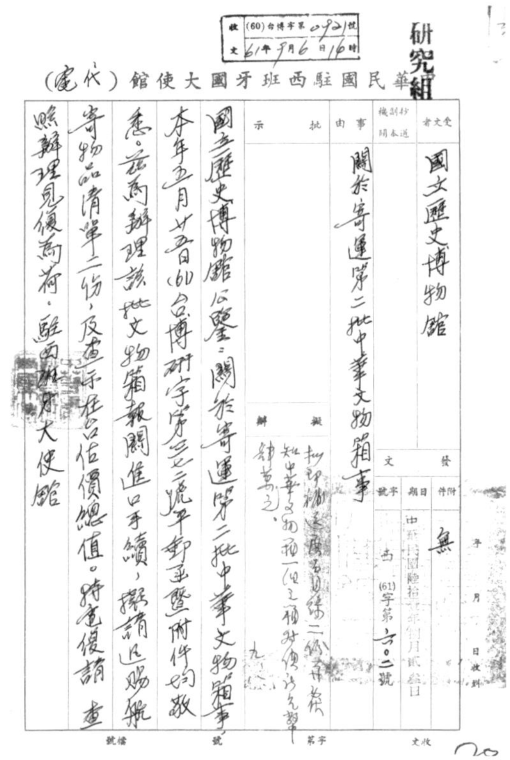

中華民國駐西班牙大使館（代電）

受文者：國立歷史博物館

事由：關於寄運第二批中華文物箱事

國立歷史博物館公鑒：關於寄運第二批中華文物箱事，本年五月廿五日(61)台博研字第三三〇號函暨附件均敬悉。茲為辦理該批文物箱報關進口手續，擬請迅賜寄物品清單二份，及標示每件估價總值。特電復請查照辦理見復為荷。駐西班牙大使館

《第二批中華文物箱》，檔號 061-1-765-1-20，史博館檔案（1972.08.23）

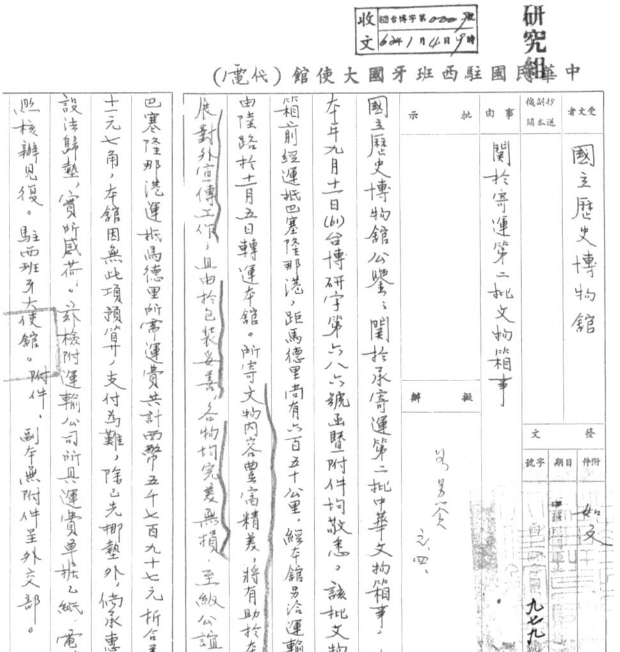

中華民國駐西班牙大使館（代電）

受文者：國立歷史博物館

事由：關於寄運第二批文物箱事

國立歷史博物館公鑒：關於承寄運第二批中華文物箱事，貴館本年九月十一日(61)台博研字第六八六號函暨附件均敬悉。該批文物箱三箱前經運抵巴塞隆那港，距馬德里尚有六百五十公里，經本館另洽運輸公司由陸路於十一月五日轉運本館。所寄文物內容豐富精美，將有助於本館推展對外宣傳工作，且由於包裝妥善，各物均完整無損，至紉公誼。惟自巴塞隆那港運抵馬德里所需運費共計西幣五千七百九十七元，折合美金九十元七角，本館因無此項預算，支付為難，除已先行墊付外，仍請惠予協助設法歸墊，實所感荷。茲檢附運輸公司所具運費單據乙紙，電請查照核辦見復。駐西班牙大使館。附件。副本連附件呈外交部。

《第二批中華文物箱》，檔號 061-1-765-1-17，史博館檔案（1972.12.19）

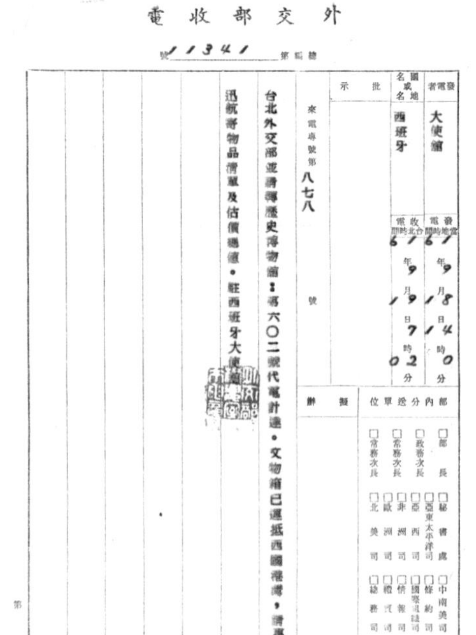

外交部收電

發電者：大使館

國名地名：西班牙

來電專號第八七八號

台北外交部並請轉歷史博物館：寄六〇二號代電計達。文物箱已運抵西國港灣，請惠照前代電迅航寄物品清單及估價總值。駐西班牙大使館

《第二批中華文物箱》，檔號 061-1-765-1-18，史博館檔案（1972.09.18）

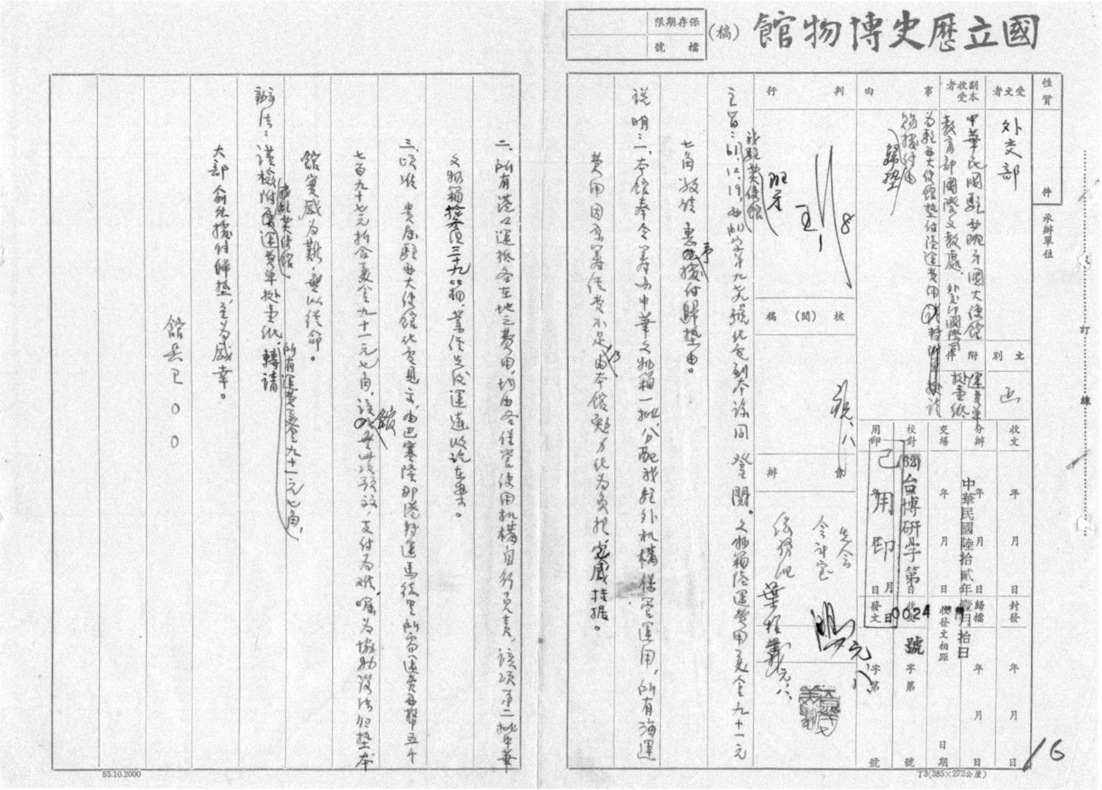
國立歷史博物館（稿）

受文者：外交部

說明：

《第二批中華文物箱》，檔號 061-1-765-1-16，史博館檔案（1973.01.10）

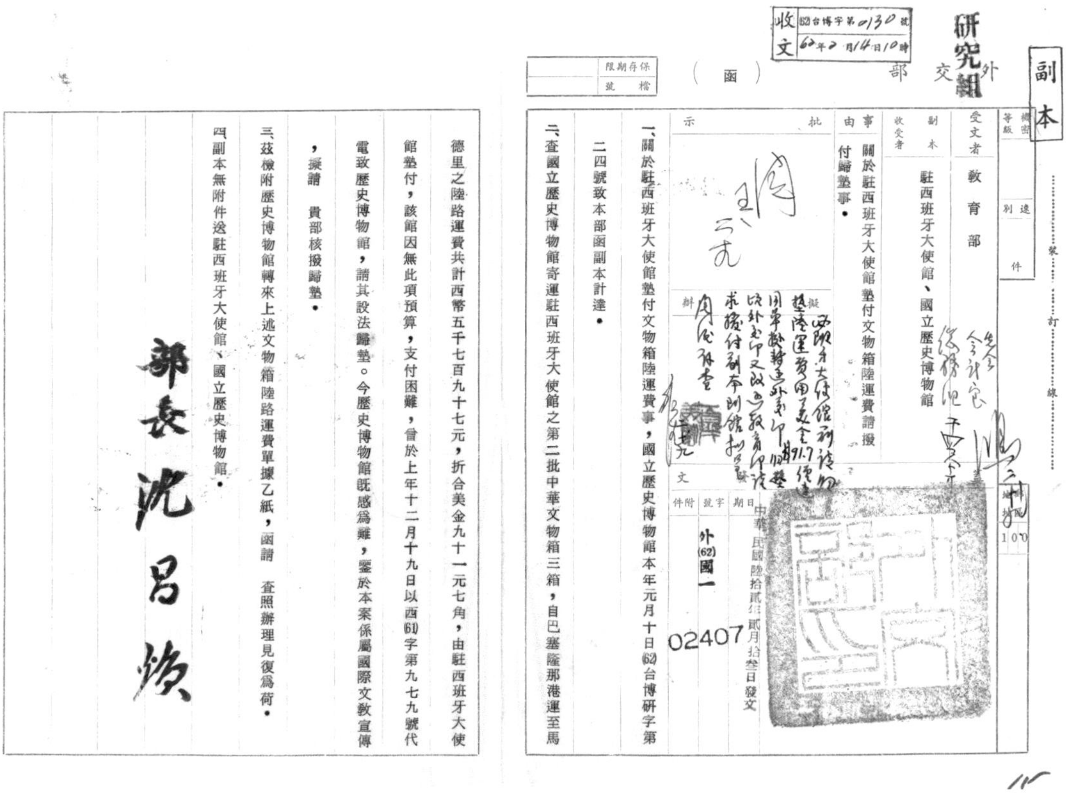
外交部（函）

受文者：教育部

副本收受者：駐西班牙大使館、國立歷史博物館

事由：關於駐西班牙大使館墊付文物箱陸運費請撥付歸墊事。

一、關於駐西班牙大使館墊付文物箱陸運費事，國立歷史博物館本年元月十日(62)台博研字第二四號致本部函副本計達。

二、查國立歷史博物館寄運駐西班牙大使館之第二批中華文物箱三箱，自巴塞隆那港運至馬德里之陸路運費共計西幣五千七百九十七元，折合美金九十一元七角，由駐西班牙大使館墊付，該館因無此項預算，支付困難，曾於上年十二月十九日以西(61)字第九七九號代電致歷史博物館，請其設法歸墊。今歷史博物館既感為難，鑒於本案係屬國際文教宣傳，擬請 貴部核撥歸墊。

三、茲檢附歷史博物館轉來上述文物箱陸路運費單據乙紙，函請 查照辦理見復為荷。

四、副本無附件送駐西班牙大使館、國立歷史博物館。

部長 沈昌煥

中華民國陸拾貳年貳月拾叁日發文

外(62)國一 02407

《第二批中華文物箱》，檔號 061-1-765-1-15，史博館檔案（1973.02.13）

十一．文物箱放行免結匯出口案（一九七二年四月至五月）

《第二批中華文物箱》 檔號 061-1-765-1-01，史博館檔案

受文者：財政部關務署、基隆關、國際貿易局　　副本：基隆港聯檢處、惠众包裝企業有限公司

文　別：函（稿）　　發文者：史博館

日　期：中華民國陸壹年肆月廿玖日

文　號：（61）台博總字第 0308 號

事　由：為「中華文物箱」卅九箱出口案，函請惠准放行、免結匯由。

一、本館奉教育部交辦籌製第二批「中華文物箱」拾叁組，業已製作完成，分別運往我駐外使領館查收運用備展，藉以擴大宣揚歷史文化之效果。

二、上項文物箱十三組，每組百件（詳如清單），分裝三箱，共卅九箱，即將由基隆出口，分別海運下列單位：

（一）美國：駐美大使館文化參事處、波士頓總領事館、支加哥總領事館、火奴魯魯總領事館、休士頓總領事館、羅安琪總領事館、紐約總領事館、三藩市總領事館、西雅圖總領事館等各一組，計九組，每組三箱計廿七箱。

（二）日本：駐日大使館文化參事處二組，每組三箱，計六箱。

（三）歐洲：駐西班牙大使館及比京中山文化中心各一組，計二組，每組三箱，計六箱。

三、茲隨文檢奉「中華文物箱」展品清單一分，敬請查照惠准放行、免結匯出口，以利付運為荷。

館長　王〇〇

《中華文物箱出口（第二批）》 檔號 061-4-460-1-01，史博館檔案

受文者：海關總稅務司署

文　別：令　　發文者：財政部關務署　　副本：史博館

日　期：中華民國六十一年五月十二日

文　號：（六一）台關政第 2076 號

事　由：為國立歷史博物館「中華文物箱」卅九箱請予放行案希飭關遵照由。

一、准國立歷史博物館（61）台博總字第〇三〇八號函：「奉教育部交辦籌製第二批『中華文物箱』拾叁組業已製作完成分別運往我駐外使領館查收運用備展藉以擴大宣揚歷史文化之效果。二、上項文物箱十三組每組百件（詳如清單）分裝三箱共卅九箱即將由基隆出口分別海運下列單位：（一）美國：駐美大使館文化參事處、波士頓總領事館、支加哥總領事館、西雅圖總領事館、火奴魯魯總領事館、休士頓總領事館、羅安琪總領事館、紐約總領事館、三藩市總領事館等各一組計九組每組三箱計廿七箱。（二）日本：駐日大使館文化參事處二組每組三箱計六箱。（三）歐洲：駐西班牙大使館及比京中山文化中心各一組計二組每組三箱計六箱。三、茲隨文檢奉「中華文物箱」展品清單三份敬請查照惠准放行出口」一案。

二、本案國立歷史博物館運往我駐外使領館之「中華文物箱」卅九箱應予驗明放行。

三、檢發原附展品清單兩份希轉飭基隆關遵照。

署長　郭梓強

檔案說明

本兩案為第二批中華文物箱共計三十九箱之出口案，依往例函請財政部關務署請放行並免於結匯；財政部關務署令頒海關總稅務司署及副知本館，同意第二批中華文物箱三十九箱放行出口。

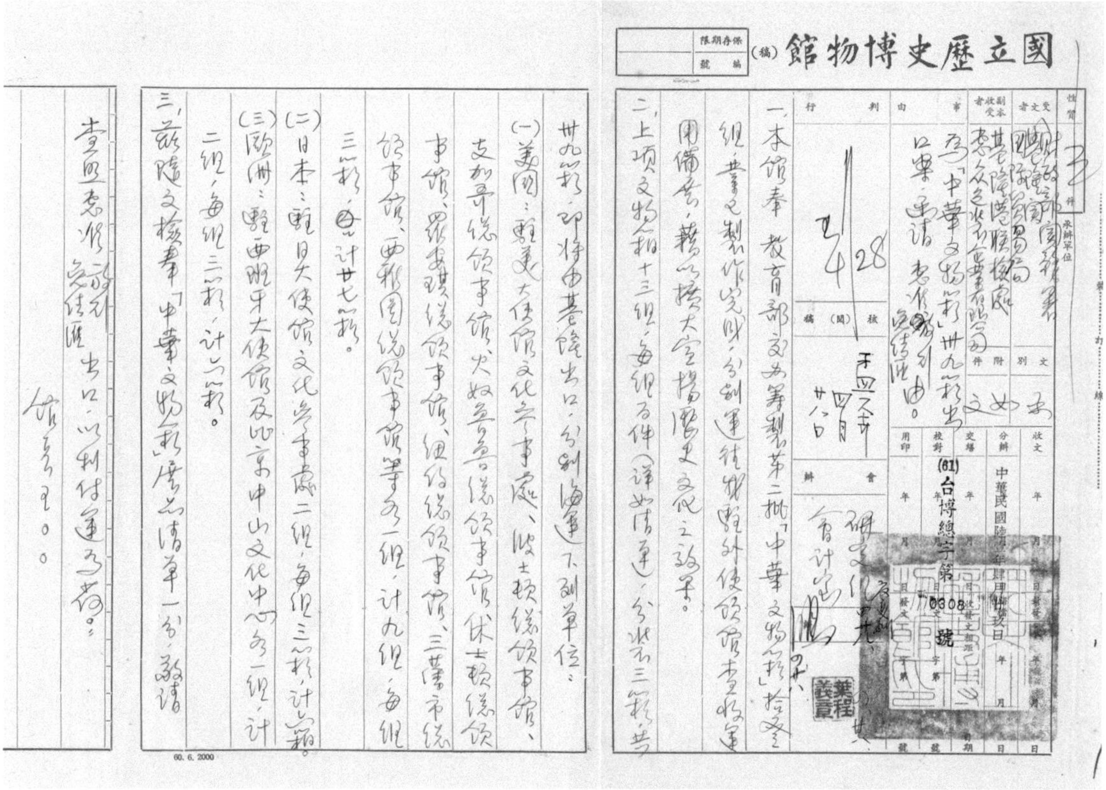

國立歷史博物館（稿）

受文者：財政部關務署

事由：為「中華文物箱」卅九箱出口，函請 惠准免結匯由。

(61)台博總字第0308號

一、本館奉 教育部交辦籌製第二批「中華文物箱」拾叁組，業已製作完成，分別運往我駐外使領館查收運用備展，藉以擴大宣揚歷史文化之效果。

二、上項文物箱十三組，每組百件（詳如清單），分裝三箱，共卅九箱，即將由基隆出口，分別海運下列單位：

(一)美國：駐美大使館文化參事處、波士頓總領事館、支加哥總領事館、火奴魯魯總領事館、休士頓總領事館、羅安琪總領事館、紐約總領事館、三藩市總領事館、西雅圖總領事館等各一組，計九組，每組三箱，計廿七箱。

(二)日本：駐日大使館文化參事處二組，每組三箱，計六箱。

(三)歐洲：駐西班牙大使館及比京中山文化中心各一組，計二組，每組三箱，計六箱。

三、茲隨文檢奉「中華文物箱」展品清單一份，敬請

查照惠准免結匯出口，以利付運為荷。

館長 王〇〇

《第二批中華文物箱》，檔號 061-1-765-1-01，史博館檔案（1972.04.29）

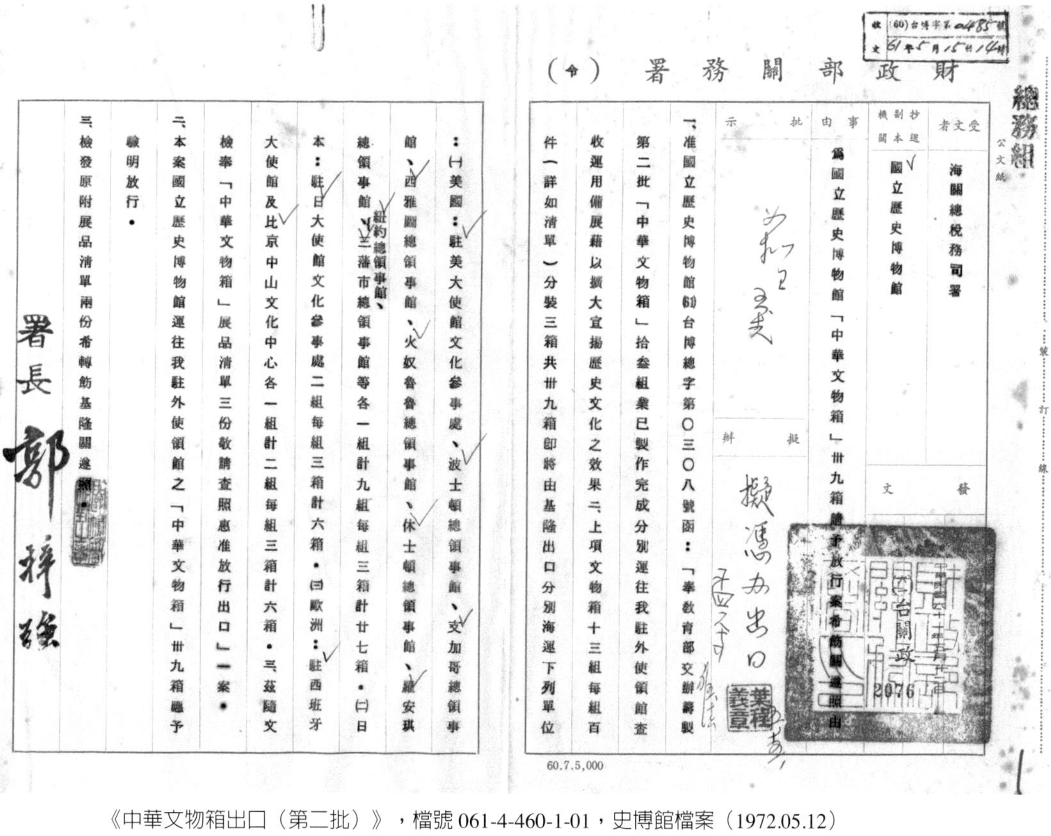

財政部關務署（令）

收文 (60)台博字第0485號 61年5月15日14時

受文者：海關總稅務司署

副本抄送機關：國立歷史博物館

事由：為國立歷史博物館「中華文物箱」卅九箱請予放行案希飭關遵照由

一、准國立歷史博物館61台博總字第〇三〇八號函：「奉教育部交辦籌製第二批「中華文物箱」拾叁組業已製作完成分別運往我駐外使領館查收運用備展藉以擴大宣揚歷史文化之效果。二、上項文物箱十三組每組百件（詳如清單）分裝三箱共卅九箱即將由基隆出口分別海運下列單位：㈠美國：駐美大使館文化參事處、波士頓總領事館、支加哥總領事館、西雅圖總領事館、火奴魯魯總領事館、休士頓總領事館、羅安琪總領事館、紐約總領事館、三藩市總領事館等各一組計九組每組三箱計廿七箱。㈡日本：駐日大使館文化參事處二組每組三箱計六箱。㈢歐洲：駐西班牙大使館及比京中山文化中心各一組計二組每組三箱計六箱。三、茲隨文檢奉「中華文物箱」展品清單三份敬請查照惠准放行出口」一案。

二、本案國立歷史博物館運往我駐外使領館之「中華文物箱」卅九箱應予驗明放行。

三、檢發原附展品清單兩份希轉飭基隆關遵照。

署長 鄭稀強

60.7.5,000

《中華文物箱出口（第二批）》，檔號 061-4-460-1-01，史博館檔案（1972.05.12）

續航 一九七四年發揚光大

The Chinese Cultural Chest's Endurance Rising High, 1974

一、對文物箱的建議與需求案（駐外單位及機構：一九七三年三月至一九七四年三月）

《中華文物箱》 檔號 06200007154，教育部檔案

受文者：教育部　　副本：外交部（含附件）
文　別：函　　發文者：行政院新聞局
日　期：中華民國六十二年三月一日
文　號：（62）局復際字第 1635 號
主　旨：檢送本局駐外單位對於製作「中華文物箱」之意見，敬請參考。
說　明：貴部二月十四日台（62）文字第三九九一號會議紀錄敬悉。經詢本局各駐外單位對於「中華文物箱」之意見，均已先後呈報，茲彙整爲：「對中華文物箱之建議」「對於製作複製品之建議」及「以其他方式取代中華文物箱之建議」三類，如附件。

局長　錢復

《中華文物箱》 檔號 06200022811，教育部檔案

受文者：教育部
文　別：函　　發文者：行政院新聞局
日　期：中華民國六十二年三月十四日
文　號：（62）局復際字第 2048 號
主　旨：轉送本局駐紐約新聞處對有關中華文物箱之意見影印本一份，續請參考。
說　明：有關本局其他各駐外單位對中華文物箱之綜合意見，已於三月一日以（62）局復際字第一六三五號函請參考。

局長　錢復

《中華文物箱》 檔號 06200033090，教育部檔案

受文者：教育部　　副本：外交部（含附件）
文　別：函　　發文者：行政院新聞局
日　期：中華民國六十二年六月十一日
文　號：（62）局復際字第 5137 號
主　旨：本局駐外單位共需「中華文物箱」廿五具。
說　明：一、貴部本年五月十一日台（62）文第一一九六八號會議紀錄通知單及附件均敬悉。
二、本局駐外單位中，除隸屬於大使館之新聞參事處，其所需之文物箱將由外交部統籌辦理，不另請供給外，其餘單位擬請分配「中華文物箱」共廿五具，其名單如附件。

局長　錢復

《中華文物箱》 檔號 06200049713，教育部檔案

受文者：教育部　　副本：外交部、新聞局、海工會、駐美大使館、史博館
文　別：函　　發文者：中華民國駐芝加哥總領事館
日　期：中華民國陸貳年拾壹月廿叁日
文　號：芝（62）字第 842 號
主　旨：請補充文物箱內容，以利宣傳。
說　明：一、前經貴部及有關機關製作分發本館運用之文物箱，因內容充實，適合各地僑團及同學會舉辦文物展覽及「中國日」等活動之需要，故廣受歡迎，惟因輾轉運輸及不斷使用，個中物品除銅、鐵器之複製品外，其餘大部份已破損不堪，亟宜補充新品，以應需要。
二、以前二次分發之文物箱，發現有以下缺點，盼能於補充新

品時有所改進：

（1）箱之體積過大過重，交運或自行裝車攜帶均感不便（美國灰狗巴士公司規定體積不大，且重量在一百磅以內者可托運，收費廉宜）。

（2）箱內應有存放位置及順序之說明並注意應有防震設施。

（3）無論書畫之鏡框、器皿之包裝等均嫌粗糙，宜力求製作精良、堅固耐久與美觀，以顯示我進步之技術水準。

（4）木、漆器製品應注意其乾燥度，以免破裂。

三、上述文物箱及有關機構分發之劇情影片與紀錄片等目前均爲連絡各地同學會及支援親我華人活動之主要工具之一，不容廢缺，否則將爲匪僞提供之影片物件等所乘，故盼及時補充至少二套以上，又此間各主要大學每年均有國際學生節及中國日等活動，上述展品似宜儘可能每年更新，以廣宣傳。

四、六十一年杪美中西部各大學中國同學會會長聯席會議曾建議加強宣傳事項，其中要求製發中國瑞獅一節迄未奉答復，仍請查案核辦示復。

總領事　歐陽璜

《中華文物箱》 檔號 0630009017，教育部檔案

受文者：教育部　副本：駐海地共和國大使館

文　別：函　發文者：僑務委員會

日　期：中華民國陸拾叁年叁月拾貳日

文　號：（63）台僑化第12568號

主　旨：駐海地共和國大使館爲舉辦展覽，請提供中華文物箱事，敬請惠辦逕覆。

說　明：一、接我駐海地共和國大使館二月五日（63）海字第036號函副本開：爲展開中、海文化交流，擬在太子港新建旅館及劇院洽借櫥窗，安置我國文物，隨時更換展覽。

二、本會除已寄供大批書刊外，該館請求提供中華文化箱貳套，敬請惠辦逕覆。

僑務委員會第二處處長　黃炯第　決行

《中華文物箱》 檔號 0630013122，教育部檔案

受文者：教育部　副本：外交部

文　別：函　發文者：中華民國駐金山總領事館

日　期：中華民國陸拾叁年叁月貳捌日

文　號：金（63）字第0091號

主　旨：請換發新中華文物展覽箱，並請分裝小箱以利搬運使用。

說　明：一、依據外交部本年三月卅一日第721號電辦理。

二、貴部前發本館之中華文物展覽箱業已使用多年，大部份展品已陳舊或損壞，尤以古裝部份爲然，其他如書畫部份，因係用紙板粘貼者，多已凸凹不平，不能張掛。

三、前發文物箱箱子本身過大笨重不易搬運，對旅行表演非常困難，謹建議將各項不同展品分類後，以小型箱子分裝爲四五個，以解決上述困難，並能靈活運用。

檔案說明

一、本批六件檔案，主要為有關單位（行政院新聞局、外交部、僑委會）將其轄下各駐外單位對文物箱的建議與需求，依照一九七三年一月二十三日教育部召開之文物箱檢討會議決議事項函報該部；此間亦正值本館檢討第一、二批文物箱於海外展出的效用，及教育部向行政院爭取第三批文物箱製作經費之際，由於製作方向與預算尚未確認，故未見教育部回應本館是否繼續籌製。

二、一九七四年二月十九日，行政院決定在不動支第二預備金的前提下，指示運用年度經費增列新臺幣三百萬元預算，來執行製作第三批文物箱計畫，但其實是以汰舊換新前二批文物箱為主。於是，教育部於同年三月十五日函知各有關單位，請其回報欲汰舊換新的文物箱列表，四月起各駐外單位才再次提出製作申請。

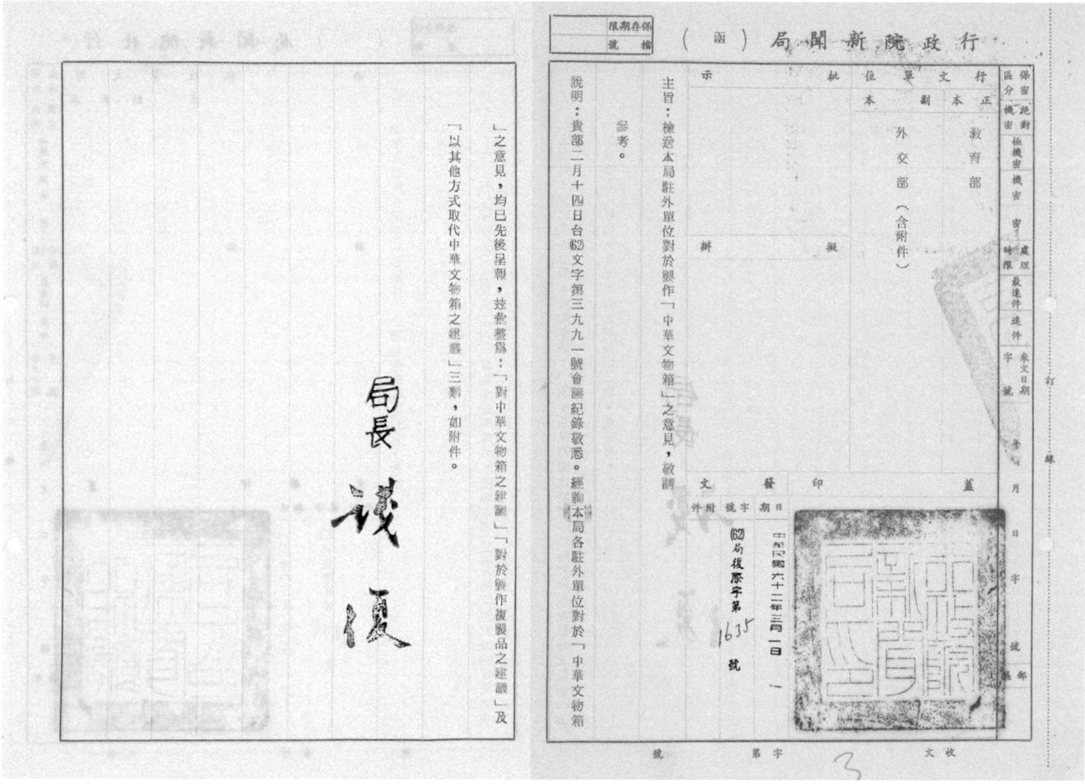

行政院新聞局（函）

保存期限

檔號

保密區分：絕對機密、極機密、機密、密

處理時限：最速件、速件

來文日期、字號

行文單位：正本：教育部；副本：外交部（含附件）

批示

擬辦

主旨：檢送本局駐外單位對於製作「中華文物箱」之意見，敬請參考。

說明：貴部二月十四日台(62)文字第三九九一號會議紀錄敬悉。經詢本局各駐外單位對於「中華文物箱」之意見，均已先後呈報，茲彙整為：「對中華文物箱之建議」「對於製作複製品之建議」及「以其他方式取代中華文物箱之建議」三類，如附件。

局長 錢復

蓋印

發文日期：中華民國六十二年三月一日

發文字號：(62)局復際字第1635號

收文　字第　號

《中華文物箱》，檔號06200007154，教育部檔案（1973.03.01）

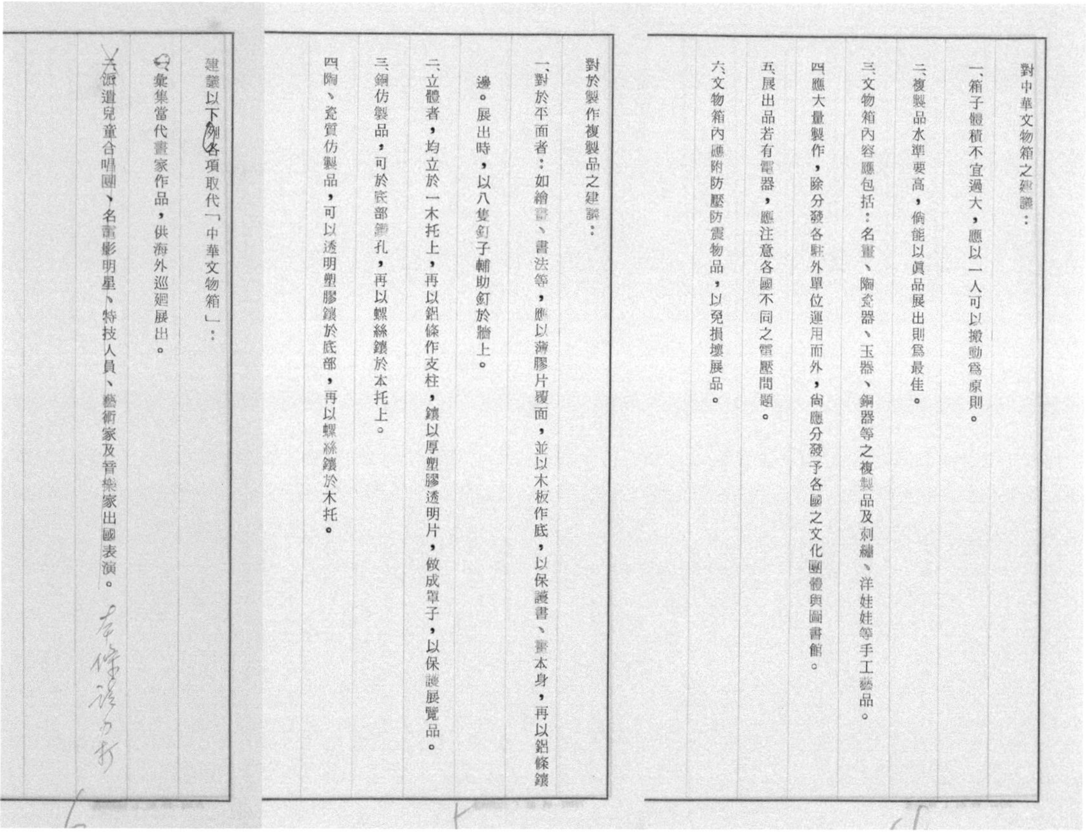

對中華文物箱之建議：

一、箱子體積不宜過大，應以一人可以搬動為原則。

二、複製品水準要高，倘能以眞品展出則為最佳。

三、文物箱內容應包括：名畫、陶瓷器、玉器、銅器等之複製品及刺繡、洋娃娃等手工藝品。

四、應大量製作，除分發各駐外單位運用而外，尚應分發予各國之文化團體與圖書館。

五、展出品若有電器，應注意各國不同之電壓問題。

六、文物箱內應附防壓防震物品，以免損壞展品。

對於製作複製品之建議：

一、對於平面者：如繪畫、書法等，應以薄膠片覆面，並以木板作底，以保護書、畫本身，再以鋁條鑲邊。展出時，以八隻釘子輔助釘於牆上。

二、立體者，均立於一木托上，再以鋁條作支柱，鑲以厚塑膠透明片，做成罩子，以保護展覽品。

三、銅仿製品，可於底部鑽孔，再以螺絲鑲於本托上。

四、陶、瓷質仿製品，可以透明塑膠鑲於底部，再以螺絲鑲於木托。

建議以下列各項取代「中華文物箱」：

一、彙集當代畫家作品，供海外巡廻展出。

二、派遣兒童合唱團、名電影明星、特技人員、藝術家及音樂家出國表演。

《中華文物箱》，檔號06200007154，教育部檔案（1973.03.01）
附件：行政院新聞局駐外單位對於製作「中華文物箱」之意見

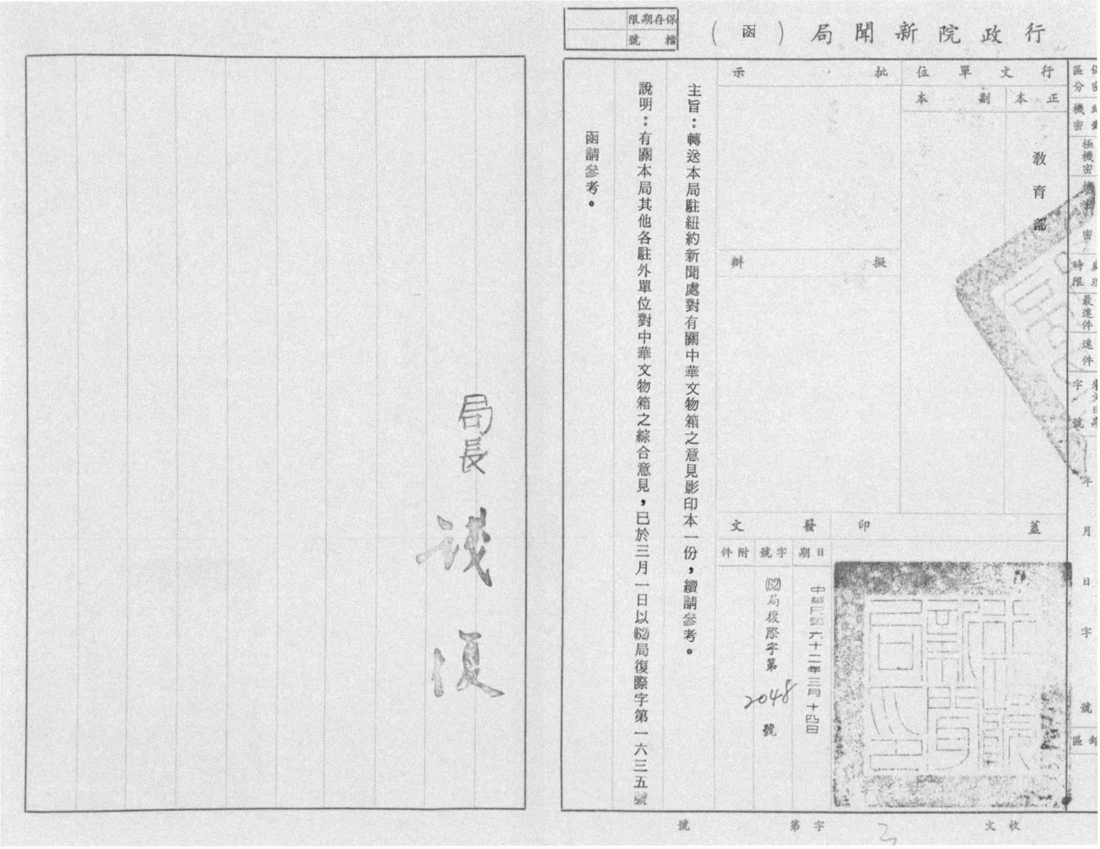

行政院新聞局（函）

保存期限
檔號

正本：教育部

主旨：轉送本局駐紐約新聞處對有關中華文物箱之意見影印本一份，續請參考。

說明：有關本局其他各駐外單位對中華文物箱之綜合意見，已於三月一日以(62)局復際字第一六三五號函請參考。

局長 錢復

發文日期：中華民國六十二年三月十四日
字號：(62)局復際字第2048號

《中華文物箱》，檔號 06200022811，教育部檔案（1973.03.14）

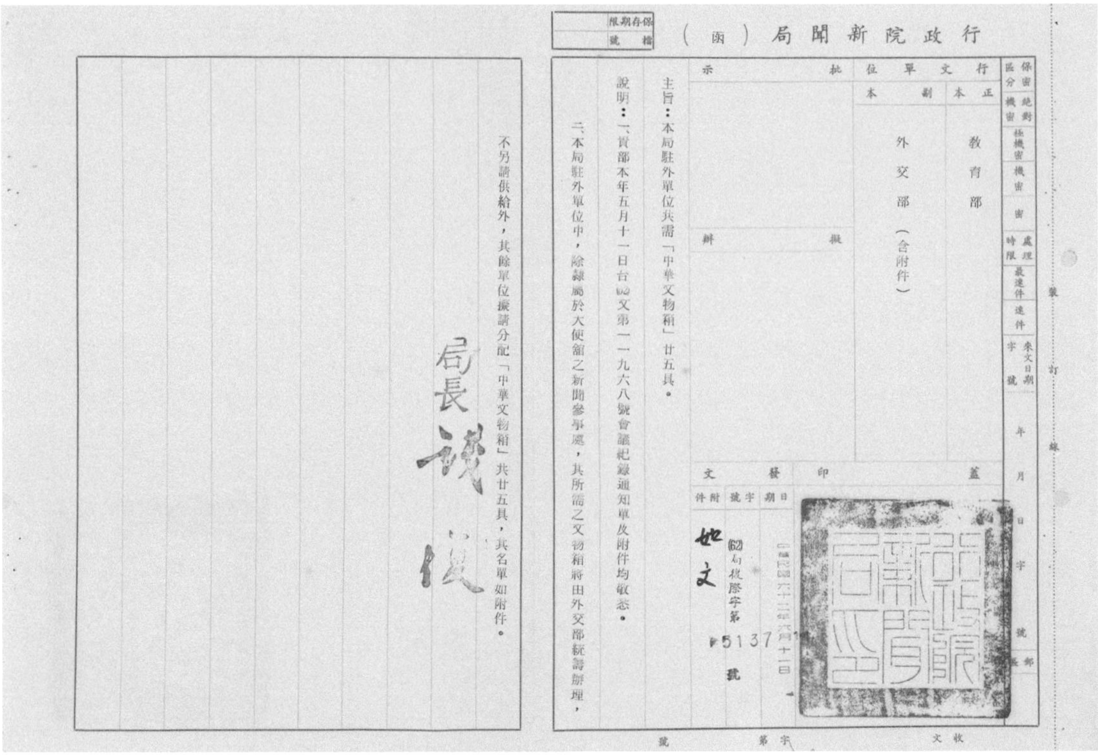

行政院新聞局（函）

保存期限
檔號

正本：教育部
副本：外交部（含附件）

主旨：本局駐外單位共需「中華文物箱」廿五具。

說明：一、貴部本年五月十一日台(62)文第一一九六八號會議紀錄通知單及附件均敬悉。

二、本局駐外單位中，除隸屬於大使館之新聞參事處，其所需之文物箱將由外交部統籌辦理，不另請供給外，其餘單位擬請分配「中華文物箱」共廿五具，其名單如附件。

局長 錢復

附件：如文
發文日期：中華民國六十二年六月十一日
字號：(62)局復際字第5137號

《中華文物箱》，檔號 06200033090，教育部檔案（1973.06.11）

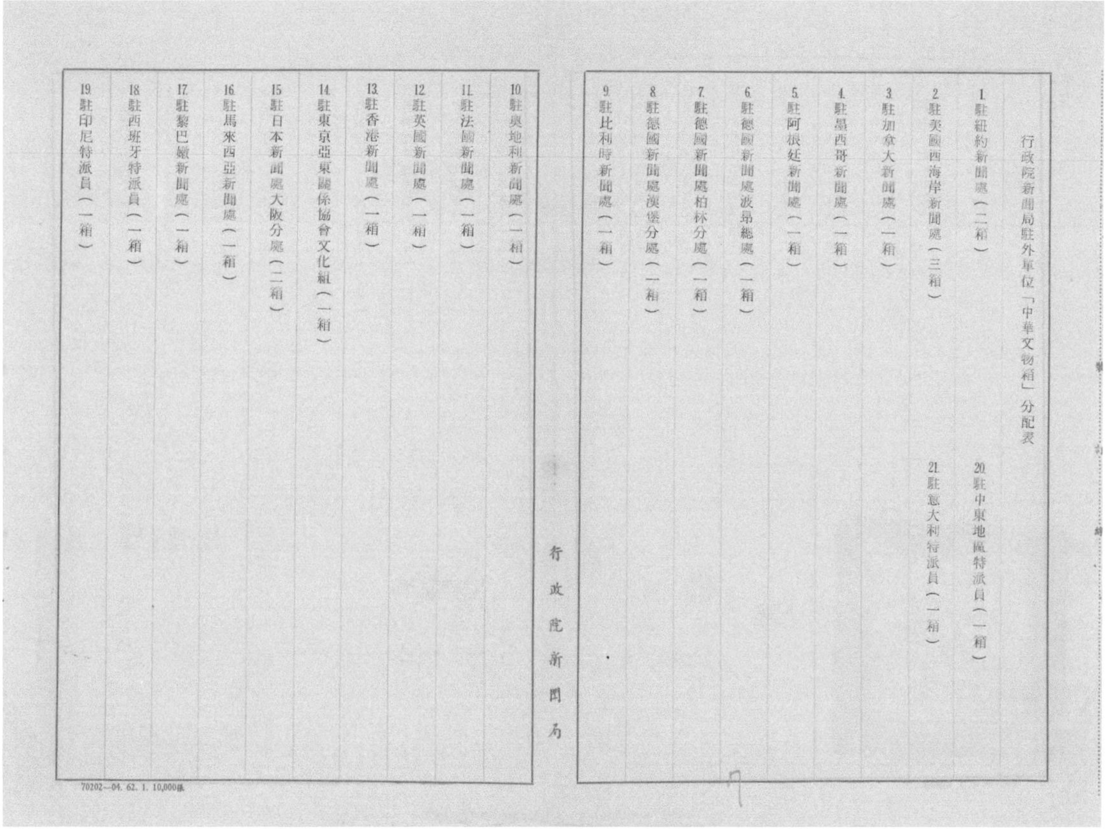

行政院新聞局駐外單位「中華文物箱」分配表

1. 駐紐約新聞處（二箱）
2. 駐美國西海岸新聞處（三箱）
3. 駐加拿大新聞處（一箱）
4. 駐墨西哥新聞處（一箱）
5. 駐阿根廷新聞處（一箱）
6. 駐德國新聞處波昂總處（一箱）
7. 駐德國新聞處柏林分處（一箱）
8. 駐德國新聞處漢堡分處（一箱）
9. 駐比利時新聞處（一箱）
10. 駐奧地利新聞處（一箱）
11. 駐法國新聞處（一箱）
12. 駐英國新聞處（一箱）
13. 駐香港新聞處（一箱）
14. 駐東京亞東關係協會文化組（一箱）
15. 駐日本新聞處大阪分處（二箱）
16. 駐馬來西亞新聞處（一箱）
17. 駐黎巴嫩新聞處（一箱）
18. 駐西班牙特派員（一箱）
19. 駐印尼特派員（一箱）
20. 駐中東地區特派員（一箱）
21. 駐義大利特派員（一箱）

行政院新聞局

70202—04. 62. 1. 10,000張

《中華文物箱》，檔號 06200033090，教育部檔案（1973.06.11）
附件：行政院新聞局駐外單位「中華文物箱」分配表

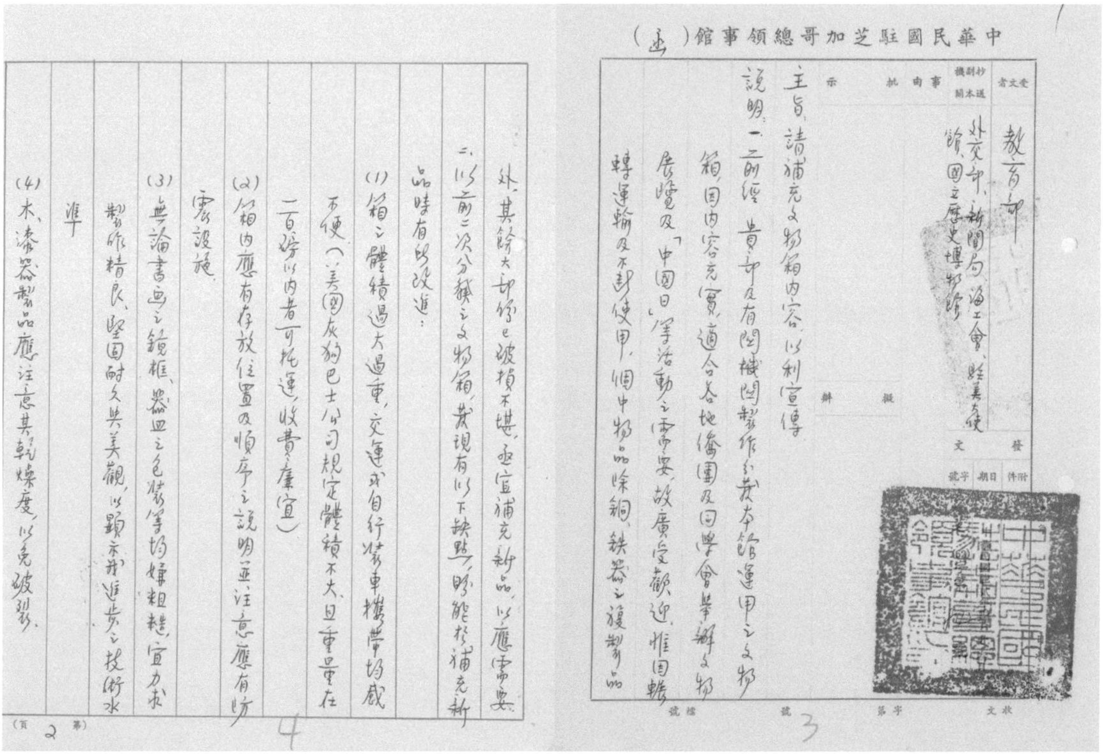

中華民國駐芝加哥總領事館（函）

受文者：教育部
副本抄送：外交部、新聞局、僑委會、駐美大使館、國立歷史博物館

主旨：請補充文物箱內容，以利宣傳

說明：一、前經 貴部及有關機關製作分發本館運用之文物箱，因內容充實，適合各地僑團及同學會舉辦文物展覽及「中國日」等活動之需要，故廣受歡迎，惟因輾轉運輸及不斷使用，個中物品除銅、鐵器之複製品外，其餘大部份已破損不堪，亟宜補充新品，以應需要。

二、以前二次分發之文物箱，發現有以下缺點，盼能於補充新品時有所改進：

(1) 箱之體積過大過重，交運或自行裝車攜帶均感不便（美國灰狗巴士公司規定體積不大且重量在一百磅以內者可托運，收費廉宜）

(2) 箱內應有存放位置及順序之說明並注意應有防震設施。

(3) 無論書畫之鏡框、瓷皿之包裝等均嫌粗糙，宜力求製作精良，堅固耐久與美觀，以顯示我進步之技術水準。

(4) 木、漆器製品應注意其乾燥度，以免破裂。

（頁 2 第）

《中華文物箱》，檔號 06200049713，教育部檔案（1973.11.23）

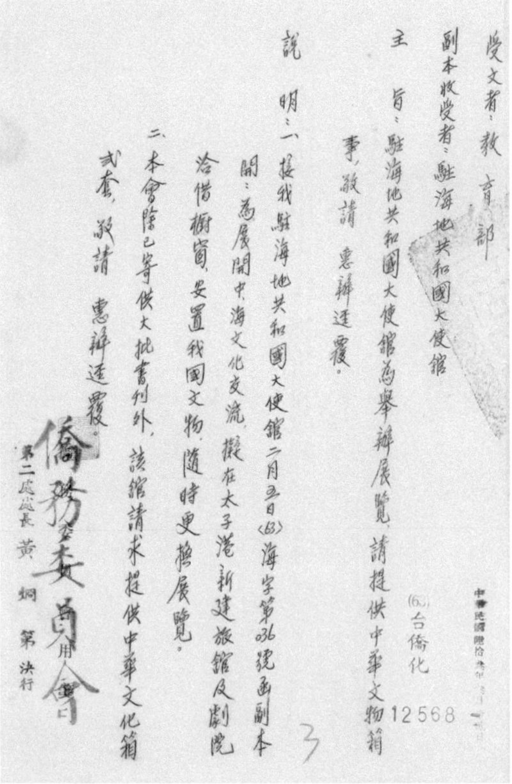

受文者：教育部
副本收受者：駐海地共和國大使館
主旨：駐海地共和國大使館為舉辦展覽，請提供中華文物箱事，敬請 惠辦逕覆。
說明：一、接我駐海地共和國大使館二月五日(63)海字第036號函副本開：為展開中海文化交流，擬在太子港新建旅館及劇院洽借櫥窗，安置我國文物，隨時更換展覽。
二、本會除已寄供大批書刊外，該館請求提供中華文化箱弍套，敬請 惠辦逕覆。
僑務委員會
第二處處長 黃烱 第 決行
(63)台僑化 12568

《中華文物箱》，檔號 06300009017，教育部檔案（1974.03.12）

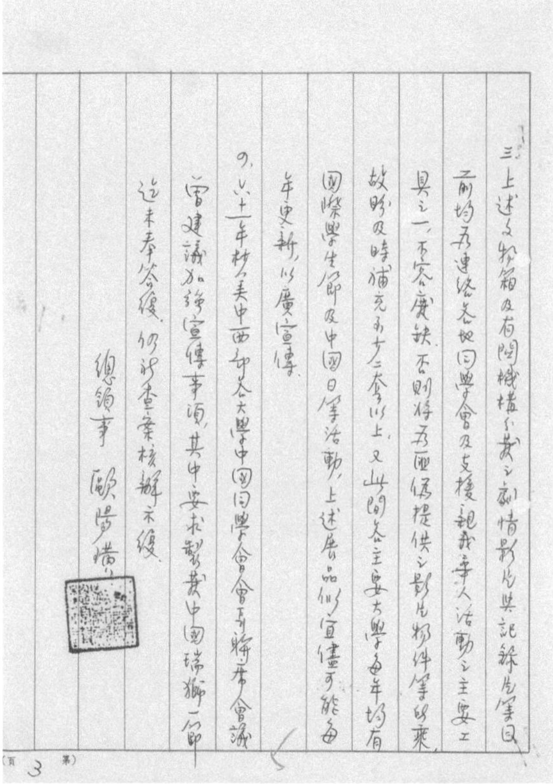

三、上述文物箱及有關機構所贈之劇情影片與記錄片等，目前均為連絡各地同學會及支援親我華人活動之主要工具之一，不容廢缺，否則將另函僑提供之影片物件等以資故盼及時補充五十二套以上，又此間各主要大學每年均有國際學生節及中國同學活動，上述展品似宜儘可能每年更新，以廣宣傳。
四、六十二年秋美中西部各大學中國同學會會長聯席會議曾建議加強宣傳事項，其中要求製發中國瑞獅一節迄未奉答復，仍祈查案核辦示復。
總領事 歐陽璜
（第 3 頁）

《中華文物箱》，檔號06200049713，教育部檔案（1973.11.23）

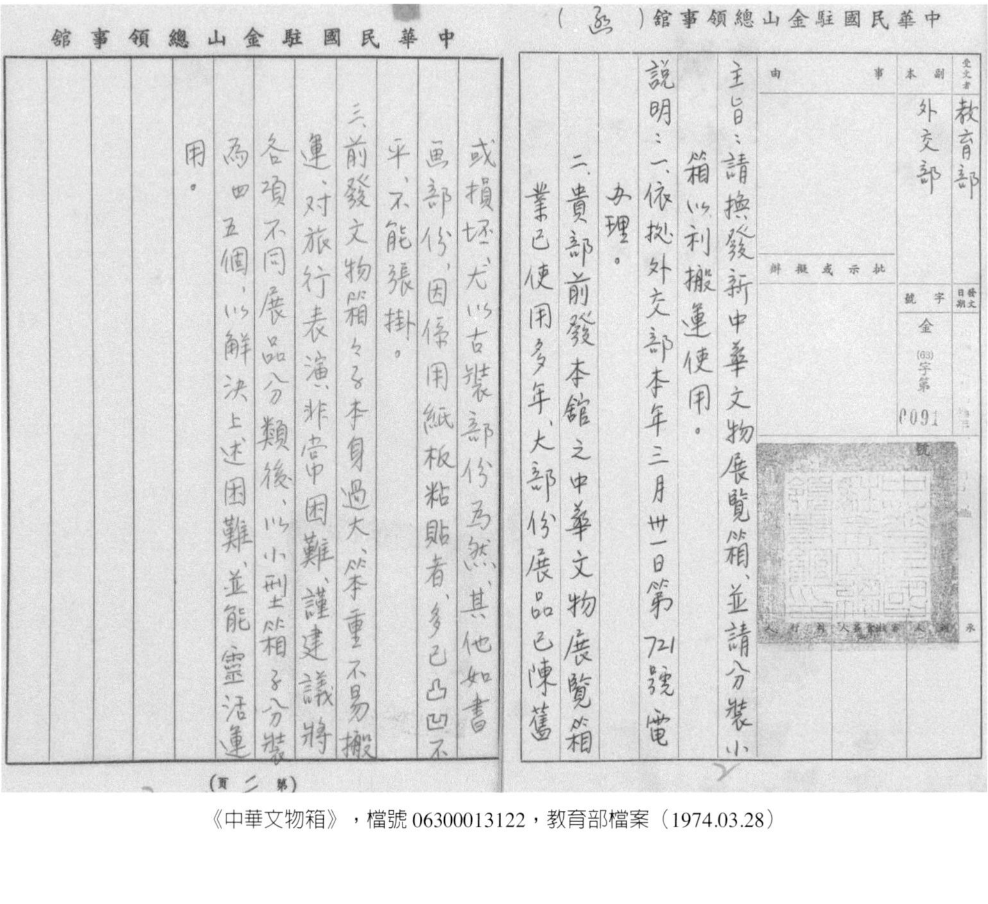

中華民國駐金山總領事館（函）
受文者：教育部
副本：外交部
發文日期
字號：金(63)字第0091號
主旨：請換發新中華文物展覽箱，並請分裝小箱以利搬運使用。
說明：一、依據外交部本年三月廿一日第721號電辦理。
二、貴部前發本館之中華文物展覽箱業已使用多年，大部份展品已陳舊或損壞，尤以古裝部份為然，其他如書畫部份，因係用紙板粘貼者，多已凸凹不平，不能張掛。
三、前發文物箱每個本身過大，笨重不易搬運，對旅行表演非常困難，謹建議將各項不同展品分類後，以小型紙箱分裝為四五個，以解決上述困難，並能靈活運用。
中華民國駐金山總領事館
（第二頁）

《中華文物箱》，檔號 06300013122，教育部檔案（1974.03.28）

《教育部委託特製中華文物箱（青年訪問團使用）》檔號063-1-974-1-01，史博館檔案

受文者：國立歷史博物館

文　別：書函　　發文者：教育部

日　期：中華民國陸拾叁年叁月陸日

文　號：台（63）社第5606號

主　旨：：請惠借書畫並代製作文物箱兩組（各兩箱），供青年文化訪問團攜美運用。

說　明：一、文物箱內容請照貴館過去所製作之標準再增加一倍。爲便於搬運可以兩箱爲一組。

二、所借用書畫可容納於文物箱內，該團返國後，歸還貴館。所用古物仿製品請折扣優待。

三、請即將預算送部俾籌撥經費。

教育部

檔案說明

一、本案為一九七四年三月，教育部為青年文化訪問團向本館洽借書畫作品，並支應經費委託本館製作文物箱兩組（每組各兩箱，共計四箱），供該團赴美訪問巡展使用。二、本館客製化的文物箱展品，是由教育部次長梁尚勇（任期：一九七二－一九七五）、社會教育司司長謝又華（任期：一九六八－一九七六）、承辦科紀科長及訪問團之主辦人選定；每組文物箱經費預算約新臺幣七五、五九〇元。本館義務辦理，並提供中華五千年歷代世系表、國父遺像、總統肖像及館藏歷史文物明信片一千張。三、青年文化訪問團計有美東與美西兩團，故向本館訂製兩組文物箱三團一組。由於該訪問團預計於三月二十日赴美，而提出文物箱的需求時間為三月初，時間緊迫，因此本館何浩天館長於公文中批示：「請速將預算明細儘快先送紀科長核定」，遂有「加緊準備」之措施，報請教育部先行支應經費。

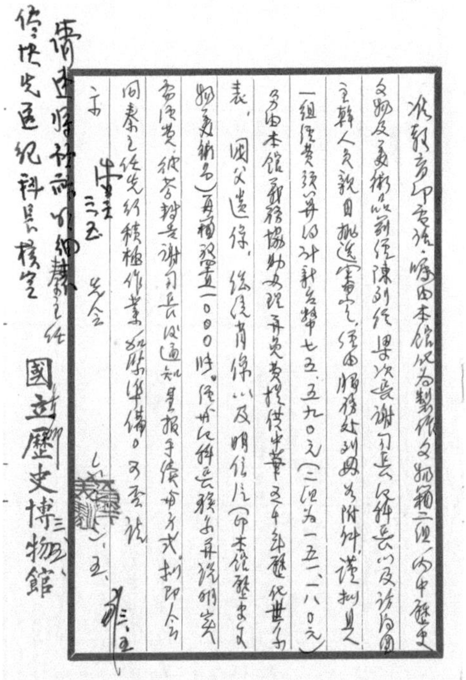

《教育部委託特製中華文物箱（青年訪問團使用）》，檔號063-1-974-1-01，史博館檔案（1974.03.06）
附件：本館簽辦便箋（1974.03.05）

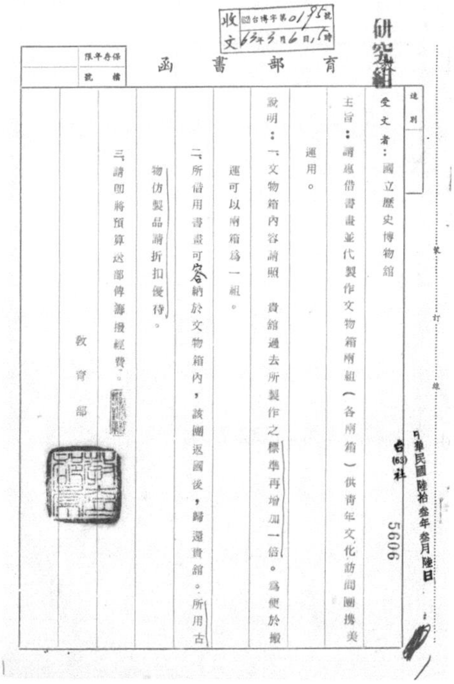

收文 (63)台博字第0195號 63年3月6日

研究組

教育部書函

受文者：國立歷史博物館

主旨：請惠借書畫並代製作文物箱兩組（各兩箱），供青年文化訪問團攜美運用。

說明：一、文物箱內容請照貴館過去所製作之標準再增加一倍。爲便於搬運可以兩箱爲一組。

二、所借用書畫可容納於文物箱內，該團返國後，歸還貴館。所用古物仿製品請折扣優待。

三、請即將預算送部俾籌撥經費。

教育部

中華民國陸拾叁年叁月陸日 台(63)社 5606

《教育部委託特製中華文物箱（青年訪問團使用）》，檔號063-1-974-1-01，史博館檔案（1974.03.06）

三、對文物箱的需求、建議與製作進度案（駐美單位及留學生：一九七四年四月至一九七五年六月）

《中華文物箱》檔號 0630013121，教育部檔案

受文者：教育部　　副本：外交部
文　別：函　　發文者：中華民國駐芝加哥總領事館
日　期：中華民國陸叁年肆月伍日
文　號：芝（63）字第177號
主　旨：貴部前發中華文物箱展品多不堪使用擬請增寄文物箱乙隻以廣宣傳。
說　明：貴部前寄發本館之文物箱，三年來經本館不斷寄往轄區（本館之轄區除芝加哥市外，尚包括美國中西部十二個州之大城小鎮）內大專院校之中國同學會配合各同學會所舉辦之文宣遊藝活動，數年來頗俱效果，惟因本館轄區遼擴，借用單位極眾，早有不敷應用之感，時因爭取時間計，甲單位用畢後即轉寄乙單位，乙單位又逕寄丙單位運用，形成巡迴式借用，待最後單位用畢後寄回本館，時而發現短缺，而所存者亦多已面目全非，無法繼續成用。文物箱運用目的在於宣揚我國固有文化，而另一目的在於藉以連絡各校中國同學之感情，維繫彼此之向心力。倘因文物箱項目之缺損而要求同學賠償，非但未能加強感情之聯繫，□□□□□□□。□□□□□。於此，遂不予追查，以免因小失大，今後決制定嚴密管理辦法，期能減少破損遺失情勢。查本館轄區遼擴，使用團體眾多，目前所餘殘缺者，實不敷應用。建議速寄一改良之文物箱，俾供加強運用。

總領事　歐陽璜

《中華文物箱》檔號 0630020392，教育部檔案

受文者：教育部　　副本：外交部
文　別：函　　發文者：中華民國駐羅安琪總領事館
日　期：MAY 17 1974
文　號：羅（63）字第0459號
主　旨：本館爲加強文宣活動，擬請再訂製一套文物展覽箱（共三箱）運館備用。
說　明：（一）本館爲加強對外文化宣傳，頃經洽借加州大學羅安琪分校附近大型櫥窗數個，專供展覽我國文物。本館現有文物展覽箱一套，平時各同學會借用已感不敷，是以無法勻出送展，擬請儘速訂製一套寄館以資運用。
（二）請參閱本館本年四月十日羅（63）字第0303號函。

《中華文物箱》檔號 0640002918，教育部檔案

受文者：教育部　　副本：外交部、駐美大使館文化參事處
文　別：函　　發文者：中華民國駐坡特崙領事館
日　期：中華民國陸肆年壹月拾陸日
文　號：坡崙（64）字第142號
主　旨：請惠寄文物箱乙套備用。
說　明：本館復館以始，文化活動頻繁，亟需提供文物箱，以便廣爲運用。

領事　王肇元

《中華文物箱》 檔號 067-0108-2-2-49，史博館檔案

受文者：駐亞特蘭達總領事館
文　別：函　　發文者：教育部　　副本：外交部、史博館
日　期：中華民國陸拾肆年壹月卅壹日
文　號：台（64）文第 2732 號
主　旨：關於製作文物箱改進及建議各點已錄轉承辦單位國立歷史博物館參考，至新文化箱之製作已奉行政院核示暫停辦理，僅作汰舊換新，請查照。
說　明：一、覆本年一月十七日亞蘭（64）字第三二號函副本。
二、檢附本部六十三年七月十二日台（63）文字第一七九六八號函副本乙份，請參考。

部長　蔣彥士

《中華文物箱》 檔號 067-0108-2-2-54，史博館檔案

受文者：國立歷史博物館　　副本：外交部、駐芝加哥總領事館、駐美文參處
文　別：函　　發文者：教育部
日　期：中華民國陸拾肆年陸月陸日
文　號：台（64）文第 14008 號
主　旨：爲中華文物箱汰舊換新請加速辦理，以應海外需用。
說　明：一、本案前奉行政院核定專款新台幣叁百萬元，並已專函請按國外使用單位反映改進意見予以訂製更新在案，此項工作究已進行至何階段，現會計年度行將結束，而國外又復需用，請即訂定進度，依限完成。
二、茲再錄轉駐芝加哥總領事館本年五月十九日芝（64）字第二一九號函附紀錄中有關建議兩項如下，請參考：
1. 文物箱內容應不斷補充更新。
2. 各校（指美國各大學有我留學生者）每年大多均有國際學生節、中國日、中國之夜等類活動，每年僅能提供同一套文物箱展出未免落於舊套，每年應設計一套新的展覽內容，及堅實品質之文物，以表示國內經建等進步實況，使外籍人士一目瞭然爲原則。

部長　蔣彥士

《中華文物箱》 檔號 067-0108-2-2-53，史博館檔案

受文者：教育部
文　別：（　）稿　　發文者：史博館
日　期：中華民國陸拾肆年陸月拾叁日
文　號：（64）台博研字第 0595 號
主　旨：本館籌製中華文物箱，近期即又加速完成全部展品，敬請鑒核。
說　明：一、本館前奉指示辦理中華文物箱歷史文物暨美術品汰舊換新工作，本館本精益求精原則，由本館成立專案小組，依據核定計劃慎重行事，無論選件、比價、製作、裝潢、說明無不考量再三，務期達到盡善盡美境地。
二、現每一組中華文物箱內部展品近百件均已換新，徵選蒐集至非易事，近正完成徵集名人國畫原作暨就展品設計裝箱之未了事務中。
三、一俟全部展品完備，近期當將訂製更新之全部展品陳列，邀請鈞部暨有關機構派員作最後之審定。

館長　何〇〇

《中華文物箱》 檔號 067-0108-2-2-44，史博館檔案

受文者：1. 教育部國際文教處、2. 僑務委員會、3. 行政院新聞局、4. 外交部、5. 中央文工會
文　別：（　）稿　　　發文者：史博館
日　期：中華民國陸拾肆年拾月陸日
文　號：（64）台博研字第 1025 號
主　旨：奉教育部指定本館籌製中華文物箱，展品內容汰舊換新工作，經多日籌辦所有歷史文物美術品類及一般展品類之樣本均經精製精選完成。謹訂於本（十）月十四日（星期二）下午二時三十分在本館陳列評鑑，屆時敬請派員蒞臨指導，以便遵循，用資定案辦理。
說　明：依據教育部63、7、6台（63）文一七五四九號暨64、6、6台（64）文一四〇〇八號兩函辦理。

館長　何〇〇

檔案說明

一、本批彙整的七件檔案，主要為駐美單位（芝加哥、洛杉磯、亞特蘭大）及留學生於一九七五年間向教育部提出對於文物箱的需求及建議。

二、一九七四年二月，本館完成第三批中華文物箱的預算核定，並確定辦理原則函知有關單位，其間各外館均來函提供改進意見與表達需求，其中對第一、二批文物箱的建議綜整如下：（一）前幾批文物箱展品已有多種破損，不堪使用，請更換新品以利後續運用；（二）現有箱子體積過大，搬運困難易發生碰撞，請更換為小箱分裝；（三）箱內文物應有適度保護與防潮措施，並希望分類能多樣化，且有新的展覽內容；（四）箱數可大量製作，以利責任區域較大的外館分區運用；（五）請增加當代名家作品；（六）每箱依照成本定價，供駐外各機構價購，可隨時單獨購買任何一類，如是駐外機構可依事實需要，隨時添購，無中斷之虞；（七）留學生團體需用文物箱時，外館即可視個別情形將文物箱轉售、贈與或出借；喜好中華文物者之外國人士日衆，估計有意願價購者必不在少數，建議大量製造以降低成本。

三、或因外交任務需要，駐外館所紛紛來函提出對文物箱的需求，故教育部於一九七五年六月六日函問本館辦理進度，本館於同年六月十三日函復教育部表示：（一）本館已成立專案小組，以辦理文物箱內部展品汰舊換新工作；（二）每組文物箱內部近百件展品均已換新，惟徵選蒐集至非易事，近日將完成當代名人書畫原作徵集，及辦理展品設計裝箱事務。

四、全部展品更新完成後，將函請教育部暨相關機關派員進行最後審定。同年十月六日，本館邀請教育部國際文教處、僑委會、行政院新聞局、外交部、中央文工會等單位到館進行評鑑，以利後續改進配送。

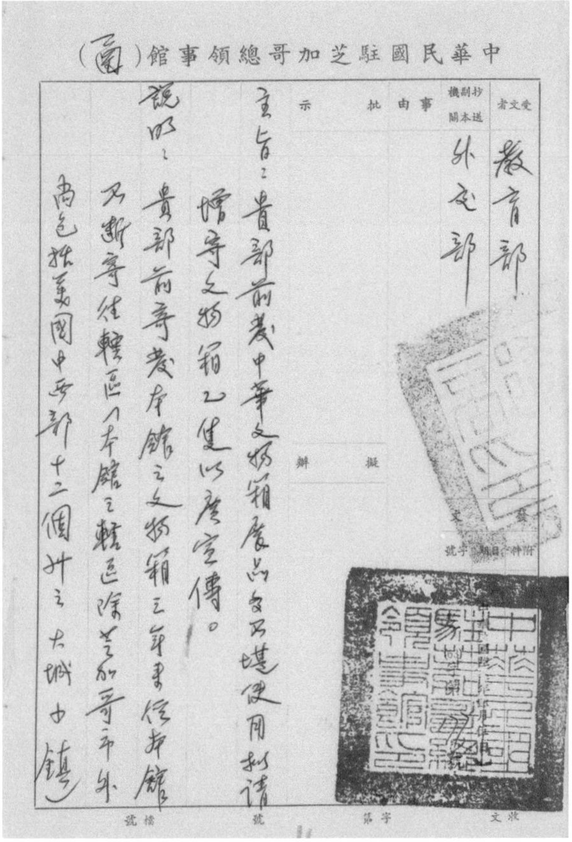

中華民國駐芝加哥總領事館（函）

受文者：教育部

副本抄送機關：外交部

主旨：貴部前發中華文物箱展品多不堪使用，請增寄文物箱乙隻以廣宣傳。

說明：一、貴部前寄發本館之文物箱三年來經本館不斷寄往轄區，本館之轄區除芝加哥市外尚包括美國中西部十二個州之大城小鎮

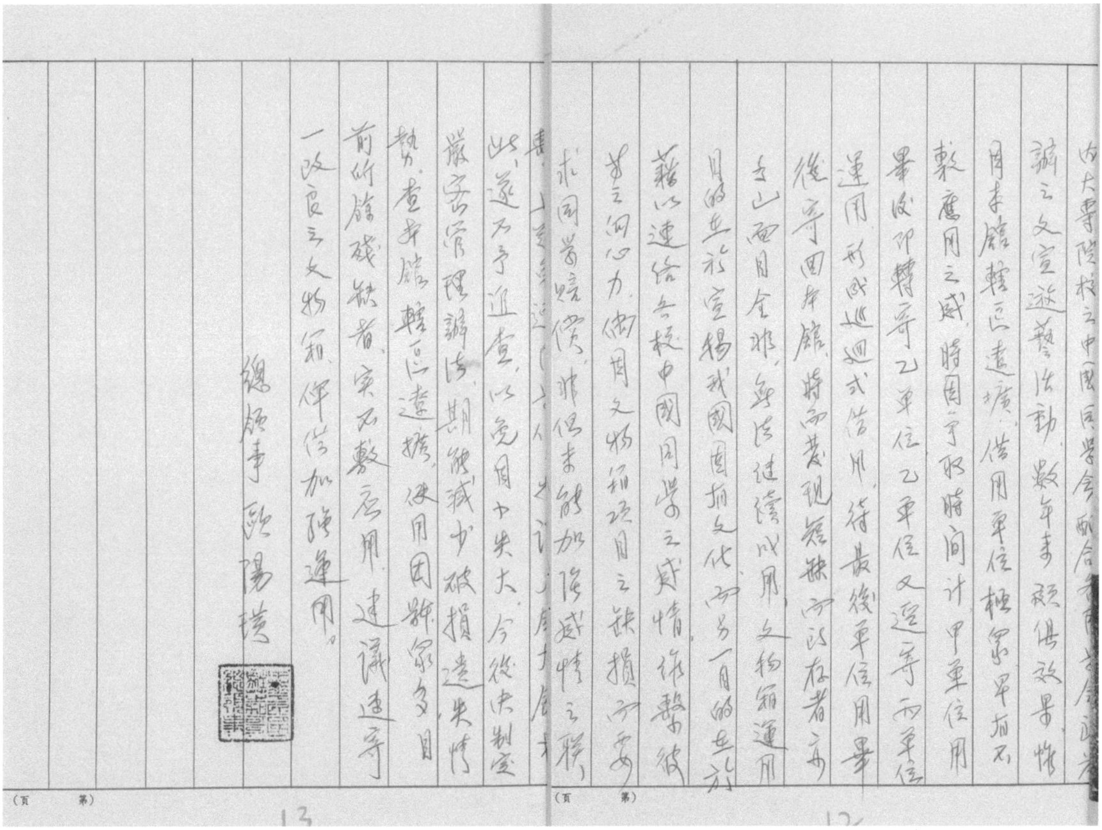

內大專院校之中國同學會配合[illegible]辦之文宣活動藝活動，數年來頗收效果，惟因本館轄區遼擴，借用單位極眾，甲單位不敷應用之時，因爭取時間，於甲單位用畢後即轉寄乙單位，乙單位又逕寄丙單位運用，形成巡迴式借用，待最後單位用畢後寄回本館，時而發現短缺而存者亦多已面目全非，無法繼續使用。文物箱運用目的在於宣揚我國固有文化，而另一目的在於藉以連絡各校中國同學之感情，俾能凝聚向心力。倘因文物箱項目之缺損而無法因常賠償，非但未能加強感情之聯[illegible]此，並不予追查，以免因小失大。今後決制定嚴密管理辦法，期能減少破損遺失情勢。查本館轄區遼擴，使用團體眾多，目前所餘殘缺者實不敷應用，建議速寄一改良之文物箱，俾能加強運用。

總領事　歐陽璜

《中華文物箱》，檔號 06300013121，教育部檔案（1974.04.05）

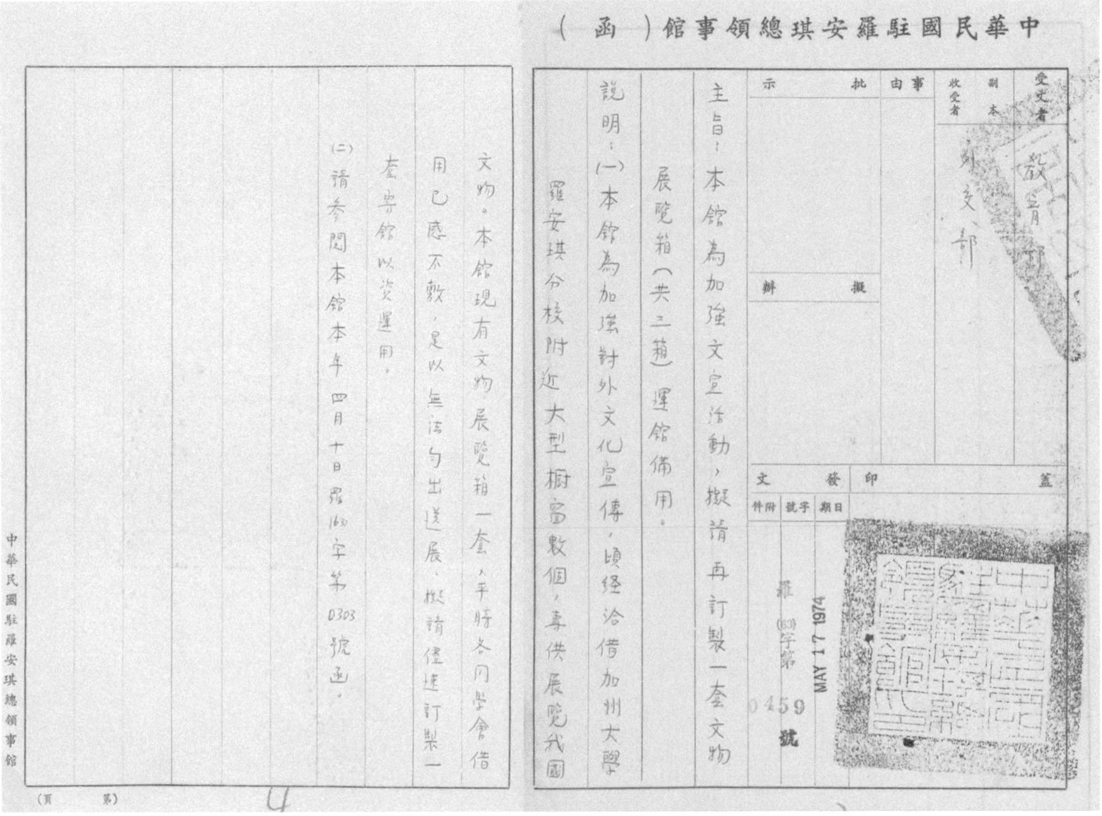

中華民國駐羅安琪總領事館（函）

受文者：教育部
副本收受者：外交部

主旨：本館為加強文宣活動，擬請再訂製一套文物展覽箱（共二箱）運館備用。

說明：(一)本館為加強對外文化宣傳，頃经洽借加州大學羅安琪分校附近大型櫥窗數個，專供展覽我國文物。本館現有文物展覽箱一套，平時各同学會借用已感不敷，是以無法匀出送展，擬請從速訂製一套寄館以資運用。

(二)請參閱本館本年四月十日羅(63)字第0303號函。

發文 羅(63)字第0459號 MAY 17 1974

中華民國駐羅安琪總領事館

《中華文物箱》，檔號 06300020392，教育部檔案（1974.05.17）

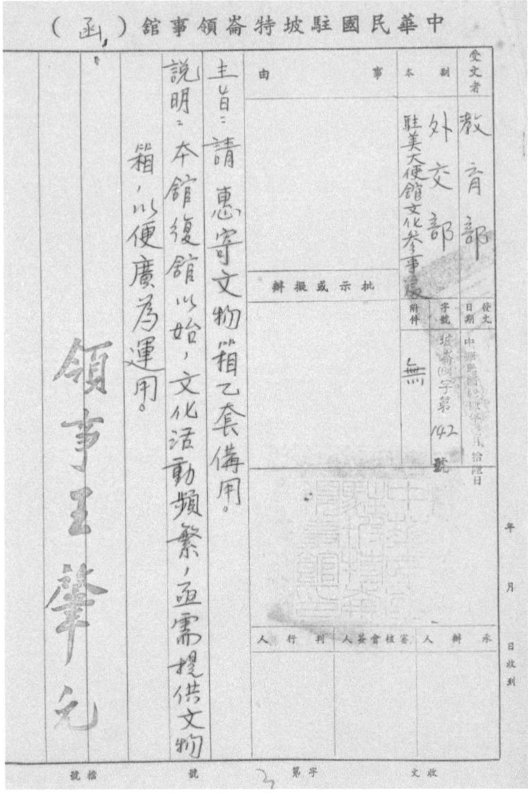

中華民國駐坡特崙領事館（函）

受文者：教育部
副本：外交部、駐美大使館文化參事處

主旨：請惠寄文物箱乙套備用。

說明：本館復館以始，文化活動頻繁，亟需提供文物箱，以便廣為運用。

領事王肇元

發文字號：坡崙(64)字第142號
附件：無

《中華文物箱》，檔號 06400002918，教育部檔案（1975.01.16）

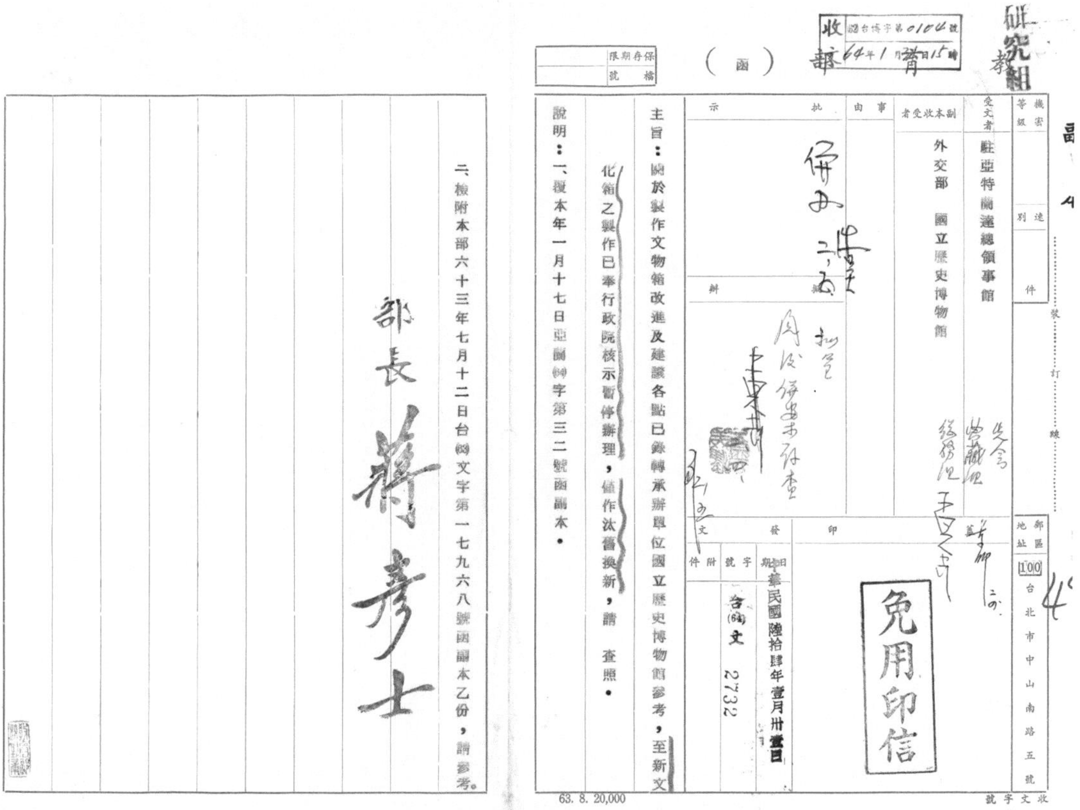

（函）

受文者：駐亞特蘭大總領事館

副本收受者：外交部　國立歷史博物館

主旨：關於製作文物箱改進及建議各點已錄轉承辦單位國立歷史博物館參考，至新文化箱之製作已奉行政院核示暫停辦理，俟作汰舊換新，請　查照。

說明：一、復本年一月十七日亞圖(64)字第三二號函副本。

二、檢附本部六十三年七月十二日台(63)文字第一七九六八號函副本乙份，請參考。

部長　蔣彥士

發文日期：中華民國陸拾肆年壹月卅壹日

字號：台(64)文 2732

免用印信

地址：100 台北市中山南路五號

63. 8. 20,000

《中華文物箱》，檔號 067-0108-2-2-49，史博館檔案（1975.01.31）

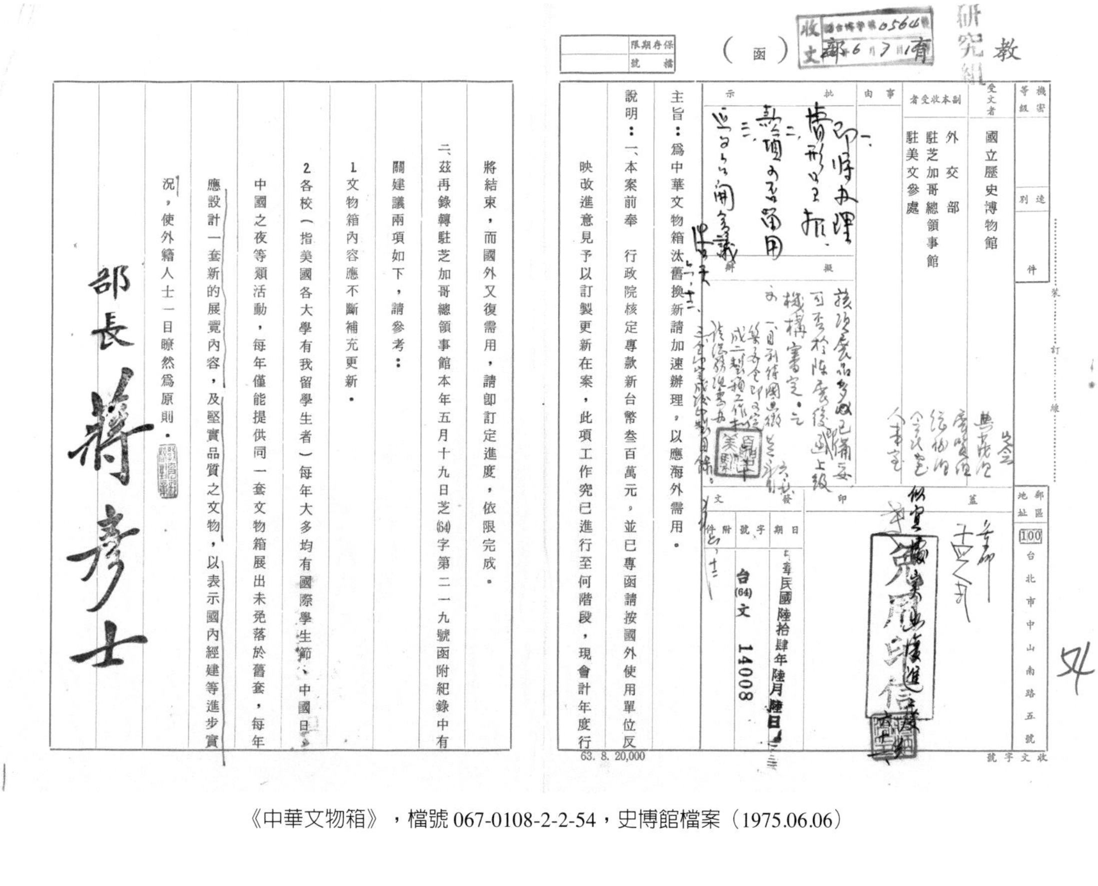

（函）

受文者：國立歷史博物館

副本收受者：外交部　駐芝加哥總領事館　駐美文參處

主旨：為中華文物箱汰舊換新請加速辦理，以應海外需用。

說明：一、本案前奉　行政院核定專款新台幣叁百萬元，並已專函請按國外使用單位反映改進意見予以訂製更新在案，此項工作究已進行至何階段，現會計年度行將結束，而國外又復需用，請即訂定進度，依限完成。

二、茲再錄轉駐芝加哥總領事館本年五月十九日芝(64)字第二一九號函附紀錄中有關建議兩項如下，請參考：

1 文物箱內容應不斷補充更新。

2 各校（指美國各大學有我留學生者）每年大多均有國際學生節、中國日、中國之夜等類活動，每年僅能提供同一套文物箱展出未免落於舊套，每年應設計一套新的展覽內容，及堅實品質之文物，以表示國內經建等進步實況，使外籍人士一目瞭然為原則。

部長　蔣彥士

發文日期：中華民國陸拾肆年陸月陸日

字號：台(64)文 14008

地址：100 台北市中山南路五號

63. 8. 20,000

《中華文物箱》，檔號 067-0108-2-2-54，史博館檔案（1975.06.06）

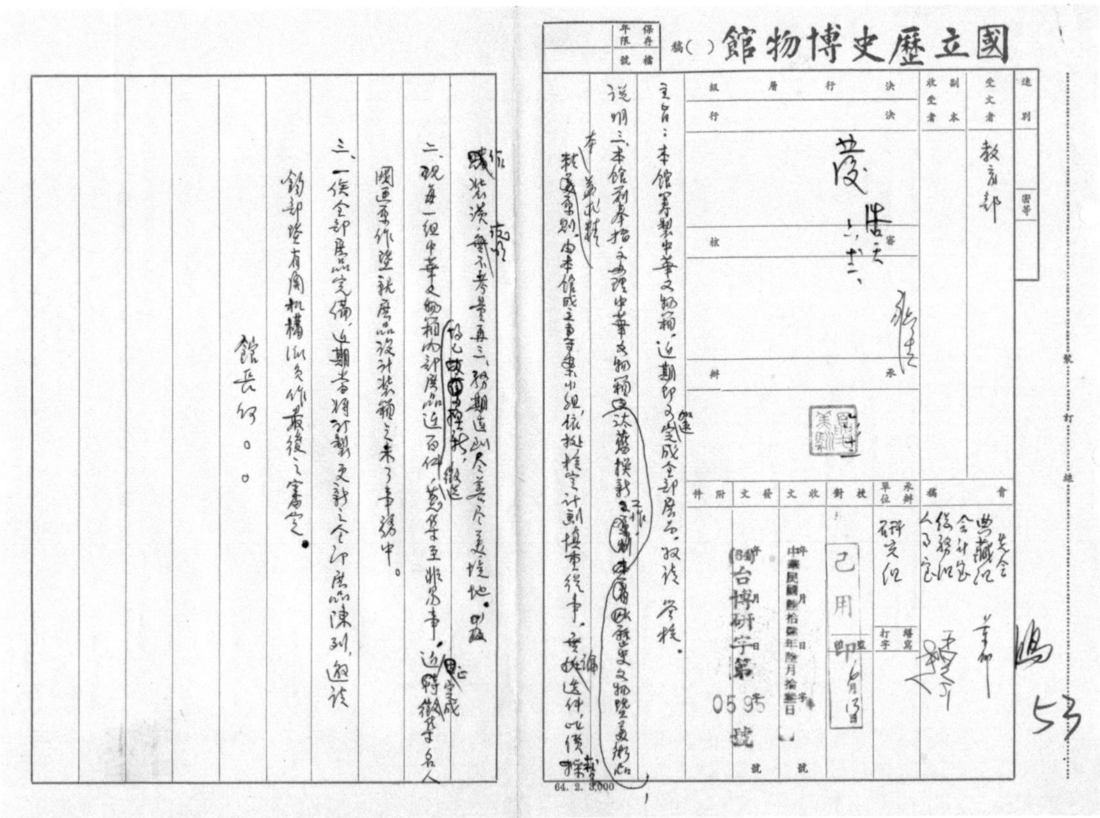
國立歷史博物館 稿（ ）

《中華文物箱》，檔號 067-0108-2-2-53，史博館檔案（1975.06.13）

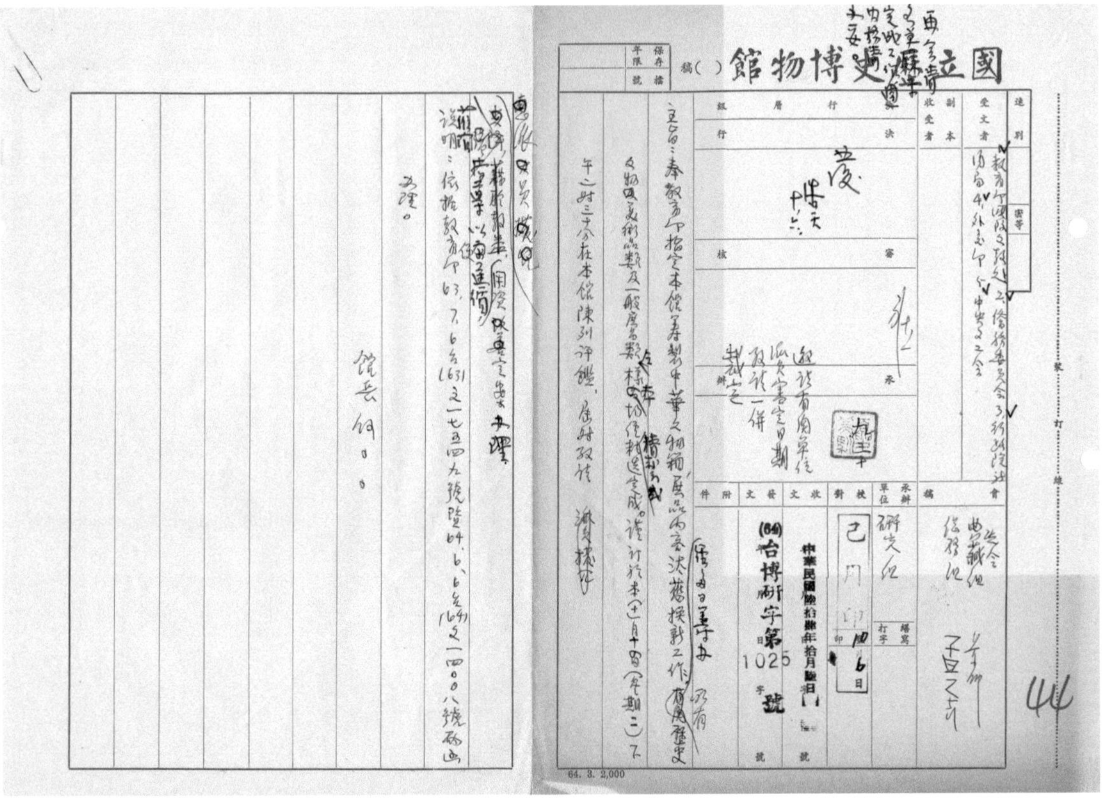
國立歷史博物館 稿（ ）

《中華文物箱》，檔號 067-0108-2-2-44，史博館檔案（1975.10.06）

《中華文物箱》 檔號 06200013543，教育部檔案

受文者：教育部
文　別：呈　　發文者：史博館
日　期：中華民國陸拾貳年肆月拾貳日
文　號：（62）台博研字第 0322 號
事　由：爲檢附中華文物箱第三批籌製計劃綱要一種，敬請鑒核。
一、主旨：謹檢附中華文物箱第三批籌製計劃綱要一種二十份，敬請鑒核。
二、說明：遵奉六二、二、十四台（62）文字第三九九一號會議紀錄通知單辦理。

國立歷史博物館館長　王宇清　病假
展覽組主任　何浩天　代行

《訂製中華文物箱撥款案》 檔號 0062/2-2-3-2/39，行政院檔案

受文者：教育部　　副本：本院秘書處
文　別：函　　發文者：行政院
日　期：中華民國陸貳年拾月拾壹日
文　號：台（六二）忠授一字第 6742 號
主　旨：關於請核撥訂製「中華文物箱」一百套所需經費乙案，希依照說明二切實檢討後再行報院核辦。
說　明：
一、復貴部六十二年九月十三日台（62）文二三五四二號函。
二、本案據說明係根據貴部「商討中華文物箱製作事宜會議紀錄」辦理，惟查所附會議紀錄研討決定事項三點，對需要訂製第三批文物箱之單位，及所需數量暨使用計畫等是否均已照辦又各單位意見之彙集亦無具體結論，至所附計畫綱要，亦未依照會議研討決定重加審酌辦理，希再切實檢討，研訂具體計畫說明，並依照中央政府各機關預算執行辦法第十五條之規定，檢具申請動支第二預備金數額表及各項費用明細表，再行報院核辦。

院長　蔣經國

《訂製中華文物箱撥款案》 檔號 0063/7-8-1-10/4，行政院檔案

受文者：教育部　　副本：本院秘書處
文　別：函　　發文者：行政院
日　期：中華民國陸叁年貳月拾玖日
文　號：台（六三）忠授一字第 0987 號
主　旨：所請撥款訂製中華文物箱九十套一節，應就六十四年度增列之叁佰萬元統籌充實原有中華文物箱展品內容，供作海外巡迴展出之用。本案所請動支六十三年度中央政府總預算第二預備金一節應予緩議。請查照。
說　明：復貴部六十三年一月十日台（63）文〇九七三號函。

院長　蔣經國

《中華文物箱》 檔號 020-090502-0019-0007，國史館藏外交部檔案

受文者：外交部
文　別：函　　發文者：教育部
日　期：中華民國陸拾叁年叁月拾伍日
文　號：台（63）文第 6439 號

主　旨：關於訂製第三批中華文物箱乙案經報奉行政院核定：應就六十四年度增列之叁佰萬元統籌充實原有中華文物箱展品內容，供作海外巡迴展出之用，請查照。

說　明：一、依據行政院本年二月十九日台（六三）忠授一字第〇九八七號函辦理。

二、本案本部原報行政院請動支六十三年度中央政府總預算第二預備金，經核示應予緩議。

辦　法：請即轉知貴屬駐外單位就前分配之第一、二批中華文物箱中如有損壞不堪使用或已失時效之展品需汰舊更新者，詳列名稱規格表，彙送本部以便統籌辦理，並請限於四月十日前復告本部。

部長　蔣彥士

《中華文物箱》檔號 067-0108-2-2-51，史博館檔案

受文者：國立歷史博物館

文　別：函　　發文者：教育部

日　期：中華民國陸拾叁年柒月陸日

文　號：台（63）文第17549號

主　旨：關於原製中華文物箱展品內容汰舊換新准照所擬預算表辦理，惟製作時須注意畫框、陶器等包裝，務求牢固。所需經費新台幣叁佰萬元，一次撥發希具據來部洽領，再行檢據核銷。

說　明：一、覆本年六月七日（63）台博研字第〇五三九號函。

二、茲再檢附駐芝加哥總領事館等八單位來函影本各乙份計八件幷請參考。

部長　蔣彥士

《中華文物箱》檔號 063-0417-6-1-02，史博館檔案

受文者：教育部

文　別：（　）稿　　發文者：史博館

日　期：中華民國陸拾參年柒月拾柒日

文　號：（63）台博總字第0722號

主　旨：為中華文物箱展品製作經費新台幣叁佰萬元正，檢奉本館國博收字第二六一號收據一帋，敬請鑒核賜撥。

說　明：依據鈞部六十三年七月六日台（63）文字第一七五四九號函辦理。

（全銜）館長　何〇〇

檔案說明

一、第一、二批文物箱於一九七〇年及一九七二年陸續送至海外各地展覽後，教育部於一九七三年一月二十三日召開文物箱檢討會議（僑委會檔案，檔號 I000633367），邀請曾參與籌製作業之各單位參加，會議結論重點為：（一）使用單位對文物箱運用反應尚稱良好，有繼續製作的必要；（二）第一、二批文物箱內容尚須進一步改進，另需要製作「專題文物箱」，以專門介紹我國文化藝術之沿革演變等，並要求本館於兩個月內完成計畫擬定與經費概算陳報教育部後，再邀有關單位會商決定。

二、一九七三年四月十二日，本館上陳教育部「中華文物箱第三批籌製計畫綱要」，該部於同年四月二十五日召開「商討中華文物箱製作事宜會議」（僑委會檔案，檔號 I000633367），相關重點如下：（一）比照第一、二批文物箱製作程序製作，並舉行樣品預展，邀請各機關提供意見；（二）精選增加代表性的歷代服裝及與美術主題有關的影片，展品中較易損壞者，請編列預算製作備品；（三）請各單位檢討運用第一、二批文物箱的績效（如使用地區、次數、參觀人數、展出影響與效果等），請需要訂製第三批文物箱的單位

敘明數量與使用計畫，併同前述運用績效，彙整後送教育部以利向行政院請撥專款。

三、教育部彙整相關資料後即陳報行政院，擬製作第三批文物箱共一百套（一套三箱，總計三百箱）；一九七三年十月十一日行政院回復，請教育部再依四月二十五日會議紀錄及綱要計畫內容，切實檢討後再予以陳報。

四、一九七三年十一月九日，教育部再次召開協調會議，將文物箱的海外需求總數減少為九十套（一套三箱，共計二七〇箱），其中一般展品費為每箱新臺幣四萬二千元，歷史文物展品費為每箱新臺幣四萬零七百元，美術展品費為每箱新臺幣六萬五千元（編按：依據一九七三年一月二十三日教育部召開之文物箱檢討會議，新增製作「專題文物箱」等決議，均含展品費、製箱費、裝潢費、水上運輸費及印製說明費）。一九七四年一月十日，教育部函送行政院相關計畫說明，並申請動支第二預備金，另加上為汰換補充第一、二批文物箱內之破損展品，故於一九七五年度預算中編列每箱補充展品費為新臺幣五萬元，全案總計新臺幣五百五十萬元。

五、一九七四年二月十九日，行政院函復教育部撥款訂製九十箱文物箱部分，應由一九七五年度增列之新臺幣三百萬元，以統籌充實原有文物箱內容，而原擬動支一九七四年度第二預備金部分則緩議（編按：當年之會計年度為每年七月開始至隔年六月底止，故一九七五年度預算，可於當年七月一日之後動支）。

六、同（一九七四）年三月十五日，教育部函請外交部轉知駐外單位，針對第一、二批文物箱中損壞不堪需汰舊換新或已失去時效的展品，請於四月十日前列表告知，外交部則於三月三十一日電報知會各外館遵辦；七月六日，教育部函知本館關於新臺幣三百萬元經費已奉行政院核准，本館於七月十七日去函教育部領取並檢據核銷，各單位亦陸續提出需求。至此，第三批文物箱的指導政策、內容與經費終於底定，本館始得以正式展開籌製作業。

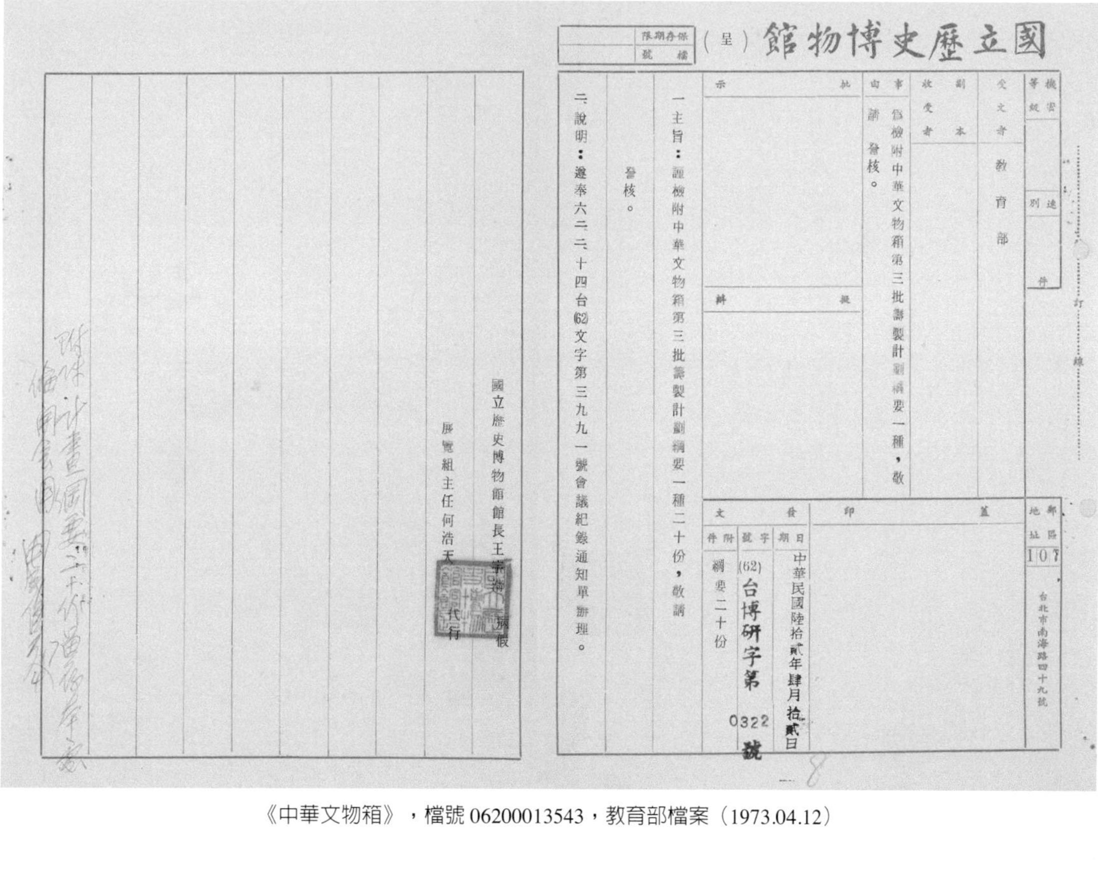
國立歷史博物館（呈）

保存期限　檔號

受文者：教育部

事由：謹檢附中華文物箱第三批籌製計劃綱要一種，敬請鑒核。

一、主旨：謹檢附中華文物箱第三批籌製計劃綱要一種二十份，敬請鑒核。

二、說明：遵奉六二、二、十四台(62)文字第三九九一號會議紀錄通知單辦理。

國立歷史博物館館長王宇清 請假

展覽組主任何浩天 代行

發文日期：中華民國陸拾貳年肆月拾貳日

字號：(62)台博研字第0322號

附件：綱要二十份

地址：台北市南海路四十九號（107）

《中華文物箱》，檔號 06200013543，教育部檔案（1973.04.12）

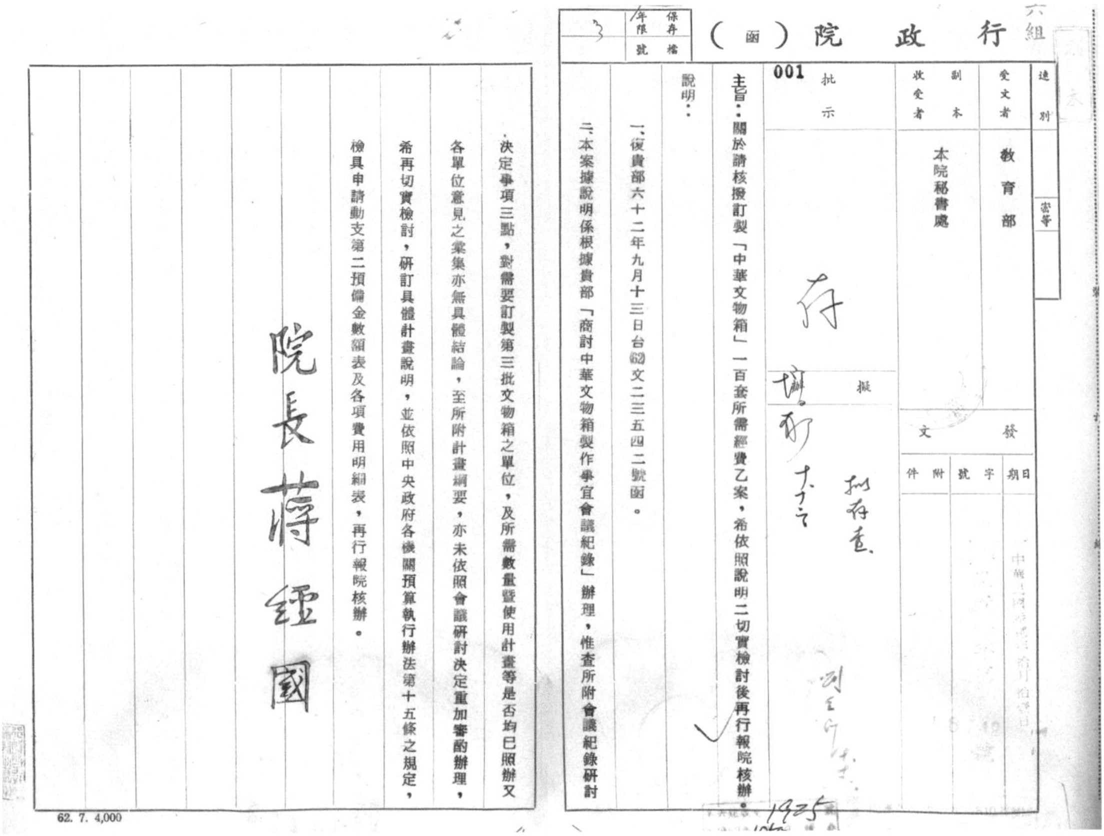

行政院（函）

六組

保存年限 3

001

受文者：教育部

副本收受者：本院秘書處

主旨：關於請核撥訂製「中華文物箱」一百套所需經費乙案，希依照說明二切實檢討後再行報院核辦。

說明：

一、復貴部六十二年九月十三日台(62)文二三五四二號函。

二、本案據說明係根據貴部「商討中華文物箱製作事宜會議紀錄」辦理，惟查所附會議紀錄研討決定事項三點，對需要訂製第三批文物箱之單位，及所需數量暨使用計畫等是否均已照辦又各單位意見之彙集亦無具體結論，至所附計畫綱要，亦未依照會議研討決定重加審酌辦理，希再切實檢討，研訂具體計畫說明，並依照中央政府各機關預算執行辦法第十五條之規定，檢具申請動支第二預備金數額表及各項費用明細表，再行報院核辦。

院長 蔣經國

62. 7. 4,000

《訂製中華文物箱撥款案》，檔號 0062/2-2-3-2/39，行政院檔案（1973.10.11）

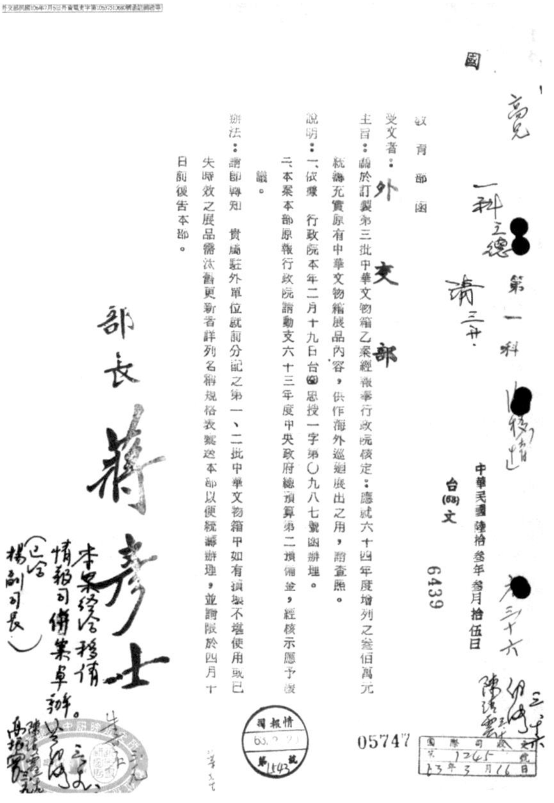

教育部函

受文者：外交部

主旨：關於訂製第三批中華文物箱乙案經報奉行政院核定：應就六十四年度增列之叁佰萬元統籌充實原有中華文物箱展品內容，供作海外巡迴展出之用，請查照。

說明：一、依據 行政院本年二月十九日台(63)忠授一字第〇九八七號函辦理。

二、本案本部原報行政院請動支六十三年度中央政府總預算第二預備金，經核示應予緩議。

辦法：請即轉知 貴屬駐外單位就前分配之第一、二批中華文物箱中如有損壞不堪使用或已失時效之展品需汰舊更新者詳列名稱規格數量逕本部以便統籌辦理，並請限於四月十日前復告本部。

部長 蔣彥士

中華民國陸拾叁年叁月拾伍日

台(63)文 6439

05747

《中華文物箱》，檔號 020-090502-0019-0007，國史館藏外交部檔案（1974.03.15）（國史館提供）

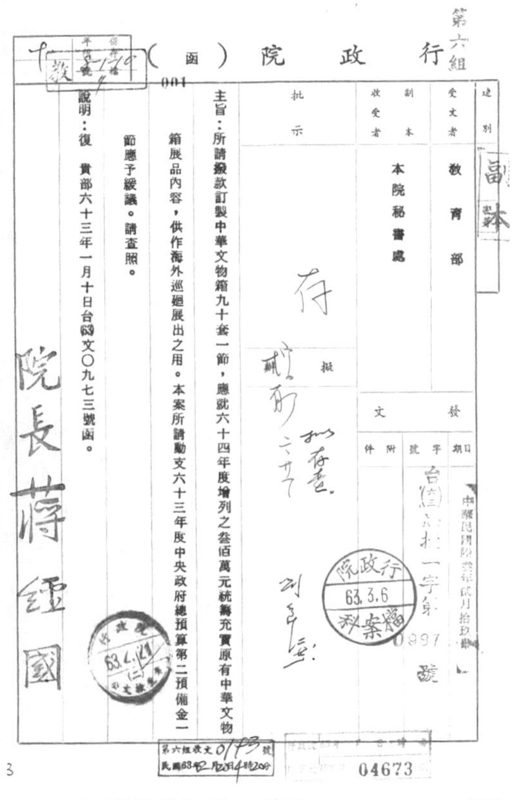

行政院（函）

第六組

001

受文者：教育部

副本收受者：本院秘書處

副本

主旨：所請撥款訂製中華文物箱九十套一節，應就六十四年度增列之叁佰萬元統籌充實原有中華文物箱展品內容，供作海外巡迴展出之用。本案所請動支六十三年度中央政府總預算第二預備金一節應予緩議。請查照。

說明：復貴部六十三年一月十日台(63)文〇九七三號函。

院長 蔣經國

行政院 63.3.6 科案檔

04673

《訂製中華文物箱撥款案》，檔號 0063/7-8-1-10/4，行政院主計處檔案（1974.02.19）

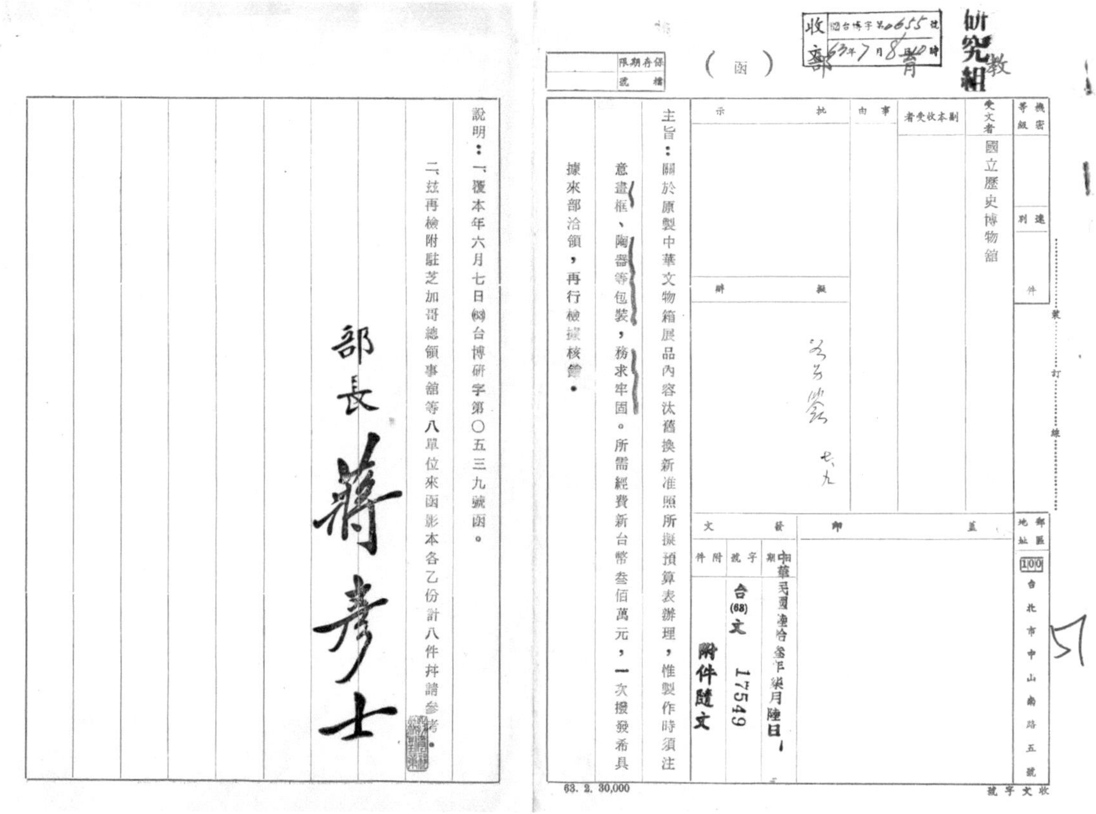

(函)

收文：(63)台博字第2655號　63年7月8日　研究組

受文者：國立歷史博物館

主旨：關於原製中華文物箱展品內容汰舊換新准照所擬預算表辦理，惟製作時須注意畫框、陶器等包裝，務求牢固。所需經費新台幣叁佰萬元，一次撥發希具據來部洽領，再行檢據核銷。

說明：一、復本年六月七日(63)台博研字第〇五三九號函。
二、茲再檢附駐芝加哥總領事館等八單位來函影本各乙份計八件，併請參考。

部長　蔣彥士

發文：中華民國陸拾叁年柒月陸日　台(63)文 17549　附件隨文

地址：100 台北市中山南路五號

63. 2. 30,000

《中華文物箱》，檔號 067-0108-2-2-51，史博館檔案（1974.07.06）

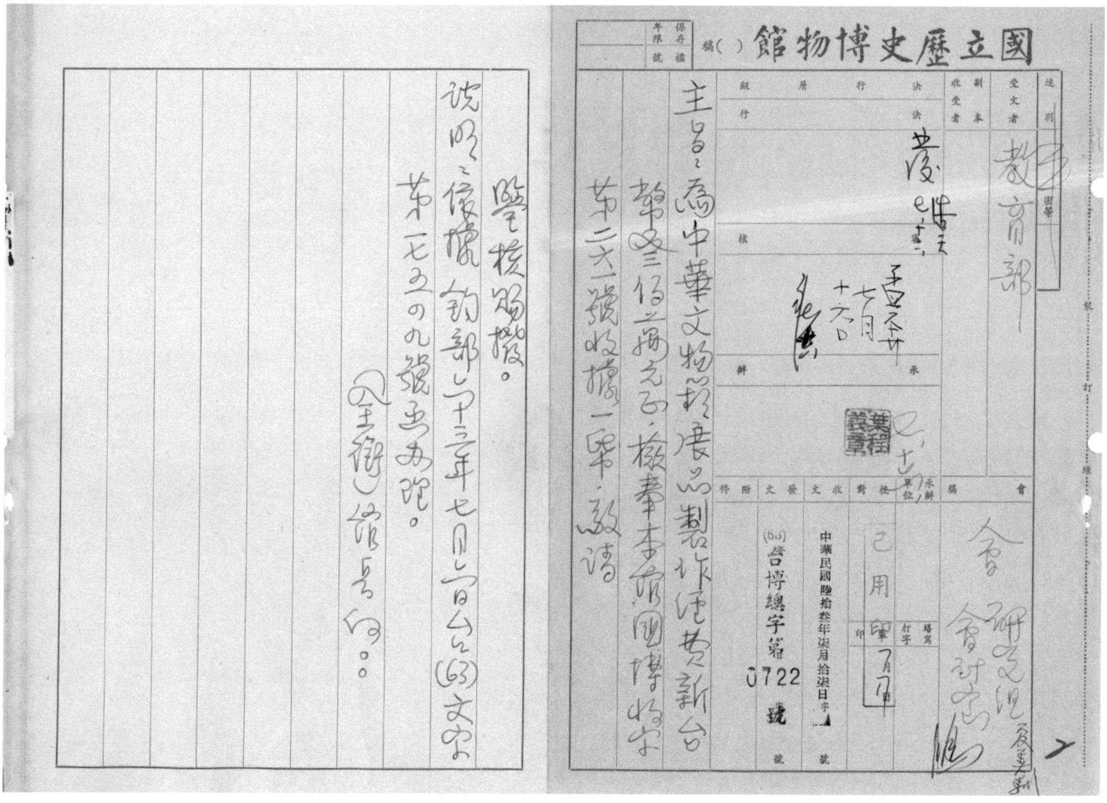

國立歷史博物館　稿

受文者：教育部

主旨：為中華文物箱展品製作經費新台幣叁佰萬元，檢奉本館國博收字第二六一號收據一紙，敬請鑒核賜撥。

說明：係據鈞部六十三年七月六日台(63)文字第一七五四九號函辦理。

(全銜)館長何〇〇

發文：中華民國陸拾叁年柒月拾柒日　(63)台博總字第0722號

《中華文物箱》，檔號 063-0417-6-1-02，史博館檔案（1974.07.17）

五．文物箱展品徵集案（當代書畫名家：一九七五年五月至七月）

《本館承辦「中華文物箱」》檔號 064-0108-1-1-05，史博館檔案

受文者：歐豪年、高逸鴻、陳子和、陳丹誠、胡克敏、傅狷夫、邵幼軒
副本：姚夢谷先生、王旌德、孟奔先生、秦景卿
文別：（　）稿　發文者：史博館
日期：64年5月7日
文號：研字第448號
主旨：

○○先生道席：敬啓者：茲以本館爲宏揚我國歷史文化籌製中華文物箱一種，內以歷史文物與美術品作爲展品，供應國際間二十個國家場地□□□展覽之用。特擬邀約國畫名家，惠以近作，一併隨同中華文物箱內展品分在世界各地付展，此項構想亟待研商確定，謹訂於本（五）月十日（星期六）下午六時，在永和鎮竹林路七十號中信公司（註）六樓雲霄餐廳面商，藉聆大教，屆時務懇撥冗光臨，無任感幸。肅此奉邀，敬頌
道安

何○○
姚夢谷　敬啓
六十四年五月七日

《本館承辦「中華文物箱」》檔號 064-0108-1-1-06，史博館檔案

受文者：黃君璧、劉延濤、馬壽華、梁又銘、梁中銘、林玉山、李奇茂、孫雲生、曾其、陳雋甫、余偉、林賢靜、趙松泉、陳定山、呂佛庭、金勤伯、喻仲林、胡念祖、范伯洪
文別：箋函（稿）　發文者：史博館
日期：64年6月10日
文號：研字第568號
主旨：

○○先生道席：敬啓者：本館爲宏揚我國歷史文化，刻正籌製中華文物箱廿組，以歷史文物與美術品爲主要展品，供應世界各國長期展覽之用，其中國畫一項，希望能獲先生法繪○幅，以資生色。擬以六尺宣紙四開直式大小，每幅謹致工料費新台幣壹仟元，雖紙張由館供應，薄酬實不足以潤筆，幸得先生素以發揚國家文化爲重。用特肅箋徵詢，可否之處？至祈裁復（檢附回示明信片一張，請週內即賜填擲下）爲感爲禱！專肅，敬頌
道安

國立歷史博物館　敬啓
六十四年六月　日

《本館承辦「中華文物箱」》檔號 064-0108-1-1-07，史博館檔案

受文者：邵幼軒女士、胡克敏先生、高逸鴻先生、陳丹誠先生、姚夢谷先生、陳子和先生、季康先生、傅狷夫先生、歐豪年先生、吳平先生
文別：（　）稿　發文者：史博館
日期：中華民國陸拾肆年陸月拾陸日
文號：（64）台博研字第0596號
主旨：

○○先生道席：敬啓者：本館爲宏揚我國歷史文化，刻正籌製中華文物箱一種，以歷史文物與美術品爲主要展品，供應世界各國長期展覽之用，素譾先生藝術造詣超群，名重國際畫壇，謹特肅函奉邀，敬請

賜繪一〇幅，概以直式近作爲準，所需紙張由本館隨函附奉，尚希詧收備用。茲以中華文物箱其他展品，均已備齊，名家繪畫亟待精裱裝箱待運，務懇於六月卅日以前連同畫題一併擲交本館研究組彙收，無任感幸。每幅各致工料費新台幣壹仟元整，聊備材料之需，隨附空白收據一紙，仍煩塡寫蓋章擲下，俾便辦理奉款手續。專此奉懇，敬頌
道安

國立歷史博物館　敬啓
民國六十四年五月十二日

《中華文物箱》 檔號 067-0108-2-2-46，史博館檔案

受文者：劉延濤先生等（各附帋）
文　別：（　）稿　　發文者：史博館
日　期：中華民國陸拾肆年柒月肆日
文　號：（64）台博研字第 0687 號
主　旨：

〇〇先生道席：敬啓者：本館六月六日曾以（64）台博研字第五九六號箋函，懇賜法繪，列入中華文物箱，專供世界各國長期展覽之用。諒已邀覽。惟迄未奉復，至深系念，茲以名家繪畫亟待精裱裝箱，務懇爲中華惠允，無任企感并在七月十日前佇候佳音，當即隨奉紙張，肅此奉懇，恭頌
道安

國立歷史博物館　敬啓

檔案說明

一、本案彙整的四件檔案，乃一九七五年間本館為提升第三批文物箱內容的品質，及表彰臺灣在地藝術家創作的現代性，故特別增列水墨書畫真跡作為展品，特別向時下國內著名之老中青三代畫家徵件。

二、依據第一、二批中華文物箱使用單位的意見中，建議文物內容可以增加名家畫作，因此，本館於一九七五年五月七日邀請著名書畫家歐豪年、高逸鴻、陳子和、陳丹誠、胡克敏、傅狷夫、邵幼軒等人，於永和鎮（今新北市永和區）中信公司六樓雲霄餐廳晚宴，並討論執行方式。

三、本館分別於六月十日及六月十六日函請黃君璧、劉延濤、馬壽華、梁又銘、梁中銘、林玉山、李奇茂、孫雲生、曾其、陳雋甫、陳丹誠、余偉、林賢靜、趙松泉、陳定山、呂佛庭、金勤伯、喻仲林、胡念祖、范伯洪、邵幼軒、胡克敏、高逸鴻、陳丹誠、姚夢谷、陳子和、季康、傅狷夫、歐豪年、吳平、王農、錢壽仁等三十餘位當代書畫名家，每人提供畫作五至十幅不等，規格約為六尺宣紙四開直式大小，每幅支付工料費新臺幣一千元，紙張則由本館供應。交件時間原為六月三十日，後延至七月十日完成，實收畫作二〇一件。其作品亦成為文物箱在海外展出的最大亮點，迄今已有高度的藝術價值，極具劃時代的意義。

註：中信公司於一九七四年九月十五日在永和地區開幕，號稱「全國最大商業育樂中心」，亦為當地的第一家大型百貨公司，現址已改建住宅大樓。（資料來源：聯合報新聞報導）

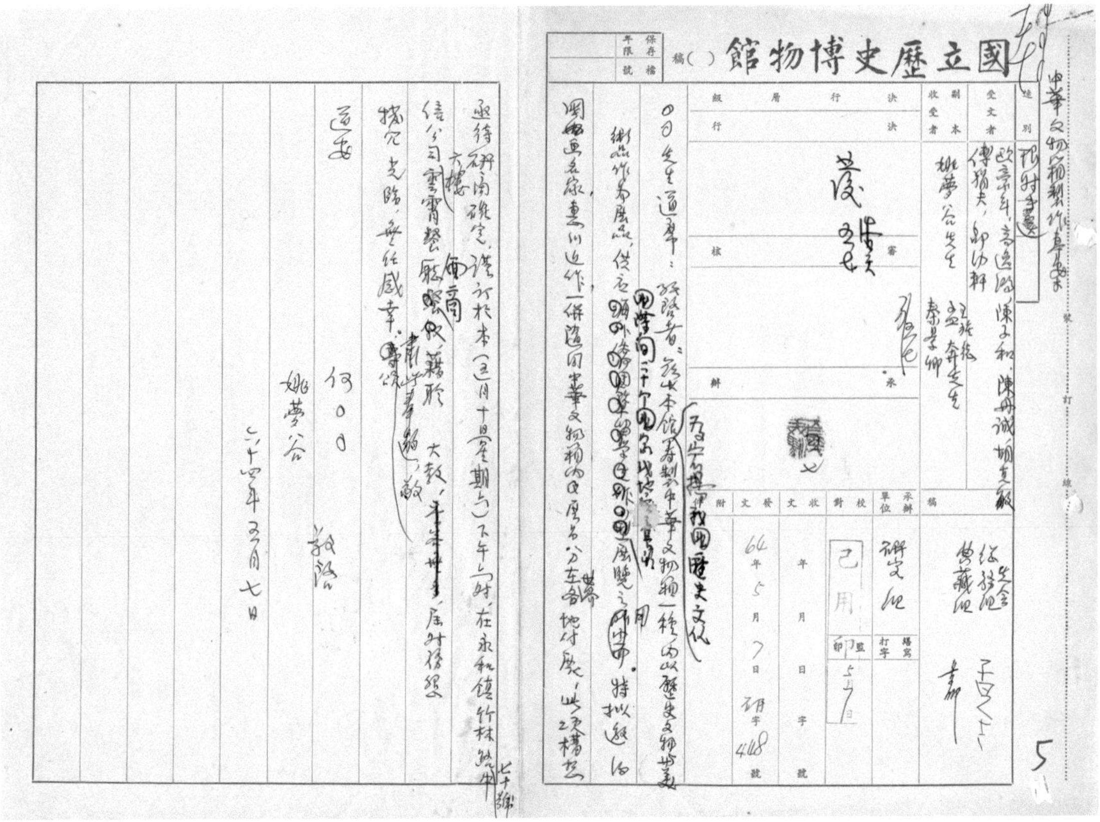

《本館承辦「中華文物箱」》，檔號 064-0108-1-1-05，史博館檔案（1975.05.07）

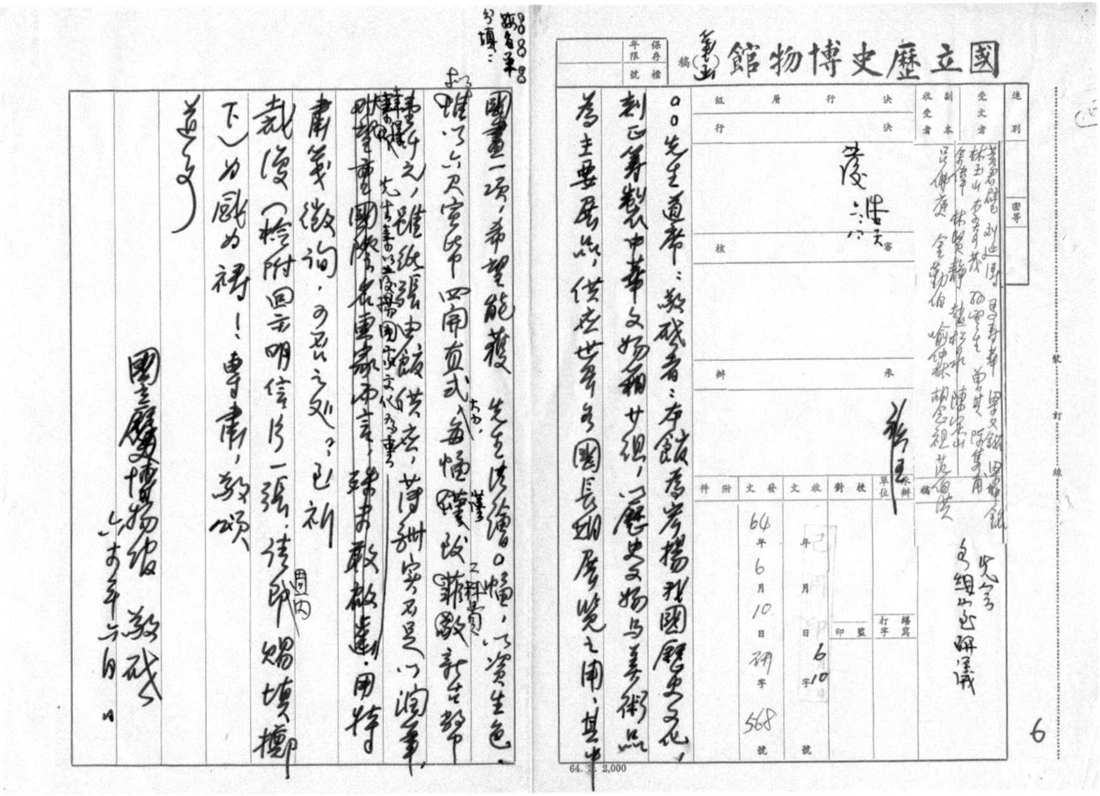

《本館承辦「中華文物箱」》，檔號 064-0108-1-1-06，史博館檔案（1975.06.10）

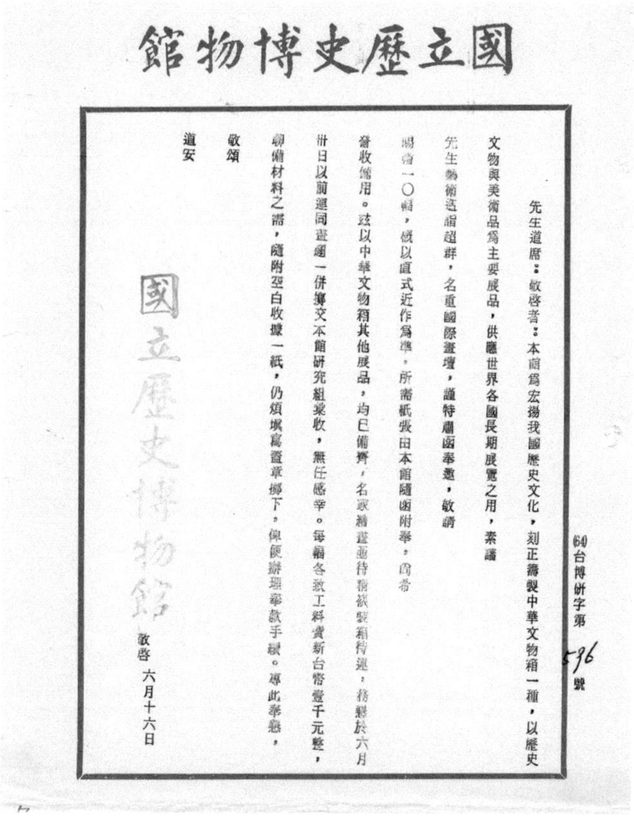

國立歷史博物館

(64)台博研字第596號

先生道席：敬啓者：本館為宏揚我國歷史文化，刻正籌製中華文物箱一種，以歷史文物與美術品為主要展品，供應世界各國長期展覽之用，素譾
先生藝術造詣超群，名重國際畫壇，謹特肅函奉邀，敬請
賜寄一〇幅，幅以直式近作為準，所需紙張由本館隨函附奉，用備
發收備用。玆以中華文物箱其他展品，均已備齊，名家繪畫亟待發裱製箱待運，務懇於六月
卅日以前連同選繪一併擲交本館研究組彙收，無任感幸。每幅各致工料費新台幣壹千元整，
藉備材料之需，隨附空白收據一紙，仍煩填寫蓋章擲下，俾便辦理奉款手續。專此奉懇，
敬頌
道安

國立歷史博物館 敬啓 六月十六日

《本館承辦「中華文物箱」》，檔號 064-0108-1-1-07，史博館檔案（1975.06.16）

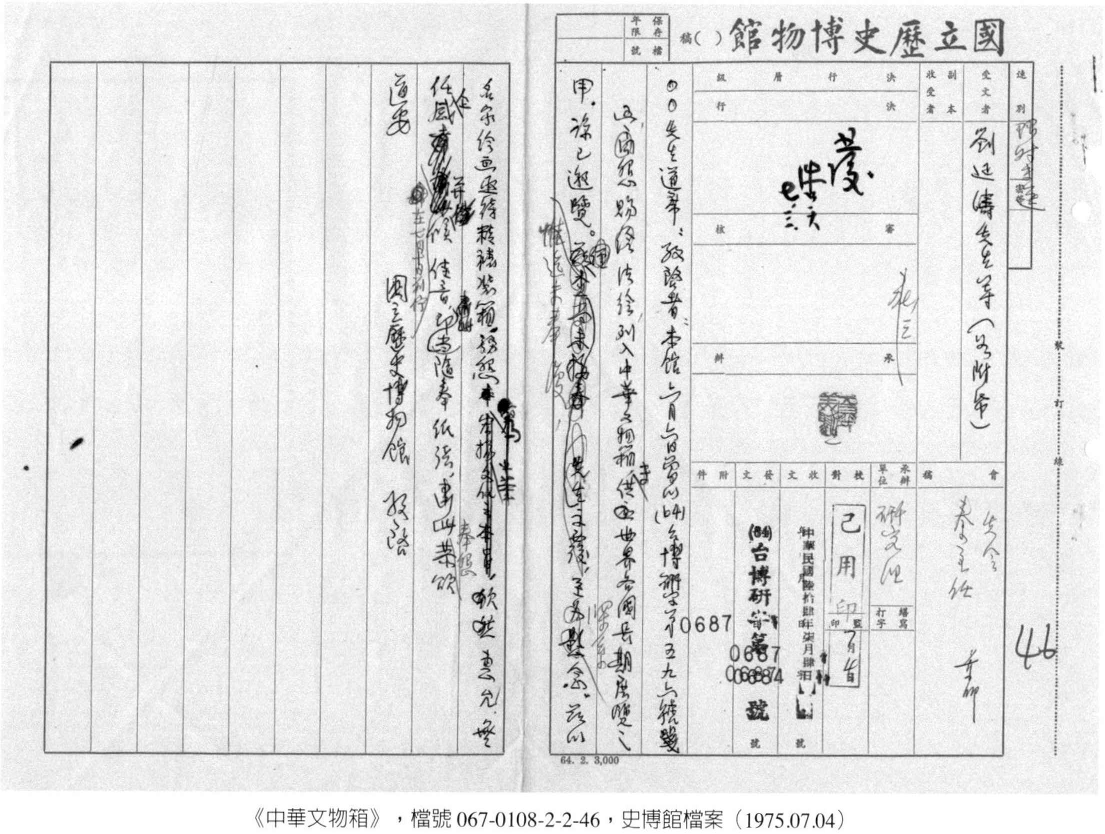

國立歷史博物館 稿（ ）

(64)台博研字第 號

中華民國陸拾肆年柒月肆日

64. 2. 3,000

《中華文物箱》，檔號 067-0108-2-2-46，史博館檔案（1975.07.04）

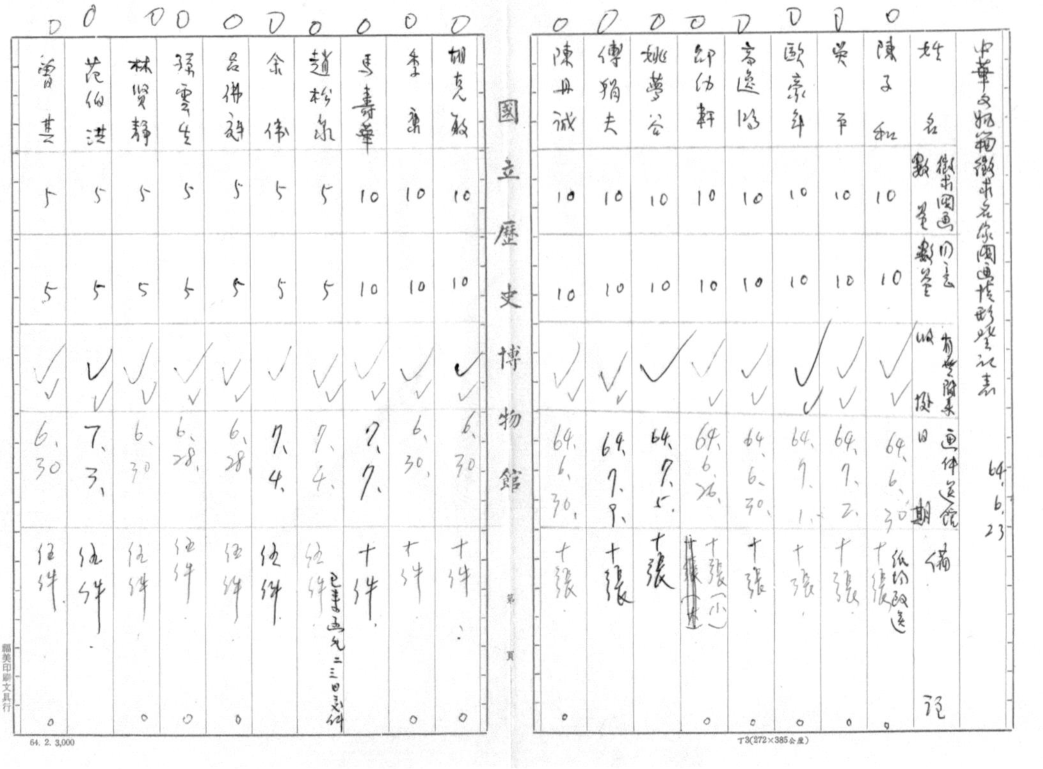

中華文物箱徵求名家國畫情形登記表 64.6.23

國立歷史博物館

姓名	徵求國畫作品數	呈繳數量	收據	附件到館日期	備註
陳子和	10	10	✓	64.6.30	十張 紙幼破邊
吳平	10	10	✓	64.7.2	十張
歐豪年	10	10	✓	64.7.1	十張
高逸鴻	10	10	✓	64.6.30	十張
邵幼軒	10	10	✓	64.6.26	十張（小）
姚夢谷	10	10	✓	64.7.5	十張
傅狷夫	10	10	✓	64.7.9	十張
陳丹誠	10	10	✓	64.6.30	十張
胡克敏	10	10	✓	6.30	十件
季康	10	10	✓	6.30	十件
馬壽華	10	10	✓	7.7	十件
趙松泉	5	5	✓	7.4	伍件 已寄五幅
余偉	5	5	✓	7.4	伍件
呂佛庭	5	5	✓	6.28	伍件
孫雲生	5	5	✓	6.28	伍件
林賢靜	5	5	✓	6.30	伍件
范伯洪	5	5	✓	7.3	伍件
曾其	5	5	✓	6.30	伍件

64. 2. 3,000 T3(272×385公厘)

《中華文物箱》，檔號 067-0108-2-2-46，史博館檔案（1975.07.04）
附件：中華文物箱徵求名家國畫情形登記表 -1（1975.06.23）

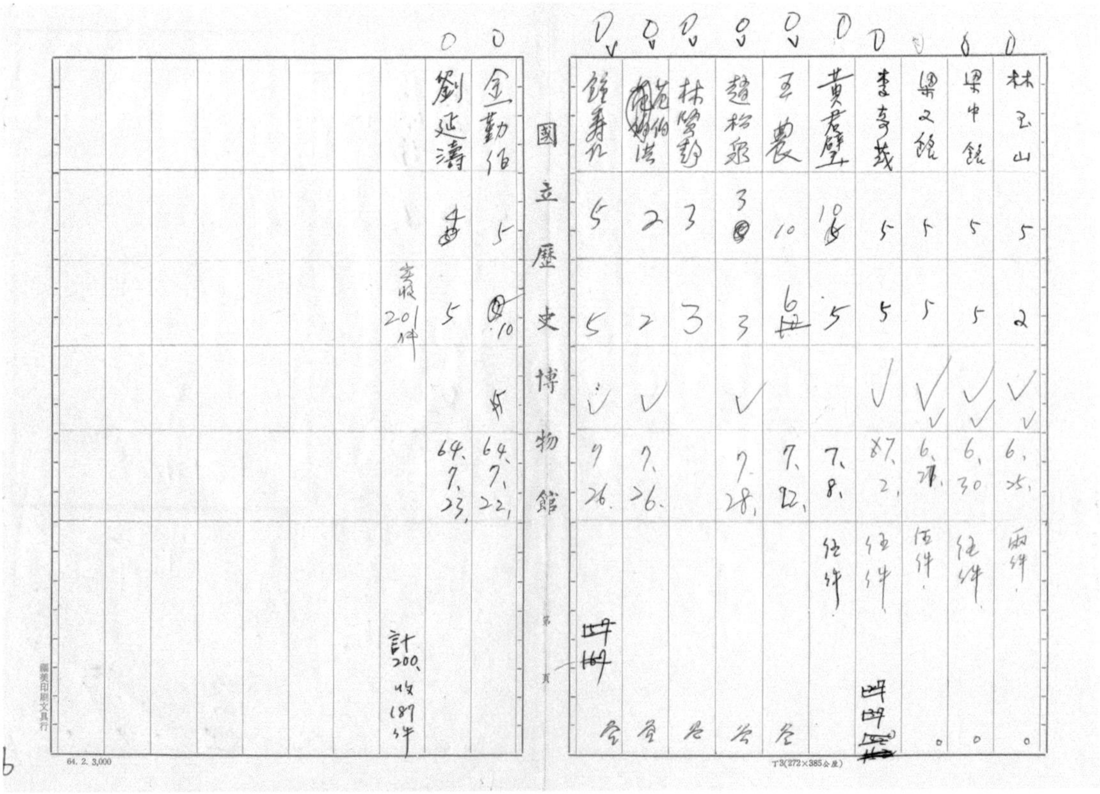

國立歷史博物館

姓名	徵求國畫作品數	呈繳數量	收據	附件到館日期	備註
林玉山	5	2	✓	6.26	兩件
梁中銘	5	5	✓	6.30	伍件
梁又銘	5	5	✓	6.[illegible]	伍件
李奇茂	5	5	✓	64.7.2	伍件
黃君璧	10	5		7.8	伍件
王農	10	6		7.22	
趙松泉	3	3	✓	7.28	
林賢靜	3	3			
范伯洪	2	2	✓	7.26	
鍾壽仁	5	5	✓	7.26	
金勤伯	5	10		64.7.22	
劉延濤	5	5		64.7.23	

實收 201件

計200，收187件

64. 2. 3,000 T3(272×385公厘)

《中華文物箱》，檔號 067-0108-2-2-46，史博館檔案（1975.07.04）
附件：中華文物箱徵求名家國畫情形登記表 -2（1975.06.23）

六．文物箱招標案（第三批製作比價：一九七六年三月至六月）

《中華文物箱》 檔號 065-0417-6-1-01，史博館檔案

受　文　者：本館各組室等（如名單）
文　　　別：開會通知單　　　　發文者：史博館
日　　　期：中華民國陸拾伍年叁月壹日
文　　　號：（65）台博總字第 0249 號
開會事由：中華文物箱工程比價（六五年三月三日上午十一時）
開會時間：六五年三月三日（星期三）上午十一時〇分
開會地點：本館遵彭廳
主　持　人：館長
聯　絡　人（或單位）：總務組
電　　　話：三六一〇二七八

《中華文物箱》 檔號 065-0417-1-1-01，史博館檔案

受文者：國立歷史博物館
文　別：函　　　　發文者：宏昌土木包工業
日　期：65 年 6 月 23 日
收文字號：（62）台博字第 0540 號
主　旨：

一、本公司承製貴館文物箱二十組及樣品箱五只已於五月五日全部完工，並於六月八日完成驗收手續。

二、有關製作費用共計新臺幣叁拾肆萬伍仟元整。除五月廿一日已支領新臺幣貳拾陸萬肆仟元整，現尚有核定之尾款新臺幣捌萬壹仟元整（其中包括樣品箱製作費用壹萬伍仟元整）敬請

惠予賜撥　是感德便

謹呈

國立歷史博物館

宏昌土木包工業　蔡坑　謹啓

檔案說明

一、本案為第三批文物箱（箱子本體）製作比價過程，本館於一九七四年三月三日辦理文物箱工程比價會議，計有瑞成裝潢有限公司、萬隆建築工程有限公司、宏昌土木包工業等三家進行比價。

二、本館所訂底價每組（四箱）底價為新臺幣一萬六千五百元，二十組總價新臺幣三十三萬元整；三家比價中以宏昌土木包工業報價新臺幣三十七萬元最低，經議價結果同意以底價承做，並於一九七四年三月十日簽約製作，由矗光炎（註）設計，約定六十天完成；該公司於同年五月五日完工，六月八日完成驗收，加上另外製作之文物箱樣品造價新臺幣一萬五千元，總額為新臺幣三十四萬零五百元。

註：本批文物箱設計者為矗氏設計工作室的負責人矗光炎先生，曾受聘為本館研究委員會委員，從事各種設計藝術工作，曾獲得第三屆國家文藝獎。據矗先生憶述，當年渠負責本館三、四樓展場設計工程，同時受本館請託，並經過完整招標程序，一併就第三、四批文物箱及箱內文物分層配置進行設計。（資料來源：史博館檔案、國藝會網站及矗光炎口述）

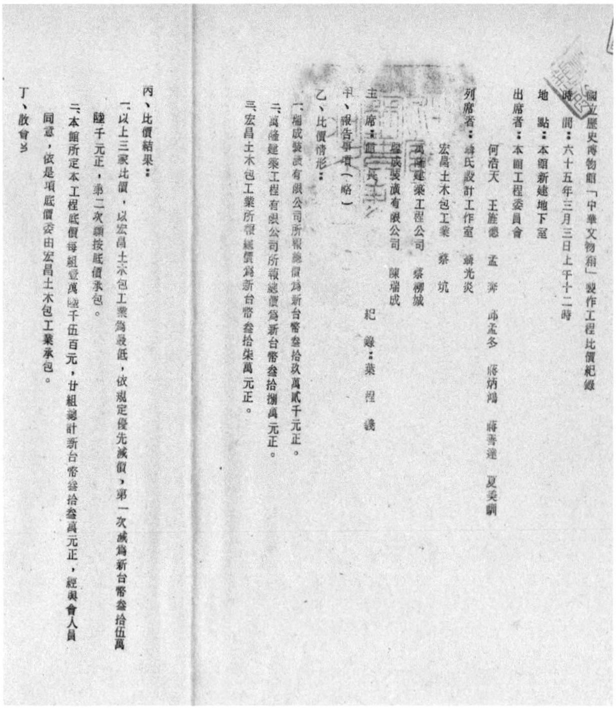
國立歷史博物館「中華文物箱」製作工程比價紀錄

時間：六十五年三月三日上午十二時
地點：本館新建地下室
出席者：本館工程委員會 何浩天 王廣慈 孟瑛 姚孟多 蔣炳翔 蔣壽達 夏美馴
列席者：聶氏設計工作室 翁光炎
宏昌土木包工業 蔡坑
萬隆建築工程公司 蔡柳城
福成裝潢有限公司 陳瑞成
主席： 紀錄：葉程義
甲、報告事項（略）
乙、比價情形：
一、福成裝潢有限公司所報總價為新台幣叁拾玖萬貳千元正。
二、萬隆建築工程有限公司所報總價為新台幣叁拾捌萬元正。
三、宏昌土木包工業所報總價為新台幣叁拾柒萬元正。
丙、比價結果：
一、以上三家比價，以宏昌土木包工業為最低，依規定優先減價，第一次減為新台幣叁拾伍萬陸千元正，第二次願按底價承包。
二、本館所定本工程底價每組壹萬陸千伍百元，廿組總計新台幣叁拾叁萬元正，經與會人員同意，依是項底價委由宏昌土木包工業承包。
丁、散會。

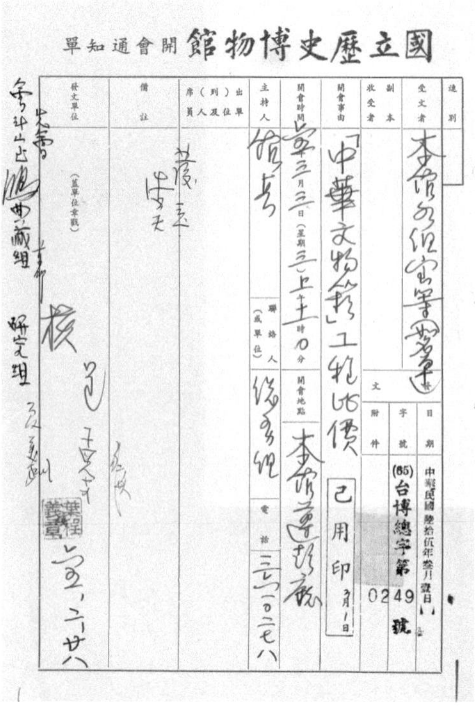
國立歷史博物館開會通知單

受文者：本館各位委員
開會事由：「中華文物箱」工程比價
開會時間：六十五年三月三日（星期三）上午十時
開會地點：本館
主持人：館長
日期：中華民國陸拾伍年叁月壹日
字號：(65)台博總字第0249號

《中華文物箱》，檔號 065-0417-6-1-01，史博館檔案（1976.03.01）
附件：國立歷史博物館中華文物箱製作工程比價紀錄

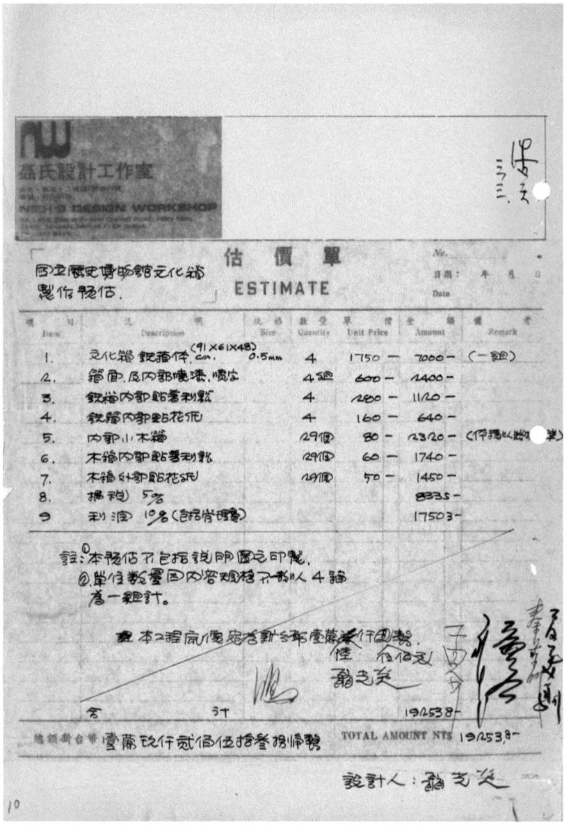
聶氏設計工作室
NIEH'S DESIGN WORKSHOP

估價單 ESTIMATE

國立歷史博物館文化箱製作預估

項目 Item	說明 Description	規格 Size	數量 Quantity	單價 Unit Price	金額 Amount	備註 Remark
1.	文化箱 鋁鐵件 (91×61×48) cm	0.5mm	4	1750 —	7000 —	(一組)
2.	箱面、底內部噴漆、噴字		4組	600 —	2400 —	
3.	鋁箱內部貼薑利紙		4	280 —	1120 —	
4.	鋁箱內部貼花布		4	160 —	640 —	
5.	內部小木箱		29個	80 —	2320 —	(作箱以… 算)
6.	木箱內部貼薑利紙		29個	60 —	1740 —	
7.	木箱外部貼花紙		29個	50 —	1450 —	
8.	稅捐 5%				8335 —	
9.	利潤 10%（包括管理費）				17503 —	
	合計				192538 —	

註：①本預估不包括說明圖之印製。
②單位數量因內容規格不能以4箱為一組計。

總額新台幣 壹拾玖萬貳仟伍佰叁拾捌元 TOTAL AMOUNT NT$ 192538

設計人：翁光炎

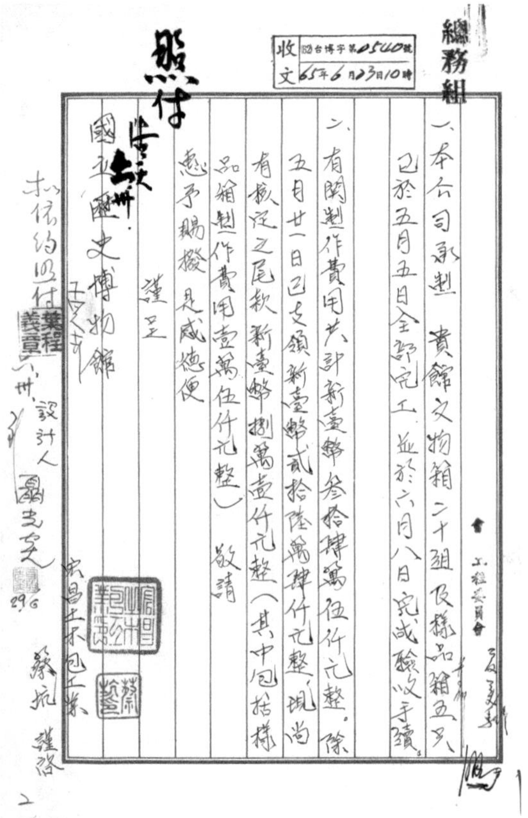
一、本公司承製 貴館文物箱二十組及樣品箱五只，已於五月五日全部完工，並於六月八日完成驗收手續。
二、有關製作費用共計新臺幣叁拾肆萬伍仟元整，除五月廿一日已支領新臺幣貳拾陸萬肆仟元整，現尚有按從之尾款新臺幣捌萬壹仟元整（其中包括樣品箱製作費用壹萬伍仟元整）敬請惠予賜撥是感德便
謹呈
國立歷史博物館
宏昌土木包工業 蔡坑 謹啓

收文 65年6月23日10時 (65)台博字第0540號
總務組

《中華文物箱》，檔號 065-0417-1-1-01，史博館檔案（1976.03.03） 附件：估價單（1976.03.03）

《中華文物箱》，檔號 065-0417-1-1-01，史博館檔案（1976.06.23） 附件：宏昌土木包工業蔡坑來函（1976.06.23）

七．文物箱海外分配案（美、法、日：一九七六年三月至五月）

《中華文物箱》檔號 067-0108-2-2-35，史博館檔案

受文者：教育部
文　別：（　）稿　　發文者：史博館
日　期：中華民國陸拾伍年叁月玖日
文　號：（65）台博研字第 0295 號
主　旨：奉示籌製中華文物箱十九組（每組四箱），展品均已汰舊換新完成，敬請鈞部邀請有關單位舉行分配會議，俾便代爲交付海運國外機構。
說　明：一、文物箱內容歷史文物美術品暨一般展品，逾一〇〇件，均已分裝入箱，有待議定分配啓運。
二、依據鈞部 64、9、6 台（64）文二二九二八號函辦理。

館長　何〇〇

《中華文物箱》檔號 06531001919，教育部檔案

受　文　者：文教處　　副本：本部文教處鮑副處長、吉升堂先生
文　　　別：開會通知單　　發文單位：教育部
日　　　期：中華民國陸拾伍年叁月廿陸日
文　　　號：台（65）文第 7354 號
開會事由：爲商討分配「中華文物箱」事宜
開會時間：65 年 3 月 31 日（星期三）上午 9 時 30 分
開會地點：國立歷史博物館會議室
主　持　人：李處長
連　絡　人：吉升堂
電　　　話：三二一九〇四六
出（列）席單位及人員：外交部、僑務委員會、中央海外工作會、行政院新聞局、本部文教處

《中華文物箱》檔號 067-0108-2-2-43，史博館檔案

受文者：駐紐約總領事館等
文　別：函　　發文者：教育部
日　期：中華民國陸拾伍年肆月廿日
文　號：台（65）文第 9463 號
主　旨：茲由國立歷史博物館寄送「中華文物箱」乙組（四箱）請查收運用。
說　明：一、因經費所限未能大量訂製普遍供應，請爲妥善使用。
二、爲彌補計請下列各單位能相互支援使用：
1. 駐休士頓總領事館請與駐亞特蘭達總領事館合用。
2. 駐羅安琪總領事館請與駐加利西哥（註 1.）總領事館合用。
3. 駐西雅圖總領事館請與駐坡特崙領事館合用。
4. 駐芝加哥總領事館請與駐堪薩斯總領事館合用。
5. 駐波士頓總領事館、駐芝加哥總領事館及駐西雅圖總領事館，請予支援加拿大東西兩岸。
6. 澳洲墨爾鉢遠東貿易公司請支援紐西蘭地區。
三、駐美文參處及西部服務中心希隨時支援有關單位，趙克明（註 2.）先生請支援比利時中山文化中心。
副　本：抄送中央委員會海外工作會、行政院新聞局、外交部、僑務委員會、國立歷史博物館。

部長　蔣彥士　公出
政務次長　朱滙森　代行

《中華文物箱》 檔號 06531010635，教育部檔案

受文者：教育部國際文教處

文　別：函　　　發文者：史博館

日　期：中華民國陸拾伍年肆月廿貳日

文　號：（65）台博研字第 0493 號

主　旨：敬請惠示有關貴屬部份運寄中華文物箱分配使用單位詳確地址及負責人，俾使辦理報關等手續適時託運交付。

說　明：奉教育部六五年四月二十日台（65）文九四六三號函逕將本館製就之「中華文物箱」分別寄發，惟分配使用單位之地址欠詳，謹列如附表，請賜查明見示，以憑辦理。

館長　何浩天

《中華文物箱》 檔號 066-0422-16-1-08，史博館檔案

受文者：國立歷史博物館　　　副本：外交部

文　別：函　　　發文者：亞東關係協會（註3.）

日　期：中華民國陸伍年肆月廿肆日

文　號：亞協文（65）字第 663 號

主　旨：函復中華文物箱分配使用單位本協會東京辦事處暨大阪辦事處之詳細地址及負責人姓名，請查照。

說　明：一、復貴館本年四月廿二日（65）台博研字第〇四九三號函。

二、(1)亞東關係協會東京辦事處地址：日本東京都港區東麻布一丁目八番地平和堂貿易本社。負責人：馬樹禮代表。

(2)亞東關係協會大阪辦事處地址：日本大阪市西區江户堀上通二丁目三十番地一號日榮ビル五階。負責人：柯振華處長。

理事長　張研田

《中華文物箱》 檔號 067-0108-2-2-33，史博館檔案

受文者：國立歷史博物館

文　別：書函　　　發文者：教育部

日　期：中華民國陸拾伍年肆月卅日

文　號：台（65）文第 10635 號

主　旨：抄送本部分配「中華文物箱」駐外單位地址，請查照。

說　明：一、覆本年四月二十二日（65）台博研字第〇四九三號函。

二、本部駐外單位地址如下：

1. 法國趙克明先生

Mr. Keh-Ming CHAO

B. P. 16

75622 Paris Cedex 13

France

2. 駐美文參處：

Office of the Cultural Counselor

Embassy of the Republic of China

2000 “P” Street, N. W., Suite 200

Washington, D.C. 20036

U.S.A.

3. 駐美文參處西部服務中心：

Mr. Ding-Yih Liu

Room 310

391 Sutter Street

San Francisco, California 94108

U.S.A.

教育部國際文教處

《中華文物箱》 檔號 067-0108-2-2-34，史博館檔案

受文者：國立歷史博物館　　副本：教育部、行政院新聞局

文　別：函　　發文者：外交部

日　期：中華民國陸拾伍年肆月卅日

文　號：外（65）情一第 06735 號

主　旨：檢附收受「中華文物箱」之我駐外單位名稱及地址表一份，請彙辦。

說　明：復貴館本年四月廿二日（65）台博研字第〇四九三號函。

部長　沈昌煥

《中華文物箱》 檔號 067-0108-2-2-39，史博館檔案

受文者：國立歷史博物館

文　別：函　　發文者：中華航空公司總公司（註 4.）

日　期：民國六十五年五月三日

文　號：（65）業貨發字第貳捌捌叁號

主　旨：本公司駐泰國曼谷分公司負責人爲經理方善聞（District Manager: Fong Shian-Wen）其通訊地址爲 Siam Center Building, 965 Rama 1 Road, Bangkok 5, Thailand 至於駐泰代表辦事處及收件人，請向外交部查詢。

說　明：覆貴館 65、4、22（65）台博研字第〇四九三號函。

總經理　雷炎均

檔案說明

一、一九七五年十月，教育部召開第三批中華文物箱評鑑會議並加以修正後，本館於一九七六年三月完成展品更新替換，連同向當代書畫名家徵集的作品共計十九組（每組四箱，全數為七十六箱），教育部於同（一九七六）年三月下旬邀請外交部、僑委會、中央海外工作會之國民黨海工會及行政院新聞局，開會商討文物箱分配事宜。

二、因第三批文物箱數量有限，教育部於一九七六年四月廿日函知駐外單位，請鄰近館所合用及相互支援（史博館檔案，檔號 067-0108-2-2-43）。

三、本館則函請教育部國際文教處轉知駐外單位，請提供分配使用單位詳確地址及負責人，以利辦理報關及托運手續；接續包含亞東關係協會（屬於外交體系）、教育部國際文教處（屬於教育部駐外體系）、外交部及中華航空公司均來函告知。

註：

1. 公文中提及「駐加利西哥」總領事館，位於美墨邊境美國加州南部的加利西哥市（Calexico），有一定比例之華裔居住。
2. 文參處（即文化參事處）為教育部國際文教處駐外單位，趙克明先生則為國際文教處駐法代表，其早年擔任我國駐巴黎 UNESCO 代表團及駐比利時大使館工作，我國與比利時斷交後赴法擔任教育部駐法文化參事，一九九四年擔任文建會設立之巴黎新聞文化中心首任主任，對臺法文化交流貢獻卓著。（資料來源：文化部網站）
3. 「亞東關係協會」為一九七二年我國與日本斷交後，處理與日本之經濟、貿易、文化交流等實務關係業務的機構（內政部登記之人民團體），一九九二年五月更名為「臺北駐日經濟文化代表處」。亞東關係協會除維持人民團體地位，並與外交部持續「委託」與「受委託」之相互關係，協助辦理日本相關事務，二〇一七年五月更名為「臺灣日本關係協會」。（資料來源：臺灣日本關係協會網站）
4. 一九七五年七月我國與泰國斷交後，以「中華航空公司曼谷分公司」作為實質外交機構，一九八〇年二月易名為「駐泰國遠東商務處」，一九九一年九月更名為「駐泰國臺北經濟貿易中心」，一九九二年五月易名為「駐泰國臺北經濟貿易辦事處」，一九九九年八月二十三日最後易名為「駐泰國臺北經濟文化辦事處」，並沿用至今。（資料來源：外交部網站）

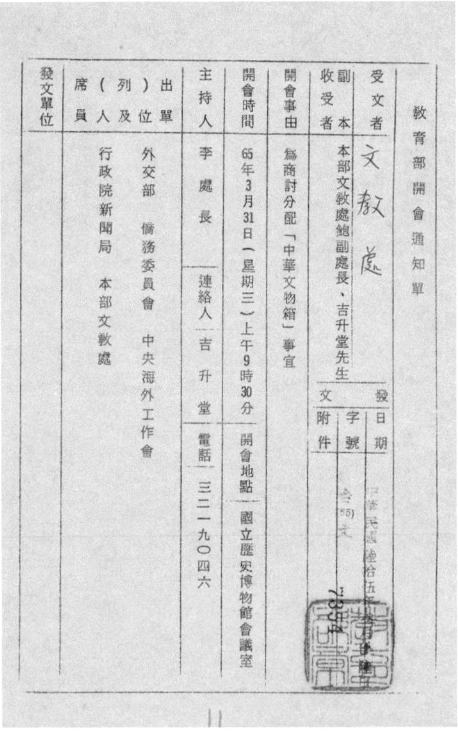
教育部開會通知單

受文者：文敎處

副本收受者：本部文敎處鮑副處長、吉升堂先生

開會事由：為商討分配「中華文物箱」事宜

開會時間：65年3月31日（星期三）上午9時30分

開會地點：國立歷史博物館會議室

主持人：李處長

連絡人：吉升堂　電話：三二一九〇四六

出（列）席單位及人員：外交部　僑務委員會　中央海外工作會　行政院新聞局　本部文敎處

發文　日期：中華民國陸拾五年　字號：台(65)文　附件：

發文單位

《中華文物箱》，檔號 06531001919，教育部檔案（1976.03.26）

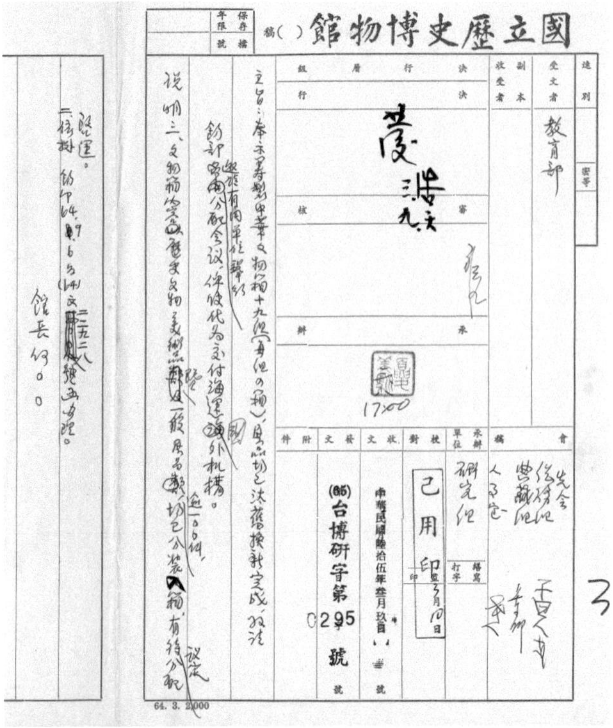
國立歷史博物館（　）稿

保存年限　檔號

速別　密等

受文者：教育部

副本收受者

決行　層　級

核　稿

擬　承辦

會

中華民國陸拾伍年叁月玖日

(65)台博研字第0295號

64. 3. 2000

《中華文物箱》，檔號 067-0108-2-2-35，史博館檔案（1976.03.09）

研究組

副本

教育部　函

受文者：駐紐約總領事館等

主　旨：茲由國立歷史博物館寄送「中華文物箱」乙組（四箱）請查收運用。

說　明：一、因經費所限未能大量訂製普遍供應，請妥善使用。

二、爲彌補計請下列各單位能相互支援使用：

1. 駐休士頓總領事館請與駐亞特蘭達總領事館合用。
2. 駐羅安琪總領事館請與駐加利西哥總領事館合用。
3. 駐西雅圖總領事館請與駐坡特崙領事館合用。
4. 駐芝加哥總領事館請與駐堪薩斯總領事館合用。
5. 駐波士頓總領事館、駐芝加哥總領事館及駐西雅圖總領事館，請予支援加拿大東西兩岸。
6. 澳洲墨爾鉢遠東貿易公司請支援駐西蘭地區。

三、駐美文參處及西部服務中心希隨時支援有關單位，趙克明先生請支援比利時中山文化中心。

副　本：抄送中央委員會海外工作會、行政院新聞局、外交部、僑務委員會、國立歷史博物館。

部長　蔣彥士　公出

政務次長朱匯森代行

中華民國陸拾伍年肆月廿日　台(65)文 9463

收文　(65)台博字第0333號　65年4月20日10時

《中華文物箱》，檔號 067-0108-2-2-43，史博館檔案（1976.04.20）

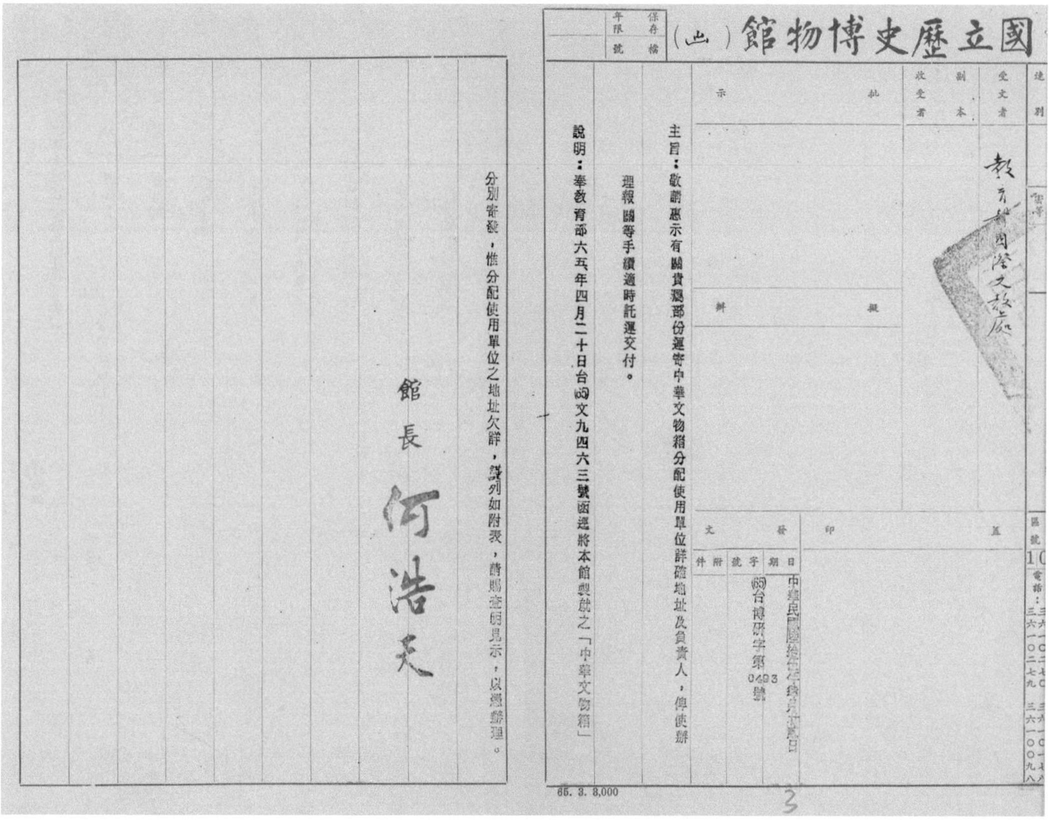

國立歷史博物館（函）

保存年限　檔號

受文者：教育部國際文教處

主旨：敬請惠示有關貴選部份運寄中華文物箱分配使用單位詳確地址及負責人，俾使辦理報關等手續適時託運交付。

說明：奉教育部六五年四月二十日台(65)文九四六三號函選將本館製就之「中華文物箱」分別寄發，惟分配使用單位之地址欠詳，謹列如附表，請賜查明見示，以憑辦理。

館長　何浩天

發文　日期：中華民國陸拾伍年肆月貳拾貳日　字號：(65)台博研字第0493號

65. 3. 8,000

《中華文物箱》，檔號 06531010635，教育部檔案（1976.04.22）

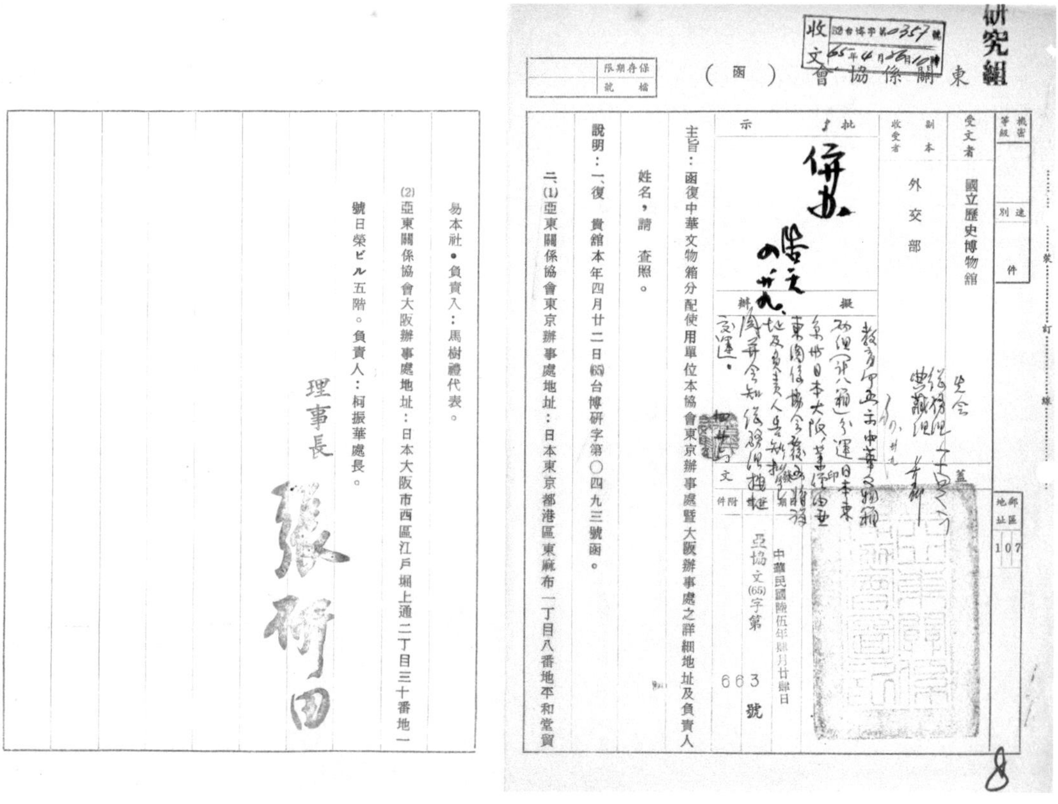

研究組

收文　(65)台博字第0357號　65年4月26日

亞東關係協會（函）

保存期限　檔號

受文者：國立歷史博物館

副本收受者：外交部

主旨：函復中華文物箱分配使用單位本協會東京辦事處暨大阪辦事處之詳細地址及負責人姓名，請　查照。

說明：一、復　貴館本年四月廿二日(65)台博研字第〇四九三號函。

二、(1)亞東關係協會東京辦事處地址：日本東京都港區東麻布一丁目八番地平和堂貿易本社。負責人：馬樹禮代表。

(2)亞東關係協會大阪辦事處地址：日本大阪市西區江戶堀上通二丁目三十番地一號日榮ビル五階。負責人：柯振華處長。

理事長　張研田

發文　日期：中華民國陸伍年肆月廿肆日　字號：亞協文(65)字第663號

《中華文物箱》，檔號 066-0422-16-1-08，史博館檔案（1976.04.24）

研究組

收文 (65)台博字第0379號 65年4月30日

教育部書函

保存年限
檔號

速別

受文者：國立歷史博物館

主旨：抄送本部分配「中華文物箱」駐外單位地址，請 查照。

說明：一、覆本年四月二十二日(65)台博研字第〇四九三號函。

二、本部駐外單位地址如下：

1. 法國趙克明先生

Mr. Keh-Ming CHAO
B. P. 16
75622 Paris Cedex 13
France

2. 駐美文參處：

Office of the Cultural Counselor
Embassy of the Republic of China
2000 "P" Street, N.W., Suite 200
Washington, D.C. 20036
U. S. A.

3. 駐美文參處西部服務中心：

Mr. Ding-Yih Liu
Room 310
391 Sutter Street
San Francisco, California 94108
U. S. A.

教育部國際文教處

中華民國陸拾伍年肆月卅日
台(65)文 10635

64. 8. 20.000
64. 3. 50,000

《中華文物箱》，檔號 067-0108-2-2-33，史博館檔案（1976.04.30）

研究組

收文 (65)台博字第0380號 65年4月30日

外交部（函）

保存年限
檔號

速別 最速件

受文者：國立歷史博物館

副本收受者：教育部、行政院新聞局

主旨：檢附收受「中華文物箱」之我駐外單位名稱及地址表一份，請彙辦。

說明：復貴館本年四月廿二日(65)台博研字第〇四九三號函。

批示
擬辦

蓋印發文

日期：中華民國陸拾伍年肆月卅日
字號：外(65)情一 06735
附件：如文

部長沈昌煥

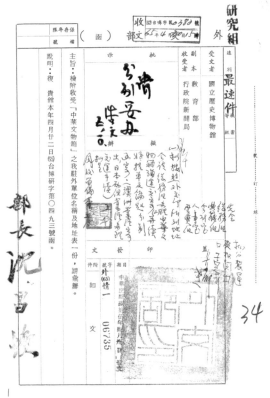

《中華文物箱》，檔號 067-0108-2-2-34，史博館檔案（1976.04.30）

收受「中華文物箱」之我駐外單位名稱及地址表

單位名稱	通訊地址	地區	備考
駐紐約總領事館	Consulate-General of the Republic of China 801, 2nd Ave., New York, N. Y. 10017 U. S. A.	美國紐約	
駐波士頓總領事館	Consulate-General of the Republic of China Statler Office Building, Room 934 20, Providence Street, Park Square Boston, Massachusetts 02116 U. S. A.	美國波士頓	
駐霍斯敦總領事館	Consulate-General of the Republic of China Suite 810, World Trade Building 1520 Texas Avenue Houston, Texas 77002 U. S. A.	美國霍斯敦	
駐火奴魯魯總領事館	Consulate-General of the Republic of China 2746 Pali Highway Honolulu, Hawaii 96817 U. S. A.	美國火奴魯魯	

外交部

《中華文物箱》，檔號 067-0108-2-2-34，史博館檔案（1976.04.30）
附件：收受「中華文物箱」之我駐外單位名稱及地址表 -1

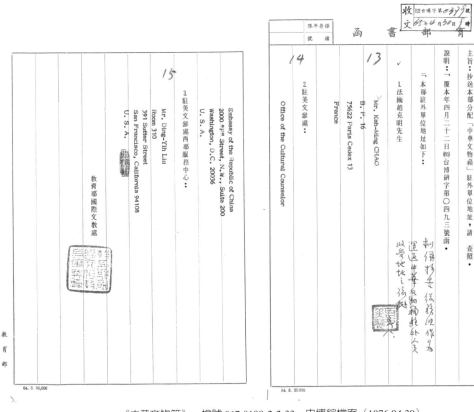

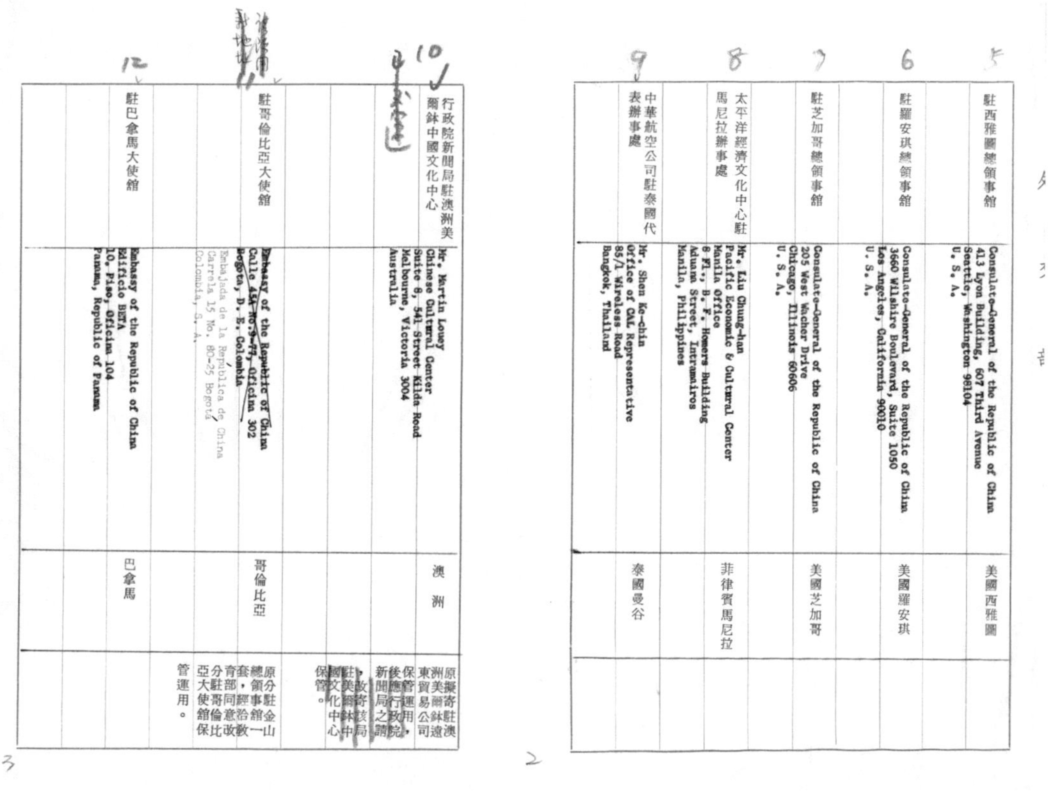

駐西雅圖總領事館	Consulate-General of the Republic of China 413 Lyon Building, 607 Third Avenue Seattle, Washington 98104 U. S. A.	美國西雅圖	
駐羅安琪總領事館	Consulate-General of the Republic of China 3660 Wilshire Boulevard, Suite 1050 Los Angeles, California 90010 U. S. A.	美國羅安琪	
駐芝加哥總領事館	Consulate-General of the Republic of China 205 West Wacher Drive Chicago, Illinois 60606 U. S. A.	美國芝加哥	
太平洋經濟文化中心駐馬尼拉辦事處	Mr. Liu Chung-han Pacific Economic & Cultural Center Manila Office 8 Fl., B. F. Homers Building Aduana Street, Intramuiros Manila, Philippines	菲律賓馬尼拉	
中華航空公司駐泰國代表辦事處	Mr. Shen Ke-chin Office of CAL Representative 85/1 Wireless Road Bangkok, Thailand	泰國曼谷	
行政院新聞局駐澳洲美爾鉢中國文化中心	Mr. Martin Louey Chinese Cultural Center Suite 6, 541 Street Kilda Road Melbourne, Victoria 3004 Australia	澳洲	原擬寄駐澳洲美爾鉢遠東貿易公司保管運用，後應行政院新聞局之請，改寄該局駐美爾鉢中國文化中心保管。
駐哥倫比亞大使館	Embassy of the Republic of China Calle 45A No.9-77, Oficina 302 Bogota, D. E. Colombia / Embajada de la República de China Carrela 15 No. 80-25 Bogotá Colombia, S. A.	哥倫比亞	原分駐金山總領事館一套，經洽教育部同意改分駐哥倫比亞大使館保管運用。
駐巴拿馬大使館	Embassy of the Republic of China Edificio BETA 10. Piso, Oficina 104 Panama, Republic of Panama	巴拿馬	

《中華文物箱》，檔號 067-0108-2-2-34，史博館檔案（1976.04.30）
附件：收受「中華文物箱」之我駐外單位名稱及地址表 -2

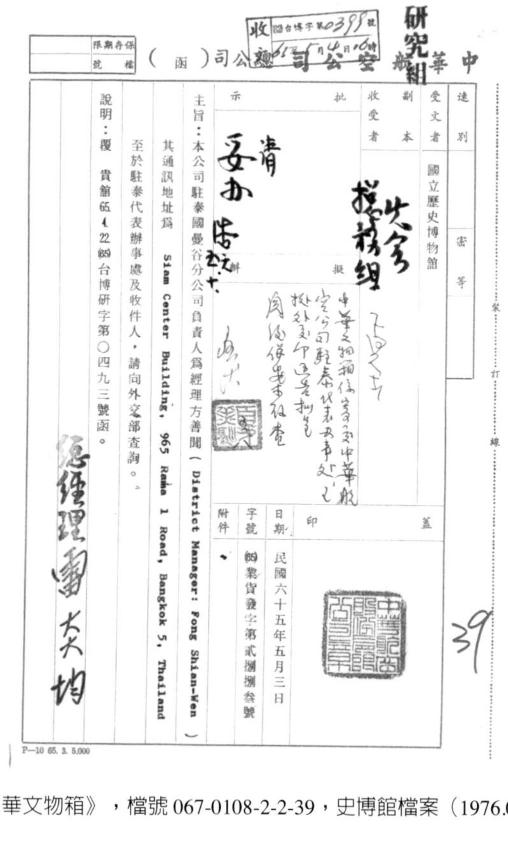

中華航空公司總公司（函）

保存期限

檔號

速別

受文者：國立歷史博物館

副本

收受者

密等

主旨：本公司駐泰國曼谷分公司負責人爲經理方善聞（District Manager: Fong Shian-Wen）其通訊地址爲 Siam Center Building, 965 Rama 1 Road, Bangkok 5, Thailand 至於駐泰代表辦事處及收件人，請向外交部查詢。

說明：覆　貴館65.4.22(65)台博研字第〇四九三號函。

日期：民國六十五年五月三日

字號：(65)業貨發字第貳捌捌叁號

附件：

印　蓋

P—10 65. 3. 5,000

《中華文物箱》，檔號 067-0108-2-2-39，史博館檔案（1976.05.03）

《中華文物箱》檔號 067-0108-2-2-05，史博館檔案

受文者：行政院新聞局　副本：史博館、外交部
文　別：書函　發文者：教育部
日　期：中華民國陸拾伍年肆月廿貳日
文　號：台（65）文第 9900 號
主　旨：有關在澳洲墨爾鉢「東方廣場」舉行中華文化藝術展覽案。
說　明：一、貴局經已於本年四月十三日召開協調會議，本部並曾派員參加在案。
二、查本部經辦之「中華文物箱」經已完成，內容和上項展覽性質似甚適合，已請國立歷史博物館儘快交運，請惠洽運用。
三、以經費所限本部除提供國畫（複製品）廿五幅外（將請歷史博物館辦理），不擬另提展品。
四、函請查照。

教育部國際文教處

《中華文物箱》檔號 067-0108-2-1-39，史博館檔案

受文者：歷史博物館
文　別：函　發文者：行政院新聞局
日　期：中華民國陸拾伍年肆月廿二日
文　號：（65）局懋際三字第〇四一四五號
主　旨：檢送「計劃在澳洲墨爾鉢『東方廣場』舉行中華文化藝術展覽協調會議」會議紀錄，敬請詧照。
說　明：一、有關會議紀錄臨時動議第一項，洽詢「中華文物箱」配合展出一節，經本局於四月十五日以電話洽承教育部國際文教處李處長鍾桂告以該文物箱業已製妥，內容尚能符合此次展覽之需要。
二、鑒於與會各單位在協調會議中均表示此次展覽原則贊同，惟所需費用過鉅，無法支應。爲求積極促成本案，似只有以該文物箱爲展品之主要來源，惟仍請就貴管部份儘量協助借供或贈送合適展品，品名、數量請在文到後一週內賜告，實物則請於五月十日以前送來本局，俾運寄澳洲運用，借用部份當由本局負責於展覽結束後收回歸還。

局長　丁懋時

《中華文物箱》檔號 06500017073，教育部檔案

受文者：教育部　副本：外交部、史博館
文　別：函　發文者：行政院新聞局
日　期：中華民國陸拾伍年肆月廿捌日
文　號：（65）局懋際三第 04575 號
主　旨：敬請轉囑國立歷史博物館惠將原擬寄往澳洲墨爾鉢遠東貿易公司之「中華文物箱」改行配發本局駐澳新聞處，並儘量提前交運，俾配合當地「東方廣場」中華文化藝術展覽運用。
說　明：一、貴部國際文教處本年四月廿二日台（65）文字第九九〇〇號函敬悉。
二、原配發墨爾鉢遠東貿易公司之文物箱，經已先與貴部國際文教處鮑副處長聯繫，承告經與外交部情報司鍾司長商議後一致同意改配本局駐澳單位運用，敬請查明船期，將該文物箱提前於五月初以前海運寄出，收件單位改爲「澳洲中華文化中心」其地址爲：Mr. Martin Lovey, Chinese Cultural Centre, P. O. Box 312, Glen Waverley, Victoria, 3150, Australia，俾便配合及時展出。展覽結束後，並將由該處繼續運用。

局長　丁懋時

《中華文物箱》檔號 067-0108-2-1-28，史博館檔案

受文者：外交部、教育部、交通部觀光局、交通部郵政總局、僑務委員會、歷史博物館

文　別：函　　發文者：行政院新聞局

日　期：中華民國陸拾伍年捌月叁壹日

文　號：（65）局懋際三第 09424 號

主　旨：澳洲墨爾鉢「東方廣場」中華文化藝術展覽，延至本年九月廿七日起展出兩週，請查照。

說　明：據本局駐澳洲新聞處（以澳洲中華文化中心名義對外）本年八月十一日（65）澳鎮字第三九一號函稱，由於當地海關辦理提取貨物手續繁複，且適逢碼頭工人罷工，由國內寄往之中華文物箱，直至七月廿七日始順利辦妥各項手續，運抵該處。經再與「東方廣場」推進部經理羅蘭夫人等研商，決定於九月廿七日起展出兩週。

局長　丁懋時

《中華文物箱》檔號 067-0108-2-1-26，史博館檔案

受文者：教育部、交通部郵政總局、交通部觀光局　　副本：外交部、史博館

文　別：函　　發文者：行政院新聞局

日　期：中華民國陸拾陸年壹月柒日

文　號：（66）德明第 00149 號

主　旨：本局駐澳洲新聞處函報六十五年九月底在墨爾鉢「東方廣場」舉辦中華文化藝術展覽情形。檢送原函暨附件影本各一份，請查參。

說　明：一、據駐澳洲新聞處六十五年十二月十五日（65）澳鎮字第四二一號函辦理。

二、鑒於是項展覽頗具成效，本局已決定採納該處建議，繼續在「南方廣場」「北方廣場」及「却斯頓廣場」舉辦。

局長　丁懋時

檔案說明

一、一九七五年十月，中共於澳洲舉辦工藝品巡迴展覽會，我國為反擊此項宣傳，行政院新聞局遂於一九七六年四月十三日召開「計劃在澳洲墨爾鉢『東方廣場』舉行中華文化藝術展覽協調會議」，擬於該地舉辦中華文物展覽以回應中共活動，但因該展規模龐大與涉及單位眾多，原已請各單位於四月廿四日前，將展品目錄與所需經費提送行政院新聞局報請專款支應，惟會中臨時動議，以中華文物箱內容和上項展覽性質似甚相合且已製作完成，國際文教處處長李鍾桂並於會議次日確認後，教育部請新聞局向本館洽借文物箱並速寄至澳洲，本館另擬提供複製名畫二十五件，配合展出。

二、因時間緊迫且經費拮据，本館決定不再增加二十五件複製名畫，並配合新聞局作業，將原已由外交部分配至澳洲墨爾本遠東貿易公司的一組（四箱）文物箱，改寄該局駐澳新聞處澳洲中華文化中心。

三、由於澳洲海關辦理提取貨物手續繁複，又逢當地碼頭工人罷工，導致由臺灣寄出的文物箱遲至七月二十七日才順利辦妥各項手續，九月二十七日起在澳洲最大的百貨公司美亞（Myer）機構所屬之「東方廣場」展出兩週。次（一九七七）年一月，駐澳新聞處回報該項展覽頗具成效，於是新聞局依據該處建議，將繼續在美亞機構所屬之「南方廣場」、「北方廣場」及「却斯頓廣場」巡迴展出。

四、經查中華文物箱之相關檔案，新聞局駐澳洲新聞處曾於一九七二年第二批文物箱出口期間提出需求申請，惟當時該地駐外機構需要舉辦更大型的中華文物展，最終因所需展覽金額過大而作罷；迄一九七五年再度提出申請，在時間緊迫與經費拮据的情況下，本館透過調寄文物箱的方式終於成行。此案顯見中華文物箱在海外的迫切需求，及當時我國駐外單位對外工作上的錯綜複雜。

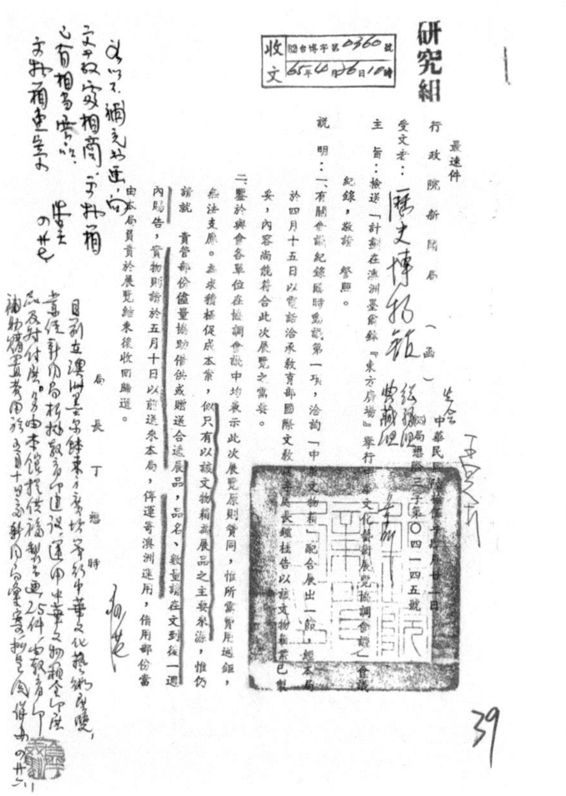

研究組

最速件

行政院新聞局（函）

受文者：歷史博物館

主旨：檢送「計劃在澳洲墨爾鉢『東方廣場』舉行中華文化藝術展覽協調會議」會議紀錄，敬請　查照。

說明：一、有關會議紀錄臨時動議第一項，洽詢「中華文物箱」配合展出一節，經本局於四月十五日以電話洽承教育部國際文教處長鍾桂告以該文物箱業已製妥，內容尚能符合此次展覽之需要。

二、鑒於與會各單位在協調會議中均表示此次展覽原則贊同，惟所需展品送館無法支應。為求積極促成本案，似只有以該文物箱為展品之主要來源，惟仍請就　貴管部份儘量協助借供或贈送合適展品，品名、數量請在文到後一週內賜告，實物則請於五月十日以前送來本局，俾運寄澳洲應用，借用部份當由本局負責於展覽結束後收回歸還。

局長　丁懋時

中華民國六十五年四月廿二日　(65)局懸四字第〇四一四五號

《中華文物箱》，檔號 067-0108-2-1-39，史博館檔案（1976.04.22）

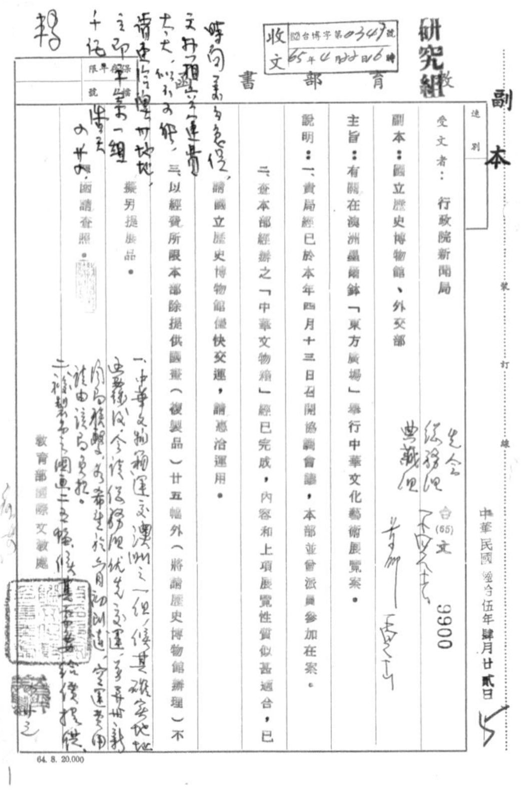

副本

研究組

教育部　書函

受文者：行政院新聞局

副本：國立歷史博物館、外交部

主旨：有關在澳洲墨爾鉢「東方廣場」舉行中華文化藝術展覽案。

說明：一、貴局經已於本年四月十三日召開協調會議，本部並曾派員參加在案。

二、查本部經辦之「中華文物箱」經已完成，內容和上項展覽性質似甚適合，已請國立歷史博物館儘快交運，請惠洽運用。

三、以經費所限本部除提供圖畫（複製品）廿五幅外（將請歷史博物館辦理）不擬另提展品。

四、請查照。

教育部國際文教處

中華民國陸拾伍年肆月廿貳日　台(65)文 9900

《中華文物箱》，檔號 067-0108-2-2-05，史博館檔案（1976.04.22）

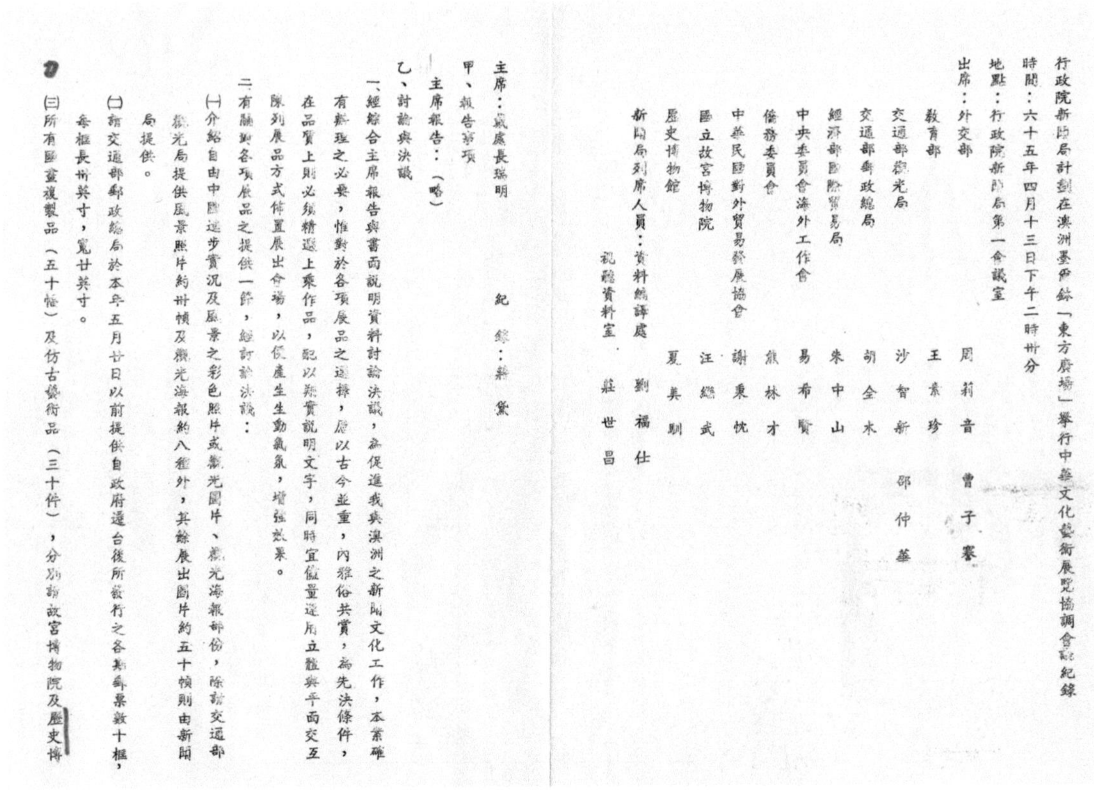

行政院新聞局計劃在澳洲墨爾鉢「東方廣場」舉行中華文化藝術展覽協調會議紀錄

時間：六十五年四月十三日下午二時卅分

地點：行政院新聞局第一會議室

出席：外交部　周莉音　曾子騫

教育部　王素珍

交通部觀光局　沙智新　邵仲華

交通部郵政總局　胡全木

經濟部國際貿易局　朱中山

中央委員會海外工作會　易希賢

僑務委員會　熊林才

中華民國對外貿易發展協會　謝秉忱

國立故宮博物院　汪縱武

歷史博物館　夏美馴

新聞局列席人員：資料編譯處　劉福仕

視聽資料室　莊世昌

主席：處長瑞明　紀錄：龔黛

甲、報告事項

主席報告：（略）

乙、討論與決議

一、經綜合主席報告與書面說明資料討論決議，為促進我與澳洲之新聞文化工作，本案確有辦理之必要，惟對於各項展品之選擇，應以古今並重，雅俗共賞，為先決條件，在品質上則必須精選上乘作品，配以豐實說明文字，同時宜儘量選用立體與平面交互陳列展品方式佈置展出會場，以便產生生動氣氛，增強效果。

二、有關對各項展品之提供一節，經討論決議：

(一)介紹自由中國進步實況及風景之彩色照片或觀光圖片、觀光海報部份，除請交通部觀光局提供風景照片約卅幀及觀光海報約八種外，其餘展出圖片約五十幀則由新聞局提供。

(二)請交通部郵政總局於本年五月廿日以前提供自政府遷台後所發行之各類郵票數十框，每框長卅英寸，寬廿英寸。

(三)所有圖畫複製品（五十幅）及仿古藝術品（三十件），分別請故宮博物院及歷史博

《中華文物箱》，檔號 067-0108-2-1-39，史博館檔案（1976.04.22）
附件：計劃在澳洲墨爾鉢「東方廣場」舉行中華文化藝術展覽協調會議紀錄 -1（1976.04.13）

物館提供。

四請歷史博物館提供有關現代畫家之國畫、油畫、水彩畫、版畫等作品及各類國樂器詳細資料（含營業商號名稱及地址），俾便洽購。

㈤各類木刻、石刻、大理石等手工藝品，由新聞局逕洽手工藝品中心價購。

㈥請外交部洽駐美大使館就該館所存各種歷代服裝借供展出。

㈦前列各項展品除借用部份由新聞局負責於展覽結束後即行收回歸還原提供單位外，其他免費提供及價購部份則留存新聞局，並由新聞局於適當時機運送其他地區運用。

三有關舉辦本項展覽經費來源一節，鑒於本項展覽規模甚大，所費至鉅，與會各單位均無力負擔，經討論決議，請與會各單位於本年四月廿日以前將準備提供之展品目錄（包括展品內容與件數）及成本所需與航空運寄費用等册送新聞局編列預算表，報請專款支應。

丙、臨時動議

一、據悉，教育部委託歷史博物館製作之中華文物箱項已製作完竣，其內容如何及在運遞時間上能否與本次展覽密切配合等細節問題，由新聞局逕與教育部或歷史博物館接洽，如可及時運寄澳洲運用，則其他展品可相對酌減。

二為拓展我對澳洲貿易機會，或可利用本次展覽期間，分發有關我國外貿資料，以增進澳洲工商界對我之瞭解，至本建議事項，是否可行，仍請外貿協會卓裁。

丁、散會。

《中華文物箱》，檔號 067-0108-2-1-39，史博館檔案（1976.04.22）
附件：計劃在澳洲墨爾鉢「東方廣場」舉行中華文化藝術展覽協調會議紀錄 -2（1976.04.13）

行政院新聞局（函）

保存期限
檔號

受文者：教育部
副本收受者：外交部、歷史博物館

批示
擬辦

主旨：敬請轉囑國立歷史博物館惠將原擬寄往澳洲墨爾鉢遠東貿易公司之「中華文物箱」改行配發本局駐澳新聞處，並儘量提前交運，俾配合當地「東方廣場」中華文化藝術展覽運用。

說明：一、貴部國際文教處本年四月廿二日台(65)文字第九九〇〇號函敬悉。

二、原配發墨爾鉢遠東貿易公司之文物箱，經已先與貴部國際文教處鮑副處長聯繫，承告經與外交部情報司鍾司長商議後一致同意改配本局駐澳單位運用，敬請查明船期，將該文物箱提前於五月初以前海運寄出，收件單位改為「澳洲中華文化中心」其地址為：Mr. Martin Lovey, Chinese Cultaral Centre, P. O. Box 312, Glen Waverley, Victoria, 3150, Australia 俾便配合及時展出。展覽結束後，並將由該處繼續運用。

局長 丁懋時

發文：日期、字號、附件
(65)局懸際三
04575
蓋印：免用印信

《中華文物箱》，檔號 06500017073，教育部檔案（1976.04.28）

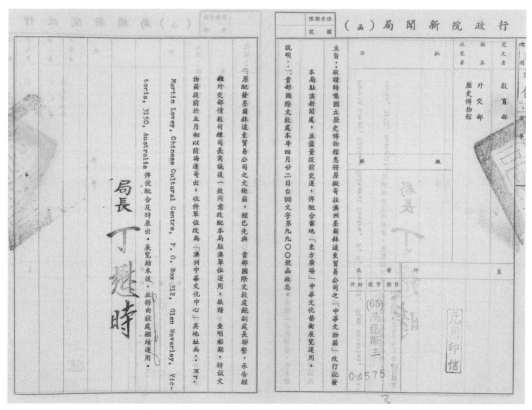

行政院新聞局（函）

速別：速件

受文者：外交部、教育部、交通部觀光局

副本：交通部郵政總局、僑務委員會、歷史博物館

主旨：澳洲墨爾缽「東方廣場」中華文化藝術展覽，延至本年九月廿七日起展出兩週，請 查照。

說明：據本局駐澳洲新聞處（以澳洲中華文化中心名義對外）本年八月十一日(65)澳鎮字第三九一號函稱，由於當地海關辦理提取貨物手續繁複，且適逢碼頭工人罷工，由國內寄往之中華文物箱，直至七月廿七日始順利辦妥各項手續，運抵該處。經再與「東方廣場」推進部經理羅蘭夫人等研商，決定於九月廿七日起展出兩週。

局長 丁懋時

發文日期：中華民國陸拾伍年捌月叁壹日發文

發文字號：(65)局懋際三 09424

免用印信

70202—01. 65. 1. 20,000張

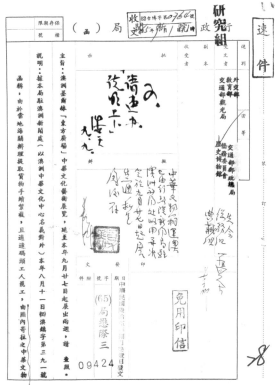

《中華文物箱》，檔號 067-0108-2-1-28，史博館檔案（1976.08.31）

行政院新聞局（函）

副本

密件

最速件

受文者：教育部、交通部郵政總局、交通部觀光局

副本：外交部、歷史博物館

主旨：本局駐澳洲新聞處函報六十五年九月底在墨爾缽「東方廣場」舉辦中華文化藝術展覽情形。

說明：一、據駐澳洲新聞處六十五年十二月十五日(65)澳鎮字第四二一號函辦理。

二、鑒於是項展覽頗具成效，本局已決定採納該處建議，繼續在「南方廣場」「北方廣場」及「邦斯頓廣場」舉辦。

檢送原函暨附件影本各一份，請查參。

局長 丁懋時

發文日期：中華民國陸拾陸年壹月柒日

發文字號：(66)懋明 00149

附件：如文

免用印信

70202—01. 65. 1. 20,000張

《中華文物箱》，檔號 067-0108-2-1-26，史博館檔案（1977.01.07）

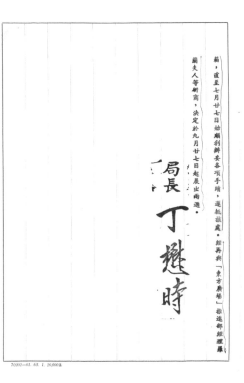

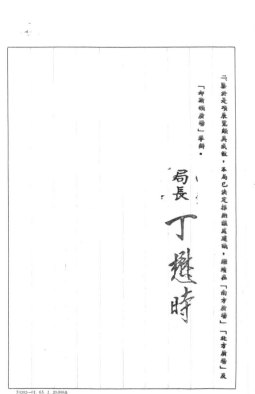

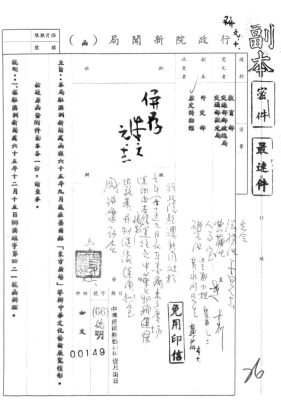

《一般性出口案》 檔號 65-616-6（70），財政部關務署檔案

受文者：基隆關　　副本：財政部關務署、基隆港聯檢處、惠眾公司、教育部、行政院新聞局

文　別：函　　發文者：史博館

日　期：六十五年四月廿八日

文　號：（65）台博研字第510號

主　旨：爲「中華文物箱」四箱九十六項出口事，檢奉目錄及裝箱圖各壹份，敬請惠准免驗放行。

說　明：一、本館爲加強中華文化對海外之宏揚，紹介中華民國進步繁榮之實況，期使僑胞留學生與國際人士對我中華文化之認識，以及我國民主自由民生樂利之現狀，作系統性、概括性之了解，藉以增強向心力，鞏固團結，俾有利我反共復國之推行，經呈奉教育部核准，製作「中華文物箱」，專供我海外機構，作長期展覽與文化活動之用。

二、上項文物箱，業經製作完成，第一組四箱九十六項，即將由基隆海運出口，運交澳洲維多利亞澳洲中華文化中心雷鎮宇先生查收展覽，展畢留澳運用，不復運回，謹此說明。

館長　何浩天

《一般性出口案》 檔號 65-616-6（73），財政部關務署檔案

受文者：基隆關　　副本：財政部關務署、基隆港聯檢處、惠眾公司、教育部、亞東關係協會

文　別：函　　發文者：史博館

日　期：六十五年四月廿九日

文　號：（65）台博總字第0521號

主　旨：爲「中華文物箱」八箱一九二件出口事，檢奉目錄及裝箱圖各壹份，敬請惠准免驗放行。

說　明：一、本館爲加強中華文化對海外之宏揚，紹介中華民國進步繁榮之實況，經呈奉教育部核准製作「中華文物箱」，專供海外機構，作長期展覽與文化活動之用。

二、上項文物箱，業經製作竣事，第二批兩組八箱，即將由基隆出口，海運亞東關係協會東京辦事處及大阪辦事處展覽，展畢留交該處運用，不復運回，敬此說明。

館長　何浩天

《中華文物箱》 檔號 066-0422-16-1-04，史博館檔案

受文者：中央銀行外匯局　　副本：惠众包裝企業有限公司

文　別：（　）稿　　發文者：史博館

日　期：中華民國陸拾伍年伍月拾叁日

文　號：（65）台博總字第0604號

主　旨：爲「中華文物箱」海洋運費事，敬請惠准結匯。

說　明：一、本館爲加強中華文化對海外之宏揚，介紹中華民國進步繁榮實況，經呈奉教育部核准製作「中華文物箱」，專供海外機構，作長期展覽與文化活動之用。

二、上項文物箱，業經製作竣事，即將分運海外（詳如地址表），惟以是項運費，必須支付美金，敬請惠准憑各船公司所開提單運費金額各案分別結匯。

館長　何〇〇

《一般性出口案》檔號 65-616-6（77），財政部關務署檔案

受文者：基隆關　副本：教育部、行政院新聞局、財政部關務署、基隆港聯檢處、惠眾公司
文別：函　發文者：史博館
日期：六十五年五月十七日
文號：（65）台博總字第630號
主旨：爲「中華文物箱」四箱九十六項出口事，檢奉目錄及裝箱圖各一份，敬請惠准免驗放行。
說明：一、本館爲加強中華文化對海外之宏揚，紹介中華民國進步繁榮之實況，期使僑胞留學生與國際人士對我中華文化之認識，以及我國民主自由民生樂利之現狀，作系統性、概括性之了解，藉以增強向心力，鞏固團結，俾有利我反共復國之推行，經呈奉教育部核准，製作「中華文物箱」，專供我海外機構，作長期展覽與文化活動之用。
二、上項文物箱，業經製作完成，每組四箱九十六項，即將由基隆分別海運出口，此次爲運交（詳我駐外單位名稱及地址表）查收展覽，展畢留存運用，不復運回，敬此陳明。

館長　何浩天

《中華文物箱》檔號 066-0422-16-1-05，史博館檔案

受文者：國立歷史博物館
文別：函　發文者：中央銀行外匯局
日期：中華民國六五年五月十七日
文號：（65）台央外字第（伍）〇五一九一號
主旨：貴館申結「中華文物箱」海運費乙節，請憑本函及海關核准放行文件，以新台幣逕付各船公司。
說明：復貴館六五年五月十三日（65）台博總字第〇六〇四號函。

局長　賈新葆

《中華文物箱》檔號 06500031060，教育部檔案

受文者：教育部　副本：外交部、行政院新聞局、亞東關係協會、收受文物箱單位
文別：函　發文者：史博館
日期：六十五年七月廿一日
文號：（65）台博總字第0890號
主旨：檢奉「中華文物箱」展品目錄及運交單位裝船時間表（裝箱位置圖）各一份，敬請鑒核備查。
說明：一、遵照鈞部六十五年四月廿日（65）文字第九四六三號函辦理。
二、「中華文物箱」合計十九組，每組分裝四箱，每組總計展品九十六件（詳如冊列），經於六十五年五月二日至七月十日期間，配合船期，分別先後運出（詳如表列），其鑰匙一包（五副十把），提單正本一份，副本二份，亦已分別航空掛號郵寄。上項文物箱之裝運，除特別安全包裝外，均交貨櫃運輸，以防短缺破損。
三、本件副本分送各收受單位，請於收到文物箱後，開箱清點，並請惠將點收情形函示如有短缺或破損，本館自當設法補救，敬此陳明。

館長　何浩天

《一般性出口案》檔號 65-5-628，財政部關務署檔案

受文者：基隆關　副本：財政部關務署、基隆港聯檢處、旭隆公司

文　別：函　發文者：史博館

日　期：六十五年八月廿三日

文　號：（65）台博總字第 1005 號

主　旨：爲「中華文物箱」展品目錄十八箱三六，〇〇〇張（附樣品）出口事，敬請惠准放行。

說　明：一、本案展品，前承貴關放行，分運我駐海外各使領館在案。

二、爲加強宣傳，特精印是項展品附錄三六，〇〇〇張，分裝十八箱（每箱二，〇〇〇張），運交收受文物箱單位十八地區（詳如報關裝箱單）運用，不復運回，敬此陳明。

館長　何浩天

檔案說明

本七案為第三批中華文物箱出口報關之相關公文，有一九七六年四月二十八及二十九日、五月十三及十七日、七月二十一日、八月二十三日等，本館與財政部關務署基隆關、中央銀行外匯局及教育部間，溝通請求文物箱展品及目錄免驗放行、運費結匯等事項，包含送至澳洲中華文化中心四箱（見澳洲墨爾鉢「東方廣場」展覽案）、日本東京與大阪兩組八箱（史博館檔案，檔號 066-0422-16-1-08），以及紐約總領事館等單位，共十九組。

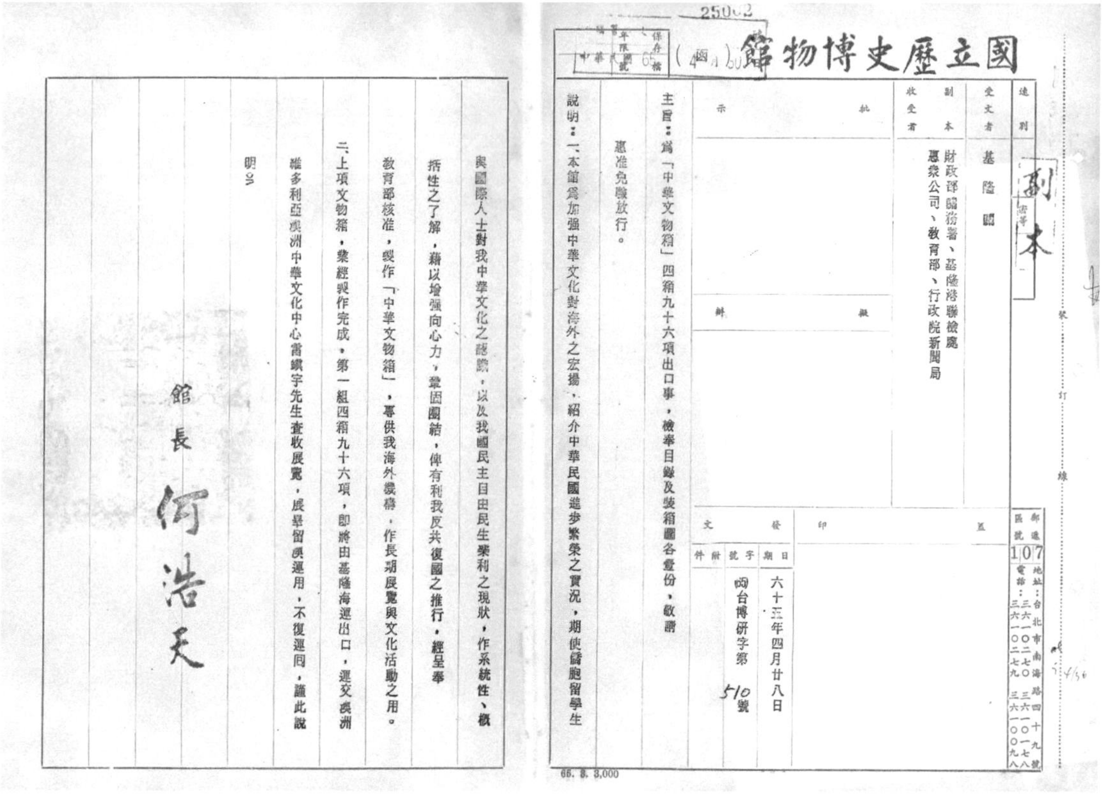

25062

保存年限　檔號　中華民國 65

（4 函 60）

國立歷史博物館

速別：

副本（密等）

受文者：基隆關

副本：財政部關務署、基隆港聯檢處

收受者：惠衆公司、教育部、行政院新聞局

批示

擬辦

主旨：爲「中華文物箱」四箱九十六項出口事，檢奉目錄及裝箱單各壹份，敬請惠准免驗放行。

說明：一、本館爲加強中華文化對海外之宏揚，紹介中華民國進步繁榮之實況，期使僑胞留學生與國際人士對我中華文化之認識，以及我國民主自由民生樂利之現狀，作系統性、概括性之了解，藉以增強向心力，鞏固團結，俾有利我反共復國之推行，經呈奉教育部核准，製作「中華文物箱」，專供我海外機構，作長期展覽與文化活動之用。

二、上項文物箱，業經製作完成，第一組四箱九十六項，即將由基隆海運出口，運交澳洲維多利亞澳洲中華文化中心雷鑌宇先生查收展覽，展畢留澳運用，不復運回，謹此說明。

館長　何浩天

發文　日期：六十五年四月廿八日　字號：（65）台博研字第 510 號　附件

郵遞區號 107　地址：台北市南海路四十九號　電話：三六一〇二七〇　三六一〇二七九　三六一〇一七八　三六一〇〇九八

65. 3. 3,000

《一般性出口案》，檔號 65-616-6（70），財政部關務署檔案（1976.04.28）

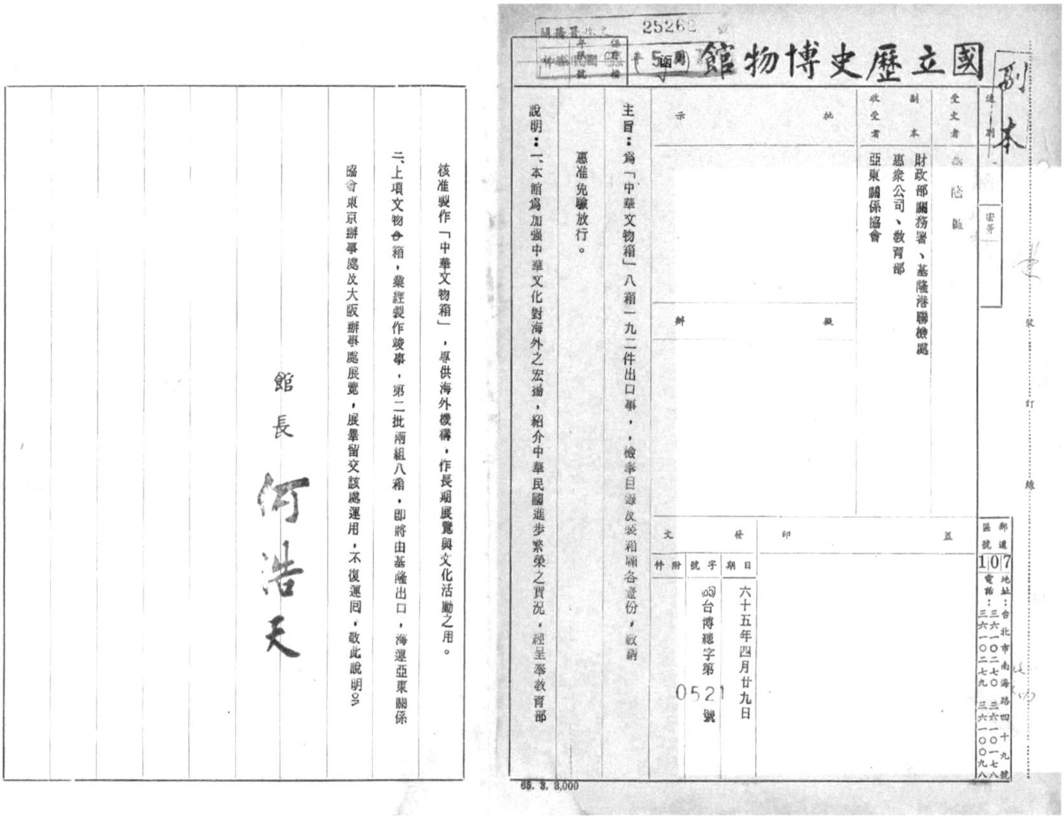

國立歷史博物館 函

副本

受文者：基隆關

副本收受者：財政部關務署、基隆港聯檢處、惠衆公司、教育部、亞東關係協會

發文日期：六十五年四月廿九日

發文字號：(65)台博總字第0521號

主旨：為「中華文物箱」八箱一九二件出口事，檢奉目錄及裝箱單各壹份，敬請惠准免驗放行。

說明：一、本館為加強中華文化對海外之宏揚，紹介中華民國進步繁榮之實況，經呈奉教育部核准製作「中華文物箱」，專供海外機構，作長期展覽與文化活動之用。

二、上項文物箱，業經製作竣事，第二批兩組八箱，即將由基隆出口，海運亞東關係協會東京辦事處及大阪辦事處展覽，展畢留交該處運用，不復運回，敬此說明。

館長 何浩天

郵遞區號 107　地址：台北市南海路四十九號　電話：三六一〇二七〇 三六一〇二七九 三六一〇一七八 三六一〇〇九八

65. 3. 3,000

《一般性出口案》，檔號 65-616-6（73），財政部關務署檔案（1976.04.29）

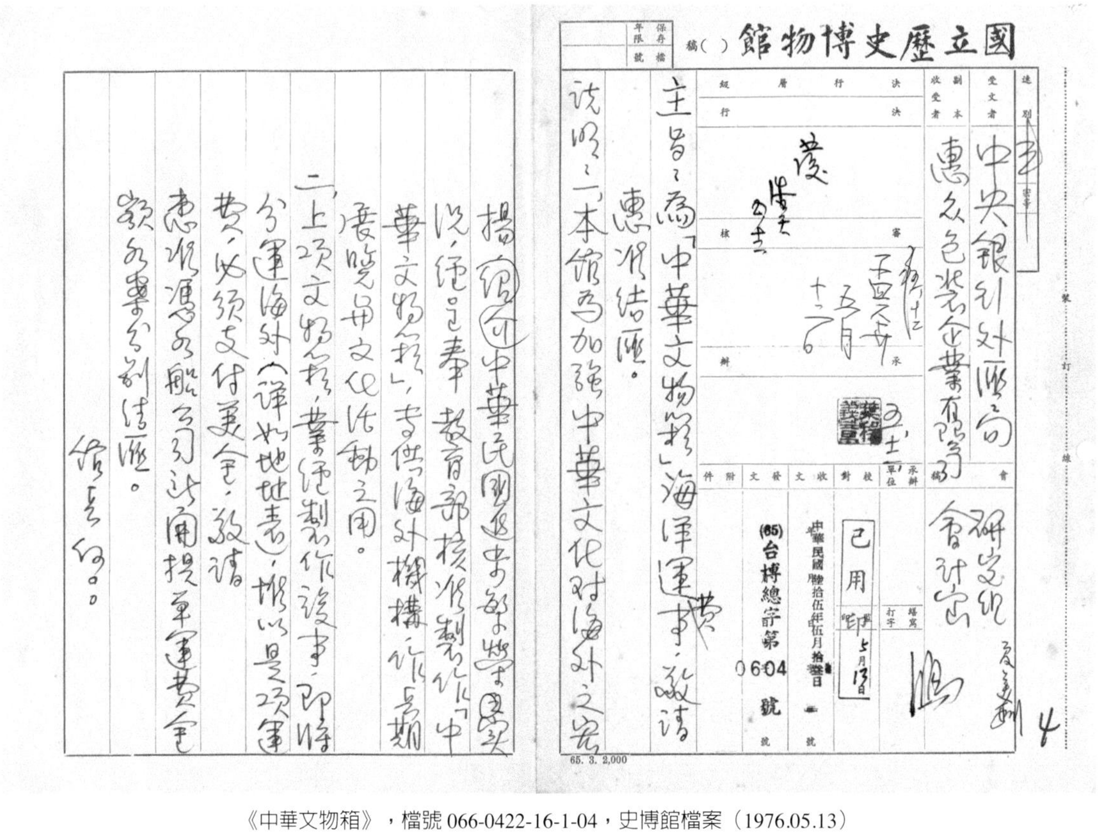

國立歷史博物館 稿（ ）

受文者：中央銀行外匯局

副本收受者：惠眾色紫企業有限公司

主旨：為「中華文物箱」海洋運費事，敬請惠准結匯。

說明：一、本館為加強中華文化對海外之宏揚紹介中華民國進步繁榮之實況，經呈奉教育部核准製作「中華文物箱」，專供海外機構作長期展覽與文化活動之用。

二、上項文物箱，業經製作竣事，即將分運海外（詳如地址表），惟以是項運費必須支付美金，敬請惠准將應付船公司所開提單運費全額外幣予以結匯。

館長何。

會 研究組 會計室

發文：(65)台博總字第0604號　中華民國陸拾伍年伍月拾叁日

已用印 5月13日

65. 3. 2,000

《中華文物箱》，檔號 066-0422-16-1-04，史博館檔案（1976.05.13）

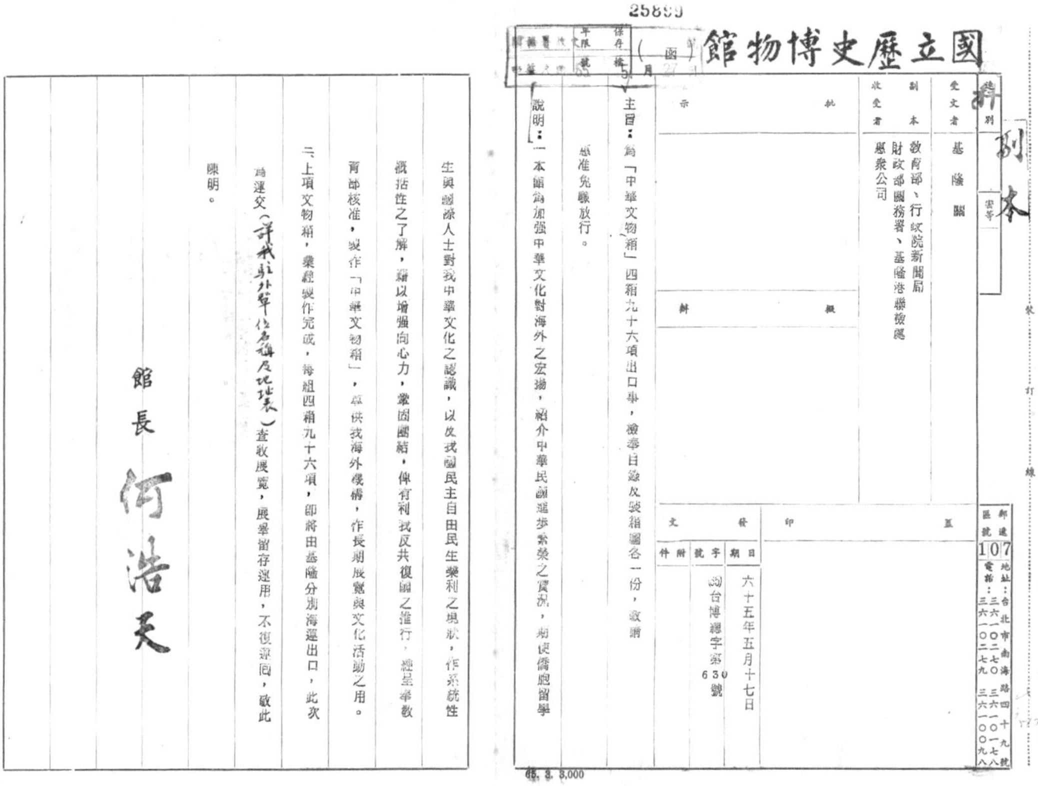

25899

國立歷史博物館（函）

受文者：基隆關

副本收受者：教育部、行政院新聞局、財政部關務署、基隆港聯檢處、惠衆公司

主旨：為「中華文物箱」四箱九十六項出口事，檢奉目錄及裝箱圖各一份，敬請惠准免驗放行。

說明：一、本館為加強中華文化對海外之宏揚，紹介中華民國進步繁榮之實況，期使僑胞留學生與國際人士對我中華文化之認識，以及我國民主自由民生樂利之現狀，作系統性概括性之了解，藉以增強向心力，鞏固團結，俾有利我反共復國之推行，經呈奉教育部核准，製作「中華文物箱」，以供我海外機構，作長期展覽與文化活動之用。

二、上項文物箱，業經製作完成，每組四箱九十六項，即將由基隆分別海運出口，此次為運交（詳我駐外單位名稱及地址表）查收展覽，展畢留存運用，不復運回，敬此陳明。

館長 何浩天

發文日期：六十五年五月十七日

發文字號：(65)台博總字第630號

郵遞區號：107

地址：台北市南海路四十九號

電話：三六一〇二七〇 三六一〇一七八 三六一〇二七九 三六一〇〇九八

65.3.3,000

《一般性出口案》，檔號 65-616-6（77），財政部關務署檔案（1976.05.17）

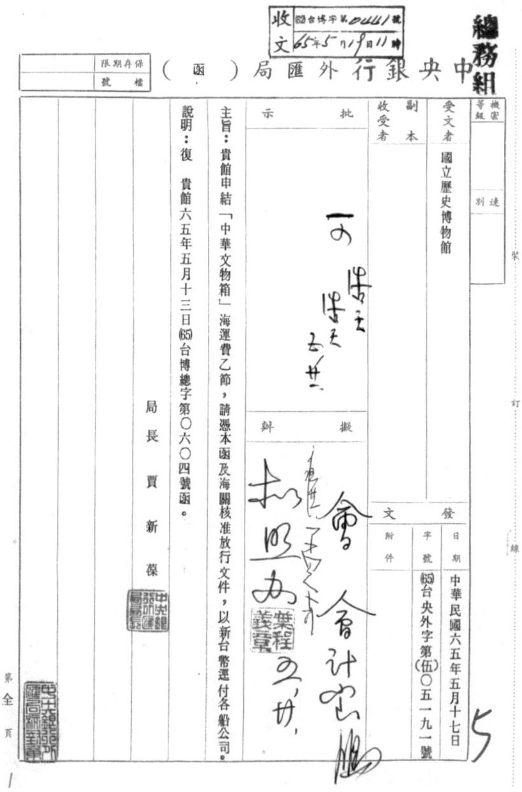

收文 (65)台博字第00441號 65年5月19日11時

總務組

中央銀行外匯局（函）

受文者：國立歷史博物館

主旨：貴館申結「中華文物箱」海運費乙節，請憑本函及海關核准放行文件，以新台幣逕付各船公司。

說明：復 貴館六五年五月十三日(65)台博總字第〇六〇四號函。

局長 賈新葆

發文日期：中華民國六五年五月十七日

發文字號：(65)台央外字第(伍)〇五一九一號

第 全 頁

《中華文物箱》，檔號 066-0422-16-1-05，史博館檔案（1976.05.17）

國立歷史博物館（函）

保存年限　檔號

受文者：教育部

副本收受者：外交部、行政院新聞局、亞東關係協會、收受文物箱單位

發文日期：六十五年七月廿一日
發文字號：(65)台博藏字第0890號

郵遞區號 107 地址：台北市南海路四十九號 電話：三三一〇二七〇 三六一〇〇九八 三三六一〇一七八

主旨：檢奉「中華文物箱」展品目錄及運交單位裝船時間表（裝箱位置圖）各一份，敬請鑒核備查。

說明：一、遵照鈞部六十五年四月廿日(65)文字第九四六三號函辦理。

二、「中華文物箱」合計十九組，每組分裝四箱，每組總計展品九十六件（詳如冊列），經於六十五年五月二日至七月十日期間，配合船期，分別先後運出（詳如表列），其鑰匙一包（五副十把），提單正本一份，副本二份，亦已分別航空掛號郵寄。上項文物箱之裝運，除特別安全包裝外，均交貨櫃運輸，以防短缺或損。

三、本件副本分送各收受單位，請於收到文物箱後，開箱清點，並請惠將點收情形函示，如有短缺或破損，本館自當設法補救，敬此陳明。

館長 何浩天

65. 3. 8,000

3

《中華文物箱》，檔號 06500031060，教育部檔案（1976.07.21）

國立歷史博物館承辦「中華文物箱」運交單位及裝船時間表

組別	單位名稱	通訊地址	啓運日期 年	月	日	船名
1	行政院新聞局駐澳洲美爾鉢中國文化中心	Mr. Martin Louey Chinese Cultural Center Suite 8, 541 Street Kilda Road Melbourne, Victoria 3004 Australia	65	5	2	ASIAN RENOWN
2	亞東關係協會東京辦事處	日本東京都港區東麻布一丁目八番地平和堂貿易本社馬樹禮代表	65	5	10	YOHKOH MARU
3	亞東關係協會大阪分處	日本大阪市西區江戸堀上通二丁目三十番地一號日象ビル五階 [illegible]處長	65	5	10	YOHKOH MARU
4	駐巴拿馬大使館	Embassy of the Republic of China Edidicio BETA 10. Piso, Oficina 104 Panama, Republic of Panama	65	6	14	GOLDEN BEAR
5	駐哥倫比亞大使館	Embassy of the Republic of China Calle 45A No. 9-77, Oficina 302 Colombia	65	6	22	NEPTUNE RUBY
6	駐羅安琪總領事館	Consulate-General of the Republic of China 3660 Wilshire Boulevard, Suite 1050 Los Angeles, Calif. 90010 U. S. A.	65	5	25	AMERICAN MAIN
7	駐美文參處西部服務中心	Mr. Ding-yih LIU Room 310 391 Sutter Street San Francisco, Calif. 94108 U. S. A.	65	5	25	AMERICAN MAIN
8	駐休斯敦總領事館	Consulate-General of the Republic of China 801, World Trade Building 1520 Texas Avenue Houston, Texas 77002 U. S. A!	65	5	25	AMERICAN MAIN
9	駐美文參處	Office of the Cultural Counselor Embassy of the Republic of China 2000 "P" Street, N. W., Suite 200 Washintron, D. C. 20036 U. S. A.	65	5	25	AMERICAN MAIN
10	駐波士頓總領事館	Consulate-General of the R.O.C. Statler Office Building, Room 934, 20, Providence Street, Park Square Boston, Massachusetts 02116 U. S. A.	65	5	25	AMERICAN MAIN

4

《中華文物箱》，檔號 06500031060，教育部檔案（1976.07.21）
附件：國立歷史博物館承辦「中華文物箱」運交單位及裝船時間表 -1

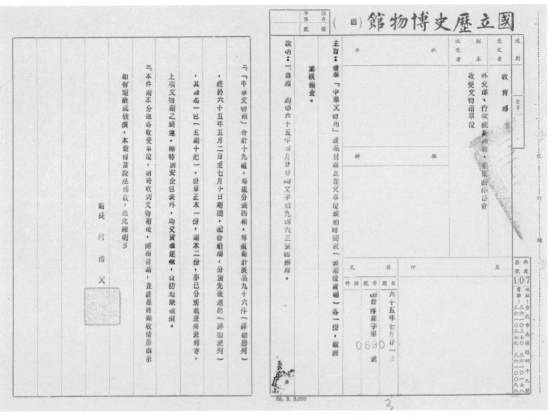

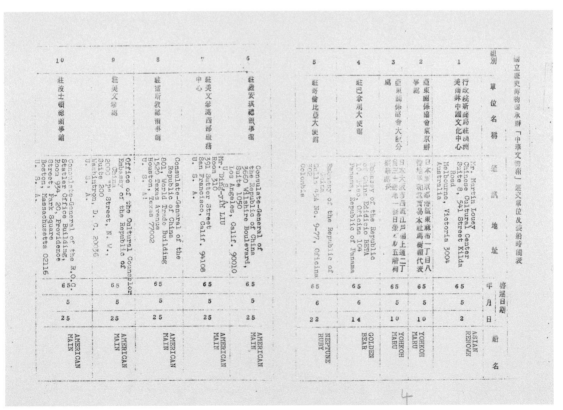

11	駐紐約總領事館	Consulate-General of the Republic of China 801, 2nd Ave., New York, N. Y. 10017 U. S. A.	65	5	25	AMERICAN MAIN
12	中華航空公司駐泰國代表辦事處	Mr. Shen Ke-chin Office of CAL Representative 85/1 Wireless Road Bangkok, Thailand	65	6	1	ORIENT MARINER
13	太平洋經濟文化中心駐馬尼拉辦事處	Mr. Liu Chung-han Pacific Economic & Cultural Center Manila Office 8F1., E. P. Homers Building Acuena Street, IntraMeiros Manila, Phillippnes	65	6	1	ORIENT MARINER
14	駐火奴魯魯總領事館	Consulate-General of the Republic of China 2746 Pali Highway Honolulu, Hawaii 96817 U. S. A.	65	6	21	MAINE
15	法國趙克明先生	Mr. Kek-ming CHAO 142, Boulevard du Montparnasse 75014 Paris France	65	6	8	AROSIA
16	英國自由中國中心	Free Chinese Center 100 [illegible] London WIM ILA England	65	6	8	BENAVON
17	西德亞洲貿易中心載安國先生	Mr. Ango Tai Asia Trade Center Lenge Strasse 57,6 Frankfurt Main West Germany	65	6	8	BENAVON
18	駐西雅圖總領事館	Consulate-General of the Republic of China 413 Lyon Building, 607 Third Avenue Seattle, Washington 98104 U. S. A.	65	6	30	YOHKOH MARU
19	駐芝加哥總領事館	Consulate-General of the Republic of China 205 West Wacker Drive Chicago, Illinois 60606 U. S. A.	65	7	10	ATALANTA

5

《中華文物箱》，檔號 06500031060，教育部檔案（1976.07.21）
附件：國立歷史博物館承辦「中華文物箱」運交單位及裝船時間表 -2

29019

國立歷史博物館（函）

受文者：基隆關
副本收受者：財政部關務署、基隆港聯檢處、恒隆公司

發文日期：六十五年八月廿三日
字號：(65)台博總字第1005號

主旨：為「中華文物箱」展品目錄十八箱三六，〇〇〇張（附樣品）出口事，敬請惠准放行。

說明：一、本案展品，前承 貴關放行，分運我駐海外各使領館在案。
二、為加強宣傳，特精印是項展品目錄三六，〇〇〇張，分裝十八箱（每箱二，〇〇〇張），運交收受文物箱單位十八地區（詳如報關裝箱單）運用，不復運回，敬此陳明。

館長 何浩天

郵遞區號107 地址：台北市南海路四十九號 電話：三六一〇二七〇 三六一〇一七八 三六一〇二七九 三六一〇〇九八

65. 3. 3,000

《一般性出口案》，檔號 65-5-628，財政部關務署檔案（1976.08.23）

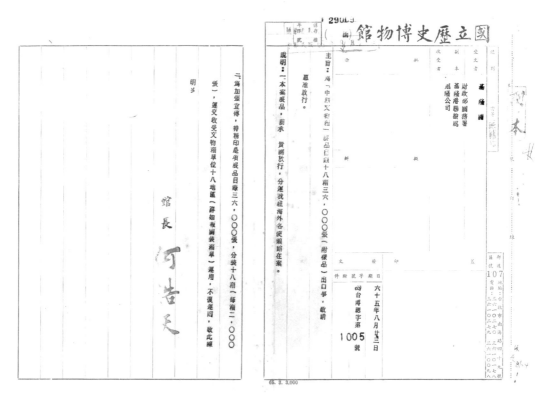

十．文物箱展品徵集案（郵票類：一九七七年七月至八月）

《中華文物箱》檔號 066-560-046-01-001，中華郵政檔案

受文者：交通部郵政總局
文　別：函　　發文者：史博館
日　期：中華民國陸拾陸年柒月柒日
文　號：（66）台博研字第0779號
主　旨：本館爲續製「中華文物箱」三組，分發海外運用，敬請惠允提供「中華古物」「台灣風景」郵票六框（每組二框），藉以宏揚中華文化，并懇於本（七）月底前擲交彙列爲感。
說　明：一、本館前奉中央指示籌製中華文物箱，專供僑團及留學生活動之用，荷承貴總局提供精美郵票，併同其他展品分發巡展，迭據歐美各國反應，對我國郵票發行精美，從而了然我國進步實況與悠久歷史文化，頗多讚譽。
二、頃應海外機構請求，繼續籌製三組發交運用，所有展品一〇〇種，仍按既往規格辦理。擬請貴總局提供之「中華古物」與「台灣風景」郵票，每框仍按50×80公分裝飾，并加註中英文說明及貴總局提供字樣。

館長　何浩天　出國
秘書　王旌德　代行

《中華文物箱》檔號 066-560-046-01-003，中華郵政檔案

受文者：交通部郵政總局
文　別：函　　發文者：史博館
日　期：中華民國陸拾陸年捌月貳日
文　號：（66）台博研字第0874號
主　旨：函覆貴局於六十三年十二月間承提供郵票四〇框運用概要，敬請詧照。
說　明：一、貴局六十六年七月二十一日六八四五四二—二函敬悉。
二、前承貴局提供郵票四〇框，當由本館中華文物箱製作專案小組，分別裝入二〇組箱內，（一組四箱，均係中華文物及美術品）列入85-4 86-4編號，並在分發之中華文物箱序文內特別介紹郵票由貴局提供（如附件），上項所有文物箱，經過教育部指示，撥配澳洲、日本、泰國、菲律賓、法國、英國、意大利以及駐巴拿馬大使館，駐哥倫比亞大使館，駐美文化參事處、駐美文參處西部服務中心、駐火奴魯魯總領事館、駐西雅圖總領事館、駐芝加哥總領事館、駐紐約總領事館、駐波士頓總領事館、駐霍斯敦總領事館、駐羅安琪總領事館等駐外機構相機運用。
三、該項中華文物箱業經先後運抵受配單位，經各方面反映，該項專供僑團及留學生與國際人士舉辦活動及小型展覽，極獲佳評，運用俱能把握時期，迭次於公眾集會活動展出，深獲宏揚中華文化之效果，其中尤有經常在各國博物館、藝術館公開展覽者，助於國際文化交流之實質作用更大。貴局提供之「中華古物」暨「台灣風景」郵票，印刷精美，尤受國際集郵界之歡迎，併致謝悃。

館長　何浩天

《中華文物箱》檔號 066-560-046-01-004，中華郵政檔案

受文者：交通部郵政總局
文　別：函　　發文者：史博館
日　期：中華民國陸拾陸年捌月廿陸日
文　號：（66）台博研字第0987號
主　旨：承貴局提供郵票展品三組（十二框），配合本館製作中華文物箱分發海外僑團及留學生活動之用，業經照數點收給據，特致謝忱。
說　明：敬覆貴局六十六年七月廿一日六八四五四二—二號函。
館長　何浩天

檔案說明

一、本館自一九六九年辦理第一批文物箱的製作與輸出以來，均請當時之交通部郵政總局（今中華郵政股份有限公司）提供具有「中華古物」與「臺灣風景」特色之郵票置入文物箱內，一併送至海外巡展，讓海外人士得以「從郵票看中華民國」（中華郵政檔案，檔號066-560-046-01-005），此後郵票成為文物箱的固定展品之一。

二、本批彙整的三件檔案，為本館於一九七七年七至八月間函請交通部郵政總局提供郵票的珍貴紀錄。由於當時我國郵票印製內容是以本國文化與國家現況作為主題（如故宮名畫、古物，日月潭、阿里山等名勝），頗具特色，於海外展覽時富有宏揚中華文化、了然我國進步實況的效果，並期增進中華民國郵票國際地位及國際集郵界蒐集的興趣，對於國際文化交流具有高度的實質作用。

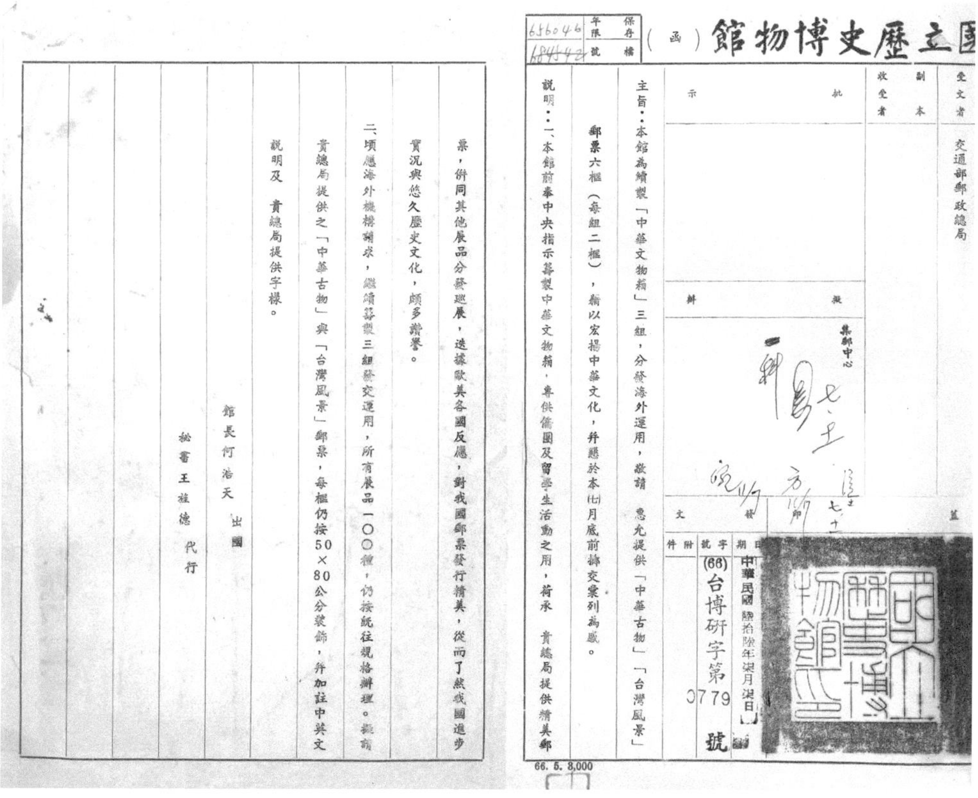

國立歷史博物館（函）
保存年限 656046
檔號 684542
受文者：交通部郵政總局
副本：
收受者：
主旨：本館為續製「中華文物箱」三組，分發海外運用，敬請　惠允提供「中華古物」「台灣風景」郵票六框（每組二框），藉以宏揚中華文化，並懇於本(七)月底前擲交案列為感。
說明：一、本館前奉中央指示籌製中華文物箱，專供僑團及留學生活動之用，荷承　貴總局提供精美郵票，併同其他展品分發巡展，迭據歐美各國反應，對我國郵票發行精美，從而了然我國進步實況與悠久歷史文化，頗多讚譽。
二、頃應海外機構needs請求，繼續籌製三組發交運用，所有展品一〇〇種，仍按既往規格辦理。擬請　貴總局提供之「中華古物」與「台灣風景」郵票，每框仍按50×80公分裝飾，並加註中英文說明及　貴總局提供字樣。
館長何浩天　出國
秘書王祚德　代行
發文日期：中華民國陸拾陸年柒月柒日
字號：(66)台博研字第0779號
66. 5. 3,000

《中華文物箱》，檔號066-560-046-01-001，中華郵政檔案（1977.07.07）

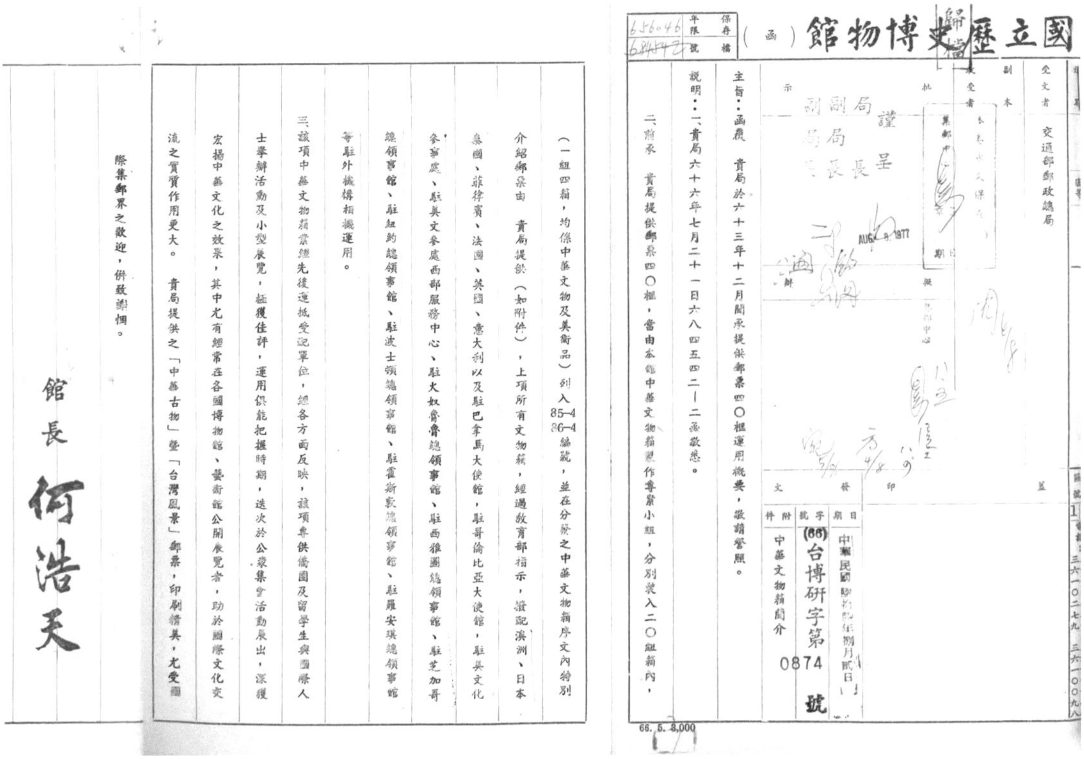

國立歷史博物館（函）

保存年限

檔號 656046 684842

受文者：交通部郵政總局

副本

收受者

主旨：函覆 貴局於六十三年十二月間承提供郵票四〇框運用概要，敬請警照。

說明：一、貴局六十六年七月二十一日六八四五四二－二函敬悉。

二、前承 貴局提供郵票四〇框，當由本館中華文物箱製作專案小組，分別裝入二〇組箱內，（一組四箱，均係中華文物及美術品）列入85-4 86-4編號，並在分發之中華文物箱序文內特別介紹郵票由 貴局提供（如附件），上項所有文物箱，經過教育部指示，據記澳洲、日本、泰國、菲律賓、法國、英國、意大利以及駐巴拿馬大使館，駐哥倫比亞大使館，駐美文化參事處、駐美文參處西部服務中心、駐火奴魯魯總領事館、駐西雅圖總領事館、駐芝加哥總領事館、駐紐約總領事館、駐波士頓總領事館、駐霍斯敦總領事館、駐羅安琪總領事館等駐外機構相機運用。

三、該項中華文物箱業經先後運抵受記單位，經各方面反映，該項專供僑團及留學生與國際人士舉辦活動及小型展覽，極獲佳評，運用俱能把握時期，迭次於公衆集會活動展出，深獲宏揚中華文化之效果，其中尤有經常在各國博物館、藝術館公開展覽者，助於國際文化交流之實質作用更大。 貴局提供之「中華古物」暨「台灣風景」郵票，印刷精美，尤受國際集郵界之歡迎，併致謝悃。

館長 何浩天

附件：中華文物箱簡介

字號：(66)台博研字第0874號

日期：中華民國陸拾陸年捌月貳日

66. 5. 3,000

《中華文物箱》，檔號 066-560-046-01-003，中華郵政檔案（1977.08.02）

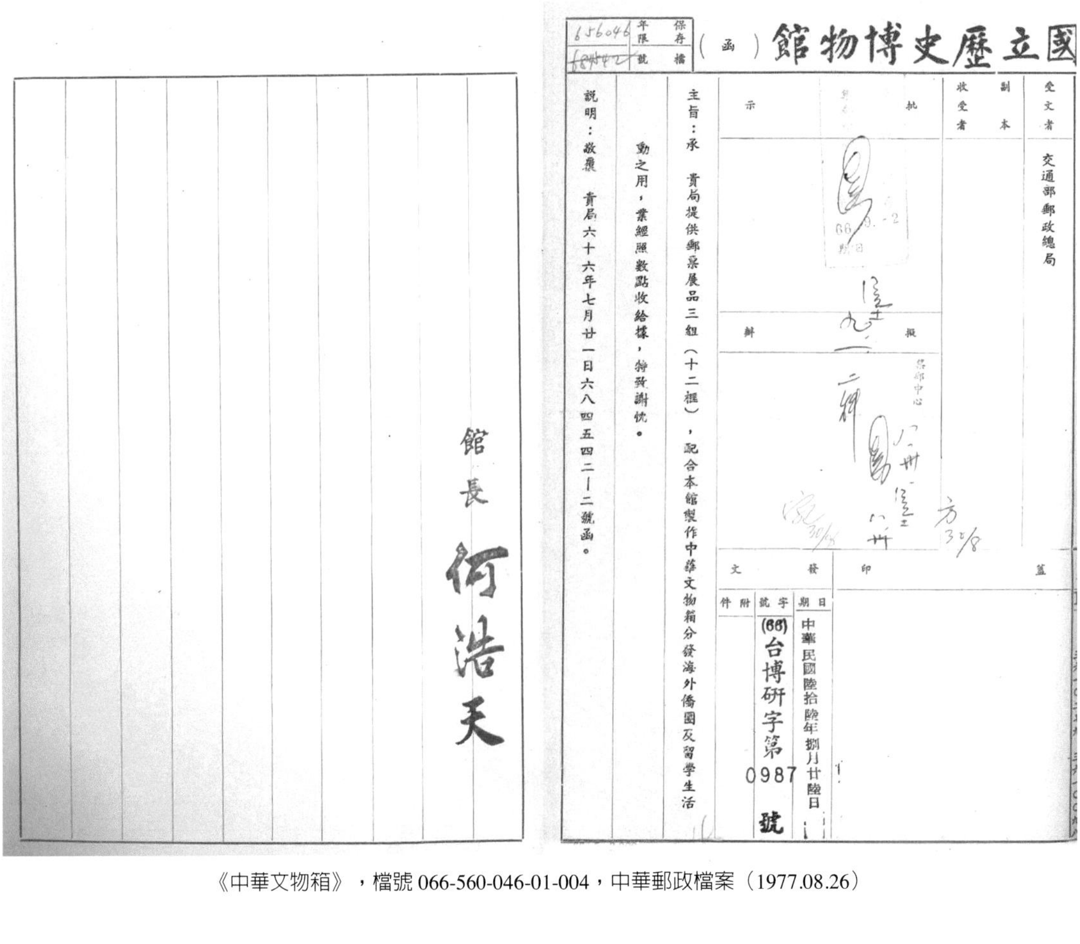

國立歷史博物館（函）

保存年限

檔號 656046 684842

受文者：交通部郵政總局

副本

收受者

主旨：承 貴局提供郵票展品三組（十二框），配合本館製作中華文物箱分發海外僑團及留學生活動之用，業經照數點收給據，特致謝忱。

說明：敬覆 貴局六十六年七月廿一日六八四五四二－二號函。

館長 何浩天

字號：(66)台博研字第0987號

日期：中華民國陸拾陸年捌月廿陸日

《中華文物箱》，檔號 066-560-046-01-004，中華郵政檔案（1977.08.26）

《中華文物箱》 檔號 067-0108-2-2-40，史博館檔案

受文者：國立歷史博物館　　副本：教育部
文　別：函　　發文者：外交部
日　期：中華民國陸拾伍年伍月陸日
文　號：外（65）情一第 07022 號
主　旨：請將原定寄發駐金山總領事館「文物箱」一組，改寄駐哥倫比亞大使館運用，請查照。
說　明：一、請參閱教育部本年四月二十日致貴館台（65）文字第九四六三號函。
二、本部業經洽獲教育部同意將原定寄發駐金山總領事館「文物箱」一組改寄駐哥倫比亞大使館運用。
三、駐哥倫比亞大使館地址如下：

部長　沈昌煥

《中華文物箱》 檔號 067-0108-2-2-41，史博館檔案

受文者：駐哥倫比亞大使館　　副本：教育部、史博館、駐巴拿馬大使館
文　別：函　　發文者：外交部
日　期：中華民國陸拾伍年伍月陸日
文　號：外（65）情一第 07023 號
主　旨：教育部將於近期內委由國立歷史博物館寄發貴館「中華文物箱」一組四箱，請查收運用。

部長　沈昌煥

《中華文物箱》 檔號 067-0108-2-1-44，史博館檔案

受文者：國立歷史博物館　　副本：外交部
文　別：函　　發文者：駐哥倫比亞共和國大使館
日　期：中華民國六十五年十二月十五日
字　號：哥倫（65）字第 1909 號
主　旨：「中華文物箱」四箱業經點驗各物完整齊全，除已將編號一至九一項照貴館意見編入本館財產目錄外，特函請查照。
說　明：一、貴館本年七月廿一日第〇九八〇及十一月十一日第一三〇〇號函均敬悉。
二、上項展品本館已決定於明（六十六）年元月四日至十日之哥倫比亞曼沙勒斯國際文化展中參加展出。

檔案說明

一、在文物箱運往駐外機構的過程中，時有因為外交任務需要或國際情勢演變而須改變寄送對象的情況。本案即為外交部在獲教育部同意後，請本館將原配送美國金山（舊金山）總領事館的一組文物箱改寄駐哥倫比亞大使館一例。

二、駐哥倫比亞大使館已於一九七六年十二月收到本館寄送之文物箱一組四箱，並將於次（一九七七）年一月四日至十日在哥國曼沙勒斯國際文化展中展出。

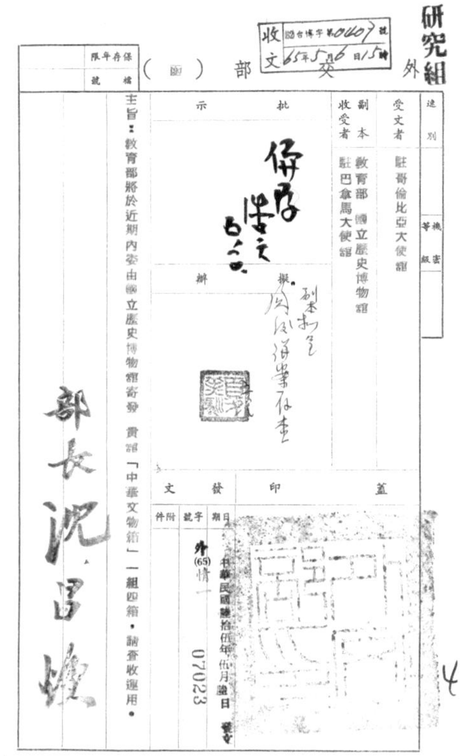
研究組
收文 國台博字第0407號 65年5月16日15時
外交部（函）
受文者：駐哥倫比亞大使館
副本收受者：教育部、國立歷史博物館、駐巴拿馬大使館
主旨：教育部將於近期內委由國立歷史博物館寄發 貴館「中華文物箱」一組四箱，請查收運用。
部長 沈昌煥
發文 外(65)情一 07023 中華民國陸拾伍年伍月陸日

《中華文物箱》，檔號 067-0108-2-2-41，史博館檔案（1976.05.06）

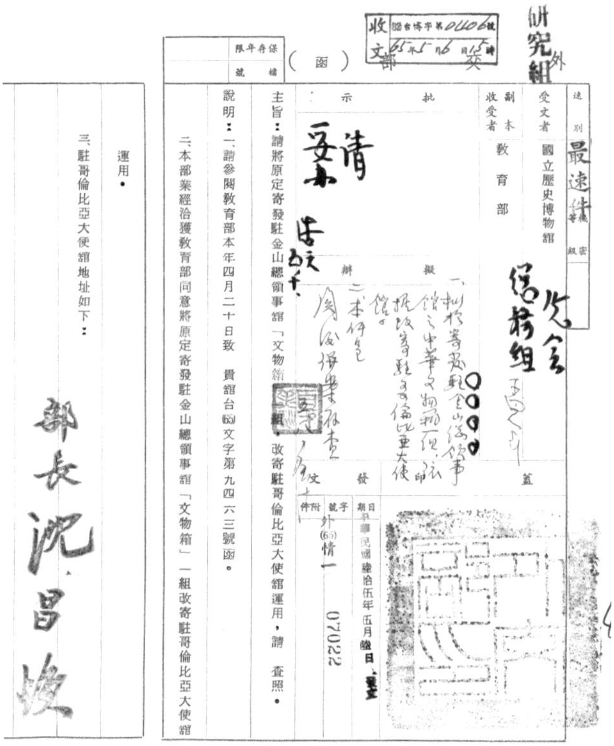
研究組
收文 國台博字第0406號 65年5月16日15時
外交部（函）
速別：最速件
受文者：國立歷史博物館
副本收受者：教育部
主旨：請將原定寄發駐金山總領事館「文物箱」一組，改寄駐哥倫比亞大使館運用，請 查照。
說明：一、請參閱教育部本年四月二十日致 貴館台(65)文字第九四六三號函。
二、本部業經洽獲教育部同意將原定寄發駐金山總領事館「文物箱」一組改寄駐哥倫比亞大使館運用。
三、駐哥倫比亞大使館地址如下：
部長 沈昌煥
發文 外(65)情一 07022 中華民國陸拾伍年伍月陸日

《中華文物箱》，檔號 067-0108-2-2-40，史博館檔案（1976.05.06）

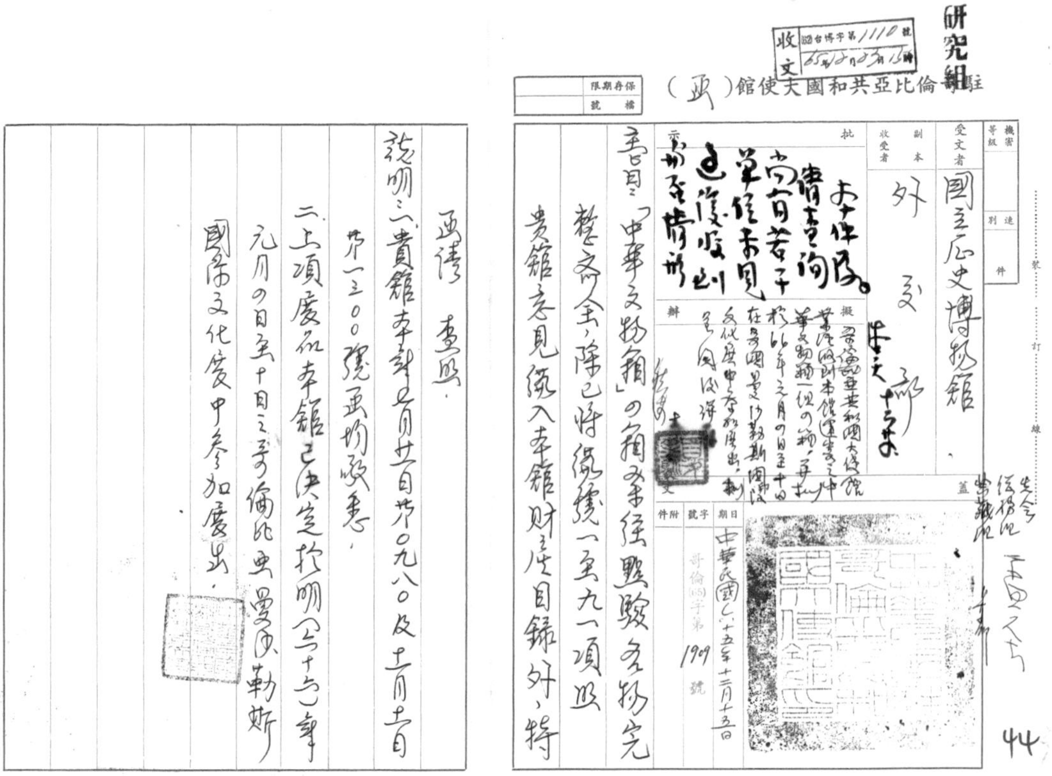
研究組
收文 國台博字第1110號 65年12月23日15時
駐哥倫比亞共和國大使館（函）
受文者：國立歷史博物館
主旨：「中華文物箱」四箱業經點驗完整，除已將說明一至九一項以 貴館意見納入本館財產目錄外，特函請 查照。
說明：一、貴館本年十月廿日第一〇九八〇及十一月十日第一二〇〇號函均敬悉。
二、上項展品本館已決定於明（六十六）年元月四日至十日之哥倫比亞曼德勒斯國際文化展中參加展出。
發文 哥倫(65)字第1909號 中華民國六十五年十二月十五日

《中華文物箱》，檔號 067-0108-2-1-44，史博館檔案（1976.12.15）

《中華文物箱》 檔號 067-0108-2-2-15，史博館檔案

受文者：外交部、行政院新聞局　　副本：史博館、行政院秘書處、主計處
文　別：函　　發文者：教育部
日　期：中華民國陸拾伍年伍月廿陸日
發　字：台（65）文第 13374 號
主　旨：爲第三批文物箱其展品內容至爲精美且有名家國畫眞跡在內，惠請函知受配單位妥善運用，幷列入移交籍以加強公物保管。
說　明：該批中華文物箱十九組（每組分裝四箱），其展品內容均經國立歷史博物館組成專案小組，依據各駐外單位反映意見，週密籌備，所送複製品固極精良，尤以每組置備由國畫名家手繪眞蹟各十幅一併列入，至爲難得，合計逾壹佰件，其類別包括總類、銅器、陶器、漆器、瓷器、琺瑯、雕刻、歷代名畫、扇面繪畫、今人國畫眞蹟、法書、郵票、其他等十三類。（每組均附有詳細清冊）

部長　蔣彥士

《中華文物箱》 檔號 067-0108-2-2-09，史博館檔案

受文者：中華航空公司駐泰國代表辦事處　　副本：趙育甫先生、史博館
文　別：箋函　　發文者：遠東貿易文化事業總公司
日　期：中華民國陸拾伍年陸月捌日
文　號：外（65）情一第 08897 號
主　旨：趙育甫先生委由國立歷史博物館寄發貴處之「中華文物箱」一組四箱，其展品內容至爲精美，且有名國畫家眞跡在內，宜妥善運用，並列入處產移交，以加強公物保管，請查照惠辦。
說　明：一、根據趙育甫先生本年五月廿六日台（65）文字第一三三七四號函辦理。
二、請參閱趙育甫先生同年四月廿日同字第九四六三號函。

遠東貿易文化事業總公司

《贈澳「中華文物箱」》 檔號 065-0422-19-1-02，史博館檔案

受文者：國立歷史博物館
文　別：函　　發文者：教育部
日　期：中華民國陸拾伍年拾壹月叁日
文　號：台（65）總第 30314 號
主　旨：關於第二批文物箱展品內容至爲精美，且有名家國畫眞跡在內，請轉知受配單位妥善運用列入移交，加強管理，並編入財產目錄，請查照。（編按：本案應為第三批，主旨誤植為第二批）
說　明：一、依據財政部國有財產局六十五年台財產籍字第一二七四〇號函外交部新聞局副本辦理。
二、附原函影印本一份。

部長　蔣彥士

檔案說明

自第三批中華文物箱開始，展品更為精美並有當代名家書畫真跡在內，故教育部於一九七六年五月廿六日以臺（65）文字第 13374 號函及十一月三日以臺（65）總字第 30314 號函外交部與行政院新聞局，副本本館，通知海外受配單位應妥善運用，並編入財產目錄藉以加強公物保管，且制定相關規定辦理。遠東貿易文化事業總公司（編按：外交部負責東南亞地區外交事務單位）於六月八日以外（65）情一字第 08897 號箋函，通知中華航空公司駐泰國代表辦事處請照辦。

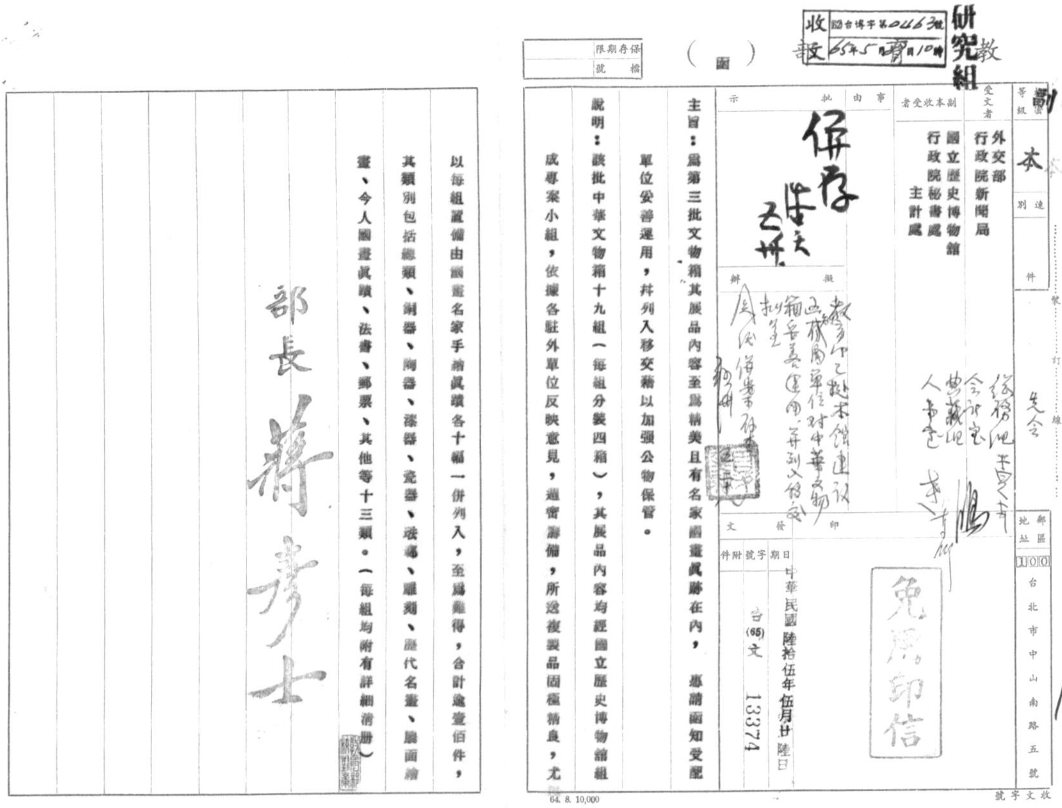

（函）

受文者：外交部、行政院新聞局
副本收受者：國立歷史博物館、行政院秘書處、主計處

主旨：爲第三批文物箱其展品內容至爲精美且有名家國畫眞跡在內，惠請函知受配單位妥善運用，幷列入移交藉以加强公物保管。

說明：該批中華文物箱十九組（每組分裝四箱），其展品內容均經國立歷史博物館組成專案小組，依據各駐外單位反映意見，週密籌備，所選複製品固極精良，尤以每組置備由國畫名家手繪眞蹟各十幅一併列入，至爲難得，合計逾壹佰件，其類別包括總類、銅器、陶器、漆器、瓷器、琺瑯、雕刻、歷代名畫、扇面繪畫、今人國畫眞蹟、法書、郵票、其他等十三類。（每組均附有詳細清冊）

部長 蔣彥士

發文日期：中華民國陸拾伍年伍月廿陸日
字號：台(65)文 13374

《中華文物箱》，檔號 067-0108-2-2-15，史博館檔案（1976.05.26）

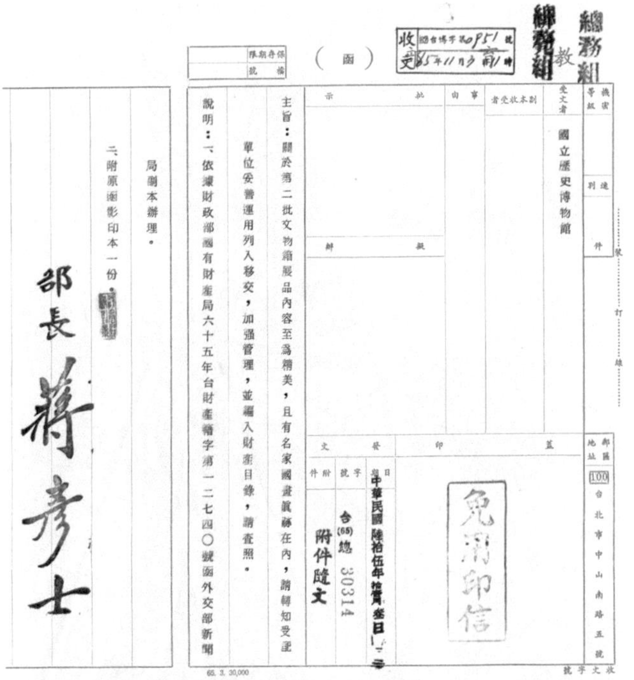

（函）

受文者：國立歷史博物館

主旨：關於第二批文物箱展品內容至爲精美，且有名家國畫眞跡在內，請轉知受配單位妥善運用列入移交，加强管理，並編入財產目錄，請查照。

說明：一、依據財政部國有財產局六十五年台財產籍字第一二七四〇號函外交部新聞局副本辦理。
二、附原函影印本一份。

部長 蔣彥士

發文日期：中華民國陸拾伍年拾貳月叁日
字號：台(65)總 30314
附件：附件隨文

《贈澳「中華文物箱」》，檔號 065-0422-19-1-02，史博館檔案（1976.11.03）

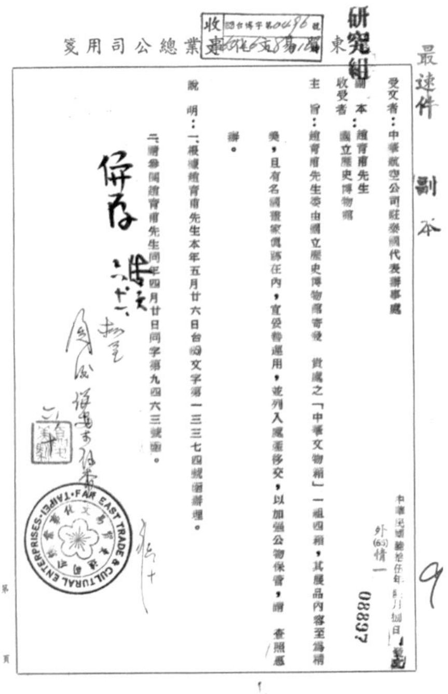

東[illegible]業總公司用箋

受文者：中華航空公司駐泰國代表辦事處
副本：蔣育甫先生
收受者：國立歷史博物館

主旨：蔣育甫先生委由國立歷史博物館寄發 貴處之「中華文物箱」一組四箱，其展品內容至爲精美，且有名國畫家眞跡在內，宜妥善運用，並列入處產移交，以加强公物保管，希 查照惠辦。

說明：一、根據蔣育甫先生本年五月廿六日台(65)文字第一三三七四號函辦理。
二、請參閱蔣育甫先生同年四月廿日同字第九四六三號函。

中華民國陸拾伍年陸月捌日
外(65)情一 08897

《中華文物箱》，檔號 067-0108-2-2-09，史博館檔案（1976.06.08）

《中華文物箱》 檔號 067-0108-2-2-20，史博館檔案

受文者：國立歷史博物館
文　別：函　　發文者：中央信託局駐德代表處（亞洲貿易中心）（註1.）
日　期：65年7月13日
文　號：第926264號
主　旨：中華文物箱一組（四箱）之提貨單及鑰匙全套業奉寄到。
說　明：一、貴館交運本處之中華文物箱一組（四箱），有關提貨文件三紙及其開箱鑰匙全套，業奉寄到。
二、週前本處業獲航運公司本地代理之通知。謂：文物箱將於本月中到達漢堡。現本處已連絡報關行，以便屆時辦理提貨件。俟提到文物箱，本處將另函將收到情形報請查照。
三、特先報請檢查並致謝忱。

亞洲貿易中心

《中華文物箱》 檔號 067-0108-2-2-30，史博館檔案

受文者：西德戴安國（註2.）先生
Mr. ANGO Tai
Asia Trade Center
LaNge Strasse 57, 6 Frankfurt/ Main
West Germany
文　別：（　）稿　　發文者：史博館
日　期：中華民國陸拾伍年捌月柒日
文　號：（65）台博研字第0953號

安國先生惠鑑：頃讀來電，欣悉中華文物箱業已運抵西德，所需展品目錄（清單），逐囑檢附中英文目錄再逐項註明美金價格奉陳，敬請併同已寄到之提單辦理提取手續為荷。專覆敬頌
勛安

國立歷史博物館　敬啓
六十五年八月六日

《中華文物箱》 檔號 067-0108-2-1-52，史博館檔案

受文者：教育部、國立歷史博物館
文　別：函　　發文者：中央信託局駐德代表處（亞洲貿易中心）
日　期：65年8月25日
文　號：第926511號
主　旨：運德中華文物箱，因報關困難，業採緊急措施由。
說　明：
一、運德中華文物四箱，於七月中旬抵漢堡港後，本處即洽報關行提貨並轉運法蘭克福報關。報關過程中，西德海關先則要求我方提供發票，俟我方提示歷史博物館緊急寄來之價目表後開箱驗視。西德海關更以是項文物價值當非我方所提示之價目所相宜，而擬請專家三人估價，所請專家費用由我方負擔（約為馬克三、四千元）等情，雖經我方交涉無法豁免並限期三天，迫我方就範。
二、鑑於西德海關對於是項文物以古物看待，我方如同意其意見估價、負擔估價費用外，被征關稅亦將奇重，故乃權衡斟酌，採行緊急措施，商承我駐教廷陳大使俯允將是項文物四箱轉運羅馬我駐教廷使館運用。
三、茲除由本處，將此次運德文物有關文件及開箱鑰匙全套直接轉奉我駐教廷使館外，謹將情報請鑒核，因事非得已，祈請諒察為禱。

亞洲貿易中心

《中華文物箱》檔號 067-0108-2-1-51，史博館檔案

受文者：中央信託局駐德代表處　副本：史博館、外交部、中央信託局

文別：函　發文者：教育部

日期：中華民國陸拾伍年玖月拾陸日

文號：台（65）文第 24791 號

主旨：關於「中華文物箱」因報關困難改運羅馬駐教廷大使館本部同意，請查照。

說明：一、覆本年八月廿五日第九二六五一一號函。

二、惟仍希與駐教廷大使館聯繫，由該館運用相當時間後，設法分批再運貴處。

部長　蔣彥士

《中華文物箱》檔號 067-0108-2-1-42，史博館檔案

受文者：中央信託局駐德代表處　副本：史博館（台北市南海路四十九號）

文別：函　發文者：中華民國駐教廷大使館

日期：六十五年十二月十七日

文號：教（65）字第 788 號

主旨：中華文物箱及鑰匙兩組均經妥收，復請查照。

說明：復貴處本年八月卅日及九月二日第 926541、926562 號函。

《中華文物箱》檔號 067-0108-2-1-43，史博館檔案

受文者：國立歷史博物館　副本：教育部、外交部、審計部、行政院主計處、行政院新聞局、財政部國有財產局

文別：函　發文者：中華民國駐教廷大使館

日期：民國六五年十二月十八日

文號：教（65）字第 789 號

主旨：「中華文物箱」展品一—九一項共九八件已點收並編入財產目錄，復請查照。

說明：一、復貴館六五年十一月十一日（65）台博總字第 1302 號函。

二、本案展品一—九一項計九八件均已編入本館財產目錄，並依規定編報財產增減表一式兩份，隨本館本年十一月份經費報銷呈外交部。

檔案說明

一、一九七六年，本館製作完成第三批文物箱後，依據教育部配發會議協調結果分配至各駐外單位，其中一組分配至中央信託局駐德代表處（亞洲貿易中心），由代表戴安國先生接收。

二、文物箱於一九七六年七月抵達西德漢堡，在報關過程中不甚順利。首先，海關要求我方提供發票，俟本館緊急寄出價目表後，海關開箱檢視認為該批仿製文物為有價古物，其價值與價目表的金額不符，故要求由我方付費（約德幣馬克三、四千元，約新臺幣二十萬元）聘請三位專家進行鑑價，且限期三天完成，否則不予通關，將課以高額關稅，經駐德代表與其交涉後仍無法豁免。駐德代表處於八月代電教育部及本館告知上述通關問題現況，在權衡考量下，經外交部協調我國駐教廷大使館（時任大使為陳之邁先生），該館同意將上述四個文物箱自漢堡轉運至羅馬供其運用。

三、教育部於九月函知駐德代表處表示同意處理方式，後續物件（如鑰匙等）將持續寄往駐教廷大使館，該館於十二月分別來函駐德代表處及本館，表示文物箱與鑰匙已收到並完成財產編列登記，然而此過程已耗時五個月。

四、本案反應了兩個現象如下：中華文物箱內容性質以仿製品為主體，雖不至於有高價之市場價值（已請各駐外單位妥善保管，無法變賣），但（一）第三批文物箱仿製品，讓不諳中華文物的外國海關誤認為是古物原件，且要求需要專家鑑價及課稅後才予以放行的情況，足見仿製品製作精美，幾可亂真，與原件相去不遠。（二）文物箱輸出至世界各地，均有海關進出口與結匯程序需要辦理，在本國處理時享有豁免權，只需公文往返完成行政作業即可放行，惟進口至其他國家則各有不同，此取決於我國與該國之外交親疏、海關對仿製文物的認知程度等不一而定。

註：

1. 中華民國與德國於一九一七年因第一次世界大戰而斷交，後於一九二一年恢復邦交，一九四一年七月又因德國承認汪精衛政府再次斷交迄今，但我國在德國有設立部分機構辦理雙方事務，如一九五六年行政院新聞局於西德波昂設立之「自由中國新聞社」等，本案主辦的「亞洲貿易中心」則為中央信託局駐德代表處之機構名稱。
2. 戴安國（一九一三—一九八四），為戴季陶長子，曾任交通部民用航空局局長、復興航空共同創辦人，後擔任中央信託局駐德代表。（資料來源：國史館檔案）

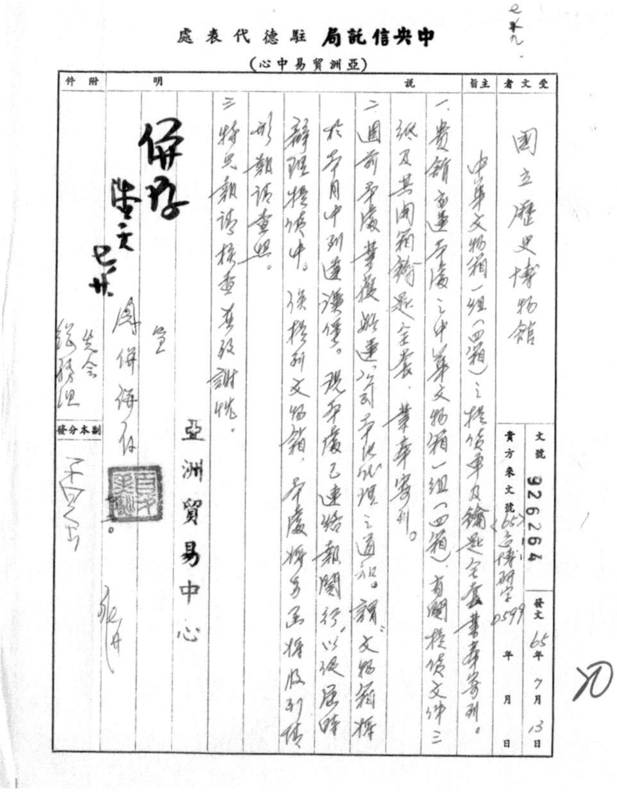

中央信託局駐德代表處
（亞洲貿易中心）

受文者：國立歷史博物館
文號：926264
貴方來文號：(65)台博研字0597
發文：65年7月13日

主旨：中華文物箱一組（四箱）之提貨單及鑰匙全套業奉寄到。

說明：
一、貴館函運本處之中華文物箱一組（四箱）有關提貨文件三紙及其開箱鑰匙全套，業奉寄到。
二、園前本處業經聯運公司本處代理之通知，該文物箱將於本月中到達漢堡。現本處已連絡報關行，以便屆時辦理提貨中。俟接到文物箱，本處將另函將收到情形，報請查照。
三、特此報請核查並致謝忱。

亞洲貿易中心

《中華文物箱》，檔號 067-0108-2-2-20，史博館檔案（1976.07.13）

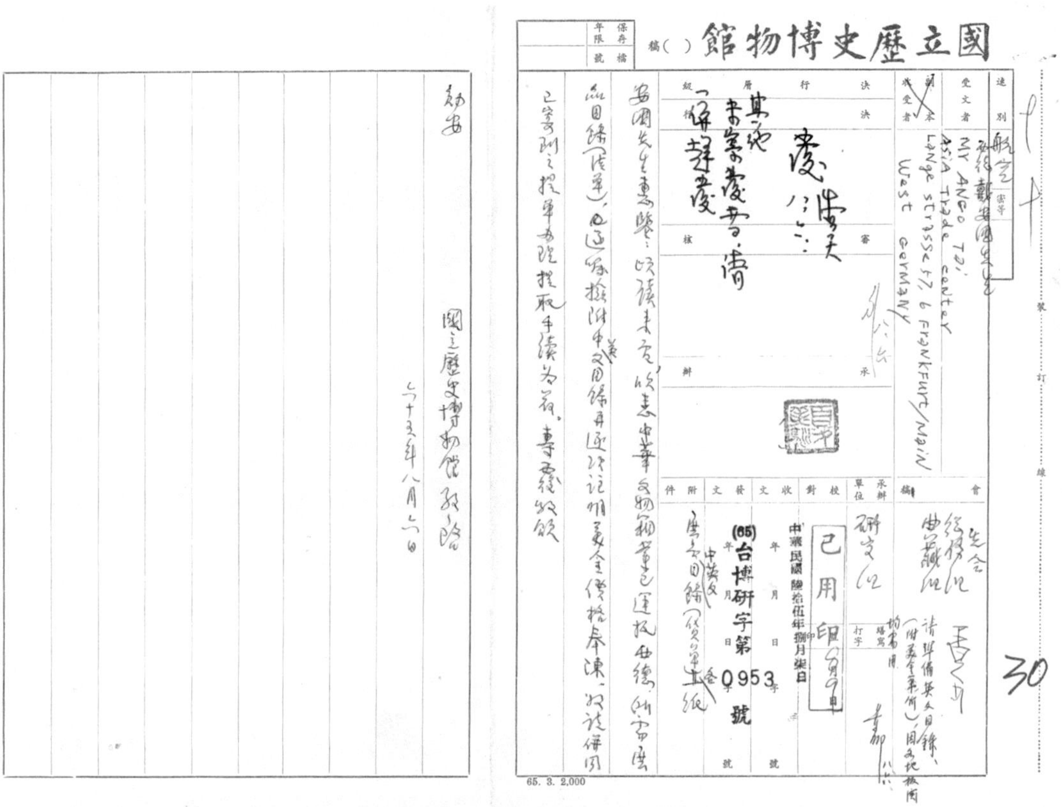

《中華文物箱》，檔號 067-0108-2-2-30，史博館檔案（1976.08.07）

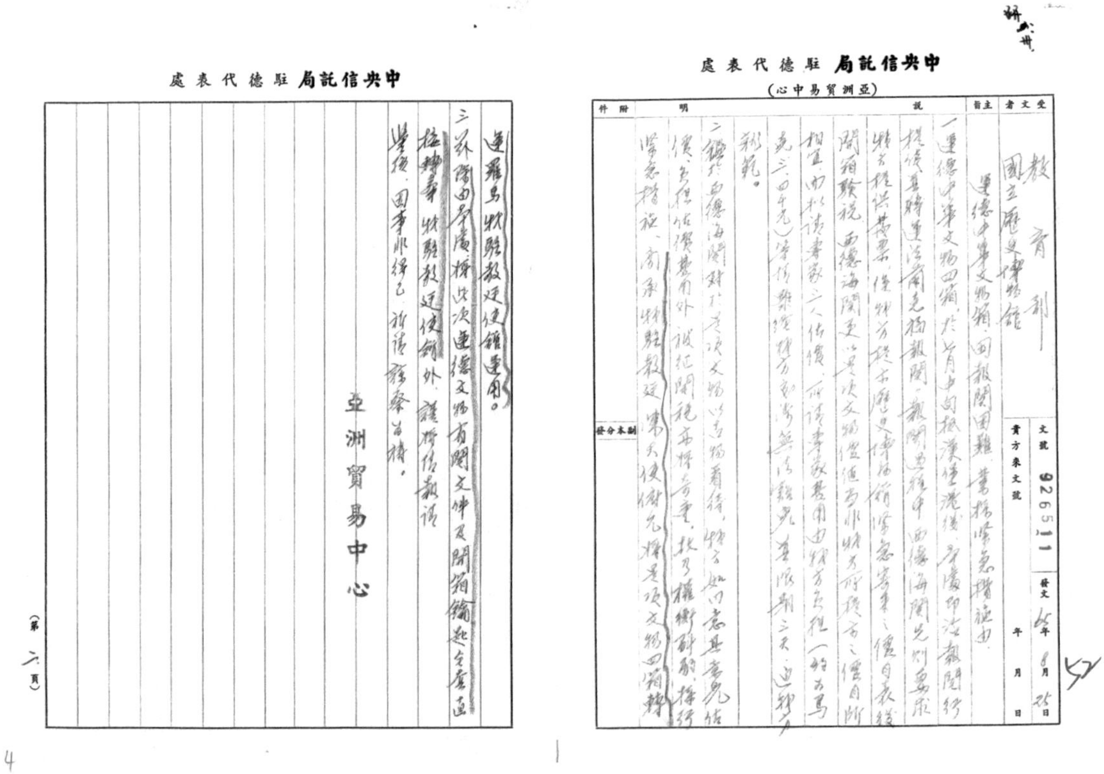

《中華文物箱》，檔號 067-0108-2-1-52，史博館檔案（1976.08.25）

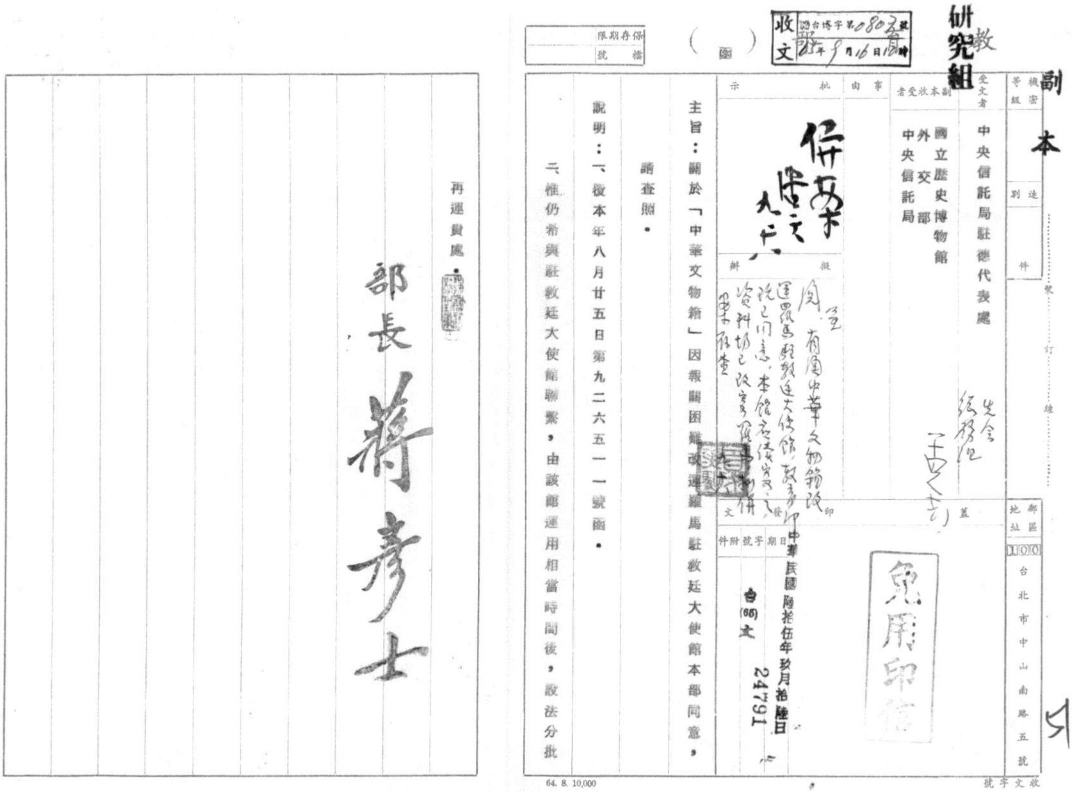
副本
受文者：中央信託局駐德代表處
副本收受者：國立歷史博物館、外交部、中央信託局
主旨：關於「中華文物箱」因報關困難改運羅馬駐教廷大使館本部同意，請查照。
說明：一、復本年八月廿五日第九二六五一一號函。
二、惟仍希與駐教廷大使館聯繫，由該館運用相當時間後，設法分批再運貴處。
部長 蔣彥士
發文 中華民國陸拾伍年玖月拾陸日 台(65)文 24791
台北市中山南路五號

《中華文物箱》，檔號 067-0108-2-1-51，史博館檔案（1976.09.16）

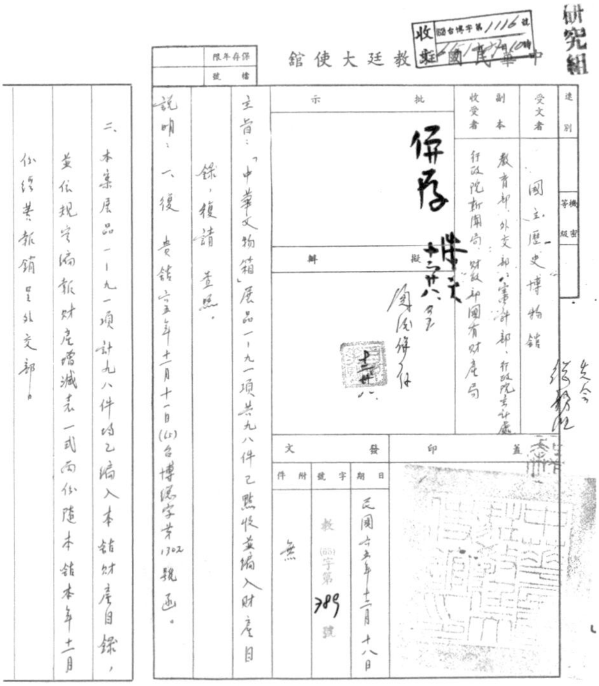

《中華文物箱》，檔號 067-0108-2-1-43，史博館檔案（1976.12.18）

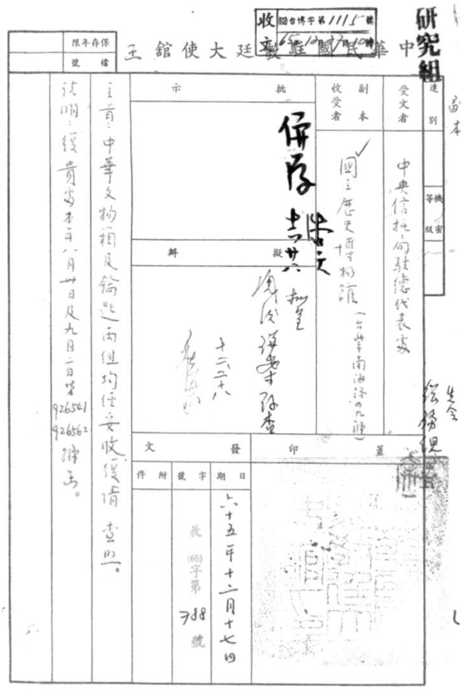

《中華文物箱》，檔號 067-0108-2-1-42，史博館檔案（1976.12.17）

十四・文物箱海外分配與爭取案（駐亞特蘭達總領事館：一九七六年八月至九月）

《中華文物箱》檔號 067-0108-2-2-04，史博館檔案

受文者：駐亞特蘭達總領事館
文　別：函　　發文者：教育部　　副本：外交部、史博館
日　期：中華民國陸拾伍年捌月廿伍日
文　號：台（65）文第22538號
主　旨：中華文物箱因經費所限籌製數量有限，未能按實際需要分配，至以爲歉，下次籌製，當予優先分配請查照。
說　明：覆本年八月十二日外交部轉來電報。

部長　蔣彥士

《中華文物箱》檔號 065000037511，教育部檔案

受文者：外交部　　副本：教育部、駐美大使館、駐霍斯敦總領事館
文　別：函　　發文者：中華民國駐亞特蘭達總領事館
日　期：SEP 3 1976
文　號：亞蘭（65）字第七四〇號
主　旨：仍請發給本館「中華文物箱」。
說　明：一、鈞部第二六六號電奉悉。
二、本館轄區內僑胞及留學生人數雖然較少，但中國同學會之數目甚多，因此需用文物箱之次數並不少。
三、各中國同學會運用文物箱參加展覽時，參觀者大多數是美國人士，故中國同學雖少，所收效果却不下於在僑胞衆多之地區。
四、霍斯敦距離甚遠，文物箱費搬運費時費事，且駐霍斯敦總領事館本身僅有一箱，調配已感困難，對於本館轄區內各地之需求自不易兼顧。
五、本館自成立以來，一再向各同學會及僑團表示不久可以獲得文物箱，教育首長蒞此視察時亦一再表示正在製作中，現竟以經費原因未能兌現，有失政府威信。
辦　法：請重新考慮撥給本館一箱或兩箱。

《中華文物箱》檔號 067-0108-2-2-03，史博館檔案

受文者：駐亞特蘭達總領事館
文　別：函　　發文者：教育部　　副本：外交部、史博館
日　期：中華民國陸拾伍年玖月拾柒日
文　號：台（65）文第24939號
主　旨：關於「中華文物箱」本部已盡力爭取並將經費編入下年度概算內，如蒙核可，當訂製後優先寄送，本年十九組已全部送完歉難臨時製作供應，請諒解。
說　明：覆本年九月三日亞蘭（65）字第七四〇號函副本。

部長　蔣彥士

檔案說明

一、因受經費限制，第三批文物箱以「修復前兩批文物」為原則，數量也相對減少，教育部已於一九七六年四月二十日以臺（65）文字第9463號函知各駐外單位，請將分配之文物箱合併利用在案。
二、前述函中，教育部請駐休士頓總領事館請與駐亞特蘭達總領事館合用同一文物箱，惟駐亞特蘭達總領事館提出異議，希望再與分配該

館。教育部以一九七六年八月二十五日臺（65）文字第 22538 號函致亞特蘭達總領事館，表示因經費所限文物箱數量有限，此批未能按實際需要分配，下次籌製將優先分配。

三、亞特蘭達總領事館再以同年九月三日亞蘭（65）字第 740 號函外交部（副本教育部、駐美大使館、駐霍斯敦總領事館），提出幾點原因請再予配發：（一）該館轄區僑胞與留學生人數雖不多，但中國同學會數量極多，巡展次數不少。（二）此地中國同學會辦理文物箱展覽時，參觀的中國同學雖少，但是美國人士甚多，成效亦不可小覷。（三）休士頓總領事館距離該館甚遠（編按：兩地距離約四百二十八公里），搬運費時費事，請休士頓館亦僅分配一組文物箱，自用以外以無餘暇可共用。（四）該館已多次向當地僑胞表示將有文物箱前來展示，教育部前亦表示正在製作中，現卻以經費不足為由無法提供，有失政府誠信。

四、雖然駐亞特蘭達總領事館強烈表達對文物箱之需求，然年度分配數量實已完成，並無多餘數量配給該館，教育部以同年九月十七日臺（65）文字第 24939 號函該館與外交部，表示年度內十九組已全部送完歉難臨時製作供應，下年度訂製後優先寄送。

五、由亞館措辭強烈的公文來看，可以窺知駐外單位對文物箱的需求程度（編按：文物箱檔案中除正常分配外，時有臨時任務需要者），以及在僑胞與留學生聚集之地，需求程度則更高。

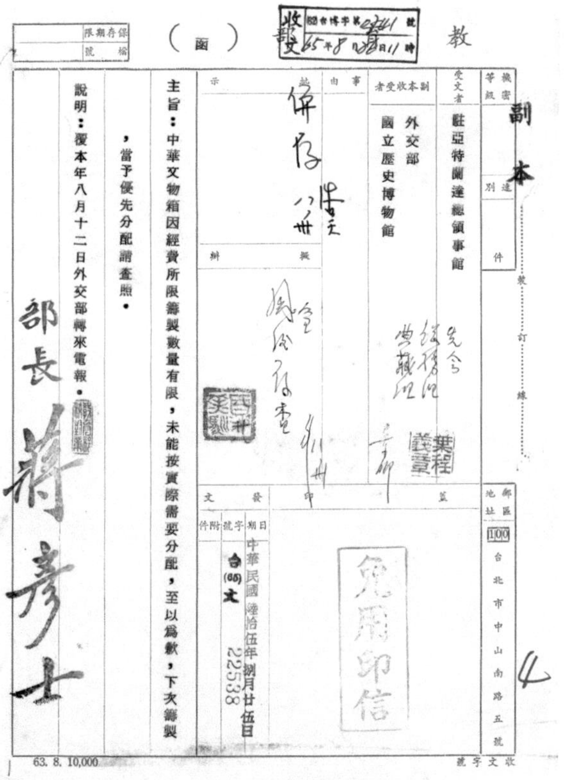
教育部（函）
副本
受文者：駐亞特蘭達總領事館
副本收受者：外交部 國立歷史博物館
主旨：中華文物箱因經費所限籌製數量有限，未能按實際需要分配，至以為歉，下次籌製，當予優先分配，請查照。
說明：復本年八月十二日外交部轉來電報。
部長 蔣彥士
發文 日期：中華民國陸拾伍年捌月廿伍日 字號：台(65)文 22538
地址：100 台北市中山南路五號
63. 8. 10,000

《中華文物箱》，檔號 067-0108-2-2-04，史博館檔案（1976.08.25）

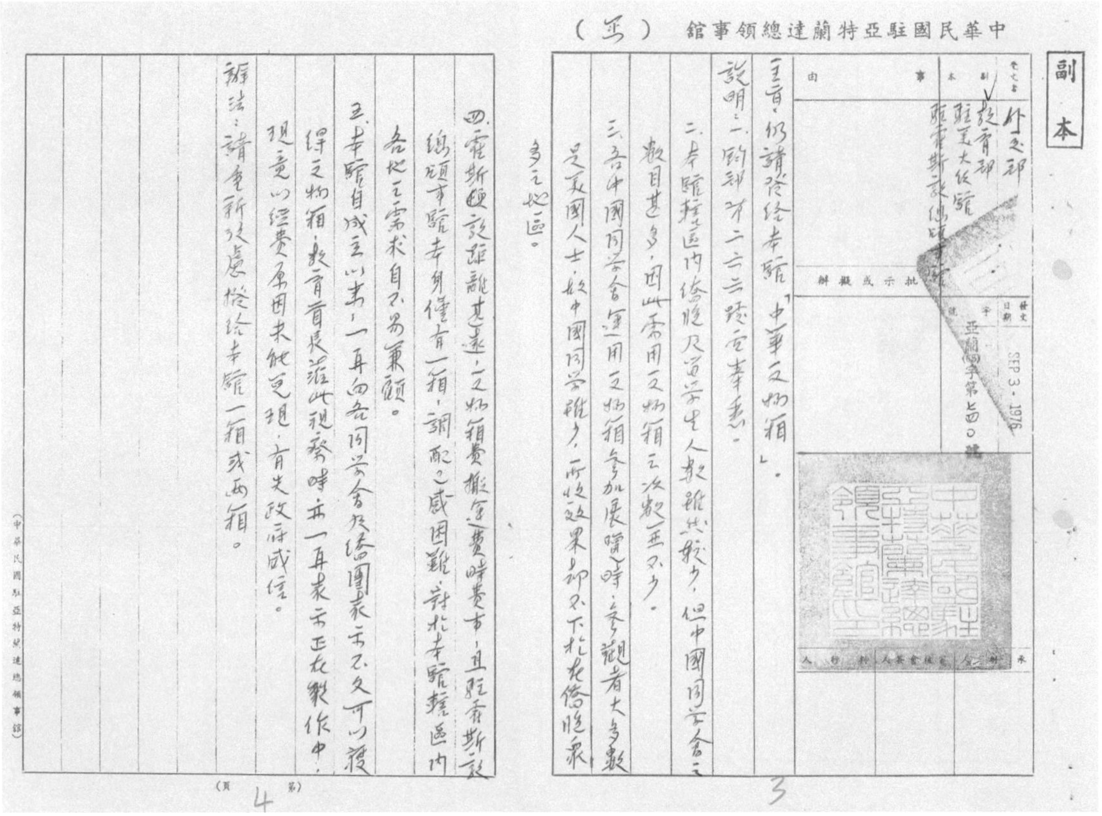

中華民國駐亞特蘭達總領事館（函）

副本

受文者：外交部

副本：教育部、駐美大使館、駐霍斯頓總領事館

發文日期：SEP 3 1976

字號：亞蘭(65)字第七四〇號

主旨：仍請發給本館「中華文物箱」。

說明：一、鈞部第二六六號電奉悉。

二、本館轄區內僑胞及留學生人數雖然較少，但中國同學會之數目甚多，因此需用文物箱之次數並不少。

三、各中國同學會運用文物箱參加展覽時，參觀者大多數是美國人士，故中國同學雖少，所收效果卻不下於僑胞眾多之地區。

四、霍斯頓總館距離甚遠，文物箱費搬運費時費事，且駐霍斯頓總館本身僅有一箱，調配已感困難，對於本館轄區內各地之需求自不易兼顧。

五、本館自成立以來，一再向各同學會及僑團表示不久可以獲得文物箱，教育首長蒞此視察時亦一再表示正在製作中，現竟以經費原因未能實現，有失政府威信。

辦法：請重新考慮撥給本館一箱或兩箱。

（中華民國駐亞特蘭達總領事館）

《中華文物箱》，檔號06500037511，教育部檔案（1976.09.03）

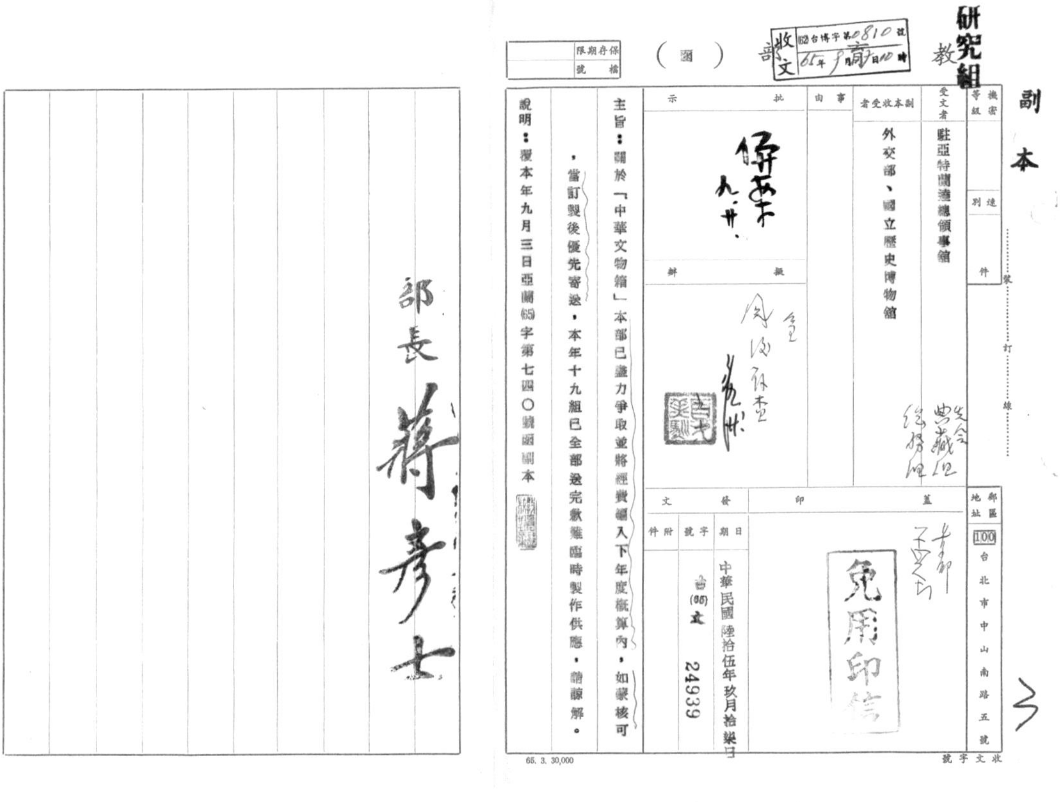

保存期限

檔號

（函）

收文 (65)台博字第0810號 65年9月 日10時

教育部 研究組

副本

受文者：駐亞特蘭達總領事館

副本收受者：外交部、國立歷史博物館

主旨：關於「中華文物箱」本部已盡力爭取並將經費編入下年度概算內，如蒙核可，當訂製後優先寄送，本年十九組已全部送完歉難臨時製作供應，請諒解。

說明：復本年九月三日亞蘭(65)字第七四〇號函副本

發文日期：中華民國陸拾伍年玖月拾柒日

字號：台(65)文24939

郵區地址：100 台北市中山南路五號

免用印信

部長 蔣彥士

65. 3. 30,000

《中華文物箱》，檔號067-0108-2-2-03，史博館檔案（1976.09.17）

《中華文物箱》檔號 067-0108-2-2-18，史博館檔案

受文者：國立歷史博物館　副本：教育部、外交部、行政院新聞局
文　別：函　發文者：太平洋經濟文化中心駐馬尼拉辦事處
日　期：中華民國六十五年十一月廿三日
文　號：菲經文（65）字第 1189 號
主　旨：「中華文物箱」展品於十一月十二日至廿一日在馬尼拉國民黨文化協會總會中正堂展出，敬請鑒督。
說　明：一、根據貴館八月卅一日（65）台博研字第一〇三二號函暨外交部八月廿五日外（65）情一字第一四〇三〇號函辦理。
二、該文物展於十一月十二日國父誕辰紀念日暨文化復興節開幕，邀請僑界各單位、各僑校及知名人士參加，由本處劉代表主持並致詞，開幕儀式簡單隆重，至為盛況。
三、此次文物展由於場地寬適，展品件數不夠，曾洽請此間中正學院提供所藏銅器複製品，菲華反共總會所藏國畫及僑領林友聯先生所藏瓷、銅器共約一百件配合展出。
四、文物展自十一月十二日開始至廿一日結束，共展出十天，參觀者包括文教界、工商界、學生、一般人士、家庭婦女等，為數頗眾。
五、據參觀者反應，展品中珐瑯及瓷器複製品尚不夠精美。
六、附上有關報導剪報一份及展覽照片若干。

太平洋經濟文化中心駐馬尼拉辦事處

檔案說明

本案為第三批文物箱配置菲律賓一組，由我國駐菲國代表機構接收，並於一九七六年十一月十二日至二十一日於馬尼拉國民黨文化協會總會中正堂舉辦十天展覽。惟因展場寬闊，文物箱之展品不足，另向當地機構及華僑提撥瓷、銅器一百件借展，另有觀眾反映珐瑯及瓷器複製品不夠精美等狀況。

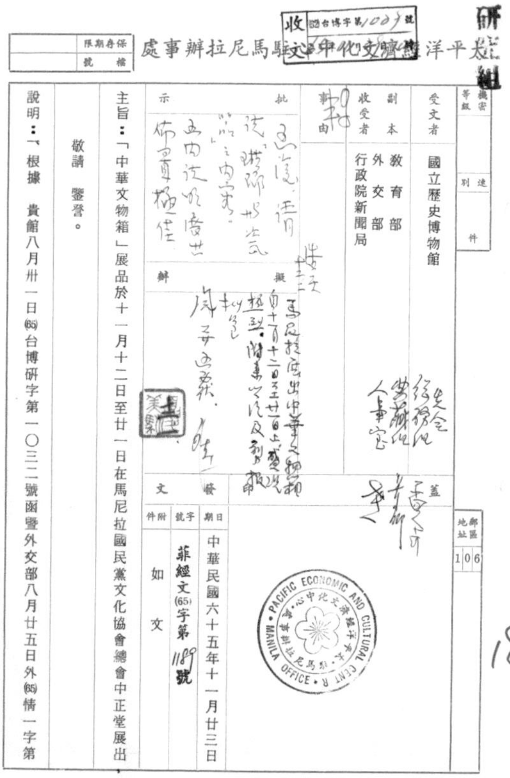
太平洋經濟文化中心駐馬尼拉辦事處

受文者：國立歷史博物館
副本：教育部、外交部、行政院新聞局
主旨：「中華文物箱」展品於十一月十二日至廿一日在馬尼拉國民黨文化協會總會中正堂展出
敬請　鑒督。
說明：一、根據　貴館八月卅一日(65)台博研字第一〇三二號函暨外交部八月廿五日外(65)情一字第

發文　日期：中華民國六十五年十一月廿三日　字號：菲經文(65)字第1189號　附件：如文

18

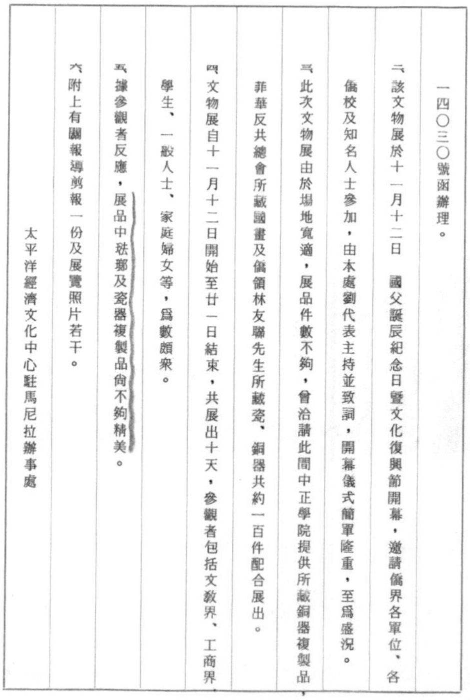
一四〇三〇號函辦理。
二、該文物展於十一月十二日　國父誕辰紀念日暨文化復興節開幕，邀請僑界各單位、各僑校及知名人士參加，由本處劉代表主持並致詞，開幕儀式簡單隆重，至爲盛況。
三、此次文物展由於場地寬適，展品件數不夠，曾洽請此間中正學院提供所藏銅器複製品，菲華反共總會所藏國畫及僑領林友聯先生所藏瓷、銅器共約一百件配合展出。
四、文物展自十一月十二日開始至廿一日結束，共展出十天，參觀者包括文教界、工商界、學生、一般人士、家庭婦女等，爲數頗衆。
五、據參觀者反應，展品中珐瑯及瓷器複製品尚不夠精美。
六、附上有關報導剪報一份及展覽照片若干。
太平洋經濟文化中心駐馬尼拉辦事處

《中華文物箱》，檔號 067-0108-2-2-18，史博館檔案（1976.11.23）

高點

一九七八年遍及海外

The Chinese Cultural Chest's Spreading Overseas, 1978

《籌辦第四批中華文物箱案》 檔號 069-0108-1-1-07，史博館檔案

受文者：行政院　　副本：史博館
文　別：函　　發文者：教育部
日　期：中華民國陸拾柒年伍月卅壹日
文　號：台（67）技第 14554 號
主　旨：為應海外工作需要及各單位要求，擬請核撥經費再行訂製中華文物箱四十套，計需新台幣壹仟貳佰萬元，報請鑒核示遵。
說　明：一、本案業經外交部錢次長復與本部陳次長履安面議，認為有訂製之需要。
二、此項文物箱前後已製作三批，分送駐外單位經常運用，以其能適應各種小型場合展出。並請國立歷史博物館專案小組精心設計，內容能代表我國文化特色，故頗受歡迎，因而各駐外單位僑團等紛紛要求繼續製贈。
三、前三批已歷時六、七年。由於展出頻繁，損壞甚多，六十五年雖蒙核撥專款新台幣叁佰萬元以供汰舊換新，亦因損壞部份過多，難以塡補。茲特擬訂「中華文物箱籌製計畫綱要」及預算表各乙份，擬請核撥專款以資辦理。

部長　李元簇

《訂製中華文物箱撥款案》 檔號 0063/7-8-1-10/4-5~6，行政院檔案

受文者：詳文內　　副本：本院秘書處
文　別：函　　發文者：行政院
日　期：中華民國六十七年六月卅日
文　號：台（67）忠授五字第三五七九號
主　旨：關於教育部為應海外工作需要，及各單位要求擬再訂製中華文物箱四十套所需經費准列新台幣壹仟萬元，由庫在六十七年度外交部主管「國際事務活動」科目項下簽撥，所訂製之文物箱請教育部列入財產帳管理，至過去訂製經汰換之文物箱亦請教育部擬具處理辦法報核。
說　明：一、本案依據教育部六十七年五月卅一日台（67）文字第一四五五四號函辦理。
二、本件分行審計部、財政部、教育部、外交部。

院長　孫運璿

《籌辦第四批中華文物箱案》 檔號 069-0108-1-1-06，史博館檔案

受文者：國立歷史博物館
文　別：函　　發文者：教育部
日　期：中華民國陸拾柒年捌月肆日
文　號：台（67）文第 20955 號
主　旨：為訂製「中華文物箱」所需經費新台幣壹仟萬元業奉行政院本年六月三十日台（67）忠授五字第三五七九號函准撥到部，希即來部洽領並即刻展開籌製定期完成，請查照。
說　明：此項文物箱奉示，應列為本部財產帳管理，至過去訂製並經汰換之文物箱，併請與本部總務司研擬管理及處理辦法報部以便轉陳。

部長　朱匯森

受文者：教育部
文　別：（　）稿　　　發文者：史博館
日　期：中華民國陸拾柒年捌月拾日
文　號：（67）台博總字第 1006 號
主　旨：奉准訂製「中華文物箱」經費新台幣壹仟萬元正，檢呈本館國博收字第三二七號統一收據乙紙，敬請鑒核賜准撥款中央銀行國庫台北支庫二五六一〇賬戶。
說　明：依據鈞部六十七年八月四日台（67）文字第二〇九五五號函辦理（附呈影本）。

館長　何〇〇

檔案說明

一、一九七〇年代中期以前，中華文物箱前三批文物送至海外後頗受歡迎，外館紛紛提出需求，經當時外交部次長錢復與教育部次長陳履安研商，均認為有再訂製的必要；前三批文物箱因為展出頻繁，損壞甚多，一九七六年時行政院雖曾撥付新臺幣三佰萬元供汰舊換新，然仍因損壞部分過多已無法整修，難以填補，教育部遂於一九七八年五月向行政院提出「中華文物箱籌製計畫綱要」及預算表，擬製作四十組文物箱（每組六至八箱），每組製作費新臺幣三十萬元。

二、一九七八年六月，行政院核定撥付新臺幣一千萬元作為第四批中華文物箱製作經費，教育部於同年八月來函請本館洽領，並正式展開訂製作業。

三、第四批中華文物箱製作數量及經費較前三批高，且來源為一九七八年度外交部主管「國際事務活動」科目項下支出，與往年由教育部預算（或如第一批文物箱經費由各單位分攤）支付的情況不同。

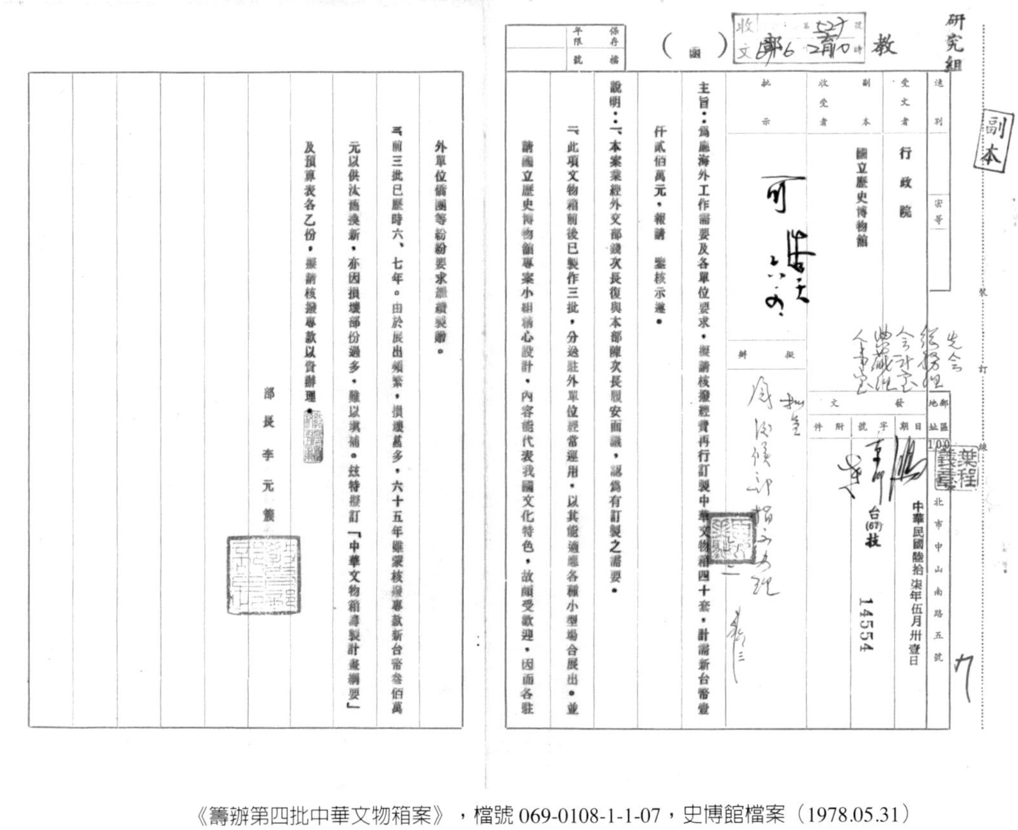
研究組
副本
教育部（函）
受文者：行政院
副本收受者：國立歷史博物館
發文日期：中華民國陸拾柒年伍月卅壹日
字號：台(67)技 14554
郵區地址：100 北市中山南路五號
主旨：為應海外工作需要及各單位要求，擬請核撥經費再行訂製中華文物箱四十套，計需新台幣壹仟貳佰萬元，報請　鑒核示遵。
說明：一、本案業經外交部錢次長復與本部陳次長履安面議，認為有訂製之需要。
二、此項文物箱前後已製作三批，分送駐外單位經常運用，以其能適應各種小型場合展出，並請國立歷史博物館專案小組精心設計，內容能代表我國文化特色，故頗受歡迎，因而各駐外單位僑團等紛紛要求繼續製辦。
三、前三批已歷時六、七年。由於展出頻繁，損壞甚多，六十五年雖蒙核撥專款新台幣叁佰萬元以供汰舊換新，亦因損壞部份過多，難以填補。茲特擬訂「中華文物箱籌製計畫綱要」及預算表各乙份，擬請核撥專款以資辦理。
部長　李元簇

《籌辦第四批中華文物箱案》，檔號 069-0108-1-1-07，史博館檔案（1978.05.31）

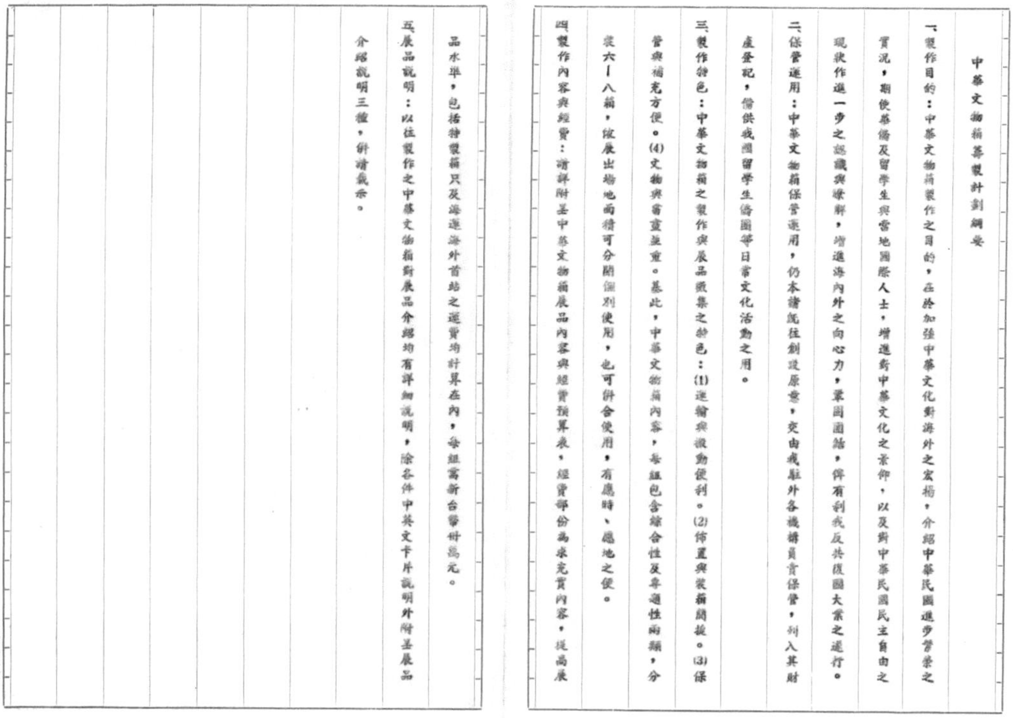

中華文物箱籌製計劃綱要

一、製作目的：中華文物箱製作之目的，在於加強中華文化對海外之宏揚，介紹中華民國進步繁榮之實況，期使華僑及留學生與當地國際人士，增進對中華文化之景仰，以及對中華民國民主自由之現狀作進一步之認識與瞭解，增進海內外之向心力，鞏固團結，俾有利我反共復國大業之進行。

二、保管運用：中華文物箱保管運用，仍本諸既往創設原意，交由我駐外各機構負責保管，列入其財產登記，備供我國留學生僑團等日常文化活動之用。

三、製作特色：中華文物箱之製作與展品徵集之特色：(1)運輸與搬動便利。(2)佈置與裝箱簡捷。(3)保管與補充方便。(4)文物與圖畫並重。基此，中華文物箱內容，每組包含綜合性及專題性兩類，分裝六—八箱，依展出場地面積可分開個別使用，也可併合使用，有應時、應地之便。

四、製作內容與經費：請詳附呈中華文物箱展品內容與經費預算表，經費部份為求充實內容，提高展品水準，包括特製箱只及海運海外首站之運費均計算在內，每組需新台幣卅萬元。

五、展品說明：以往製作之中華文物箱對展品介紹均有詳細說明，除各件中英文卡片說明外附呈展品介紹說明三種，併請裁示。

《籌辦第四批中華文物箱案》，檔號 069-0108-1-1-07，史博館檔案（1978.05.31）
附件：中華文物箱籌製計劃綱要

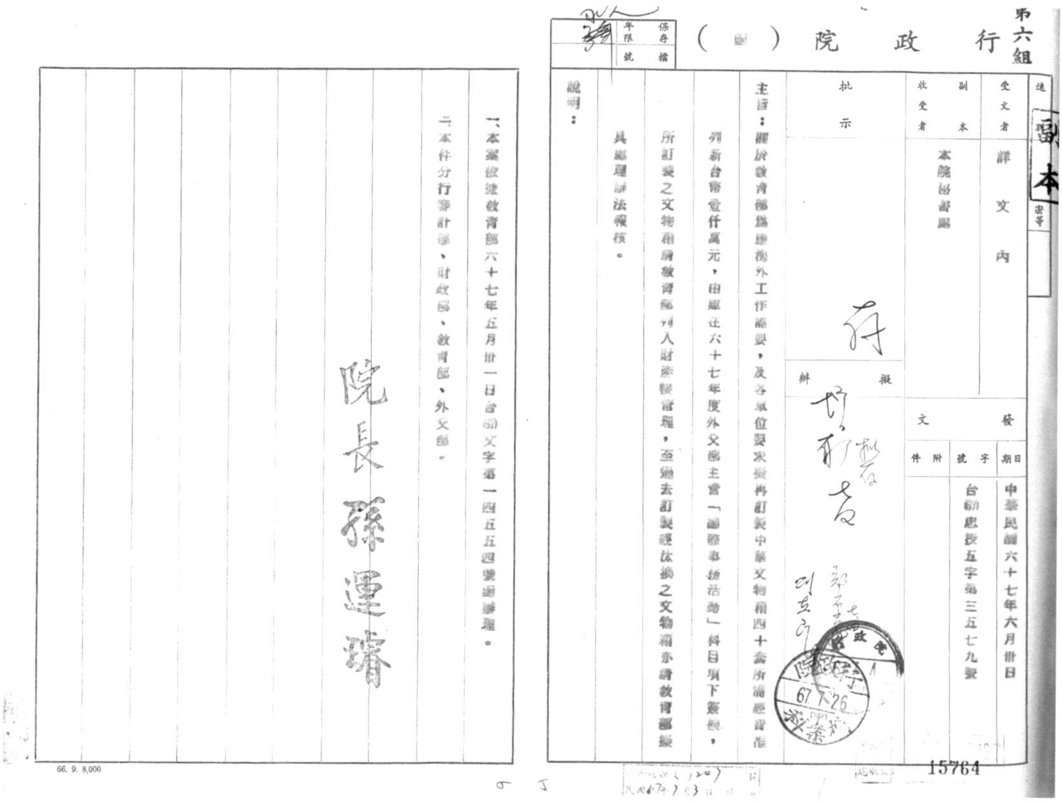

第六組

行政院（函）

受文者：詳文內

副本收受者：本院秘書處

發文 日期：中華民國六十七年六月卅日 字號：台六七教授五字第三五七九號

主旨：關於教育部為推動海外工作需要，及各單位要求擬再訂製中華文物箱四十套所需經費計列新台幣壹仟萬元，由原在六十七年度外交部主管「國際事務活動」科目項下勻支，所訂製之文物箱請教育部列入財產[illegible]管理，至過去訂製經核撥之文物箱亦請教育部擬具處理辦法報核。

說明：

一、本案依據教育部六十七年五月卅一日台(67)文字第一四五五四號函辦理。

二、本件分行審計部、財政部、教育部、外交部。

院長 孫運璿

15764

66. 9. 8,000

《訂製中華文物箱撥款案》，檔號 0063/7-8-1-10/4-5~6，行政院檔案（1978.06.30）

研究組

收文 67台博字第734號 67年8月5日11時

教育部（函）

受文者：國立歷史博物館

主旨：為訂製「中華文物箱」所需經費新台幣壹仟萬元業奉行政院本年六月三十日台(67)忠授五字第三五七九號函准撥到部，希即來部洽領並即刻展開籌製定期完成，請查照。

說明：此項文物箱奉示，應列為本部財產帳管理，至過去訂製並經汰換之文物箱，併請與本部總務司研擬管理及處理辦法報部以便轉陳。

發文 日期：中華民國陸拾柒年捌月肆日
字號：台(67)高文 20955

郵遞區號地址：100 台北市中山南路五號

部長 朱匯森

67. 4. 30,000

《籌辦第四批中華文物箱案》，檔號 069-0108-1-1-06，史博館檔案（1978.08.04）

國立歷史博物館承辦中華文物箱籌製計劃綱要 65.10.3

一、目的：中華文物箱製作，係適應駐外機構需求遵奉教育部指示原則籌劃辦理，專以供應海外僑胞及留學生，作為加強宏揚中華文化介紹中華民國進步繁榮實況為宗旨。

二、製作數量：二〇組（每組四箱）。

三、製作經費：新台幣三〇〇萬元。其預算分配如附表㈠

四、製作年月：中華民國六十七年

五、展品內容：以中華歷史文物暨美術品為主，就國立歷史博物館與國立故宮博物院現有複製品擇優選用，其類別：

㈠歷史文物—銅器、陶器、瓷器、雕刻、玉器、漆器、琺瑯等

㈡美術品—歷代名畫、今人國畫、法書、複製品及現行郵票、名家畫冊、文物明信片等

㈢附以(1)中華五千年歷代世系表(2)中華民國國旗(3)孔子浮雕立像(4)國父遺像(5)總統 蔣公遺像。

六、其他：㈠展品以一〇〇項，分裝四箱，以便於攜帶輸運為主。

㈡內附(1)展品裝箱位置圖(2)展品簡介(3)說明卡片(4)展品說明書均配以彩色圖片并以中英文字撰述編印。

《籌辦第四批中華文物箱案》，檔號 069-0108-1-1-06，史博館檔案（1978.08.04）
附件 1：國立歷史博物館承辦中華文物箱籌製計劃綱要（1976.10.03）

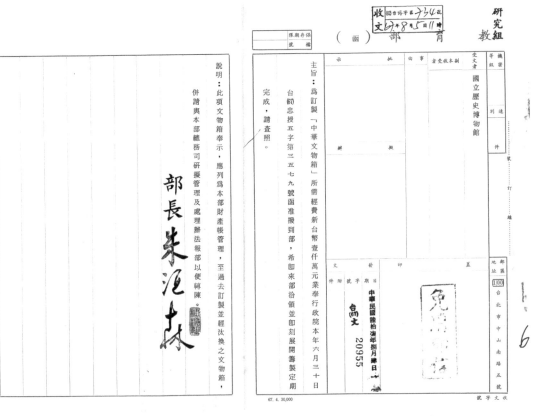

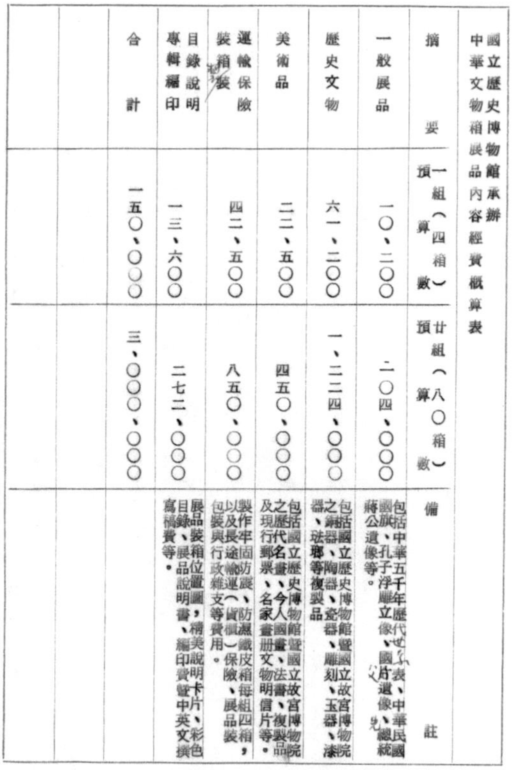

國立歷史博物館承辦中華文物箱展品內容經費概算表

摘要	一組（四箱）預算數	廿組（八〇箱）預算數	備註
一般展品	一〇、二〇〇	二〇四、〇〇〇	包括中華五千年歷代世系表、中華民國國旗、孔子浮雕立像、國父遺像、先總統蔣公遺像等。
歷史文物	六一、二〇〇	一、二二四、〇〇〇	包括國立歷史博物館暨國立故宮博物院之銅器、陶器、瓷器、雕刻、玉器、漆器、琺瑯等複製品
美術品	二二、五〇〇	四五〇、〇〇〇	包括國立歷史博物館暨國立故宮博物院之歷代名畫、今人國畫、法書、複製品及現行郵票、名家畫冊、文物明信片等。
運輸保險裝箱包裝	四二、五〇〇	八五〇、〇〇〇	製作牢固防震、防濕鐵皮箱每組四箱，以及長途輸運（貨櫃）保險、展品包裝與行政雜支等費用。
目錄說明專輯編印	一三、六〇〇	二七二、〇〇〇	展品裝箱位置圖，精美說明卡片、彩色目錄、展品說明書、編印費暨中英文撰寫稿費等。
合計	一五〇、〇〇〇	三、〇〇〇、〇〇〇	

《籌辦第四批中華文物箱案》，檔號 069-0108-1-1-06，史博館檔案（1978.08.04）

附件 2：國立歷史博物館承辦中華文物箱展品內容經費概算表

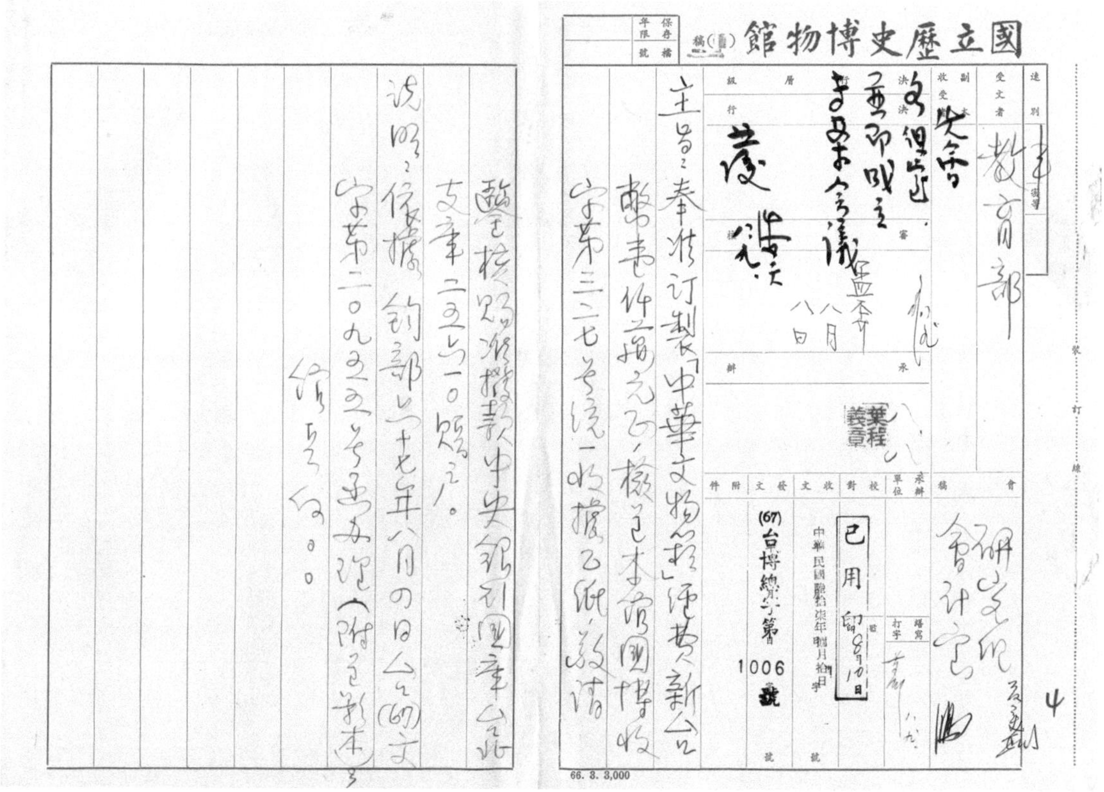

國立歷史博物館 稿

受文者：教育部

主旨：奉准訂製「中華文物箱」經費新台幣壹佰貳拾貳萬元乙案，檢送本館國博收字第三二七號統一收據乙紙，敬請 鑒核准撥款中央銀行國庫台北支庫二五六一〇號之帳戶。

說明：依據鈞部六十七年八月四日台(67)文字第二〇九五五號函辦理（附送影本）。

(67)台博總字第1006號

已用印 8/10

66. 3. 3,000

《營繕工程－「中華文物箱」製作》，檔號 069-0417-1-1-04，史博館檔案（1978.08.10）

二、中南美洲寄送案（第四批：一九七八年六月至一九七九年七月）

《中華文物箱寄委內瑞拉、智利》

檔號 068-0422-26-1-12，史博館檔案

受文者：國立歷史博物館
文　別：函　　發文者：外交部
日　期：中華民國陸拾柒年陸月卅日
文　號：外（67）情一第12334號
主　旨：擬請貴館代為製作「中華文物箱」七組，請查照惠辦見復。
說　明：一、本部所請代為製作之七組文物箱，於製作完成後，請分別海郵駐金山總領事館、駐坡特崙領事館、駐智利商務辦事處、駐委內瑞拉商務辦事處、駐哥斯大黎加大使館、駐烏拉圭大使館及駐亞特蘭達總領事館轉。展品規格、內容及數量等，均請照本部上年所委請製作者辦理。其中三組請配英文說明，四組配西班牙文說明。
二、上述七組文物箱製作費用若干，俟獲據，當即撥付。
三、茲檢附上述各單位通訊地址一份，請查收參辦。

部長　沈昌煥

《中華文物箱（二）》

檔號 020-090502-0020-0088，國史館藏外交部檔案

受文者：外交部
文　別：函　　發文者：史博館
日　期：中華民國陸拾柒年柒月柒日
文　號：（67）台博研字第853號
主　旨：承囑製作中華文物箱七組，分別海運美國、智利、委內瑞拉、哥斯大黎加、烏拉圭等國，謹附七組文物箱製作費新台幣壹百貳拾陸萬元整之統一收據壹紙，敬請撥交國庫台北支庫本館專戶存款戶第二五六一〇帳戶，無任感幸。
說　明：一、大部六七年六月卅日外（67）情一一二三三四號函敬悉。
二、製作中華文物箱，本館俟中文說明撰寫完成迻譯英文，另四組配西班牙文說明均遵辦。
三、俟全部七組完成即請派員審定後，按址分別海運。
四、該項文物箱展品規格，內容及數量等，仍依照上年委託製作之標準辦理選件。

館長　何浩天

《中華文物箱寄委內瑞拉、智利》

檔號 068-0422-26-1-10，史博館檔案

受文者：國立歷史博物館
文　別：函　　發文者：外交部
日　期：中華民國陸拾柒年柒月廿日
文　號：外（67）情一第13786號
主　旨：本部委請貴館製作「中華文物箱」七組所需費用新台幣壹百貳拾陸萬元整，業已撥交國庫台北支庫貴館第二五六一〇號帳戶，請查照。
說　明：一、復貴館本年七月七日（67）台博研字第八五三號函。
二、上述七組文物箱於製作完成寄發後，尚請貴館惠予出具正式收費單據，俾憑核銷。

部長　沈昌煥

《中華文物箱寄委內瑞拉、智利》

檔號 068-0422-26-1-09，史博館檔案

受文者：國立歷史博物館　　副本：外交部
文　別：函　　發文者：中華民國駐烏拉圭國大使館
日　期：中華民國陸拾柒年捌月拾壹日
文　號：烏（67）字第0720號
主　旨：請惠供應中華文物資料供本館充實在烏國各地舉辦小型展覽之用。
說　明：一、烏國人士對我國文化甚爲崇仰，擬請貴館募贈現代國畫與書法作品六幀俾以促進中烏文化交流兼而介紹我國文藝現狀及貴館成就。
二、惠贈展品請連同作者姓名簡介等資料送由外交部中南美司轉運本館。

駐烏拉圭大使館

《中華文物箱寄委內瑞拉、智利》

檔號 068-0422-26-1-08，史博館檔案

受文者：中華民國駐烏拉圭國大使館　　副本：外交部
文　別：（　）稿　　發文者：史博館
日　期：中華民國陸拾柒年捌月廿伍日
文　號：（67）台博研字第1063號
主　旨：貴館擬在烏國各地舉辦小型展覽囑徵集書畫作品，頃悉外交部即將分配中華文物箱一組交由貴館使用，業經委託本館正在積極籌製中，一俟完成，即行交運，覆請詧照。
說　明：一、貴館67年8月11日烏（67）字第〇七二〇號函悉。
二、外交部67年6月30外（67）情一一二三三四號函，囑由本館代爲製作之中華文化箱，列有貴館一組，內中展品包括今人名家國畫拾幅暨古今名人書畫複製品，均裝裱立軸，極便懸列，近期內將完成交運。謹以奉閱。

館長　何〇〇

《文化交流—文物箱》

檔號 068-0108-5-1-09，史博館檔案

受文者：史博館　　副本：駐哥斯大黎加、烏拉圭、多明尼加大使館、駐智利、委內瑞拉商務辦事處、駐金山、亞特蘭達辦事處
文　別：函　　發文者：外交部
日　期：中華民國陸拾捌年叁月卅壹日
文　號：外（68）情一第5505號
主　旨：本部上年訂製中華歷史文物箱七組，請製妥後備妥當地語文說明書逕寄我駐外單位並副知本部。
說　明：一、上述中華文物箱七組，其中六組請依址寄我駐哥斯大黎加大使館、駐烏拉圭大使館、駐多明尼加大使館、駐智利商務辦事處、駐委內瑞拉商務辦事處、北美事務協調委員會駐金山辦事處運用，另一組請寄北美事務協調委員會駐亞特蘭達辦事處轉贈喬治亞州奧古斯塔立區曼博物館。
二、上述七個單位詳細地址如附件。

部長　蔣彥士

《中華文物箱寄委內瑞拉、智利》

檔號 068-0422-26-1-07，史博館檔案

受文者：基隆關　　副本：基隆港聯檢處、外交部、安全公司
文　別：（　）稿　　發文者：史博館
日　期：中華民國陸拾捌年伍月玖日
文　號：（68）台博總字第639號

主　旨：爲外交部委辦「中華文物箱」七組，每組七箱，計一一九類（詳如目錄所載），分運我駐哥斯大黎加大使館等七地區，敬請惠准放行。

說　明：依據外交部六十八年三月卅一日外（68）情一字第五五〇五號函辦理，附奉影本，敬供參考。

館長　何〇〇

《中華文物箱寄委內瑞拉、智利》

檔號 068-0422-26-1-06，史博館檔案

受文者：外交部

文　別：（　）稿　　發文者：史博館

日　期：中華民國陸拾捌年陸月廿玖日

文　號：（68）台博總字第 847 號

主　旨：遵囑補開「中華文物箱」七組製作經費新台幣壹佰貳拾陸萬元收據壹紙（國博收字第三四九號），敬請詧收。

說　明：一、依據貴部情報司林科長本年六月廿七日電話通知辦理。

二、卷查本館曾依據貴部六十七年六月卅日外（67）情一字第一二三三四號函，經於六十七年七月七日以（67）台博研字第八五三號函奉國博收字第三二六號統一收據壹紙，既已遺失，特聲明作廢。

館長　何〇〇　出國

秘書　王〇〇　代行

《中華文物箱寄委內瑞拉、智利》

檔號 068-0108-5-1-07，史博館檔案

受文者：國立歷史博物館　　副本：外交部、安全包裝轉運公司

文　別：函　　發文者：中華民國駐烏拉圭國大使館

日　期：中華民國陸拾捌年柒月拾貳日

文　號：烏（68）字第 0619 號

主　旨：請函寄中華文物箱內容清單備用。

說　明：承配運本館中華文物箱乙組案，台北安全包裝公司已將輪船公司提單及鑰匙寄到本館，惟未附裝箱清單（Packing List），請速惠補寄以利辦理提取手續與清點內容。

駐烏拉圭大使館

《文化交流—文物箱》

檔號 068-0108-5-1-08，史博館檔案

受文者：外交部　　副本：史博館

文　別：函　　發文者：中華民國駐哥斯大黎加大使館

日　期：中華民國陸拾捌年柒月拾柒日

文　號：哥加（68）字第 346 號

主　旨：國立歷史博物館製送本館供展覽用之中華文物七組，究指書籍、陶瓷器或古畫，敬請惠告詳細內容，俾辦免稅手續以利通關。

說　明：一、復鈞部六十八年三月卅一日外（68）情一 5505 號函副本。

二、該七組文物提單已於本月十三日查收。

大使　吳文輝

一、一九七八年開始，外交部因外交任務需要，函請本館製作七組中華文物箱（每組七箱，共計四十九箱），製作經費新臺幣一百二十六萬元，成品以海運寄送我國駐金山總領事館、駐坡特崙領事館、駐智利商務辦事處、駐委內瑞拉商務辦事處、駐哥斯大黎加大使館、駐烏拉圭大使館及駐亞特蘭達總領事館等七處。因其中四組為輸出中南美洲西語系國家，故此次訂製時，特別聲明請本館請配置西班牙文說明。

二、查檔案中出現駐中南美洲外館需求，概自一九七〇年代後期開始，我國與中南美洲外交經貿關係日益密切，至一九七八年止，與十二個國家有正式外交關係，貿易往來亦十分熱絡。一九七一年至一九八一年之間，我國對中南美洲出口額增加三十六倍，一九七九年的雙方貿易總額已有美元八億一百五十餘萬，一九八一年更高達十四億八千萬美元，因此在外交政策之下，第四批文物箱製作配發期間（含政策配發與外館申請），共計在中南美洲地區十二個國家進行展覽，中華文物箱在此政策中，也擔負起該地區文化外交任務，曾寄發委內瑞拉、智利、哥斯大黎加。（資料來源：蕭美珠，〈臺灣與中南美洲之貿易：兼談中、韓兩國對中南美洲貿易競爭分析〉，《經濟前瞻》，（3），一九八六）

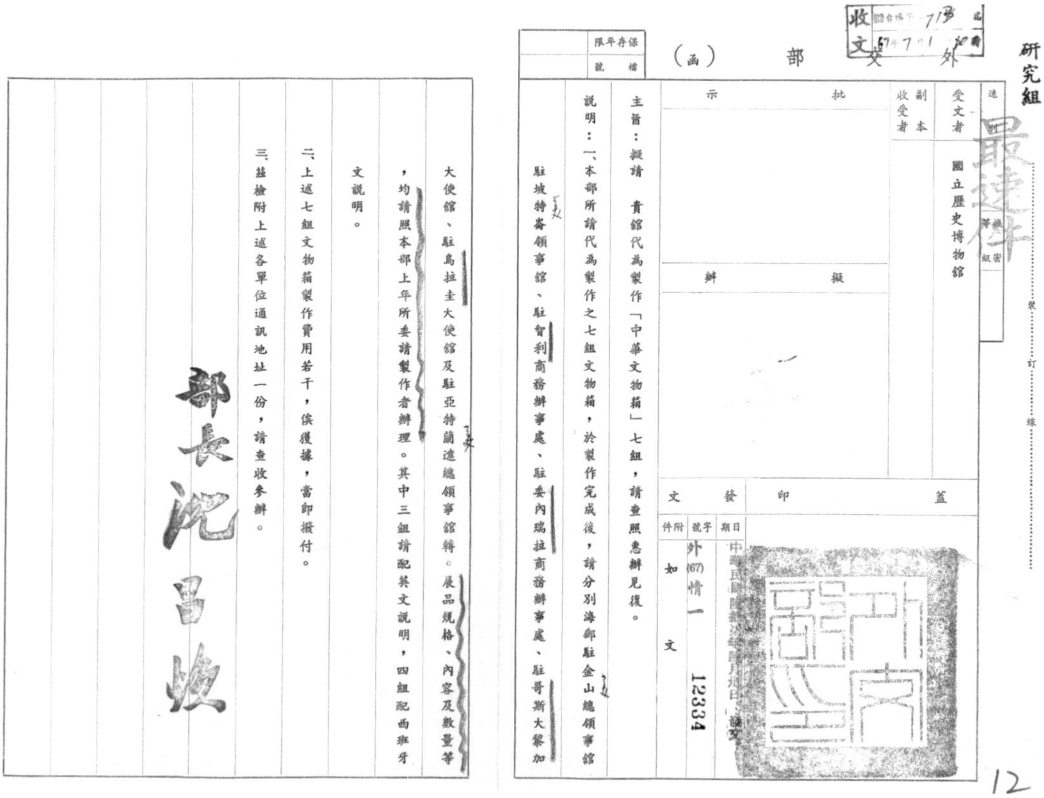
研究組
最速件
收文 國台博字 713 號 67年7月1日
外交部（函）
保存年限
檔號
受文者：國立歷史博物館
副本收受者：
主旨：擬請　貴館代為製作「中華文物箱」七組，請查照惠辦見復。
說明：一、本部所請代為製作之七組文物箱，於製作完成後，請分別海郵駐金山總領事館、駐坡特崙領事館、駐智利商務辦事處、駐委內瑞拉商務辦事處、駐哥斯大黎加大使館、駐烏拉圭大使館及駐亞特蘭達總領事館轉。展品規格、內容及數量等，均請照本部上年所委請製作者辦理。其中三組請配英文說明，四組配西班牙文說明。
二、上述七組文物箱製作費用若干，俟獲據，當即撥付。
三、茲檢附上述各單位通訊地址一份，請查收參辦。
部長沈昌煥
發文：日期 中華民國六十七年六月卅日；字號 外(67)情一 12334；附件 如文
12

《中華文物箱寄委內瑞拉、智利》，檔號 068-0422-26-1-12，史博館檔案（1978.06.30）

國立歷史博物館（函）

受文者：外交部

主旨：承囑製作中華文物箱七組，分別海運英國、智利、委內瑞拉、哥斯大黎加、烏拉圭等國，謹附七組文物箱製作費新台幣壹百貳拾陸萬元整之統一收據壹紙，敬請撥交國庫台北支庫本館專戶存款戶第二五六一〇帳戶，無任感幸。

說明：一、大部六十七年六月卅日外(67)情一一二三三四號函敬悉。

二、製作中華文物箱，本館係中文說明撰寫完成逕譯英文，另四組配西班牙文說明均遵辦。

三、俟全部七組完成即請派員審定後，按址分別海運。

四、該項文物箱展品規格，內容及數量等，仍依照上年委託製作之標準辦理選件。

館長 何浩天

發文日期：中華民國陸拾柒年柒月柒日

字號：(67)台博研字第853號

附件：收據壹紙（國博收字第三二六號）

外交部收文 第6626號 67年7月11日

66. 5. 8,000　12151

《中華文物箱（二）》，檔號 020-090502-0020-0088，國史館藏外交部檔案（1978.07.07）　（國史館提供）

收文 (67)台博字第683號 67年7月20日10時

研究組

外交部（函）

速別：最速件

受文者：國立歷史博物館

主旨：本部委請 貴館製作「中華文物箱」七組所需費用新台幣壹百貳拾陸萬元整，業已撥交國庫台北支庫 貴館第二五六一〇號帳戶，請查照。

說明：一、復 貴館本年七月七日(67)台博研字第八五三號函。

二、上述七組文物箱於製作完成寄發後，尚請 貴館惠予出具正式收費單據，俾憑核銷。

部長 沈昌煥

發文字號：外(67)情一 13786

10

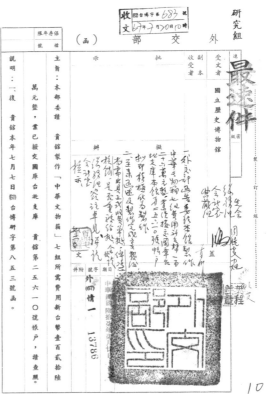

《中華文物箱寄委內瑞拉、智利》，檔號 068-0422-26-1-10，史博館檔案（1978.07.20）

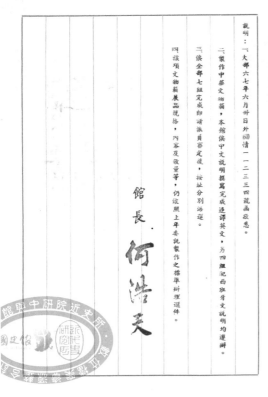

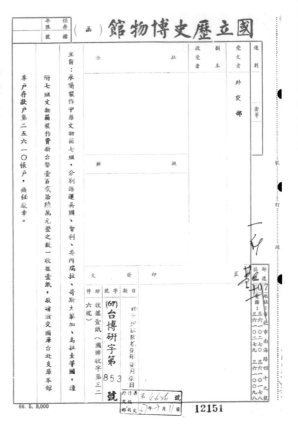

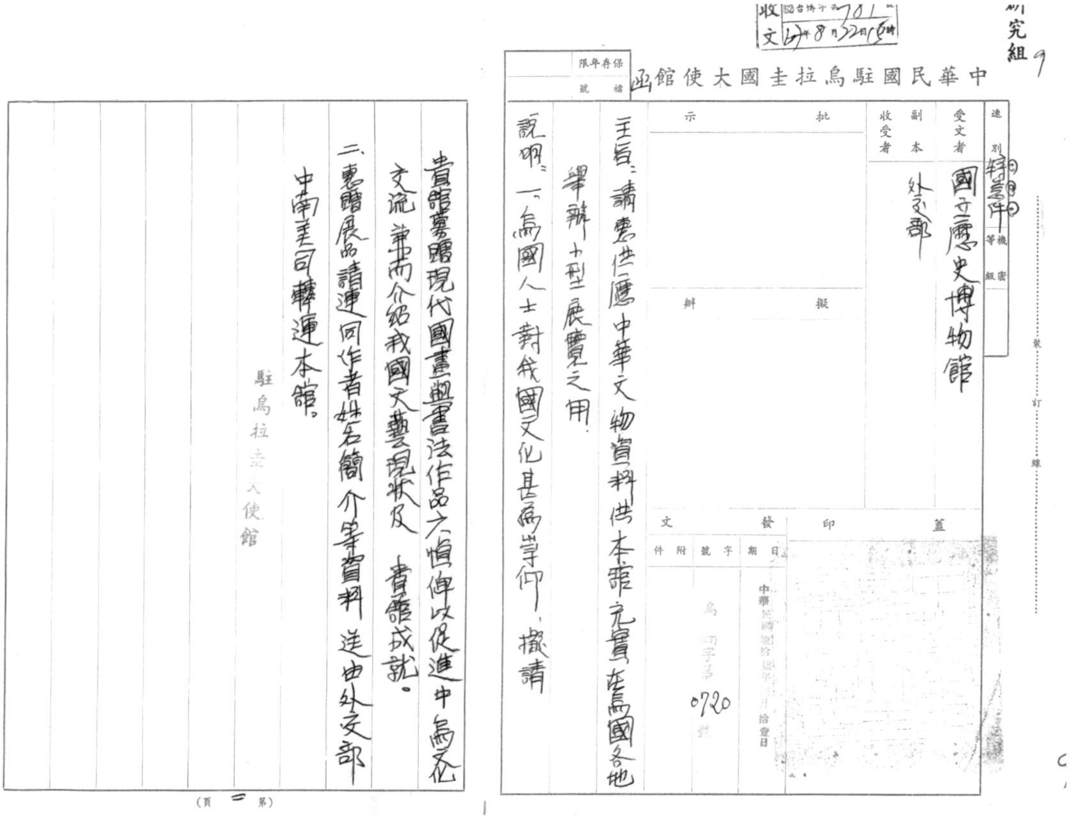

中華民國駐烏拉圭國大使館函

受文者：國立歷史博物館
副本收受者：外交部

主旨：請惠供應中華文物資料供本館充實在烏國各地舉辦小型展覽之用。

說明：一、烏國人士對我國文化甚為嚮仰，擬請貴館惠贈現代國畫與書法作品六幅，俾以促進中烏文化交流，並而介紹我國文藝現狀及貴館成就。

二、惠贈展品請連同作者姓名簡介等資料送由外交部中南美司轉運本館。

駐烏拉圭國大使館

中華民國駐烏拉圭國大使館

發文：中華民國陸拾柒年捌月拾壹日 烏(67)字第0720號

收文：67年8月22日

《中華文物箱寄委內瑞拉、智利》，檔號 068-0422-26-1-09，史博館檔案（1978.08.11）

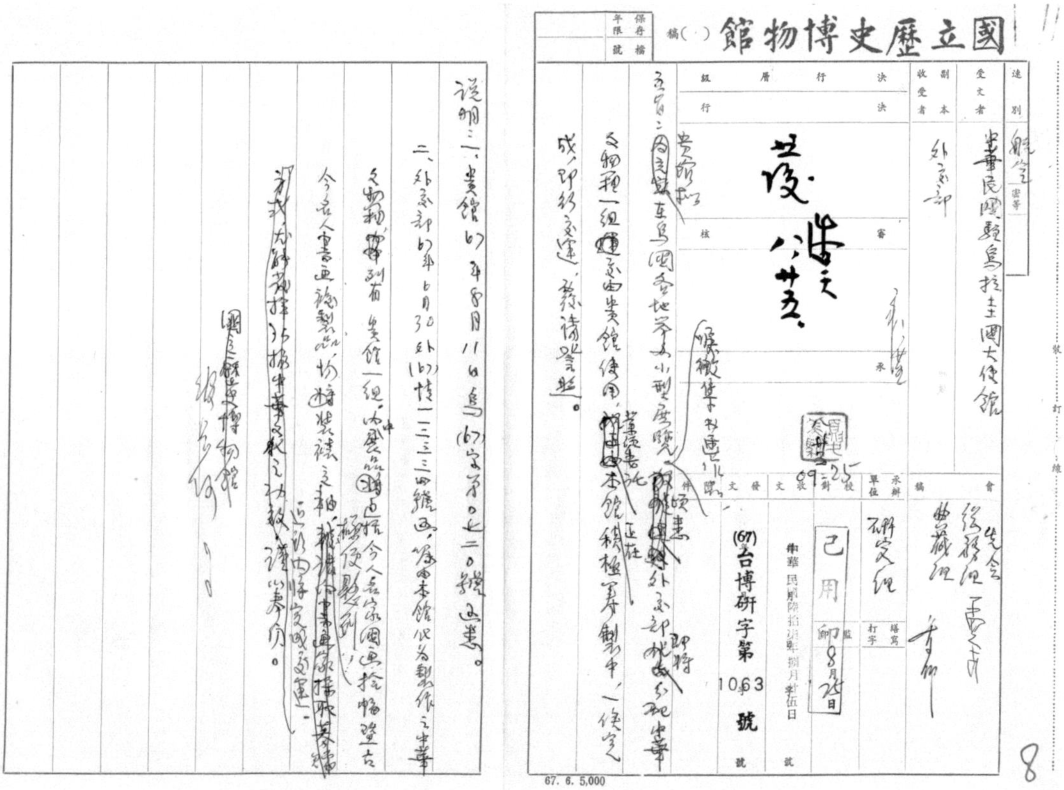

國立歷史博物館稿

受文者：中華民國駐烏拉圭國大使館
副本：外交部

說明：一、貴館67年8月11日烏(67)字第0720號函悉。

二、外交部67年8月30日外(67)情一三三三四號函……

國立歷史博物館

發文：(67)台博研字第1063號

《中華文物箱寄委內瑞拉、智利》，檔號 068-0422-26-1-08，史博館檔案（1978.08.25）

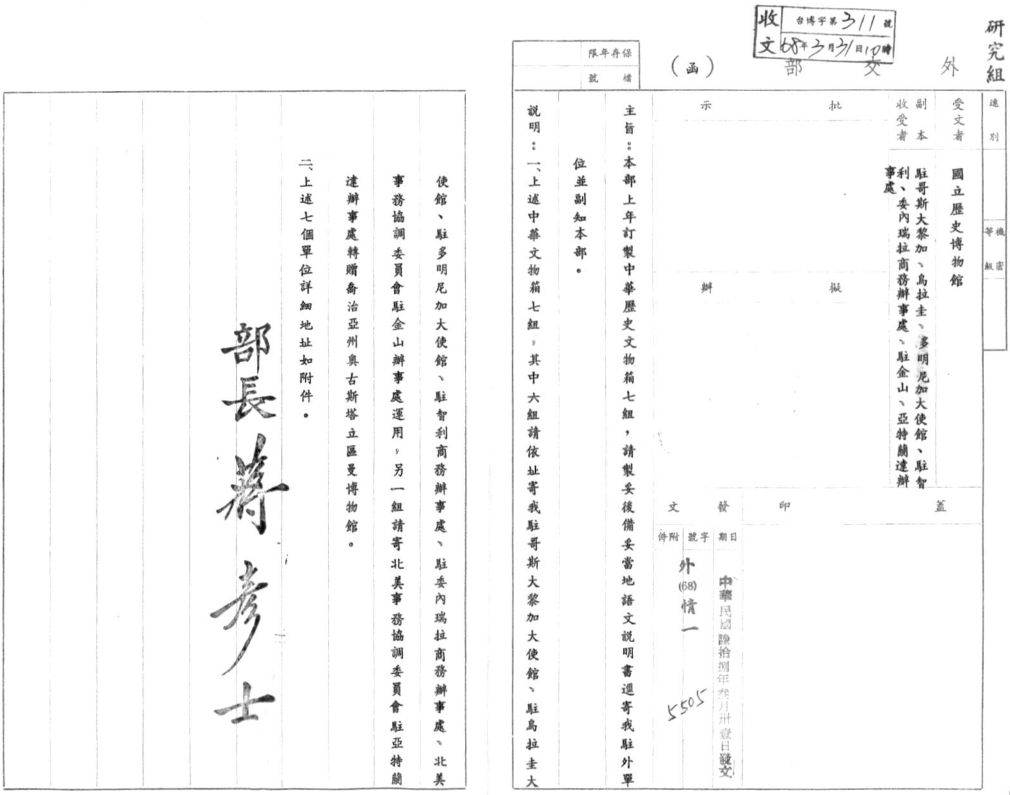

收文 台博字第311號 68年3月31日10時
研究組

外交部（函）

受文者：國立歷史博物館

副本收受者：駐哥斯大黎加、烏拉圭、多明尼加大使館、駐智利、委內瑞拉商務辦事處、駐金山、亞特蘭達辦事處

主旨：本部上年訂製中華歷史文物箱七組，請製妥後備妥當地語文說明書運寄我駐外單位並副知本部。

說明：一、上述中華文物箱七組，其中六組請依址寄我駐哥斯大黎加大使館、駐烏拉圭大使館、駐多明尼加大使館、駐智利商務辦事處、駐委內瑞拉商務辦事處、北美事務協調委員會駐金山辦事處運用，另一組請寄北美事務協調委員會駐亞特蘭達辦事處轉贈喬治亞州與古斯塔立區旦博物館。

二、上述七個單位詳細地址如附件。

部長 蔣彥士

發文 日期：中華民國陸拾捌年叁月卅壹日發文 字號：外(68)情一 5505

《文化交流—文物箱》，檔號 068-0108-5-1-09，史博館檔案（1979.03.31）

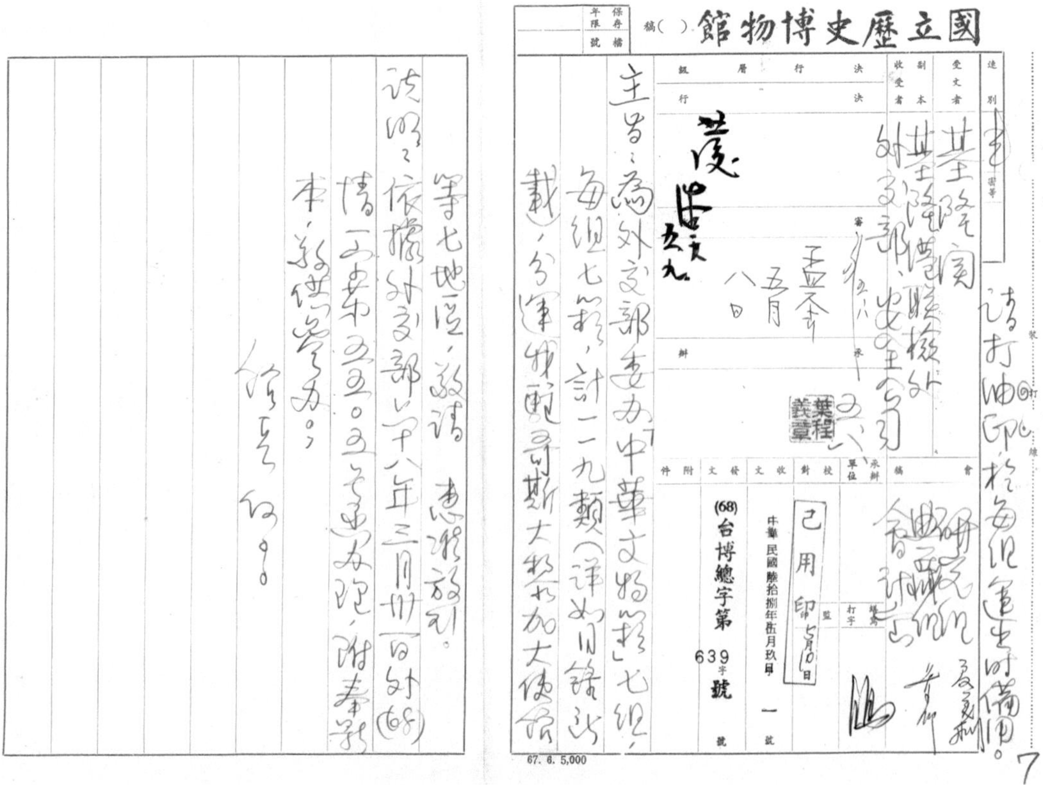

國立歷史博物館 稿

受文者：基隆海關

主旨：為外交部委办「中華文物箱」七組，每組七件，計一一九類（詳如目錄），分運我駐哥斯大黎加大使館等七地區，敬請惠准放行。

說明：依據外交部六十八年三月卅一日外(68)情一字第五五〇五號函辦理。

(68)台博總字第639號

中華民國陸拾捌年伍月玖日

己用印 5月10日

《中華文物箱寄委內瑞拉、智利》，檔號 068-0422-26-1-07，史博館檔案（1979.05.09）

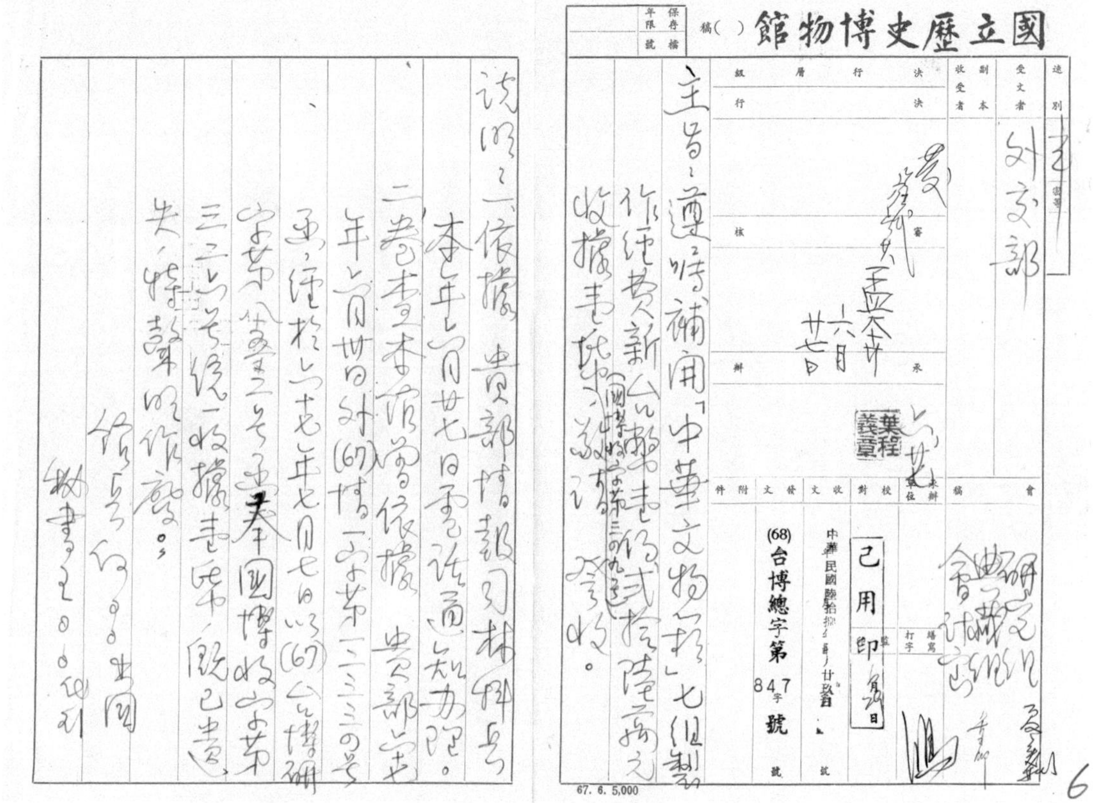

國立歷史博物館（ ）稿

受文者：外交部

主旨：運時補開「中華文物箱」七組製作經費新台幣……收據

說明：一、依據 貴部情報司林科長本年六月廿七日電話通知辦理。

二、查本館當依據 貴部……

(68)台博總字第847號

67. 6. 5,000

《中華文物箱寄委內瑞拉、智利》，檔號 068-0422-26-1-06，史博館檔案（1979.06.29）

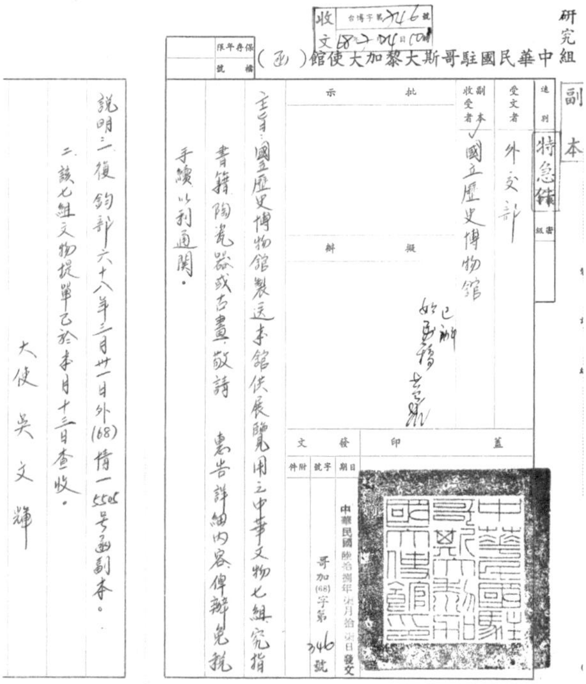

中華民國駐哥斯大黎加大使館（函）

研究組

受文者：外交部

副本收受者：國立歷史博物館

速別：特急件

主旨：國立歷史博物館製送本館供展覽用之中華文物七組，究指書籍陶瓷器或古畫，敬請惠告詳細內容，俾辦免稅手續以利通關。

說明：一、復鈞部六十八年三月廿一日外(68)情一5505號函副本。

二、該七組文物提單已於本月十三日查收。

大使 吳文輝

中華民國陸拾捌年柒月拾柒日發文

哥加(68)字第346號

《文化交流─文物箱》，檔號 068-0108-5-1-08，史博館檔案（1979.07.17）

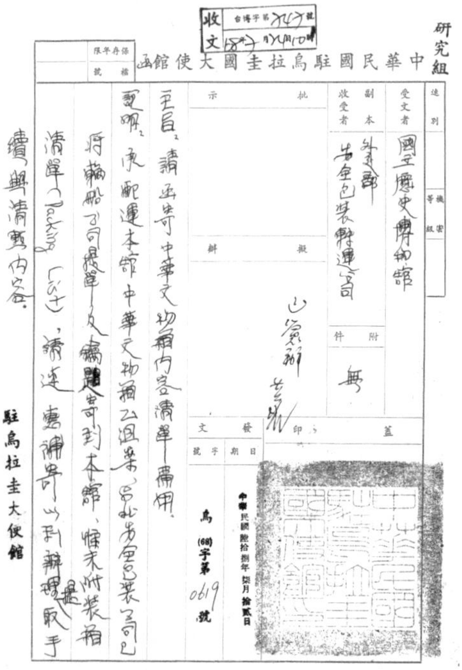

中華民國駐烏拉圭大使館函

研究組

受文者：國立歷史博物館

副本收受者：外交部、喜金包裝轉運公司

件附：無

主旨：請函寄中華文物箱內容清單一備用。

說明：一、貴館運本館中華文物箱乙組業已由喜金包裝公司將輪船提單一份寄到本館，惟未附裝箱清單（Packing List），請速惠補寄以利辦理提取手續與清點內容。

駐烏拉圭大使館

烏(68)字第0619號

中華民國陸拾捌年柒月拾貳日

《中華文物箱寄委內瑞拉、智利》，檔號 068-0108-5-1-07，史博館檔案（1979.07.12）

三、文物箱籌辦案（第四批：一九七八年八月至一九八〇年九月）

《籌辦第四批中華文物箱案》 檔號 069-0108-1-1-05，史博館檔案

受文者：1.教育部國際文教處、2.教育部總務司、3.中央文化工作會、4.中央海外工作會、5.外交部、6.行政院新聞局、7.僑務委員會

文別：（函）稿　發文者：史博館

日期：中華民國陸拾柒年捌月卅壹日

文號：（67）台博研字第1082號

主旨：本館奉教育部核定：籌製中華文物箱四〇組在海外應用，為求加強改進內容，謹函敬請於本（九）月六日（星期三）下午三時，派員蒞臨本館會商，就製作貴計劃賜予指導，俾資遵行，無任感幸。

說明：依據教育部67年8月4日台（67）文二〇九五五號函辦理。

館長　何〇〇

《籌辦第四批中華文物箱案》 檔號 069-0108-1-1-04，史博館檔案

受文者：行政院　副本：中央海外工作會、外交部、僑務委員會、行政院新聞局、史博館

文別：函　發文者：教育部

日期：中華民國陸拾柒年玖月肆日

文號：台（67）文第24160號

主旨：謹遵示擬具「中華文物箱」管理意見，報請鑒核。

說明：一、覆鈞院本年六月三十日台(67)忠授五字第三五七九號函。

二、本部意見如下：

（一）此項奉准訂製之中華文物箱當遵照鈞院指示，函知各受配單位，將該項文物箱列為各該單位財產帳管理。

（二）前製已分送國外之文物箱因時日較久，展出運送頻繁，大多已告破損，其間雖蒙核撥新台幣叁佰萬元予以汰舊換新，僅能補充其中主要部份，並未全部換新，現當遵示由本部再函知各有關受配單位，詳為調查，如已不能使用者，予以報廢，仍能使用者，列入各該單位財產帳管理。

三、檢附本部六十五年五月二十六日台(65)文字第一三三七四號函影印本二件。

部長　朱滙森

《籌辦第四批中華文物箱案》 檔號 069-0108-1-1-03，史博館檔案

受文者：教育部國際文教處等七個單位（名單如紀錄之出席單位）

文別：（書簡）稿　發文者：史博館

日期：中華民國陸拾柒年玖月拾貳日

文號：（67）台博研字第1130號

主旨：僅奉上本館於本（九）月六日召開之「中華文物箱」（第四批）籌辦會議紀錄乙份，敬請查照。

館長　何〇〇

《籌辦第四批中華文物箱案》 檔號 069-0108-1-1-02，史博館檔案

受文者：教育部

文別：（函）稿　發文者：史博館

日期：中華民國陸拾柒年玖月拾叁日

文號：（67）台博研字第1139號

主旨：奉鈞部轉奉行政院核定籌製中華文物箱四〇〇組，本館遵經擬具「國立歷史博物館承辦中華文物箱（第四批）製作計劃草案」一種，並於本（九）月六日邀集有關單位研討，積極籌辦。謹檢奉上項會議紀錄暨計劃草案各一份，敬請核備。

館長　何〇〇

《籌辦第四批中華文物箱案》檔號 069-0108-1-2-32，史博館檔案

受文者：教育部
文　別：（　）稿　　發文者：史博館
日　期：中華民國陸拾玖年伍月拾伍日
文　號：（69）台博研字第 677 號
主　旨：奉示由本館籌製之第三批「中華文物箱」四〇組，每組所有各類展品百件，均經分別徵集、精製完成，所需用之鐵箱每組八隻經詳細設計並已公開登報招標，鈞部指定日期派員蒞館核驗。（編按：應為第四批）
說　明：該項「中華文物箱」展品之驗收事項奉核定日期後，本館擬分函邀請外交部、中央文工會、中央海工會、僑務委員會、行政院新聞局及鈞部國際文教處、總務處指派人員參加，恭請核示。

館長　何〇〇

《籌辦第四批中華文物箱案》檔號 069-0108-1-2-31，史博館檔案

受文者：國立歷史博物館
文　別：函　　發文者：教育部
日　期：中華民國陸拾玖年伍月廿叁日
文　號：台（69）文第 15398 號
主　旨：爲貴館籌製之第三批「中華文物箱」如已製妥，希即自定日期報部再行派員核驗，復請查照。（編按：應為第四批）
說　明：一、覆本年五月十五日（69）台博研字第六七七號函。
二、邀請有關單位參加分配會議，請加邀中央海外工作會。

部長　朱匯森

《籌辦第四批中華文物箱案》檔號 069-0108-1-2-27，史博館檔案

受文者：國立歷史博物館
文　別：函　　發文者：教育部
日　期：中華民國陸拾玖年陸月伍日
文　號：台（69）文第 16700 號
主　旨：關於籌製第三批中華文物箱本部同意於六月十日下午三時在貴館核驗，並同時舉行分配會議，請查照。（編按：應為第四批）
說　明：覆本年五月二十九日（69）台博研字第七四九號函。

部長　朱滙森

《籌辦第四批中華文物箱案》檔號 069-0108-1-2-28，史博館檔案

受文者：國立歷史博物館
文　別：開會通知單　　發文者：教育部
日　期：中華民國陸拾玖年陸月伍日
文　號：台（69）文第 16700 號
開會事由：商討籌製完成第三批「中華文物箱」分配事宜。（編按：第三批應為第四批）
開會時間：69年6月10日（星期二）下午三時
開會地點：國立歷史博物館遵彭廳
主持人：鮑處長幼玉
聯絡人（或單位）：文教處周鑫炎
電　話：三二一九〇四六
出（列）席單位及人員：中央文化工作會、海外工作會、外交部、僑務委員會、行政院新聞局、國立歷史博物館、本部會計處、文教處

《籌辦第四批中華文物箱展》 檔號 069-0108-1-1-27，史博館檔案

受文者：國立歷史博物館
文別：開會通知單　　發文者：教育部
日期：中華民國陸拾玖年捌月拾玖日
文號：台（69）文第 25161 號
開會事由：商討「中華文物箱」分配事宜。
開會時間：69 年 8 月 22 日（星期五）上午九時
開會地點：國立歷史博物館會議室
主持人：鮑處長幼玉
連絡人（或單位）：文教處周鑫炎
電話：三九四四八九二
出（列）席單位及人員：中央海外工作會、外交部、行政院新聞局、僑務委員會、國立歷史博物館、教育部
備註：請將貴單位擬申請分配名單複印十份攜會。

《籌辦第四批中華文物箱案》 檔號 069-0108-1-2-10，史博館檔案

受文者：國立歷史博物館
文別：會議紀錄通知單　　發文者：教育部
日期：中華民國陸拾玖年玖月拾貳日
文號：台（69）文第 27734 號
主旨：茲檢送八月二十二日會議紀錄一份其中有關事項請照決議辦理。

檔案說明

一、一九七八年五月，第四批中華文物箱持續製作政策確定，同年八月本館獲得製作經費（見前「第四批文物箱政策預算」），並開始進行籌製工作，館內同仁已先於八月十日及二十三日進行專案小組會議，並於九月六日於本館召開協商會議，邀請相關單位參加。該會議之決議重點如下：

（一）增加「服裝」項目並酌減其他文物，以符合總預算額度。

（二）行政院新聞局已有固定管道提供海外單位唱片、幻燈片等影音資料，故第四批不再配置；郵政總局集郵中心已有專為海外展覽之成品套件供各單位申請，本批亦不再配置；展品文字說明亦應配合展出地區的語言進行外語翻譯，說明書及印製之文宣品應逐年供應。

（三）各配發單位應調查前三批文物箱內容現況，不能使用者予以報廢，堪用者仍須以單位財產辦理登記及管理。

二、行政院於一九七八年六月三十日臺（67）忠授五字第 3579 號函中，指示教育部應將所訂製之文物箱列入財產管理，並請教育部將過去經汰換的文物箱擬具處理辦法報核。教育部則於同年九月四日函復，表示已函知各使用單位將文物箱列入單位財產登記，已損毀但經修復後仍能使用者亦列入財產登記，已完全損毀者則予以報廢。

三、一九七八年九月，本館將第四批文物箱製作草案陳報教育部並開始製作，一九八〇年六月十日邀集各單位召開核驗及分配會議（編按：此會議中決議請各單位於一個月內提出需求再擇期會議討論，實際上的分配會議於同年八月二十二日舉行）。

四、一九八〇年八月二十二日分配會議之決議事項如下：

（一）第四批中華文物箱共計分配三十七個地區，其中外交部單位十九處、行政院新聞局單位十四處、教育部所屬四處，因馬來西亞怡保培南中學多次請求配發，故請駐吉隆坡遠東貿易旅遊中心優先借出一組供該校展覽。

（二）維護條件不夠的地區，本批次不再增補（如英國、泰國、菲律賓、新加坡等）。

（三）為配合法語及西語系國家的閱讀需要，由本館提供展品中文說明，並由行政院新聞局進行外文翻譯。

（四）第四批文物箱共計製作四十組、分配三十七組，剩餘三組留請本館日後酌情配發。

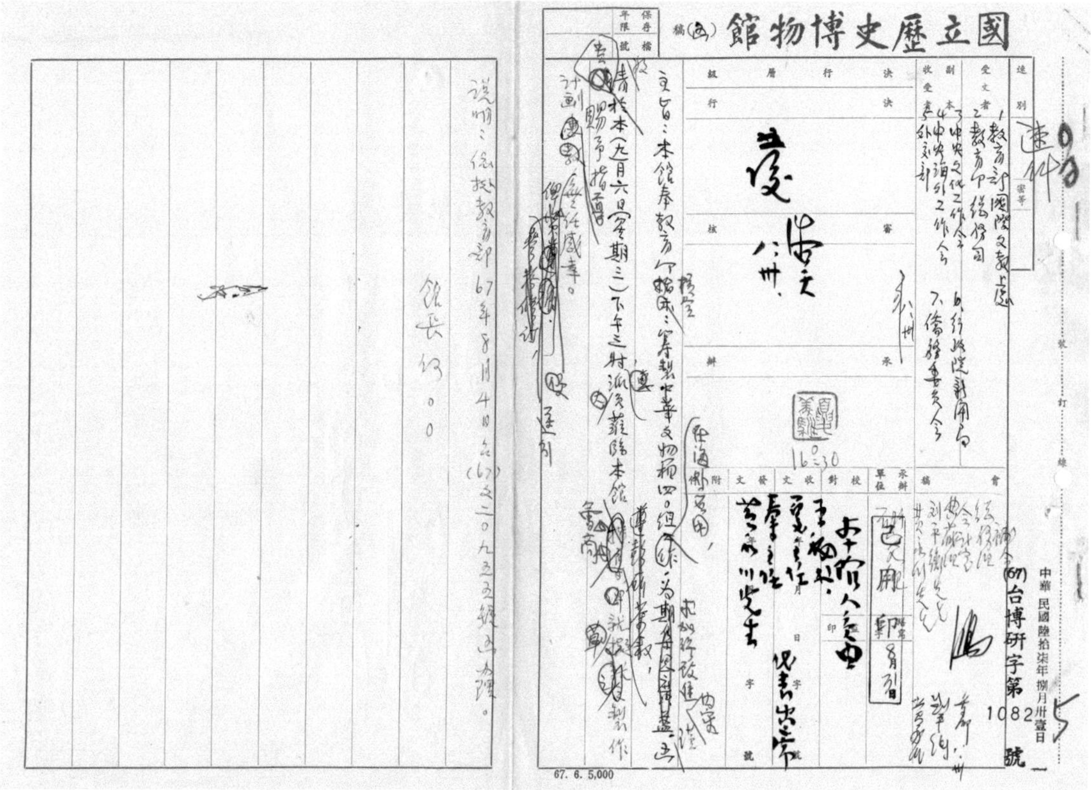
國立歷史博物館 稿(函)

中華民國陸拾柒年捌月卅壹日 (67)台博研字第1082號

《籌辦第四批中華文物箱案》，檔號 069-0108-1-1-05，史博館檔案（1978.08.31）

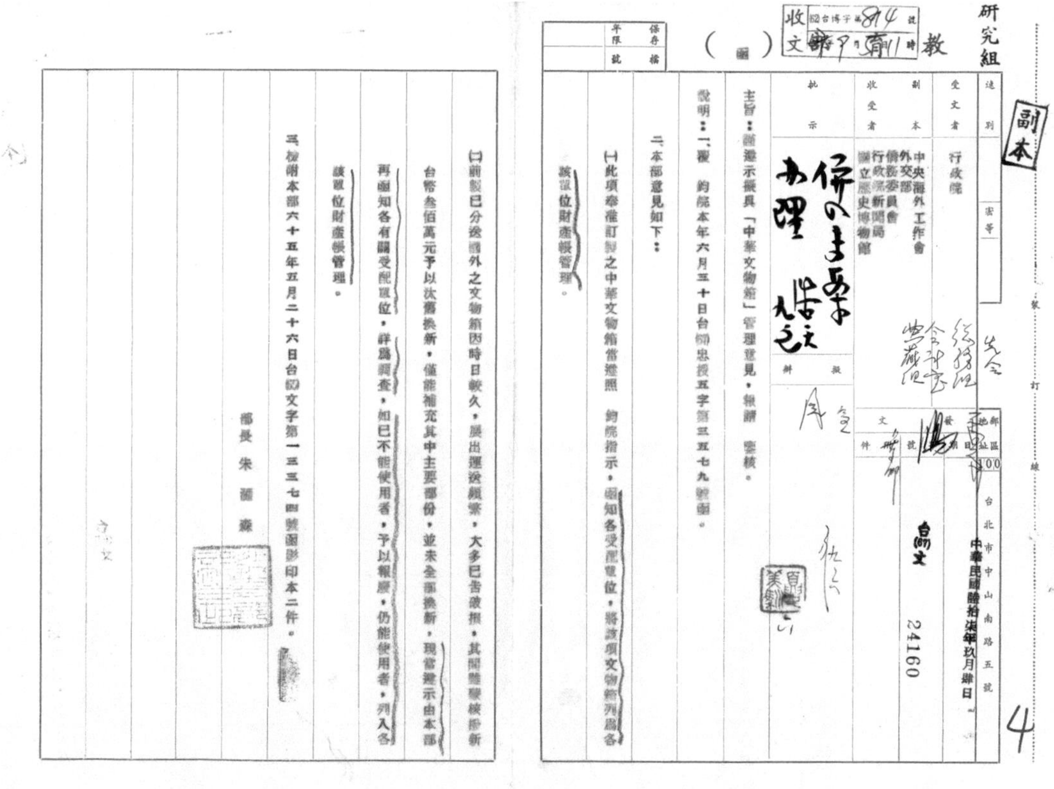
（函） 教

受文者：行政院

副本收受者：中央海外工作會、外交部、僑務委員會、行政院新聞局、國立歷史博物館

主旨：請鑒示擬具「中華文物箱」管理意見，報請 鑒核。

說明：一、覆 鈞院本年六月三十日台(67)忠授五字第三五七九號函。

二、本部意見如下：

(一)此項奉准訂製之中華文物箱當遵照 鈞院指示，函知各受配單位，將該項文物箱列爲各該單位財產帳管理。

(二)前製已分送國外之文物箱因時日較久，展出運送頻繁，大多已告破損，其間雖曾核撥新台幣叁佰萬元予以汰舊換新，僅能補充其中主要部份，並未全部換新，現當鑒示由本部再函知各有關受配單位，詳爲調查，如已不能使用者，予以報廢，仍能使用者，列入各該單位財產帳管理。

三、檢附本部六十五年五月二十六日台(65)文字第一三三七四號函影印本二件。

部長 朱匯森

中華民國陸拾柒年玖月肆日 台(67)文 24160

《籌辦第四批中華文物箱案》，檔號 069-0108-1-1-04，史博館檔案（1978.09.04）

國立歷史博物館（函）

受文者：

附件：紀錄一份

主旨：謹奉上本館於本(九)月六日召開之「中華文物箱」（第四批）籌辦會議紀錄乙份，敬請查照。

六十七年九月十二日
(67)台博研字第1130號

館長 何浩天

《籌辦第四批中華文物箱案》，檔號 069-0108-1-1-03，史博館檔案（1978.09.12）

國立歷史博物館 稿

保存年限	檔號

受文者：教育部國際文教處等七個單位（名單如紀錄之出席單位）

主旨：檢附本館於本（九）月六日召開之「中華文物箱」（第四批）籌備辦會議紀錄乙份，敬請查照。

館長 何〇〇

附件：紀錄一份

發文：(67)台博研字第1130號

承辦單位：研究組

已用印

66. 3. 3,000

《籌辦第四批中華文物箱案》，檔號 069-0108-1-1-03，史博館檔案（1978.09.12）

國立歷史博物館承辦「中華文物箱」（第四批）籌辦會議紀錄

時　間：中華民國六十七年九月六日（星期三）下午三時

地　點：本館會議室

出席人員：教育部國際文教處　關經炎

　　教育部總務司
　　中央文化工作會　周愚民
　　中央海外工作會　劉初向
　　外　交　部　沐盤石
　　行政院新聞局　楊宗科
　　僑務委員會　劉路傑　蕭林才
　　國立歷史博物館　王祥德　桑景卿　劉平衡　孟奔　蔣炳鴻　夏吳駟

主　席：何浩天　　紀　錄：黃永川

主席報告：

國立歷史博物館頃奉教育部轉奉行政院核定，為我國駐外機構要求，加強海外文化工作之發展，再行製作中華文物箱四〇組，分送海外各地適時舉辦展覽。本館接獲部方指示後，曾多次舉行會議，研訂製作計劃及改進要點，並擬具「國立歷史博物館承辦中華文物箱（第四批）製作計劃草案」一種，特請各位蒞臨指導，俾資遵循。

本館夏主任報告既往籌製中華文化箱三批之經過暨目前待製之計劃草案。（略）

各單位代表發言：

㈠行政院新聞局楊宗科先生：1.上次文物箱中附有裝箱位置圖，立意甚佳，尚希力求詳盡。2.展品繪畫及攝影之框架，應力求統一規格，且考慮其牢固性。3.古代服裝極受外籍人士歡迎，希仍列入展品項目之一。4.限於經費不足，製作箱數似可不限定於四十組。5.製作妥當後，於分配之前，希先作一調查，以無邦交之國家地區均予列入，如能免稅進口者尤當列入第一考慮對象。6.箱子大小之設計宜配合一般轎車之容積狀況，俾易搬運。

㈡僑務委員會劉路傑先生：1.服裝一項確有必要，希能考慮列入。2.記發時希能將海外各僑社列入考慮對象。

㈢國際文教處關經炎先生：1.配發問題希於製作完畢後另行召開會議決定，分配按其需要性力求公允、普遍。2.箱內文物之編號應求統一，俾於毀壞時，仍能按原編號要求補充。3.考慮印贈出版品消耗完畢、補充的可能性，可建議教育部列入會計年度經常費預算。4.中華文物箱列入教育部財產暨管理一節，宜列於各接受分配單位之所屬機關暨下管理，較為合理。

㈣外交部沐盤石先生：1.服裝一項在國外反應極佳，外交部已發專款一五〇萬元製作四十組分發

《籌辦第四批中華文物箱案》，檔號 069-0108-1-1-03，史博館檔案（1978.09.12）
附件：國立歷史博物館承辦「中華文物箱」（第四批）籌辦會議紀錄 -1

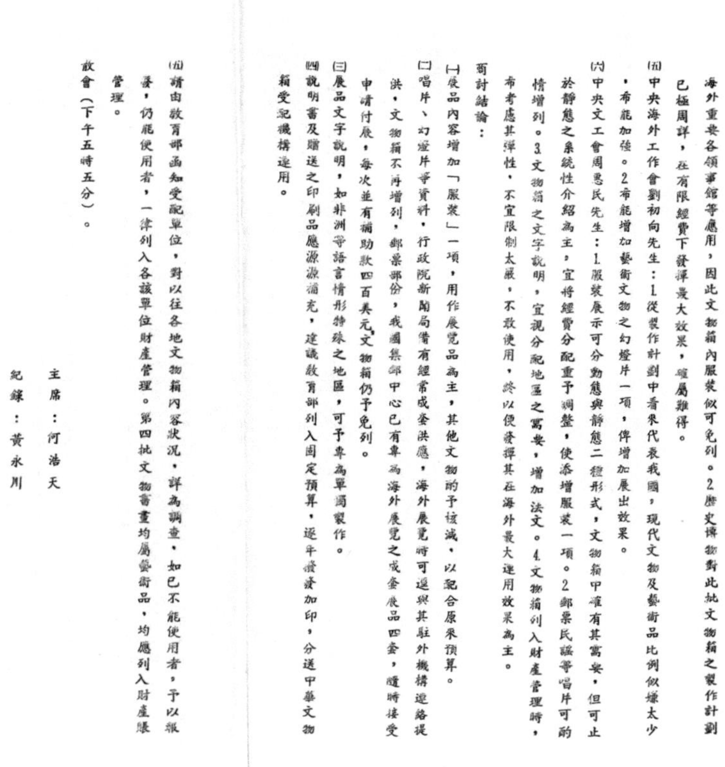

海外重要各領事館等應用，因此文物箱內服裝似可免列。2.歷史博物館對此批文物箱之製作計劃已極周詳，在有限經費下發揮最大效果，確屬難得。

(五)中央海外工作會劉初向先生：1.從製作計劃中看來代表我國，現代文物及藝術品比例似嫌太少，希能加強。2.希能增加藝術文物之幻燈片一項，俾增加展出效果。

(六)中央文工會周思民先生：1.服裝展示可分動態與靜態二種形式，文物箱中確有其需要，但可止於靜態之系統性介紹為主，宜將經費分配重予調整，使添增服裝一項。2.郵票民謠等唱片可酌情增列。3.文物箱之文字說明，宜視分配地區之需要，增加法文。4.文物箱列入財產管理時，希考慮其彈性，不宜限制太嚴，不敢使用，終以便發揮其在海外最大運用效果為主。

哥討結論：

(一)展品內容增加「服裝」一項，用作展覽品為主，其他文物酌予核減，以配合原來預算。

(二)唱片、幻燈片等資料，行政院新聞局備有經常成套洪應，海外展覽時可逕與其駐外機構連絡提洪，文物箱不再增列，郵票部份，我國集郵中心已有專為海外展覽之成套展品四套，隨時接受申請付展，每次並有補助款四百美元，文物箱仍予免列。

(三)展品文字說明，如非洲等語言情形特殊之地區，可予專為單獨製作。

(四)說明書及贈送之印刷品應源源補充，建議教育部列入固定預算，逐年撥款加印，分送中華文物箱受配機構運用。

(五)請由教育部函知受配單位，對以往各地文物箱內容狀況，詳為調查，如已不能使用者，予以報廢，仍能使用者，一律列入各該單位財產管理。第四批文物審畫均屬藝術品，均應列入財產賬管理。

散會（下午五時五分）。

主席：何浩天

紀錄：黃永川

《籌辦第四批中華文物箱案》，檔號 069-0108-1-1-03，史博館檔案（1978.09.12）
附件：國立歷史博物館承辦「中華文物箱」（第四批）籌辦會議紀錄 -2

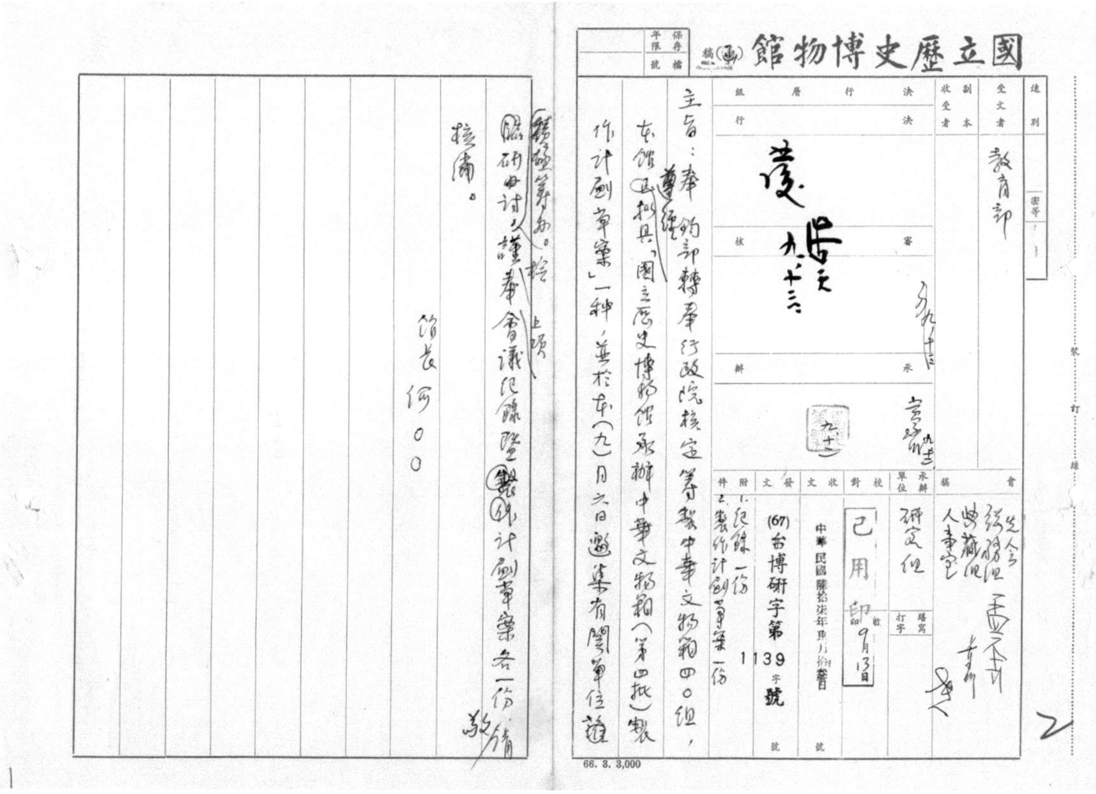

國立歷史博物館 稿(函)

保存年限
檔號

速別
受文者：教育部
副本收受者
密等

行 決
核 審
辦 承

主旨：奉鈞部轉奉行政院核定籌製中華文物箱四〇組，本館遵經擬具「國立歷史博物館承辦中華文物箱（第四批）製作計劃草案」一種，並於本（九）月六日邀集有關單位籌辦事務。檢附研討會議紀錄暨製作計劃草案各一份，敬請核備。

館長 何〇〇

附件：1.紀錄一份 2.製作計劃草案一份

發文：中華民國陸拾柒年玖月拾叁日 (67)台博研字第1139號

收文 號

校對 已用印 9月13日

承辦單位：研究組

會稿：總務組、典藏組、人事室

66. 3. 3,000

《籌辦第四批中華文物箱案》，檔號 069-0108-1-1-02，史博館檔案（1978.09.13）

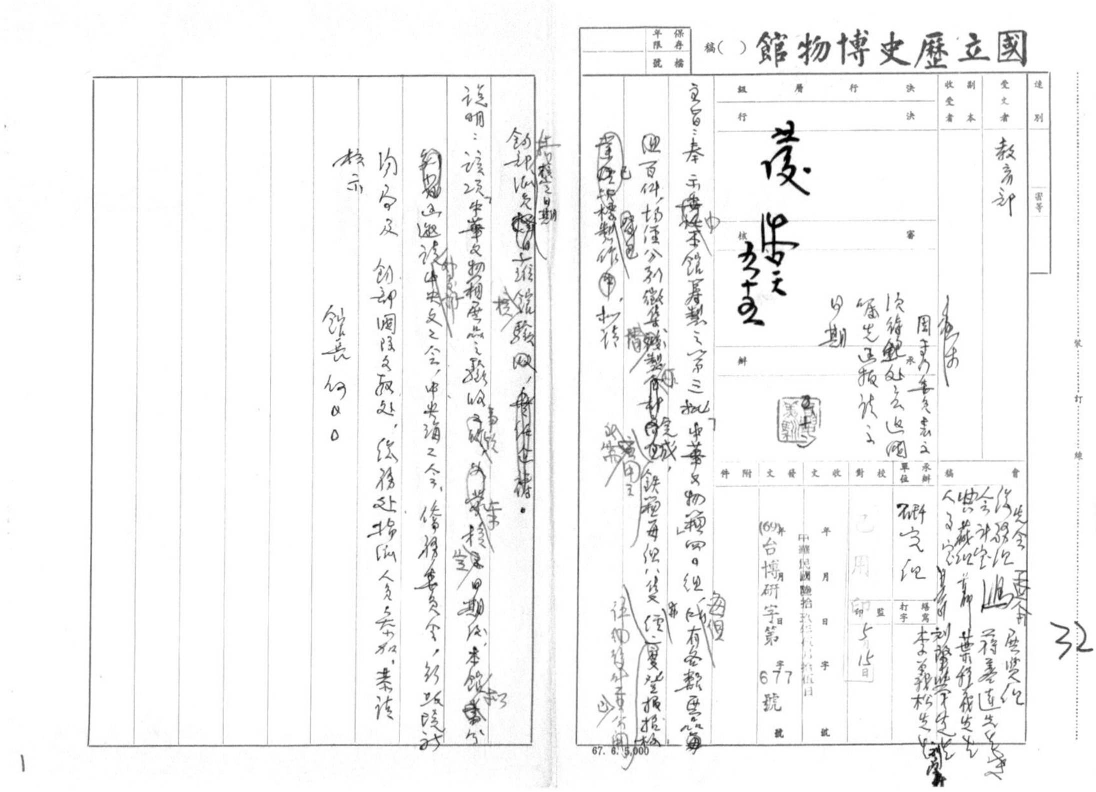

國立歷史博物館 稿（ ）

受文者：教育部

(69)台博研字第677號

《籌辦第四批中華文物箱案》，檔號 069-0108-1-2-32，史博館檔案（1980.05.15）

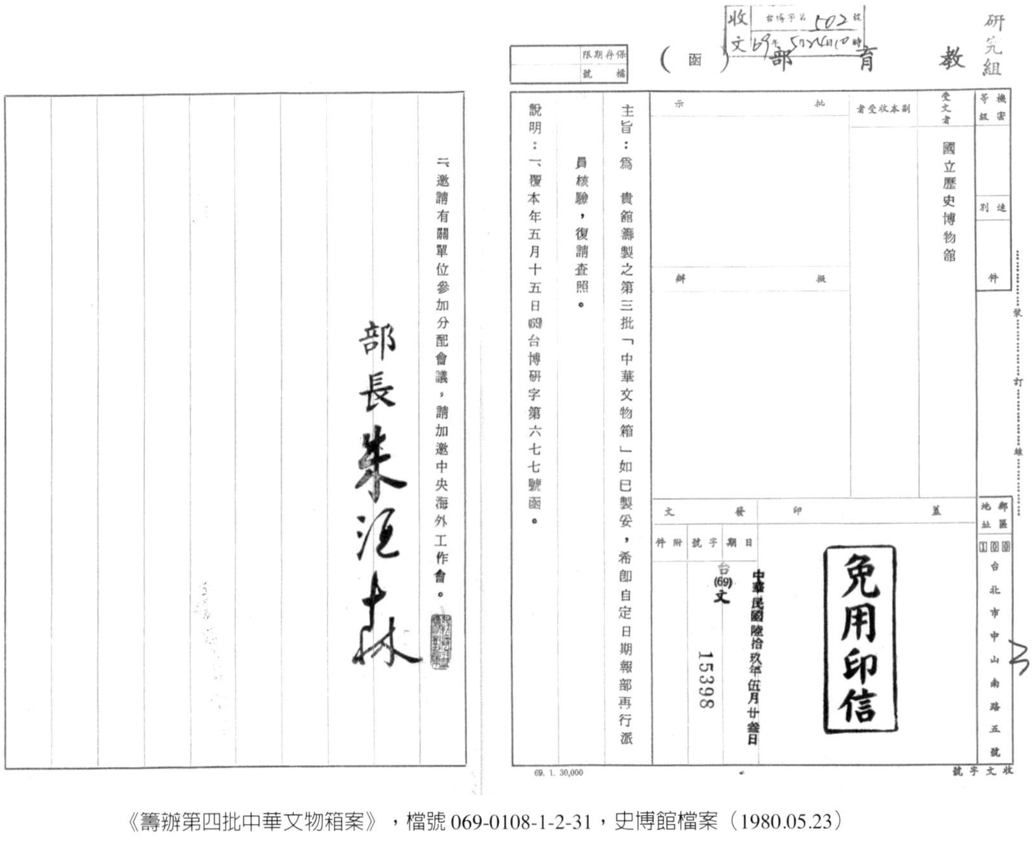

收文 台博字第502號 69年5月26日

研究組

教育部（函）

受文者：國立歷史博物館

主旨：為 貴館籌製之第三批「中華文物箱」如已製妥，希即自定日期報部再行派員核驗，復請查照。

說明：一、復本年五月十五日(69)台博研字第六七七號函。

二、邀請有關單位參加分配會議，請加邀中央海外工作會。

部長 朱匯森

發文：中華民國陸拾玖年伍月廿壹日 (69)台文 15398

免用印信

地址：台北市中山南路五號

《籌辦第四批中華文物箱案》，檔號 069-0108-1-2-31，史博館檔案（1980.05.23）

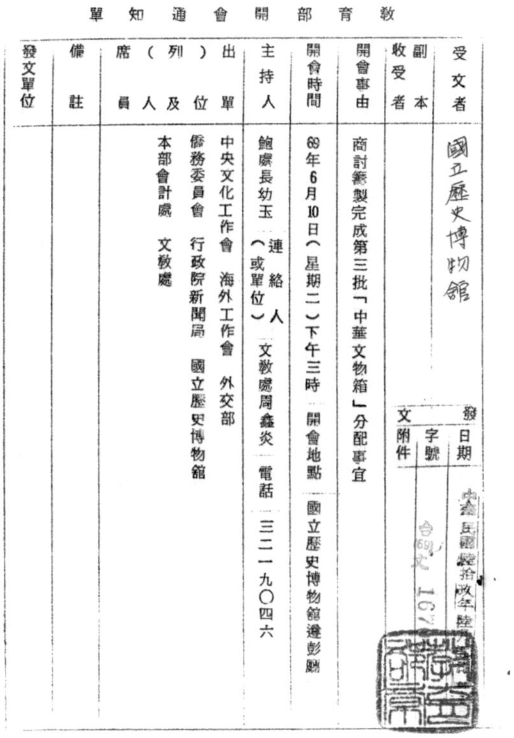

教育部開會通知單

受文者：國立歷史博物館
副本收受者：
開會事由：商討籌製完成第三批「中華文物箱」分配事宜
開會時間：69年6月10日（星期二）下午三時　開會地點：國立歷史博物館邊彭廳
主持人：鮑次長幼玉　連絡人（或單位）：文教處周鑫炎　電話：三二一九〇四六
出（列）席單位及人員：中央文化工作會　海外工作會　外交部　僑務委員會　行政院新聞局　國立歷史博物館　本部會計處　文教處
備註：
發文單位：
發 日期：中華民國陸拾玖年陸…　字號：台(69)文 167…　附件：

《籌辦第四批中華文物箱案》，檔號 069-0108-1-2-28，史博館檔案（1980.06.05）

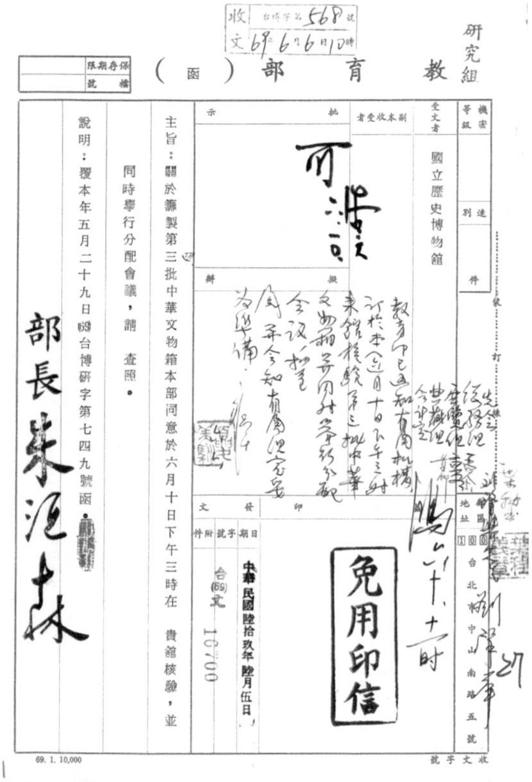

收文 台博字第568號 69.6.10

研究組

教育部（函）

受文者：國立歷史博物館

主旨：關於籌製第三批中華文物箱本部同意於六月十日下午三時在 貴館核驗，並同時舉行分配會議，請 查照。

說明：覆本年五月二十九日(69)台博研字第七四九號函。

部長 朱匯森

發文 日期：中華民國陸拾玖年陸月伍日　字號：台(69)文 16700

免用印信

地址：台北市中山南路五號

《籌辦第四批中華文物箱案》，檔號 069-0108-1-2-27，史博館檔案（1980.06.05）

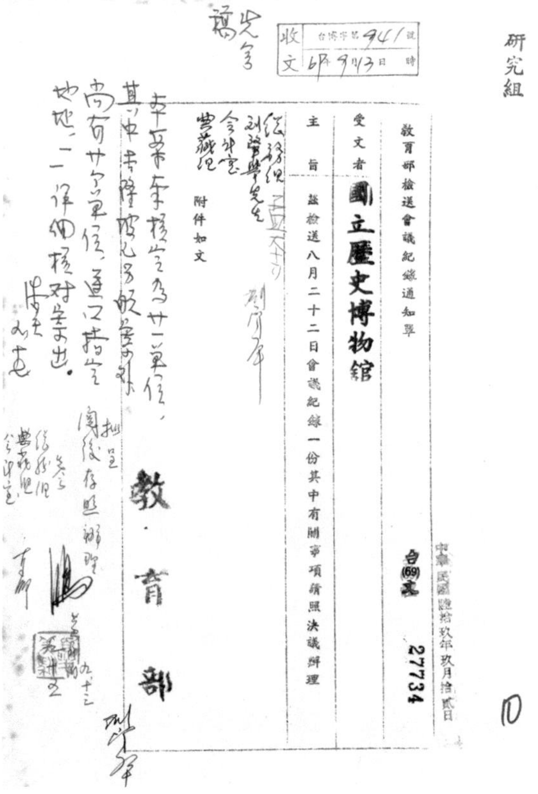

收文 台博字第941號 69.9.13

研究組

教育部檢送會議紀錄通知單

受文者：國立歷史博物館

主旨：茲檢送八月二十二日會議紀錄一份其中有關事項請照決議辦理

附件如文

中華民國陸拾玖年玖月拾貳日　台(69)文 27734

教育部

《籌辦第四批中華文物箱案》，檔號 069-0108-1-2-10，史博館檔案（1980.09.12）

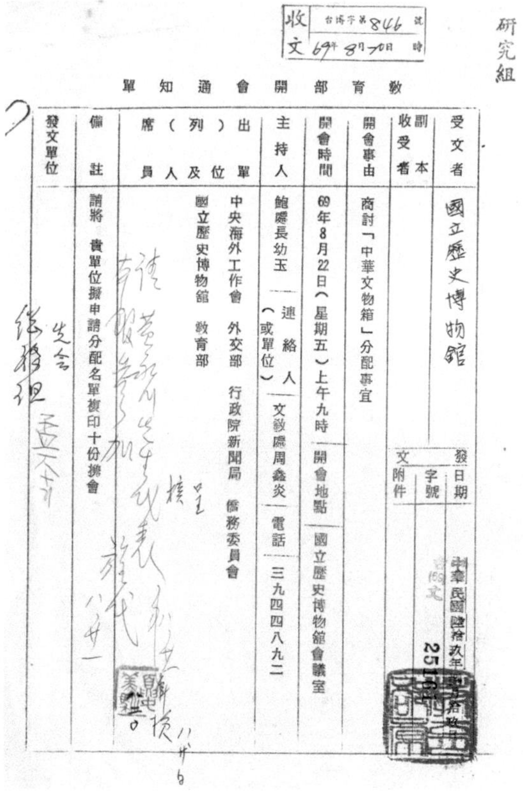

收文 台博字第846號 69.8.20

研究組

教育部開會通知單

受文者：國立歷史博物館
副本收受者：
開會事由：商討「中華文物箱」分配事宜
開會時間：69年8月22日（星期五）上午九時　開會地點：國立歷史博物館會議室
主持人：鮑次長幼玉　連絡人（或單位）：文教處周鑫炎　電話：三九四四八九二
出（列）席單位及人員：中央海外工作會　外交部　行政院新聞局　僑務委員會　國立歷史博物館　教育部
備註：請將 貴單位擬申請分配名單複印十份攜會
發文單位：
發 日期：中華民國陸拾玖年…　字號：台(69)文 251…　附件：

《籌辦第四批中華文物箱展》，檔號 069-0108-1-1-27，史博館檔案（1980.08.19）

國立歷史博物館承製第四批中華文物箱分配會議紀錄

時間：民國六十九年八月廿二日上午九時

地點：本館會議室

參加會議人員：

外交部：彭幽祐

行政院新聞局：謝先生

僑務委員會：甄先生

中央海外工作會：鍾賢濱

國立歷史博物館：黃永川

教育部：鮑幼玉　周鑫炎

主席：鮑處長幼玉　紀錄：黃永川

一、主席報告：

第四批文物箱之分配，希望考慮分配對象管理及維護之能力，以一地區一組為原則，除特殊情形外，儘量不使重複，充分發揮中華文物宣揚海外的作用。

二、分配結果：

(一)計得三十七個單位，名單如下：

1. ◎駐韓國大使館。
2. ◎亞東關係協會東京辦事處。
3. ◎駐耶加達中華商會。
4. ( )盧森堡孫中山中心。
5. ( )駐瑞士孫逸仙中心。
6. ( )駐象牙海岸大使館。
7. ◎駐南非大使館。
8. ◎北美事務協調委員會駐美國辦事處。
9. ◎北美事務協調委員會駐亞特蘭達辦事處。
10. ◎北美事務協調委員會駐芝加哥辦事處。
11. ◎北美事務協調委員會駐火奴魯魯辦事處。
12. ◎北美事務協調委員會駐霍斯敦辦事處。
13. ◎北美事務協調委員會駐羅安琪辦事處。
14. ◎北美事務協調委員會駐紐約辦事處。
15. ◎北美事務協調委員會駐金山辦事處。
16. ◎北美事務協調委員會駐西雅圖辦事處。
17. ( )駐海地大使館。
18. ( )駐秘魯遠東貿易中心。
19. ◎駐吉隆坡遠東貿易旅遊中心。

（已依指示優先航空寄出）

《籌辦第四批中華文物箱案》，檔號 069-0108-1-2-10，史博館檔案（1980.09.12）
附件：國立歷史博物館承製第四批中華文物箱分配會議紀錄 -1

以上一至十九為外交部所屬單位

20. ( )巴黎法華經濟貿易觀光促進會。
21. ◎駐南非大使館新聞參事處。
22. ◎駐羅安琪辦事處新聞組。
23. ◎駐紐約辦事處新聞組。
24. ( )遠東新聞社波昂總社。
25. ◎加拿大華夏新聞服務社。
26. ◎澳洲中華文化中心。
27. ( )駐教廷大使館新聞參事處。
28. ( )與地利自由中國資料供應社。
29. ( )駐瓜地馬拉大使館新聞參事處。
30. ( )駐巴拉圭大使館新聞參事處。
31. ( )駐沙烏地阿拉伯大使館新聞參事處。
32. ( )聯合報、經濟日報駐比、荷、盧特派員。
33. ◎駐芝加哥辦事處新聞組。

以上二十至三十三為行政院新聞局所屬單位

34. ( )法國巴黎趙克明先生。
35. ( )比利時傅維新先生。
36. ( )西德法蘭克福嚴嘉遠先生。
37. ◎美西劉定一先生。

以上三十四至三十七為教育部所屬單位

(二)其中有◎記號者請優先寄發。

(三)英國、泰國、菲律賓、新加坡等駐外單位學籍維護條件不夠，免予分配。

四馬來西亞培南中學雖一再請配，惟權衡實際情況，不予單獨分配，請其逕洽吉隆坡遠東貿易旅遊中心借展。

三、綜合意見：

(一)「吉隆坡遠東貿易旅遊中心」一組希於最近期間內先行寄出，並註明「請優先交由培南中學校慶時展覽應用」字樣。培南中學十月初校慶，請史博館注意時效，於寄發前電知新聞局。

(二)對西班牙文、法文國家，希將箱中資料譯成各該國文字。印發使用，俾收實效。翻譯工作請由新聞局負責，史博館提供資料。譯妥後交教育部國際文教處加印，配置箱內運交使用。

(三)新聞局提配單位之地址請新聞局提供。

四史博館負責交運時請參考各單位提供名單中「備註」欄中所示。

(五)保留之三組暫存史博館，俾日後酌量情形，配發使用。

四、散會（上午十時四十分）

《籌辦第四批中華文物箱案》，檔號 069-0108-1-2-10，史博館檔案（1980.09.12）
附件：國立歷史博物館承製第四批中華文物箱分配會議紀錄 -2

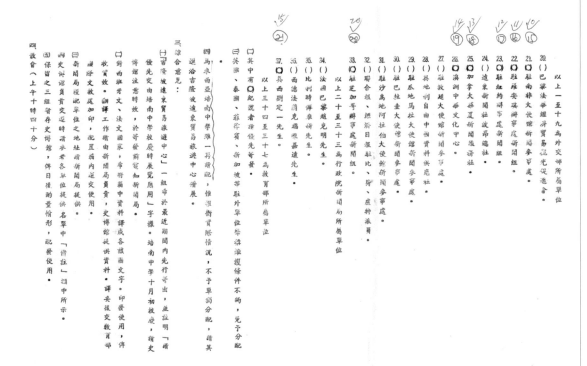

《中華文物箱》 檔號 0660000665，教育部檔案

受文者：教育部
文　別：函　　　　發文者：僑務委員會
日　期：中華民國陸拾陸年貳月廿壹日
文　號：（66）台僑化第 22806 號
主　旨：馬來西亞霹靂怡保培南中學（註），函請寄贈「中華文物箱」乙組，轉請從優參處逕復。
說　明：一、馬來西亞霹靂怡保培南中學董事長陳孟利來函略稱：「敝校訂於本年（66）年十月爲慶祝創校廿二週年紀念，幷舉辦學藝展覽大會，展出中華文物藉以發揚中華文化，請提供「中華文物箱」乙組，以資存放展出」等語。查該校舉辦學藝展覽大會深具意義，特請從優考慮。
二、馬來西亞霹靂怡保培南中學地址：
SEKOLAH MENENGAH POI LAM（SUWA）
LOT. NO. 18274 JALAN PULAT, PANGKALAN
IPOH MALAYSIA

《劉國松、彭既白、陳孟利、丁星五》
檔號 069-0107-8-1-05，史博館檔案

受文者：馬來西亞怡保中學陳孟利先生
文　別：（函）稿　　　　發文者：史博館
日　期：中華民國陸拾玖年叁月拾肆日
文　號：（69）台博研字第 355 號
主　旨：

孟利吾兄道鑒：
敬覆者：三月五日大函敬悉。有關中華文物箱，本館承教育部指示，當在製作中。將來分配，俟奉部令指示安排，承若貴校希望於本年十月間獲得使用，自當從旁儘力協助，知注奉聞，順頌
時綏

弟　何〇〇敬啓　　69.3.13

《籌辦第四批中華文物箱展》 檔號 069-0108-1-2-19，史博館檔案

受文者：國立歷史博物館
文　別：書函　　　　發文者：教育部
日　期：中華民國陸拾玖年肆月貳日
文　號：台（69）文第 9138 號
主　旨：馬來西亞僑校培南中學需「中華文物箱」請查照核辦逕復。
說　明：檢附培南中學六十九年三月五日函影本乙份，請參考。
教育部

附件：信箋內容

敬啓者：敝校去歲已蒙祖國僑委會恩准同意立案（証書爲中台字第三〇六號），不勝欣慰。茲決定於本年十月十八、十九及廿日一連三天舉行慶祝敝校創立廿五週年紀念暨第三期建校計劃落成開幕典禮，並將舉辦一項盛大規模之學藝展覽，包括中文學會主辦之「中華文物展」。去歲欣聞鈞部曾委託國立歷史博物館精心製作「中華文物箱」一批運往海外地區提供國際人士及中華民國留學生、僑胞等作長期展覽，即已專函奉懇鈞部亦頒賜一批「中華文物箱」以供今年展覽之用，

茲因展出日期已定，尚祈一貫愛護華教、發揚國粹、熱心僑胞福利之精神。惠准所請並希賜覆爲感！

此呈

中華民國教育部

朱滙森部長鈞右

馬來西亞吡叻怡保培南中學

董事長　陳孟利　謹啓

中華民國六十九年三月五日

《文化交流》檔號 071-0108-7-1-43，史博館檔案

受文者：駐吉隆坡遠東貿易旅遊中心

文　別：（函）稿　　發文者：史博館

日　期：中華民國陸拾玖年玖月拾陸日

文　號：（69）台博總字第 1236 號

主　旨：本館特製「中華文物」一二四種，分裝八箱（第一箱內除文物外另附簡介二、〇〇〇份，目錄一、〇〇〇份，說明卡二四八份），由中華航空公司空運吉隆坡，敬請提取優先交由培南中學配合校慶舉辦展覽。

說　明：檢附中華文物箱中、英目錄及價值清冊各一份，備供報關納稅參考。

館長　何〇〇

《籌辦第四批中華文物箱展》檔號 069-0108-1-2-18，史博館檔案

受文者：馬來西亞培南中學陳董事長孟利

文　別：箋函　　發文者：僑務委員會

日　期：中華民國陸拾玖年拾月貳日

文　號：（69）台僑化第 33814 號

主　旨：

一、本年三月五日大函敬悉。

二、關於貴校請求贈送「中華文物箱」俾配合貴校十月間舉行創校廿五週年紀念展出事，經教育部邀集有關單位會商決議：由於製作數量有限，無法單獨分配，請逕洽吉隆坡遠東貿易旅遊中心借展。

三、是項文物箱一套，國立歷史博物館預計於九月廿三日在台交中華航空公司運交吉隆坡遠東貿易旅遊中心，並註明「請優先交由培南中學校慶時展覽應用」字樣，屆時請逕洽借展。

四、吉隆坡遠東貿易旅遊中心地址：FAR EAST TRADING AND TOURISM CENTRE SDN. BHD. KULA LUMPUR, MALAYSIA RM. 1, 4TH FL. DOMPLEK KEWANGAN JALAN RAJA CHULAN, KUALA LUMPUR, MALAYSIA

五、副本抄送吉隆坡遠東貿易旅遊中心、教育部、外交部、國立歷史博物館。

此致

馬來西亞培南中學陳董事長孟利

僑務委員會

《籌辦第四批中華文物箱展》檔號 069-0108-1-2-17，史博館檔案

受文者：馬來西亞怡保孟加蘭波賴路培南中學　　副本：吉隆坡遠東貿易旅遊中心

文　別：（　）稿　　發文者：史博館

日　期：中華民國陸拾玖年拾月柒日

文號：（69）台博研字第1327號
主旨：
孟利董事長惠鑒：
前由貴校爲創立廿五週年紀念，希望提供中華文物箱藉資展覽一節。該項中華文物箱一組八箱，業於九月底空運吉隆坡遠東貿易旅遊中心負責保管，貴校十月初校慶請向遠東貿易旅遊中心優先借用，知注謹閱，順頌
時綏

中華民國國立歷史博物館　館長　何〇〇
民國六十九年十月六日

《雜卷》 檔號 070-0443-1-1-76，史博館檔案

受文者：馬來西亞怡保孟加蘭波賴路培南中學董事長陳孟利先生
副本：教育部、吉隆坡遠東旅遊中心、僑務委員會
文別：（）稿　　發文者：史博館
日期：中華民國柒拾年貳月拾柒日
文號：（70）台博研字第226號
主旨：本館遵奉教育部指示，製贈中華文物箱由貴校長期陳列，現已備妥，即將運寄，敬請詧照。
說明：一、依據教育部69、12、9台（69）文四〇〇八六號函辦理。
二、復據貴校董事長陳孟利先生70年1月28日致僑務委員會函副本，敬悉貴校大禮堂將在本年十一月舉行落成典禮。本館製贈之「中華文物」計有陶器、銅器、瓷器、雕漆、書畫、琺瑯等六大類合計六十一件，現正裝箱交運中，一俟運出，再行函告提件。
三、現存吉隆坡遠東貿易旅遊中心之中華文物箱，計爲八箱合成一組，如貴校需要展覽，即請隨時逕洽借用，負責用畢歸還。

館長　何〇〇

檔案說明

一、馬來西亞地區華人比例頗高，華人社團亦有相當數量。中華文物箱自第三批開始配送當地我國駐外機構供展覽之用，位於馬來西亞霹靂州怡保地區的培南中學，自一九七六年起即多次致函教育部，希望獲得中華文物箱一組以供該校長期展示，為第三批文物箱已配發新聞局駐馬來西亞新聞處，無法提供該校運用。第四批文物箱進行配發時，已註明將原提供駐吉隆坡遠東貿易旅遊中心一組文物箱優先供應該校展覽，展期過後再歸還該中心。

二、惟該校仍不斷請求本館配發文物箱，教育部終於同意製作一組致贈該校長期陳列，本館何浩天館長亦於一九八二年十一月率同仁前往該校參訪。

註：培南中學成立於一九二五年，初期只有小學，一九五五年增設中學部後改名為培南中學。一九六二年改制為不受政府補貼之財務獨立學校，改稱培南獨立中學，一九八二年時全校已有四十三班，學生人數一千八九十人，為全霹靂獨中人數最多的學校（資料來源：培南資訊網 http://www.poilam.edu.my/）。

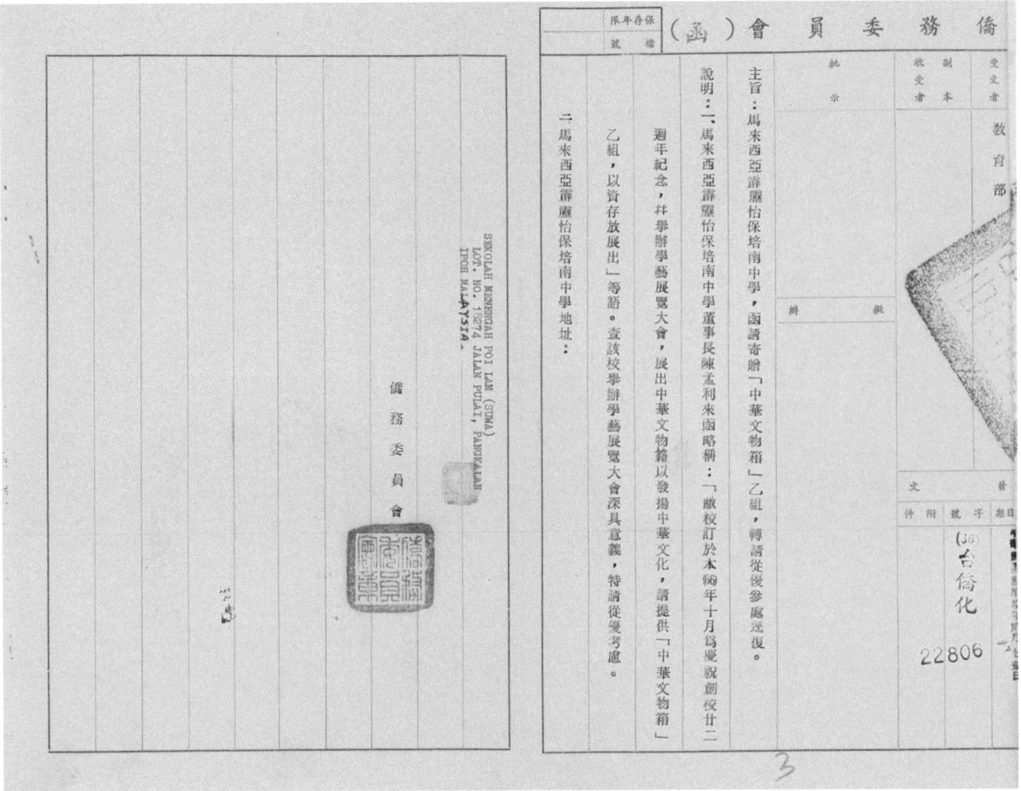

僑務委員會（函）

受文者：教育部

主旨：馬來西亞霹靂怡保培南中學，函請寄贈「中華文物箱」乙組，轉請從優參處逕復。

說明：一、馬來西亞霹靂怡保培南中學董事長陳孟利來函略稱：「敝校訂於本(66)年十月為慶祝創校廿二週年紀念，并舉辦學藝展覽大會，展出中華文物藉以發揚中華文化，請提供「中華文物箱」乙組，以資存放展出」等語。查該校舉辦學藝展覽大會深具意義，特請從優考慮。

二、馬來西亞霹靂怡保培南中學地址：

SEKOLAH MENENGAH POI LAM (SUMA)
LOT. NO. 18274 JALAN PULAI, PANGKALAN
IPOH MALAYSIA.

僑務委員會

(66)台僑化 22806

《中華文物箱》，檔號 06600006665，教育部檔案（1977.02.21）

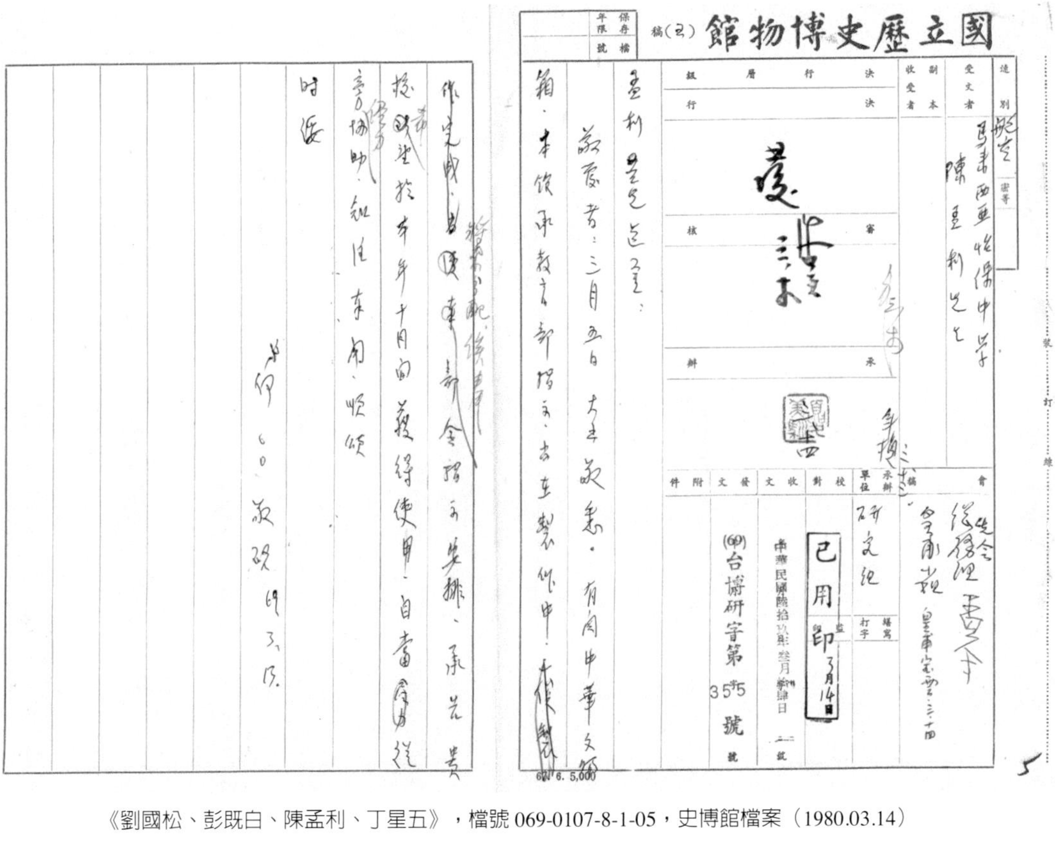

國立歷史博物館 稿(三)

受文者：馬來西亞怡保培南中學 陳孟利先生

孟利先生道鑒：

敬啟者：三月五日大函敬悉。有關中華文物箱，本館承教育部轉交，尚在製作中……

(69)台博研字第355號

中華民國陸拾玖年叁月拾肆日

已用印 3月14日

《劉國松、彭既白、陳孟利、丁星五》，檔號 069-0107-8-1-05，史博館檔案（1980.03.14）

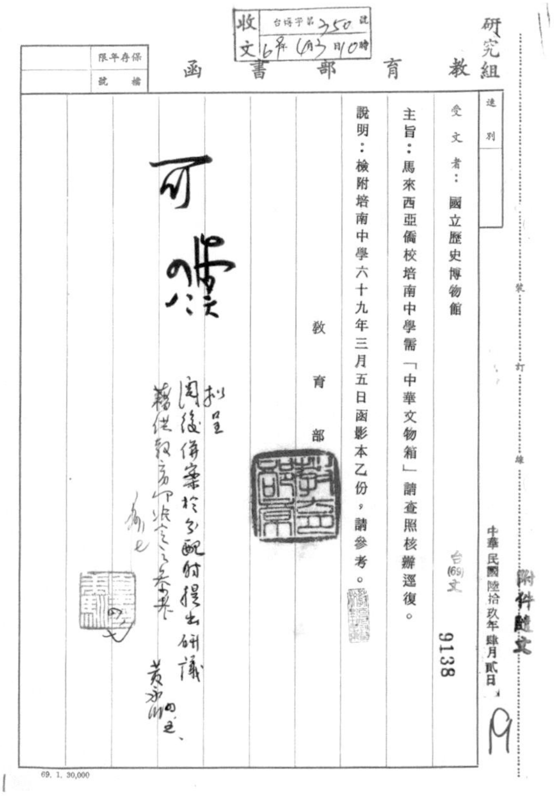

研究組

收文 台博字第 250 號 69年 4月 3日 10時

教育部 書函

限年存保

檔號

速別

受文者：國立歷史博物館

主旨：馬來西亞僑校培南中學需「中華文物箱」請查照核辦逕復。

說明：檢附培南中學六十九年三月五日函影本乙份，請參考。

教育部

台(69)文 9138

中華民國陸拾玖年肆月貳日

附件隨文

69. 1. 30,000

《籌辦第四批中華文物箱展》，檔號 069-0108-1-2-19，史博館檔案（1980.04.02）

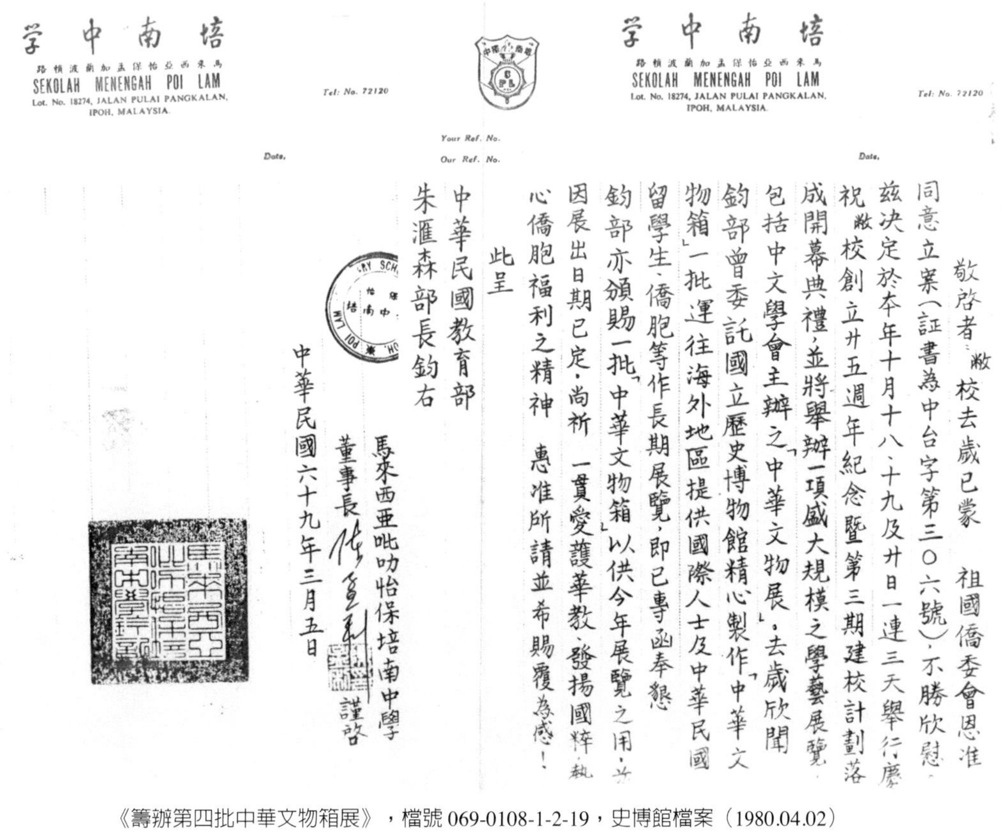

培南中学

馬來西亞怡保加蘭渡槙路

SEKOLAH MENENGAH POI LAM

Lot. No. 18274, JALAN PULAI PANGKALAN, IPOH, MALAYSIA.

Tel: No. 72120

Your Ref. No.

Our Ref. No.

Date.

敬啟者：敝校去歲已蒙 祖國僑委會恩准同意立案（証書為中台字第三〇六號），不勝欣慰。茲決定於本年十月十八、十九及廿日一連三天舉行慶祝敝校創立卅五週年紀念暨第三期建校計劃落成開幕典禮，並將舉辦一項盛大規模之學藝展覽，包括中文學會主辦之「中華文物展」。去歲欣聞鈞部曾委託國立歷史博物館精心製作「中華文物箱」一批運往海外地區提供國際人士及中華民國留學生、僑胞等作長期展覽，即已專函奉懇鈞部亦頒賜一批「中華文物箱」以供今年展覽之用。並因展出日期已定，尚祈 一貫愛護華教、發揚國粹、熱心僑胞福利之精神 惠准所請並希賜覆為感！

此呈

中華民國教育部

朱滙森部長鈞右

馬來西亞吡叻怡保培南中學

董事長　謹啟

中華民國六十九年三月五日

《籌辦第四批中華文物箱展》，檔號 069-0108-1-2-19，史博館檔案（1980.04.02）

附件：信箋影本

國立歷史博物館 稿（函）

受文者：駐吉隆坡遠東貿易旅遊中心

主旨：本館特製中華文物一三四種，分裝八箱（第一箱內另附文物簡介二〇〇〇份，目錄一〇〇〇份，說明卡二四八份），由中華航空公司運吉隆坡，敬請提取優先支援培南中學校慶展覽。

說明：檢附中華文物箱目錄及價值清冊各一份，供報關付稅之參考。

館長 何○○

附件：如說明

發文：(69)台博總字第1236號

中華民國陸拾玖年玖月拾陸日

69. 6. 5,000

《文化交流》，檔號 071-0108-7-1-43，史博館檔案（1980.09.16）

僑務委員會用箋

收文 台博字第1035號

副本

研究組

一、本年三月五日 大函敬悉。

二、關於 貴校請求贈送「中華文物箱」俾配合 貴校十月間舉行創校廿五週年紀念展出事，經教育部邀集有關單位會商決議：由於製作數量有限，無法單獨分配，請逕洽吉隆坡遠東貿易旅遊中心借展。

三、是項文物箱一套，國立歷史博物館預計於九月廿三日在台交中華航空公司運交吉隆坡遠東貿易旅遊中心，並註明「請優先交由培南中學校慶時展覽應用」字樣，屆時請逕洽借展。

四、吉隆坡遠東貿易旅遊中心地址：FAR EAST TRADING AND TOURISM CENTRE SDN. BHD.
KULA LUMPUR, MALAYSIA
RM.1, 4TH FL. DOMPLEK KEWANGAN
JALAN RAJA CHULAN, KUALA LUMPUR, MALAYSIA

中華民國陸拾玖年拾月貳日

(69)台僑化 33814

（專供公務使用）

194×298公厘

僑務委員會用箋

五、副本抄送吉隆坡遠東貿易旅遊中心、教育部、外交部、國立歷史博物館。

此致

馬來西亞培南中學陳董事長孟利

僑務委員會

（專供公務使用）

194×298公厘

《籌辦第四批中華文物箱展》，檔號 069-0108-1-2-18，史博館檔案（1980.10.02）

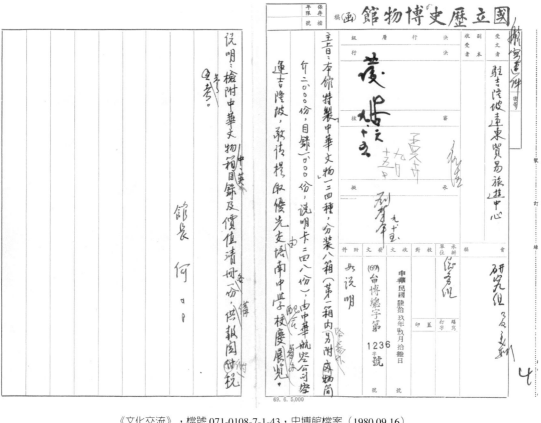

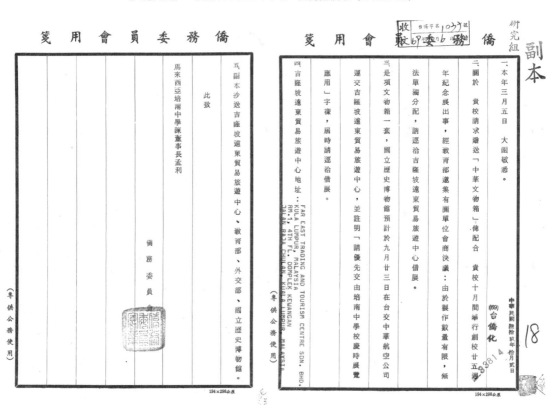

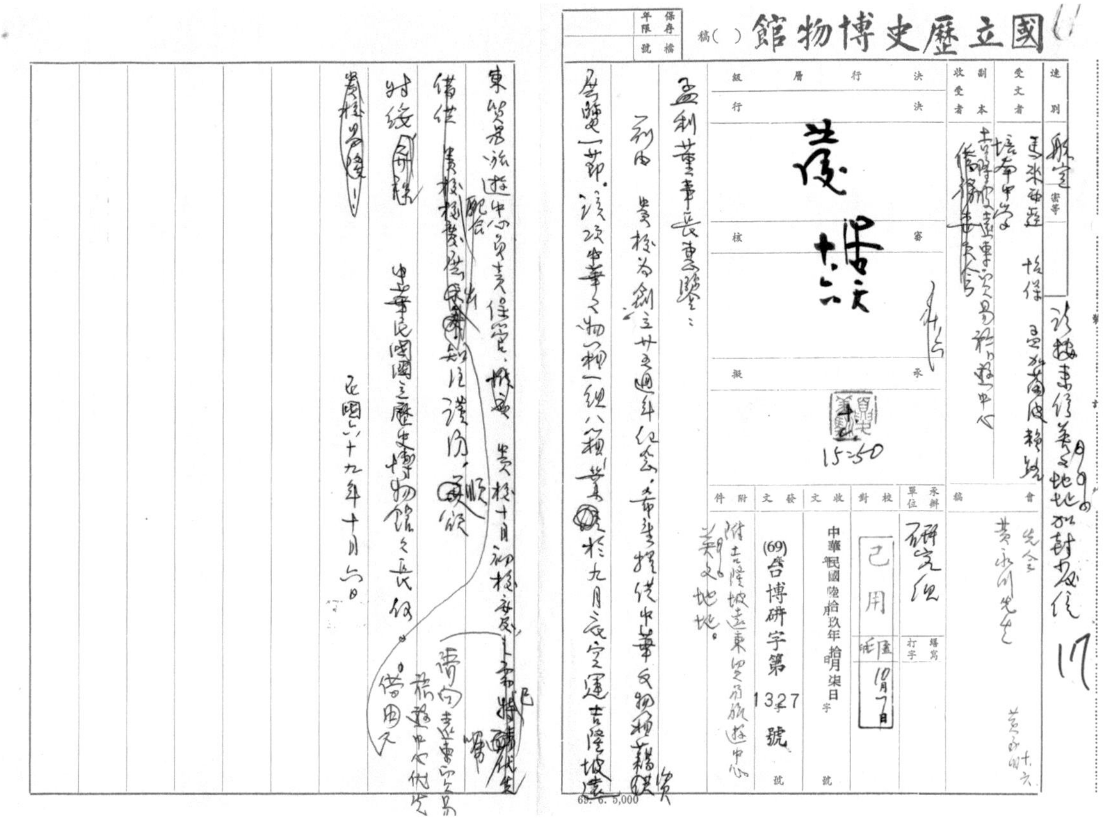

國立歷史博物館 稿（ ）

(69)台博研字第1327號

中華民國陸拾玖年拾月柒日

《籌辦第四批中華文物箱展》，檔號 069-0108-1-2-17，史博館檔案（1980.10.07）

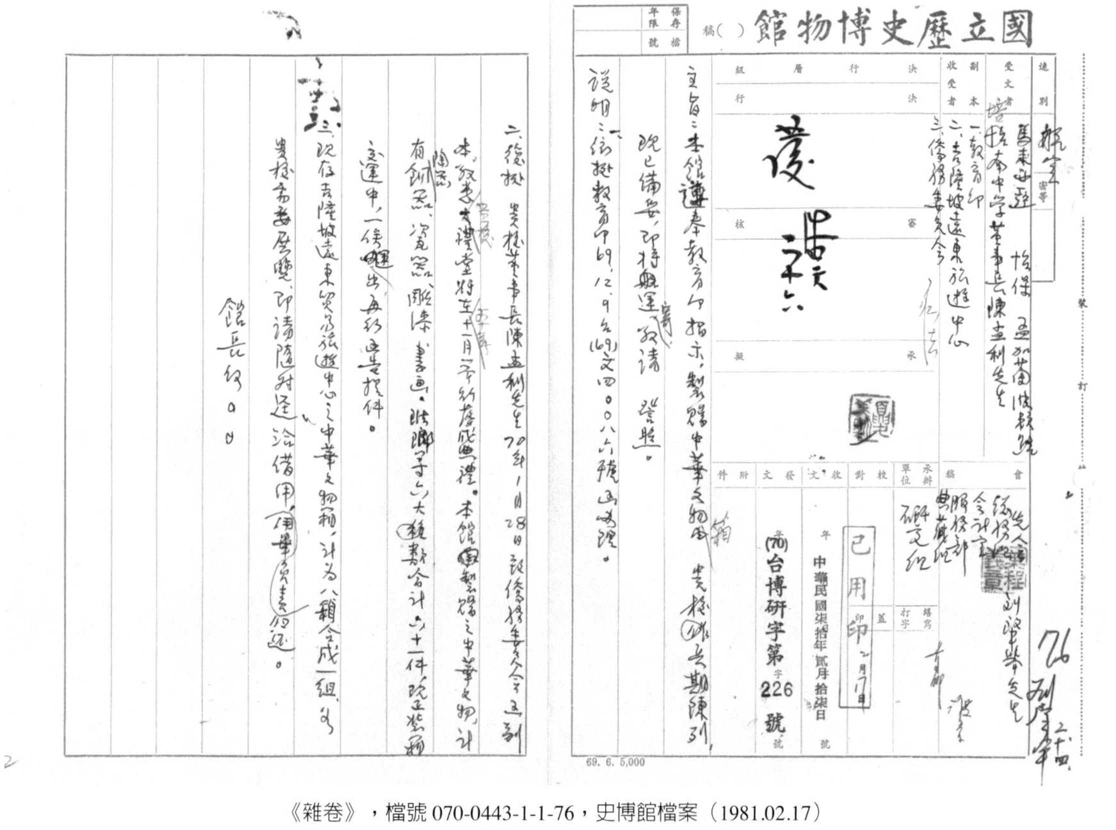

國立歷史博物館 稿（ ）

(70)台博研字第226號

中華民國柒拾年貳月拾柒日

《雜卷》，檔號 070-0443-1-1-76，史博館檔案（1981.02.17）

五、文物箱海外配發案（第四批：一九八〇年十二月至一九八二年五月）

《籌辦第四批中華文物箱展》檔號 069-0108-1-2-15，史博館檔案

受文者：中華民國駐韓國大使館文化參事處　副本：教育部
文　別：（ ）稿　發文者：史博館
日　期：中華民國陸拾柒年拾貳月廿壹日
文　號：（67）台博研字第 1522 號
主　旨：本館籌製中華文物箱，現正積極趕辦中，其分配，方式係由教育部會同有關機關研商決定，覆請詧照。
說　明：敬復貴處六十七年十二月十四日韓文（67）字第二〇四七一號函。

館長　何〇〇

《籌辦第四批中華文物箱展》檔號 069-0108-1-2-22，史博館檔案

受文者：國立歷史博物館　副本：行政院新聞局
文　別：函　發文者：教育部
日　期：中華民國陸拾玖年壹月廿陸日
文　號：台（69）第 2627 號
主　旨：為澳洲中華文化中心盼能獲配中華文物箱一組，請查照。
說　明：一、根據行政院新聞局本年一月廿一日（69）瑜際四字第〇〇九二七號函辦理。
二、中華文物箱製作情形如何？為時已久，請儘速趕辦。

部長　朱滙森

《籌辦第四批中華文物箱展》檔號 069-0108-1-2-21，史博館檔案

受文者：僑務委員會　副本：史博館
文　別：函　發文者：教育部
日　期：中華民國陸拾玖年肆月拾貳日
文　號：台（69）文第 10164 號
主　旨：有關「中華文物箱」正委請國立歷史博物館訂製中，尚未完成。海外僑社洽索，請於該批文物箱製作完成後，召開分配會議時一併提出核議，請查照。
說　明：覆本年三月二十二日（69）台僑化字第一八〇九六號函。

部長　朱匯森

《籌辦第四批中華文物箱展》檔號 069-0108-1-1-18，史博館檔案

受文者：教育部　副本：外交部、史博館
文　別：函　發文者：行政院新聞局
日　期：中華民國陸拾玖年柒月拾捌日
文　號：（69）瑜際五字第 09274 號
主　旨：檢送本局極需「中華文物箱」之駐外單位名單（如附件），請優予考慮分配。
說　明：近經本局就需要文物箱及有無展出運用之可能等徵詢各駐外單位意見後，咸認此項文物箱對海外宣揚中華文化裨益甚大，極大多數單位均表示希望獲配，俾在各種場合配合展出；少數單位因無場地貯存，未予列入申請名單，茲檢奉名單壹份，請惠予從優考慮。

局長　宋楚瑜

《籌辦第四批中華文物箱展》檔號 069-0108-1-1-10，史博館檔案

受文者：駐瓜地馬拉大使館　副本：行政院新聞局、教育部、史博館
文　別：函　發文者：外交部
日　期：中華民國陸拾玖年捌月拾壹日
文　號：外（69）情一第 1729 號
主　旨：行政院新聞局已為貴館新參處申配「中華文物箱」乙組，本部

不另配發，復請查照。

說　明：復貴館本年七月四日第一三三號電。

部長　朱撫松

《籌辦第四批中華文物箱展》檔號 069-0108-1-1-11，史博館檔案

受文者：駐約翰尼斯堡總領事館　副本：行政院新聞局、教育部、史博館

文　別：函　發文者：外交部

日　期：中華民國陸拾玖年捌月拾壹日

文　號：外（69）情一第17231號

主　旨：行政院新聞局已爲駐南非大使館新參處申配「中華文物箱」乙組，貴館如有需要可洽該處借用，不另配發，復請查照。

說　明：復貴館本年七月八日第二九六號電。

部長　朱撫松

《籌辦第四批中華文物箱展》檔號 069-0108-1-1-12，史博館檔案

受文者：駐沙烏地阿拉伯大使館　副本：行政院新聞局、教育部、史博館

文　別：函　發文者：外交部

日　期：中華民國陸拾玖年捌月拾壹日

文　號：外（69）情一第17233號

主　旨：行政院新聞局已代貴館新參處申配「中華文物箱」乙組，本部不另配發，復請查照。

說　明：復貴館本年六月廿八日第四〇五號電。

部長　朱撫松

《籌辦第四批中華文物箱展》檔號 069-0108-1-1-13，史博館檔案

受文者：駐奧地利代表處　副本：行政院新聞局、教育部、史博館

文　別：函　發文者：外交部

日　期：中華民國陸拾玖年捌月拾壹日

文　號：外（69）情一第17232號

主　旨：光華傳播事業公司已爲奧地利中國資料供應社申配「中華文物箱」乙組，貴處如有需要請向該社借用，本部不另配發，復請查照。

說　明：復貴處本年七月十一日第六八四號電。

部長　朱撫松

《籌辦第四批中華文物箱展》檔號 069-0108-1-1-14，史博館檔案

受文者：駐巴西遠東貿易中心　副本：行政院新聞局、教育部、史博館

文　別：函　發文者：外交部

日　期：中華民國陸拾玖年捌月拾壹日

文　號：外（69）情一第17226號

主　旨：巴西政府既不准進口「中華文物箱」，本部不擬配發，復請查照。

說　明：復貴中心本年七月十日第三五七號電。

部長　朱撫松

《籌辦第四批中華文物箱展》檔號 069-0108-1-1-15，史博館檔案

受文者：駐新加坡商務代表團　副本：行政院新聞局、教育部、史博館

文　別：函　發文者：外交部

日　期：中華民國陸拾玖年捌月拾壹日

文　號：外（69）情一第17227號

主　旨：「中華文物箱」在當地運用既有限制，本部決定不配發，復請查照。

說　明：復貴團本年六月卅日第五五七號電。

部長　朱撫松

《籌辦第四批中華文物箱展》 檔號 069-0108-1-1-16，史博館檔案

受文者：駐西班牙孫中山中心　副本：行政院新聞局、教育部、史博館
文　別：函　發文者：外交部
日　期：中華民國陸拾玖年捌月拾壹日
文　號：外（69）情一第17228號
主　旨：「中華文物箱」申請進口暨有困難，且關稅過高，本部決定不配發，復請查照。
說　明：復貴中心本年六月卅日第四五二號電。

部長　朱撫松

《籌辦第四批中華文物箱展》 檔號 069-0108-1-1-17，史博館檔案

受文者：駐厄瓜多商務處　副本：行政院新聞局、教育部、史博館
文　別：函　發文者：外交部
日　期：中華民國陸拾玖年捌月拾壹日
文　號：外（69）情一第17230號
主　旨：「中華文物箱」進口稅過高，既無法確定可減免，本部決定不寄發，復請查照。
說　明：復貴處本年七月十七日第四八九號電。

部長　朱撫松

《海外文物箱展》 檔號 069-0105-3-1-01，史博館檔案

受文者：教育部　副本：行政院新聞局、史博館
文　別：函　發文者：外交部
日　期：中華民國陸拾玖年捌月拾叁日
文　號：外（69）情一第17412號
主　旨：檢送本部擬配發「中華文物箱」駐外單位名單、地址各乙份，敬請優予考慮核配。
說　明：一、請參閱本部本年六月十九日外（69）情一字第一二六七〇號函及行政院新聞局本年七月十八日（69）瑜際五字第〇九二七四號函暨附件。
二、本批文物箱本部擬配發之駐外單位共有廿六個（詳名單），其中駐東京辦事處及駐美國地區九辦事處共十單位，前均已獲配乙組，因運用文物箱機會甚多，且效果良好，故此次擬請增撥乙組。又該十單位中，駐美國、紐約、芝加哥及羅安琪四辦事處雖與行政院新聞局駐當地單位申請重複，惟因展示及出借對象不同，故仍請均予配發，俾利辦事處與新聞組共同推展新聞文化工作。
三、本部駐無邦交地區單位，除極少數外，大部份不享免稅待遇，為減輕寄發文物箱關稅負擔，建議將文物箱報價降低，並在報價單上註明無商業價值英文字樣。
四、寄發文物箱時，請同時將提貨單、報價單連同中英文對照目錄清單等文件，以航郵寄各駐外單位，俾各單位預辦免稅或報關提貨手續。

部長　朱撫松

《籌辦第四批中華文物箱展》 檔號 069-0108-1-1-20，史博館檔案

受文者：國立歷史博物館　副本：教育部、駐薩爾瓦多大使館
文　別：函　發文者：外交部
日　期：中華民國陸拾玖年捌月卅日
文　號：外（69）情一第18923號
主　旨：關於「中華文物箱」事，請查照核辦逕復並副知本部。
說　明：一、請參閱本部本年六月十九日外（69）情一字第一二六七〇號函副本。
二、頃據駐薩爾瓦多大使館電復略以，薩國情勢不安，文物箱在當地無法運用，請勿寄。惟文物箱中明信片部份，若可能，請各寄十套，俾贈送薩國友人等語。

三、該館要求寄送明信片一節，擬請貴館優予考慮核辦逕復並副知本部。

部長　朱撫松

《籌辦第四批中華文物箱展》檔號 069-0108-1-1-21，史博館檔案

受文者：駐巴拉圭大使館　副本：教育部、行政院新聞局、史博
館、駐巴拉圭大使館新參處
文　別：函　發文者：外交部
日　期：中華民國陸拾玖年捌月卅日
文　號：外（69）情一第18941號
主　旨：貴館新參處已獲配「中華文物箱」乙組，如有需要，請向該處借用，復請查照。
說　明：復貴館本年八月十四日第一二七號電。

部長　朱撫松

《籌辦第四批中華文物箱展》檔號 069-0108-1-1-22，史博館檔案

受文者：駐賴索托大使館　副本：教育部、行政院新聞局、史博
館、駐南非大使館
文　別：函　發文者：外交部
日　期：中華民國陸拾玖年捌月卅日
文　號：外（69）情一第18989號
主　旨：關於「中華文物箱」事，復請查照。
說　明：一、復貴館本年七月八日第一二一號電。
二、需要文物箱單位甚多，限於數量，貴館未獲分配。惟駐南非大使館及該館新參處各獲配乙組，如需用時，請就近向該兩單位洽情。

部長　朱撫松

《籌辦第四批中華文物箱展》檔號 069-0108-1-2-12，史博館檔案

受文者：駐開普敦總領事館　副本：教育部、行政院新聞局、史博
館、駐南非大使館
文　別：函　發文者：外交部
日　期：中華民國陸拾玖年捌月卅日
文　號：外（69）情一第18925號
主　旨：關於「中華文物箱」事，復請查照。
說　明：一、復貴館本年七月七日第二九〇號電。
二、需要文物箱單位甚多，限於數量，貴館未獲分配。惟駐南非大使館及該館新參處均各獲乙組，如需用時，請向該兩單位洽借。

部長　朱撫松

《籌辦第四批中華文物箱展》檔號 069-0108-1-1-19，史博館檔案

受文者：駐薩爾瓦多大使館　副本：1. 外交部、2. 教育部
文　別：（　）稿　發文者：史博館
日　期：中華民國陸拾玖年玖月肆日
文　號：（69）台博研字第1166號
主　旨：貴館所需「中華文物箱」明信片十二種各十套（共計一二〇套），已於本（九）月二日以航空郵件交寄，請察收惠覆。
說　明：一、外交部69、8、10外（69）情一18923號函諒同邀悉。
二、該項文物明信片原擬隨中華文物箱附寄，聞文物箱在當地無法運用，特由本館另行籌集有關文物明信片十二種各十套，專供貴大使館介紹我國文化藝術之用。

館長　何〇〇

《籌辦第四批中華文物箱展》檔號 069-0108-1-1-32，史博館檔案

受文者：教育部　副本：史博館、駐玻利維亞大使館
文　別：函　發文者：外交部

日　期：中華民國陸拾玖年拾月柒日
文　號：外（69）情一第 21783 號
主　旨：駐玻利維亞大使館再度函請配給「中華文物箱」乙組運用，請貴部重新優予考慮提供逕復並副知本部。
說　明：一、請參閱本部本年八月廿日致駐玻利維亞大使館外（69）情一字第一八九二一號函副本。
二、頃據駐玻利維亞大使館本年九月十九日玻（69）字第二〇二號函略以，我與玻國有外交關係，並設有大使館及在聖泰克魯斯市設有總領事館，玻國人士對我中華文化素極仰慕，惟該館舉辦各項文化活動皆因缺乏實物展示，故效果甚差，如能獲配文物箱乙組，則該館可與駐聖泰克魯斯總領事館輪流運用，以推展文宣工作等語。
三、查駐玻利維亞大使館及駐聖泰克魯斯總領事館在當地推展文宣工作一向頗爲積極，惟迄未獲配文物箱，如能配給乙組，對其工作之推展定有裨益。該館所請，擬請重新優予考慮。

部長　朱撫松

《籌辦第四批中華文物箱展》 檔號 069-0108-1-1-30，史博館檔案

受文者：教育部　副本：外交部、史博館
文　別：函　發文者：行政院新聞局
日　期：中華民國陸拾玖年拾月拾伍日
文　號：（69）瑜際五字第 13825 號
主　旨：檢送本局獲配「中華文物箱」之駐外單位地址及各駐在國當地有關文物箱通關所需文件及注意事項表各一份，敬請查照卓參惠辦。
說　明：一、依據貴部本年九月十二日台（69）文字第二七七三四號會議紀錄通知單辦理。
二、是項會議紀錄中，綜合意見第（二）項請本局將有關資料譯成法文及西班牙文事，本局業於本年九月十六日以（69）瑜資四字第一二三七五號函將譯文送國立歷史博物館運用在案。

局長　宋楚瑜

《籌辦第四批中華文物箱展》 檔號 069-0108-1-1-31，史博館檔案

受文者：國立歷史博物館　副本：駐玻利維亞大使館、外交部
文　別：函　發文者：教育部
日　期：中華民國陸拾玖年拾月捌日
文　號：台（69）文第 32735 號
主　旨：駐玻利維亞大使館再度函請配寄「中華文物箱」乙組，請查照按址寄送。
說　明：一、根據外交部本年十月七日外（69）情一字第二一七八三號函辦理。
二、前函副本已抄送貴館在案。

部長　朱滙森

《籌辦第四批中華文物箱展》 檔號 069-0108-1-1-33，史博館檔案

受文者：國立歷史博物館
文　別：函　發文者：教育部
日　期：中華民國陸拾玖年拾月廿叁日
文　號：台（69）文第 33475 號
主　旨：抄送行政院新聞局獲配「中華文物箱」之駐外單位及各駐在國當地有關文物箱通關所需文件及注意事項表各乙份，請查照。
說　明：一、根據該局本年十月十五日（69）瑜際五字第一三八二五號函辦理。
二、上函已有副本抄送貴館。

部長　朱滙森

《籌辦第四批中華文物箱展》 檔號 069-0108-1-1-34，史博館檔案

受文者：國立歷史博物館　　副本：外交部
文　別：函　　發文者：中華民國駐薩爾瓦多大使館
日　期：中華民國陸玖年拾貳月肆日
文　號：薩瓦（69）字第 318 號
主　旨：貴館寄交本館之「中華文物箱」明信片十二種各十套迄未收到，請惠查詢。
說　明：貴館本年九月四日致本館（69）台博研字第 1166 號函敬悉。

《籌辦第四批中華文物箱展》 檔號 069-0108-1-1-35，史博館檔案

受文者：中華民國駐薩爾瓦多大使館　　副本：外交部
文　別：（　）稿　　發文者：史博館
日　期：中華民國柒拾年壹月伍日
文　號：（70）台博研字第 006 號
主　旨：貴館所需「中華文物箱」明信片十二種各十套，計一二〇套。已於民國六十九年九月三日以航空郵件交寄，並付郵費新台幣壹仟肆佰壹拾伍元，附奉台北郵局包裹號碼 168 號收據乙紙（影印本）敬請向貴地郵局查問。如仍未收到敬惠覆，以憑補寄爲荷。
說　明：貴館民國陸玖年拾貳月肆日致本館薩瓦（69）字第 318 號函敬悉。

館長　何〇〇

《海外文物箱展》 檔號 069-0105-3-1-13，史博館檔案

受文者：教育部　　副本：史博館、行政院新聞局（均含附件）、駐玻利維亞大使館（無附件）
文　別：函　　發文者：外交部
日　期：中華民國柒拾壹年伍月捌日
文　號：外（71）情一第 10430 號
主　旨：駐玻利維亞大使館於本年三月十一日至廿五日在玻京市立文化之家舉辦「中華民國文物展覽」，情況熱烈，展出成功，茲檢附該館本年四月廿一日玻（71）字第七一三八號來函暨附件影本各乙份，請查照參考。

部長　朱撫松　公出
政務次長　錢復　代行

檔案說明

一、第四批中華文物箱的配發於一九八〇年八月定案之後，依據前三批國際配發的經驗，行政院新聞局製作「文物箱通關所需文件及注意事項表」函請各外館週知注意，外交部亦發函對不配發所屬外館進行說明。綜整不配發的原因如下：

（一）已有單位配發或就近調借：如駐瓜地馬拉大使館、駐約翰尼斯堡總領事館、駐沙烏地阿拉伯大使館、駐巴拉圭大使館、駐奧地利代表處等，因新聞局駐外單位已配發，請外館一併運用；駐開普敦總領事館及駐賴索托大使館則請向駐南非大使館調用。

（二）政策或數量因素不予配發：如巴西政府不准文物箱進口、新加坡場地有限、西班牙及厄瓜多關稅過高；約旦、希臘、尼加拉瓜、馬拉威等外館則因數量有限不予配發（編按：外交部於一九八〇年八月三十日同時發函，因內文相同，僅列函尼加拉瓜大使館檔案供參）。

二、駐玻利維亞大使館原因為數量因素不予配發，經過兩次申請並獲教育部同意後，本館將原存於館內三組文物箱的其中一組寄送該館，並於一九八二年三月順利舉辦「中華民國文物展覽」；駐薩爾瓦多大使館則因該國情勢不穩（編按：薩國於一九七九至一九九二年間進行內戰），故請本館勿寄文物箱，但可寄文物明信片十套贈與薩國友人，此亦因戰亂因素而遲遲未能寄達。

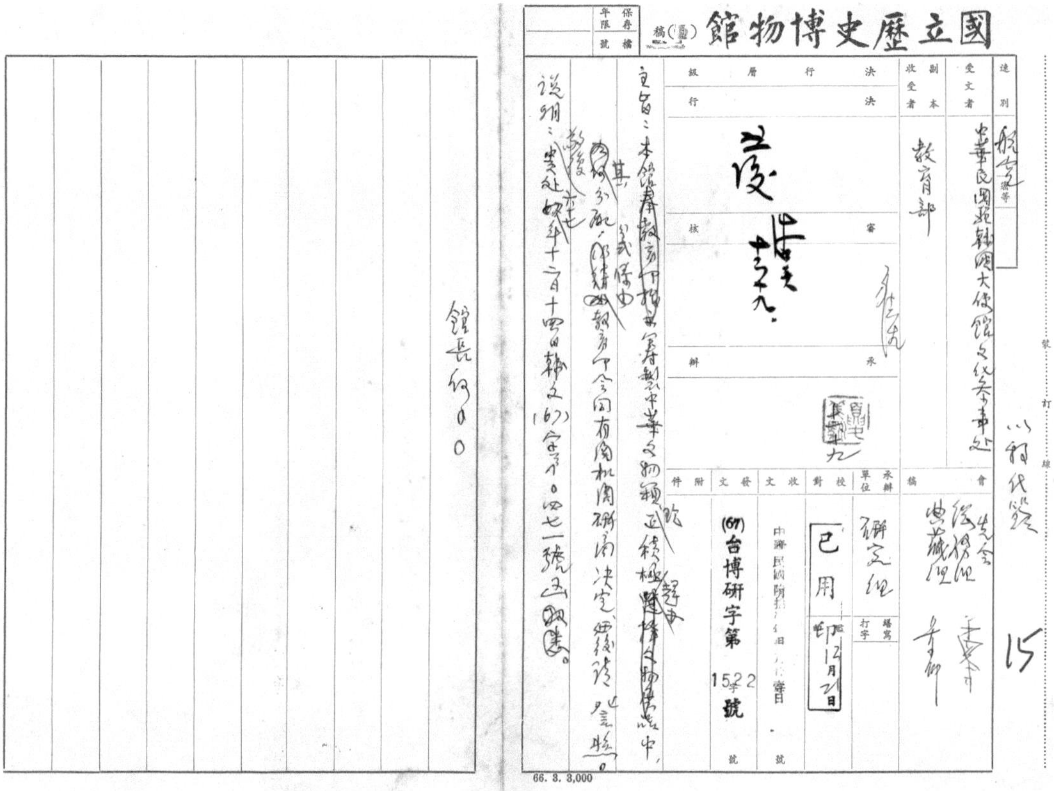
國立歷史博物館 稿(函)

受文者：中華民國駐韓國大使館文化參事處

副本收受者：教育部

主旨：本館奉教育部指示籌製中華文物箱，正積極趕製中。

說明：

館長 何〇〇

(67)台博研字第1522號

《籌辦第四批中華文物箱展》，檔號 069-0108-1-2-15，史博館檔案（1978.12.21）

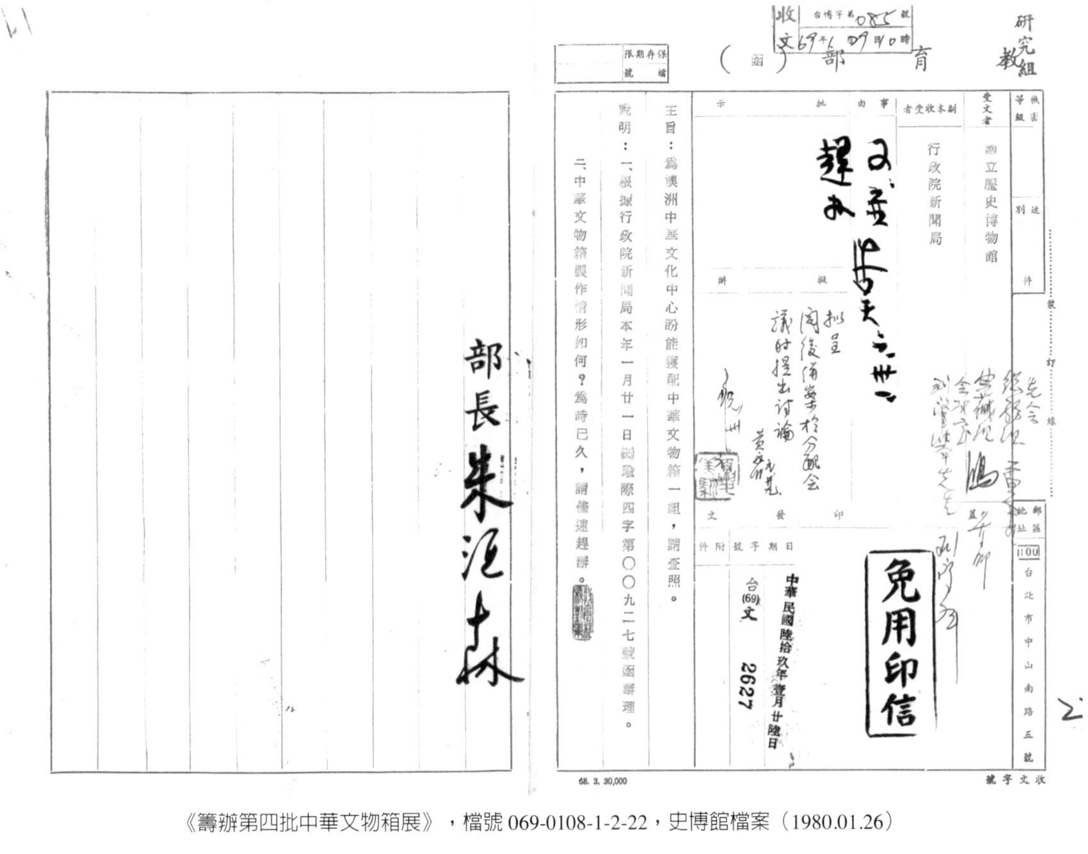
教育部（函）

受文者：國立歷史博物館

副本收受者：行政院新聞局

主旨：為澳洲中華文化中心盼能獲配中華文物箱一組，請查照。

說明：一、根據行政院新聞局本年一月廿一日(69)瑜際四字第〇〇九二七號函辦理。

二、中華文物箱製作情形如何？為時已久，請儘速趕辦。

部長 朱匯森

地址：台北市中山南路五號

中華民國陸拾玖年壹月廿陸日 台(69)文 2627

免用印信

《籌辦第四批中華文物箱展》，檔號 069-0108-1-2-22，史博館檔案（1980.01.26）

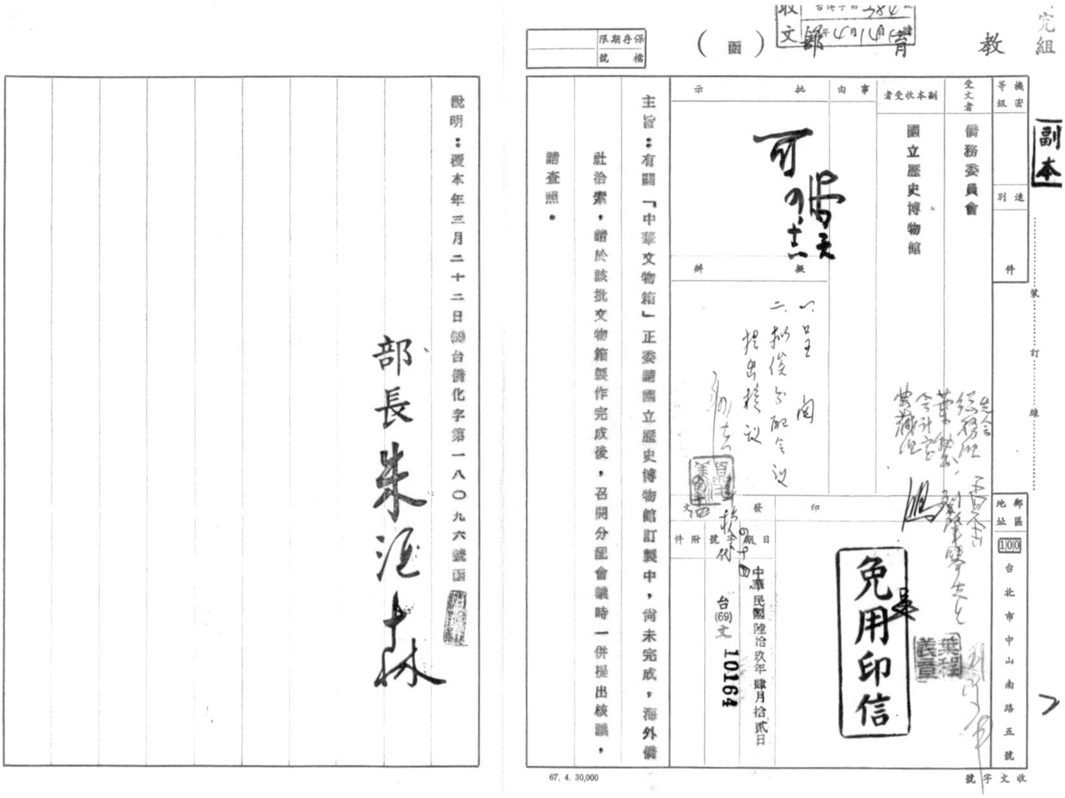
教育部（函）

受文者：僑務委員會

副本收受者：國立歷史博物館

主旨：有關「中華文物箱」正委請國立歷史博物館訂製中，尚未完成，海外僑社洽索，請於該批文物箱製作完成後，召開分配會議時一併提出核議，請查照。

說明：覆本年三月二十二日(69)台僑化字第一八〇九六號函

部長 朱滙森

發文日期：中華民國陸拾玖年肆月拾貳日

字號：台(69)文 10164

地址：100 台北市中山南路五號

免用印信

67. 4. 30,000

《籌辦第四批中華文物箱展》，檔號 069-0108-1-2-21，史博館檔案（1980.04.12）

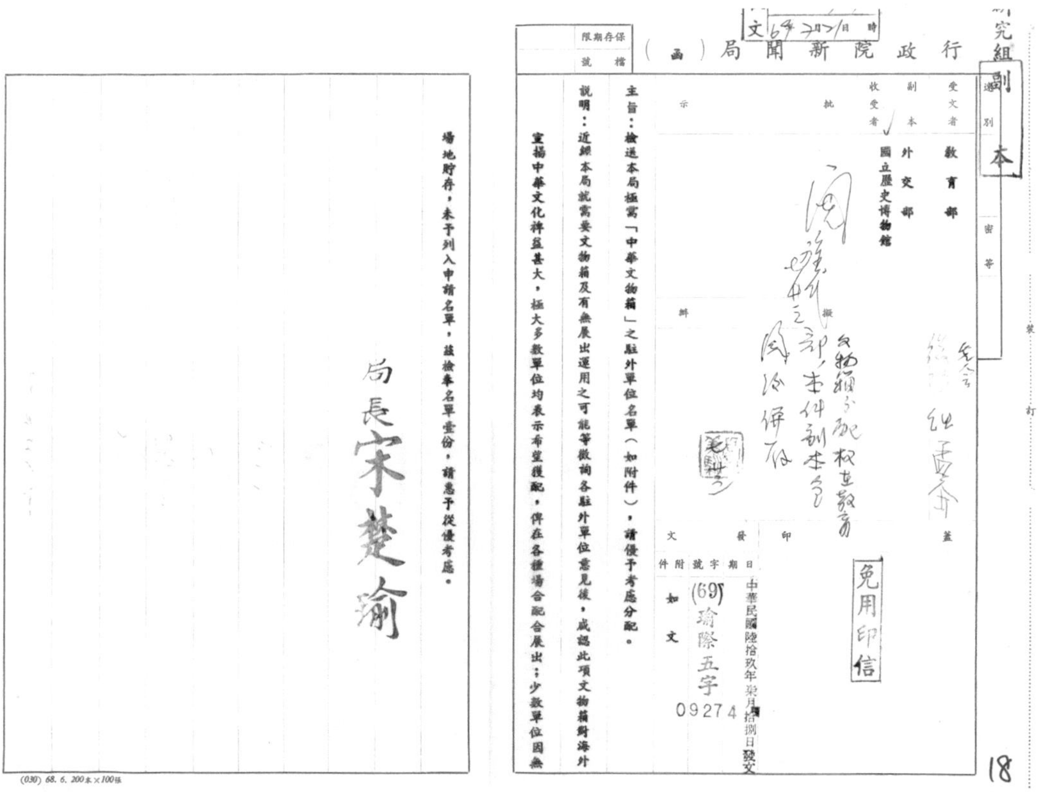
行政院新聞局（函）

受文者：教育部

副本收受者：外交部、國立歷史博物館

主旨：檢送本局極需「中華文物箱」之駐外單位名單（如附件），請優予考慮分配。

說明：近錄本局就需要文物箱及有無展出運用之可能等徵詢各駐外單位意見後，咸認此項文物箱對海外宣揚中華文化裨益甚大，極大多數單位均表示希望獲配，俾在各種場合配合展出；少數單位因無場地貯存，未予列入申請名單，茲檢奉名單壹份，請惠予從優考慮。

局長 宋楚瑜

發文日期：中華民國陸拾玖年柒月拾捌日發文

字號：(69)瑜際五字 09274

附件：如文

免用印信

(030) 68. 6. 200本×100張

《籌辦第四批中華文物箱展》，檔號 069-0108-1-1-18，史博館檔案（1980.07.18）

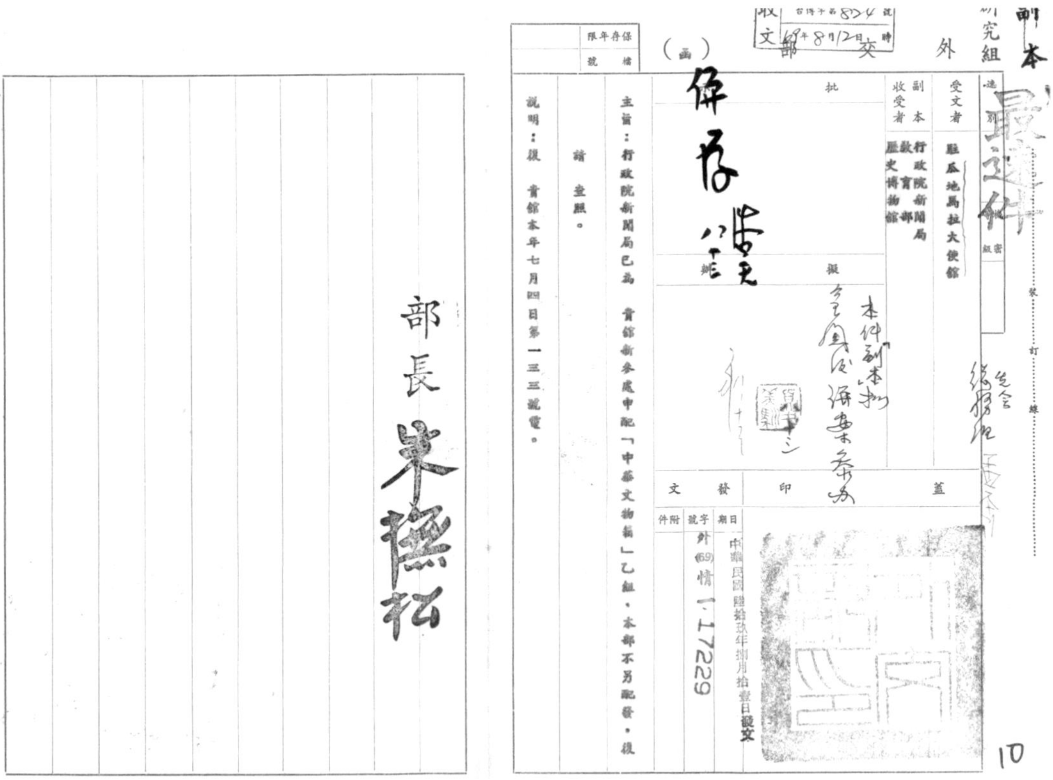

外交部（函）

受文者：駐瓜地馬拉大使館

副本收受者：行政院新聞局、教育部、歷史博物館

主旨：行政院新聞局已為　貴館新參展中配「中華文物箱」乙組，本部不另配發，復請　查照。

說明：復　貴館本年七月四日第一三三號電。

部長　朱撫松

發文日期：中華民國陸拾玖年捌月拾壹日發文

字號：外(69)情一 17229

10

《籌辦第四批中華文物箱展》，檔號 069-0108-1-1-10，史博館檔案（1980.08.11）

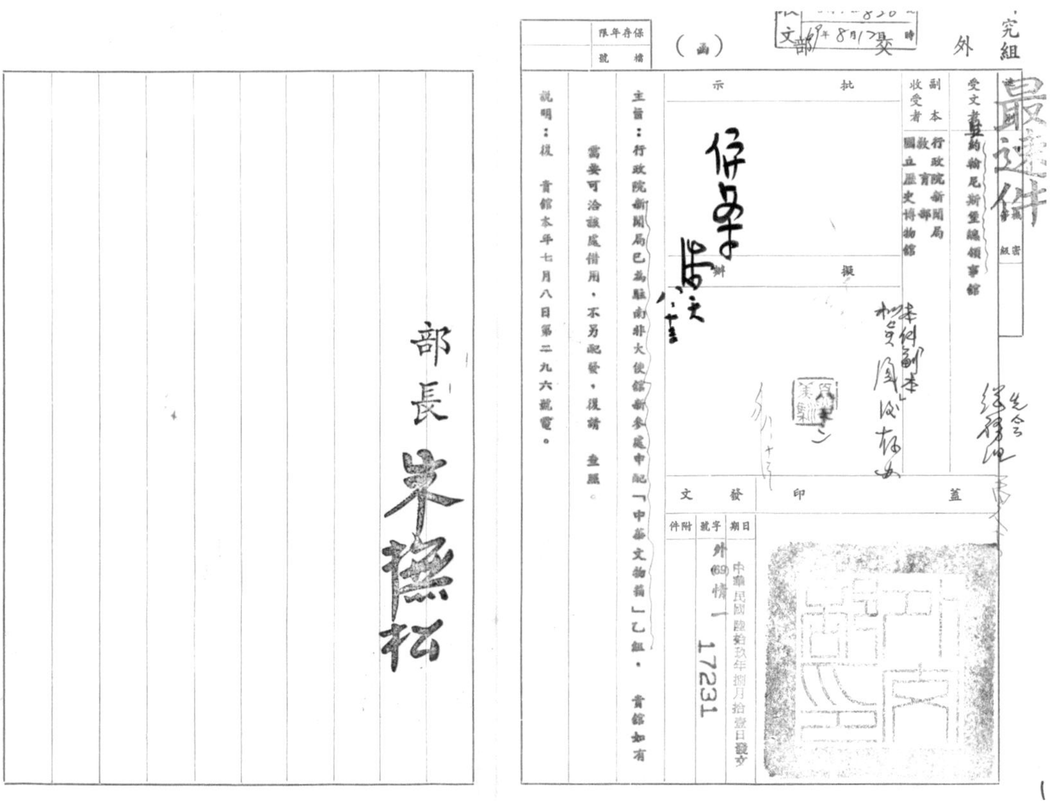

外交部（函）

受文者：駐約翰尼斯堡總領事館

副本收受者：行政院新聞局、教育部、國立歷史博物館

主旨：行政院新聞局已為駐南非大使館新參展中配「中華文物箱」乙組，　貴館如有需要可洽該處借用，不另配發，復請　查照。

說明：復　貴館本年七月八日第二九六號電。

部長　朱撫松

發文日期：中華民國陸拾玖年捌月拾壹日發文

字號：外(69)情一 17231

《籌辦第四批中華文物箱展》，檔號 069-0108-1-1-11，史博館檔案（1980.08.11）

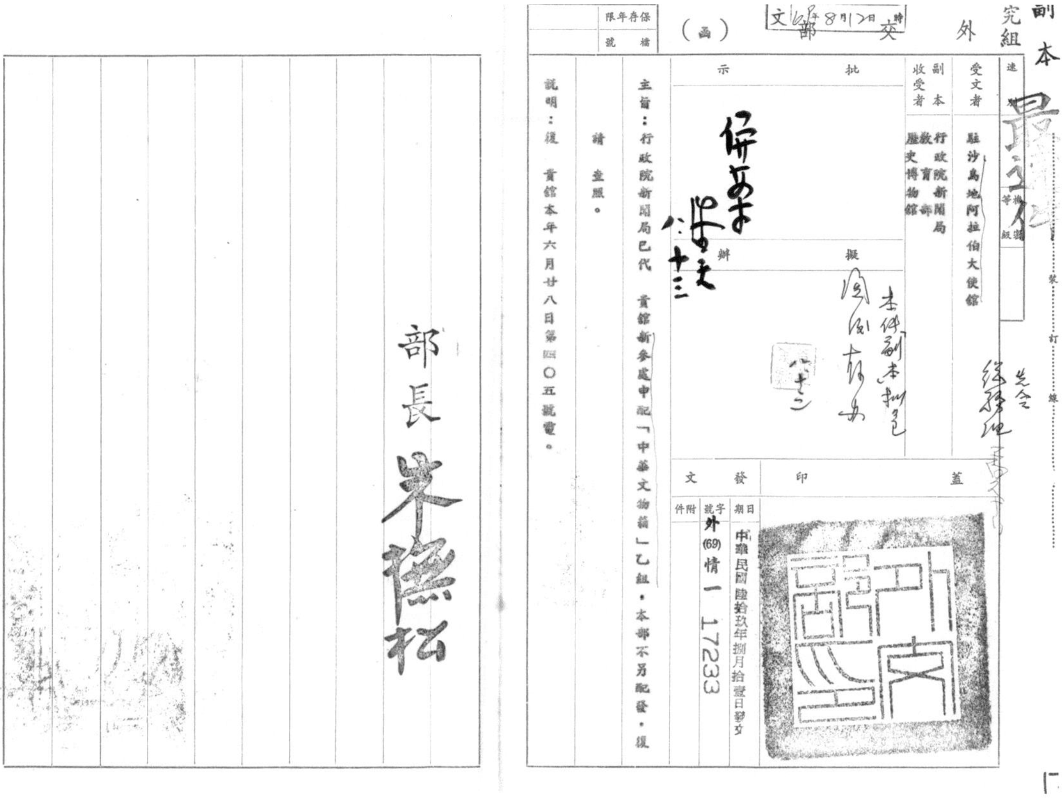

副本

外交部（函）

保存年限
檔號

速別：最速件

受文者：駐沙烏地阿拉伯大使館

副本收受者：行政院新聞局、教育部、歷史博物館

主旨：行政院新聞局已代　貴館新參處申配「中華文物箱」乙組，本部不另配發，復請　查照。

說明：復　貴館本年六月廿八日第四〇五號電。

發文日期：中華民國陸拾玖年捌月拾壹日發文
字號：外(69)情一 17233

部長　朱撫松

《籌辦第四批中華文物箱展》，檔號 069-0108-1-1-12，史博館檔案（1980.08.11）

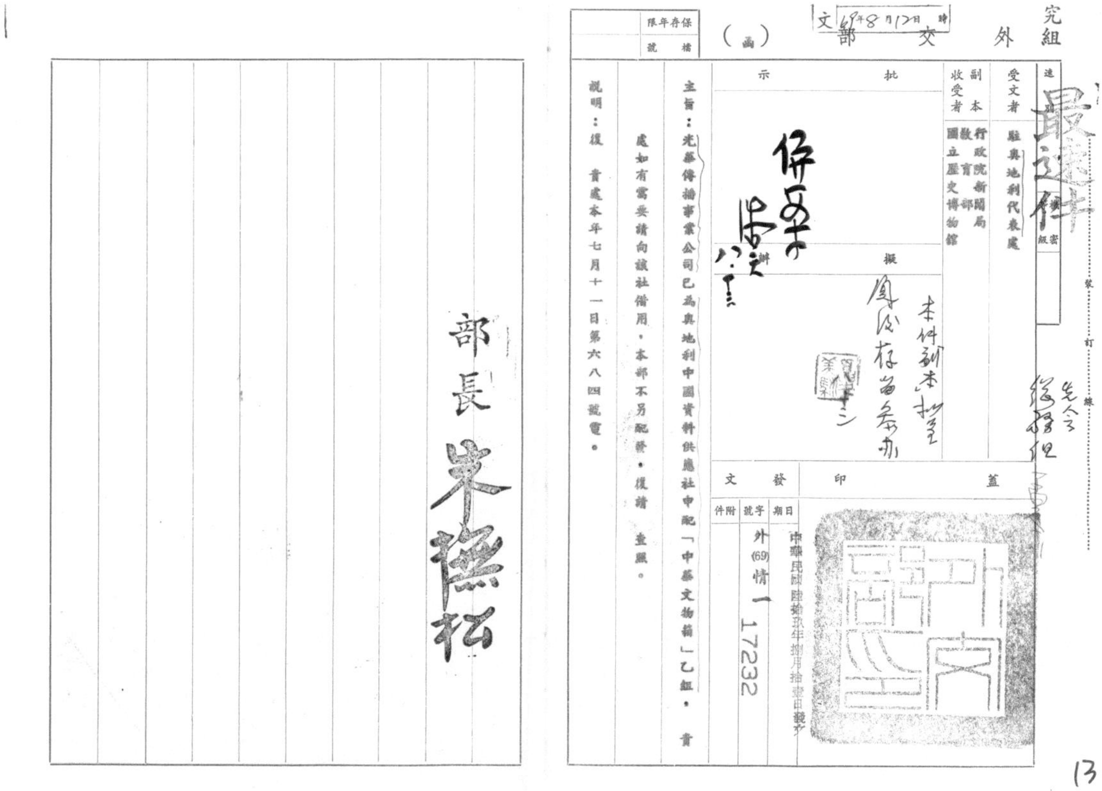

外交部（函）

保存年限
檔號

速別：最速件

受文者：駐奧地利代表處

副本收受者：行政院新聞局、教育部、國立歷史博物館

主旨：光華傳播事業公司已為奧地利中國資料供應社申配「中華文物箱」乙組，貴處如有需要請向該社借用，本部不另配發，復請　查照。

說明：復　貴處本年七月十一日第六八四號電。

發文日期：中華民國陸拾玖年捌月拾壹日發文
字號：外(69)情一 17232

部長　朱撫松

《籌辦第四批中華文物箱展》，檔號 069-0108-1-1-13，史博館檔案（1980.08.11）

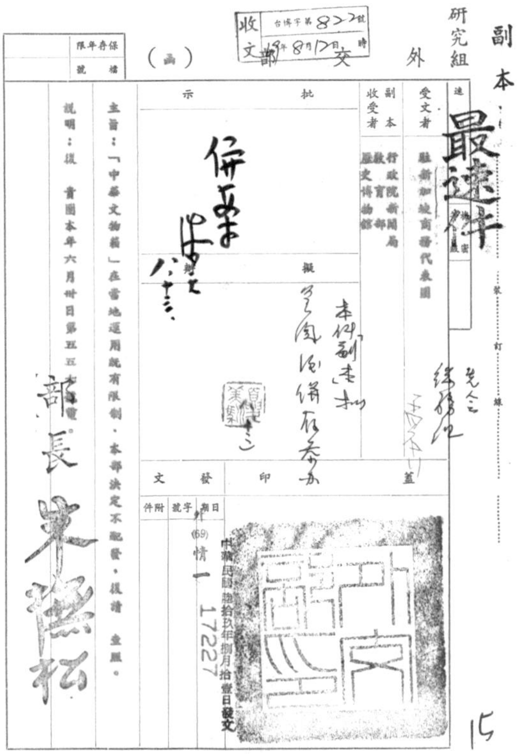
外交部（函）
收文 台博字第822號 69年8月12日
副本 最速件
受文者：駐新加坡商務代表團
副本收受者：行政院新聞局、教育部、國立歷史博物館
主旨：「中華文物箱」在當地運用既有限制，本部決定不配發，復請 查照。
說明：復 貴團本年六月卅日第五五[illegible]號電。
發文字號：外(69)情一17227
中華民國陸拾玖年捌月拾壹日發文
部長 朱撫松

《籌辦第四批中華文物箱展》，檔號 069-0108-1-1-15，史博館檔案（1980.08.11）

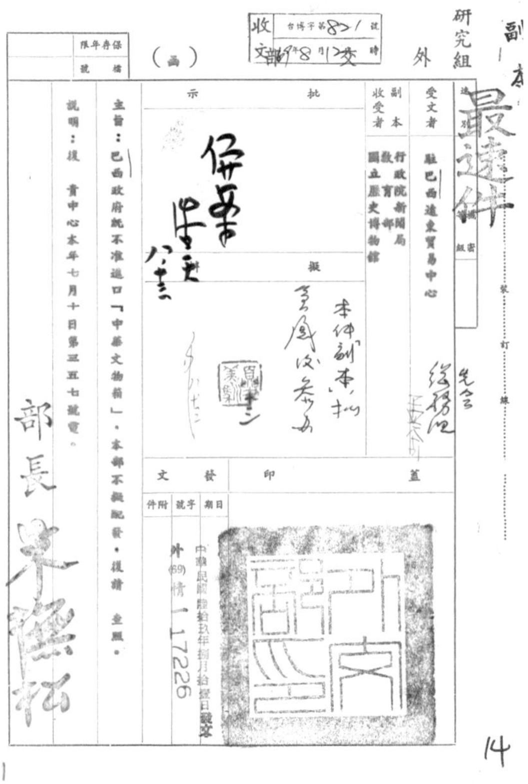
外交部（函）
收文 台博字第821號 69年8月12日
副本 最速件
受文者：駐巴西遠東貿易中心
副本收受者：行政院新聞局、教育部、國立歷史博物館
主旨：巴西政府既不准進口「中華文物箱」，本部不擬配發，復請 查照。
說明：復 貴中心本年七月十日第三五七號電。
發文字號：外(69)情一17226
中華民國陸拾玖年捌月拾壹日發文
部長 朱撫松

《籌辦第四批中華文物箱展》，檔號 069-0108-1-1-14，史博館檔案（1980.08.11）

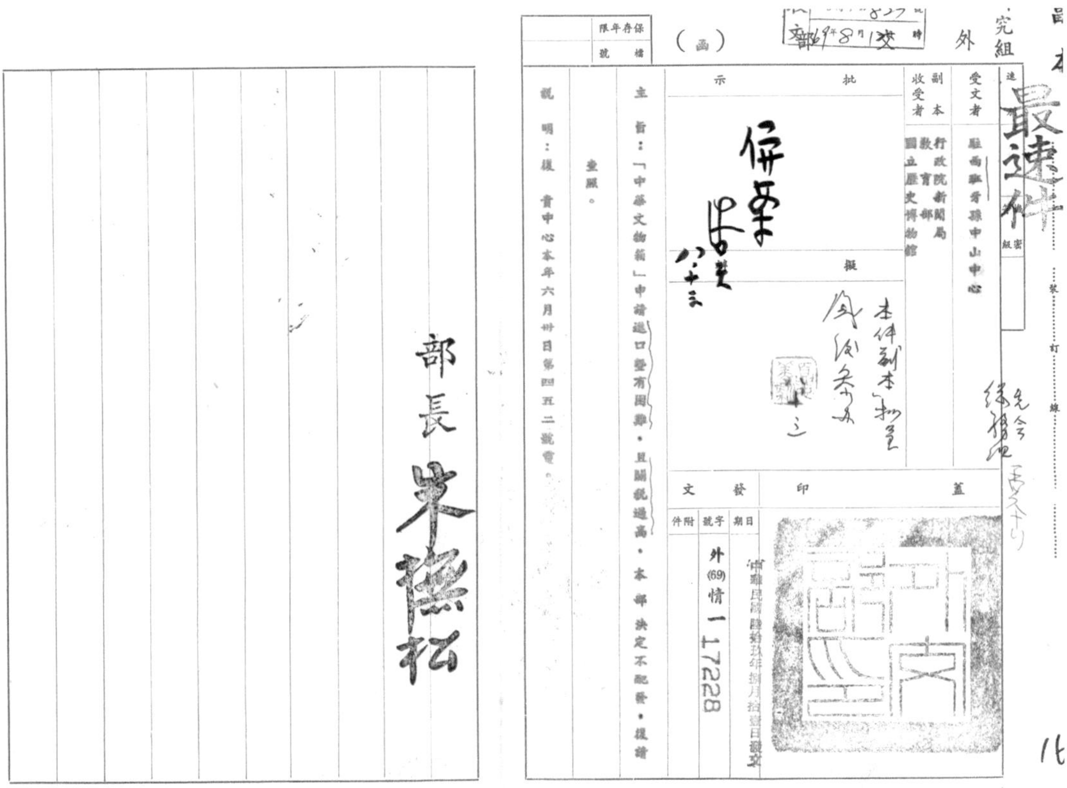
外交部（函）
副本 最速件
受文者：駐西班牙孫中山中心
副本收受者：行政院新聞局、教育部、國立歷史博物館
主旨：「中華文物箱」申請進口頗有困難，且關稅過高，本部決定不配發，復請 查照。
說明：復 貴中心本年六月卅日第四五二號電。
發文字號：外(69)情一17228
中華民國陸拾玖年捌月拾壹日發文
部長 朱撫松

《籌辦第四批中華文物箱展》，檔號 069-0108-1-1-16，史博館檔案（1980.08.11）

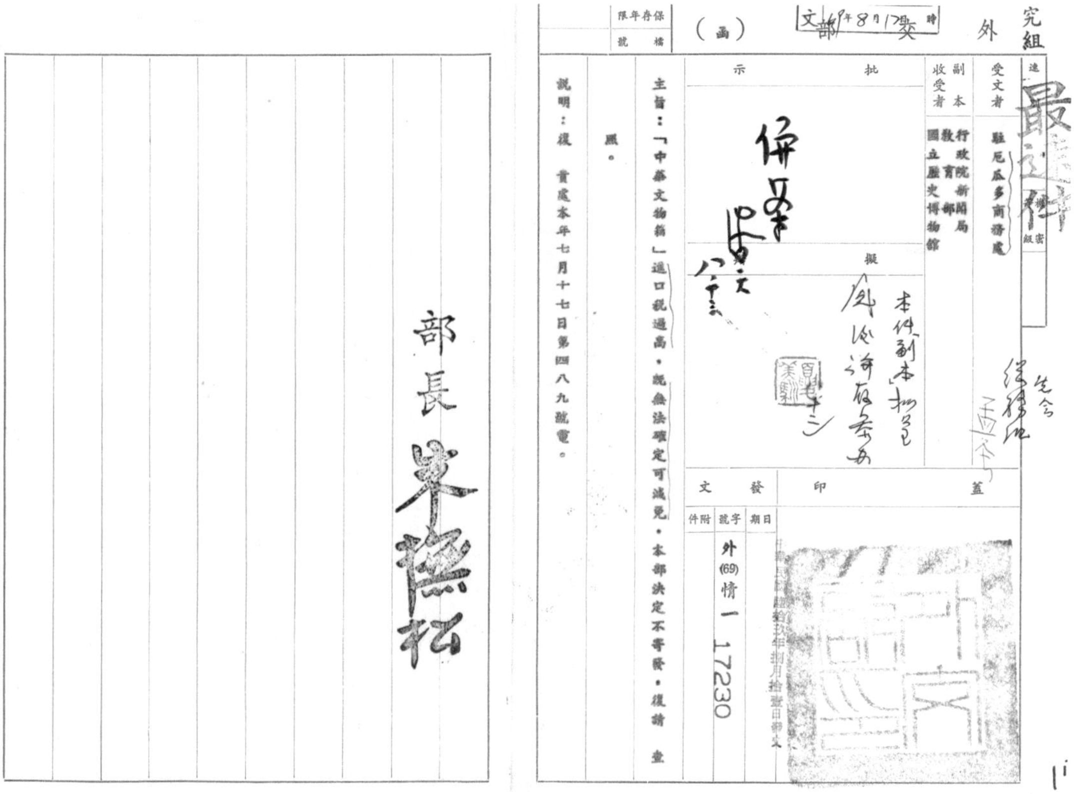

（函）

受文者：駐厄瓜多商務處

副本收受者：行政院新聞局、教育部、國立歷史博物館

主旨：「中華文物箱」進口稅過高，既無法確定可減免，本部決定不寄發，復請　查照。

說明：復　貴處本年七月十七日第四八九號電。

發文　字號：外(69)情一17230

部長　朱撫松

《籌辦第四批中華文物箱展》，檔號 069-0108-1-1-17，史博館檔案（1980.08.11）

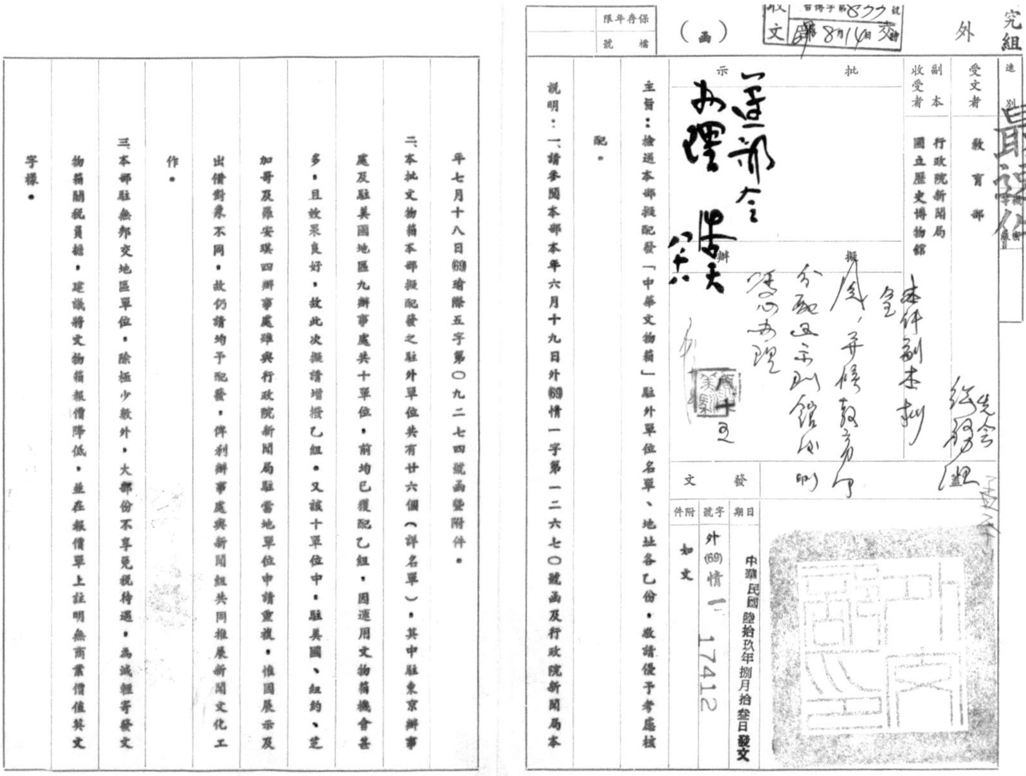

（函）

受文者：教育部

副本收受者：行政院新聞局、國立歷史博物館

主旨：檢送本部擬配發「中華文物箱」駐外單位名單、地址各乙份，敬請優予考慮核配。

說明：一、請參閱本部本年六月十九日外(69)情一字第一二六七〇號函及行政院新聞局本年七月十八日(69)瑜際五字第〇九二七四號函暨附件。

二、本批文物箱本部擬配發之駐外單位共有廿六個（詳名單），其中駐東京辦事處及駐美國地區九辦事處共十單位，前均已獲配乙組，因運用文物箱機會甚多，且效果良好，故此次擬請增撥乙組。又該十單位中，駐美國、紐約、芝加哥及羅安琪四辦事處雖與行政院新聞局駐當地單位申請重複，惟因展示及出借對象不同，故仍請均予配發，俾利辦事處與新聞組共同推展新聞文化工作。

三、本部駐無邦交地區單位，除極少數外，大部份不享免稅待遇，為減輕寄發文物箱關稅負擔，建議將文物箱報價降低，並在報價單上註明無商業價值其文字樣。

發文　附件：如文　字號：外(69)情一17412　日期：中華民國陸拾玖年捌月拾叁日發文

《海外文物箱展》，檔號 069-0105-3-1-01，史博館檔案（1980.08.13）

研究組　外　（函）　收文 部 8.30 交 888

速件

保存年限
檔號

受文者：國立歷史博物館
副本收受者：教育部、駐薩爾瓦多大使館

主旨：關於「中華文物箱」事，請 查照核辦逕復並副知本部。

說明：一、請參閱本部本年六月十九日外(69)情一字第一二六七〇號函副本。

二、頃據駐薩爾瓦多大使館電復略以，薩國情勢不安，文物箱在當地無法運用，請勿寄。惟文物箱中明信片部份，若可能，請各寄十套，俾贈送薩國友人等語。

三、該館要求寄送明信片一節，擬請 貴館優予考慮核辦逕復並副知本部。

部長 朱撫松

發文日期：中華民國陸拾玖年捌月卅日
發文字號：外(69)情一 18923

70

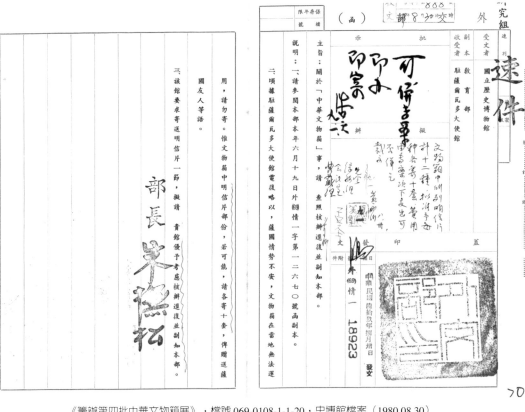

《籌辦第四批中華文物箱展》，檔號 069-0108-1-1-20，史博館檔案（1980.08.30）

研究組　外　（函）　收文 部 9.1 交 898

保存年限
檔號

受文者：駐巴拉圭大使館
副本收受者：教育部、行政院新聞局、國立歷史博物館、駐巴拉圭大使館新參處

主旨：貴館新參處已獲配「中華文物箱」乙組，如有需要，請向該處借用，復請 查照。

說明：復 貴館本年八月十四日第一二七號電。

部長 朱撫松

發文日期：中華民國陸拾玖年捌月卅日
發文字號：外(69)情一 18941

71

《籌辦第四批中華文物箱展》，檔號 069-0108-1-1-21，史博館檔案（1980.08.30）

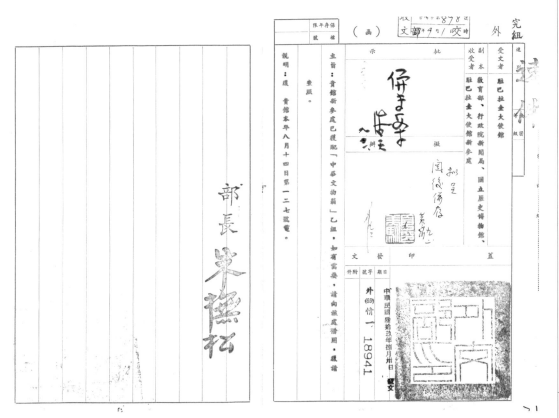

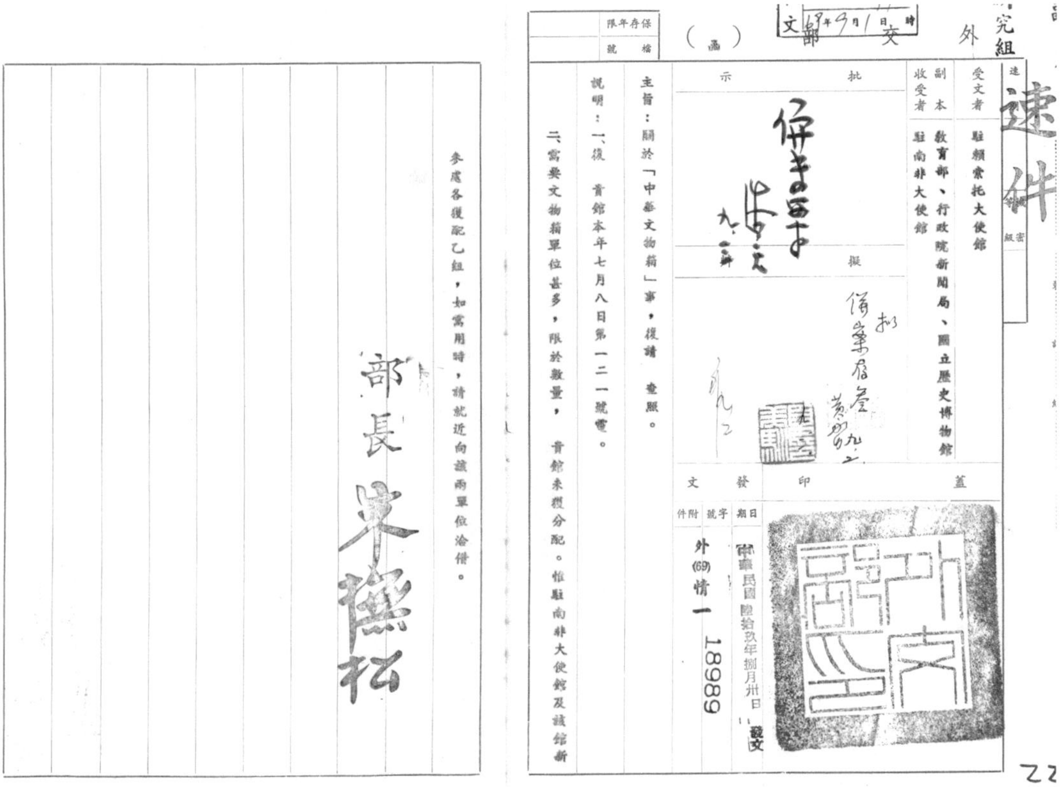

速件

（函）

受文者：駐賴索托大使館

副本收受者：教育部、行政院新聞局、國立歷史博物館、駐南非大使館

主旨：關於「中華文物箱」事，復請 查照。

說明：一、復 貴館本年七月八日第一二一號電。

二、需要文物箱單位甚多，限於數量， 貴館未獲分配。惟駐南非大使館及該館新參處各獲配乙組，如需用時，請就近向該兩單位洽借。

部長 朱撫松

發文 中華民國陸拾玖年捌月卅日 外(69)情一 18989

《籌辦第四批中華文物箱展》，檔號 069-0108-1-1-22，史博館檔案（1980.08.30）

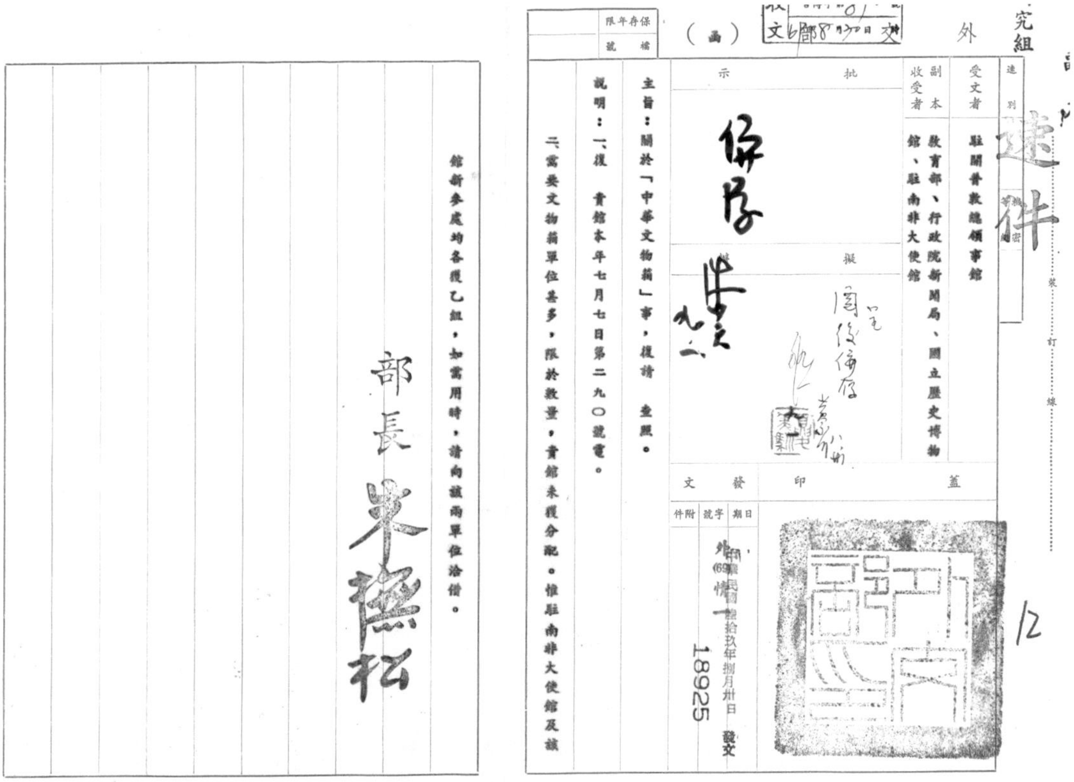

速件

（函）

受文者：駐開普敦總領事館

副本收受者：教育部、行政院新聞局、國立歷史博物館、駐南非大使館

主旨：關於「中華文物箱」事，復請 查照。

說明：一、復 貴館本年七月七日第二九〇號電。

二、需要文物箱單位甚多，限於數量， 貴館未獲分配。惟駐南非大使館及該館新參處均各獲配乙組，如需用時，請向該兩單位洽借。

部長 朱撫松

發文 中華民國陸拾玖年捌月卅日 外(69)情一 18925

《籌辦第四批中華文物箱展》，檔號 069-0108-1-2-12，史博館檔案（1980.08.30）

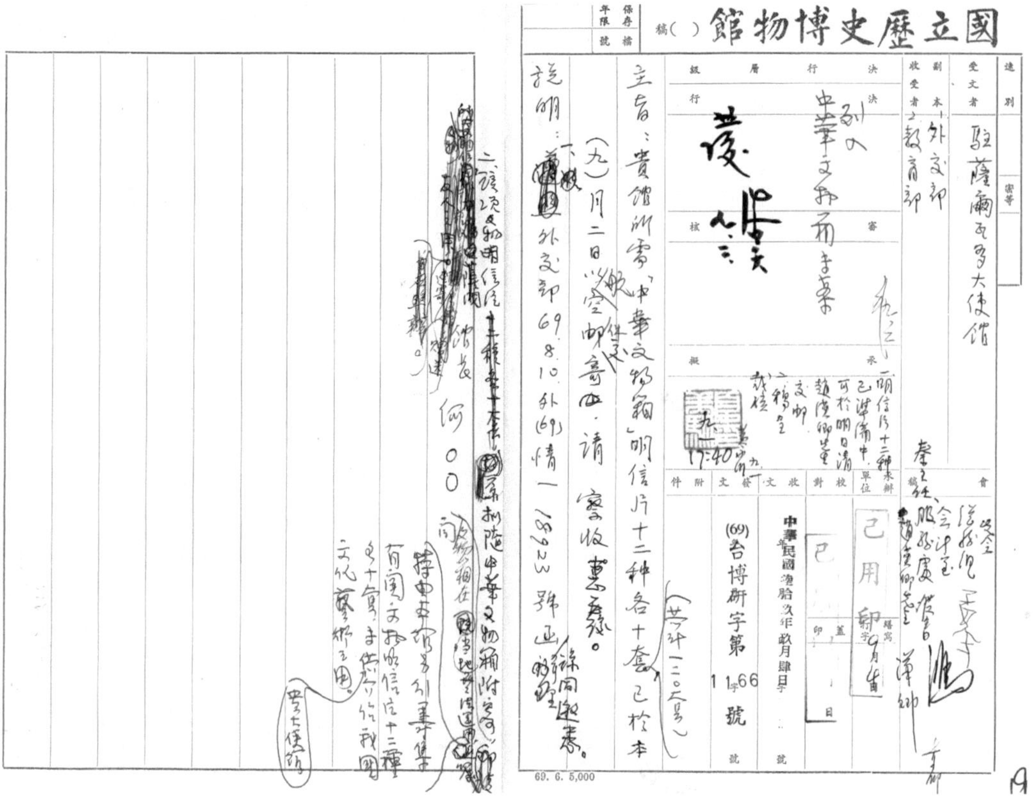
國立歷史博物館（ ）稿
受文者：駐薩爾瓦多大使館
副本收受者：外交部、教育部
主旨：貴館所需「中華文物箱」明信片十二種各十套，已於本(九)月二日以空郵寄出，請察收惠覆。
說明：一、復外交部69.8.10.外(69)情一18923號函辦理。
發文 (69)台博研字第1166號
中華民國陸拾玖年玖月肆日
69. 6. 5,000

《籌辦第四批中華文物箱展》，檔號 069-0108-1-1-19，史博館檔案（1980.09.04）

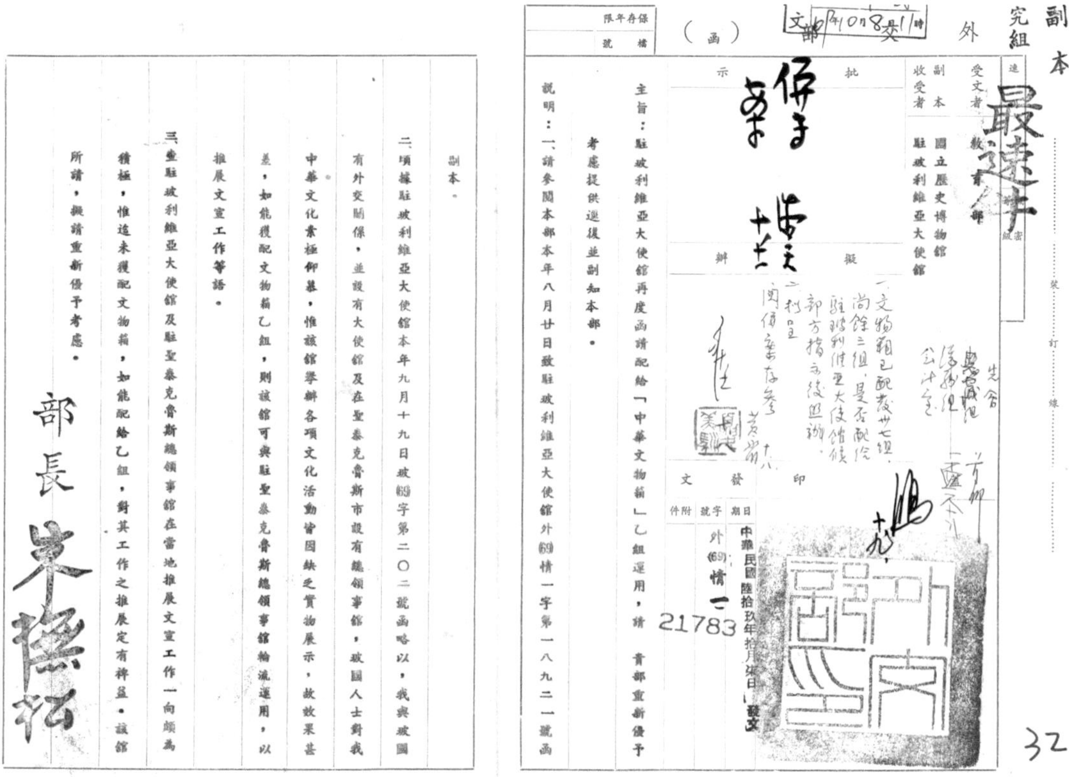
副本
外交部（函）
受文者：教育部
副本收受者：國立歷史博物館、駐玻利維亞大使館
最速件
主旨：駐玻利維亞大使館再度函請配給「中華文物箱」乙組運用，請 貴部重新優予考慮提供巡展並副知本部。
說明：一、請參閱本部本年八月廿日致駐玻利維亞大使館外(69)情一字第一八九二一號函。
二、頃據駐玻利維亞大使館本年九月十九日玻(69)字第二〇二號函略以，我與玻國有外交關係，並設有大使館及在聖泰克魯斯市設有總領事館，玻國人士對我中華文化素極仰慕，惟該館舉辦各項文化活動曾因缺乏實物展示，故效果甚差，如能獲配文物箱乙組，則該館可與駐聖泰克魯斯總領事館輪流運用，以推展文宣工作等語。
三、查駐玻利維亞大使館及駐聖泰克魯斯總領事館在當地推展文宣工作一向頗為積極，惟迄未獲配文物箱，如能配給乙組，對其工作之推展定有裨益。該館所請，擬請重新優予考慮。
部長 朱撫松
發文 外(69)情一 21783
中華民國陸拾玖年拾月柒日
32

《籌辦第四批中華文物箱展》，檔號 069-0108-1-1-32，史博館檔案（1980.10.07）

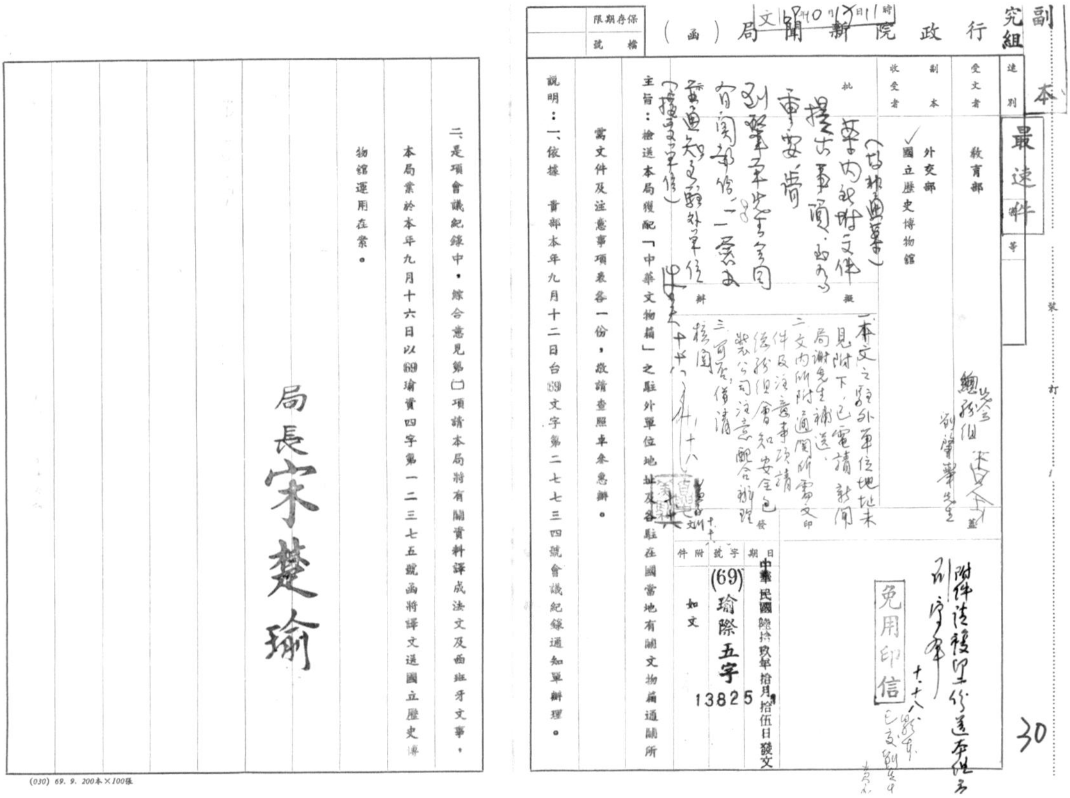

行政院新聞局（函）

受文者：教育部

副本收受者：外交部、國立歷史博物館

主旨：檢送本局複印「中華文物箱」之駐外單位地址及各駐在國當地有關文物箱通關所需文件及注意事項表各一份，敬請查照卓參惠辦。

說明：一、依據 貴部本年九月十二日台(69)文字第二七七三四號會議紀錄通知單辦理。

二、是項會議紀錄中，綜合意見第(二)項請本局將有關資料譯成法文及西班牙文事，本局業於本年九月十六日以(69)瑜貫四字第一二三七五號函將譯文送國立歷史博物館運用在案。

局長 宋楚瑜

發文 日期：中華民國陸拾玖年拾月拾伍日 字號：(69)瑜際五字 13825 附件：如文

免用印信

《籌辦第四批中華文物箱展》，檔號 069-0108-1-1-30，史博館檔案（1980.10.15）

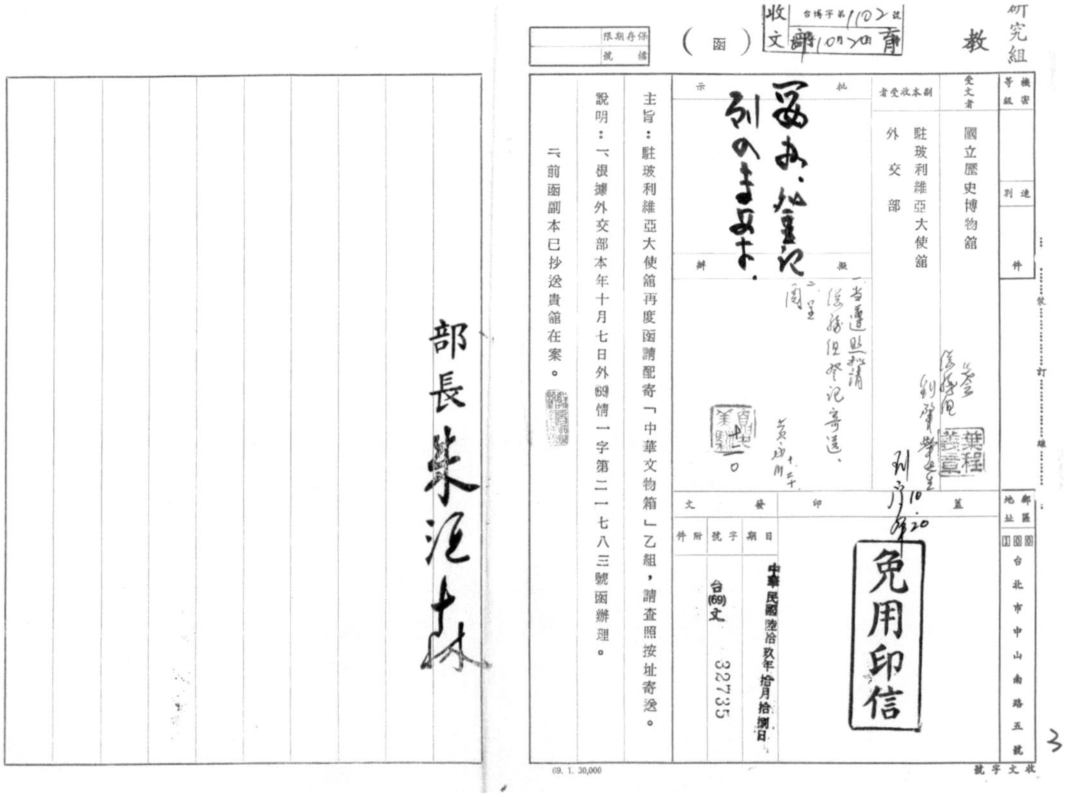

教育部（函）

受文者：國立歷史博物館

副本收受者：駐玻利維亞大使館、外交部

主旨：駐玻利維亞大使館再度函請配寄「中華文物箱」乙組，請查照按址寄送。

說明：一、根據外交部本年十月七日外(69)情一字第二一七八三號函辦理。

二、前函副本已抄送貴館在案。

部長 朱匯森

發文 日期：中華民國陸拾玖年拾月拾捌日 字號：台(69)文 32735

地址：台北市中山南路五號

免用印信

《籌辦第四批中華文物箱展》，檔號 069-0108-1-1-31，史博館檔案（1980.10.18）

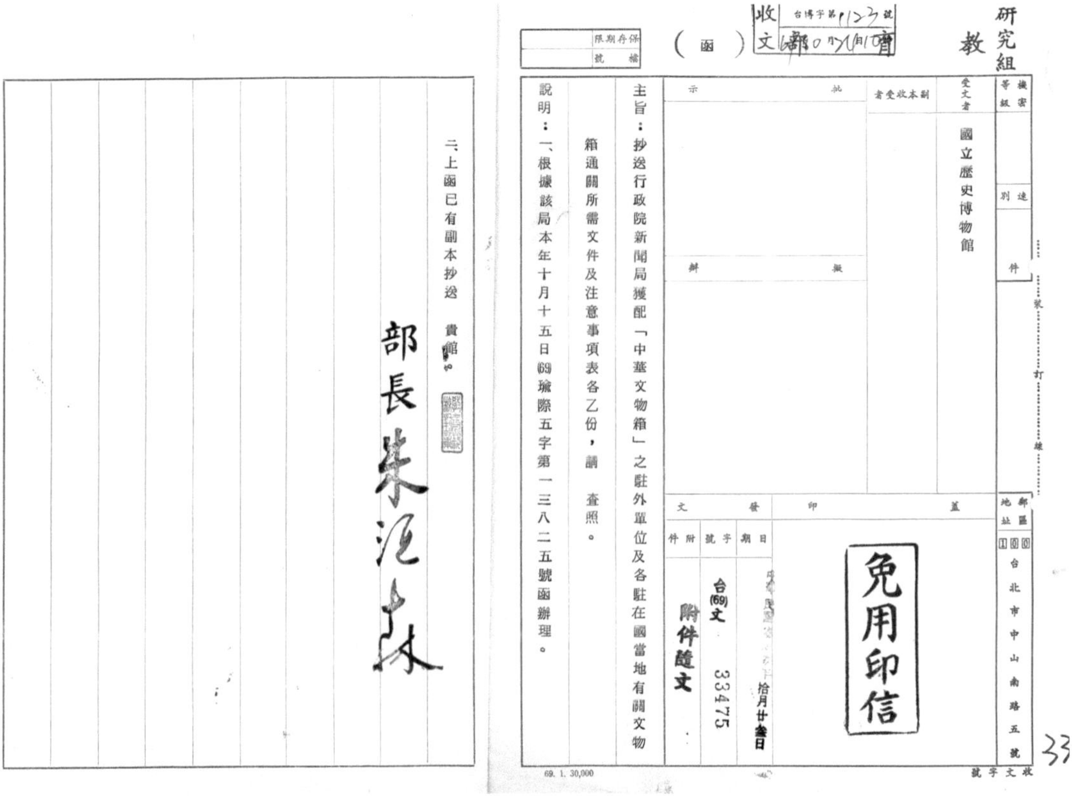

教 研究組

（函）

收文 台博字第1123號 69年10月24日

受文者：國立歷史博物館

主旨：抄送行政院新聞局獲配「中華文物箱」之駐外單位及各駐在國當地有關文物箱通關所需文件及注意事項表各乙份，請 查照。

說明：一、根據該局本年十月十五日(69)瑜際五字第一三八二五號函辦理。

二、上函已有副本抄送 貴館。

部長 朱匯森

發文 日期：中華民國69年拾月廿三日 字號：台(69)文33475 附件：附件隨文

免用印信

郵區地址：100 台北市中山南路五號

33

《籌辦第四批中華文物箱展》，檔號 069-0108-1-1-33，史博館檔案（1980.10.23）

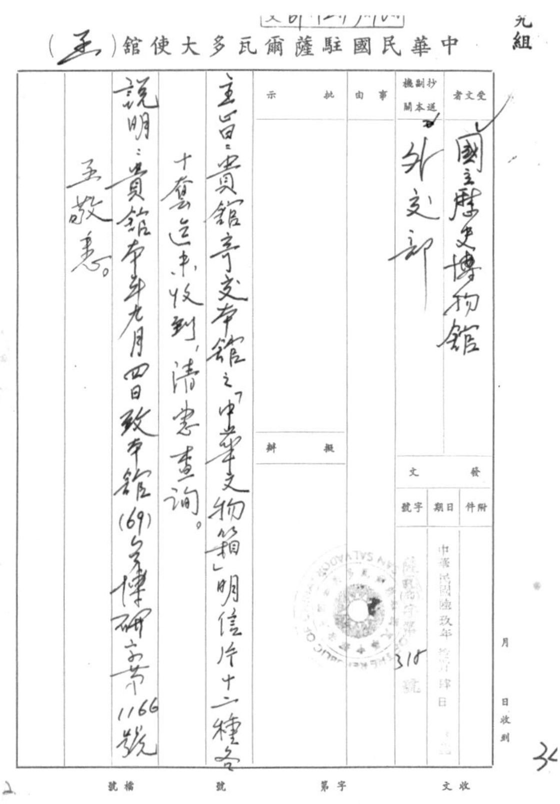

研究組

中華民國駐薩爾瓦多大使館（函）

受文者：國立歷史博物館

抄送副本機關：外交部

主旨：貴館寄交本館之「中華文物箱」明信片十二種各十套迄未收到，請惠查詢。

說明：貴館本年九月四日致本館(69)台博研字第1166號

函敬悉。

發文 字號：薩(69)字第318號 日期：中華民國陸玖年拾月肆日

34

《籌辦第四批中華文物箱展》，檔號 069-0108-1-1-34，史博館檔案（1980.12.04）

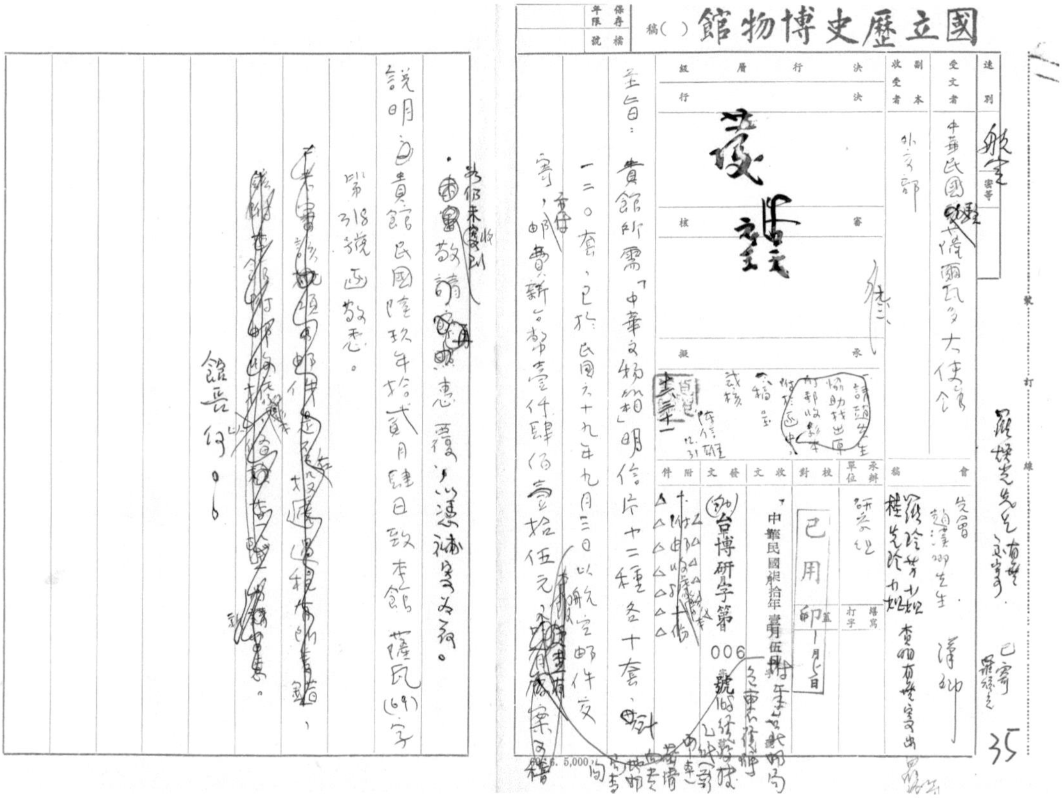

《籌辦第四批中華文物箱展》，檔號 069-0108-1-1-35，史博館檔案（1981.01.05）

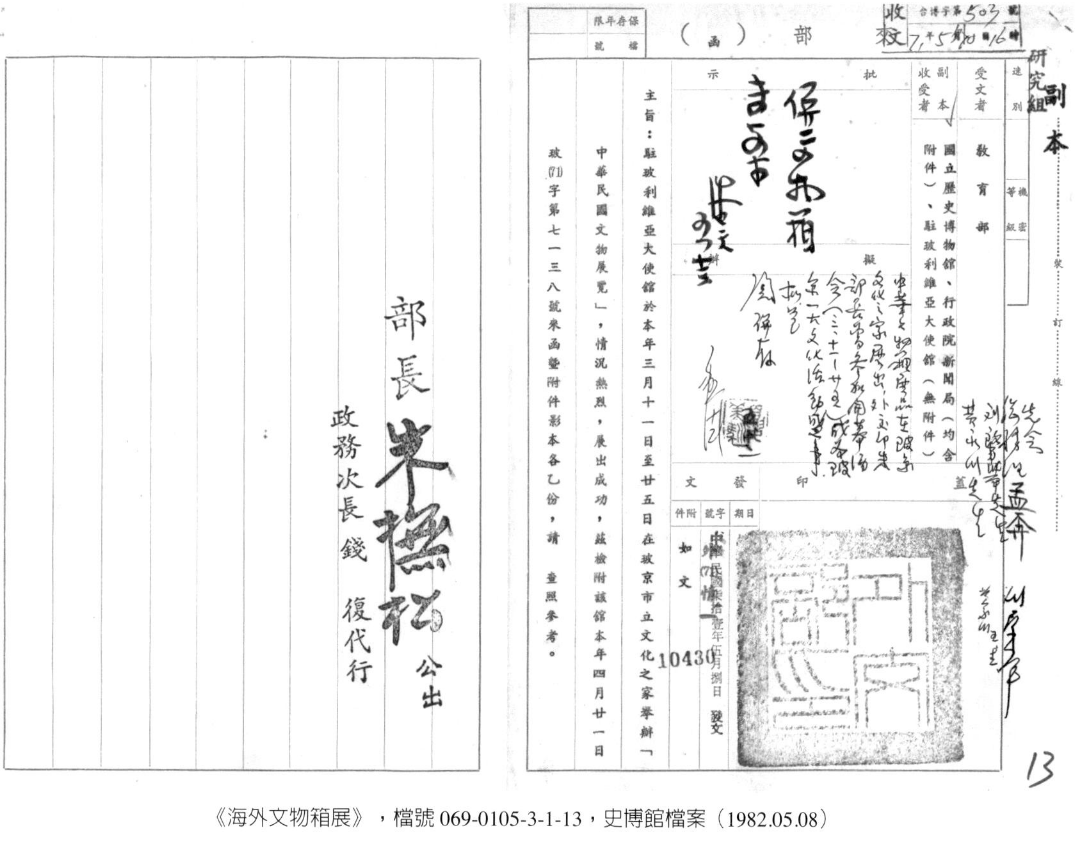

《海外文物箱展》，檔號 069-0105-3-1-13，史博館檔案（1982.05.08）

六．文物箱失竊與購買案（美國西雅圖：一九八〇年七月至一九八一年十月）

《海外文物箱展》檔號 069-0105-3-1-02，史博館檔案

受文者：國立歷史博物館　　副本：外交部
文　別：函　　發文者：北美事務協調委員會駐西雅圖辦事處
日　期：中華民國陸拾玖年柒月拾捌日
文　號：外（69）北美西字第 691869 號
主　旨：貴館前寄存本處運用之中華文物十五件，於本年七月十三日失竊，除已報警盡力追查外，謹先報請查照。
說　明：一、上開中華文物四大箱，係於一九七六年七月寄達本處。因本處辦公處所極爲擁擠，無處存放，乃租本處大樓地下室儲藏室一間，存放該批文物，已達四年之久。每於參展後均由承辦人員妥當加鎖後，存於該室。
二、本月十四日因到儲藏室清點公物時，發現儲藏室已遭歹徒闖入，文物箱之鎖亦被撬開，取走各類文物十五件（如清單）。本處當即會同房主報警，經治安人員於同日上午抵達現場初步偵查後，次日上午又到本處洽索失竊文物清單，並作成筆錄，以便追查。
三、因儲藏室門鎖等均遭破壞，故已將剩餘文物搬存樓上辦公室內暫存，並加強保管。
四、檢附警方報告單及失竊品清單一份。
北美事務協調委員會駐西雅圖辦事處

《中華文物箱》檔號 070-0101-1-1-18，史博館檔案

受文者：中華民國駐瓜地馬拉大使館新聞參事處　　副本：史博館
文　別：函　　發文者：行政院新聞局
日　期：中華民國柒拾年拾月拾叁日
文　號：（70）瑜際五字第 16511 號
主　旨：關於貴處函問「中華文物箱」中若干畫冊之購買手續事，覆請查照。
說　明：一、覆貴處七十年九月十四日（70）瓜新字第一〇五號函。
二、國立歷史博物館所出版邵幼軒、張大千、黃君璧及歐豪年四位畫家共八本複製畫冊之價格爲新台幣三、八八〇元。該八本畫冊之海運及航空掛號郵費分別爲新台幣七六〇元及三千元。瓜國有意購買者可將私人支票或滙票逕寄該館（地址如附件），由該館郵寄。
三、瓜國人士如欲購買其他複製品者，可逕洽詢該館。
四、檢附「國立歷史博物館出版及文物複製品目錄」乙本。
局長　宋楚瑜

檔案說明

一、本館於一九七六年七月寄送美國西雅圖之中華文物箱一組（第三批中華文物箱），於運用後均存放於辦事處大樓地下室。一九八〇年七月十四日遭竊，駐西雅圖辦事處已報警處理，惟現有檔案未見已尋獲或破案資料，研判應已無法追回。
二、中華文物箱展品雖多為仿製品，然仍有一定的精緻度，對於國際人士而言，仍有一定的吸引力與市場價值，因此令偷竊者覬覦。
三、另中華民國駐瓜地馬拉大使館新聞參事處函詢中華文物箱中畫冊的購買手續，本館回復新聞局表示邵幼軒、黃君璧、張大千與歐豪年之複製畫冊定價為新臺幣三千八百八十元，加上運費（海運費用新臺幣七百六十元，空運費新臺幣三千元），以當時不論在我國或是瓜國都屬高價產品，惟仍有瓜國人士青睞，足見文物箱展品的魅力。

北美事務協調委員會駐西雅圖辦事處（函）

收文 台博字第353號 69年7月23日

受文者：國立歷史博物館

副本收受者：外交部

發文字號：(69)北美西字第691869號

附件：如文

主旨：貴館前寄存本處運用之中華文物十五件，於本年七月十三日失竊，除已報警盡力追查外，謹先報請查照。

說明：一、上開中華文物四大箱，係於一九七六年七月寄達本處。因本處辦公處所極為擁擠，無處存放，乃租本處大樓地下室儲藏室一間，存放該批文物，已達四年之久。每於參展後均由承辦人員妥當加鎖後，存放於該室。

二、本月十四日因到儲藏室清點公物時，發現儲藏室已遭歹徒闖入，文物箱之鎖亦被撬開，取走各類文物十五件（如清單）。本處當即會同房主報警，經治安人員於同日上午抵達現場初步偵查後，次日上午又到本處洽索失竊文物清單並作成筆錄，以便追查。

三、因儲藏室門鎖等均遭破壞，故已將剩餘文物搬

《海外文物箱展》，檔號 069-0105-3-1-02，史博館檔案（1980.07.18）

院新聞局（函）

收文 台博字第1287號 70年10月14日

受文者：中華民國駐瓜地馬拉大使館新聞參事處

副本收受者：國立歷史博物館

主旨：關於貴處函詢「中華文物箱」中若干畫冊之購買手續事，復請查照。

說明：一、復貴處七十年九月十四日(70)瓜新字第一〇五號函。

二、國立歷史博物館所出版邵幼軒、張大千、黃君璧及歐豪年四位畫家共八本複製畫冊之價格為新台幣三、八八〇元。該八本畫冊之海運及航空掛號郵費分別為新台幣七六〇元及三千元。瓜國有意購買者可將私人支票或匯票逕寄該館（地址如附件），由該館郵寄。

三、瓜國人士如欲購買其他複製品者，可逕洽詢該館。

四、檢附「國立歷史博物館出版及文物複製品目錄」乙本。

局長宋楚瑜

發文日期：中華民國柒拾年拾月拾叁日發文

字號：(70)瑜際五字16511

附件：如文

免用印信

《中華文物箱》，檔號 070-0101-1-1-18，史博館檔案（1981.10.13）

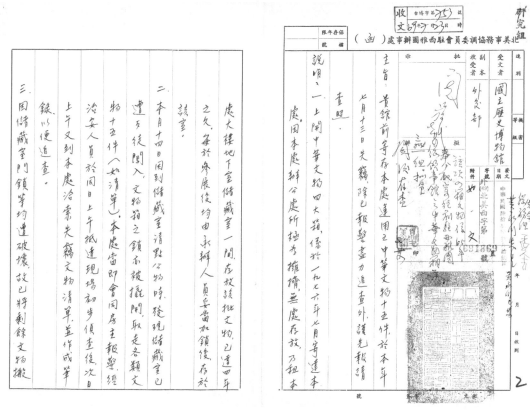

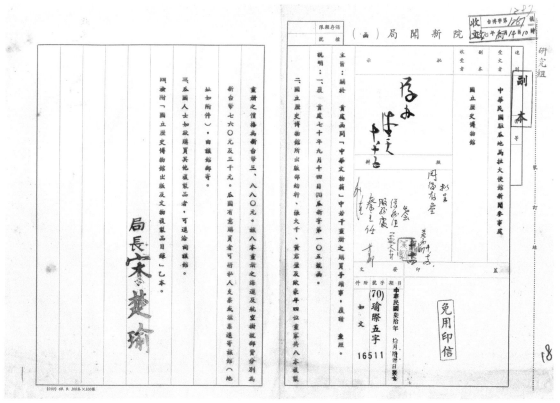

末航 一九八五年落日餘暉

The Chinese Cultural Chest's Final Voyage, 1985

一、請求配發文物箱案（駐外單位：一九八二年五月至十二月）

《中華文物箱》檔號 074-0108-2-1-01，史博館檔案

受文者：中華民國駐利比亞商務辦事處　副本：教育部、史博館
文　別：函　發文者：外交部
日　期：中華民國柒拾壹年伍月廿柒日
文　號：外（71）情一第 11982 號
主　旨：關於貴處爲參加利比亞大學明年四月舉辦之第三屆國際文物展覽，請本部提供「中華文物箱」事，復請查照。
說　明：一、復貴處本年四月卅日利（71）字第八三七號函。
二、中華文物箱係由教育部製作提供，因其內容豐富，製作至爲費時，估計每批至少需時兩年方能製作完成。現下一批尚未開始製作，何時可以完成無法預計，故近期內無法提供貴處運用。惟本部將請該部考慮將貴處列入下一批文物箱寄發名單。

部長　朱撫松

《中華文物箱》檔號 074-0108-2-1-05，史博館檔案

受文者：僑務委員會　副本：駐南非共和國約翰尼斯堡總領事館、史博館
文　別：函　發文者：教育部
日　期：中華民國柒拾壹年柒月陸日
文　號：台（71）文第 22785 號
主　旨：關於南非共和國約翰尼斯堡中華文化中心需要中華文物箱及衣物箱各一套事，請查照轉告。
說　明：一、覆本年六月三十日（71）台僑化字第二七〇〇一號函。
二、中華文物箱第四批早已分送駐外單位並無剩餘，現正請外交部及行政院新聞局普遍洽詢意見中，俟調查完畢，仍有需要訂製時，當予優先考慮贈送，至「衣物箱」，本部並未製作，亦不悉爲何種衣物箱？
三、本部無該文化中心地址，故請轉告。

部長　朱匯森

《中華文物箱》檔號 074-0108-2-1-06，史博館檔案

受文者：行政院新聞局　副本：外交部、教育部、史博館
文　別：函　發文者：中華民國駐哥斯大黎加大使館新聞專員處
日　期：中華民國柒壹年陸月貳玖日
文　號：哥加新（71）字第一六九號
主　旨：敬請轉洽國立歷史博物館惠供中華文物箱俾在哥國地區展用，並請核覆。
說　明：一、鈞局七一年五月廿八日（71）瑜際五字第〇八六九〇號奉悉。
二、哥國地區尚未獲配中華文物箱，經請示大使，請轉洽國立歷史博物館惠供文物箱，屆時將統籌對外借用。
三、該文物箱在哥國各地展示後，能否轉贈哥國國立歷史博物館存用，併乞核示。
四、本案係協調大使館辦理，使館將不另函覆外交部。併此陳明。

新聞專員　楊宗科

《中華文物箱》檔號 074-0108-2-1-07，史博館檔案

受文者：中華民國駐哥斯大黎加大使館新聞專員處　副本：行政院新聞局、外交部、教育部
文　別：（　）稿　發文者：史博館
日　期：中華民國柒拾壹年柒月拾肆日
文　號：（71）台博研字第 0807 號

主　旨：承詢「中華文物箱」供應事，復請察照。

說　明：一、貴處71、6、29致行政院新聞局哥加新（71）字第一六九號函「副本」敬悉。頃奉教育部電示逕復。

二、中華文物箱第四批早已分送完畢，第五批是否製作，現正由外交部及行政院新聞局調查研究蒐集資料中。倘續製作，哥國地區當報請優先配寄。

三、中華文物箱之製作，乃為配合駐外單位、海外僑社暨留學生舉辦小型文物展覽活動之用，應列入永久財產不宜轉贈。設有必要致贈國外博物館中華文物，尚請專案申請另案辦理。

館長　何○○

《中華文物箱》檔號 074-0108-2-1-09，史博館檔案

受文者：教育部　　副本：外交部、史博館

文　別：函　　發文者：行政院新聞局

日　期：中華民國柒拾壹年捌月廿柒日

文　號：（71）瑜際三字第14036號

主　旨：有關本局駐丹麥新聞處陳請貴部贈送該處丹麥信義傳教會「中華文化箱」各乙套運用事，請查照參辦。

說　明：一、據本局駐丹新聞處本年八月二日（71）丹新字第○三三五號函稱：「丹麥信義傳教會多年來為我宣傳之功勞，全歐洲友我團體皆無可媲美，不但出版專書，在各報刊雜誌撰文介紹我國，更以舉辦文化展及演講等方式增進丹國民眾對我中華民國之認識。本處除提供該教會文字及視聽資料外，擬請教育部賜發『中華文化箱』二套，其一由本處運用，另一長期借給該會巡迴展出，以代替現有之展品。」

二、請參閱本局本年七月卅日（71）瑜際五字第一二三九九號函。

局長　宋楚瑜

《中華文物箱》檔號 074-0108-2-1-12，史博館檔案

受文者：教育部　　副本：史博館、光華傳播事業公司（無附件）

文　別：函　　發文者：駐丹麥自由中國新聞處

日　期：民國71年12月7日

文　號：（71）丹新字第○四三○號

主　旨：為丹麥地區亟須文化箱供我國文物巡迴展之用事，敬請優予考慮賜撥一套運用為禱。

說　明：一、丹麥信義傳教會辦理台灣文物巡迴展已有多年，惟所展出內容未及理想亦無法完全反映中華文化，故經協商由我提供文化箱長期借用該會在丹麥各地巡迴展出。敬請賜撥一套，並即示知何時可運抵丹京。文物箱內容謹請先發，俾便儘早準備翻譯工作。

二、隨函謹檢附丹麥信義傳教會歷年展出台灣文物清單及展出期間分發有關認識我國之教育問答遊戲等資料暨英譯本共四件，呈請詧參。

蔡茂葵

檔案說明

一、第四批中華文物箱製作四十組，於一九八〇年下半年開始配發海外，其數量及散播範圍遠超越前三批，我國駐外機構多已獲得，未受配發者均來函請求本館提供，以利當地文化宣傳工作。因此，教育部請外交部及僑委會等單位，調查其所屬駐外機構對文物箱的需求，並於製作下一批時予以配發。二、本批彙整的檔案中顯示，我國與利比亞於一九七八年結束外交關係後，一九八〇年於該國成立商務辦事處，並首次申請文物箱配發；我國駐南非約翰尼斯堡單位共設有三個單位：總領事館（外交部所屬）、總領事館新聞參事處（新聞局所屬），以及中華文化中心（僑委會所屬），而第四批文物箱主要是配發至新聞參事處，並與其他兩個單位相互支援使用，但仍恐不敷使用，故再次提出申請；駐哥斯大黎加大使館新聞專員處（新聞局所屬）為首次申請；駐丹麥自由中國新聞處（新聞局所屬）則申請配發一組，並贈送當地信義教會一組。

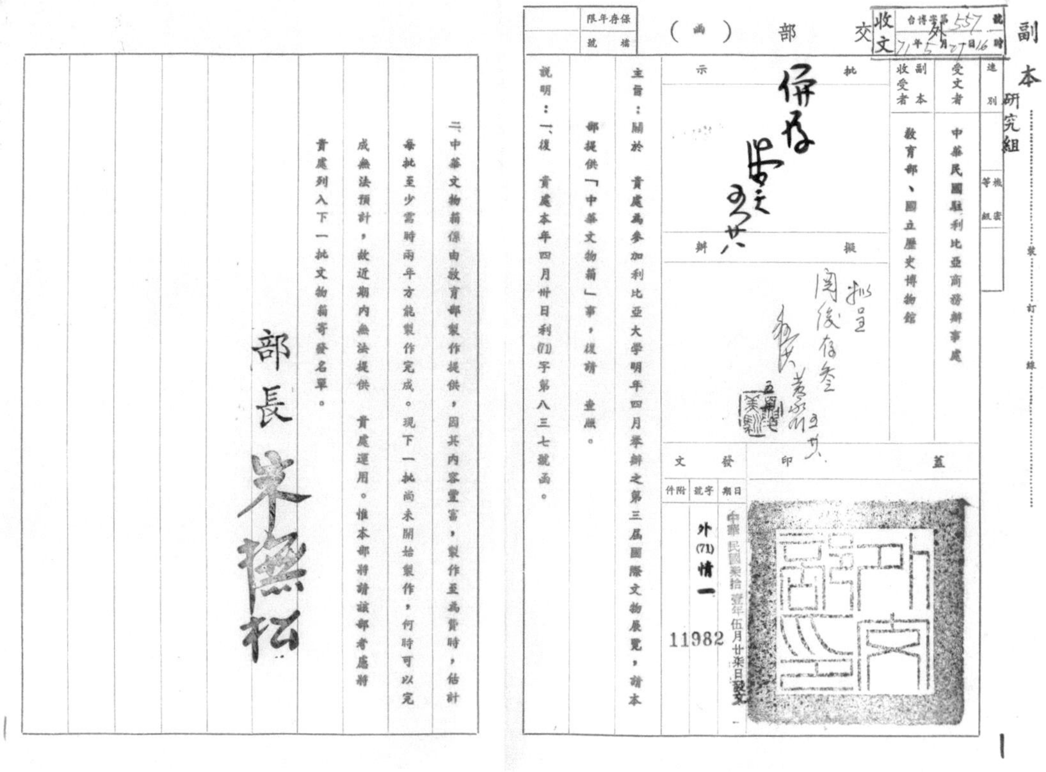

副本

外交部（函）

受文者：中華民國駐利比亞商務辦事處

副本收受者：教育部、國立歷史博物館

主旨：關於貴處為參加利比亞大學明年四月舉辦之第三屆國際文物展覽，請本部提供「中華文物箱」事，復請 查照。

說明：一、復 貴處本年四月卅日利(71)字第八三七號函。

二、中華文物箱係由教育部製作提供，因其內容豐富，製作至為費時，估計每批至少需時兩年方能製作完成。現下一批尚未開始製作，何時可以完成無法預計，故近期內無法提供 貴處運用。惟本部將請該部考慮將貴處列入下一批文物箱寄發名單。

部長 朱撫松

發文：外(71)情一 11982　中華民國柒拾壹年伍月廿柒日發

《中華文物箱》，檔號 074-0108-2-1-01，史博館檔案（1982.05.27）

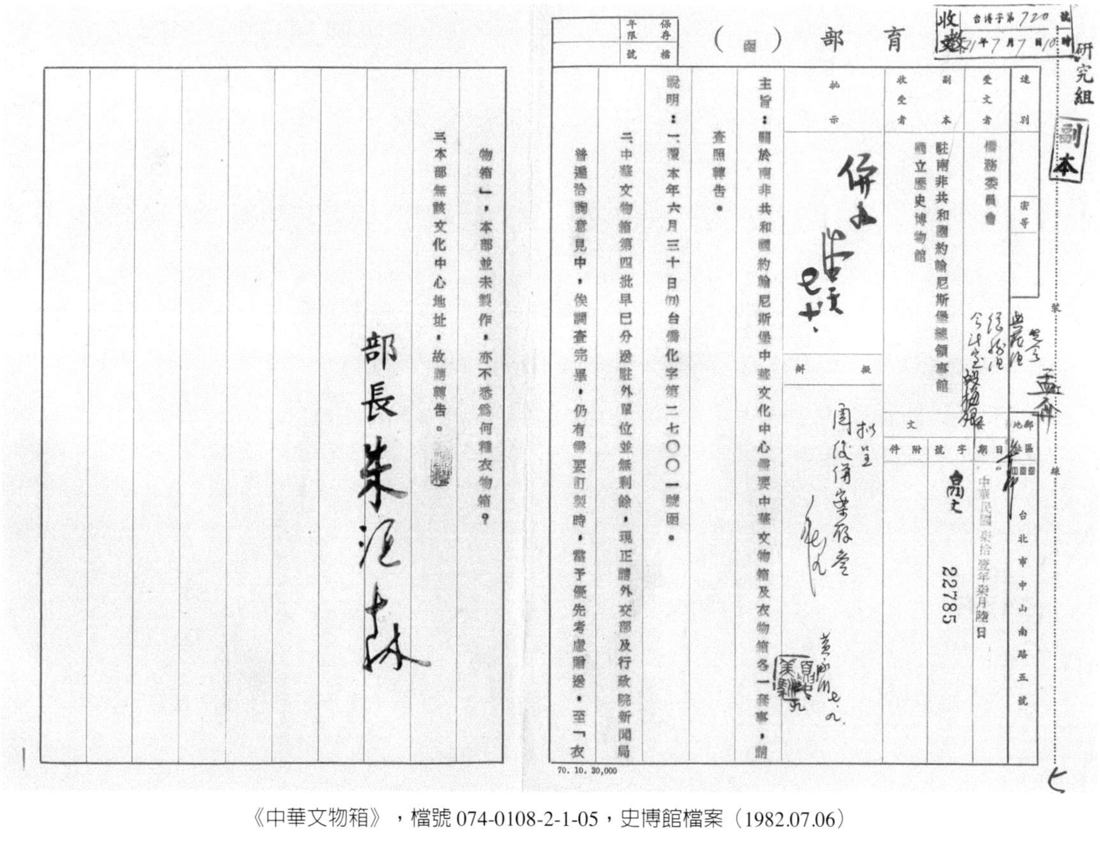

副本

教育部（函）

受文者：僑務委員會

副本收受者：駐南非共和國約翰尼斯堡總領事館、國立歷史博物館

主旨：關於南非共和國約翰尼斯堡中華文化中心需要中華文物箱及衣物箱各一套事，請查照轉告。

說明：一、復本年六月三十日(71)台僑化字第二七〇〇一號函。

二、中華文物箱第四批早已分送駐外單位並無剩餘，現正請外交部及行政院新聞局普遍洽詢意見中，俟調查完畢，仍有需要訂製時，當予優先考慮贈送。至「衣物箱」，本部並未製作，亦不悉為何種衣物箱？

三、本部無該文化中心地址，故請轉告。

部長 朱匯森

發文：高文 22785　中華民國柒拾壹年柒月陸日

地址：台北市中山南路五號

《中華文物箱》，檔號 074-0108-2-1-05，史博館檔案（1982.07.06）

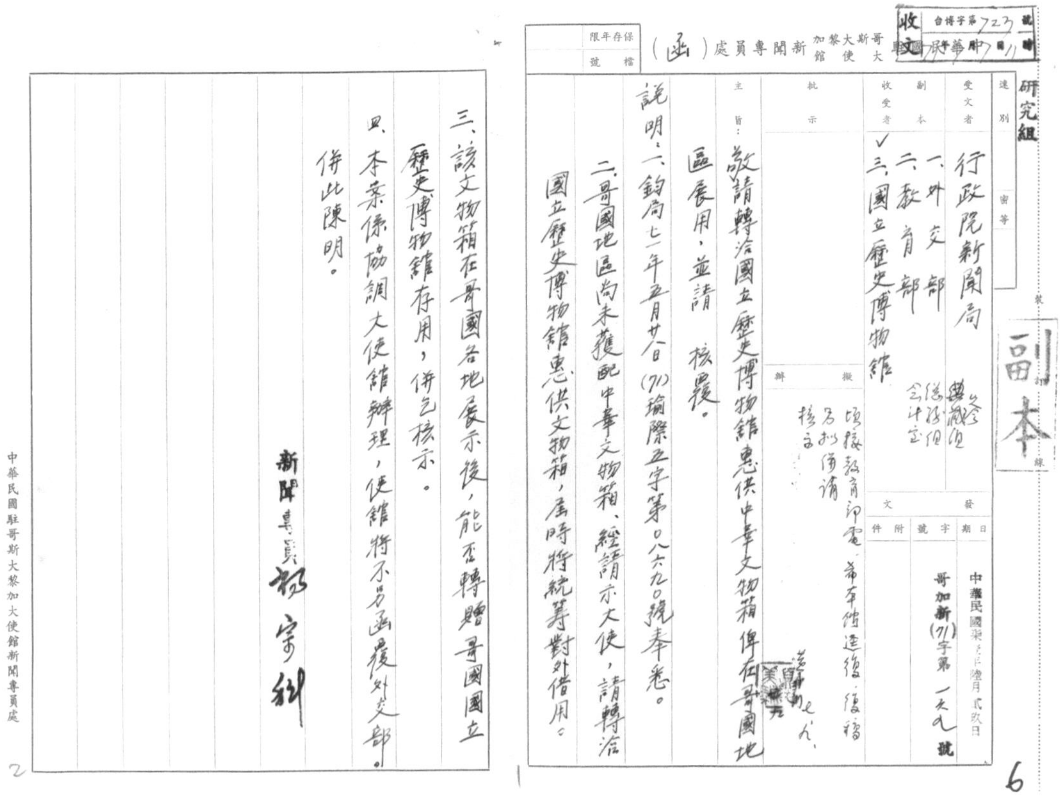
駐哥斯大黎加大使館新聞專員處（函）
收文 台博字第723號
研究組
受文者：行政院新聞局
副本收受者：一、外交部　二、教育部　三、國立歷史博物館
主旨：敬請轉洽國立歷史博物館惠供中華文物箱俾在哥國地區展用，並請　核覆。
說明：一、鈞局七十一年五月廿日(71)瑜際五字第0八六九0號函奉悉。
二、哥國地區尚未獲配中華文物箱，經請示大使，請轉洽國立歷史博物館惠供文物箱，屆時將統籌對外借用。
三、該文物箱在哥國各地展示後，能否轉贈哥國國立歷史博物館存用，併乞核示。
四、本案係協調大使館辦理，使館將另函覆外交部。
併此陳明。
新聞專員
發文：中華民國柒拾壹年陸月貳玖日　哥加新(71)字第一六九號
副本
中華民國駐哥斯大黎加大使館新聞專員處

《中華文物箱》，檔號 074-0108-2-1-06，史博館檔案（1982.06.29）

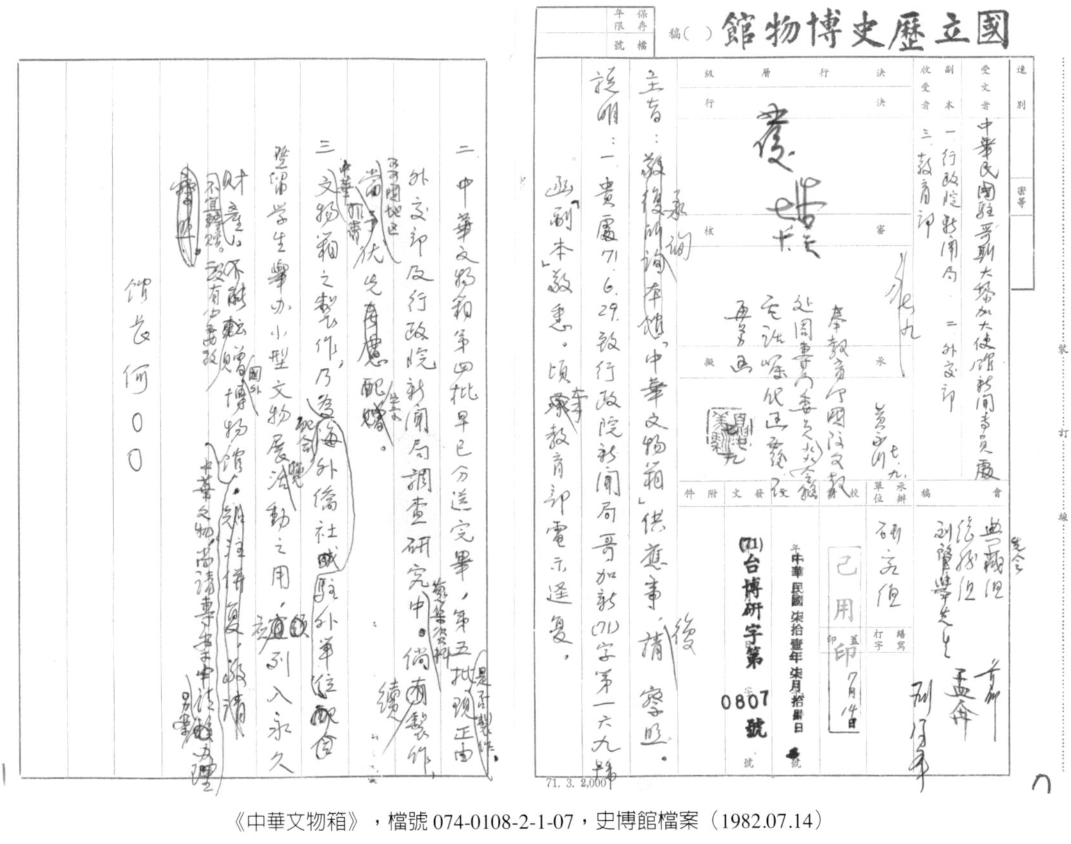
國立歷史博物館　稿（　）
受文者：中華民國駐哥斯大黎加大使館新聞專員處
副本收受者：一、行政院新聞局　二、外交部　三、教育部
主旨：茲復所詢本館「中華文物箱」供應事，請　察照。
說明：一、貴處71.6.29.致行政院新聞局哥加新(71)字第一六九號函副本敬悉。頃奉教育部電示逕復。
二、中華文物箱第四批早已分送完畢，第五批現正由外交部及行政院新聞局調查研究中，倘有製作，當優先惠配。
三、文物箱之製作，乃為海外僑社或駐外單位配合推廣學生舉辦小型文物展活動之用，並未列入永久財產，不能轉贈博物館。
館長何〇〇
發文：中華民國柒拾壹年柒月拾肆日　(71)台博研字第0807號

《中華文物箱》，檔號 074-0108-2-1-07，史博館檔案（1982.07.14）

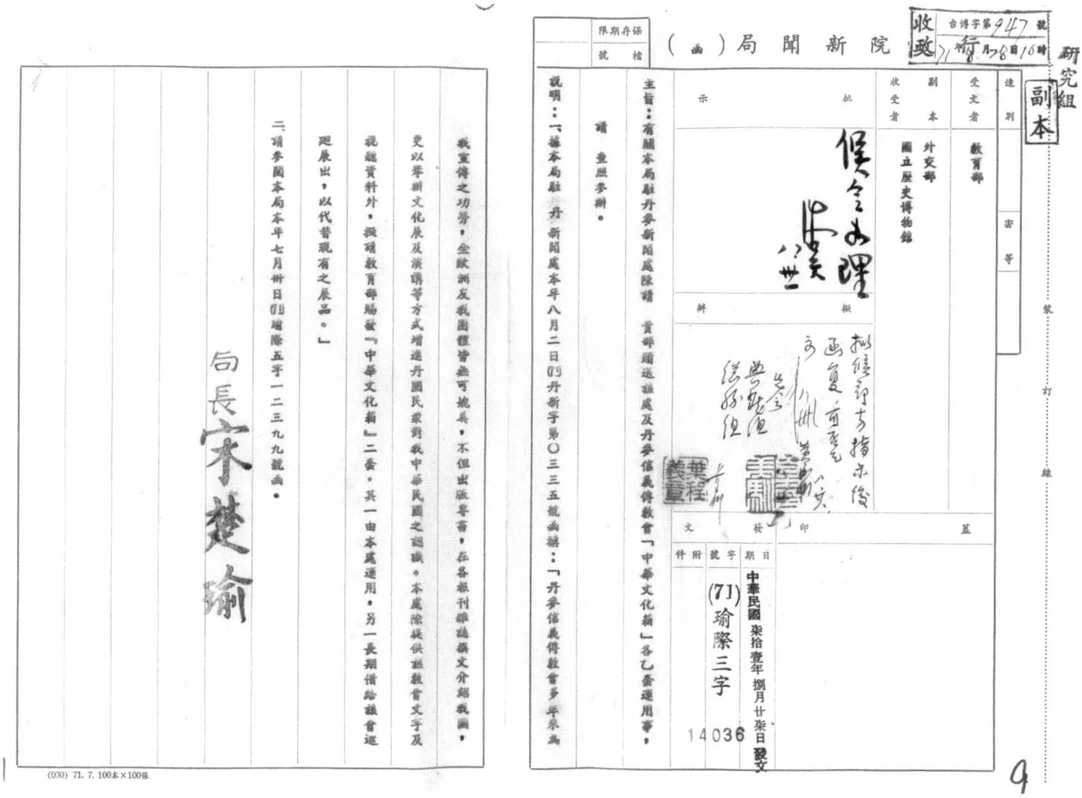
院新聞局（函）

受文者：教育部
副本收受者：外交部、國立歷史博物館

主旨：有關本局駐丹麥新聞處陳請　貴部贈送該處及丹麥信義傳教會「中華文化箱」各乙套運用事，請　查照參辦。

說明：一、據本局駐丹新聞處本年八月二日(71)丹新字第〇三三五號函稱：「丹麥信義傳教會多年來為我宣傳之功勞，全歐洲友我團體皆無可媲美，不但出版專書，在各報刊雜誌撰文介紹我國，更以舉辦文化展及演講等方式增進丹國民眾對我中華民國之認識。本處除提供該教會文字及視聽資料外，擬請教育部賜發『中華文化箱』二套，其一由本處運用，另一長期借給該會巡迴展出，以代替現有之展品。」

二、請參閱本局本年七月卅日(71)瑜際五字一二三九九號函。

局長　宋楚瑜

發文：中華民國柒拾壹年捌月廿柒日　(71)瑜際三字 14036

(030) 71. 7. 100本×100張

《中華文物箱》，檔號 074-0108-2-1-09，史博館檔案（1982.08.27）

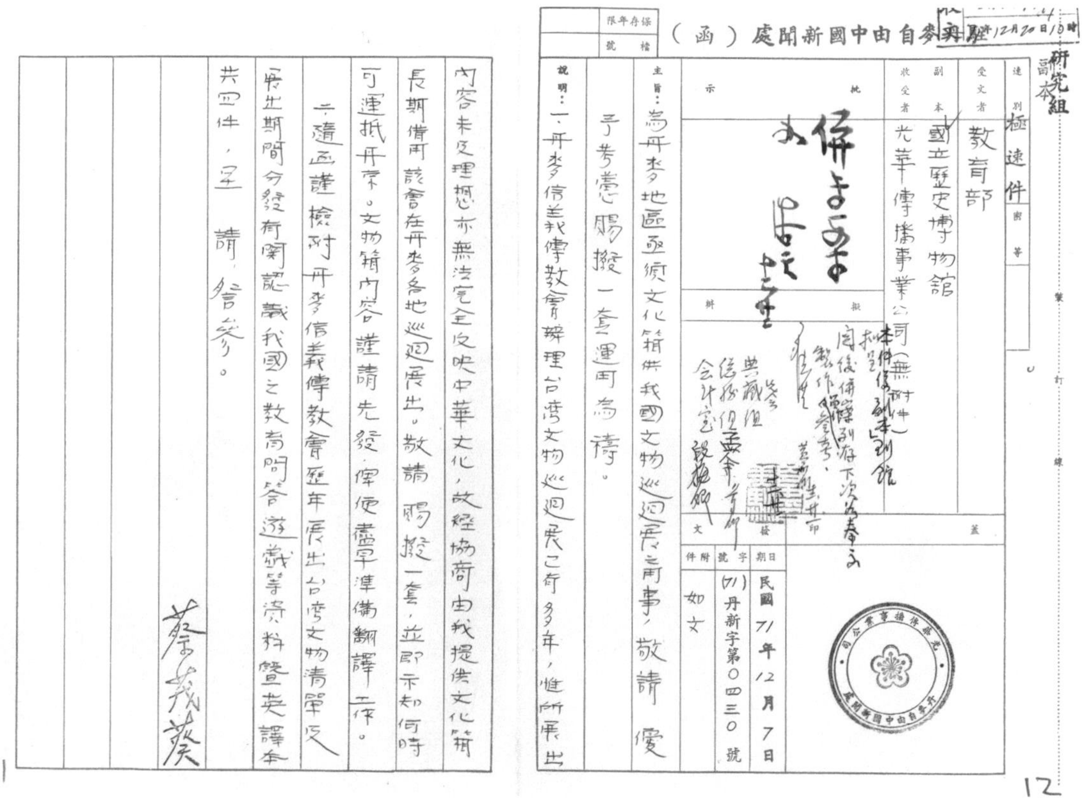
駐丹麥自由中國新聞處（函）

受文者：教育部
副本收受者：國立歷史博物館、光華傳播事業公司（無附件）

速別：極速件

主旨：為丹麥地區亟須文化箱供我國文物巡迴展之用事，敬請　優予考慮賜撥一套運用為禱。

說明：一、丹麥信義傳教會辦理台灣文物巡迴展已有多年，惟所展出內容未臻理想亦無法完全反映中華文化，故經協商由我提供文化箱長期借用該會在丹麥各地巡迴展出。敬請　賜撥一套，並即示知何時可運抵丹京。文物箱內容謹請先發，俾便儘早準備翻譯工作。

二、隨函謹檢附丹麥信義傳教會歷年展出台灣文物清單及展出期間分發有關認識我國之教育問答遊戲等資料暨英譯本共四件，呈　請　詧參。

蔡　義　葵

發文：民國71年12月7日　(71)丹新字第〇四三〇號　附件：如文

《中華文物箱》，檔號 074-0108-2-1-12，史博館檔案（1982.12.07）

二・文物箱需求調查案（第五批：一九八二年五月至十一月）

《中華文物箱》檔號 074-0108-2-1-02，史博館檔案

受文者：本局駐外單位　副本：外交部、教育部、史博館
文　別：函　發文者：行政院新聞局
日　期：中華民國柒拾壹年伍月廿捌日
文　號：（71）瑜際五字第〇八六九〇號
主　旨：貴單位對於國立歷史博物館前製之中華文物箱是否需要續製、汰舊換新或其它有關建議，請於本（七十一）年六月廿日前函覆，俾便轉送原製作單位憑參。
說　明：一、准教育部71、5、21台（71）文一六八〇一號函辦理。
二、貴單位如前曾函告不需要該文物箱，而今後有需要者，請併函告憑辦。
三、請協調貴駐地之其他有關單位，是否可相互洽借使用該文物箱。

局長　宋楚瑜　公出
副局長　甘毓龍　代行

《中華文物箱》檔號 074-0108-2-1-03，史博館檔案

受文者：行政院新聞局　副本：外交部、教育部、史博館、駐南非大使館
文　別：函　發文者：中華民國駐南非共和國大使館新聞參事處
日　期：民國七十一年六月八日
文　號：（71）斐新字第〇二四一號
主　旨：敬請續配發本處中華文物箱一套，俾便在南非地區，擴大運用。
說　明：一、鈞局本年五月二十八日（71）瑜際五字第〇八六九〇號函奉悉。
二、本處自年前獲配發中華文物箱後，已安排在Krugersdorp、Springs及約堡教師中心等地盛大展出多次，辦理情形均經呈報在案。
三、此一文化箱內容豐富，展品自商代銅器仿品至現代書畫，無所不包，以其涵蓋面之廣，似足以使海外人士一窺中華文物之初貌，製作單位之煞費苦心，可想而知。惟想必係受製作經費所限，展品在質之方面，似尚未達在博物館、藝術館陳列展覽之水準。本處擬以第一套文物箱作爲基本展品，續請配發之第二套，謹建議減少件數，配發高品質展物，俾便兩套展品交相展出，作最有效之運用。前述管見是否有當？仍請卓奪示復。

新聞參事　張敏智　公出
（三秘　王壽來　代）

《中華文物箱》檔號 074-0108-2-1-04，史博館檔案

受文者：光華傳播事業公司　副本：遠東貿易文化事業總公司、趙育輔先生、史博館
文　別：函　發文者：華夏新聞服務社
日　期：中華民國七十一年六月十八日
文　號：（71）加彥字第06045號
主　旨：本社保管之「中華文物箱」勿需續製換新。
說　明：一、本社運用之「中華文物箱」已由此間中外社團廣爲利用。至目前止，已分別在多倫多、蒙特婁、倫敦、溫沙、滑特盧、基欽勒、史加保奴及約克等八縣市先後展出，效果良

好。由於借方保護得宜，該批文物除國畫二幅，仿唐彩瓷一件及仿清瓷器一件略有損壞外，其他均完整如新。

二、建議今後製作中華五族衣服各一套。

三、謹覆貴公司七十一年五月廿八日（71）瑜際五字第〇八九六〇號函。

《中華文物箱》檔號 074-0108-2-1-08，史博館檔案

受文者：教育部　　副本：外交部、史博館

文　別：函　　發文者：行政院新聞局

日　期：中華民國柒拾壹年柒月卅日

文　號：（71）瑜際五字第 12399 號

主　旨：檢送本局初步彙整駐外單位有關中華文物箱需求及建議事項表乙份，覆請查照參辦。

說　明：一、復貴部 71、5、21 台（71）文一六八〇一號函。

二、俟續有駐外單位報回有關資料後，再行彙整送請貴部卓參。

局長　宋楚瑜

《中華文物箱》檔號 074-0108-2-1-21，史博館檔案

受文者：教育部　　副本：行政院新聞局、史博館（均含附件）

文　別：函　　發文者：外交部

日　期：中華民國柒拾叁年伍月捌日

文　號：外（73）情一字第 11017 號

主　旨：關於製作第五批「中華文物箱」事，茲檢附本部駐外單位中華文物箱需求表乙份，請查照彙辦。

說　明：一、本部前曾通函本部各駐外單位調查中華文物箱需用情形，經駐釜山領事館等六十六單位查復，有關覆函副本均經抄送貴部計邀詧及。

二、經查本部計有駐釜山領事館等廿三個駐外單位亟需運用中華文物箱，另有十五單位逾期尚未查復，詳如附件，請統籌辦理。

三、若干駐外單位建議：（一）文物箱展品說明卡宜加印朝代起迄年份，文物背景說明力求詳盡；（二）請提高文物箱品質，並增加展品內容；以上兩點建議請於辦理時優予考慮參辦。

部長　朱撫松

《中華文物箱》檔號 074-0108-2-1-26，史博館檔案

受文者：教育部　　副本：史博館、行政院新聞局

文　別：函　　發文者：外交部

日　期：中華民國柒拾肆年叁月伍日

文　號：外（74）新一字第 05043 號

主　旨：請惠將駐尼加拉瓜國大使館列入貴部研製第五批「中華文物箱」需求調查表中「需要者」名單內，請查照彙辦。

說　明：一、復貴部七十三年五月十四日台（73）文字第一八〇五七號函。

二、本部七十三年五月卅日外（73）情一字第一三〇九五號函副本及同年八月八日外（73）情一字第二二五六六號函計達。

三、駐尼加拉瓜國大使館本（74）年一月卅日尼加（74）第〇二七號函略稱：擬請本部購寄「中華文物箱」一套，以供該館在尼國舉辦巡迴文物展等語。

部長　朱撫松

檔案說明

一、自一九七〇年至一九七四年間，第一至四批中華文物箱陸續送至海外後，在各地引發高度迴響。然而，駐外單位機構對文物箱的需求，也隨著任務的轉變、運輸及展覽時的損耗，以及國際外交情勢的演變，已不同於初期的需求目的；此外，前四批文物箱除了依政策配發外，亦有專案申請、請求贈送、要求補充等情況，惟各批次預訂製作的文物箱數量與經費有限，而額外增加製作的箱組及國際運輸更是耗費時間、人力與金錢，加上輸出國家的通關規定不一（如有免稅者、有課以重稅者或不准進口者）等種種複雜因素，對本館與需求單位均造成困擾。

二、基於以上經驗，教育部於一九八二年五月二十一日以臺（71）文字第一六八〇一號函外交部、行政院新聞局、僑委會等各單位。對於前幾批中華文物箱是否需要續製、汰舊換新或其它有關建議進行調查，以作為第五批中華文物箱製作之政策參考，各單位也陸續回覆需求與否，亦有申請新增配發者（如我國駐尼加拉瓜大使館，於一九八五年三月申請，同年十二月兩國斷交，申請目的研判或與外交關係緊張有關；另尼國於一九九〇年再次與我國復交。（資料來源：外交部網站）。

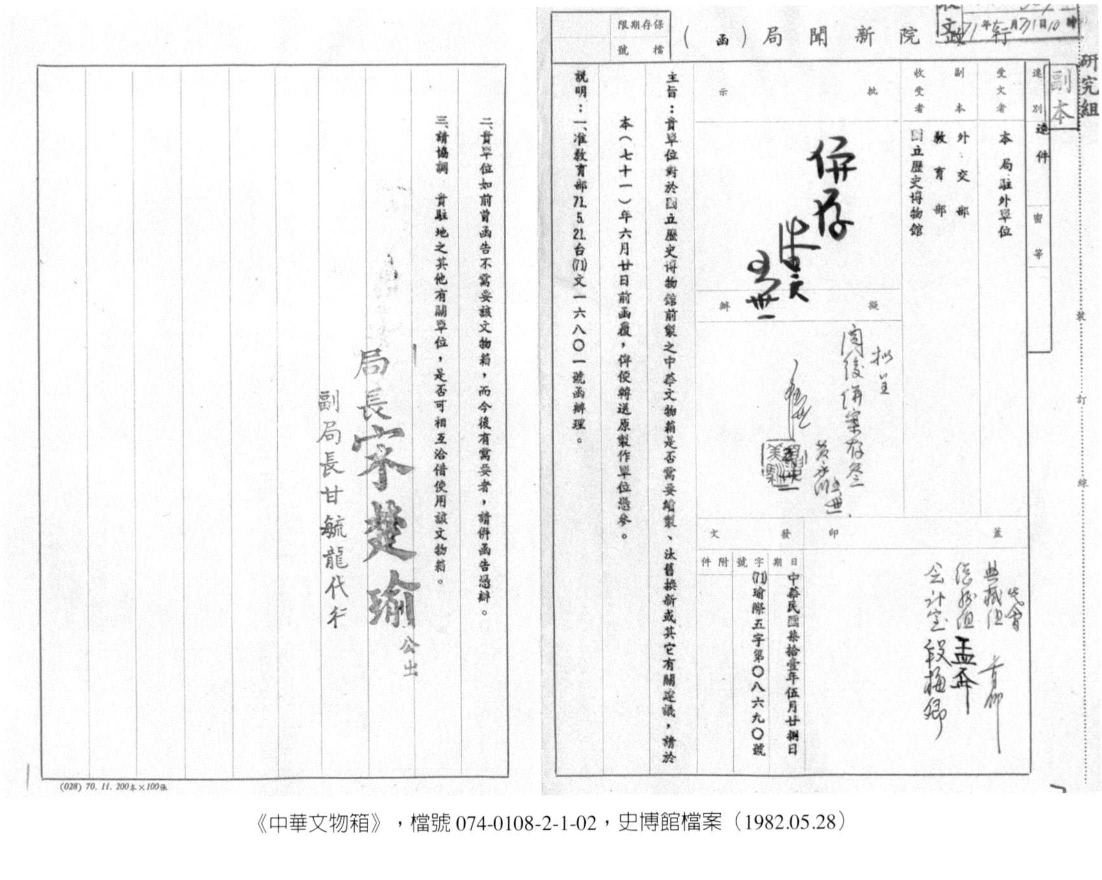
行政院新聞局（函）

保存期限 檔號

受文者：本局駐外單位

副本：外交部、教育部

收受者：國立歷史博物館

主旨：貴單位對於國立歷史博物館前製之中華文物箱是否需要續製、汰舊換新或其它有關建議，請於本（七十一）年六月廿日前函覆，俾便轉送原製作單位憑參。

說明：一、准教育部71.5.21台(71)文一六八〇一號函辦理。

二、貴單位如前曾函告不需要該文物箱，而今後有需要者，請併函告憑辦。

三、請協調貴駐地之其他有關單位，是否可相互洽借使用該文物箱。

日期：中華民國柒拾壹年伍月廿捌日

字號：(71)瑜際五字第〇八六九〇號

局長 宋楚瑜 公出

副局長 甘毓龍 代行

(028) 70. 11. 200本×100張

《中華文物箱》，檔號 074-0108-2-1-02，史博館檔案（1982.05.28）

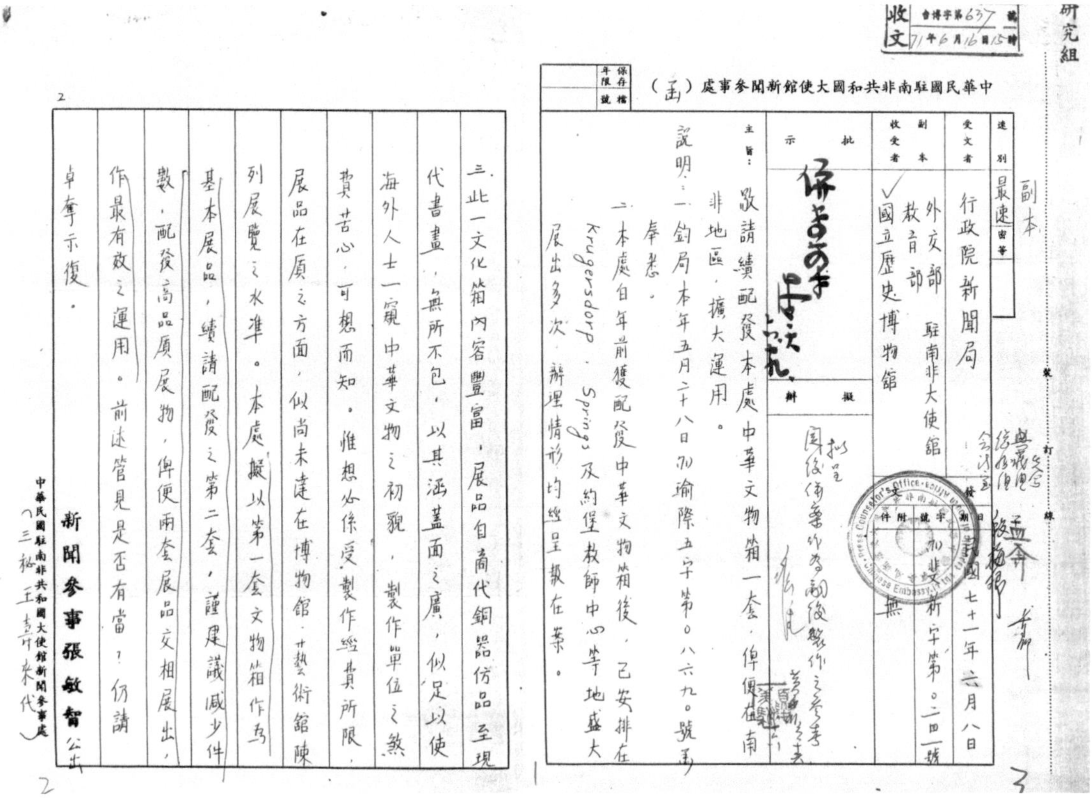
中華民國駐南非共和國大使館新聞參事處（函）

速別：最速
受文者：行政院新聞局
副本：外交部、教育部、駐南非大使館
收受者：國立歷史博物館
發文日期：中華民國七十一年六月八日
字號：加文新字第○二四一號

主旨：敬請續配發本處中華文物箱一套，俾便在南非地區，擴大運用。

說明：一、鈞局本年五月二十八日加瑜際五字第○八六九○號函奉悉。

二、本處自年前獲配發中華文物箱後，已安排在Krugersdorp、Springs及約堡教師中心等地盛大展出多次，辦理情形均經呈報在案。

三、此一文化箱內容豐富，展品自商代銅器仿品至現代書畫，無所不包，以其涵蓋面之廣，似足以使海外人士一窺中華文物之初貌，製作單位之煞費苦心，可想而知。惟想必係受製作經費所限，展品在質之方面，似尚未達在博物館、藝術館陳列展覽之水準。本處擬以第一套文物箱作為基本展品，續請配發之第二套，謹建議減少件數，配發高品質展物，俾便兩套展品交相展出，作最有效之運用。前述管見是否有當？仍請卓奪示復。

新聞參事張敏智 公出

中華民國駐南非共和國大使館新聞參事處（三秘王喜代）

《中華文物箱》，檔號 074-0108-2-1-03，史博館檔案（1982.06.08）

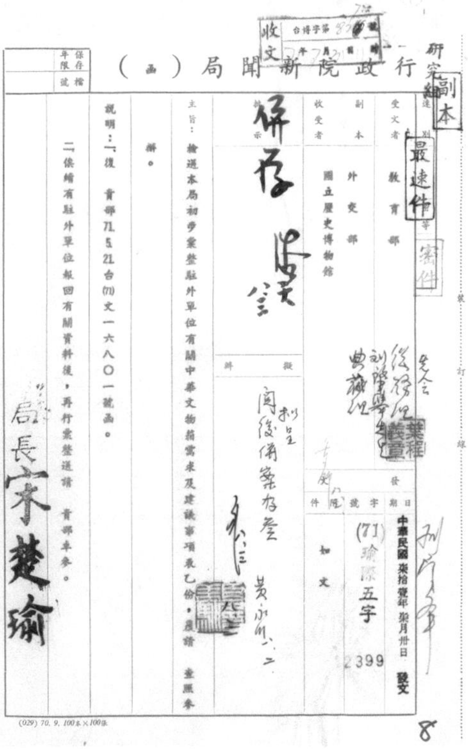
行政院新聞局（函）

速別：最速件
受文者：教育部
副本：外交部
收受者：國立歷史博物館

主旨：檢送本局初步彙整駐外單位有關中華文物箱需求及建議事項表乙份，敬請查照參考。

說明：一、復 貴部71.5.21台(71)文一六八○一號函。

二、俟續有駐外單位報回有關資料後，再行彙整送請 貴部卓參。

局長宋楚瑜

發文日期：中華民國柒拾壹年柒月卅日
字號：(71)瑜際五字 2399

《中華文物箱》，檔號 074-0108-2-1-08，史博館檔案（1982.07.30）

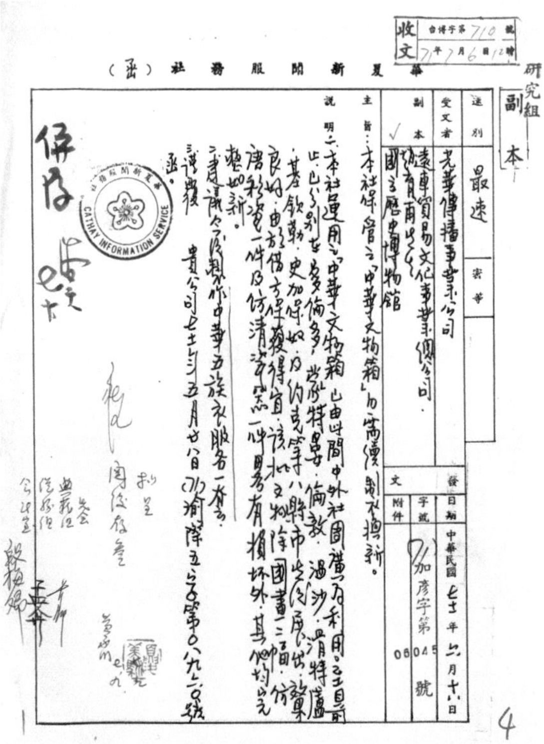
華夏新聞服務社（函）

速別：最速
受文者：光華傳播事業公司、遠東貿易文化事業股份公司
副本：國立歷史博物館
發文日期：中華民國七十一年六月十六日
字號：(71)加彥字第06045號

主旨：本社保管之「中華文物箱」有需續製及換新。

《中華文物箱》，檔號 074-0108-2-1-04，史博館檔案（1982.06.18）

行政院新聞局駐外單位中華文物箱需求及建議事項表

駐外單位名稱	是否需要文物箱	建議事項
駐南非新參處	需配發第二套	減少件數，製作高品質展物。
駐馬拉威新參處	不需要（無機會運用）	
駐象牙海岸新參處	已有一套（不需另配發）	盼多添陶瓷、玉器。
駐韓新參處	不需要（可向大使館洽借）	歷代服裝盼能增添。
駐沙新參處	已有一套（不需要另配發）	1.展物如有增添時，請配發。
		2.文物明信片請多補充。
		3.中英文說明卡盼多製作一、二套以
		備損壞、遺失之用。
		4.發行英文摺頁介紹如何函購仿製品。
駐哥斯大黎加新聞專員處	需配發一套	該箱於各地展示後，擬轉贈哥國歷史
		博物館存用（歷史博物館已函覆）。
駐紐約辦事處	已有一套（不需另配發）	1.鐵箱容器過大，搬運不便，體積較
		小之文物改用一般旅行用皮箱大小
		之容器並加推輪俾便搬運。
駐洛安琪辦事處	需撥發第二套	按：該套已獲准配發，俟該處附設之
		「台北新聞文化中心」落成啟用後，
		即行寄發。
駐芝加哥辦事處	目前不需配發	1.展品加貼「中華民國台灣製造」標

行政院新聞局一

2
(042) 71. 5. 300本×100張

《中華文物箱》，檔號 074-0108-2-1-08，史博館檔案（1982.07.30）
附件：行政院新聞局駐外單位中華文物箱需求及建議事項表 -1

		供」標籤。
		2.印製該等文物在現今我國使用情形
		的圖文資料，俾便我國之國際宣傳。
		3.文物箱尺寸大小一致俾便放置與搬
		運。
加拿大華夏新聞服務社	目前不需汰舊換新	建議製作中華五族衣服各一套。
駐英自由中國中心	目前不需配發	建議將新製文物之彩色照片目錄先行
		寄駐外單位參考選擇。
遠東新聞社波昂總社	如有新製文物，則請補充	1.鐵箱大小宜以一人能搬運者為準，
		以節省人力。
		2.建議以郵購方式，俾便外籍人士直
		接向歷史博物館購仿古製品。
駐荷蘭辦事處	如有新製文物，則請補充	似可製作現代化中國藝術品。
駐奧地利辦事處	新製作時請配發	
法華經濟貿易觀光促進會	已有一套，需增供一套	展品說明最好能於朝代後附印起、訖
		年代。
阿根廷東方出版社	需要一套	
丹麥自由中國新聞處	請配發兩套，一供已用一借	
	予信義傳教會在全丹巡迴展	
	出	

行政院新聞局二

3
(042) 71. 5. 300本×100張

《中華文物箱》，檔號 074-0108-2-1-08，史博館檔案（1982.07.30）
附件：行政院新聞局駐外單位中華文物箱需求及建議事項表 -2

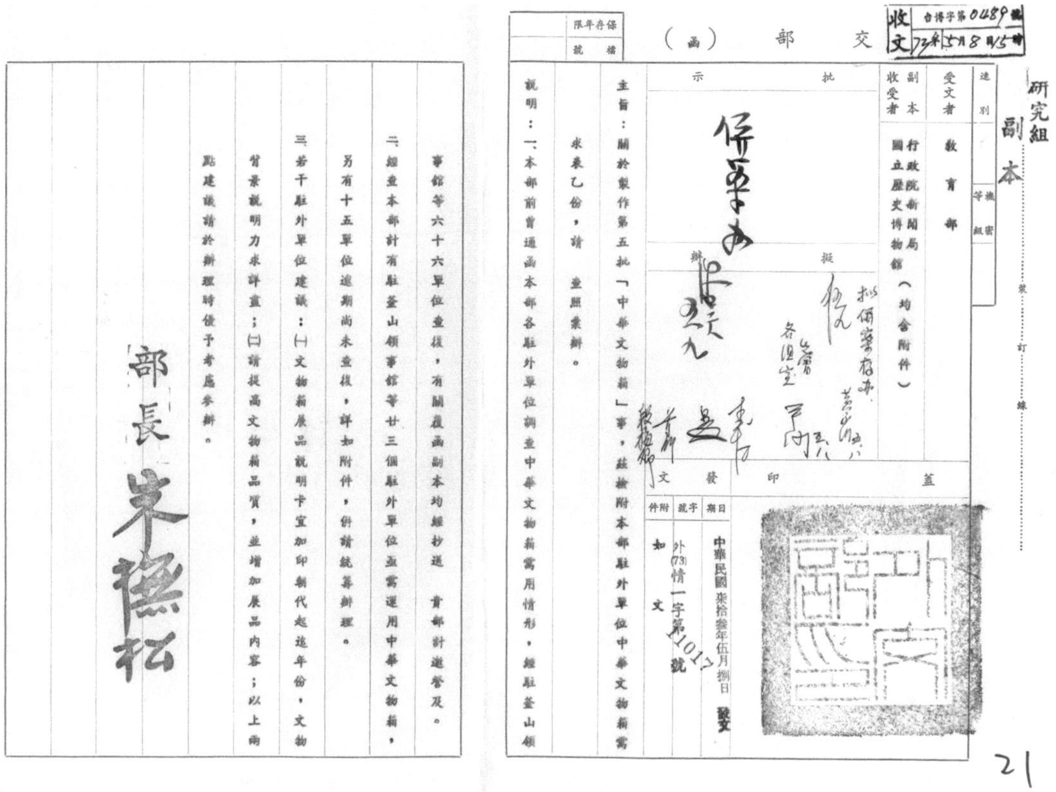
外交部（函）

保存年限
檔號

收文 台博字第0489號 73年5月8日15時

速別
密等及解密條件

受文者：教育部
副本收受者：行政院新聞局、國立歷史博物館（均含附件）

研究組 副本

批示
擬辦

發文：
日期：中華民國柒拾叁年伍月捌日發文
字號：外(73)情一字第11017號
附件：如文

蓋印

主旨：關於製作第五批「中華文物箱」事，茲檢附本部駐外單位中華文物箱需求表乙份，請　查照彙辦。

說明：一、本部前曾通函本部各駐外單位調查中華文物箱需用情形，經駐釜山領事館等六十六單位查復，有關復函副本均經抄送　貴部計邀察及。

二、經查本部計有駐釜山領事館等廿三個駐外單位亟需運用中華文物箱，另有十五單位逾期尚未查復，詳如附件，併請統籌辦理。

三、若干駐外單位建議：㈠文物箱展品說明卡宜加印朝代起迄年份，文物背景說明力求詳盡；㈡請提高文物箱品質，並增加展品內容；以上兩點建議請於辦理時優予考慮參辦。

部長　朱撫松

21

《中華文物箱》，檔號 074-0108-2-1-21，史博館檔案（1984.05.08）

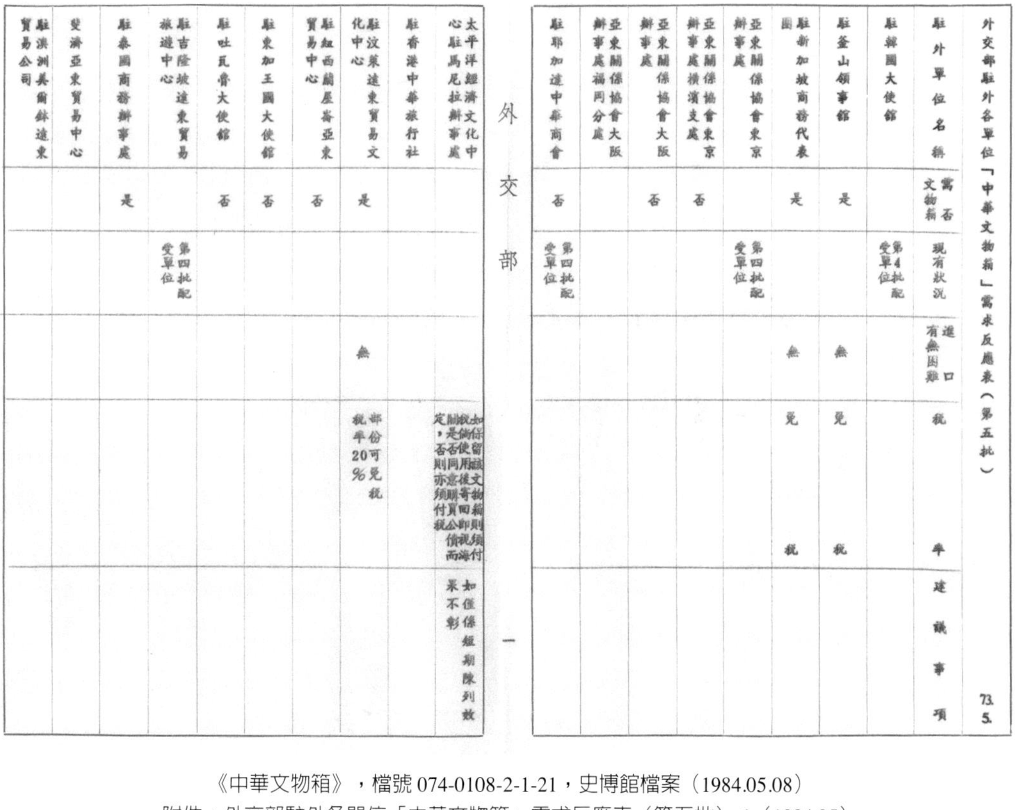
外交部駐外各單位「中華文物箱」需求反應表（第五批）

駐外單位名稱	需否文物箱	現有狀況	進口有無困難	稅率	建議事項
駐韓國大使館		第4批配受單位			
駐釜山領事館	是		無	免稅	
駐新加坡商務代表團	是		無	免稅	
亞東關係協會東京辦事處		第四批配受單位			
亞東關係協會東京辦事處橫濱支處	否				
亞東關係協會大阪辦事處	否				
亞東關係協會大阪辦事處福岡分處					
駐耶加達中華商會	否	第四批配受單位			
太平洋經濟文化中心駐馬尼拉辦事處				如係留該文物箱則須付稅倘使用後寄回即視海關是否同意購買公價而定，否則亦須付稅	如僅係短期陳列效果不彰
駐香港中華旅行社					
駐汶萊遠東貿易文化中心	是		無	部份可免稅 稅率20%	
駐紐西蘭屋崙亞東貿易中心	否				
駐東加王國大使館	否				
駐吐瓦魯大使館	否				
駐吉隆坡遠東貿易旅遊中心		第四批配受單位			
駐泰國商務辦事處	是				
斐濟亞東貿易中心					
駐澳洲美爾鉢遠東貿易公司					

73.5.

外交部

一

2

《中華文物箱》，檔號 074-0108-2-1-21，史博館檔案（1984.05.08）
附件：外交部駐外各單位「中華文物箱」需求反應表（第五批）-1（1984.05）

外交部

駐諾魯總領事館	否				
駐荷尼阿拉總領事館					
駐聖文森國大使館	是				
駐教廷大使館	否				
駐比利時中山文化中心	否				
駐希臘遠東貿易中心	是		無	免稅或少數稅率	
駐西班牙孫中山中心	否				
駐奧地利代表處	是				一、寄件人：「中華民國外交部」 收件人：「維也納中國文化研究所」 二、請附寄詳細物品清單免稅及價值清冊之英文本
駐盧森堡孫中山中心		第四批配受單位			
駐荷蘭遠東商務辦事處				重稅	應提高文物箱之品質並具創意
駐瑞士孫逸仙中心	否	第四批配受單位			
駐英國代表處	否				嗣後分配前請先寄發文物彩色照片目錄供駐外單位參考，再申請配發
駐德國代表處	否				請增加展品內容
駐法國代表處	是		無	瓷器需另申請許可，銅6.6%、瓷10.3%、琺瑯雕刻563%、陶6.4%、明信片9.3%、照片7.8%、所有文物項目之附加稅17.6%	文化組及新聞組已各有乙套，惟請另發乙套備用
駐瑞典代表處	是			可免稅2年	
駐西柏林辦事處	否				
駐漢堡辦事處	否				
遠東新聞社慕尼黑分社	是				
駐挪威台北商務處				銅、雕刻等物品需課稅、通關手續繁瑣	請先寄畫冊等印刷品

二

《中華文物箱》，檔號074-0108-2-1-21，史博館檔案（1984.05.08）
附件：外交部駐外各單位「中華文物箱」需求反應表（第五批）-2（1984.05）

外交部

駐沙烏地阿拉伯大使館	否				
駐杜拜名譽領事館	否				
駐巴林商務代表團					
遠東貿易服務中心駐阿曼王國代表辦事處	是		無	5%	供陳列展覽「贈送」之用 註：擬函知不准贈送。
駐約旦遠東商務處	否				
駐賽普勒斯商務辦事處	是		無	免稅	
駐利比亞商務辦事處	是			10–100%	
駐馬拉威大使館	否				
駐南非共和國大使館		第四批配受單位			
駐史瓦濟蘭大使館	否				
駐約翰尼斯堡總領事館	否				
駐開普敦總領事館				免稅	請擇要核發部分項目如瓷器、琺瑯、雕刻及仿古名畫
北美事務協調委員會駐美國辦事處	是	第四批配受單位			
北美事務協調委員會駐亞特蘭大辦事處	否	〃			
北美事務協調委員會駐芝加哥辦事處	否	〃			
北美事務協調委員會駐火奴魯魯辦事處	否	〃			
北美事務協調委員會駐休斯敦辦事處	否	〃			
北美事務協調委員會駐羅安琪辦事處	否	〃			
北美事務協調委員會駐紐約辦事處	否	〃			
北美事務協調委員會駐金山辦事處	否	〃			

三

《中華文物箱》，檔號074-0108-2-1-21，史博館檔案（1984.05.08）
附件：外交部駐外各單位「中華文物箱」需求反應表（第五批）-3（1984.05）

北美事務協調委員會駐西雅圖辦事處	否	第四批配受單位			展品說明卡請加印朝代之起迄年月
北美事務協調委員會駐波士頓辦事處	是		無	免稅	
駐波利維亞大使館	否	第四批配受單位			
駐哥倫比亞遠東商務處	否				
駐哥斯大黎加大使館	是			免稅	
駐多明尼加大使館					
駐薩爾瓦多大使館					
駐瓜地馬拉大使館	否				說明卡請標明朝代之公元年份
駐海地大使館	是	第四批配受單位		免稅	
駐宏都拉斯大使館	否				
駐尼加拉瓜大使館					
駐巴拿馬大使館	是				
駐巴拉圭大使館	否				
駐烏拉圭大使館	是				
駐聖泰克魯斯總領事館	是				請以外交密封，並投保以防被竊
駐巴蘭幾亞遠東商務分處	是				△請撥兩套，一套捐贈當地博物館
駐箇朗領事館	否				
駐厄瓜多商務處	是			100%	
駐厄瓜多商務處惠夜基分處	是			不明	
駐阿根廷商務代表辦事處	否				

外交部　四

《中華文物箱》，檔號 074-0108-2-1-21，史博館檔案（1984.05.08）
附件：外交部駐外各單位「中華文物箱」需求反應表（第五批）-4（1984.05）

保存年限
檔號

交部（函）

文 74年3月6日10時 外

速件

研究組

受文者：教育部
副本收受者：國立歷史博物館、行政院新聞局

密等及解密條件

批示：可 長證 三、六

擬辦：擬併案存辦 ... 三、六。

主旨：請惠將駐尼加拉瓜國大使館列入　貴部研製第五批「中華文物箱」需求調查表中「需要者」名單內，請　查照彙辦。

說明：一、復　貴部七十三年五月十四日台(73)文字第一八〇五七號函。

二、本部七十三年五月卅日外(73)情一字第一三〇九五號函副本及同年八月八日外(73)情一字第二二五六六號函計達。

三、駐尼加拉瓜國大使館本(74)年一月卅日尼加(74)第〇二七號函略稱：擬請本部購寄「中華文物箱」一套，以供該館在尼國舉辦巡迴文物展等語。

部長 朱撫松

蓋印　發文

日期：中華民國柒拾肆年叁月伍日
字號：外(74)新一字第05043號
附件：

副本

《中華文物箱》，檔號 074-0108-2-1-26，史博館檔案（1985.03.05）

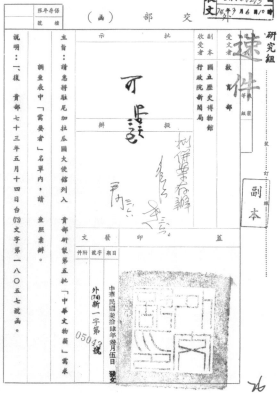

三、文物箱製作規畫案（第五批：一九七四年至一九八六年）

《中華文物箱》檔號 074-0108-2-1-22，史博館檔案

受文者：國立歷史博物館
文　別：書函　發文者：教育部
日　期：中華民國柒拾叁年拾壹月廿柒日
文　號：台（73）文第 49743 號
主　旨：請貴館研製中華文物箱第五批之內容暨概估預算見復。
說　明：檢附貴館歷年來承辦中華文物箱概況及各方反映意見表暨研製中華文物箱需求調查表各乙份，請參考。

教育部

《中華文物箱》檔號 074-0108-2-1-23，史博館檔案

受文者：教育部
文　別：（函）稿　發文者：史博館
日　期：中華民國柒拾叁年拾貳月廿捌日
文　號：（73）台博研字第 1377 號
主　旨：謹檢奉本館承辦第五批中華文物箱籌製計劃暨概算表，呈請鑒核。
說　明：一、本案係奉鈞部台（73）文字第四九七四三號函指示辦理。
二、第五批中華文物箱製作，內容一律爲藝術品，力求提高水準、重視品質，新提書畫部份以畫爲主，全部採用各書畫家眞蹟，文物部份全部用實料製作，一律免用塑膠等。仿製品照本館今年承辦供應台灣省各縣市文化中心基本文物設備之標準再予改進提高，使海外人士樂於觀賞。
三、本館曾於□□□辦理台灣省各縣市文化中心基本文物設備每組有各類文物八十件、書法及國畫各廿件，合計一二〇件，共八箱。其每組價格包括裝箱及運輸等費爲新台幣陸拾玖萬元，現爲海外製作文物箱以品質爲重，擬以各類文物五〇件、國畫廿五件、書法五件，合計爲八十件並予加強外文說明，亦爲八箱一組，每組價格包括鐵箱及運輸爲新台幣五十二萬元，共六十二組共計新台幣三千二百二十四萬元正（附呈概算表）。
四、謹檢呈製作計劃書一份，及文物書畫八十件□□樣本一冊，併請裁示。

（全銜）館長　何〇〇

《中華文物箱》檔號 074-0108-2-1-24，史博館檔案

受文者：國立歷史博物館
文　別：開會通知單　發文者：教育部
日　期：中華民國柒拾肆年壹月拾肆日
文　號：台（74）文第 01466 號
開會事由：研商製作第五批中華文物箱協調會議
開會時間：74年1月18日（星期五）下午二時卅分
開會地點：教育五一四會議室
主持人：周副處長
聯絡人：斯吉甫
電　話：三二一—六三七五
出席單位及人員：外交部、僑務委員會、行政院新聞局、海外工作會、國立歷史博物館、教育部文教處
發文單位：教育部

《中華文物箱》檔號 074-0108-2-1-25，史博館檔案

受文者：國立歷史博物館
文別：函　　發文者：教育部
日期：中華民國柒拾肆年壹月廿捌日
文號：台（74）文第 03513 號
主旨：檢送「研商製作第五批中華文物箱協調會議紀錄」乙份，請查照就貴管部分核辦。

教育部

《中華文物箱》檔號 074-0108-2-1-29，史博館檔案

受文者：教育部
文別：（函）稿　　發文者：史博館
日期：中華民國柒拾肆年肆月拾叁日
文號：（74）台博研字第 0356 號
主旨：謹檢奉本館承辦第五批中華文物箱籌製計劃暨經費概算表各乙份，呈請鑒核。
說明：一、本案係遵照鈞部台（74）文字第一二六一一號函指示辦理。

館長　何○○

《中華文物箱》檔號 074-0108-2-1-30，史博館檔案

受文者：國立歷史博物館
文別：書函　　發文者：教育部
日期：中華民國柒拾肆年拾月卅日
文號：台（74）文第 48271 號
主旨：有關製作第五批中華文物箱事，檢附行政院主計處函影本請查照辦理見復。
說明：根據行政院主計處七十四年十月一日台（74）處忠五字第〇八五二號函辦理。

教育部

《中華文物箱》檔號 074-0108-2-1-31，史博館檔案

受文者：教育部　　副本：
文別：（函）稿　　發文者：史博館
日期：中華民國柒拾肆年拾壹月捌日
文號：（74）台博研字第 1150 號
主旨：呈報本館歷年來承辦中華文物箱概況及在海外運用與陸續需要情形暨有關反映意見，謹請鑒核。
說明：一、本案係遵照鈞部台（74）文字第四八二七一號書函辦理。
二、中華文物箱需求調查表及在海外運用情形反映意見暨內容比較說明呈如附件一、二、三。

館長　李○○

檔案說明

一、一九八四年十一月，教育部函本館研製第五批中華文物箱的內容及預算，本館函復此批文物箱之製作內容主要為藝術品，書畫部分採用當代藝術家作品真跡，歷代文物部分全部用實料製作，一律避免用塑膠等材料；初步預計每箱展品八十件，包括各類歷代文物五〇件、書畫二十五件、書法五件，並加強外文說明；八箱為一組，初估每組價格（包括鐵箱及運輸費用）為新臺幣五十二萬元，六十二組總計新臺幣三千二百二十四萬元。

二、一九八五年一月十八日，教育部邀集外交部、僑委會、行政院新聞局、海外工作會、教育部文教處代表及本館，召開研商製作第五批中華文物箱協調會議，決議結果認為仍有繼續製作之必要，僑委會及海工會調查所屬駐外單位需要及地區特性所需展覽類別，由本館編列預算，報請行政院對外工作會報討論核定後，再撥付專款經費辦理。

三、本館於一九八五年四月十三日以（74）臺博研字第 0356 號函教育部，陳報第五批中華文物箱籌製計畫暨經費概算表，擬製作七十七組（每組八箱），每組單價新臺幣五十二萬元，總價新臺幣四千零四萬元。

四、該案經教育部轉行政院主計處後，行政院主計處以一九八五年十月一日臺（74）處忠五字第〇八五二一書函至教育部轉本館，請調查歷年來承辦中華文物箱概況及在海外運用情形，以及本批次與前幾批之異同等節後再議；一九八五年十一月八日，本館以（74）臺博研字第 1150 號函教育部，並陳報外交部、行政院新聞局、僑委會、教育部及海工會等單位，共計六十五個單位仍有文物箱的需求。

五、各外館來函請求配發時，時有希望另贈當地機構一套供長期典藏展示（或展覽後贈送），惟贈送已違當初中華文物箱製作的初衷，因此日後除專案任務辦理外（如前述第四批馬來西亞怡保培南中學請求案），均不再贈送，是以，於本次調查中提出此要求的幾個單位，如遠東貿易服務中心駐阿曼王國代表辦事處、駐哥斯大黎加大使館、駐巴蘭幾亞遠東商務分處、駐丹麥自由中國新聞處，均另函告知無法致贈文物箱。

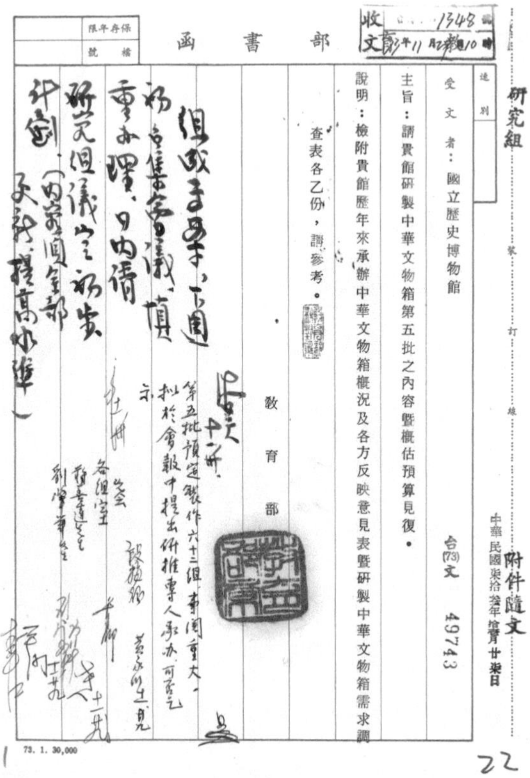
教育部 函
保存年限 檔號
受文者：國立歷史博物館
主旨：請貴館研製中華文物箱第五批之內容暨概估預算見復。
說明：檢附貴館歷年來承辦中華文物箱概況及各方反映意見表暨研製中華文物箱需求調查表各乙份，請參考。
中華民國柒拾叁年拾壹月廿柒日 台(73)文 49743
附件隨文

《中華文物箱》，檔號 074-0108-2-1-22，史博館檔案（1984.11.27）

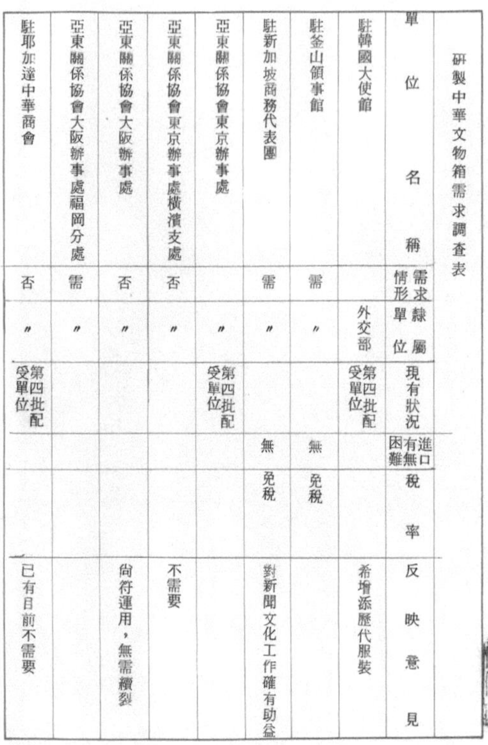
研製中華文物箱需求調查表

單位名稱	需求情形	隸屬單位	現有狀況	進口有無困難	稅率	反映意見
駐韓國大使館		外交部	第四批配受單位			希增添歷代服裝
駐釜山領事館	需	〃		無	免稅	
駐新加坡商務代表團	需	〃		無	免稅	對新聞文化工作確有助益
亞東關係協會東京辦事處		〃	第四批配受單位			
亞東關係協會東京辦事處橫濱支處	否	〃				不需要
亞東關係協會大阪辦事處	否	〃				尚符運用，無需續製
亞東關係協會大阪辦事處福岡分處	需	〃				
駐耶加達中華商會	否	〃	第四批配受單位			已有目前不需要

《中華文物箱》，檔號 074-0108-2-1-22，史博館檔案（1984.11.27）附件：研製中華文物箱需求調查表 -1

太平洋經濟文化中心駐馬尼拉辦事處		〃			需付稅	如僅係短期陳列效果不彰
駐香港中華旅行社		〃				建議供應中國文化協會一套
駐汶萊遠東貿易文化中心	需	〃		無	部分免稅稅率20%	有展出之良好環境，可發揮極大功用
駐紐西蘭屋崙亞東貿易中心	否	〃		有	重稅	
駐東加王國大使館	否	〃				無需要，因當地人民教育程度低
駐吐瓦魯大使館	否	〃				
駐吉隆坡遠東貿易旅遊中心		〃	第四批配受單位			
駐泰國商務辦事處	需	〃				
斐濟亞東貿易中心		〃				
駐澳洲美爾鉢遠東貿易公司	否	〃				

教育部一

73. 1. 30,000

駐諾魯總領事館	否	外交部	外交部			
駐荷尼阿拉總領事館	需	〃	〃			
駐聖文森國大使館	需	〃	〃			
駐教廷大使館	需	〃	〃		不免稅	
駐比利時中山文化中心	否	〃	〃			已有無需要
駐希臘遠東貿易中心	需	〃	〃	無	免稅或少數稅率	從未獲有極需
駐西班牙孫中山中心	否	〃	〃		需分別繳稅	非很需要
駐奧地利代表處	需	〃	〃		免稅	一、寄件人：中華民國外交部。收件人：維也納中國文化研究所。二、請附寄詳細物品清單免稅及價值清冊英文本。
駐盧森堡孫中山中心		〃	第四批配受單位			
駐荷蘭遠東商務辦事處		〃	〃		重稅	一、應提高文物箱之品質並具創意。二、請補充新製文物。

教育部二

3

《中華文物箱》，檔號 074-0108-2-1-22，史博館檔案（1984.11.27）
附件：研製中華文物箱需求調查表 -2

駐瑞士孫逸仙中心	否	〃	〃		重稅	
駐英國代表處	否	〃				分配前請先寄發文物彩色照片目錄供駐外單位參考再申請配發
駐德國代表處	否	〃				請增加展品內容
駐法國代表處	需	〃		無	瓷器需另申請許可。銅、琺瑯五・六三%陶六・六%瓷一〇・三%雕刻六・四%明信片九・三文物照片七・八%所有項目之附加稅一七・六%	文化組及新聞組已各有乙套，惟請另發乙套備用
駐瑞典代表處	需	〃				未曾配受文物箱無法提供意見
駐西柏林辦事處	否	〃				
駐漢堡辦事處	否	〃				

教育部二

73. 1. 30,000

遠東新聞社慕尼黑分社	需	外交部				文物箱內容請酌予充實
駐挪威台北商務處		〃			銅、雕刻品需課稅，通關手續繁瑣	請先寄畫冊等印刷品
駐沙烏地阿拉伯大使館	否	〃				需內容增加部分文物明信片請多補充介紹如何仿製品，中、英文說明卡請多製一、二套
駐杜拜名譽領事館	否	〃				
駐巴林商務代表團	否	〃			重稅	
遠東貿易服務中心駐阿曼王國代表辦事處	需	〃		無	5%	供陳列展覽「贈送」之用 註：擬函知不准贈送
駐約旦遠東商務處	否	〃				
駐賽普勒斯商務辦事處	需	〃		無	免稅	
駐利比亞商務辦事處	需	〃			一〇—一〇〇%	
駐馬拉威大使館	否	〃				當地人民對外文物展覽缺乏興趣

教育部三

7

《中華文物箱》，檔號 074-0108-2-1-22，史博館檔案（1984.11.27）
附件：研製中華文物箱需求調查表 -3

駐南非共和國大使館		〃	第四批配受單位			減少件數，製作高品質展物
駐史瓦濟蘭大使館	否	〃				
駐約翰尼斯堡總領事館	否	〃				可與新參處合用
駐開普敦總領事館	需	〃			免稅	請擇要核發部分項目如瓷器、琺瑯、雕刻及仿古名畫
北美事務協調委員會駐美國辦事處	需	〃	第四批配受單位	無		
北美事務協調委員會駐亞特蘭達辦事處	否	〃	〃	無	免稅	需求甚殷
北美事務協調委員會駐芝加哥辦事處	否	〃	〃		免稅	使用頻繁
北美事務協調委員會駐火奴魯辦事處	否	〃	〃			效果良好
北美事務協調委員會駐霍斯敦辦事處	否	〃	〃			需補充
北美事務協調委員會駐羅安琪辦事處	否	〃	〃		免稅	效果良好

教育部 三

73. 1. 30,000

北美事務協調委員會駐紐約辦事處	否	外交部	第四批配受單位			
北美事務協調委員會駐金山辦事處	〃	〃	〃			
北美事務協調委員會駐西雅圖辦事處	〃	〃	〃			展品說明卡請加印朝代之起迄年月
北美事務協調委員會駐波士頓辦事處	需	〃		無	免稅	
駐波利維亞大使館	否	〃	第四批配受單位		免稅	效果良好
駐哥倫比亞遠東商務處	否	〃				已有無需要
駐哥斯大黎加大使館	需	〃			免稅	未曾獲配，擬展出後贈哥國歷史博物館。註：擬函知不准贈送
駐多明尼加大使館	否	〃				運用機會不多
駐薩爾瓦多大使館	需	〃				
駐瓜地馬拉大使館	否	〃				已有不需要說明卡請標明朝代之公元年份。

教育部 四

《中華文物箱》，檔號 074-0108-2-1-22，史博館檔案（1984.11.27）
附件：研製中華文物箱需求調查表 -4

駐海地大使館	需	〃	第四批配受單位			
駐宏都拉斯大使館	否	〃		無	免稅	分配前請先寄目錄參考，俾便選擇。
駐尼加拉瓜大使館	需	〃				
駐巴拿馬大使館	需	〃		無	免稅	極需要
駐巴拉圭大使館	否	〃				無運用需要
駐烏拉圭大使館	需	〃				
駐聖泰克魯斯總領事館	需	〃				請以外交密封，並投保以防被竊
駐巴蘭幾亞遠東商務分處	需	〃				請撥兩套，一套捐贈當地博物館
駐簡朗領事館	否	〃				自巴拿馬大使館借用
駐厄瓜多商務處	需	〃			一〇〇%	

教育部 四

73. 1. 30,000

駐厄瓜多商務處惠夜基分處	需	外交部		無	不明	
駐阿根廷商務代表辦事處	否	〃				海關腐化，提取困難，且時局不佳
駐巴西遠東貿易中心	否	〃				
駐智利商務辦事處	需	〃			三〇%	極需充實文物箱文物背景說明務請詳盡
駐委內瑞拉商務辦事處	否	〃				運用機會不多
駐秘魯遠東貿易中心		〃	第四批受配單位			
駐賴索托王國大使館	需	〃				需乙套
駐象牙海岸共和國大使館	需	〃		無	免稅	原陶、瓷器、玉器
駐聖露西亞大使館	需	〃				
駐聖克里斯多福大使館	需	〃				

教育部 五

《中華文物箱》，檔號 074-0108-2-1-22，史博館檔案（1984.11.27）
附件：研製中華文物箱需求調查表 -5

駐聖多米尼克大使館	需	〃			
華夏新聞服務社	否	新聞局			需中華五族服裝乙套
駐丹麥自由中國新聞處		〃			需二套，一套送丹麥信義傳教會。註：擬函知不准贈送
遠東新聞社	需	外交部			請補充新製文物鑲箱希以一人得搬運者為基準。
法華經濟貿易觀光促進會		〃			請開設外國人士郵購 已有乙套，需增供乙套
阿根廷東方出版社	需	新聞局			展出說明卡請加印朝代之起訖年月
鄭安國	需	海工會			（美國）
王唯民	需	〃			〃
張景珩	需	〃			〃
趙靖	需	〃			〃

教育部　五

73. 1. 30,000

張軍堂	需	海工會			（美國）
李慶平	需	〃			〃
趙怡	需	〃			〃
王顯光	需	〃			（加拿大）
滕永康	需	〃			（法國）
郭石城	需	〃			（西德）
波士頓中華青年聯誼會	需	海工會 僑委會 教育部			（美國）
紐約留學生服務中心	需	〃			〃
費城中華文化服務中心	需	〃			〃
匹茲堡中國同學之家	需	〃			〃

教育部　六

《中華文物箱》，檔號 074-0108-2-1-22，史博館檔案（1984.11.27）
附件：研製中華文物箱需求調查表 -6

華府中華文化服務中心	需	〃			〃
亞特蘭達華人活動中心	需	〃			〃
休士頓中國文化服務中心	需	〃			〃
洛杉磯中國文化服務中心	需	〃			〃
金山勝利堂	需	〃			〃
聖荷西華人活動中心	需	〃			〃
西雅圖自由中國之家	需	〃			〃
明尼亞波利中國文化中心	需	〃			〃
聖路易中華文化服務中心	需	〃			〃
駐美國代表處文化組	需	教育部	第四批配受單位		一、除包含仿古文物外，增加服裝與現代工藝品。二、出借頻繁，物件多有損毀，且不敷使用。

教育部　六

73. 1. 30,000

駐金山辦事處文化組	需	教育部	第四批配受單位		
駐波士頓辦事處文化組	需	〃			教育部新成立單位
總計六十二單位需文物箱					

教育部

73. 1. 70,000

《中華文物箱》，檔號 074-0108-2-1-22，史博館檔案（1984.11.27）
附件：研製中華文物箱需求調查表 -7

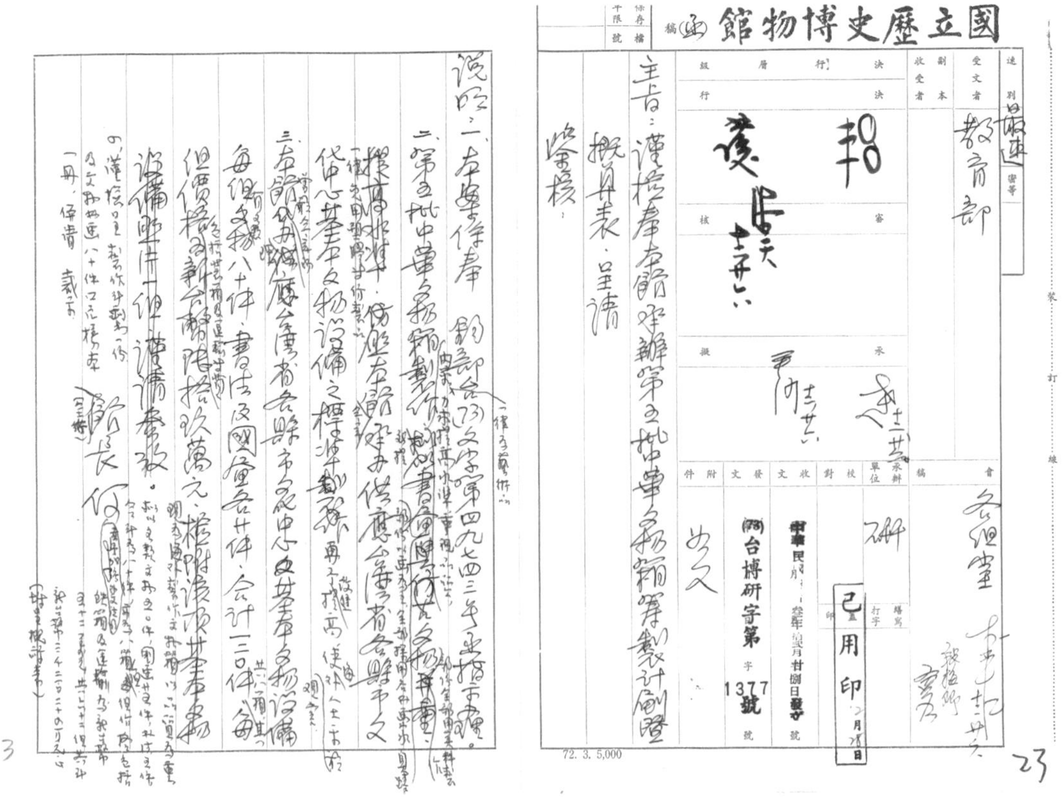
國立歷史博物館 函稿

受文者：教育部

主旨：謹檢奉本館承辦第五批中華文物箱等製計劃暨概算表，呈請鑒核。

(73)台博研字第1377號

中華民國柒拾叁年拾貳月廿捌日發

72. 3. 5,000

《中華文物箱》，檔號 074-0108-2-1-23，史博館檔案（1984.12.28）

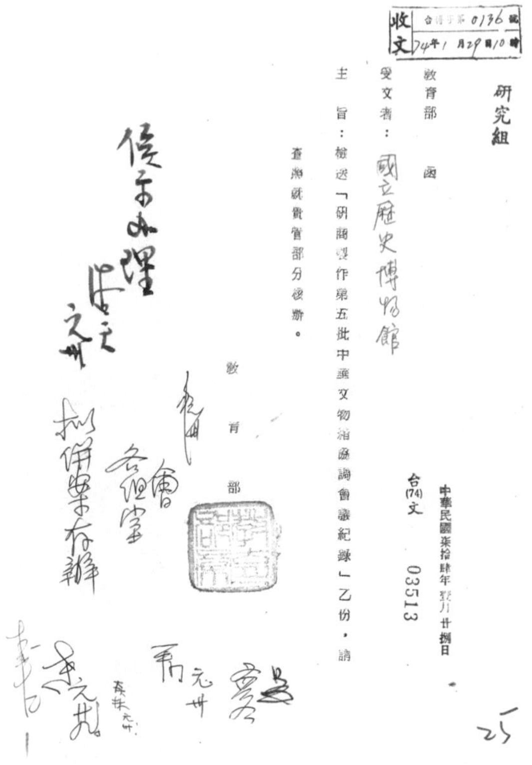
收文 台博字第0136號 74年1月29日10時

研究組

教育部 函

受文者：國立歷史博物館

主旨：檢送「研商製作第五批中華文物箱協調會議紀錄」乙份，請查照就貴管部分發辦。

教育部

中華民國柒拾肆年壹月廿捌日 台(74)文 03513

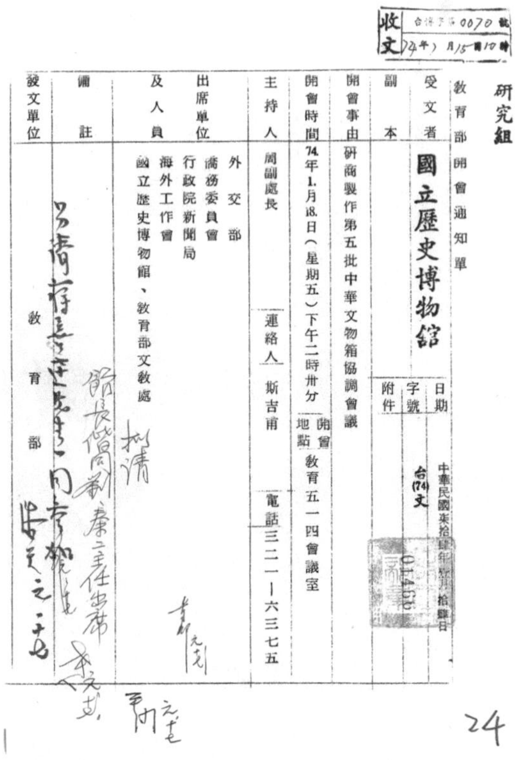
收文 台博字第0070號 74年1月15日10時

研究組

教育部開會通知單

受文者	國立歷史博物館
副本	
開會事由	研商製作第五批中華文物箱協調會議
開會時間	74年1月18日（星期五）下午二時卅分 開會地點 教育五一四會議室
主持人	周副處長 連絡人 斯吉甫 電話 三二一一六三七五
出席單位及人員	外交部 僑務委員會 行政院新聞局 海外工作會 國立歷史博物館、教育部文教處
備註	
發文單位	教育部

日期 中華民國柒拾肆年壹月拾肆日 字號 台(74)文

《中華文物箱》，檔號 074-0108-2-1-25，史博館檔案（1985.01.28）

《中華文物箱》，檔號 074-0108-2-1-24，史博館檔案（1985.01.14）

研商製作第五批中華文物箱協調會議

一、時間：中華民國七十四年元月十八日下午二時卅分
二、地點：教育部五一四會議室
三、主席：周副處長鑫炎
四、出席單位及人員：

外交部　項性毅
僑務委員會　蔡亢生
行政院新聞局　（請假）
海外工作會　陳樹強
國立歷史博物館　何浩天、劉平衡、秦景卿、蔣善達
本部文教處　周鑫炎

五、主席報告：本部為宣揚我國傳統文化，適應駐外機構需求，自民國五十八年起製作文物箱十箱，分配美、歐地區展覽，極受歡迎，其後內容不斷改進並增加，總計已製作四批文物箱，據近期調查駐外單位反映計六十二單位需要文物箱，為配合駐外單位，文物箱仍有必要繼續製作，希望各與會單位能提供意見，作為參考，以求周全。

六、討論：

國立歷史博物館何館長浩天：

本館主要任務在辦理全球性的中國文物展覽，海外文宣工作在對匪鬥爭及宣揚中國文化上，較諸國內更為重要，每批文物箱之製作，由於製作技術進步，內容迭次變更，已有相當改進，而達於水準，然經費亦因物價上漲而增加。本館近期根據教育部委託，第五批文物箱製作之內容以質為重，並分類包裝，可作各類別小型展覽。

外交部項性毅先生：

本部駐外各單位大多需要文物箱，資料已送貴部，其中有駐賴索托王國大使館及駐象牙海岸共和國大使館等二單位已撤館，不必供應文物箱。

僑務委員會蔡亢生先生：

(一)希望能直接配受海外僑社運用。
(二)本會最近正籌設海外僑胞活動中心，希能從優考慮酌情多製作若干套備用，以便屆時能轉送運用。

海外工作會陳樹強先生：

(一)根據資料顯示，文物箱運用單位偏重美加地區，希望分送地區能更為廣泛。
(二)是否可每四年作乙次強調工作，並製作文物箱。
(三)是否在內容上根據地區特性，對較小的海外單位給予類別（如銅器或陶器）的分送，俾利有效運用。

七、決議：

(一)根據各單位意見，原則上皆希望能繼續製作。
(二)請僑委會及海工會提供所屬海外單位需要情形，及地區特性所需展覽類別名稱等資料，送本部轉請國立歷史博物館編列概算後，報請行政院對外工作會報討論，經原則同意後再專案呈院請款或編列預算支應。

《中華文物箱》，檔號 074-0108-2-1-25，史博館檔案（1985.01.28）
附件：研商製作第五批中華文物箱協調會議

國立歷史博物館 稿（函）

保存年限　檔號

受文者：教育部

主旨：謹檢奉本館承辦第五批中華文物箱籌製計劃暨經費概算表各乙份，呈請鑒核。

說明：一、本案係遵照鈞部台74文字第一二六二一號函指示辦理。

館長何○○

行　決
核　審
擬　承

附件：如文
中華民國柒拾肆年肆月拾叁日發文
(74)台博研字第0356號
已用印 4月13日

72. 3. 5,000

29

《中華文物箱》，檔號 074-0108-2-1-29，史博館檔案（1985.04.13）

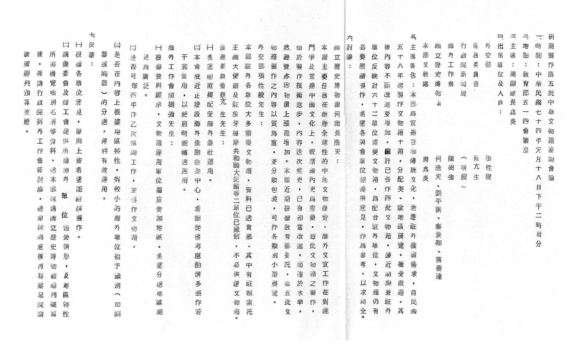

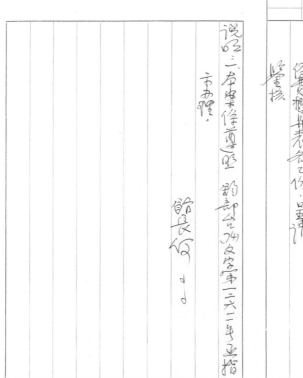

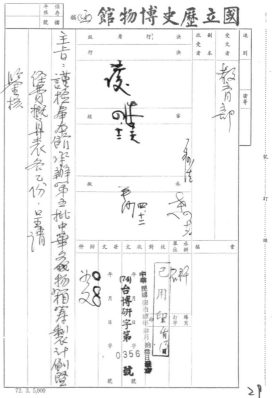

國立歷史博物館辦理海外中華文物箱製作計劃綱要

一目的：中華文物箱製作，係適應駐外機構之需求，遵奉教育部指示辦理。各文物箱內容專為供應海外僑團僑教及留學生，作為展覽、陳列、及教學之用，以加強宏揚中華文化增強民族信心為宗旨。

二製作數量：共計六十二組（每組為八箱）。

三製作經費：每組新台幣五十二萬元，六十二組合計新台幣叁千貳佰貳拾肆萬元，詳分配表。

四製作年月：中華民國七十四年完成。

五展品內容：以中華歷史文物暨美術品為主，就國立歷史博物館與國立故宮博物院現有器物藏品，作為製作標準，其類列：

㈠歷史文物－銅器十件，陶器十件，瓷器十五件，玉器五件，琺瑯十件，合計五十件。

㈡美術品－現代名家國畫真蹟廿五件，書法真蹟五件，合計卅件。

㈢附展資料－中華五千年歷代世系表、孔子浮雕像、　國父像、先總統　蔣公像、國旗暨複製立軸書畫、及歷史文物專集、西畫專集等共計四十種。

六附註：㈠每組包括文物五〇件，書畫藝術品卅件，附展資料四〇件，合計一二〇項，精行設計分裝八箱，均以便於攜帶包裝裝車輸運以及佈置之便捷為原則。

㈡每組附有(1)展品裝箱位置圖(2)展品簡介(3)展品個件說明卡片(4)展品總說明書，并名以中及重要地區外文字撰述編印。

國立歷史博物館

73. 9. 5,000

《中華文物箱》，檔號 074-0108-2-1-29，史博館檔案（1985.04.13）
附件 1：國立歷史博物館辦理海外中華文物箱製作計劃綱要 -1（1985.04.15）

保存年限
檔號

教育部書函

收文 台博字第1518號 74年11月2日10時

速別

受文者：國立歷史博物館

副本

收受者

主旨：有關製作第五批中華文物箱事，檢附行政院主計處函影本請查照辦理見復。

說明：根據行政院主計處七十四年十月一日台(74)處忠五字第〇八五二號函辦理

教育部

發文

日期：中華民國柒拾肆年拾月卅日

字號：台(74)文 48271

附件：附件隨文

74. 8. 30,000

《中華文物箱》，檔號 074-0108-2-1-30，史博館檔案（1985.10.30）

國立歷史博物館辦理海外中華文物箱展品內容經費概算表

摘要	一組（八箱）預算數	六十二組（四九六箱）預算數	備註
歷史文物	二二〇〇〇〇〇	一三六四〇〇〇〇〇	包括銅器、瓷器、陶器、玉器、琺瑯等均以原質料製作計五十件。
美術品	一八〇〇〇〇〇	一一一六〇〇〇〇〇	包括現代名家國畫、書法真蹟卅件之鋼金及裝裱暨各類書畫複製品、名家畫冊文物明信片等。
一般展品	一〇〇〇〇〇〇	六二〇〇〇〇〇〇	包括中華五千年歷代世系表、中華民國國旗、孔子浮雕立像、國父遺像、先總統蔣公遺像等。
運輸保險製箱費	一〇〇〇〇〇〇	六二〇〇〇〇〇〇	包括製作牢固防震、防濕紙箱每組八箱以及長程運輸（貨櫃）保險、包裝與打鉛什支費等。
目錄說明專輯等印刷費	一〇〇〇〇〇〇	六二〇〇〇〇〇〇	包括展品裝箱位置圖、精美說明卡片、彩色目錄展品說明書等印刷暨各種文字編撰費等。
合計 新台幣	五二〇〇〇〇〇	三二二四〇〇〇〇〇	

73. 9. 5,000

《中華文物箱》，檔號 074-0108-2-1-29，史博館檔案（1985.04.13）附件 2：國立歷史博物館辦理海外中華文物箱展品內容經費概算表

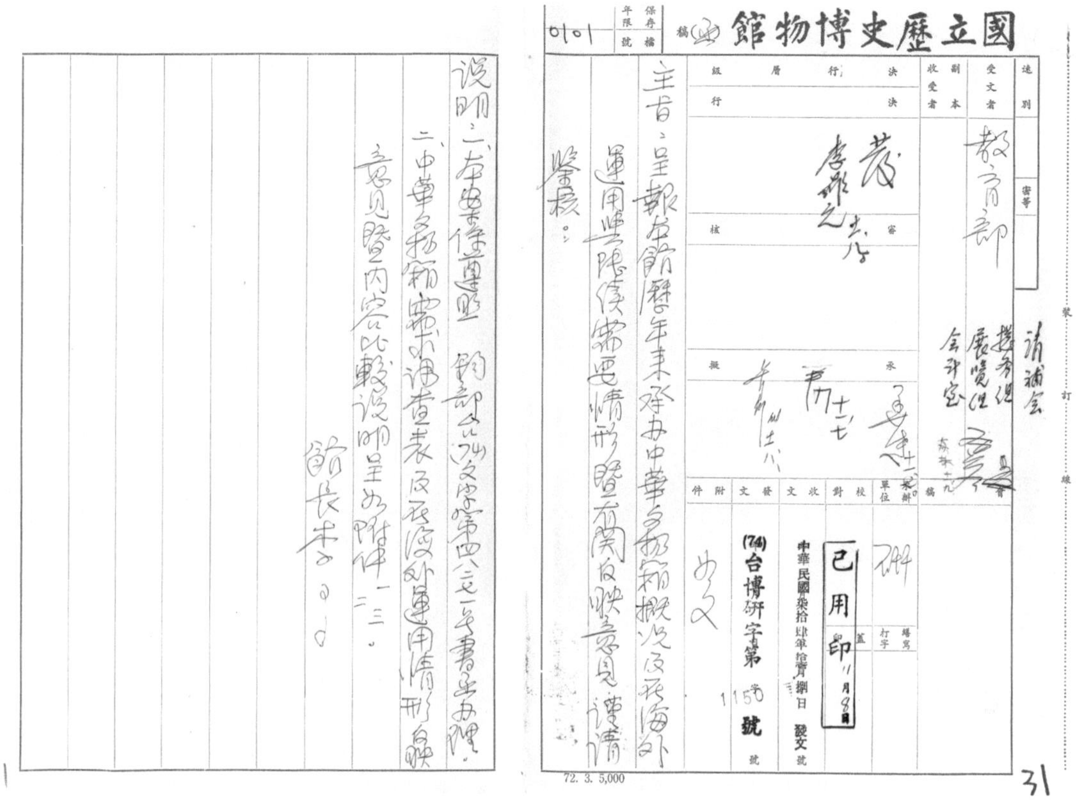

國立歷史博物館 稿

保存年限　檔號 0101

受文者：教育部

副本收受者：

請補會 推廣組 展覽組 會計室

主旨：呈報本館歷年來承辦中華文物箱概況及在海外運用與保管情形暨有關反映意見，請鑒核。

說明：一、本案係遵照鈞部74文字第四六三七一號書函辦理。

二、中華文物箱案調查表及在海外運用情形暨反映意見暨內容比較說明呈如附件一、二、三。

館長

(74) 台博研字第 1150 號

中華民國柒拾肆年拾壹月捌日 發文

已用印 11月8日

72. 3. 5,000

31

《中華文物箱》，檔號 074-0108-2-1-31，史博館檔案（1985.11.08）

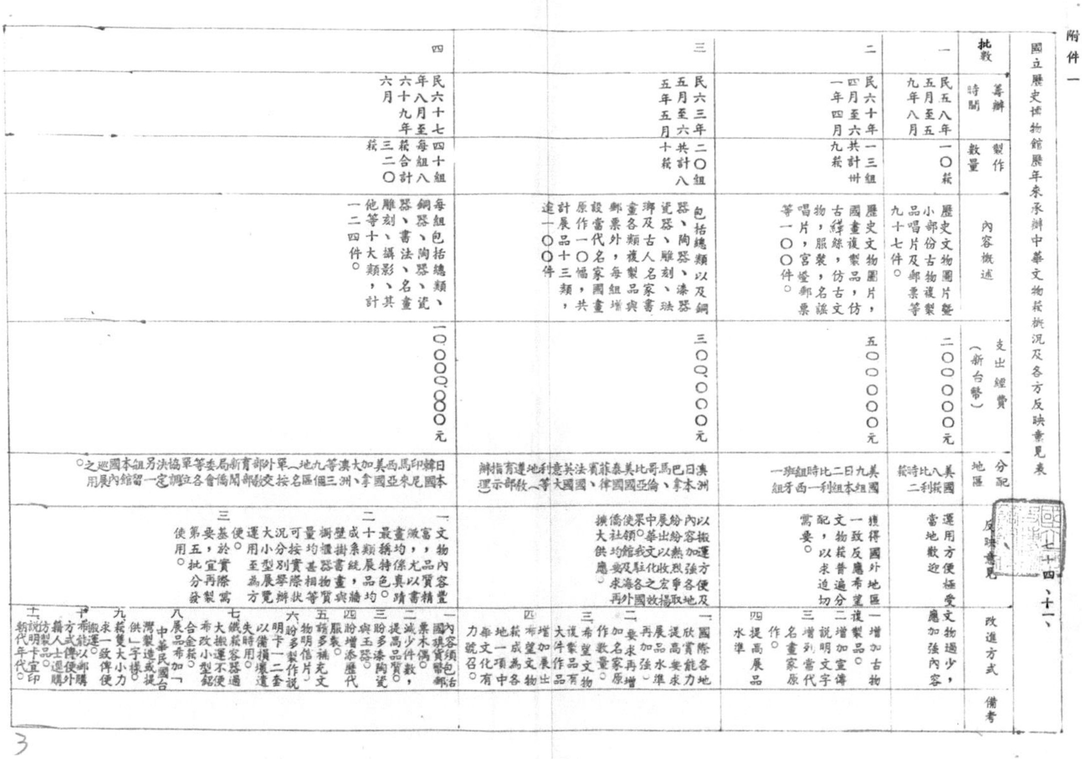

附件一

國立歷史博物館歷年來承辦中華文物箱概況及各方反映意見表

批數	籌辦時間	製作數量	內容概述	支出經費（新台幣）	分配地區	反映意見	改進方式	備考
一	民五八年五月至五九年八月	一〇箱	歷史文物圖片暨小部份古物複製品唱片及郵票等九十七件。	二〇〇〇〇〇元	美國八箱 比利時二箱	運用方便極受當地歡迎	文物過少，應加強內容。	
二	民六十年四月至六十一年四月	一三組共計卅九箱	歷史文物圖片，國畫複製品，仿古緙絲，服裝，仿古文物，唱片，宮燈，名謠郵票等一〇〇件。	五〇〇〇〇〇元	美國九組 日本二組 比利時一組 西班牙一組	一、獲得國外地區一致反應希望文物箱普遍分配，以求迫切需要。	一、增加古物複製品。二、增加宣傳說明文字。三、增列當代名畫家原作。四、提高展品水準。	
三	民六三年五月至六五年五月	二〇組共計八十箱	包括總類以及銅器、瓷器、陶器、雕刻、漆器、琺瑯及古人名家書畫各類複製品與郵票外，每組增設當代名家國畫原作一〇幅，共計展品十三類，達一〇〇件	三〇〇,〇〇〇元	澳洲、日本、巴拿馬、哥倫比亞、美國、泰國、菲律賓、法國、英國、義大利等地（教育部指示運辦）	以搬運方便及內容加強各地紛紛熱烈爭取展出以收宏揚中華文化之效眾。我駐各國使領館及海外僑社均要求再擴大供應。	一、國際各地欣賞能力提高，要求展品水準再加強。二、要求再增加名家原作數量。三、希望文物複製品有大件作品增加展出。四、希望文物箱成為各地一項中華文化有力號召。	
四	民六十七年八月至六十九年六月	四十組每組八箱合計三二〇箱	每組包括總類、銅器、陶器、瓷器、書法、名畫、雕刻、攝影、其他等十大類，計一二四件。	一〇,〇〇〇,〇〇〇元	日本、韓國、印尼、馬來西亞、美國、加拿大、澳洲等三九個地區（名單按外交部、教育部、新聞局、僑委會等各單位協調決定）另一組留本館國內巡展之用。	一、文物內容豐富，品質精緻，尤以書畫均係真蹟，最稱特色。二、十類展品均成系統，繪壁掛書畫與搬懸器物質量均甚相等，可按實際狀況分別舉辦大小型展覽，運用至為方便。三、基於實際需要，宜再製第五批分發使用。	一、內容須包括國旗貨幣郵票木偶。二、減少件數，提高品質。三、盼多漆陶瓷與玉器。四、盼增添歷代服裝。五、請多補充文物明信片。六、盼多製作說明卡一二套，以備損壞遺失時用。七、鐵箱容器過大搬運不便，希改小型鋁合金箱。八、展品希加「中華民國台灣製造或提供」字樣。九、箱隻大小力求一致俾便搬運。十、希能以郵購方式便使外籍人士選購仿製品。十一、說明卡宜印朝代年代。	

3

《中華文物箱》，檔號 074-0108-2-1-31，史博館檔案（1985.11.08）
附件 1：國立歷史博物館歷年來承辦中華文物箱概況及各方反映意見表（1985.11）

附件二

中華文物箱需求調查表

七十四、十一

單位名稱	需求情形	隸屬單位	現有狀況	進口有無困難	稅率	反映意見
駐韓國大使館		外交部	第四批配受單位			希增添歷代服裝
駐釜山領事館	需	〃		無	免稅	
駐新加坡商務代表團	需	〃		無	免稅	對新聞文化工作確有助益
亞東關係協會東京辦事處		〃	第四批配受單位			
亞東關係協會東京辦事處橫濱支處	否	〃				不需要
亞東關係協會大阪辦事處	否	〃				尚符運用，無需續
亞東關係協會大阪辦事處福岡分處	需	〃				
駐耶加達中華商會	否	〃	第四批配受單位			已有，目前不需要

一

單位名稱	需求情形	隸屬單位	現有狀況	進口有無困難	稅率	反映意見
太平洋經濟文化中心駐馬尼拉辦事處		〃			需付稅	如僅係短期陳列效果不彰
駐香港中華旅行社	需	〃				建議供應中國文化協會一套
駐汶萊遠東貿易文化中心	需	〃		無	部分免稅，稅率20%	有展出之良好環境，可發揮極大功用
駐紐西蘭屋崙亞東貿易中心	否	〃		有	重稅	
駐東加王國大使館	否	〃				無需要，因當地人民教育程度低
駐吐瓦魯大使館	否	〃				
駐吉隆坡遠東貿易旅遊中心		〃	第四批配受單位			
駐泰國商務辦事處	需	〃				
斐濟亞東貿易中心		〃				
駐澳洲美爾鉢遠東貿易公司	否	〃				

單位名稱	需求情形	隸屬單位	現有狀況	進口有無困難	稅率	反映意見
駐諾魯總領事館	否	外交部	外交部			
駐荷尼阿拉總領事館	需	〃	〃			
駐聖文森國大使館	需	〃	〃			
駐教廷大使館	需	〃	〃		不免稅	
駐比利時中山文化中心	否	〃	〃			已有，無需要
駐希臘遠東貿易中心	需	〃	〃	無	免稅或少數稅率	從未獲有，極需
駐西班牙孫中山中心	否	〃	〃		需分別徵稅	非很需要
駐奧地利代表處	需	〃	〃		免稅	一、寄件人：中華民國外交部。收件人：維也納中國文化研究所。二、請附寄中、英文本詳細物品清單免稅及價值清冊。
駐盧森堡孫中山中心		〃	第四批配受單位			
駐荷蘭遠東商務辦事處		〃	〃		重稅	一、應提高文物箱之品質並具創意。二、請補充新製文物。

二

《中華文物箱》，檔號 074-0108-2-1-31，史博館檔案（1985.11.08）

附件 2：中華文物箱需求調查表 -1（1985.11）

調查單位：

駐韓國大使館、駐釜山領事館、駐新加坡商務代表團、亞東關係協會東京辦事處、亞東關係協會東京辦事處橫濱支處、亞東關係協會大阪辦事處、亞東關係協會大阪辦事處福岡分處、駐耶加達中華商會、太平洋經濟文化中心駐馬尼拉辦事處、駐香港中華旅行社、駐汶萊遠東貿易文化中心、駐紐西蘭屋崙亞東貿易中心、駐東加王國大使館、駐吐瓦魯大使館、駐吉隆坡遠東貿易旅遊中心、駐泰國商務辦事處、斐濟亞東貿易中心、駐澳洲美爾鉢遠東貿易公司、駐諾魯總領事館、駐荷尼阿拉總領事館、駐聖文森國大使館、駐教廷大使館、駐比利時中山文化中心、駐希腊遠東貿易中心、駐西班牙孫中山中心、駐奧地利代表處、駐盧森堡孫中山中心、駐荷蘭遠東商務辦事處

單位名稱	需求情形	隸屬單位	現有狀況	進口有無困難	稅率	反映意見
駐瑞士孫逸仙中心	否	〃	〃		重稅	
駐英國代表處	否	〃				分配前請先寄發文物彩色照片目錄供駐外單位參考再申請配發
駐德國代表處	否	〃				請增加展品內容
駐法國代表處	需	〃		無	六加有七三項與○、六、請瓷 %稅項，文信六，六三瑞許器 一目八物片，三%%聯可需 七之%照九四%瓷陶五。另 ，附所片，%雕一六，銅申	文化組及新聞組已各有乙套，惟請另發乙套備用
駐瑞典代表處	需	〃				未曾配受文物箱無法提供意見
駐西柏林辦事處	否	〃				
駐漢堡辦事處	否	〃				

二

單位名稱	需求情形	隸屬單位	現有狀況	進口有無困難	稅率	反映意見
遠東新聞社慕尼黑分社	需	外交部				文物箱內容請酌予充實
駐挪威台北商務處		〃			需辦手續、稅率繁，[illegible]	請先寄畫冊等印刷品
駐沙烏地阿拉伯大使館	否	〃				需內容增加部分文物明信片請多補充中、英文介紹說明卡函件仿製品一、二套
駐杜拜名譽領事館	否	〃				
駐巴林商務代表團	否	〃			重稅	
遠東貿易服務中心駐阿曼王國代表辦事處	需	〃		無	5%	供陳列展覽「贈送」之用（註：擬函知不准贈送）
駐約旦遠東商務處	否	〃				
駐賽普勒斯商務辦事處	需	〃		無	免稅	
駐利比亞商務辦事處	需	〃			一〇—一〇〇%	
駐馬拉威大使館	否	〃				當地人民對外文物展覽缺乏興趣

三

單位名稱	需求情形	隸屬單位	現有狀況	進口有無困難	稅率	反映意見
駐南非共和國大使館		〃	第四批配受單位			減少件數，製作高品質展品
駐史瓦濟蘭大使館	否	〃				
駐約翰尼斯堡總領事館	否	〃				可與新參處合用
駐開普敦總領事館	需	〃			免稅	請擇要核發部分項目如瓷器、琺瑯、雕刻及仿古名畫
北美事務協調委員會駐美國辦事處	需	〃	第四批配受單位	無		
北美事務協調委員會駐亞特蘭達辦事處	否	〃	〃	無	免稅	需求甚殷
北美事務協調委員會駐芝加哥辦事處	否	〃	〃		免稅	使用頻繁
北美事務協調委員會駐火奴魯魯辦事處	否	〃	〃			效果良好
北美事務協調委員會駐霍斯敦辦事處	否	〃	〃			需補充
北美事務協調委員會駐羅安琪辦事處	否	〃	〃		免稅	效果良好

《中華文物箱》，檔號 074-0108-2-1-31，史博館檔案（1985.11.08）

附件 2：中華文物箱需求調查表 -2（1985.11）

調查單位：

駐瑞士孫逸仙中心、駐英國代表處、駐德國代表處、駐法國代表處、駐瑞典代表處、駐西柏林辦事處、駐漢堡辦事處、遠東新聞社慕尼黑分社、駐挪威台北商務處、駐沙烏地阿拉伯大使館、駐杜拜名譽領事館、駐巴林商務代表團、遠東貿易服務中心駐阿曼王國代表辦事處、駐約旦遠東商務處、駐賽普勒斯商務辦事處、駐利比亞商務辦事處、駐馬拉威大使館、駐南非共和國大使館、駐史瓦濟蘭大使館、駐約翰尼斯堡總領事館、駐開普敦總領事館、北美事務協調委員會駐美國辦事處、北美事務協調委員會駐亞特蘭達辦事處、北美事務協調委員會駐芝加哥辦事處、北美事務協調委員會駐火奴魯魯辦事處、北美事務協調委員會駐霍斯敦辦事處、北美事務協調委員會駐羅安琪辦事處

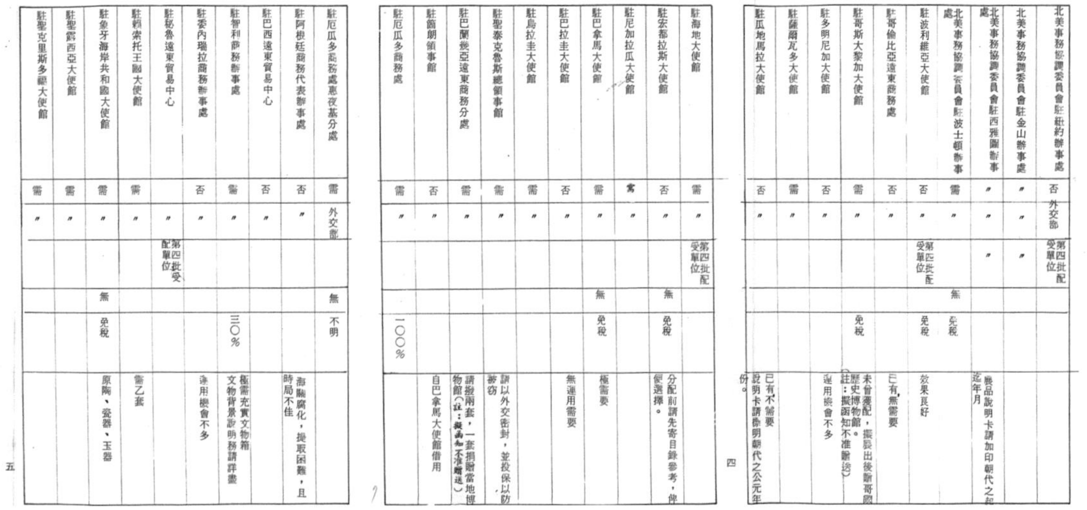

北美事務協調委員會駐紐約辦事處	否	外交部	第四批配受單位			
北美事務協調委員會駐金山辦事處	〃	〃	〃			
北美事務協調委員會駐西雅圖辦事處	〃	〃	〃			展品說明卡請加印朝代之起迄年月
北美事務協調委員會駐波士頓辦事處	需	〃		無	免稅	
駐波利維亞大使館	否	〃	第四批配受單位		免稅	效果良好
駐哥倫比亞遠東商務處	否	〃				已有，無需要
駐哥斯大黎加大使館	需	〃			免稅	未曾獲配，擬展出後贈哥國歷史博物館。（註：擬函知不准贈送）
駐多明尼加大使館	否	〃				運用機會不多
駐薩爾瓦多大使館	需	〃				
駐瓜地馬拉大使館	否	〃				已有不需要說明卡請標明朝代之公元年份。
駐海地大使館	需	〃	第四批配受單位			
駐宏都拉斯大使館	否	〃		無	免稅	分配前請先寄目錄參考，俾便選擇。
駐尼加拉瓜大使館	需	〃				
駐巴拿馬大使館	需	〃		無	免稅	極需要
駐巴拉圭大使館	否	〃				無運用需要
駐烏拉圭大使館	需	〃				
駐聖泰克魯斯總領事館	需	〃				請以外交密封，並投保以防被竊
駐巴蘭幾亞遠東商務分處	需	〃				請撥兩套，一套捐贈當地博物館（註：擬函知不准贈送）
駐箇朗領事館	否	〃				自巴拿馬大使館借用
駐厄瓜多商務處	需	〃			一〇〇%	
駐厄瓜多商務處惠夜基分處	需	外交部		無	不明	
駐阿根廷商務代表辦事處	否	〃				海關腐化，提取困難，且時局不佳
駐巴西遠東貿易中心	否	〃				
駐智利商務辦事處	需	〃			三〇%	極需充實文物箱文物背景說明務請詳盡
駐委內瑞拉商務辦事處	否	〃				運用機會不多
駐秘魯遠東貿易中心		〃	第四批受配單位			
駐賴索托王國大使館	需	〃				需乙套
駐象牙海岸共和國大使館	需	〃		無	免稅	原陶、瓷器、玉器
駐聖露西亞大使館	需	〃				
駐聖克里斯多福大使館	需	〃				

《中華文物箱》，檔號 074-0108-2-1-31，史博館檔案（1985.11.08）

附件 2：中華文物箱需求調查表 -3（1985.11）

調查單位：

北美事務協調委員會駐紐約辦事處、北美事務協調委員會駐金山辦事處、北美事務協調委員會駐西雅圖辦事處、北美事務協調委員會駐波士頓辦事處、駐波利維亞大使館、駐哥倫比亞遠東商務處、駐哥斯大黎加大使館、駐多明尼加大使館、駐薩爾瓦多大使館、駐瓜地馬拉大使館、駐海地大使館、駐宏都拉斯大使館、駐尼加拉瓜大使館、駐巴拿馬大使館、駐巴拉圭大使館、駐烏拉圭大使館、駐聖泰克魯斯總領事館、駐巴蘭幾亞遠東商務分處、駐箇朗領事館、駐厄瓜多商務處、駐厄瓜多商務處惠夜基分處、駐阿根廷商務代表辦事處、駐巴西遠東貿易中心、駐智利商務辦事處、駐委內瑞拉商務辦事處、駐祕魯遠東貿易中心、駐賴索托王國大使館、駐象牙海岸共和國大使館、駐聖露西亞大使館、駐聖克里斯多福大使館

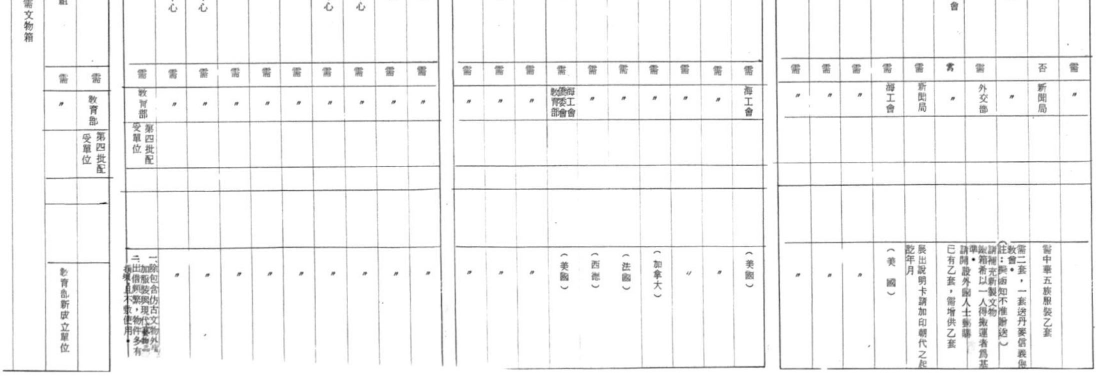

駐聖多米尼克大使館	需	〃				
華夏新聞服務社	否	新聞局				需中華五族服裝乙套
駐丹麥自由中國新聞處		〃				需二套，一套送丹麥信義與教會。（註：擬函知不准贈送）
遠東新聞社	需	外交部				請補充新製文物，裝箱希以一人得搬運者為基準。請開設外國人士鄉聯
法華經濟貿易觀光促進會	需	〃				已有乙套，需增供乙套
阿根廷東方出版社	需	新聞局				展出說明卡請加印朝代之起訖年月
鄭安國	需	海工會				（美國）
王唯民	需	〃				〃
張景珩	需	〃				〃
趙靖	需	〃				〃
張軍堂	需	海工會				（美國）
李慶平	需	〃				〃
趙怡	需	〃				〃
王顯光	需	〃				（加拿大）
滕永康	需	〃				（法國）
郭石城	需	〃				（西德）
波士頓中華青年聯誼會	需	教育部、僑委會、海工會				（美國）
紐約留學生服務中心	需	〃				〃
費城中華文化服務中心	需	〃				〃
匹茲堡中國同學之家	需	〃				〃
華府中華文化服務中心	需	〃				〃
亞特蘭達華人活動中心	需	〃				〃
休士頓中國文化服務中心	需	〃				〃
洛杉磯中國文化服務中心	需	〃				〃
金山勝利堂	需	〃				〃
聖荷西華人活動中心	需	〃				〃
西雅圖自由中國之家	需	〃				〃
明尼亞波利中國文化中心	需	〃				〃
聖路易中華文化服務中心	需	〃				〃
駐美國代表處文化組	需	教育部	第四批配受單位			一、除包含仿古文物外，增加服裝與現代藝術品。二、出借頻繁，物件多有損壞且不敷使用。
駐金山辦事處文化組	需	教育部	第四批配受單位			
駐波士頓辦事處文化組	需	〃				教育部新成立單位
總計六十五單位需文物箱						

《中華文物箱》，檔號 074-0108-2-1-31，史博館檔案（1985.11.08）

附件 2：中華文物箱需求調查表 -4（1985.11）

調查單位：

駐聖多米尼克大使館、華夏新聞服務社、駐丹麥自由中國新聞處、遠東新聞社、法華經濟貿易觀光促進會、阿根廷東方出版社、鄭安國、王唯民、張景珩、趙靖、張軍堂、李慶平、趙怡、王顯光、滕永康、郭石城、波士頓中華青年聯誼會、紐約留學生服務中心、費城中華文化服務中心、匹茲堡中國同學之家、華府中華文化服務中心、亞特蘭達華人活動中心、休士頓中國文化服務中心、洛杉磯中國文化服務中心、金山勝利堂、聖荷西華人活動中心、西雅圖自由中國之家、明尼亞波利中國文化中心、聖路易中華文化服務中心、駐美國代表處文化組、駐金山辦事處文化處、駐波士頓辦事處文化組

四．文物箱國際展覽案（巴拿馬與法國：一九八一年至）

《秦教授借用傳統中國服飾卷》

檔號 068/Z1270.02/R00100/001/14，外交部檔案

受文者：行政院新聞局　副本：僑務委員會、史博館
文別：函　發文者：中華民國駐巴拿馬共和國大使館新聞秘書
日期：中華民國柒拾年陸月玖日
文號：（70）巴新字第0067號
主旨：呈報有關辦理參加巴國Penonomé市「中華文物展」情形，謹請鑒督。
說明：（節錄）
一、鈞局民國七十年五月六日（70）瑜際二字◯六八九◯號函敬悉。
二、應邀參加該市為慶祝建市四百年之文物展，其目的在於促進巴京以外巴人對我之瞭解並抵制匪在巴京四月廿三至五月七日之商展。認識瞭解我中華民國才是巴拿馬之忠實友人。
三、中華文物展舉行的時間是在Penonomé市建市四百年慶祝會四月卅日至五月三日會期內同時進行以吸引更多的觀眾。該項展覽曾獲我駐巴拿馬曾大使、P市華僑總會陳會長華生及華僑青年會會長MIGUEL HIM的贊助指導良多。……
六、展出內容：（一）倣古文物、字畫及陶瓷、漆器。（二）現代陶瓷、花瓶等用品。（三）十大建設大型照片（十二幅）。（四）故宮古物郵票展。（五）光華傳播事業公司印行之彩色照片中華民國簡介、西文光華雜誌、三民主義、土地農業改革機械化等資料。（六）勝利之光畫刊。（七）分贈我文化摺頁、西文中華民國旬刊及鎖匙圈（帶有青天白日滿地紅國旗圖案之壓克力製品）。（八）展覽開放時間均撥放國樂及中華民國頌等曲。……

新聞秘書　舒立彥

《秦教授借用傳統中國服飾卷》

檔號 068/Z1270.02/R00100/001/5，外交部檔案

受文者：行政院新聞局　副本：史博館
文別：函　發文者：中華民國駐瓜地馬拉大使館新聞參事處
日期：中華民國柒拾貳年柒月捌日
文號：（72）瓜新字第80號
主旨：隨函續檢呈本處本（七二）年五月中旬於瓜地馬拉東部大城市布愛爾多巴里奧斯（Puerto Barrios）舉辦中華文物展瓜京重要日報「真相報」及布城省報FARO DE IZABAL（月刊）新刊有關報導及照片剪報四份以及有關展出情形之大型黑白照片四張均如附件恭請鈞督併存。

鄭玉山

《法南友協專卷》

檔號 067/Z1240.08/R00006/001/7，外交部檔案

受文者：遠東貿易文化事業總公司　副本：光華傳播事業公司
文別：函　發文者：駐法國代表處
日期：中華民國柒拾柒年肆月廿玖日
文號：法代（77）字第257文號
主旨：呈報「法北友華協會」本年四月八日至廿六日在法國西部SAINT-LO市舉辦中華文物展情形，敬祈鑒察。
說明：
一、「法北友華協會」本年四月八日至廿六日在法國西部Saint-Lô市戲院文化廳舉辦中華文物展。該次文物展於四月八日下午五時卅分舉行揭幕儀式，該市市長Dr. Jean PATOUNAS親自主持，該市市政府高級官員與眾議院議員Jean-Marie DAILLET(曾訪華)等數

十人參加，本處龔代表、新聞組田秘書以及中央社張特派員等亦參加。

二、該市市長 Jean PATOUNAS 在開幕儀式中致詞，渠稱上年率下諾曼地大省區議會訪問團訪華，目睹我各方進步情況對我民眾勤奮、學生用功情形印象尤為深刻，如非距離遙遠，甚願經常赴華訪問。

三、本處新聞組亦提供有關我國文化、觀光等法文摺頁及宣傳資料，惟因存量有限，故盼我有關單位大量印製寄供本處新聞組運用。

四、謹檢附該次文物展有關海報、宣傳單頁、剪報各一份及照片四幀，請參考。

五、另本次文物展期間，Saint-Lô 市卅四歲女市民 Huguette LEPOURRY 於參觀該展後來函表示希望有一位中國女性通訊員，檢附來函影本，敬請轉介國內青年筆友與伊通訊聯繫。

《法南友協專卷》

檔號 067/Z1240.08/R00006/001/6，外交部檔案

受文者：遠東貿易文化事業總公司　副本：光華傳播事業公司
文　別：函　發文者：駐法國代表處
日　期：中華民國柒拾柒年伍月陸日
文　號：法代（77）字第 285 號
主　旨：呈報「法北友華協會」本年四月廿九日至五月廿八日在巴黎近郊 YERRES 市舉辦中華文物展情形，敬祈鑒察。
說　明：

一、「法北友華協會」本年四月廿九日至五月廿八日在巴黎近郊 YERRES 市 André MALRAUX 文化廳舉辦中華文物展。該次文物展於四月廿九日下午六時卅分至八時卅分舉行揭幕儀式及酒會，由該市主管文化事務副市長 Dominique KOUTZINE 夫人主持，該市市政府各級官員及來賓數十人參加，本處龔代表及新聞組田秘書亦參加。

二、KOUTZINE 副市長在揭幕式中致詞，對我在該市首次舉辦文物展表示歡迎，相信當有助於該市市民對中國文化之瞭解，該市市府已下令該市各級中學學生來該文化廳參觀文物展。

三、檢附該次文物展有關海報，請柬各一份及照片四幀，請參考。

《法南友協專卷》

檔號 067/Z1240.08/R00006/001/5，外交部檔案

受文者：遠東貿易文化事業總公司　副本：光華傳播事業公司、故宮博物院、史博館
文　別：函　發文者：駐法國代表處
日　期：中華民國柒拾柒年拾貳月廿叁日
文　號：法代（77）字第 790 號
主　旨：呈報「法北友華協會」本年九月十九日至十月廿九日在巴黎西郊 Rueil-Malmaison 市政府舉辦中華文物展，敬請鑒察。
說　明：

一、「法北友華協會」本年九月十九日至十月廿九日在巴黎西郊 Rueil-Malmaison 市政府舉辦中華文物展，法眾議員兼該市市長卜梅 (Jacques BAUMEL) 並於十月十四日下午六時舉行酒會，除對我國悠久文物表示極為欣賞外，並對我國工商經濟繁榮成就表示讚佩，參加酒會來賓近百人，本處龔代表夫婦及新聞組辛組長等同仁亦前往參加，展覽期間並由新聞組提供宣傳摺頁供參觀人士索取。

二、謹查卜梅市長為「法共和聯盟」（戴高樂派）資深議員，曾於民國六十五年應邀訪華，對我友好。此為歷年來「中華文物展」第二次在該市展出，卜梅市長為擴大效果，曾於十月十四日在該市市政府舉辦酒會，並在酒會中懸掛我國國旗，酒會請柬上亦使用我國國號。

三、檢奉該次中華文物展海報、卜梅眾議員兼市長來函、請柬及剪報影本各一份、照片四幀，請參考。

《中華文物箱》檔號 075-0422-5-1-01，史博館檔案

受文者：台北關　副本：中正機場協調中心、民航局貨運站、安全公司
文　別：（函）稿　　發文者：史博館
日　期：中華民國柒拾伍年捌月陸日
文　號：（75）台博總字第 0540 號
主　旨：本館為加強宣揚中華文化，奉准籌製中華文物一組（文物一一二件、明信片六〇〇套）詳文物目錄清冊，分裝七箱空運美國交我國駐堪薩斯辦事處長期展覽，敬請惠允放行。
說　明：奉教育部台（75）文字第二七一一六號函核准。
館長　何〇〇

檔案說明

一、中華文物箱當年海外展覽所保留的圖（照）片不多，本批檔案選取幾件有照片的文物箱展覽案提供參閱，包含中美洲展覽兩案（巴拿馬 **Penonomé** 市「中華文物展」、瓜地馬拉布愛爾多巴里奧斯（**Puerto Barrios**）中華文物展，及法國三案（**Saint-Lô** 市中華文物展、**Yerres** 市中華文物展、**Rueil-Malmaison** 市中華文物展），一窺當年海外巡展風貌。

二、中華文物箱海外展覽期間，若於邦交國舉行，策展措施等則均由駐地大使館負責與駐在國相關單位配合無礙；但若於非邦交國辦理，除我國駐外機構全力執行外，如有友好的外國非官方機構協助將更為順利。以本案法國三項展覽案為例，由於當時駐法代表龔政定先生與「法北友華協會」長期建立良好關係後得以進一步合作，該會並主動擔任策展單位，於法國各地頻繁舉辦中華文物展達二十餘次，即為一例。

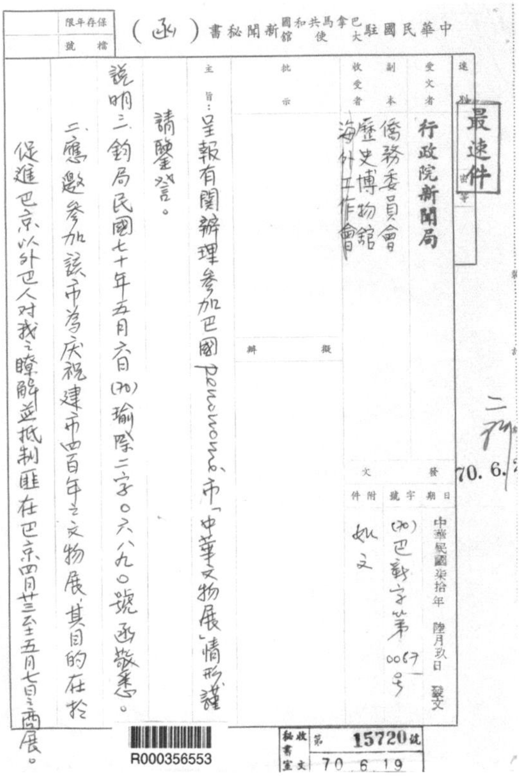

中華民國駐巴拿馬共和國大使館新聞秘書（函）
保存年限
檔號
速別：最速件
密等
受文者：行政院新聞局
副本收受者：僑務委員會、歷史博物館、海外工作會
批示
擬辦
發文日期：中華民國柒拾年陸月玖日
發文字號：（70）巴新字第0067號
附件：如文
主旨：呈報有關辦理參加巴國Penonomé市「中華文物展」情形，請鑒督。
說明：一、鈞局民國七十年五月六日（70）瑜際二字〇六八九〇號函敬悉。
二、應邀參加該市為慶祝建市四百年之文物展，其目的在於促進巴京以外巴人對我之瞭解並抵制匪在巴京四月廿三至五月七日之商展。
二〇
70. 6.
R000356553
秘書室收文 第15720號 70 6 19

《秦教授借用傳統中國服飾卷》，檔號 068/Z1270.02/R00100/001/14，外交部檔案（1981.06.09）

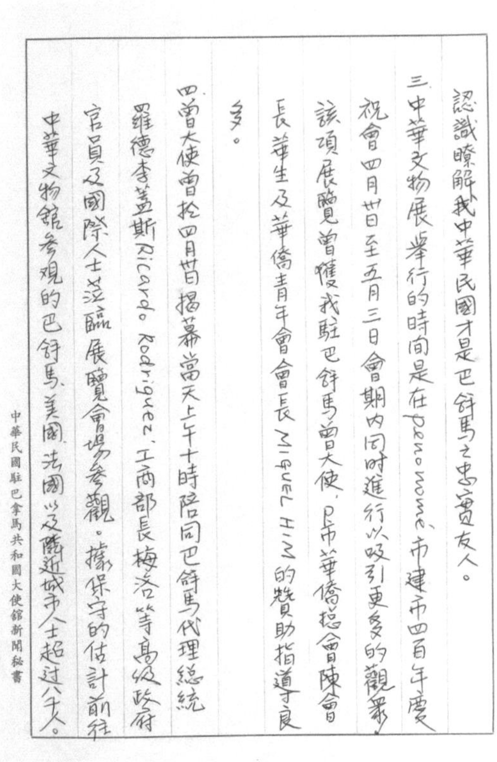

認識瞭解我中華民國才是巴拿馬之忠實友人。
三、中華文物展舉行的時間是在penonomé市建市四百年慶祝會四月廿日至五月三日會期內同時進行以吸引更多的觀眾。該項展覽曾獲我駐巴拿馬曾大使、巴市華僑總會陳會長華生及華僑青年會會長MIGUEL H.M的贊助指導良多。
四、曾大使曾於四月廿日揭幕當天上午十時陪同巴拿馬代理總統羅德李蓋斯Ricardo Rodriguez、工商部長梅洛等高級政府官員及國際人士蒞臨展覽會場參觀。據保守的估計前往中華文物館參觀的巴拿馬、美國、法國以及臨近城市人士超过八千人。
中華民國駐巴拿馬共和國大使館新聞秘書

《秦教授借用傳統中國服飾卷》，檔號 068/Z1270.02/R00100/001/14，外交部檔案（1981.06.09）

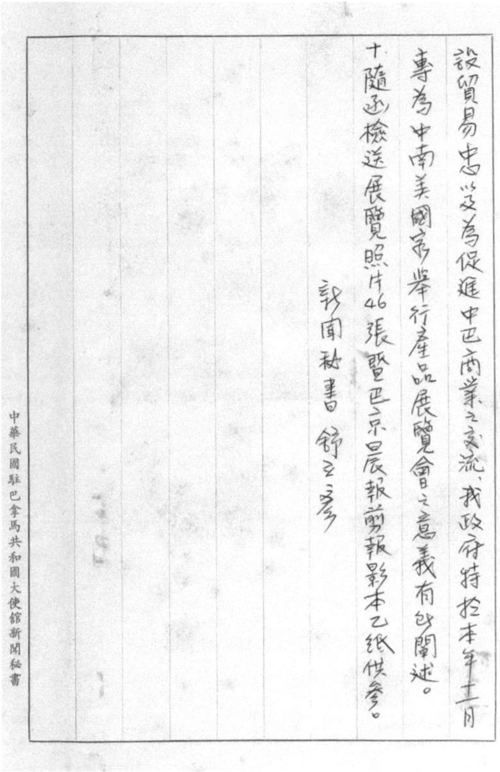
設貿易忠心為促進中巴商業之交流，我政府特於本年十一月
專為中南美國家舉行產品展覽會之意義有所闡述。
十、隨函檢送展覽照片46張暨巴京晨報剪報影本乙紙供參。
新聞秘書 鄧玉山
中華民國駐巴拿馬共和國大使館新聞秘書

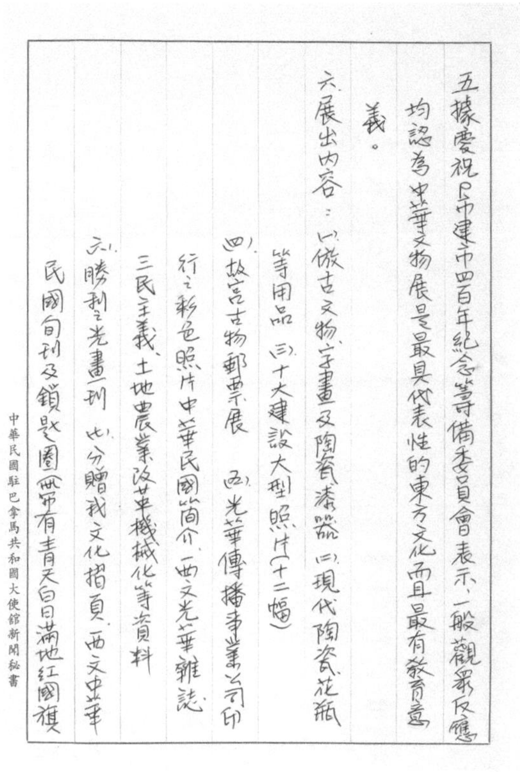
五、據慶祝巴市建市四百年紀念籌備委員會表示，一般觀衆反應
均認為中華文物展是最具代表性的東方文化，而且最有教育意
義。
六、展出內容：(一)仿古文物、字畫及陶瓷漆器 (二)現代陶瓷花瓶
等用品 (三)十大建設大型照片(十二幅)
(四)故宮古物郵票展 (五)光華傳播事業公司印
行之彩色照片中華民國簡介、西文光華雜誌
三民主義、土地農業改革、機械化等資料
(六)勝利之光畫刊 (七)分贈我文化摺頁、西文中華
民國旬刊及鎖匙圈(四帶有青天白日滿地紅國旗
中華民國駐巴拿馬共和國大使館新聞秘書

《秦教授借用傳統中國服飾卷》，檔號 068/Z1270.02/R00100/001/14，外交部檔案（1981.06.09）

《秦教授借用傳統中國服飾卷》，檔號 068/Z1270.02/R00100/001/14，外交部檔案（1981.06.09）

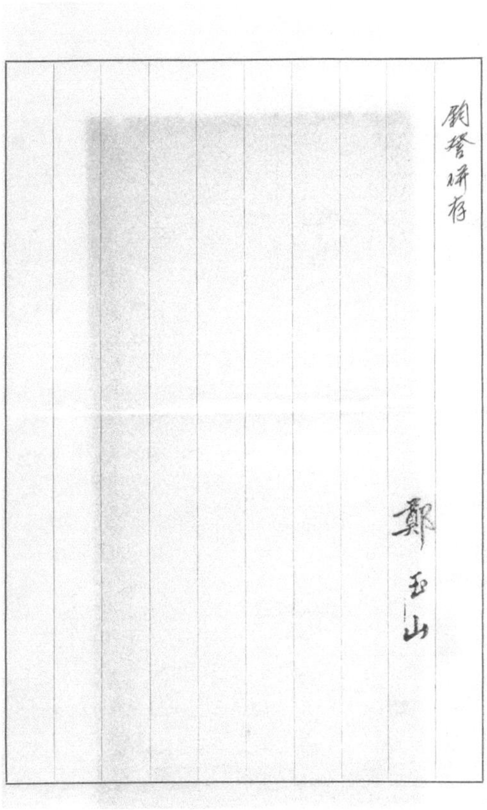
鈞簽併存
鄧玉山

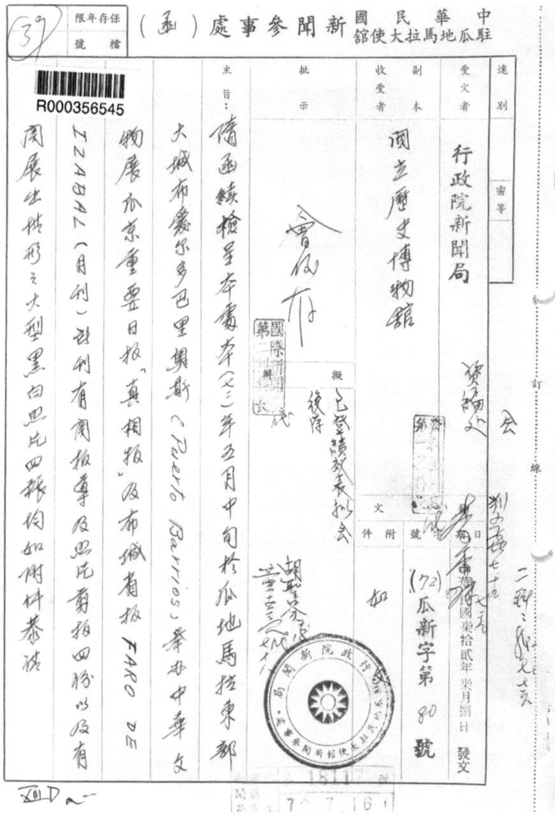
中華民國駐瓜地馬拉大使館新聞參事處（函）
保存年限
檔號
R000356545
速別
密等
受文者：行政院新聞局
副本收受者：國立歷史博物館
批示：會辦
發文日期：中華民國柒拾貳年柒月捌日
發文字號：(72)瓜新字第80號
附件：如文
主旨：請函續檢呈本處本(七二)年五月中旬於瓜地馬拉東部大城布魯尼多巴里奧斯(Puerto Barrios)舉辦中華文物展於京重要日報「真相報」及布城有報 FARO DE IZABAL(月刊)對刊有關報導及照片剪報四份以及有關展出情形之大型黑白照片四張均如附件恭請

《秦教授借用傳統中國服飾卷》，檔號 068/Z1270.02/R00100/001/5，外交部檔案（1983.07.08）

駐法國代表處（函）

保存期限
檔號

速別
密等：副本

受文者：遠東貿易文化事業總公司
副本收受者：光華傳播事業公司

發文日期：中華民國柒拾柒年肆月廿玖日
發文字號：法代(77)字第257號
附件：如文

主旨：呈報法北友華協會本年四月八日至廿六日在法國西部SAINT-LO市舉辦中華文物展情形，敬祈鑒察。

說明：

一、「法北友華協會」本年四月八日至廿六日在法國西部SAINT-LO市戲院文化廳舉辦中華文物展。該次文物展於四月八日下午五時卅分舉行揭幕儀式，該市市長Dr. Jean PATOUNAT親自主持，該市市政府高級官員、與眾議院議員Jean-Marie DAILLET（曾訪華）等數十人參加，本處龔代表、新聞組田秘書以及中央社派特派員等亦參加。

二、該市市長Jean PATOUNAS在開幕儀式中致詞，渠稱上年率下諾曼地大省區議會訪問團訪華，目睹我各方進步情況，對我民眾勤奮、學生用功情形印象尤為深刻，如非距離遙遠，甚願經常赴華訪問。

三、本處新聞組亦提供有關我國文化、觀光等法文摺頁及宣傳資料，惟因存量有限，故盼我有關單位大量印製寄供本處新聞組運用。

四、謹檢附該次文物展有關海報、宣傳單頁、剪報各一份及照片四幀，請參考。

五、另本次文物展期間，SAINT-LO市廿歲女市民Huguette LEPOURRY於參觀該展後來函表示希望有一位中國女性通訊員，檢附來函影本，敬請轉介國內青年筆友與伊通訊聯繫。

駐法國代表處

三 5/5

行政院新聞局收文 第8120號 77.5.5

R000597397

《法南友協專卷》，檔號 067/Z1240.08/R00006/001/7，外交部檔案（1988.04.29）

駐法國代表處（函）

保存期限
檔號

速別
密等：副本

受文者：遠東貿易文化事業總公司
副本收受者：光華傳播事業公司

發文日期：中華民國柒拾柒年伍月陸日
發文字號：法代(77)字第285號
附件：如文

主旨：呈報法北友華協會本年四月廿九日至五月廿八日在巴黎近郊YERRES市舉辦中華文物展情形，敬祈鑒察。

說明：

一、「法北友華協會」本年四月廿九日至五月廿八日在巴黎近郊YERRES市André MALRAUX文化廳舉辦中華文物展。該次文物展於四月廿九日下午六時卅分至八時卅分舉行揭幕儀式及酒會，由該市主管文化事務副市長Dominique KOUTZINE夫人主持，該市市政府各級官員及來賓數十人參加，本處龔代表及新聞組田秘書亦參加。

二、KOUTZINE副市長在揭幕式中致詞，對我在該市首次舉辦文物展表示歡迎，相信當有助於該市市民對中國文化之瞭解，該市市府已下令該市各級中學學生來該文化廳參觀文物展。

三、檢附該次文物展有關海報、請柬各一份及照片四幀，請參考。

駐法國代表處

三 5/12

行政院新聞局收文 第8677號 77.5.12

R000597396

《法南友協專卷》，檔號 067/Z1240.08/R00006/001/6，外交部檔案（1988.05.06）

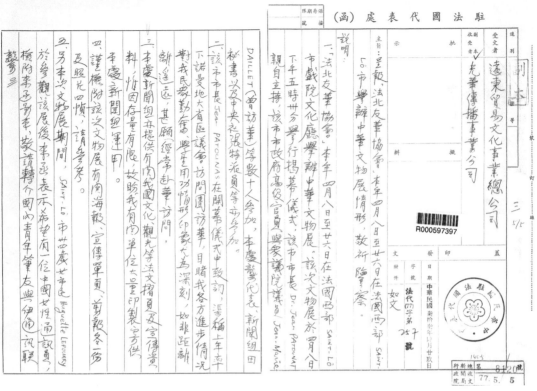

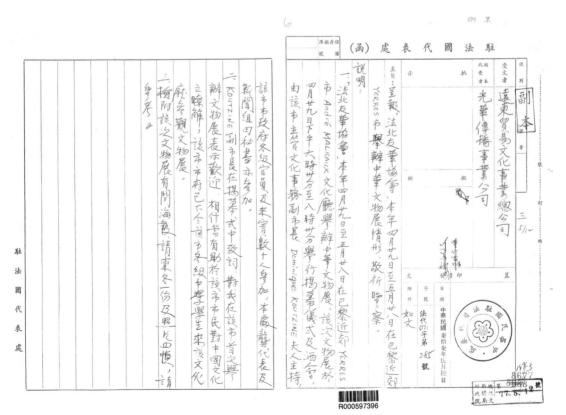

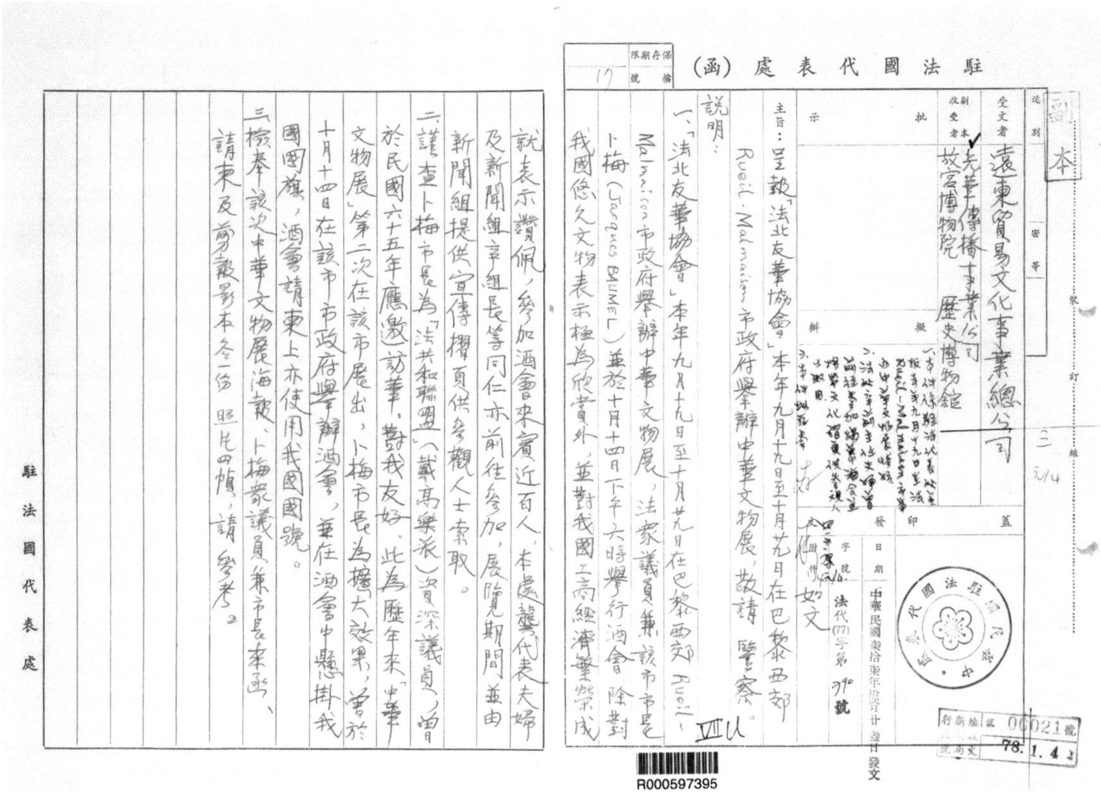

駐法國代表處（函）

檔號：17

受文者：遠東貿易文化事業總公司

副本收受者：✓中華傳播事業公司、故宮博物院、歷史博物館

主旨：呈報「法北友華協會」本年九月十九日至十月廿九日在巴黎西郊 Rueil-Malmaison 市政府舉辦中華文物展，敬請 鑒察。

說明：

一、「法北友華協會」本年九月十九日至十月廿九日在巴黎西郊 Rueil-Malmaison 市政府舉辦中華文物展，法眾議員兼該市市長卜梅（Jacques BAUMEL）並於十月十四日下午六時舉行酒會，除對我國悠久文物表示極為欣賞外，並對我國工商經濟繁榮成就表示讚佩，參加酒會來賓近百人，本處龔代表夫婦及新聞組辛組長等同仁亦前往參加，展覽期間並由新聞組提供宣傳摺頁供參觀人士索取。

二、謹查卜梅市長為「法共和聯盟」（戴高樂派）資深議員，曾於民國六十五年應邀訪華，對我友好，此為歷年來「中華文物展」第二次在該市展出，卜梅市長為擴大效果，曾於十月十四日在該市市政府舉辦酒會，並在酒會中懸掛我國國旗，酒會請柬上亦使用我國國號。

三、檢奉該次中華文物展海報、卜梅眾議員兼市長來函、請柬及剪報影本各一份，照片四幀，請參考。

駐法國代表處

發文日期：中華民國柒拾柒年拾貳月廿叁日發文

發文字號：法代（77）字第 [illegible] 號

附件：如文

R000597395

《法南友協專卷》，檔號 067/Z1240.08/R00006/001/5，外交部檔案（1988.12.23）

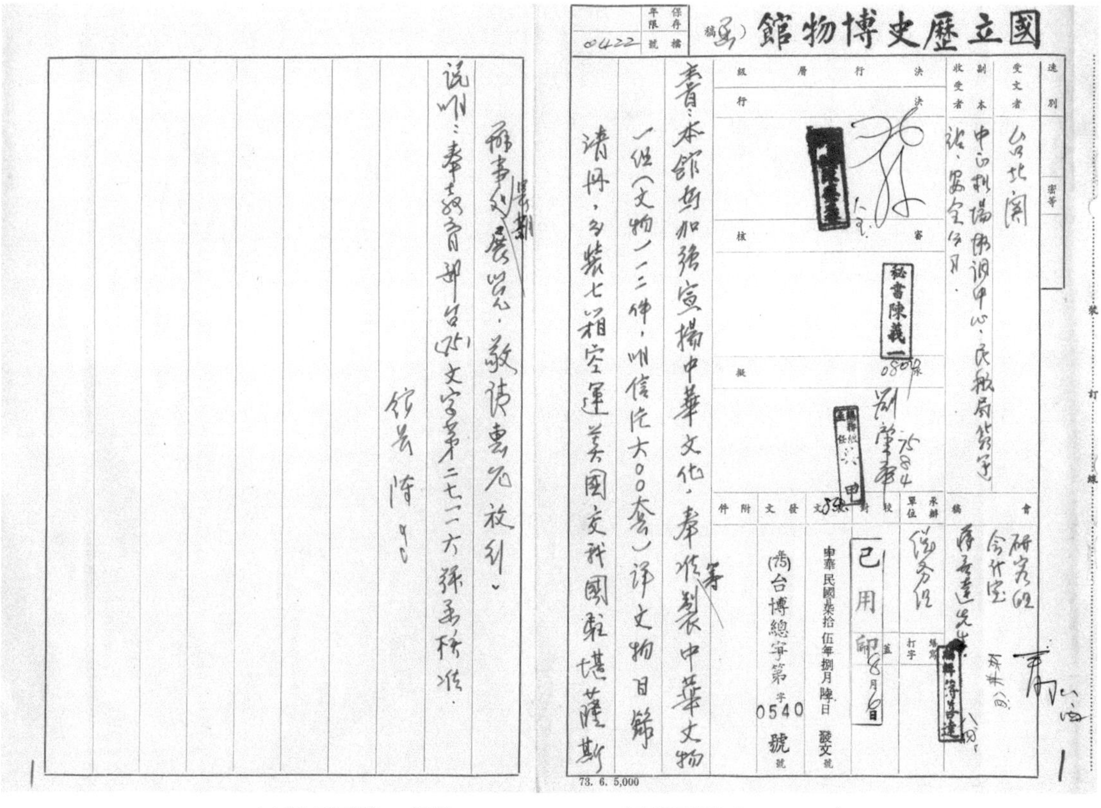

國立歷史博物館（稿）

檔號：0422

受文者：台北關

副本收受者：中正机場聯絡中心、民航局航警、安全分局。

主旨：本館為加強宣揚中華文化，奉准製作中華文物一組（文物一一二件，明信片六〇〇套）詳文物目錄清冊，分裝七箱空運美國交我國駐堪薩斯辦事處展覽，敬請惠允放行。

說明：奉教育部台（75）文字第二七一一六號函核准。

館長 陳

發文字號：（75）台博總字第 0540 號

發文日期：中華民國柒拾伍年捌月陸日

承辦單位：總務組

會稿：研究組、會計室

《中華文物箱》，檔號 075-0422-5-1-01，史博館檔案（1986.08.06）

第二部

文物箱的歷史身影

PART 2
The Historical Shadow of the Cultural Chest

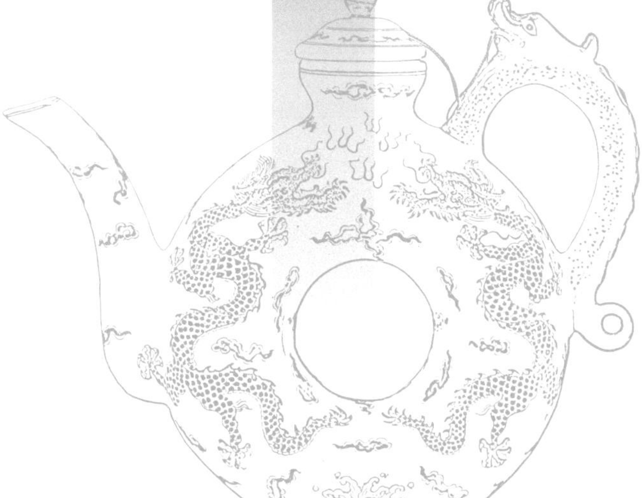

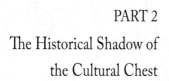

口述歷史

文物箱計畫相關人員憶述

Recollections of People Involved in the Cultural Chest Project

中華文物箱及仿製品的製作

王東白　美術工藝家

一九六九年，那時我還住在臺北的克難街，我協助史博館做了十個第一批「中華文物箱」的箱子，用鐵皮做起來，裡頭用夾板，怕被破壞，很簡單的工作。這個箱子尺寸長三尺、高及寬二尺五寸，裡頭放青銅器、唐三彩駱駝、馬、文人、武人、黑陶、瓷器、剔紅、字畫，還有中英文說明，一大堆的東西，一個個包裝起來，裝進鐵皮箱，運送到國外展覽。箱子的四角另外加保護防撞，外面噴字「中華民國國立歷史博物館」，展覽後有些就送給當地僑領學校，如在紐約的聖若望大學（該校有二個校長，中文的校長是薛光前）。當時因為中國大陸封鎖，史博館就做中華文物箱到國外去展覽。

我也做文物箱裡銅器的仿製品，複製銅器的程序是：先觀察古器物的形制，然後量尺寸，選模子，做模子，上下左右前後，你自己要考慮溫度和濕度，花紋翻砂要做得天衣無縫，做的時候要把木頭外模陽刻花紋後，再印到砂模上，成為陰模，用銅水倒下去，內模也是木刻，銅器要薄，內模要大，銅器要厚，內模就小，要怎麼決定大小，要看銅器的外表，銅器花紋細一點，就薄一點。銅器做好之後，在密不通風的地方灑水，用腐蝕方式生成銅鏽。我當時是在三重埔翻砂，在家裡生銅鏽，臺灣的砂質比較粗，所以要摻錫才不容易斷裂。經倒銅後，修正，又要埋入土中經過相當時間，才能夠取出，才算完成。但是當中單造模子，就可能要刻上三個月，需要慢慢的將一百多塊木模拚起來。再倒銅時，還要稱稱銅錫原料的輕重，與原器物是否一樣。至於修正的過程，更為麻煩，如何能使模子維妙維肖，流露出原件的神韻來，那就要看仿製者的藝術修養了。

由於仿製古器物過程的艱辛，非普通人力所能逮，當時僅由國立故宮博物院及國立歷史博物館，集合國內藝術家如楊英風、丘雲、吳讓農、儲小石和我等數十人從事這項工作，經我們仿製成功的古器物，約二百餘種，可分為陶器、銅器、漆器、瓷器、雕刻、甲骨文、漢簡、碑拓、石器，其中以陶器及銅器製作最多，陶器如隋唐的十二生肖、米釉座人、繪彩馬駝、三彩武人、文人；銅器如仿商周的尊、罍、爵、斝、鼎、獻、觶、角、卣、兕觥等，以及仿漢熹平石經、漢簡；仿宋瓷壺、彩色瓷鼓、銅佛；明清漆雕、牙雕、玉雕等等，一如原件，古趣盎然。

本館館長廖新田會晤訪談美術工藝家暨中華文物箱最佳見證人王東白有關文物箱及仿製品製作的由來（陳嘉翎攝）

口述歷史

中華文物箱的籌製及海外展出情形

林淑心 前國立歷史博物館研究員

我於一九七三年九月進入史博館任職，當時何浩天先生剛接任第三任館長，新的館舍大樓也剛建立。由於我在史博館研究的範圍，包含了館藏的袍服和織繡，所以後來有機會參與到「中華文物箱」的籌製。

據我記憶所及，本館的中華文物箱計畫是應外交部的請求。當時外交部常提及在異國社會拓展外交的最好方式就是文化交流，而文化交流就是要有具體的物品展示給國際人士觀看，藉以說明我們文化的淵源、演進、其所具有的代表性及意涵。於是，外交部從這個構思出發，撥了一筆經費，透過教育部指定史博館來具體策劃如何展示我國文化，進行國際交流，介紹我們國家社會、文化各方面的情況，作為敦睦活動，這就逐漸成為中華文物箱計畫的根源。

一九六九年，本館第二任館長王宇清先生任內製作了第一批中華文物箱十箱，廣受海外人士歡迎，所以於一九七一年時再製作第二批，數量及輸出範圍更擴大一些。中華文物箱在製作了第一批及第二批之後，由於國際情勢的變化，我們被迫退出聯合國，在外交上陷入困境，所以在國外很多的駐外處所時常會有一些來文和需求，希望史博館能製作一套文物箱贈送給他們，以便能辦理活動，介紹中華文化。一九七三年，何浩天館長製作第三批中華文物箱，內容及數量有大幅度的變動與調整，使之更加充實；一九七八年，何館長又製作了第四批，數量及輸出國家更多；一九八五年，何館長在退休前又製作了第五批，並由第四任館長李鼎元先生接續，也就是最後一批；到了第五任館長陳癸淼先生，中華文物箱計畫就終止不再做了。後來外交部只是陸陸續續地請史博館再製作一些仿製品贈送中南美洲的國家，有點鞏固邦誼的味道，但沒有像以前那樣有具體的計畫和經費，都是比較零星，依據各地的需求而做。譬如法國某某地方提出需要一些雕刻品、中南美洲因應某項活動提出藝術品的需求，也不一定是古代的，於是我們就徵集了一些現代藝術家的作品，或者是做一些複製品贈送給他們。這是史博館為了我國文化外交一直都在做的事。

當時我是第三批中華文物箱專案小組委員，館內同仁還有黃永川、夏美馴、秦景卿、張新芳、吳甲、劉平衡等人。館內從研究人員到會計、總務都有參與，負責開會檢討、研商增加項目內容，或針對大家對於中華文物箱有哪些更好的意見進行改良，以便能更發揮文化傳播的功能等等。一九七五年八月，我們專案小組特別針對第二批中華文物箱在海外展覽後開了一次檢討會，並作為籌製第三批的改進參考，且增加了很多項目。當時有許多藝術界的人士反應：既然要宣揚我國文化，為什麼不把現代藝術家的作品也拿一些赴外展覽？所以後來館方才會邀請很多書畫名家繪製作品參加。外交部情報司、教育部國際文教處、僑務委員會以及其他相關機關都派人出席檢討會議，由本館何浩天館長主持。大家對於第二批內容都覺得比較簡單，希望能增加一些項目，使之更為豐富，更能夠表現我們文化的深度跟廣度，所以提出很多建議。譬如增加現代藝術家的水墨畫作，以表現出新的文化風貌；除了歷代的銅器、陶瓷、琺瑯等，還建議加入具代表性的木雕、竹刻、牙雕、織繡、錢幣等類別。此外，與會者還要求說明卡內容要有深度、字體要加大、要有英文及西班牙文、要有展示臺座方便陳列、運輸包裝方面要改進等諸多寶貴意見。

當時我們在遴選中華文物箱內的文物時，是經過好幾次會議才決定的，外交部、教育部、僑務委員會等都派員參加。在這些會議中大家提議，如果要做一整套陶瓷，那就得是歷代陶瓷都要有，但是可能很難做到；而銅器也只有上古的部分，數量又太少，所以後來就從歷代文物中挑選幾件銅器、古陶、瓷器、琺瑯、書畫等等，就這樣慢慢地構思成形，最後在文物箱裡的各種配備，都是具有代表性的中華文物。可是，製作廠商方面卻很難配合，因為有很多條件的限制。那時候國內只有幾家燒製陶瓷廠，而我們的經費少，要求製作水準卻很高，數量又不多，需要特別客製化，所以廠商大都不願意承接。經過我們一再地努力及挑選，終於做到了最後成形的規模。陶瓷複製品以中華陶瓷廠製作的為主，此外也有指定現代陶藝家及雕塑家協助製作一些作品，譬如吳讓農教授、丘雲教授、楊英風教授等。就這樣用各種方式配合，在克難的情況下做出這些仿製品。

那時我除了參與整個中華文物箱計畫的籌製之外，最主要是負責織繡文物的項目，內容是介紹從製作過程的起針、劈絲等源流的說明，結果外國人對這項技藝非常感興趣。我們還請了幾位刺繡名家當場製作，示範如何起針、劈絲及各種針法，如結子繡、盤金繡、盤針等繡法，也把這些過程拍攝了一系列的動態影片，在當時算是先進。後來外交部還跟我們提出一個將歷代服裝作成文物箱展品的構想，於是我們仿製了從上古、漢代、唐宋、清代的帝王帝后的服裝，以便駐外單位、僑胞及留學生能配合各類活動及國慶慶典，作展示及走秀活動，得到很大的迴響。

據外交部所言，中華文物箱到了海外之後，各方面的反應很好。由於我曾經到中南美洲瓜地馬拉洽展，並參加了當地僑界所舉行的大型宴會，很多愛好藝術的人士都異口同聲地提到中華文物箱，所以我就特別去了解當地僑胞的反應，得知僑界咸認中華文物箱的製作是非常有意義的，讓他們得以在海外很重要的聚會（例如國慶日）時展示，可以適時打開人際之間的話題；但是他們認為只有靜態的展覽還不夠，希望也能有動態性的展示，像影片播放這類，所以後來又新增歷代服飾走秀的表演項目，很多僑胞對此反應極好，連他們自己也參與其中，僑界很多夫人、女士都穿起后妃的服裝，戴著各式髮髻、簪釵及頭冠等，在伸展臺上表演，配合音樂及內容做介紹，非常生動有趣，在寓教於樂中達到了宣揚中華文化的目的，迄今仍讓僑胞們津津樂道，記憶深刻。

史博館在製作中華文物箱時也曾遭遇到諸多困難，例如當時館內人員配置實在太少了，正式人員只有二十幾位，卻要做那麼多的公務。像我們研究人員除了研究外，又要翻譯、接待，並參與典藏工作及雜役，幾乎什麼都做，困難實在很多。當然我們的理想還是很高，希望把中華文物箱做得更完美，而各地的要求又非常地嚴謹，外交部當時給予製作一個文物箱的經費才新臺幣二十幾萬元，在經費如此拮据的情況下，要把它做到十全十美，實在是一項很大的挑戰。

如今回想起來，我覺得當時在那樣的環境中，史博館的人員真的很努力，也很盡心，把製作中華文物箱當作是一件很重要的使命在全力以赴，能夠完成不容易啊！我也認為，中華文物箱在當時史博館所從事的文化外交管道中，可以說是一個很成功的範例。

口述歷史

中華文物箱的展品製作及其效用

楊式昭　前國立歷史博物館研究員

一九七五年，我在何浩天館長任內進入史博館任職，剛開始是在展覽組擔任英文翻譯和編輯，後來進入典藏組，曾做過一些錢幣的研究；一九八一年，暫時離開史博館到文建會任職，之後又回到館裡服務，直到二〇一五退休。

何浩天館長是一位和藹可親、非常慈愛的館長。他非常聰明，把前任王宇清館長所創設的「中華文物箱」做成了一個很大的案例，而這個距今已三十餘年的案例，現在看起來還是蠻成功的。中華文物箱計畫是因為當時我們國家古物在政治環境的氛圍下不能出國，所以就編列了不同的項目，做了很多跟真跡相去不遠的複製品赴外展出。每次出去一批文物箱，就是一個展覽，巡迴到全球；每一處皆由我國駐外的辦事處來接手，在當時確實達到宣揚中華文化的目的。

當年中華文物箱一直都是由研究組主辦，我最初進館時被分派在展覽組，一開始並未參與中華文物箱的業務，直到考上普考後轉任典藏組，開始整理一些館藏錢幣，並做了一些小規模的展覽。一九七五年八月，館內召開第二批中華文物箱製作檢討會議，何浩天館長提議希望加入現代書畫跟錢幣這個部分，因此決議由我來規劃以錢幣作為文物箱展品一事。所以，我是在一九七八年製作第四批中華文物箱時開始參與的，主要是擔任創意發想及設計人員。

我依照錢幣發展的歷史規劃，最早是從刀幣、布幣以及貝幣開始的，依此分門別類成為一個個展板，我也算好展板上需要多少枚錢幣，做成清冊以後，還向當時國內非常知名的錢幣收藏家李鴻球先生借件展出。李鴻球先生收藏的錢幣很多，也已經整理出很多套，他從不成套的零散物件中幫我湊足了二百多枚錢幣。接下來的工程就是寫好說明文字並英譯。因為錢幣很小，嵌在展板上看不清楚，所以我就把錢幣照相放大，然後貼上。比如唐太宗時期的錢幣，我就用唐太宗的頭像，搭配唐代錢幣上放大的「開元通寶」的字樣展示出來，讓觀眾可以清楚地看到錢幣上面的文字，也能了解當時的歷史背景。當時就由我一個人進行美工製作，大致花了三個月的時間，慢慢地把一百個展板完成，做完後就跟著其他類別的展品一起放進中華文物箱，交給承辦人運往國外。這件事就這樣過去了。一九八一年，我轉職到文建會，六年後有一天，何浩天館長跟他的公子何平南先生來看我，他說：「式昭，我要告訴你一件事，你應該會很高興。當初你做的那一批放在中華文物箱裡的錢幣展板，已經在美國五十一州全部都展完，而且回到了臺灣，我們也把錢幣都歸還給李鴻球先生了。你功德圓滿，你功德圓滿！」當時我聽到也很高興，這件事情總算是做完了，而且也有蠻好的成效。他說：「我們在文化外交上打了很漂亮的一仗！」好像有「老懷甚慰」這樣的味道啦！

此外，我記得真跡書畫是在一九七三年製

作第三批中華文物箱時才加進去的，因為在何浩天館長任內，他跟當代知名書畫家的關係匪淺，許多書畫家跟史博館走得非常近，所以他們都很樂意幫助史博館這個忙，像張大千（註1）先生、黃君璧（註2）先生都是。畫家們常常為了一些公眾的目的，就在館內地下室的遵彭廳將紙一攤，便由張大千先生或是黃君璧先生開筆，再由十幾個畫家合力畫完成一張大畫，並捐贈給史博館，像當年的《寶島長春圖》，還有一些其他的畫作，都是這樣完成的。當時很多畫家都願意為史博館的中華文物箱揮毫，提供真跡作品赴外展出。

據我了解，一九七〇年代時，我們中華民國外交處於非常艱困的狀態，外交部希望史博館能助一臂之力，然後中華文物箱的構想就這樣產生了。當時館內研究組、展覽組、典藏組，連總務組組長，館內所有菁英都參加了，除了少數看會場的館員和總務組組員沒有參與。史博館當時是一個小館，整個編制人員很少，總共有五十餘人，所以幾乎動員到每一個人，他們都參加了中華文物箱這個大案子。每個人都有一份責任，都各盡所能地來幫忙這個計畫，各方面也都因此順利地上了軌道，將文物箱送到海外去展覽，當地每一個州的主事人，不管是州長或是州務卿，都可以來主持這件事。當然，外交部在國外也發動了一批人，在每一處尋找適當的場地去辦展覽，當時都會請當地州長或副州長來開幕，展完後再移到下一個州。藉由文物箱的展覽，我們外交部的駐外人員、僑胞、學人得以去跟對方的官員或民眾做互動；由此可見，必須要有一系列的活動持續地在海外進行，國家的外交才能和諧，因此有中華文物箱的需求。

中華文物箱的展示構想，到了一九八五年以後，也運用到臺灣的每一個縣市文化中心或圖書館做巡迴展覽。史博館所秉持的一個理念就是，如果你不進到史博館來看展覽，我們就把展覽送到你的面前，讓你一定可以看到，每個人在當地就可以享受到博物館的資源，得到參觀博物館的樂趣。

綜上所述，中華文物箱是為了讓當年中華民國的外交可以走出去，所以外交部委請教育部協助，而史博館是隸屬於教育部的館所，因此就被交付來做這件事，這也是本館協助中華民國外交上最辛苦的一個工作，在那個時代確實貢獻良多。雖然現在看起來，中華文物箱已經是昨日黃花，但是，它在當時是有一定的效用。

註：

1. 張大千（一八九九—一九八三），四川內江人。早年鑽研明清畫家的文人水墨風格；中年時期遠赴敦煌，從臨摹千佛洞的壁畫體驗到唐宋時代色彩鮮豔、描寫精細的佛畫風格；晚年開創出富有現代感的潑墨潑彩畫風。本館與張大千情誼深厚，互動頻繁，並典藏其書畫作品二百餘組件，為大師作品發表之重要舞臺。（資料來源：史博館檔案）
2. 黃君璧（一八九八—一九九一），廣東南海人。精研水墨，並融合西洋畫透視、色彩和構圖，人物、花鳥無不精妙，山水尤負盛名，被讚譽為「畫壇宗師」，與張大千、溥心畬以「渡海三家」齊名。本館與黃君璧情誼深厚，典藏其五十二件作品；先生亦曾協助本館籌設建館、推廣美術教育、拓展文化外交，致力宣揚中華文化與現代書藝，憑添諸多盛事。（資料來源：史博館檔案）

編按：本文受訪者楊式昭女士，於二〇二一年七月一日因病辭世，享壽七十一歲。楊女士主要從事本館館藏研究，主題包括青銅器、錢幣、篆刻、書畫等，著述甚豐，《春秋方壺上的立體飾件研究》為其專書代表之作，二〇二一年又受本館《歷史文物》之邀撰寫〈國立歷史博物館徽探查始末〉一文，可為其生前最後著作。楊女士在病榻中仍不忘為本館校閱此份口述稿，鞠躬盡瘁精神令人動容，本館在此向楊女士致上最高的敬意與謝意。

口述歷史

中華文物箱的由來及其製作過程

羅煥光 前國立歷史博物館研究人員

我於一九七四年進入史博館的展覽組工作，是第三任館長何浩天先生錄用了我，那時候我才十九歲。當時，博物館的人手非常少，包括警衛、工友等，所有職員、館員加起來才五十幾人，所以每一個活動、每一個展覽，都是全館動員完成，包括製作「中華文物箱」。

一九六六年，中國大陸的文化大革命如火如荼地展開，約為期十年，對中華文化造成巨大的破壞，所以當時蔣中正總統認為，我們身處臺灣這個復興基地，不只是在經濟上求發展，對傳統文化也應該保存，於是提倡「中華文化復興運動」。史博館在當時隸屬於教育部，一九六九年在第二任館長王宇清任內奉命開始承辦籌製第一批中華文物箱的工作，第三批以後由何浩天館長接手，前後總共製作了五批，前兩批比較少量，第三批以後製作量增加，在當時的環境下，大家咸認中華文物箱對於國家的外交、宣慰海外華僑、學人幫助很大。一九七二年至一九八四年間，教育部部長從蔣彥士到朱匯森時期，是全力推廣中華文物箱的高峰，對這項計畫盯得很緊，因為金額很大，政府也非常重視，所有參與中央的決策單位有外交部、海工會、僑務委員會等等，這些單位都會派員來史博館開會，決策確定後就交由本館辦理。

每批次中華文物箱的數量是陸續由海外開出來的，主要是當時各地的大使館、領事館、僑胞、僑校等機構，向外交部反映的龐大需求。第一批及第二批文物箱的量大約幾十組，製作金額約新臺幣幾十萬元，第三批、第四批增加到了幾百組的規模，製作金額高達上千萬元。所以，當時中央在國庫非常拮据的情況下，史博館被點名製作這麼多中華文物箱，讓何浩天館長的壓力很大，每次在動員月會時都提醒同仁，大家要共同努力把這件事情做好。研究組是當時統籌辦理的主導單位，主任夏美馴也緊盯我們這些下屬，每一項作業都要如期完工，很多公文都是由他親自擬辦；其他組室全力配合，總務組則負責採購、發包。史博館與各部會不斷地開會討論，考慮到要如何讓這些展品內容具有可看性，運輸及布展時文物的安全性、便利性及其效能，如何把文物箱安全地送到千里之外的中南美、歐洲、美洲等地區，最終目的就是要讓國際人士知道，相較於中國大陸在破壞四舊時，臺灣則是在復興中華文化，是正統中華文物的傳承者。所以，從中華文物箱裡可以看到中華民族五千年的世系譜並延伸到中華民國，有孔子像表現宗尚儒家思想，有國旗、國父、蔣總統遺像代表我們國家，以及歷代具有代表性的文物如青銅、陶瓷、水墨繪畫等，這些都是文物箱裡必備的內容，當然都是複製品，但是仍反映了一九四九年中華文物被安全地從大陸運到臺灣，中華民國很重視文物的保存，是視之為舉世的重要財產，這些都是很重要的文化宣傳。一九七〇年，中華文物箱首次在海外展出反映回來的成效很好，那時我們的邦交國有一百多個，是外交頂盛時期，一九七一年退出聯合國後開始進入最艱困時代，許多國家陸續跟我們斷交，在斷交國的駐外人員及僑領、僑社、僑民都非常不適應，在無邦交的情況下，我們這些駐外單位變成民間組織，並透過僑務委員會、黨內負責海外工作的海工會來支應他們的需求，所以我們就陸續輸出中華文物箱，讓他們能繼續在海外宣揚中華文化。中華文物箱因為花了政府很多的預算，所以每次展覽結束後，都會檢討它的效益。

當時我被指派的工作是丈量文物尺寸、秤重、造冊、登錄、拍攝，及做出目錄當作文宣使用。至於展品選件及分類的幕後總顧問，是由具有專業藝術修養的姚夢谷先生把關，他負責全部內容的控管。製作樣品的檢視很嚴格，像王東白先生複製的銅器，有時候他們嫌這個粗糙、這個要再修，幾經調整後都做得維妙維肖；其他也有複製瓷器、陶器，除了複製品，也提供書籍圖錄，也有好幾十套的明信片；第二批還加入一些現代陶藝家像吳讓農的作品；到了第三批又加入現代畫家像黃永川、涂璨琳等人畫的水墨真跡，有山水、花鳥、草蟲各方面，給畫家們的潤筆費其實都很少，說是請他們幫忙宣揚中華文化，而他們也都很樂意為國家服務。那時候配合製作的廠商，大都是一時之選，長期合作下來，也替中華文物箱作了一定的貢獻，而他們也因為我們的要求提升了技術，在仿古的國際市場上因此提升了競爭力。

當中華文物箱的箱子做好送來堆滿史博館的倉庫後，全體館員便開始忙得人仰馬翻。我們設法把瓷器、陶器、銅器包裝起來以避免碰撞，確保器物在運輸途中的安全，並按照每個箱子內所附的配置圖作區隔，分門別類置入，拿出來展示完畢後還可以輕易地依照配置圖再裝箱運送；比較脆弱的器物則裝入另外訂做的錦盒保護，錦盒內鋪滿泡泡棉（像花生米的保麗龍）加固，輕便又安全，最後放進中華文物箱裡。第一批的中華文物箱是用鐵皮做的，到了第四批改用更輕便的鋁箱，成本比較高，但是安全性更好，又不會增加運費。中華文物箱輸出到海外後深受華人及國際人士喜愛，很多駐外單位都反映在每一處展完後，馬上就有人提出申請，於是外交部統一制定管理單位，由所在國家的總領事館作為一個據點，因為他們有文化相關人員、有倉儲可以長期保管，並負責出借及彈性運用，當地的僑領、僑社、華僑學校等，有需求者可以就近借用，而沒有大使館的地區就由鄰近有邦交的國家運送過去，如此文物箱就可以減少長途跋涉的運費及耗損，以及在海關進出的繁複手續。當時我國航運界也都為了推廣中華文物箱而特別減免運費，交通部郵政總局也協助印製很多郵票作為展品，顯見全國各個部會都為宣揚中華文化齊心努力。以上是中華文物箱大致的運作模式。

史博館所做的中華文物箱深獲各方好評，知名度大開，後來何浩天館長還想到除了展出，也可以作為販售或禮品餽贈，因此運用範圍就不再限於僑界，如果他們要訂購，有時我們也會因應服務性質贈送給他們。若有些大學相關科系對某些題材有所需求，我們也都有資料與複製品供其選用。後來雖然中華文物箱計畫結束了，但是當史博館到國外巡迴展出時，仍常常聽到他們提起，對文物箱的印象極為深刻。中華文物箱在史博館的歷程中，可以說是一個很重要的階段性任務。

本館前研究人員羅煥光受訪暢述與中華文物箱的製作背景及過程，並與目前碩果僅存的文物箱合影（陳嘉翎攝）

口述歷史

中華文物箱的製作及配置情形

李義松　前國立歷史博物館館員

一九六三年，我在史博館第一任館長包遵彭先生任內到館服務，直到一九九八年第七任館長黃光男先生時退休，服務近三十五年。第二任館長王宇清先生開始做中華文物箱送到國外展出，歷經第三任館長何浩天先生，做到第四任館長李鼎元先生，到了第五任館長陳癸淼時計畫結束。那時我參與中華文物箱的主要工作是負責整理兩種摺頁說明書，一種是英文的，一種是西班牙文的，然後點交給承辦單位研究組裝箱。

一九八五年，全國各縣市開始設立文化中心，但聽說大都沒有東西可供展出，只是偶，而展示地方人士的收藏品，所以史博館又奉教育部指示，要讓每個文化中心都有一套中華文物箱。

當時總務組負責招商製作鐵箱及小型錦盒，以保護展品避免撞壞，每個錦盒上面都貼有展品的黑白照片一張；大型鐵箱的蓋子打開後，蓋內貼有一張位置圖，標示展品在箱內的固定位置。比如銅器就需要專門置放的錦盒，做好後再根據不同的錦盒體積，量製外面的鐵箱大小；銅器很重，所以不能全部裝在同一箱，比如十件裝在同一箱會太重，箱子連推都推不動，所以就要分成兩箱；但是木刻類的就很輕，可以七、八件裝在同一箱，所以每一大箱內有幾組件都不一定。還有，不是每一件複製品做好就先裝入鐵箱的，比如唐三彩或瓷器，是一件一件做完後才裝箱的。銅器是王東白先生做的，瓷器是北投的中華陶瓷廠做的，送往國內的中華文物箱就沒有製作摺頁說明書，很可惜。

由於鐵箱和展品的數量、種類很多，所以總務組孟奔主任在臺北市西藏路租了一間公寓的地下室存放。箱子裡有很多展品，包括唐三彩、銅器、瓷器、書畫等等，孟主任就派我接下蒐整鐵箱和展品的工作，包商製作完鐵箱和錦盒後，我隨即配合他們在公寓地下室分類裝箱。其實這項工作很累人，因為只有三個人做而已，包括包商老闆、一個工人和我，而要裝的箱、組數量不少，展品裝入錦盒的工程也比較難，因為怕碰撞，必須要先把展品墊好、固定，再用有栓子的蓋子蓋起來，然後貼照片，一樣一樣地做，完成之後通知各個文化中心派員過來領取，我們不負責運送，也無權干涉他們後續如何運用。

當初中華文物箱裡的展品，何浩天館長也印製了複製品在各地巡迴展時作為館藏品推廣，比如書法、書畫類的卷軸，張大千、溥心畬的畫冊，還有明信片等通通都有，因為比較輕便，那時候也賣得很便宜，一幅卷軸才定價新臺幣二百元、三百元，一本畫冊二百八十元，成整套的明信片一套才十五元。因為以前這種複製品少，又非常精美，所以推廣得非常理想，我記得在臺中賣得最好。

那段時期因為我國與美國斷交，所以何浩天館長非常注重史博館國際交流的業務，當時除非是有國際特展需要交涉才能出國前往，不然只能靠中華文物箱在國外做宣傳。

口述歷史

中華文物箱在法國的展示運用情形

龔政定　前駐法國代表

回想當年我到達法國的時候，發現法國一般人對臺灣相當陌生，只有那些買到「Made in Taiwan」產品的人，才聽過臺灣這個名詞。我擔任駐法國代表，認為首要工作就是要以各種的方式讓法國人認識臺灣，了解中華民國在臺灣的各項成就，否則如何能進一步推動兩國的關係，去進行有關的合作？

當時在法國北部里爾市（Lille）有一個民間的組織叫做「德風殿協會」（Association Deffontaines），他們經常辦理文化性質的旅遊。一九七七年，該協會成員曾組團到香港及臺灣，旅遊團抵達臺灣之後，發現不但風景很美麗，在各方面都很進步，印象很深刻，他們回到法國之後，紛紛把拍攝的幻燈片放給親朋好友觀賞。我知道這件事情之後，就跟德風殿協會聯繫，交往一段時期，知道這個協會願意幫我們增進雙方的了解，而且發現他們有舉辦過小型郵票展覽的經驗等等。

當時中華文物箱已經運到法國，也開始運用了，我當下就想到，是不是可以請這個協會來幫我們把中華文物箱送到法國各地去展出。我跟他們談了，他們非常願意，同時還另外設立一個民間組織叫做「法北友華協會」（Association France-Chine (Formose)）專門來辦這件事情。一九八一年十月十日國慶日，他們首先在里爾市舉辦中華文物箱的展出，以後再到法國其他地區巡迴展覽，在每個地方展出的時間大約是幾個星期，不收門票，也歡迎學校學生組團來參觀，就這樣到了一九九○年，在法國北部、中部、南部，二十多個城市，包括巴黎，都舉辦過中華文物箱的展覽。

法北友華協會在法國各地舉辦中華文物展，是與當地的地方政府合作辦理，有時選擇在地方政府的大樓，有時在當地的博物館，有時在其他適當場所展出。每次舉辦中華文物箱的展出都有開幕式，由地方首長或副首長主持，我也每次都一定參加，不管多遠都會去，而且我還致辭，首先指出這些展品都來自臺灣，然後說明這個中華文物箱展出的意義。此外，我也把帶來的文宣資料放在展場，讓到場參觀的民眾索取，讓他們都能了解中華民國各方面的成就，當地的報紙也多有報導。

法國是文化大國，不但政府非常重視文化的發展，一般民眾也愛好參加各種藝文活動，他們認為這是生活的一部分，而且法國人對中國文化相當仰慕，所以雖然他們都知道，中華文物箱的展品是複製品，不過還是樂於參觀。

最後，我要特別指出，製作中華文物箱所選的展品精美，而且放在鐵箱裡搬運方便又安全，提供給駐外單位使用來推動文化外交，是個非常好的構想，加上法國重視文化，所以相較於其他國家，文物箱能在法國展出較長的時間，而且深入各地展出，使法國一般人對中華民國有進一步的了解。我們可以說，中華文物箱在推展我國文化外交的過程當中貢獻不小。

1981-1990 年中華文物箱於法國展出地區一覽表

揭幕式日期	展出城市	展出地點	揭幕式法方主持人
1981.10.10	Lille	Goethe Institut	不詳
1982.05.18	Wattrelos	不詳	國會議員兼市長 Alain Faugaret
1982.06.18	Strasbourg	不詳	不詳
1983.01.08	Cambrai	不詳	不詳
1983.01.25	Amiens	Logis du Roy	不詳
1983.12.09	Auxerre	Musée d'Art et d'Histoire d'Auxerre	不詳
1985.07.04	Saint-Raphaël	Musée du Tourisme	副市長 Henri Cousturier
1985.08.09	Cahors	Musée du Cahors	副市長 Gabriel Loubradon
1985.08.26	Angoulême	Salle de ville d'Angoulême	副市長 Jean-Pierre Brunet
1986.03.04	Compiègne	Musée Vivenel	不詳
1986.04.30	Saint-Maur	Musée de la Ville de Saint-Maur-des-Fossés	副市長 Penné 博物館館長 Bernadette Boustany
1986.09.24	Tourcoing	Banque Scalbert-Dupont	副市長 Jacques Deceuninck
1986.10.14	Rueil-Malmaison	Hall d'Accueil de l'Hôtel de Ville	國會議員兼市長 Jacques Baumel
1986.11.18	Boulogne-Billancourt	Centre culturel de Boulogne-Billancourt	不詳
1987.03.09	Pau	Pavillon des Arts	副市長 Lacoste
1987.05.16	Nogent-sur-Marne	Maison Nationale des Artistes	市長 Roland Nungesse
1987.08.28	Saint-Jean-de-Monts	不詳	市長 Jean-Jacques Viguié
1987.11.05	Ermont	Hall Municipal d'Expositions	市長 Jacques Berthod
1988.01.22	Paris 20e Arrondt.	不詳	區長 Didier Bariani
1988.04.08	Saint-Lô	Galerie du Théâtre	市長 Dr. Jean Patounas
1988.04.29	Yerres	Salle André Malraux	副市長 Dominique Koutzine
1989.07.29	Breuil-sur-Roya	Ca d'Brei Bâtiment	鎮長 Jean Gallon
1989.08.12	Saint-Martin-Vesubie	不詳	鎮長 Gaston Franco
1989.12.04	Fréjus	不詳	副市長 Hervé Chevalier
1990.01.16	Fontenay-aux-Roses	不詳	市長 Alain Moizan
1990.05.18	Wasquehal	不詳	市長 Gérard Vignoble
1990.07.07	Chantilly	Centre Culturel Municipal de Chantilly	市長 Philippe Courboin

（編輯小組整理）

中華文物箱於海外展出情形及效用

王壽來
前文化部文化資產局局長
前行政院文化建設委員會第三處處長
前駐南非大使館新聞參事

關於外交部製作「中華文物箱」的時代背景，我可以了解到是正值一九六六年到一九七六年這十年之間，中共在中國大陸進行文化大革命的時候，對於傳統中華文化有相當的破壞，像「破四舊」等等的這一類，那個階段我們國家的總體文化政策跟大陸相較之下，無論是對外文宣的主軸也好，口號也好，我們都自稱是中華文化的繼承者、傳統文化的保存者及發揚者，實際上也是這樣。所以，那時外交部要製作的中華文物箱，就有這樣的一個概念，在總體的文化政策及配合外交政策下，做了一個提供給駐外館所宣揚中華文化的文宣工具，並由教育部交由史博館來執行。我認為這個政策是非常正確及明智的做法，因為外館在海外做很多的文宣，不管是服務外國人、當地人、主流社會、僑社、僑校等等，最重要的是他們需要有工具啊！過去當然行政院新聞局也出版了很多文字的、視聽的資料，但是中華文物箱等於是文宣工具上的一個重大突破。

我之所以說，那時候外交部委託史博館製作中華文物箱是很妥適的，是因為該館本身典藏有最好的銅器、唐三彩等等之類的藏品，這些都成為文物箱仿製品最好的複製對象。當時外交部配發駐外單位中華文物箱，我正好在南非大使館新聞參事處任職，南非大使館也配發到一套，從臺灣輸出到南非，我們去報關行辦一些手續清關領出來。那一套中華文物箱，我曾一箱一箱都打開，有很多唐三彩鎮墓獸、駱駝、仕女俑，也有一些殷商或唐宋等時期銅器，是史博館做的複製品，雖然不是原件，但都蠻精緻的，那是中華傳統的國之重寶；另外有一些仿古代中國傳統服裝，特別是很多仕女服飾，可以穿著表演；還有很多當代繪畫真跡，當時的畫家抱持著一份使命感做這件事，並沒有要向史博館拿很高的費用，後來臺灣經濟起飛後，他們的畫作與書法都是價值不斐的。我現在記憶所及，有傅狷夫先生的山水，有胡克敏先生、吳平老師的花卉，這些都是他們專精的畫科，都是真跡欸，現在聽起來覺得很不可思議，這些都是這麼名貴、這麼重要的藝術家作品，怎麼可能是真跡？但我現在跟你說，這都是真跡。其他還有一些書籍啦等等，所以中華文物箱的內容是蠻豐富的。

中華文物箱送到外館後怎麼運用呢？不要以為是束之高閣沒人用，我以在南非新聞參事處的經驗作說明。南非是一個非常進步的國家，這套文物箱運到後，不只給僑社辦活動、做展覽時使用，也給僑校在校慶或配合我們國慶日等等的慶典時展出，或者是在大使館、領事館舉辦的活動中做展示；另外，還有很多外國的中、小學，最喜歡介紹其他國家的風土人情，也常常來借用，我們還規定他們穿完服裝類的展品要乾洗並送還，因為我們很珍惜國家配發的中華文物箱，文物箱的利用率非常高，發揮了相當大的效果。凡事眼見為真，說中華瓷器有多好、唐三彩有多漂亮，只是看看圖片也沒有太深刻的感受，可是當你拿一個複製品出來，其實還是蠻觸動人心的。我覺得中華文物箱在文宣效果上，是有很好的效用跟成績。

我回國後到文建會第三處擔任處長，當時陳郁秀主委指示我要做「臺灣文化百寶箱」，她的動機是由於一九九九年美國國會議員提議，基於臺籍人士在當地貢獻很多，要在亞太傳統月（**Asian Pacific Heritage Month**）中特別辦理臺灣文化週，陳主委看到這是一個很好的文宣機會，各地的僑胞、僑社將在臺灣文化週舉辦園遊會、展覽、走秀等活動，臺灣文化百寶箱正好可以給他們運用。我當時已不在外館，但看到他們回報的成績，僑胞、僑校，甚至於還有外國的文化團體都很配合且樂意去借用，現場都很熱鬧、很火紅，我覺得這也是一個很好的文宣工具。特別是陳主委提到文化百寶箱要顯示臺灣的主體性，這跟前面的中華文物箱內容截然不同。中華文物箱裡面沒有原住民、閩南或客家的服裝，也沒有歌仔戲，代表傳統臺灣文化的展品比較少，兩者不一樣，但這不是意識形態；臺灣文化百寶箱最重要的是要呼應美國臺灣文化週的主題，所以聚焦在臺灣主體文化，並搭配臺灣文化週的各項活動。此外，我對中華文物箱的了解，是製作很多批次配發給很多外館，而臺灣文化百寶箱只有製作五套，配發給五個外館，那時候我國與美國已經斷交了，所以在紐約、華府、洛杉磯跟舊金山的四個駐美代表處各配發一套，另外還配發一套給法國巴黎文化中心。外館一直都很欠缺這些文宣工具，如果沒有文宣工具，要如何跟人家談？

文化的力量是非常大的，令人難以想像。像美國以前在臺灣這樣的彈丸之地，就設了四個新聞處（臺北、高雄、臺中、臺南），目的就是想用他們的文化來影響這個國家。這些文化工作都不是立竿見影的，可是經常是潛移默化、影響很巨大；人家對你國家的尊敬，往往不見得是因為政治多強大、經濟多強大，而是因為文化的強大，他會非常尊敬你，而文化的宣揚也會影響他的國力。法國人就發現這一點，所以成立法國協會，它的使命就是在全世界推展法語、推展法國文化。所以說，中華文物箱也好，臺灣文化百寶箱也好，第一，它們是文化宣傳的利器，但因為發生在不同的時空下，不同的政治環境下，不同的文化政策下，所以宣傳的內容也有所不同；第二，文化宣傳不要追求立竿見影的效果，點點滴滴會讓人家看到。看到史博館複製的銅器，才知道幾千年前戰國時代就有這樣的工藝技巧，雖然這是一個複製品；看到唐三彩，才知道一千多年前就能做出這麼精美的陶器。雖然它們是複製品，但是觀眾會輕視你的文化嗎？他不會輕視，他會尊重你的國家、尊重你的人民、尊重這個政府。所以，文化力量是無遠弗屆的，而且比較沒有侵略性，別人接觸到這些文化的時候，會對你產生好感、親切感，或者是敬佩感，也許你的目的是要影響他，但他不會覺得受到你強勢的主導。就像法國人推展他的文化一樣，你不會感受到他的主導，不會覺得法國人多麼霸道，反而覺得他的文化很優雅，這就是文化力量，是無遠弗屆且潛移默化的，絕對不能小看，這是對一個人心智的影響，對一個國家的文化認知，是漸進的。所以，我認為史博館製作中華文物箱，其實是有功於這個國家的。

前文化部文資局局長王壽來憶述中華文物箱於南非展出情形及效用（陳嘉翎攝）

口述歷史

臺灣文化百寶箱的製作

陳郁秀
臺灣公共廣播電視集團董事長
前行政院文化建設委員會主委

當年我製作「臺灣文化百寶箱」時，純粹是因為要參加美國的亞洲文化月臺灣週使然，沒有特別去研究中華文物箱的做法。由此可見，不管在哪一個時代，每一個人的想法都是一樣的，都是要把自己最好的、最精華的文化展現給世界。

千禧年當我在擔任文建會主任委員的時候，記得第一天上任，所有人都問我：臺灣有文化嗎？因為在過去，我們都是非常重視中華文化，但是對於自己本土的文化認識得不夠深入。所以我擔任主委時，就想要建立臺灣的主體文化。我們的主體文化，當然有中華文化，也有原住民文化、客家文化、閩南文化，還有現在的新住民文化。這樣多元的文化，需要蒐集所有的資料，然後再來出版，把它變成藝術作品，變成生活當中的日常，其實這個才是最重要的。所以，當美國每年五月有亞洲文化月，而我們臺灣有幸能夠受邀參與其中的臺灣週時，我覺得必須要讓全世界知道，臺灣現在是一個多元文化的國家。於是，當時我就想製作一個臺灣文化百寶箱，並請文建會第三處處長王壽來先生來擔任這個任務，在百寶箱裡將臺灣有代表性的重要文化都展現出來。

我們的百寶箱用樟木做成，因為聞到樟木的香味就代表臺灣。那箱子裡面有臺灣地圖、原住民服裝、客家服裝、閩南服裝，還有頭飾等等，也有布袋戲、歌仔戲的戲服，當然也有中華文化的藝術品，用以呈現出我們是一個多元文化的臺灣，讓大家了解臺灣的現狀。由於當時為了參加美國所舉辦的亞洲文化月臺灣週，我們一共做了五組百寶箱，每組有九箱，寄到美國的有四箱，而法國因為是世界的文化視窗，他們除了推展自己的文化外，還鼓勵全世界每個國家也要發展自己的文化，所以我們也做了一箱運到法國巴黎。後來我曾特別建議外交部，每一個和我國有邦交的國家都可以製作一套臺灣文化百寶箱送給他們，因為華僑們在每年雙十國慶時都會舉行慶典，此時就可以用百寶箱來布置及展示，平時也可以送到所有的學校去推展我們的臺灣文化，做一些文化外交。

我從二〇〇〇年擔任文建會主委時，就開始把臺灣的多元文化進行深入的研究及推廣，到二〇〇四年時有一些成果，現在已經呈現一種百花齊放的現象了。

2004 年文建會主委陳郁秀製作「臺灣文化百寶箱」，與史博館製作的中華文物箱皆以箱子形式推展我國文化外交的想法，不謀而合（《人間福報》圖片提供）

前人成果

文物箱計畫的緣起與發展

The Origins and Development of the Cultural Chest Project

前人成果

中華文物箱籌製與換新

夏美馴　前國立歷史博物館研究組主任

前言

國立歷史博物館既往曾受教育部指示，先後籌劃製作中華文物箱兩批，運往海外展出，其目的在加強中華文化對海外的宏揚，介紹中華民國進步繁榮實況，期使華僑及留學生與一般國際人士對我中華文化之景仰，與夫中華民國民主自由之現狀，作系統性、概括性之認識了解，增強向心力，鞏固團結，俾有利我反共復國大業的遂行。中華文物箱的製作，乃係根據交由駐外各機構，備供中國留學生、僑團等作小型文化活動暨展覽所需的構想，而確定其內容。在審選展品方面，並需顧及經費與輸運等客觀因素而制定原則，然後從事計畫作為，進而實際製作。因此，其與國際性、一般藝術的、歷史文物的、經濟貿易的、手工藝品的，以及較大規模的展覽性質迥不相同，所以，在論列中華文物箱籌製與換新實質問題之前，自不能不作概念的說明。

得失檢討

本館秉承各有關單位的綜合意見，先後負責籌劃製作中華文物箱兩批，約在民國五十九年（一九六〇年）與民國六十一年（一九七二年）之間，輸送海外我駐外機構運用。該項構想，係將中華五千年歷史文化，採用圖片資料、器物服飾等，使成展品，置諸一箱，且以極少之經費，使得運用於海外，坐收傳播文化之實效，其間曾煞費苦心，幾經試作，終於由構思而成為事實。此種由無變成有的設計，終於形成我國宣揚文化的具體成果，乃有中華文物箱的設置。考諸以往，在我國是向未所有的一項創舉。當第一批中華文物箱運往國外使用時，極受僑胞暨留學生歡迎，一致認為中華文物箱，能將中華歷史文物具體而微地，濃縮作有計畫有系統的介紹，誠非易事，究其展品內容，頗足代表中國文物悠久優美之特點，且能包括其歷史性、藝術性與科學性。但經驗檢討的結果，在運用時，發現有著下列有待改進的諸項缺失，如：

（一）展品既多，而裝載之鐵箱太大太重，運輸每多不便。

（二）器物圖片多為黑白，難以表現我中華文物精美動人之特點。

（三）今人國畫畫幅過小，懸掛固然方便，看來不夠氣魄。

（四）漢唐陶器複製品，數經播遷，即易毀損，難於修復補充。

（五）唱片僅係國樂三十二曲，應再普及中國民謠唱片之選用，俾更增強思國懷鄉之念。

（六）影色幻燈片，僅係各機關用作宣傳之單純性製作，欠缺系統性中華民國民俗、風光、建設、古蹟、美術品、歷史文物等介紹。

（七）展品均係以靜態欣賞為設著眼，欠缺服裝製作，若能放置五族代表服裝各一套，既可用於舞蹈，又可作為服裝展示。

（八）說明僅係中英對照，如再增加西法兩種文字，更能適應需要。

以上就第一批中華文物箱使用發生之缺失，綜合檢討分析加以羅列，此係純就需要觀點而產生之意見，並未顧及實際製作經費之限額，豈知無米之炊，求全不易。惟有從不斷檢討中，方能獲致進步，空言無補，乃在力行，從不推諉，不畏難的情況下，幾經反覆研討，以最大虛心決心克服萬難，實事求是，認真考慮。因此，在接受籌製第二批中華文物箱時，特針對既存的缺失，力求在展品內容諸方面加以改進，經先製成樣品，公開陳列，邀請中央三、四組、行政院新聞局、僑務委員會二處、外交部、教育部等單位派員共同察看，咸認較諸第一批中華文物箱有若以下顯著的改進。諸如：

（一）中華文物箱的製作，每一組分成三箱，並以「色彩」及「編號」區別展品內容，堅實牢固，箱身體積變小，放入轎車內，即可攜運。

（二）古今名畫畫幅，改成同一規格，使之大小適度，並蒙蔣夫人賜准以親筆題名之國畫「山水」（複製品），以及選用「緙絲」與「扇面」，宋、元、明、清名人國畫，藉以吸引觀眾對一向少見的古今藝品，獲致欣賞機會。

（三）增列民族代表性服裝五套（含附飾舞鞋），小型國旗一百面，仿古宮燈二十支，中國民謠唱片二張，以應需要。

（四）古器物漢、唐陶器，改用玻璃纖維複製，較以往用石膏製作的，量輕體固，為複製古器物的技術上，一大進步。

（五）說明卡片上增印國徽，並以中、英、西、法四種文字介紹展品。

（六）除原展品外，另復增加各類幻燈片，中華民國各種郵票，張大千《長江萬里圖》大型長卷冊頁（複製品）等。

第二批中華文物箱，經本館輪運海外運用後，所獲各方檢討結論，認為：「根據現有資料及情況，對中華文物箱運用之反應，尚稱良好，有繼續製作之必要。」又有：「第一、二兩批文物箱內容，尚須作進一步改進，為加強此項展出之效果，另製專題文物箱，如專門介紹我國文化藝術之沿革演變等」之意見。同時，復又根據我駐金山總領事館及新聞局駐外機構所提供建議，頗多溢美之辭，亦有針對需要而建議有所改進者，本諸求精求實之精神，綜合國外各方之寶貴意見，詳盡分析研究，作為籌製第三批中華文物箱之重要參考依據。

改進想定

為貫徹認真做好中華文物箱的盡善盡美的理想，在計劃籌製第三批時，先擬定製作四大原則：一、攜帶與運輸方便。二、佈置與撤收方便。三、運用與參觀方便。四、補充與保管方便。

而且，中華文物箱的展品內容，採取「一般的綜合性」中華文物箱暨「專題性」中華文物箱兩類，既可分開個別使用，也可以併合使用，使靜態與動態混為一體。但在製作的淵源根據，是以歷史文物及美術品為展品的主體（以國立故宮博物院與本館珍藏者分別複製），附帶考慮以手工藝品及電化器材，仿製服飾等作為輔助的展品。至於純經濟性的器物產品，以及一般教材類的器物資料，則不宜包括在內。換句話說，展品選用著眼於文化類與觀光類則可，若龐雜零碎，活生生地歸納在展品之中，事實上也有所不能，嚴格劃分與萬物俱備，均可不必。所以，中華文物箱第三批之製作，既要顧及展品內容之精美，講求質量並重，又必須考量運用的方便，因此，在技術改進上，如展品複製的材料與技法，箱子的牢固易於搬動，防震防壓，電化器材的各國使用電壓等問題，勢必多所注意。

在計劃之時，國外有關機構人士，或對中華文物箱需求殷切，建議如雪片飛來，經分析研究，認為原則上均係有根據的一種希望，為求加強中華文化宏揚，透過藝術手法，配備歷史文物與美術品，大量製作中華文物箱分發各駐外單位而外，當應贈送各國文化團體與圖書館等機構與團體，以及輔佐在歐、美、亞、非等地區舉辦國際性藝術展覽及參加國際性文物展覽的量次不足，若說國外需要之迫切，固有如此之必要，但就中華文物箱製作運用而言，實應根據其目的，估計其價值，依照其經費，衡量其作為。本來，海外人士本於愛國之熱忱，要什麼就應該充分供應什麼。惜乎限於財力，只能做到有什麼供應什麼。在中華文物箱製作的範圍內，經費寬絀與否，是構成因素之一，局限於量體裁衣的現實狀況下，只能「有多少錢做多少事」。因此，展品範圍之擴展，展品今後破損之補充運寄，惟徐圖設法，待諸不久的將來，作為遠程計畫再作考慮。

內容概述

本館接受委託，辦理中華文物箱展品內容有關歷史文物暨美術品汰舊換新工作，是製作第三批的重點。汰舊換新，必須本著精益求精的既訂原則，特成立專案小組，由館長何浩天先生親自督導其成，並指定由有關人員秦景卿、孟奔、王旌德、葉程義、蔣炳鴻、蔣善遠、邱孟冬、黃永川、夏美馴等人負責設計，徵選、裝潢、說明之有關學術性與技術性、事務性等任務，依據核定計畫，慎重從事，務期達到盡善盡美的境地。設計、徵選、蒐集等項，固非易事，而每一組中華文物箱內部近百件的展品，均使換新，這一過程，是經過多人的智慧與努力，方臻於完成的階段，誠為一大喜訊。就其轉製的階段，是按著一般展品，歷史文物及美術品，製作說明，與包裝製箱及保險運輸等一連串的作業，緊密配合進行，供作海外巡迴展出之用，且本汰舊換新的計劃原則，採納我駐外機構的建議，衡量經費實況辦理，復經有關單位派員評鑑，完成具有文化交流與宣揚中華文化的多重任務的工作。

基於充實原有展品，汰舊換新的原則，對於中華文物箱的內容，有著煥然一新的感受。

歷史文物及美術品類方面：

一、銅器：殷商饕餮紋方罍、殷商饕餮紋卣、殷商有角獸頭兕觥、周代方鼎、周代編鐘等，係具有歷史考據價值，特富文化宣揚意義，並且具有造形紋飾之美，並兼顧其真實感。幾經精選，採用青銅複製而成。

二、陶器：殷商白陶豆、唐三彩文人、唐三彩雙角獸、唐黃釉馬、唐三彩駱駝等，係就上古時代及唐代具有代表性之陶器珍藏，採用陶土塑燒複製，造形與釉色，精美無與倫比。

三、雕漆：犀皮漆畫（為幾近失傳之純手工藝術製作，國內外至為罕見）、明剔紅高花瓶、清剔紅圓盤、清剔紅葫蘆瓶、清剔紅橢圓盤等，就明清兩代各式雕花漆器中精選複製，而犀皮漆畫尤為難得之真品。

四、雕刻：清牙雕三羊，係屬複製，木刻仿唐陶女俑、木刻觀音像、木刻獅子，均有所本，出於手工雕刻，栩栩如生，至為動人。對我國寫實性雕刻品而言，在國外當可獲致進一步認識。

五、瓷器：南宋雙耳貫帶瓶、宋奉華尊、宋三登方壺、明弘治窯嬌黃繩耳罐、明永樂青花瓶、明嘉靖門彩蒜頭瓶、清乾隆門彩唐紋細口瓶、清山水瓶、清鼻煙壺等，均以宋明清三代著名瓷器精選複製，並加以裝潢。其中鼻煙壺四隻，製作玲瓏剔透，繪畫秀麗，體積小巧，令人愛不釋手。

六、琺瑯器：採用仿清花瓶，彩花罐等，雖係仿製，而用料選色，手工細緻，造形至為優美大方，幾可亂真。

七、古今名畫：精選歷代名家繪畫，藉補以往使用一人作品之缺失，視畫幅大小，裱褙卷軸，或利用框裝，自為系統，包括山水、人物、花卉、鳥蟲、走獸等，計有：宋李唐《灸艾圖》，南宋錢選盧仝《烹茶圖》，明藍瑛《山水》，明文徵明《山水》，明沈周《柳塘春水圖》，明陳洪綬《無量壽佛圖》，明王問《拾得圖》，明仇英《秋江待渡圖》，清王翬《萬壑松風圖》，清郎世寧《孔雀開屏》，民國王一亭《佛》，張善孖《老虎》，張書旂《孔雀》、《春江水暖鴨先知》、《紫藤飛禽》、《翠羽紅蓼》、《貓侶》，溥心畬《山水》，張大千《荷花》、《雪景》等，更復精選明清國畫名家作品繪於扇面者。我國既往使用摺扇而有特具風味之扇面畫，實用與裝飾兩者兼有，是為國外目前所罕見，採用明程嘉燧《尋梅》、明董其昌《山水》、明張宏《雪景》、明文徵明《竹樹》、明沈周《山水》、清惲壽平《花鳥》等，使我國美術品著重意境高超以及技法美妙，呈現於國際，俾得欣賞我國傳統藝術之精華，而興眷念故土與愛好中華文化之雅趣。此項歷代名畫，均係採用國立故宮博物院暨本館藏品所複製。

八、漢畫拓本：乃就本館現藏漢代畫像石拓本精選十二幅綾裱卷軸，俾國外人士明悉漢畫浮雕設法及與後代繪畫衍變之源流，對我古代社會與民俗，亦多參證之處。所選計有：漢樂舞圖、讌集圖、舞蹈圖、博弈圖、烹飪圖、舞龍圖、射弋秋獲圖、博獸圖、群獸圖、乘鹿圖、飛人圖、車騎圖。

九、文字史料：採用就罕見之漢熹平石經拓本及古今名人書法，如：吳昌碩石鼓文、董作賓甲骨文、溥心畬行書、楷書，更能窺見我國文字演變與書法藝術之神奇。

一般展品類方面：有國父孫中山先生、總統蔣公之遺像，以及中華歷史系統圖、孔子浮雕像、中華民國國旗、宮燈等，於活動場所懸列，以增強對我國家之崇敬心理。復承交通部郵政總局提供精美郵票兩種，各自裝框，一為我國「臺灣風景」郵票，一為「中華古物」郵票，在原示我國繁榮進步與宏揚博大精深歷史文化上，均有助益。

更為滿足參觀人士心理，能更多瀏覽中華文物及美術品之機會，經在不過分增加體積的設想下，特選用名人畫冊，如：張大千《長江萬里圖卷》、《吳齊畫集》、《溥心畬畫集》、《張大千畫集》、《黃君璧畫集》等，納入中華文物箱內，舒捲自如，當於展出時作靈活運用，更可視展出性質而決定展出與否。另復附加溥心畬、張大千、黃君璧三大家繪畫成套明信片，以及古器物、名畫、歷史文化明信片等多種，列入附展，或用以分贈貴賓留念，益見充盈精美，與在舉行活動時之適切運用。

在籌製過程中，捨棄格調難以配合的事物，且顧及以靜態展示為著眼，以調和觀眾心靈之感受，乃將原擬計畫列入之歷代服飾、國劇臉譜、仿古藝術緙絲、唱片、彩色幻燈片，易為徵集國內名家繪畫作品，分別以中堂方式綾裱，在每一組中華文物箱內配置十幅，不僅增強展品內容，且從而得知中華民國當今藝術進展之神速，即以藝術成就一項，已是大放異彩，此實為我國開放社會，具有充分康樂幸福，所獲得的成果之一。國畫家響應惠件者，計有：黃君璧、劉延濤、馬壽華、陳子和、吳平、歐豪年、高逸鴻、邵幼軒、姚夢谷、傅狷夫、陳丹誠、胡克敏、季康、趙松泉、余偉、呂佛庭、孫雲生、林賢靜、范伯洪、曾其、林玉山、梁中銘、梁又銘、李奇茂、鍾壽仁、金勤伯、王農等二十七人，對名家國畫宏揚中華文化於海外之功，實不能抹煞，謹濡筆記述一二，以誌久遠。

中華文物箱之展品，幾逾百項，琳瑯滿目，精美無比，盛裝展品之鐵箱，亦在根據既牢固，便於搬運，取放方便，識別清楚等要素製作，預定在年底以前完成此一重大之任務，以便分輸海外做適切的運用。

結論

中華文物箱之籌製，乃根據海外需求而構想、設計、選件、製作，是為我國一項首創的文化活動。展品內容，有系統的分別介紹中華文物及美術品之精美，給予海外人士實具有鼓舞作用。第三批係本諸既往之得失，不斷檢討改進，精益求精，力求華實，以滿足需求，期在運用中，補助其他大規模文化藝術宣揚之不足。在此以外，若能使我國美術性、歷史文物性等較有宏規之展覽，經常舉行於海外，自可益收相輔相成之效，此亦為本館站在宣揚中華文化的立場上，樂意承擔的任務。

（原文出自一九七六年《國立歷史博物館館刊》，第八期，頁七九—八四。）

前人成果

中華文物箱的製作

翟羽（夏美馴）
前國立歷史博物館研究組主任

精緻的中華文物，象徵中華民族的靈魂所在。國立歷史博物館所作國內與海外的中華文化藝術的宏揚工作，是有目共睹，有口皆碑的。尤以近十年來，創製一種中華文物箱，內中具有中華文化藝術的實質，為國際人士與華僑及留學生，表示無限的歡迎，這些中華文物箱也真正肩負著文化宏揚的重責大任，它始終未辱使命，並且，正在方興未艾地，在世界各國表現著堂堂正正的中華民族精神。

中華文物箱的製作，創始於民國五十八年（一九六九年）五月，到五十九年（一九七〇年）十一月完成，計製十組，每組一箱，內含精緻的中華文物，是為第一批，成效就非常的良好。

民國六十年（一九七一年）的四月，到六十一年（一九七二年）四月，復又製作十三組，每組用三箱盛裝文物展品，合計三十九箱，是為第二批。

民國六十三年（一九七四年）五月，又復開始製作中華文物箱，文物展品也就根據國外使用單位的建議和需求，加以檢討改進，到民國六十五年（一九七六年）五月完成，計製作二十組，每組四箱，總計八十箱，是為中華文物箱的第三批。〔編按：依據一九七六年八月九日教育部致外交部函，第三批出口數量合計十九組，每組四箱，總計七十六箱（《中華文物箱（一）》，檔號 020-090502-0019-0145，國史館外交部檔案）。而本文所指之第三批數量二十組，較前述出口數量多一組，推測應為該批次製作了文物箱的樣品一組，每組四箱，故總計八十箱。〕

由於中華文物箱的製作，主要的內容，也就是所選的中華文物，具有歷史性、藝術性。並且收到宏揚中華文化與藝術的效果，同時，也能讓接觸觀賞的人，真正體會到中華民國在自由、民主、繁榮、進步當中，確實是名不虛傳，信而有徵。於是，海外的機構、僑團、學人、留學生們，紛紛要求大量供應中華文物箱，來滿足海外人士對中華文物的渴望與想念。因為，中華文物箱的設計與製作，是根據教育部的委託，遂行國家文化政策的一項行政措施，常常有「粥少僧多」、「巧婦難為無米之炊」的抱憾；也不無興起一種「安得廣廈千萬間，大庇天下寒士皆歡顏」的感喟。幸得外交部、行政院新聞局、僑務委員會，以及教育部國際文教處相繼支持，由國立歷史博物館同仁們貢獻智慧與勞力，又完成相當數字的中華文物箱的代替品，以及一些經有選擇的中華文物與藝術品，分別代為運贈各國我駐外機構、僑團、還有學校、博物館、美術館等，來達成中華文化無所不在的種仔散播工作。所以，各國各地的展示，都帶來一致好評的佳訊。

中華文物箱的製作，既然純為宏揚中華文化於海外，藉以介紹中華民國的進步實況，期使華僑、留學生，以及當地國際人士們，俾能獲致對中華文化的瞭解與認識。因此，中華文物箱的內容，必然要使它具有中華文物的代表性，並且表達中華民族的傳統精神，而所有的展品，一本可以作為綜合的展示，也可以分類來展示的基本構想。為使此一假定實現而求其美滿，乃就國立歷史博物館歷次製作與運用的經驗，廣泛地進行蒐集資料，多方檢討，不斷改進，力求精美，務使展品雅致脫俗，說明簡要清晰，外箱大小適於搬運，牢固美觀，更重視展示與撤收存放的利便。在民國六十七年（一九七八年）下半年，第四批的製作便在精益求精的要求之下進行的，計製四十組，每組八箱，合計三百二十箱，成了一件偉大的壯舉。

內容以我國各類歷史文物暨美術品，主要是要便於展示與存放的中華文物箱，由國立歷史博物館成立專案小組，慎重從事。從檢討、設計、訂立計畫、選定展品，撰述說明、進行製作，品鑑驗收等項，均是秉著精美至上，認真執行，由民國六十七年（一九七八年）八月開始，到民國六十九年（一九八〇年）八月全部完成，雖歷時二載，得以大功告成；另對製箱亦煞費籌措，固求分類輸運方便，並須撤收入箱與佈置展覽的利捷，特編號繪圖，任何人均能在最短時間中索圖索驥，做好收與展的工作，無須費時費神。至於防震、防濕、以及搬動裝運的快當，都在考慮之列。他如箱隻品質，鎖鑰堅固等俱作講求，經過三次開標，一再在科學、技術、美觀、實用諸方面因素上探討改進，總算符合預定的理想程度。

在從始也慎，在處處求實的基本原則下，國立歷史博物館同仁算是無忝付託，也無愧期許。當由中央文化工作會、中央海外工作會、外交部、行政院新聞局、僑務委員會、教育部等單位，派員參加核驗第四批中華文物箱製作完成的時候，在檢討會上，與會人員都表示極大的讚評與鼓勵。

中華文物箱每組展品內容，包括歷史文物與美術品，概分十大類型，計有一百二十四種之多。茲作概略的敘述：

（一）銅器：以商、周時代的銅器為主，包括二千年前的食器，如：鼎、簋；酒器尊、觚、壺、爵；水器的匜等，計仿製八件。

（二）陶器：以盛唐及北魏時代的陶器為主，包括三彩文官、三彩馬、三彩駝，還有舞樂女俑等，計複製八件。

（三）瓷器：選用明清時代的青花、鬥彩、粉彩等各種型態的瓶罐，計仿製十一件。

（四）琺瑯：選用清代的製作，包括各種形式的彩色瓶罐，計仿製四件。

（五）書法：採用漢代熹平石經拓本，清代八大山人，吳昌碩的草書與石鼓文對聯，以及民初的名家各體書法，計複印七件。

（六）古今名畫：

一、今人國畫原跡—係特別邀請當代畫家所作國畫，以十五件構成一組，悉為真跡，俱足顯示當今中國現有的國畫創作的風貌，至為難得。而人物、山水、花卉、翎毛、走獸、游魚等無不包括在內。

二、古今名畫複製品—選自明清以迄當今畫家。如：錢選、文徵明、仇英、八大、石濤、鄭板橋、溥心畬及今人張大千等人作品，均就精美原作複製，不僅極為精緻，且保持原有神態，每組計有十八件。

（七）雕刻：選自北魏以後各代作品，雕工精細，木質密緻，有北魏支頤菩薩等仿製品，每組四件。

（八）歷史文物圖片：純以我國現代攝影技術，攝製我國歷代具有代表性各類文物精品，而無法以實物或複製品納入中華文物箱內作展示的，以替代歷史文物的介紹，每組六件，其原件現分藏於臺北國立故宮博物院與國立歷史博物館。

（九）其他：在中華文物箱每一組裡，附有我國古今名家畫集，各類歷史文物與繪畫明信片等，有助於專門研究與隨時觀賞的輔佐作用。一組計有畫集十五種，明信片十二種，達六百套，專供舉辦展覽活動時，分贈學校及文化界人士之用。

（十）另每組特備中華民國國旗、國父孫中山先生像、先總統蔣公像，及至聖先師孔子像。

製作中華文物箱，及之完成，是一項相當辛勞的工作。而分配與運達，其過程也極繁重。事非經過不知難，是在作業過程中的「難」，而天下無難事，就要在於執行的階段，貫徹初衷，努力以赴，化難為易，迎刃而解。因此，在第四批中華文物箱分配方面，經過分析與協調，決定一個原則，那是由教育部國際文教處與有關單位研商的。所分配的對象，先加考慮，並顧及到管理及維護的能力、視為優先的條件；同時，以一個地區分配一組為原則，除去特殊的情形，儘量不使之重複。如此分配的原則，在於充分發揮中華文化宣揚海外的目的，也才能使中華歷史文物與美術品，讓海外人士收到欣賞的作用。

正在運送海外的中華文物箱，有的為著緊急待用的採取空運方去，也有利用海上輸送的。但是無邦交的國家，顧及納稅問題，還得製備外文清冊註明每件價格，更特別說明用途是展覽而非出售，且是專門贈與的性質。所有各組，備有適合各國的圖文並茂彩色說明簡介，目錄摺頁與說明卡片，便於運抵海外後，立即可以展示，並可以將簡介送達參觀人士之手。

從空中輸運或海上運輸的中華文物箱，有北美、中南美洲、大洋洲、非洲、歐洲、亞洲，國家包括大韓民國、南非、象牙海岸、海地、凡蒂岡、瓜地馬拉、巴拉圭、沙烏地阿拉伯、馬來西亞、日本、印尼、盧森堡、瑞士、美國、祕魯、法國、西德、加拿大、澳洲、奧地利、荷蘭、比利時、玻利維亞等國家的我駐外機構以及對我向極友善的機構，真正做到分配普及，深入世界各個重要地區。相信這種宏揚中華文化，讓僑團與留學生們，在舉辦聯誼活動時，得有欣賞中華歷史文物及藝術品的大好機會；同時，也可以藉便讓所有國際人士得以瞭然中華文化博大精深，進而認識中華民國是在自由、民主、繁榮、進步聲中，體認泱泱中華的藝術發展，是如何的自在與開闊。

寄語海外人士：中華文物箱的內容，是象徵中華民族的精神所在，更含有國內千萬人士的無限溫情，在每一次展示，希望毋忘我們不管身在海內海外，而我們確實是心連著心，永遠在一起，緊握著我們的雙手，大踏步地向前邁進，共同為實現三民主義，一致起來，堅決地奮鬥。

（原文出自一九八〇年《國立歷史博物館館刊》，第十一期，頁五七－五八。）

文物翦影

本館現存文物箱文物實況

The State of the Artifacts in the Museum's Existing Cultural Chest

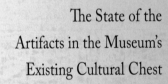

仿殷商冊方斝　高 20 公分　腹寬 30 公分

仿殷商饕餮紋卣　高 40 公分　腹寬 20 公分

仿周編鐘　高 36 公分　腹寬 18 公分

仿周圓鼎　高 20 公分　腹寬 21 公分

仿周爵　高 22 公分　口徑 17 公分　王東白製

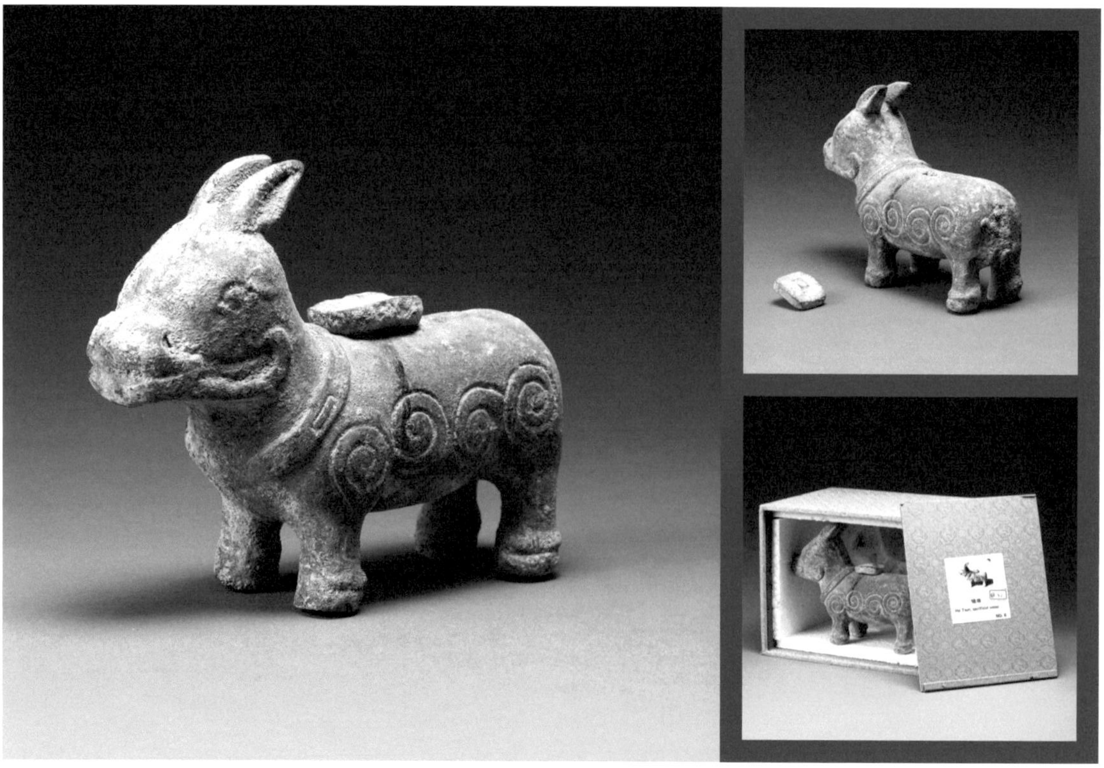

仿周犧尊　高 14 公分　身長 20 公分　王東白製

仿周簋　高 10 公分　口徑 16 公分　王東白製

仿周公父宅匜　高 13 公分　口徑 23 公分　王東白製

仿周觚　高 23 公分　口徑 15 公分

仿周鼎　高 17 公分　口徑 16.5 公分

仿周扁壺 高 20 公分 腹寬 18 公分（缺蓋、提梁） 口徑 10 公分

仿周扁壺 高 22 公分 腹寬 17.9 公分（缺蓋、提梁） 口徑 13.5 公分

仿周金錯獸尊　高 27 公分　腹寬 16 公分

仿漢鏡　直徑 27 公分

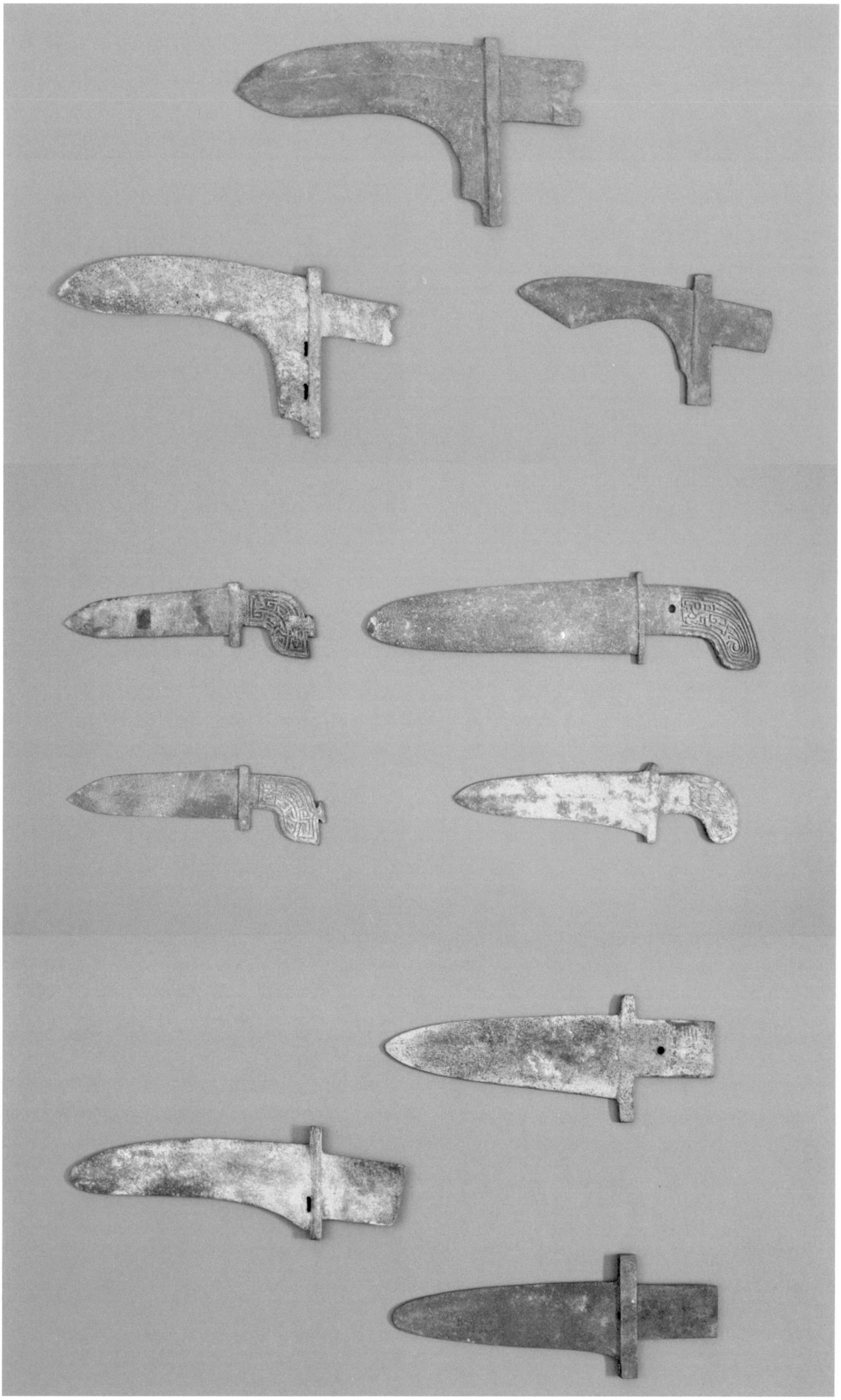

仿商鸞紋戈　最高 41 公分　最寬 9 公分

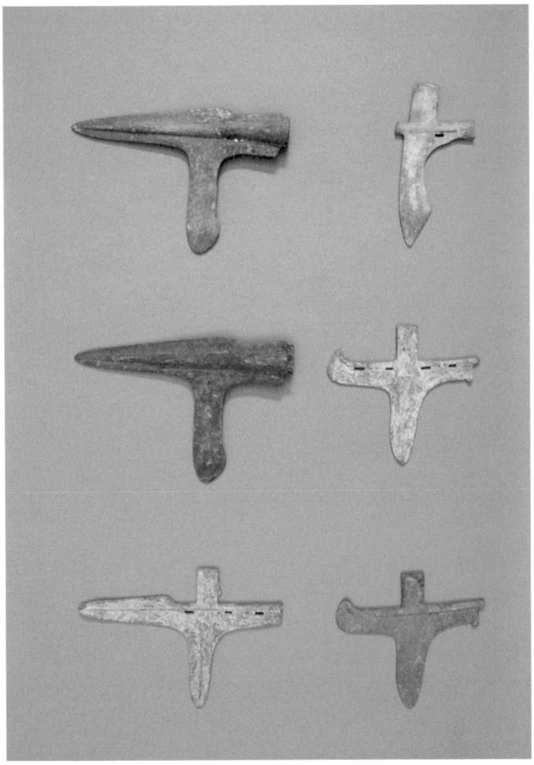

仿周戈 最高 27 公分 最寬 17 公分

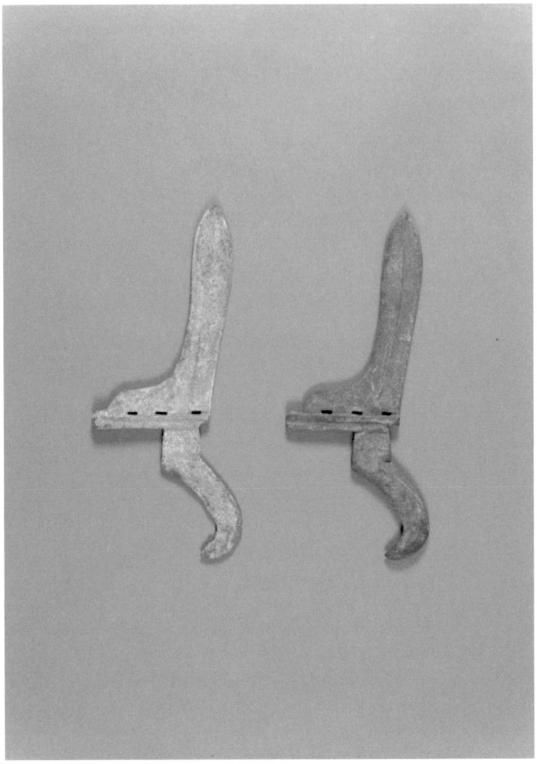

仿周戈 長 31 公分 寬 10 公分

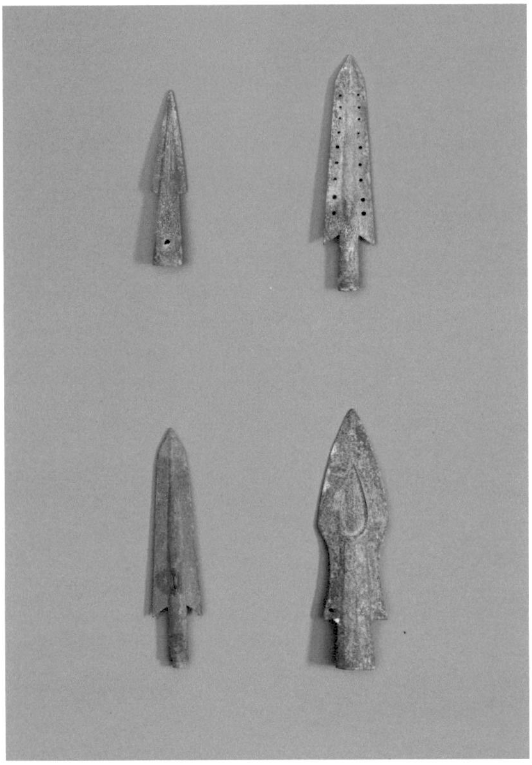

仿周矛 最長 21.5 公分 最寬 6 公分

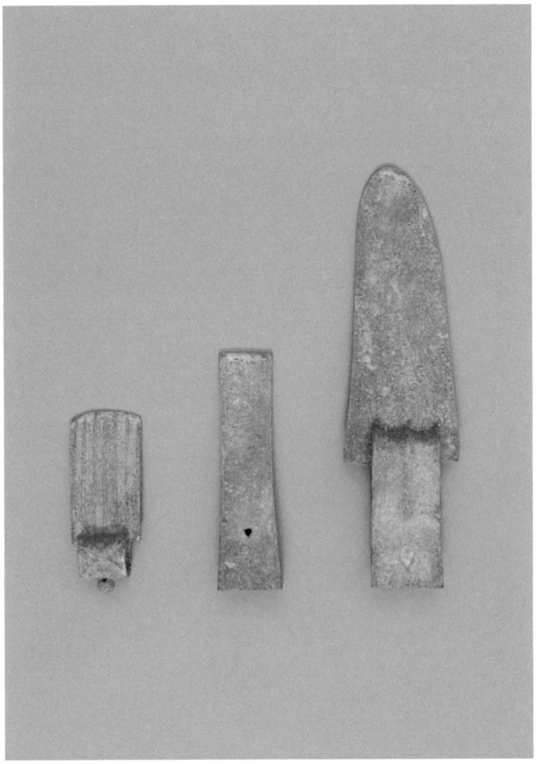

仿周斧 （右）長 23 公分 寬 9 公分 （中）長 14 公分 寬 3.5 公分 （左）長 11 公分 寬 4.5 公分

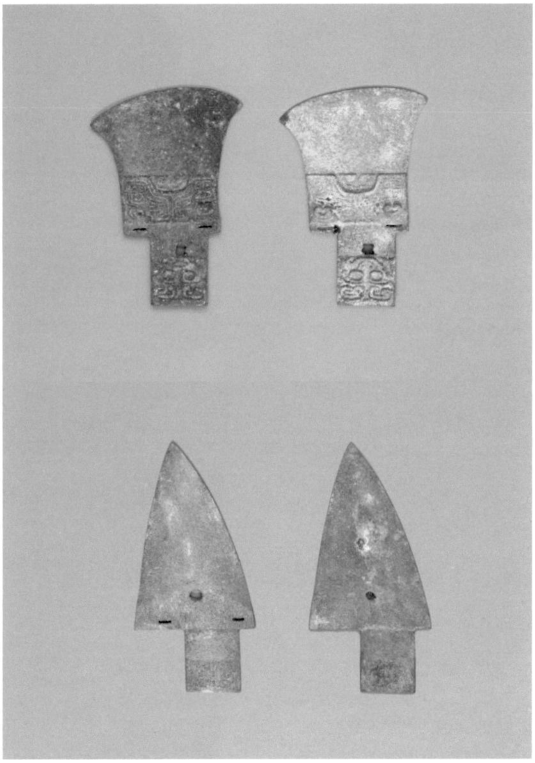

仿周鉞　最高 22 公分　最寬 10.5 公分

仿周鉞　高 23 公分　寬 22 公分

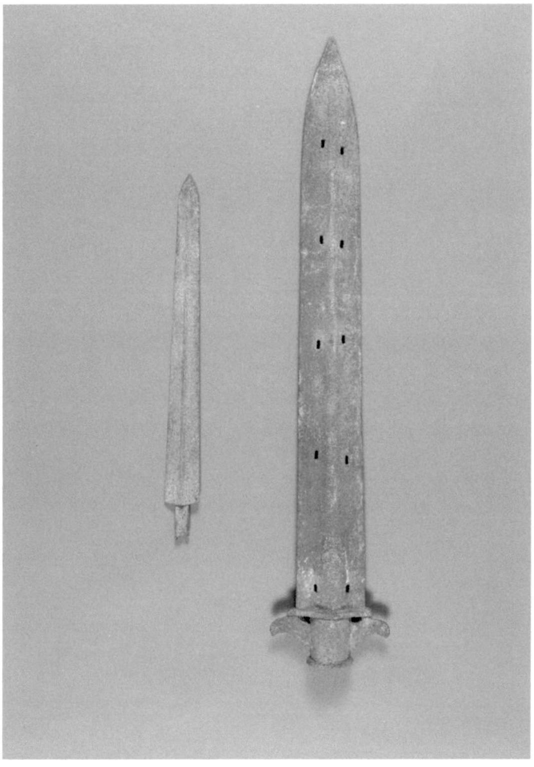

仿周矛　（左）長 50.5 公分　寬 2.5 公分
（右）長 30 公分　寬 2.5 公分

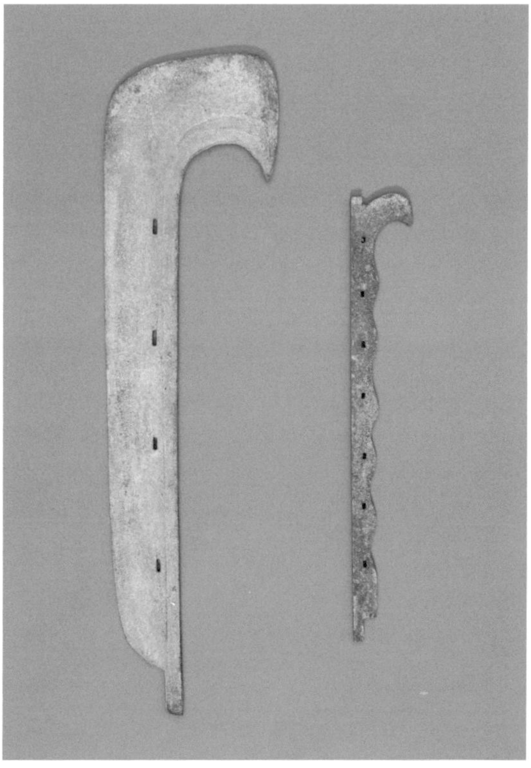

仿周矛　（左）長 33 公分　寬 4.5 公分
（右）長 48.5 公分　寬 13.5 公分

仿殷商白陶豆　高 13.3 公分　口徑 18 公分　底徑 10.5 公分

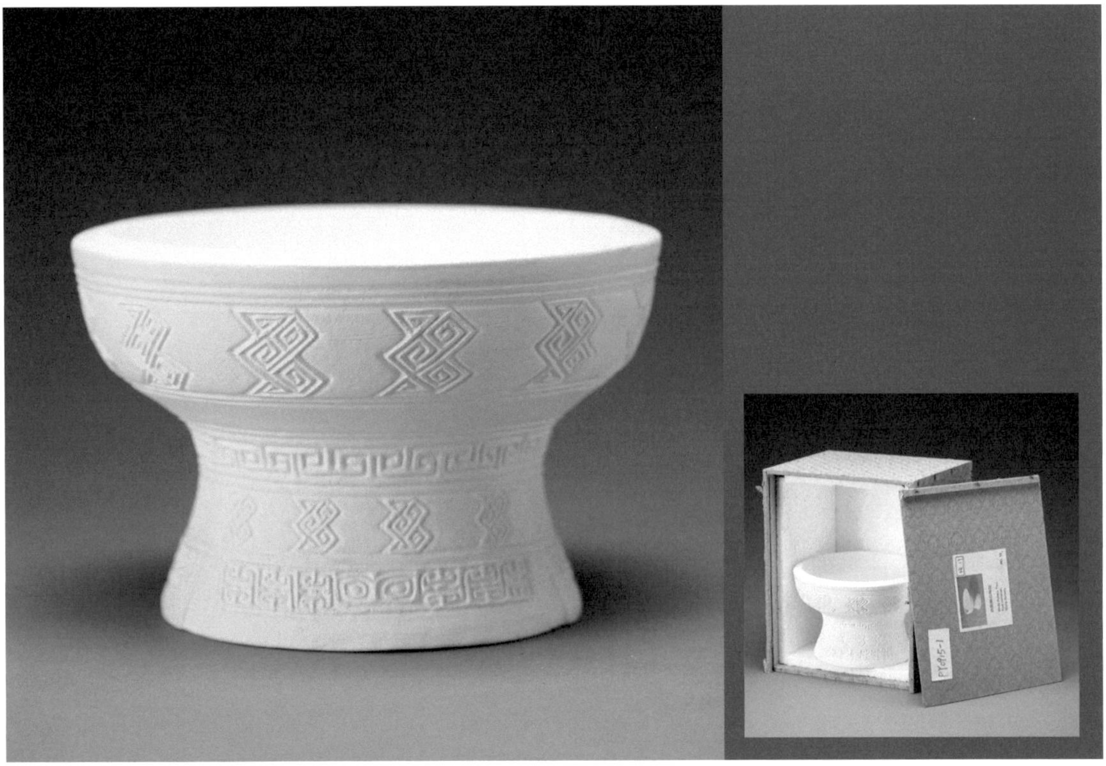

仿殷商白陶豆　高 13 公分　口徑 18 公分　底徑 10.5 公分

仿唐三彩駱駝 高 44 公分 寬 31 公分

仿唐三彩駱駝 高 45 公分 寬 33 公分

仿唐三彩馬仕女俑　高 46 公分　寬 40 公分

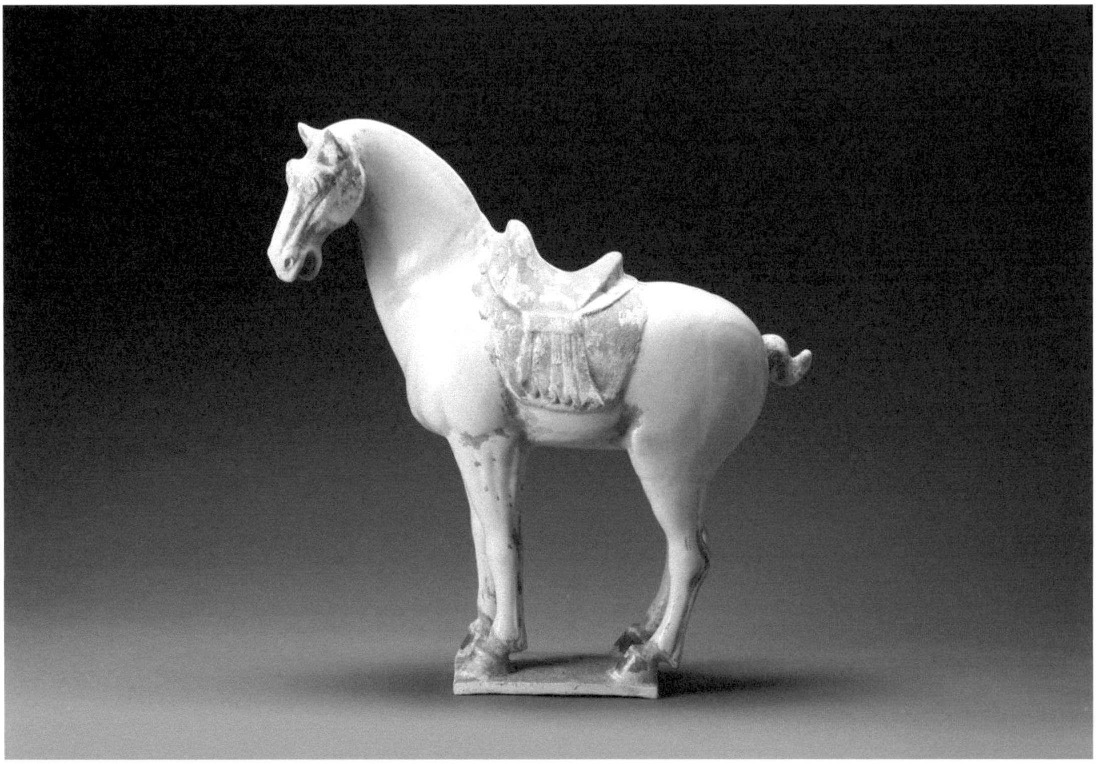

仿唐黃釉馬　高 48.5 公分　寬 47 公分

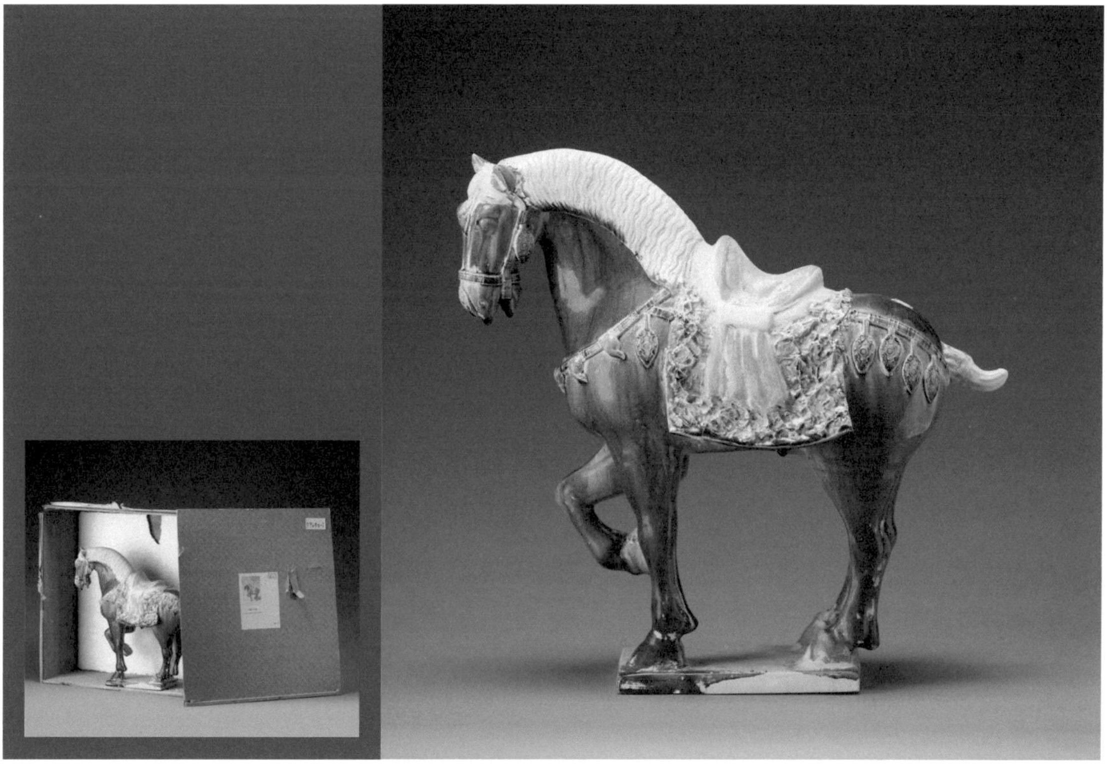

仿唐三彩大馬　高 48.5 公分　寬 48 公分

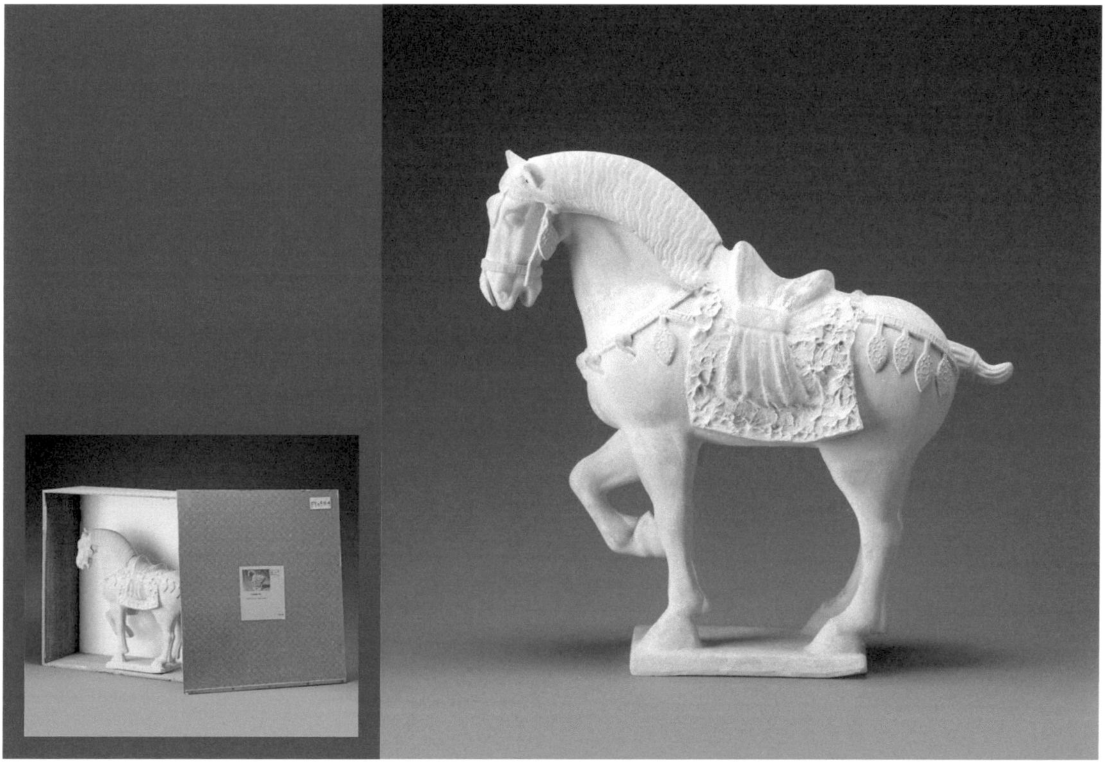

仿唐繪彩馬　高 48.5 公分　寬 48 公分

仿北魏樂俑　高 25 公分　寬 5 公分

仿唐十二生肖俑　平均高 19.5 公分　寬 5 公分　楊英風製　底款「風」

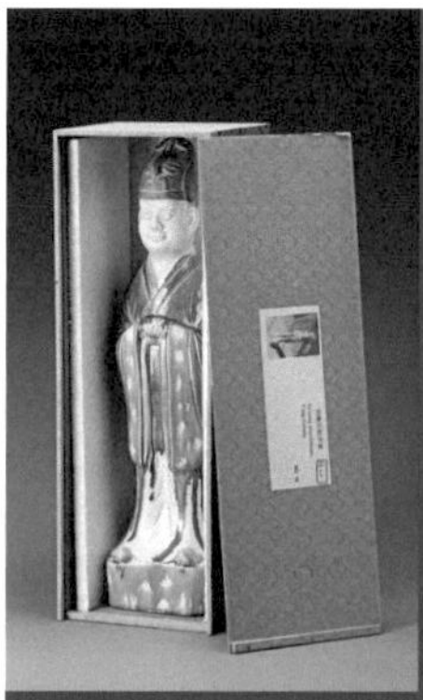

仿唐三彩文官俑　高 50.5 公分　寬 12.5 公分

仿唐三彩侍女俑　高 25 公分　寬 12 公分

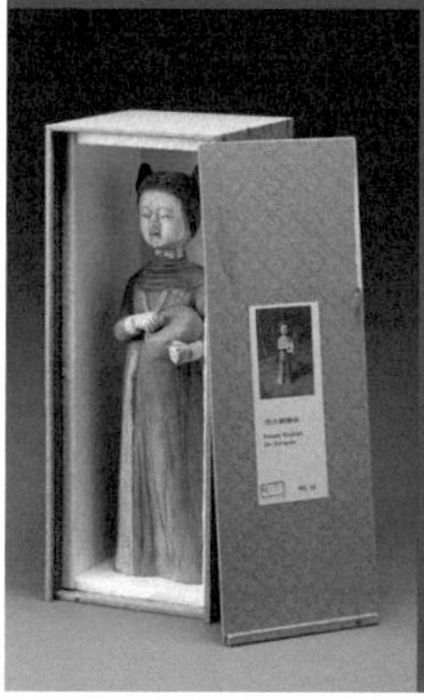

仿六朝繪彩樂女俑　高 25 公分　寬 12 公分

仿唐陶黃釉坐俑　高 20 公分　寬 16 公分

仿宋青瓷　高 33 公分　口徑 7.5 公分　寬 20 公分　底徑 9 公分

仿宋冰裂青瓷　高 28 公分　口徑 4.5 公分　寬 13 公分　底徑 8.5 公分

仿南宋雙耳貫帶瓶　高 26 公分　口徑 11 公分　底徑 12 公分

仿南宋雙耳貫帶瓶　高 25.5 公分　口徑 17 公分　底徑 17 公分

仿宋青瓷琮瓶　高 27 公分　口徑 8.5 公分　寬 10.5 公分　底徑 9 公分

仿宋青瓷扁瓶　高 21 公分　口徑 4.5 公分　寬 10.5 公分　底徑 7 公分

仿宋三登方壺　高 13 公分　口徑 7 公分　底徑 9 公分

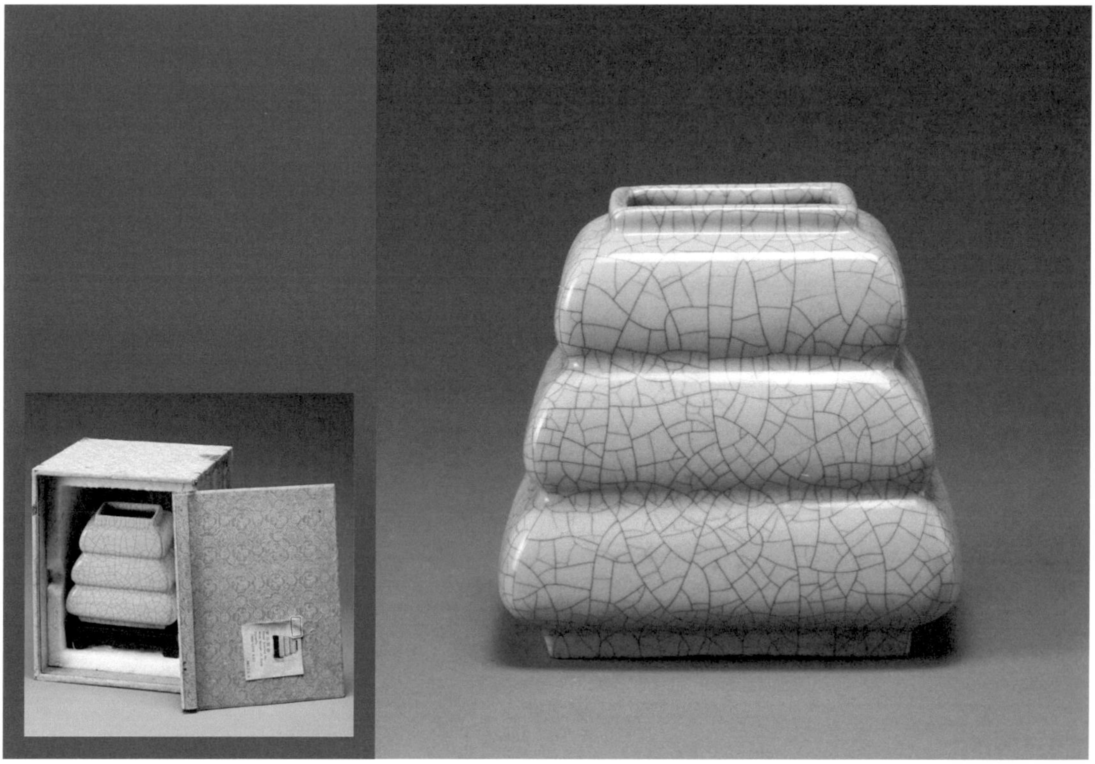

仿宋三登方壺　高 12 公分　口徑 7 公分　底徑 13 公分

仿宋奉華尊　高 18 公分　口徑 14.5 公分　底徑 14 公分

仿宋三犧尊　高 21 公分　口徑 14 公分　寬 14 公分　底徑 9.5 公分

仿金磁州窯黑釉劃花牡丹紋梅瓶　高 40 公分　口徑 4 公分　腹寬 19 公分　底徑 11 公分

仿元青花蕉葉麒麟瓷瓶　高 34.5 公分　口徑 13 公分　腹寬 19 公分　底徑 15 公分

仿元青花扁壺　高 36.7 公分　腹寬 32.7 公分

仿明青花四繫罐　高 25.5 公分　口徑 10.5 公分　腹寬 22.5 公分　底徑 11.5 公分

仿明永樂青花蕉葉花卉瓶　高 34 公分　口徑 13 公分　腹寬 18 公分　底徑 15 公分　底款「大明永樂年製」

仿明嘉靖青花瓷缸　高 21 公分　口徑 24.5 公分　腹寬 23 公分　底徑 10 公分　落款「大明嘉靖年製」

仿明釉裡紅蕉葉執壺　高 30.5 公分　口徑 7 公分　寬 19 公分　底徑 10.5 公分

仿明釉裡紅花口大盤　高 3.5 公分　直徑 22 公分

仿明青花山水人物扁壺　高 28.6 公分　口徑 3 公分　腹寬 22.5 公分　底徑 13 公分　底款「中華民國金門陶瓷」

仿明正德青花花瓶　高 37.5 公分　口徑 10 公分　寬 15 公分　底徑 12 公分　底款「大明正德年製」

仿明嘉靖五彩蒜頭瓶　高 38 公分　口徑 3 公分　腹寬 18 公分　底徑 18 公分　底款「大明嘉靖年製」

仿明萬曆五彩連池鴛鴦蒜頭瓶　高 43 公分　口徑 5 公分　腹寬 21.5 公分　底徑 10 公分　底款「大明萬曆年製」

仿明弘治窯嬌黃繩耳罐　高 18.5 公分　口徑 9.5 公分　腹寬 18.5 公分　底徑 9.5 公分　底款「故宮」

仿清青花釉裡紅龍紋扁壺　高 30 公分　口徑 4 公分　寬 23.5 公分　底徑 9 公分

仿清釉纏枝唐草紋壺　高 43 公分　口徑 8 公分　寬 23 公分　底徑 8 公分　底款「大清乾隆年製」

仿清同治白瓷瓶　高 20 公分　口徑 5.5 公分　寬 13.5 公分　底徑 10 公分　底款「大清同治年製」

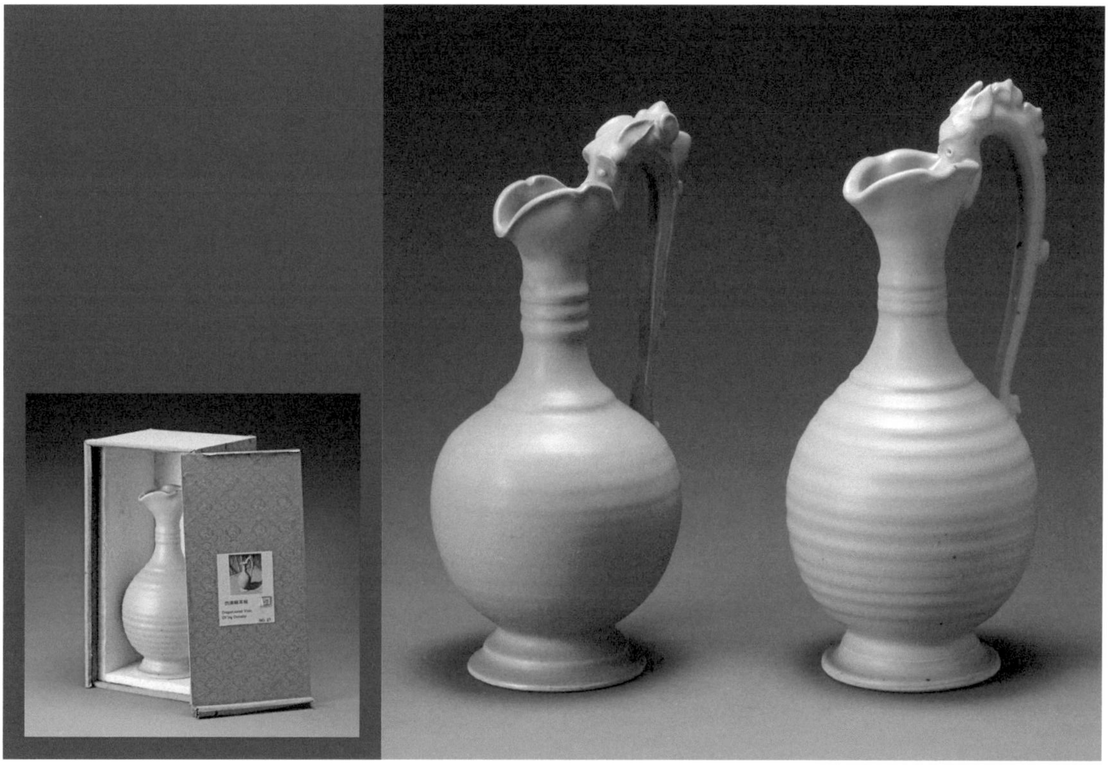

仿清龍耳瓶 高 30 公分 口徑 5 公分 寬 13 公分 底徑 9.7 公分

仿清青瓷觚式瓶 高 32.5 公分 口徑 20.5 公分 底徑 18 公分

仿清乾隆青花山水瓶　高 38 公分　口徑 10 公分　肩寬 21 公分　底徑 17 公分　底款「大清乾隆年製」

仿清青花山水扇形盤　高 35 公分　寬 50 公分

仿清青花人物蕉葉觚
高 31 公分　口徑 16 公分　腹寬 10 公分　底徑 17.5 公分

仿清青花人物蕉葉觚
高 41 公分　口徑 14.3 公分　腹寬 15 公分　底徑 9.5 公分

仿清乾隆青花雲龍四角瓶　高 28.9 公分　口徑 6 公分　寬 10 公分　底徑 6.5 公分　底款「大清乾隆年製」

仿清乾隆青花仕女瓶　高 43 公分　口徑 8 公分　寬 23 公分　底款「大清乾隆年製」

仿清青花六角花瓶　高 31 公分　口徑 9 公分　寬 19 公分　底徑 9 公分　底款「中華民國金門陶瓷」

仿清乾隆瓷盉八吉祥　高 21.5 公分　寬 24 公分（含壺嘴、把手）　底款「大清乾隆年製」

仿清乾隆青花雙龍環形壺　高 26 公分　口徑 3 公分　寬 30.5 公分　底徑 6 公分　底款「乾隆年製」

仿清乾隆珐瑯彩花卉花瓶　底款「大清乾隆年製」
高 25.5 公分　口徑 6 公分　腹寬 17 公分　底徑 13 公分

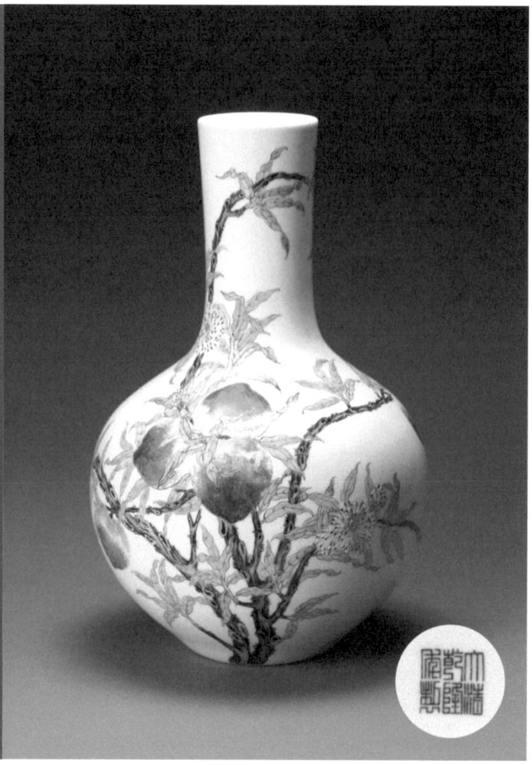

仿清乾隆珐瑯彩花卉花瓶　底款「大清乾隆年製」
高 36 公分　口徑 7 公分　腹寬 32 公分　底徑 7 公分

仿清乾隆青花釉裡紅雙耳瓶　高 14 公分　口徑 13.5 公分　腹寬 15 公分　底徑 13.5 公分　底款「大清乾隆年製」

仿清雍正青花釉裡紅梅瓶　高 35 公分　口徑 7 公分　腹寬 22.5 公分　底徑 13 公分　底款「大清雍正年製」

仿清康熙青花釉裡紅三龍大筆筒　高 17 公分　口徑 22 公分　底款「大清康熙年製」

仿清乾隆粉彩花蝶膽瓶　高 41 公分　口徑 19.5 公分　腹寬 15 公分　底徑 10 公分　底款「大清乾隆年製」

仿清乾隆粉彩花蝶膽瓶　高 52.5 公分　口徑 3 公分　腹寬 17 公分　底徑 10 公分　底款「大清乾隆年製」

仿清乾隆粉彩花蝶膽瓶　底款「大清乾隆年製」
高 48 公分　口徑 3 公分　腹寬 17.5 公分　底徑 15 公分

仿清乾隆粉彩花蝶膽瓶　底款「大清乾隆年製」
高 47 公分　口徑 4 公分　腹寬 17 公分　底徑 10.5 公分

仿清乾隆鬥彩團花瓶　高 30 公分　口徑 7 公分　腹寬 18 公分　底徑 10 公分　底款「大清乾隆年製」

仿清雍正鬥彩雙耳如意瓶　高 26.5 公分　口徑 5 公分　腹寬 23 公分　底徑 7 公分　底款「大清雍正年製」

仿清乾隆鬥彩燈籠蓋罐　高 33 公分　口徑 12 公分　腹寬 14 公分　底徑 12 公分　底款「大清乾隆年製」

仿清祭紅侈口瓶　高 45 公分　口徑 15.5 公分　腹寬 27 公分　底徑 16.5 公分

仿清祭紅大碗　高 11 公分　口徑 29.5 公分　底徑 13 公分

仿清紫地蒜頭瓶　高 32 公分　口徑 3.5 公分　腹寬 14 公分　底徑 9.5 公分

琺 瑯

仿清琺瑯侈口花瓶　高 22.7 公分　口徑 10 公分　寬 10 公分　底徑 7.5 公分

仿清琺瑯花瓶 高 22 公分 口徑 3.5 公分 肩寬 10 公分 底徑 7 公分

仿清琺瑯蓋罐 高 27 公分 口徑 10 公分 肩寬 16 公分 底徑 10 公分

仿清珐瑯長頸花瓶　高 18 公分　口徑 8 公分　腹寬 10 公分　底徑 10 公分

仿清珐瑯長頸小花瓶　高 18 公分　口徑 8 公分　腹寬 10 公分　底徑 10 公分

仿清琺瑯花瓶　高 24 公分　口徑 8 公分　腹寬 10 公分　底徑 8 公分

仿清琺瑯高足瓶　高 24 公分　口徑 8 公分　腹寬 10 公分　底徑 8 公分

漆器

漆盤　直徑 15 公分

漆匳　高 15 公分　直徑 13 公分

雕刻

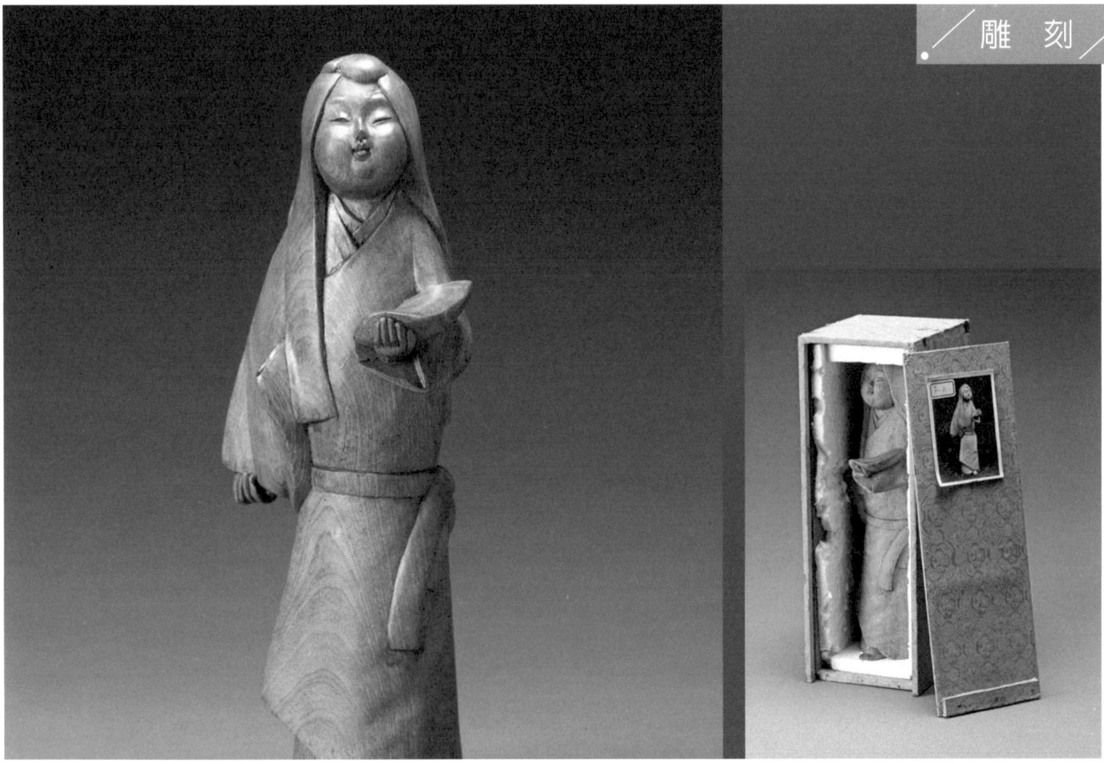

仿唐女俑（木雕）　高 26.5 公分　底寬 9.5 公分

仿清牙雕三羊　高 7.5 公分　腹寬 8 公分　王東白製

雙獅戲球木雕　高 22 公分　寬 12 公分

彌勒菩薩（木雕） 高 26 公分 底寬 9.5 公分

文殊菩薩（木雕） 高 27 公分 底寬 15 公分

月光菩薩（木雕）　高約 26 公分　底寬 9.5 公分

吹笙仙女（木雕）　高 27 公分　底寬 9.5 公分

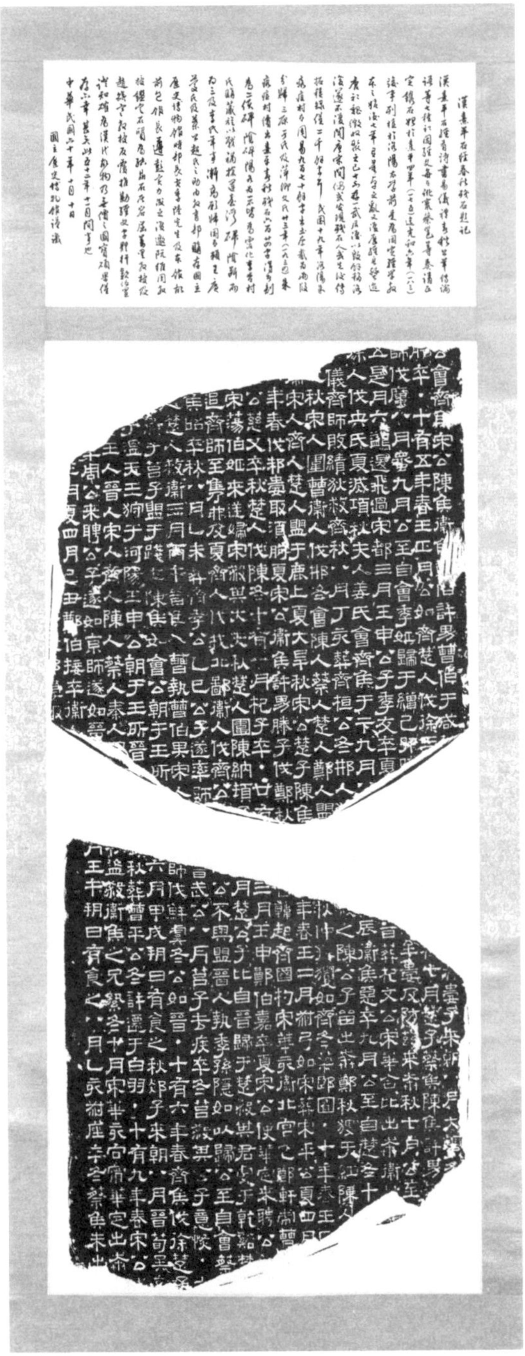

仿漢《熹平石經》拓本（複製品）
高 213 公分　寬 62 公分

仿漢《熹平石經》拓本（複製品）
高 193 公分　寬 62 公分

仿漢《弋射圖》、《收穫圖》拓本（複製品）
高 196 公分　寬 66 公分

仿漢《烹飪圖》、《舞龍圖》拓本（複製品）
高 190 公分　寬 66 公分

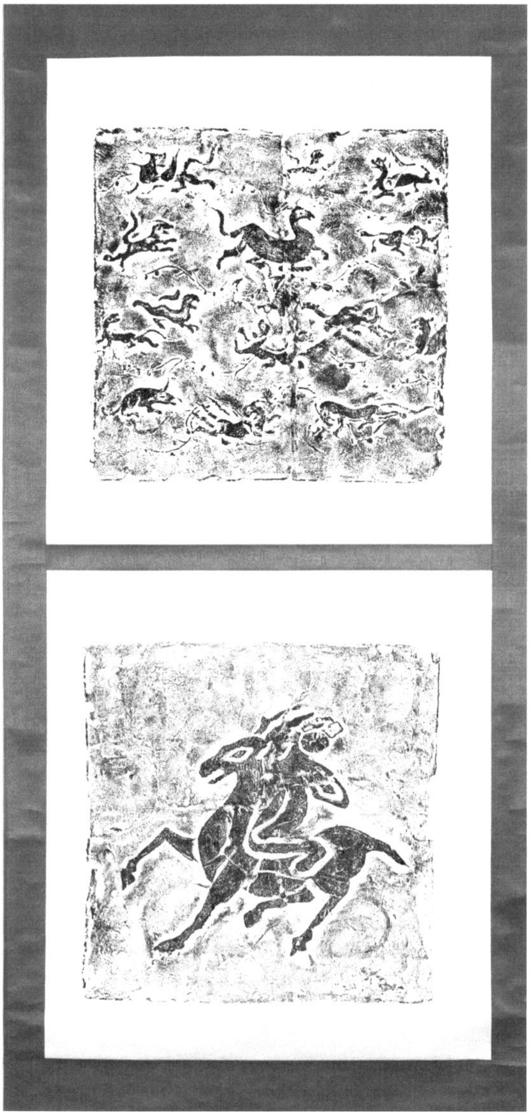

仿漢《群獸圖》、《乘鹿圖》拓本（複製品）
高 191 公分　寬 66 公分

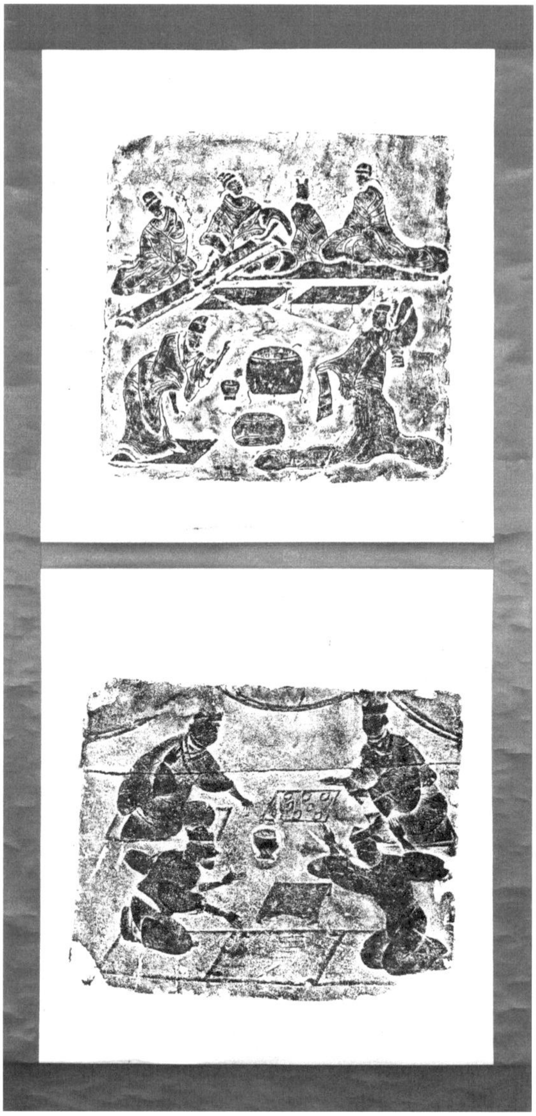

仿漢《舞蹈圖》、《博弈圖》拓本（複製品）
高 199 公分　寬 61 公分

仿漢《樂舞圖》、《雜技圖》拓本（複製品）
高 190 公分　寬 66 公分

仿漢《飛人圖》、《車騎圖》拓本（複製品）

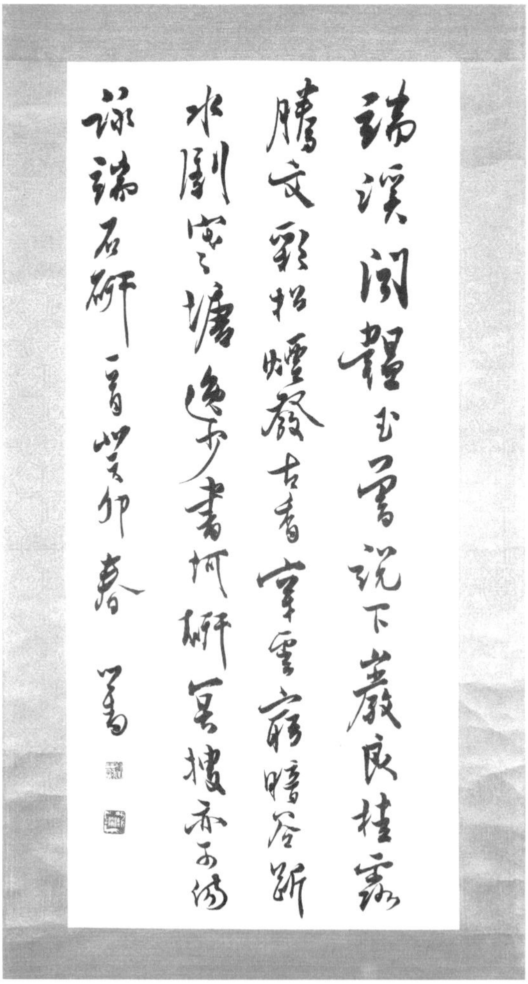

行書中堂　民國　溥心畬（複製品）
高 90 公分　寬 34 公分

釋文：瑞溪聞韞玉，曾說下巖良，桂露騰文彩，招煙發古香。穿雲窮暗谷，斷水劇寒塘。逸少書何研，冥搜亦可傷。詠瑞石研一首，癸卯春。心畬。

甲骨文　民國　董作賓（複製品）
高 130 公分　寬 34 公分

釋文：塵凡事今謝絕列別長安來歸田，野寺掃盡自家門外雪，載春酒去觀風月，落梅風。丁酉初秋寫集契集於九龍塘金包綸道十五號是知也齋。董作賓。

行書七言聯　民國　溥心畬（複製品）
高 117 公分　寬 22 公分

釋文：戢翼珍禽鳴綠沼，銜煙小鶴舞寒空。
西山逸士。溥儒。

楷書七言聯　民國　溥心畬（複製品）
高 117 公分　寬 22 公分

《荷花》　民國　張大千（複製品）
高 188 公分　寬 60 公分

篆書五言聯　清　吳昌碩（複製品）
高 117 公分　寬 22 公分

釋文：好遊如魚樂，歸來識馬鳴。
安吉吳昌碩八十三。

《奔馬》　民國　吳超群（複製品）
高 186 公分　寬 61 公分

《馬》　民國　鄭文光（複製品）
高 186 公分　寬 61 公分

《孔雀牡丹》　民國　張書旂（複製品）
高 177 公分　寬 58 公分

《老虎》　民國　張善孖（複製品）
高 188 公分　寬 60 公分

《萬壑松風圖》 清 王翬（複製品）
高 160 公分 寬 60 公分

《柳塘春水》 明 沈周（複製品）
高 150 公分 寬 51 公分

《門神》（複製品） 高 100 公分 寬 120 公分

清古畫　佚名（複製品）
高 188 公分　寬 60 公分

《拾得像》　民國　王問（複製品）
高 213 公分　寬 60 公分

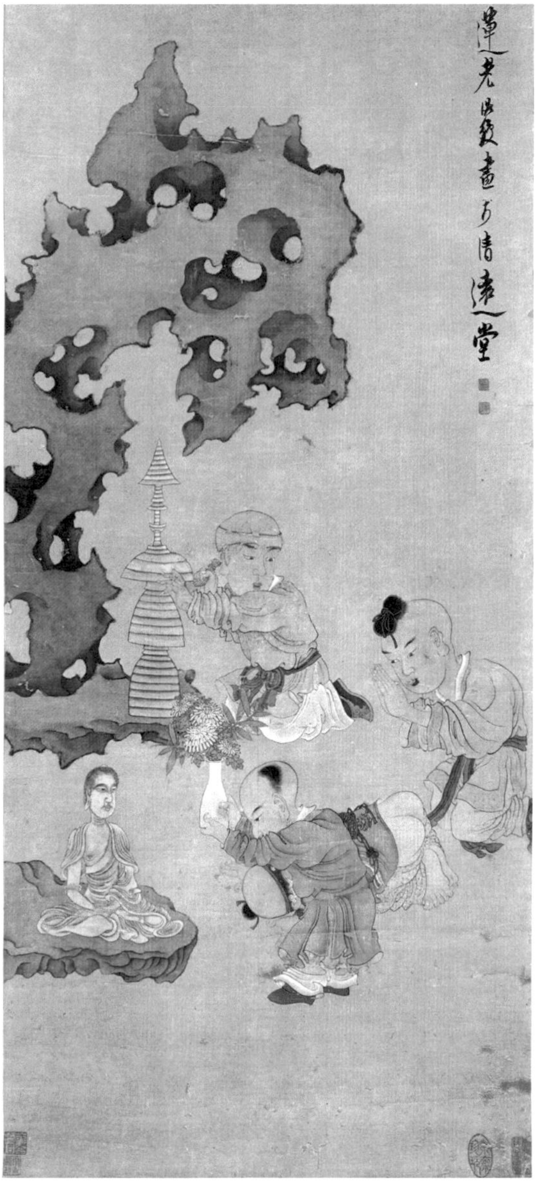

《無量壽佛圖》　明　陳洪授（複製品）
高 180 公分　寬 60 公分

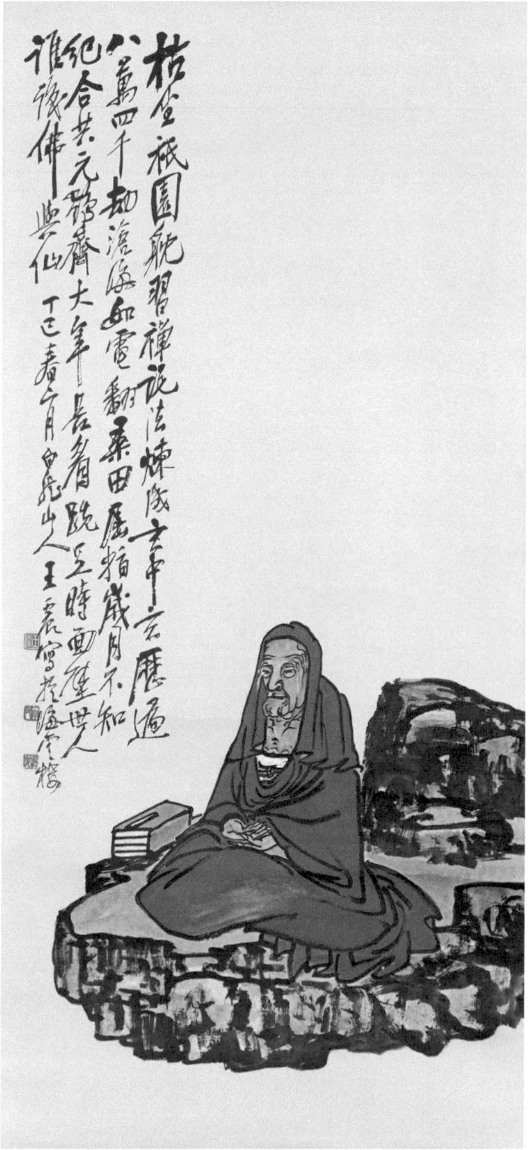

《佛》　民國　王一亭（複製品）
高 178 公分　寬 61 公分

《山水》　民國　溥心畬（複製品）
高 250 公分　寬 60 公分

《雪景》　民國　張大千（複製品）
高 250 公分　寬 60 公分

《山水》　明　藍瑛（複製品）
高 188 公分　寬 60 公分

《山水》　明　文徵明（複製品）
高 188 公分　寬 59 公分

《炙艾圖》　宋　李唐（複製品）
高 210 公分　寬 120 公分

《孔雀開屏》　清　郎世寧（複製品）
高 188 公分　寬 120 公分

《秋江待渡》明　仇英（複製品）　高 188 公分　寬 64 公分

《虎》　民國　陳榮德（真跡）
高 194 公分　寬 60.5 公分

《山水》　民國　黃永川（真跡）
高 188 公分　寬 59 公分

《花卉》　民國　顏小僊（真跡）
高 178 公分　寬 60 公分

《墨竹》　民國　鍾濤仁（真跡）
高 185 公分　寬 61 公分

《牡丹》　民國　鄧雪峰（真跡）
高 168 公分　寬 61 公分

《紫葳》　民國　顏小僊（真跡）
高 178 公分　寬 59 公分

《張大千畫集》 高 29.5 公分 寬 22 公分 1973

《張大千作品選集》 高 29.5 公分 寬 22 公分 1976

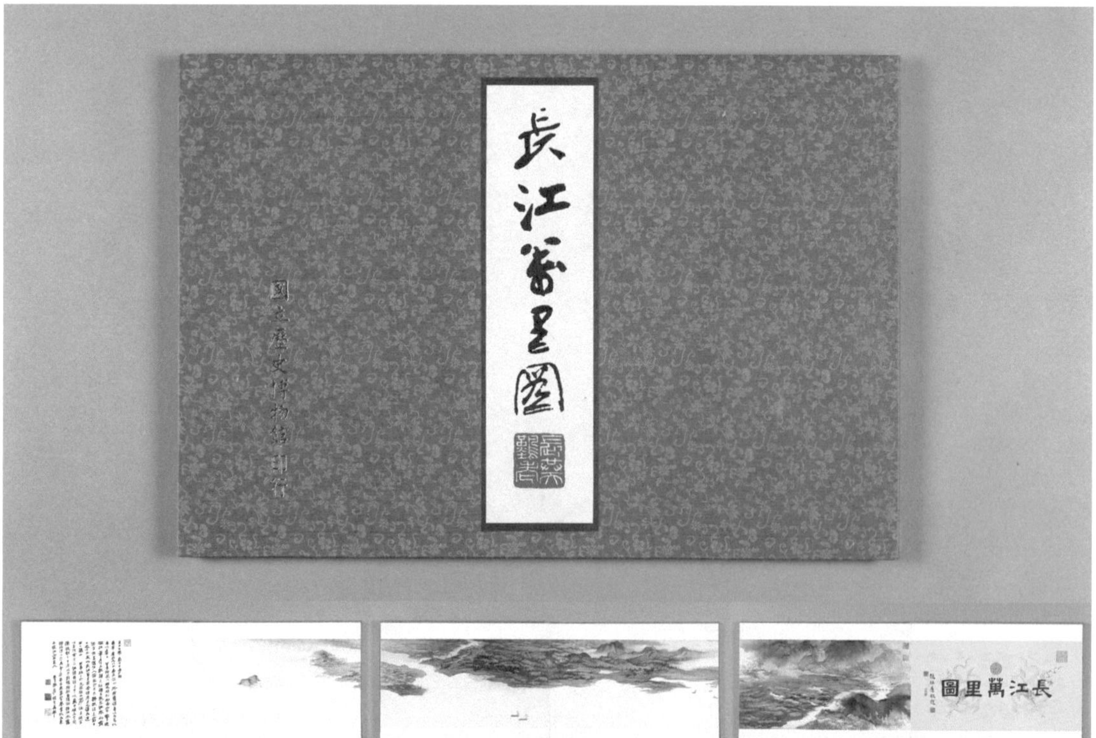

《長江萬里圖》冊頁 民國 張大千（複製品） 高 47.5 公分 寬 32 公分 1970

《黃君璧畫集》 高 29.5 公分 寬 22 公分 1974

《溥心畬畫集》 高 29.5 公分 寬 22 公分 1976

《黃君璧作品選集》 高 29.5 公分 寬 22 公分 1978

《溥心畬書畫集》 高 29.5 公分 寬 22 公分 1973

《歐豪年畫集》 高 29.5 公分 寬 22 公分 1978

《陳丹誠畫集》 高 29.5 公分 寬 22 公分 1982

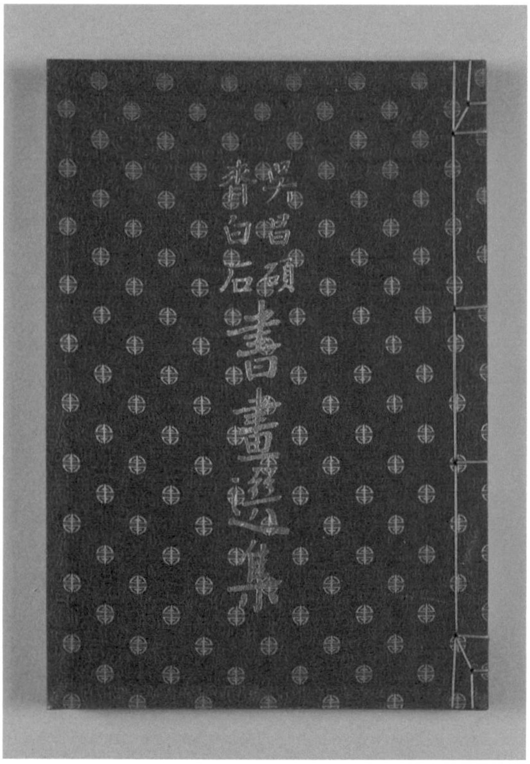

《吳昌碩齊白石書畫選集》
高 36.5 公分 寬 26.5 公分 1968

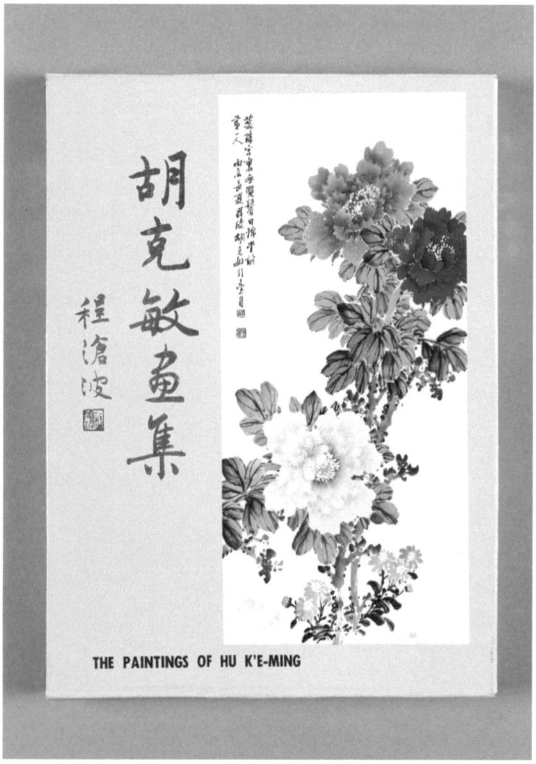

《胡克敏畫集》 高 29.5 公分 寬 22 公分 1976

《中國古代名畫選集》 高 29.5 公分 寬 22 公分 1977

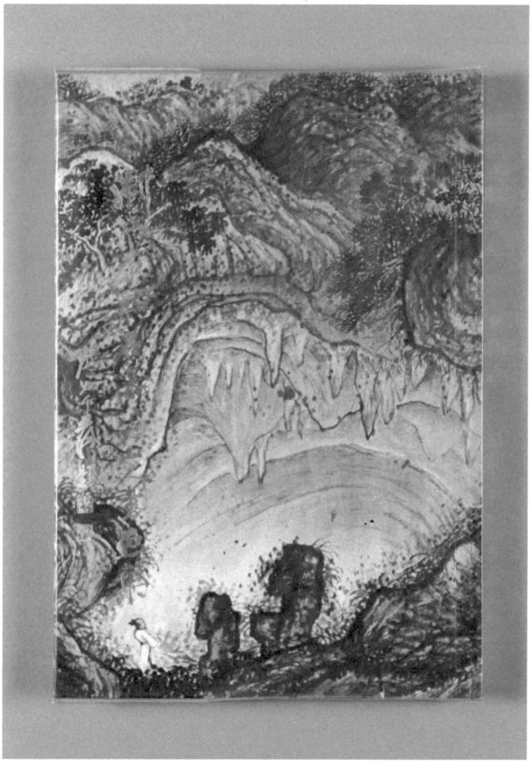

《八大山人書畫集》 高 29.5 公分 寬 22 公分 1978

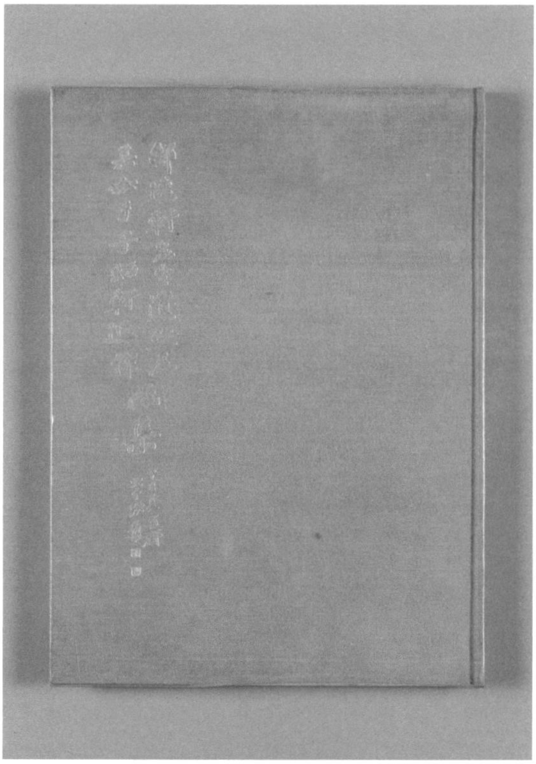

《邵逸軒先生遺作及其子女幼軒近作畫集》
高 29.5 公分 寬 22 公分 1978

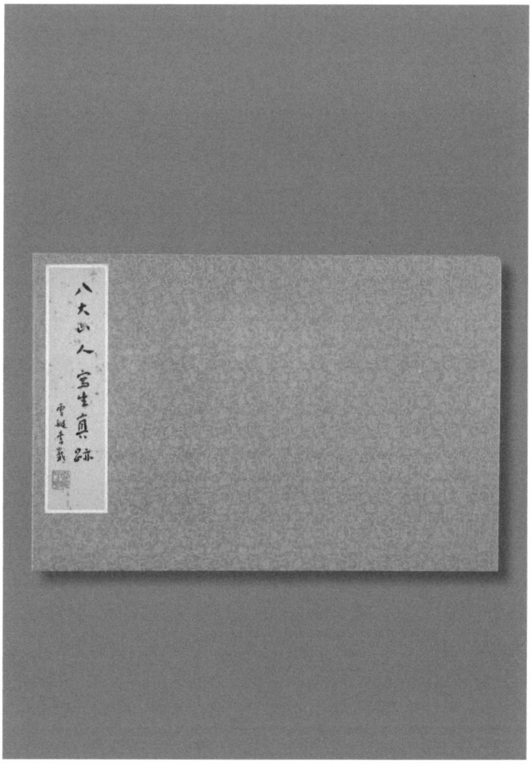

《八大山人寫生眞跡》冊頁（複製品）
高 29.5 公分 寬 22 公分 1978

《總統蔣中正先生遺像》　高 62 公分　寬 46 公分

《國父孫中山先生遺像》　高 62 公分　寬 46 公分

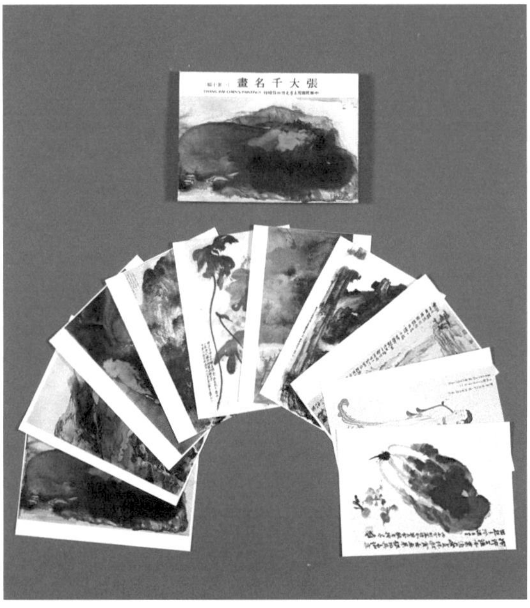

《張大千名畫》明信片　高 16 公分　寬 11 公分

《先師孔子行教像》浮雕　高 77 公分　寬 46 公分

《黃君璧名畫》明信片　高 16 公分　寬 11 公分

《溥心畬名畫》明信片　高 16 公分　寬 11 公分

《九天如意增福財神版畫》明信片
高 18 公分　寬 13 公分

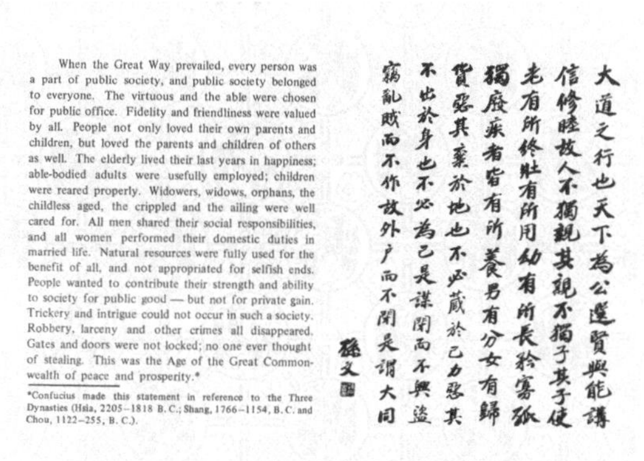

When the Great Way prevailed, every person was a part of public society, and public society belonged to everyone. The virtuous and the able were chosen for public office. Fidelity and friendliness were valued by all. People not only loved their own parents and children, but loved the parents and children of others as well. The elderly lived their last years in happiness; able-bodied adults were usefully employed; children were reared properly. Widowers, widows, orphans, the childless aged, the crippled and the ailing were well cared for. All men shared their social responsibilities, and all women performed their domestic duties in married life. Natural resources were fully used for the benefit of all, and not appropriated for selfish ends. People wanted to contribute their strength and ability to society for public good — but not for private gain. Trickery and intrigue could not occur in such a society. Robbery, larceny and other crimes all disappeared. Gates and doors were not locked; no one ever thought of stealing. This was the Age of the Great Commonwealth of peace and prosperity.*

*Confucius made this statement in reference to the Three Dynasties (Hsia, 2205–1818 B. C.; Shang, 1766–1154, B. C. and Chou, 1122–255, B. C.).

大道之行也天下為公選賢與能講信修睦故人不獨親其親不獨子其子使老有所終壯有所用幼有所長矜寡孤獨廢疾者皆有所養男有分女有歸貨惡其棄於地也不必藏於己力惡其不出於身也不必為己是謀閉而不興盜竊亂賊而不作故外戶而不閉是謂大同

孫文

《禮運大同篇》　民國　孫文明信片
高 18 公分　寬 13.5 公分

《周雲龍罍》明信片　高 29.5 公分　寬 22 公分

中華文物箱展品清單

中華民國五十九年五月一日
國立歷史博物館製

一、元首像及一般展品

○○一 國父遺像
○○二 總統肖像
○○三 中華民國國旗
○○四 中國歷史系統圖

二、圖片

先史人類

○○五 北京人

銅器

○○六 周雲龍罍
○○七 周特鐘
○○八 周虎彝
○○九 周鉞
○一○ 唐銅佛

玉器

○一一 史前彩玉璧
○一二 周瓏
○一三 清白玉如意

○三三 清惲壽平花卉(一)(二)
○三四 清惲壽平花卉(三)(四)
○三五 清王翬仿李營丘江干七樹圖
○三六 清院本清明上河圖（部分）
○三七 清郎世寧紅玉座
○三八 清郎世寧八駿圖
○三九 清郎世寧花蔭雙鶴
○四○ 清郎世寧仙萼長春

四、今人國畫（複製品）

○四一 張大千芍藥
○四二 張大千竹
○四三 張大千瑞士小景
○四四 張大千牛
○四五 張大千芍藥
○四六 張大千飛泉
○四七 張大千春雲曉靄
○四八 張大千白蓮
○四九 張大千超山幽栖
○五○ 張大千秋山紅樹
○五一 張大千讀書秋樹根

○七二 先史黑陶鬲
○七三 唐三彩文人
○七四 唐武人
○七五 唐舞俑
○七六 唐繪彩馬
○七七 唐駝

七、文字史料（複製品）

○七八 漢木簡

八、石刻（複製品）

○七九 北周石佛

九、玉器（複製品）

○八○ 宋玉馬
○八一 清辟邪

十、漆器（複製品）

○八二 明雕漆圓盒
○八三 明雕漆方盤
○八四 清雕漆龍鳳盤
○八五 清雕漆菊花盤

〇一五 商 字 骨

陶 器

〇一六 漢 羊 圈
〇一七 漢 瓦 車

瓷 器

〇一八 北宋 粉青三登方壺
〇一九 元 棒 槌 瓶
〇二〇 明 處州三足爐
〇二一 清 葫 蘆 瓶
〇二二 清 蝶 耳 瓶
〇二三 清 描金方瓶
〇二四 清 琺 瑯 瓶

三、古畫（複製品）

〇二五 五代人 雪漁圖
〇二六 遼 蕭瀜花鳥圖
〇二七 南宋 李廸風雨歸牧圖
〇二八 南宋 李嵩聽阮圖
〇二九 南宋 馬遠秋江漁隱圖
〇三〇 明人 出警圖（部分）
〇三一 明 仇英十八學士登瀛洲圖
〇三二 明 唐寅陶穀增詞圖

〇五四 張大千 翠嶺飛瀑
〇五五 張大千 春 山
〇五六 張大千 秋 山
〇五七 張大千 紅樹青山
〇五八 張大千 新 晴
〇五九 張大千 朝 暾
〇六〇 張大千 高崖古寺
〇六一 張大千 瑞士雪山
〇六二 張大千 溪山垂釣
〇六三 張大千 雨過嵐新
〇六四 張大千 雲崗飛泉
〇六五 張大千 長江萬里圖長卷
〇九七 中華民國郵票（增列）

五、銅器（複製器）

〇六六 商 爵
〇六七 周 編 鐘
〇六八 周 鉞
〇六九 周 鸞紋戈
〇七〇 春秋 彝
〇七一 漢 鏡

六、陶器（複製品）

〇八六 中華民國各種建設進步實況

十二、國樂唱片

〇八七 CM-1 1. 三潭印月 2. 平湖秋月 3. 雁落平沙 4. 歸來燕
〇八八 CM-2 1. 雨打芭蕉 2. 小桃紅 3. 楊翠喜 4. 娛樂昇平
〇八九 CM-3 1. 雙喜臨門 2. 玉樓人醉 3. 柳搖金 4. 塞翁吟
〇九〇 CM-4 1. 青梅竹馬 2. 孔雀開屏 3. 凱旋 4. 錦城春
〇九一 CM-5 1. 變體新水令 2. 夜深沉 3. 柳搖金 4. 萬年歡
〇九二 CM-6 1. 山地舞曲 2. 兒童舞曲 3. 農村舞曲 4. 歡樂舞曲
〇九三 CM-7 1. 新年樂 2. 將軍令
〇九四 CM-8 1. 雲裳羽衣曲 2. 春江花月夜
〇九五 CM-23 1. 天官賜福 2. 二胡滿庭芳
〇九六 CM-24 1. 禪院鐘聲 2. 一帆風順

1970年第一批中華文物箱展品清單

（《代辦文物箱出口案》，檔號 060-4-461-1-20，史博館檔案）

中華文物箱展品清單

中華民國六十一年元月廿六日
國立歷史博物館籌製

一般展品

○○一 國父遺像
○○二 總統肖像
○○三 中華民國國旗
○○四 中國歷史系統圖

圖片

先史人類

○○五 北京人

銅器

○○六 周雲龍罍
○○七 周特鐘
○○八 周虎彝
○○九 周鉞
○一○ 唐銅佛

玉器

○一一 史前彩玉璧
○一二 周瓏
○一三 清白玉如意

甲骨

○一四 商雕花骨
○一五 商字骨

陶器

○一六 漢羊圈

○三七 宋李廸風雨歸牧圖
○三八 宋劉松年羅漢
○三九 明宣宗子母雞
○四○ 明仇英十八學士登瀛洲圖
○四一 清惲壽平花卉(一)(二)
○四二 明周臣水亭清興
○四三 清王翬紅岸七樹
○四四 清郎世寧花底仙尨

仿古藝術緙絲

○四五 唐韓幹牧馬圖
○四六 南唐周文矩玉步搖仕女圖
○四七 南宋蘇漢臣秋庭戲嬰圖
○四八 明丁雲鵬白馬馱經圖
○四九 清陳書出海大士圖

今人作品

○五○ 蔣宋美齡山水
○五一 張大千芍藥
○五二 張大千瑞士小景
○五三 張大千春雲曉靄
○五四 張大千白蓮
○五五 張大千秋山紅樹
○五六 張大千翠嶺飛瀑

○七六 清玉辟邪

漆器

○七七 明雕漆圓盒
○七八 清雕漆菊花盤

彩色幻燈片

○七九 臺北風光 (1B)
○八○ 臺灣風景 (3)
○八一 臺灣農家樂 (4)
○八二 臺灣東西橫貫公路風景 (14)
○八三 日月潭湖光山色 (16)
○八四 至聖先師孔子釋奠典禮 (40)
○八五 民俗名畫—清明上河圖 (111)
○八六 兩宋名畫 (109)

國樂唱片

○八七 CM-1 1.三潭印月 2.平湖秋月 3.楊翠喜 4.歸來燕
○八八 CM-2 1.雨打芭蕉 2.小桃紅 3.連環扣 4.旱天雷
○八九 CM-3 1.雙喜臨門 2.鳳凰台 3.塞翁吟 4.柳搖金
○九○ CM-30 1.梅花三弄 2.鐵馬搖金 3.昭君怨 4.燭影搖紅

〇一八 北宋粉青三登方壺
〇一九 元棒槌瓶
〇二〇 明三足爐
〇二一 清葫蘆瓶
〇二二 清蝶耳瓶
〇二三 清描金方瓶
〇二四 清琺瑯瓶

國畫（複製品）

古人作品

〇二五 宋徽宗荷渚鴛鴦
〇二六 元倪雲林容膝齋
〇二七 明文徵明品茶圖
〇二八 清惲壽平五清圖
〇二九 明程嘉燧風景
〇三〇 明董其昌山水
〇三一 明張宏雪景
〇三二 明文徵明竹和樹
〇三三 明沈周山水
〇三四 清惲壽平花鳥
〇三五 五代人雪漁圖
〇三六 宋賈師古大士像

〇五九 張大千雨過嵐新
〇六〇 張大千雲崗飛泉
〇六一 張大千長江萬里圖卷

古器物（複製品）

銅器

〇六二 殷爵
〇六三 周編鐘
〇六四 周鉞
〇六五 殷鸞紋戈
〇六六 春秋彝
〇六七 漢鏡

陶器

〇六八 先史黑陶鬲
〇六九 唐三彩陶文人
〇七〇 唐陶武人
〇七一 唐陶舞俑
〇七二 唐繪陶彩馬
〇七三 唐陶駝

石刻

〇七四 北周石佛

玉器

〇七五 清玉馬

〇九二 CM-33 1. 夜深沉 2. 秦腔曲牌 3. 春暖花開 4. 小開門
〇九三 CM-34 1. 拜花堂 2. 海青曲 3. 五穀豐登 4. 一枝花
〇九四 QNL5022 1. 流水 2. 塞上曲 3. 浪淘沙 4. 繡荷包
〇九五 QNL5044 1. 春江花月夜 2. 陽春白雪
〇九六 QNL5031 1. 漁鄉 2. 高山流水 3. 豐年 4. 漢宮秋月
〇九七 中國名謠
1. 青海青 2. 在那遙遠的地方 3. 高山青 4. 茉莉花 5. 望春風 6. 康定情歌 7. 鳳陽花鼓 8. 青春舞曲 9. 虹彩妹妹 10 恒春民謠

其他

〇九八 中華民國郵票
〇九九 仿古舞蹈及展示服裝（漢、滿、蒙、回、藏五族服飾各一套含頭飾及舞鞋等在內）
一〇〇 仿古宮燈

附註

一、所有展品分裝鐵箱三箱，並以色彩加以區分，並有防震防濕設備。
二、所有器物各製托座，以求美觀及適當配合。
三、圖片繪畫均用精美鏡框，並力求牢固。
四、每箱附有展品存置位置圖，[illegible]按圖取放，藉免紊亂。

1972 年第二批中華文物箱展品清單
（《代辦文物箱出口案》，檔號 060-4-461-1-14，史博館檔案）

國立歷史博物館承辦
中華文物箱展品目錄

編號	類別	品名	件數	備註
1—4	總類	中華五千年歷代世系表	1	
2—4	〃	中華民國國旗	2	大型
3—3	〃	孔子浮雕立像	1	銅質
4—4	〃	國父遺像	1	
5—4	〃	總統蔣公遺像	1	
6—4	〃	宮燈	2	
7—1	銅器	殷商饕餮紋方罍	1	複製品
8—1	〃	殷商饕餮紋卣	1	〃
9—1	〃	殷商有角獸頭兕觥	1	〃
10—1	〃	周代方鼎	1	〃
11—1	銅器	周代編鐘	1	複製品
12—3	陶器	殷商白陶豆	1	〃
13—2	〃	唐三彩文人	1	〃
14—2	〃	唐三彩雙角獸	1	〃
15—2	〃	唐黃釉馬	1	〃
16—2	〃	唐三彩駱駝	1	〃
17—4	漆器	犀皮漆刻	2	眞蹟
18—1	〃	明剔紅高花瓶	1	〃
19—1	〃	清剔紅圓盤	1	〃
20—1	〃	清剔紅葫蘆瓶	1	〃

中華民國六十五年二月

21—1	漆器	清剔紅楕圓盤	1	複製品
22—3	瓷器	宋奉華尊	1	〃
23—3	〃	宋三登壺	1	〃
24—3	〃	南宋雙耳貫帶瓶	1	〃
25—3	〃	明永樂青花瓶	1	〃
26—3	〃	明弘治窰嬌黃繩耳罐	1	〃
27—3	〃	明嘉靖鬪彩蒜頭瓶	1	〃
28—3	〃	清乾隆鬪彩唐紋細口瓶	1	〃
29—3	〃	清山水青花瓶	1	〃
30—3	〃	清鼻煙壺	4	〃
31—1	琺瑯	清景泰藍花瓶	1	〃
32—1	〃	清侈口花瓶	1	〃
33—1	琺瑯	清彩花罐	1	複製品
34—1	雕刻	清牙雕三羊	1	〃
35—3	〃	仿唐陶女俑木刻	1	仿製品
36—3	〃	木刻觀音像	1	仿製品
37—3	〃	木刻獅子	2	〃
38—4	歷代名畫	宋李唐灸艾圖	1	複製品
39—4	〃	南宋錢選盧同烹茶圖	1	〃
40—4	〃	明沈周柳塘春水圖	1	〃
41—4	〃	明文徵明山水	1	〃
42—4	〃	明仇英秋江待渡圖	1	〃
43—4	〃	明王問拾得圖	1	〃
44—4	〃	明藍瑛山水	1	〃

1976 年第三批中華文物箱展品清單 -1
（《中華文物箱》，檔號 066-0422-16-1-02，史博館檔案）

45—4	歷代名畫	明陳洪綬無量壽佛圖	1	複製品
46—4	〃	清王翬萬壑松風圖	1	〃
47—4	〃	清郎世寧孔雀開屏	1	〃
48—4	〃	民國王一亭佛	1	〃
49—4	〃	民國張善孖老虎	1	〃
50—4	〃	民國溥心畬山水	1	〃
51—4	〃	民國張書旂孔雀	1	〃
52—4	〃	民國張書旂翠羽紅蘭	1	〃
53—4	〃	民國張書旂春江水暖鴨先知	1	〃
54—4	〃	〃貓侶	1	〃
55—4	〃	〃紫藤飛禽	1	〃
56—4	〃	民國今人張大千荷花	1	〃
57—4	〃	民國今人張大千雪景	1	複製品
58—4	扇面繪畫	明沈周山水	1	〃
59—4	〃	明文徵明竹樹	1	〃
60—4	〃	明董其昌山水	1	〃
61—4	扇面繪畫	明程嘉燧尋梅	1	〃
62—4	〃	明張宏雪景	1	〃
63—4	〃	清惲壽平花鳥	1	〃
64—4	今人國畫眞蹟	國畫	1	
65—4	〃	〃	1	
66—4	〃	〃	1	
67—4	〃	〃	1	
68—4	〃	〃	1	
69—4	〃	〃	1	〃
81—4	〃	漢烹飪圖、舞龍圖	2	複製品

71—4	〃	〃	1	
72—4	〃	〃	1	
73—4	〃	〃	1	
74—4	法書	漢熹平石經拓本	1	複製品
75—4	〃	董作賓甲骨文	1	〃
76—4	〃	溥心畬行書	1	〃
77—4	〃	吳昌碩石鼓文對聯	1	〃
78—4	〃	溥心畬楷書對聯	2	〃
79—4	〃	漢樂舞圖、讌集圖	2	〃
80—4	〃	漢舞蹈圖、博奕圖	2	〃
83—4	〃	漢群獸圖、乘鹿圖	2	〃
84—4	〃	漢飛人圖、車騎圖	2	〃
85—4	郵票	台灣風景	1	眞蹟
86—4	〃	中華古物	1	〃
87—4	其他	長江萬里圖卷	1	複印品
88—4	〃	吳齊畫集	1	
89—4	〃	溥心畬畫集	1	
90—4	〃	張大千畫集	1	
91—4	〃	黄君璧畫集	1	
92—4	〃	溥心畬作品名信片	50套	
93—4	其他	張大千作品名信片	50套	
94—4	〃	黄君璧作品名信片	50套	
95—4	〃	古器物名信片	二種各四百張	雲龍疊財神
96—4	〃	禮運大同篇明信片	二百張	

1976 年第三批中華文物箱展品清單 -2

（《中華文物箱》，檔號 066-0422-16-1-02，史博館檔案）

附件二

國立歷史博物館籌辦第四批中華文物箱目錄清冊

編號	類別	名稱	數量	單位
1	總類	國旗	1	件
2		總理遺像	1	件
3		先總統　蔣公遺像	1	件
4		孔子像	1	〃
5	銅器	仿周圓鼎	1	〃
6		仿周犧尊	1	〃
7		仿周金錯獸尊	1	〃
8		仿周觚	1	〃
9		仿周爵	1	〃
10		仿周扁壺	1	〃
11		仿周簋	1	〃
12		仿周公父宅匜	1	〃
13	陶器	仿殷商白陶豆	1	〃
14	陶器	仿北魏樂俑	1	件
15		仿六朝樂女	1	〃
16		仿唐三彩文官	1	〃
17		仿唐三彩侍女	1	〃
18		仿唐繪彩舞女	1	〃
19		仿唐三彩馬	1	〃
20		仿唐繪彩馬	1	〃
21		仿唐三彩駱駝	1	〃
22	瓷器	仿宋三犧尊	1	〃
23		仿明青花四季花帶嘴壺	1	〃
24		仿清青花雲龍四角瓶	1	〃
25		仿清青花仕女瓶	1	〃
26		仿清青花山水扇形盤	1	〃

27	瓷器	仿清龍耳瓶	1	〃
28		仿清蒜頭瓶	1	〃
29		仿清鬥彩海浪紅龍扁壺	1	〃
30		仿清鬥彩四季花雙耳如意瓶	1	〃
31		仿清粉彩花蝶膽瓶	1	〃
32	琺瑯	仿清琺瑯長頸瓶	1	〃
33		仿清琺瑯高足瓶	1	〃
34		仿清琺瑯花瓶	1	〃
35		仿清琺瑯長頸小花瓶	1	〃
36	雕刻	彌勒菩薩	1	〃
37		文珠菩薩	1	〃
38		月光菩薩	1	〃
39		吹笙仙女	1	〃
40	書法拓本	漢熹平石經拓本	1	〃
41	書法	清八大山人草書對聯	1	對
42		清吳昌碩石鼓文對聯	1	〃
43	書法	民國于右任行書軸	1	幅
44		民國溥心畬楷書對聯	1	對
45		民國董作賓甲骨文	1	幅
46		民國高拜石鐘鼎文軸	1	〃
47	古今名畫	宋錢選烹茶圖	1	〃
48		明文徵明山水	1	〃
49		明仇英秋江待渡圖	1	〃
50		明王問拾得圖	1	〃
51		明藍瑛山水	1	〃
52		明八大仙人松鹿圖	1	〃
53		明石濤霜山煙雨圖	1	〃
54		明石濤憶箇山僧圖	1	〃
55		明石濤蘭竹	1	〃
56		明石谿曠懷圖	1	〃
57		清鄭板橋蘭竹	1	〃
58		清郎世寧孔雀開屏	1	〃

1978 年第四批中華文物箱展品清單 -1

（《中華文物箱（二）》，檔號 020-090502-0020-0208，國史館藏外交部檔案）（國史館提供）

59	古今名畫	清五路進財	1	幅
60		民國齊白石蝦	1	〃
61		民國王一亭佛	1	〃
62		民國張善子虎	1	〃
63		民國溥心畬山水	1	〃
64		民國張書旂孔雀	1	〃
65		民國張書旂翠羽紅蓼	1	件
66		民國張書旂春江水暖鴨先知	1	〃
67		民國張書旂猫侶	1	〃
68		民國張書旂紫藤飛禽	1	〃
69		民國徐悲鴻馬	1	幅
70		民國張大千潑墨山水	1	〃
71		民國張大千梅花	1	〃
72		民國張大千仕女圖	1	〃
73		民國張大千事事如意	1	件
74		民國張大千九歌圖卷	1	卷
75	古今名畫	民國黃君璧山水	1	幅
76		民國黃君璧春山飛瀑	1	件
77	現代國畫	現代國畫	1	幅
78		現代國畫	1	〃
79		現代國畫	1	〃
80		現代國畫	1	〃
81		現代國畫	1	〃
82		現代國畫	1	〃
83		現代國畫	1	〃
84		現代國畫	1	〃
85		現代國畫	1	〃
86		現代國畫	1	〃
87		現代國畫	1	〃
88		現代國畫	1	〃
89		現代國畫	1	〃
90		現代國畫	1	〃

91	國畫	現代國畫	1	幅
92	照片	周蟠龍方壺	1	件
93		周雲龍罍	1	〃
94		北魏繪彩舞女、樂女群像	1	〃
95		唐三彩天王像武士像	1	〃
96		清玉白菜	1	〃
97		清彩瓷集錦	1	〃
98	畫集	中國古代名畫選集	1	冊
99		明四僧畫集	1	〃
100		八大仙人冊頁	1	套
101		吳齊畫集	1	冊
102		溥心畬畫集(一)	1	〃
103		溥心畬畫集(二)	1	〃
104		張大千畫集(一)	1	〃
105		張大千畫集(二)	1	〃
106		今人張大千長江萬里圖冊	1	〃
107		黃君璧畫集(一)	1	〃
108	畫集	黃君璧畫集(二)	1	冊
109		胡克敏畫集	1	〃
110		陳丹誠畫集	1	〃
111		歐豪年畫集	1	〃
112		邵幼軒畫集	1	〃
113	明信片	古代陶器明信片	50	套
114		唐三彩明信片	50	〃
115		古錢明信片(一)	50	〃
116		古錢明信片(二)	50	〃
117		古錢明信片(三)	50	〃
118		明石濤明信片	50	〃
119		溥心畬明信片(一)	50	〃
120		溥心畬明信片(二)	10	〃
121		張大千明信片(一)	10	〃
122		張大千明信片(二)	10	〃
123		黃君璧明信片(一)	10	〃
124		黃君璧明信片(二)	10	〃

1978 年第四批中華文物箱展品清單 -2
（《中華文物箱（二）》，檔號 020-090502-0020-0208，國史館藏外交部檔案）（國史館提供）

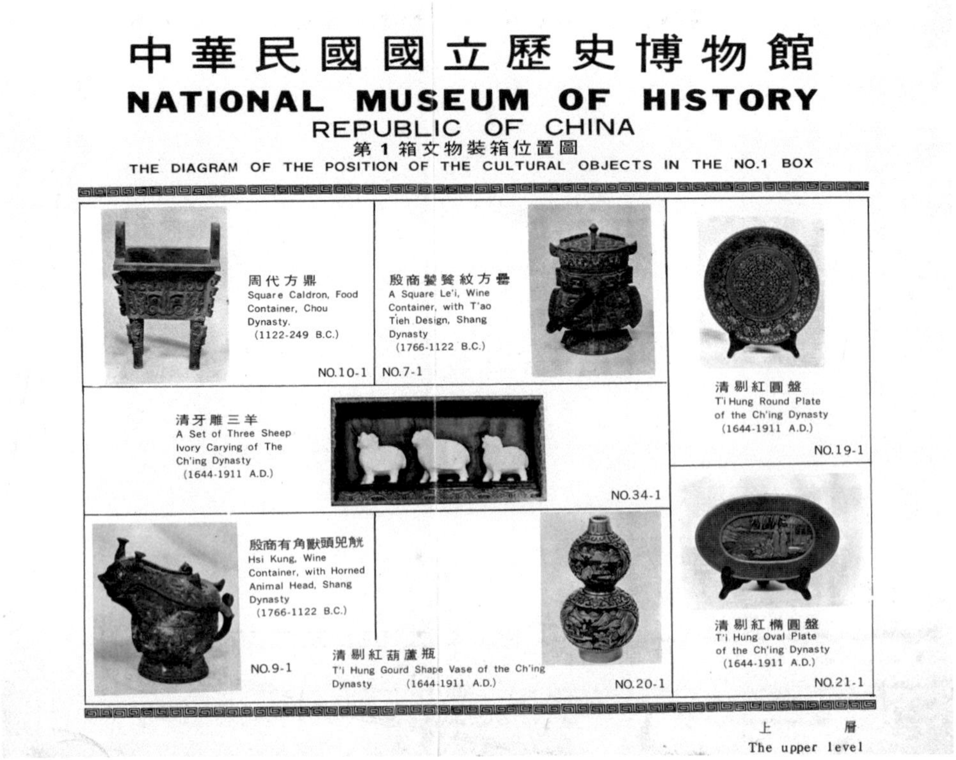

中華民國國立歷史博物館
NATIONAL MUSEUM OF HISTORY
REPUBLIC OF CHINA
第1箱文物裝箱位置圖
THE DIAGRAM OF THE POSITION OF THE CULTURAL OBJECTS IN THE NO.1 BOX

周代方鼎
Square Caldron, Food Container, Chou Dynasty.
(1122-249 B.C.)
NO.10-1

殷商饕餮紋方罍
A Square Le'i, Wine Container, with T'ao Tieh Design, Shang Dynasty
(1766-1122 B.C.)
NO.7-1

清剔紅圓盤
T'i Hung Round Plate of the Ch'ing Dynasty
(1644-1911 A.D.)
NO.19-1

清牙雕三羊
A Set of Three Sheep Ivory Carying of The Ch'ing Dynasty
(1644-1911 A.D.)
NO.34-1

殷商有角獸頭兕觥
Hsi Kung, Wine Container, with Horned Animal Head, Shang Dynasty
(1766-1122 B.C.)
NO.9-1

清剔紅葫蘆瓶
T'i Hung Gourd Shape Vase of the Ch'ing Dynasty (1644-1911 A.D.)
NO.20-1

清剔紅橢圓盤
T'i Hung Oval Plate of the Ch'ing Dynasty
(1644-1911 A.D.)
NO.21-1

上層
The upper level

1970年第一批中華文物箱第一箱上層配置圖
（《贈澳「中華文物箱」》，檔號065-0422-19-1，史博館檔案）

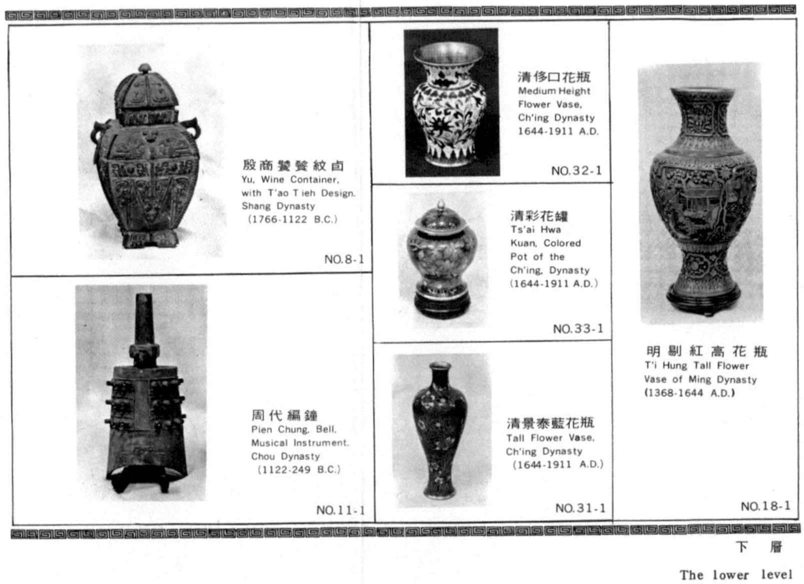

殷商饕餮紋卣
Yu, Wine Container, with T'ao T ieh Design. Shang Dynasty
(1766-1122 B.C.)
NO.8-1

清侈口花瓶
Medium Height Flower Vase, Ch'ing Dynasty
1644-1911 A.D.
NO.32-1

清彩花罐
Ts'ai Hwa Kuan, Colored Pot of the Ch'ing, Dynasty
(1644-1911 A.D.)
NO.33-1

明剔紅高花瓶
T'i Hung Tall Flower Vase of Ming Dynasty
(1368-1644 A.D.)
NO.18-1

周代編鐘
Pien Chung, Bell, Musical Instrument. Chou Dynasty
(1122-249 B.C.)
NO.11-1

清景泰藍花瓶
Tall Flower Vase, Ch'ing Dynasty
(1644-1911 A.D.)
NO.31-1

下層
The lower level

1970年第一批中華文物箱第一箱下層配置圖
（《贈澳「中華文物箱」》，檔號065-0422-19-1，史博館檔案）

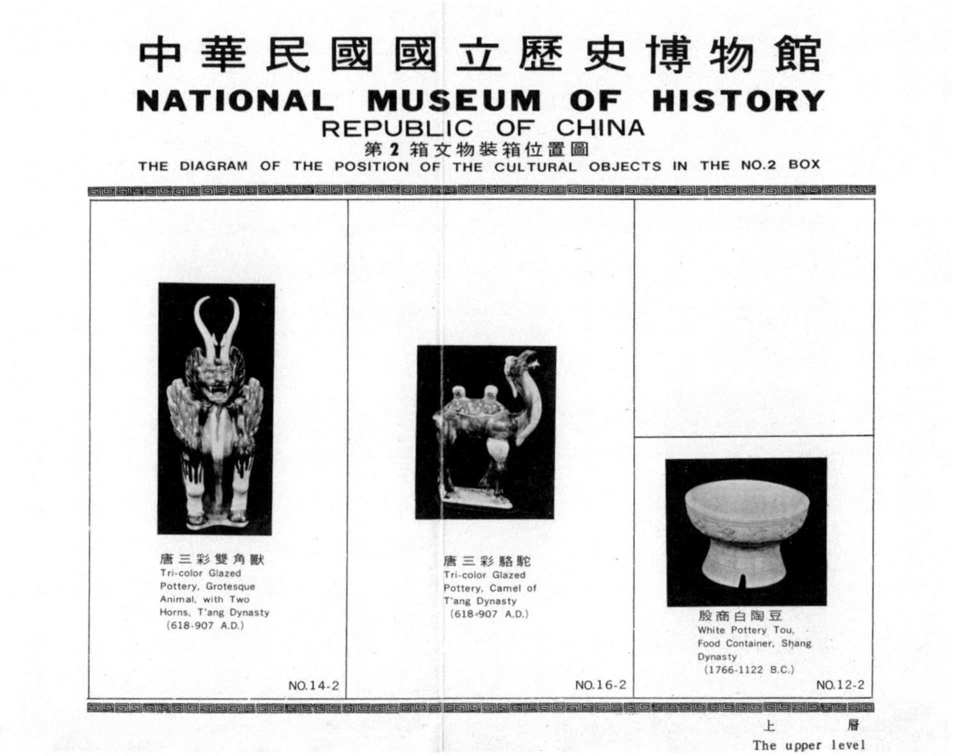
中華民國國立歷史博物館
NATIONAL MUSEUM OF HISTORY
REPUBLIC OF CHINA
第 2 箱文物裝箱位置圖
THE DIAGRAM OF THE POSITION OF THE CULTURAL OBJECTS IN THE NO.2 BOX

唐三彩雙角獸
Tri-color Glazed Pottery, Grotesque Animal, with Two Horns, T'ang Dynasty (618-907 A.D.)
NO.14-2

唐三彩駱駝
Tri-color Glazed Pottery, Camel of T'ang Dynasty (618-907 A.D.)
NO.16-2

殷商白陶豆
White Pottery Tou, Food Container, Shang Dynasty (1766-1122 B.C.)
NO.12-2

上層
The upper level

1970 年第一批中華文物箱第二箱上層配置圖
（《贈澳「中華文物箱」》，檔號 065-0422-19-1，史博館檔案）

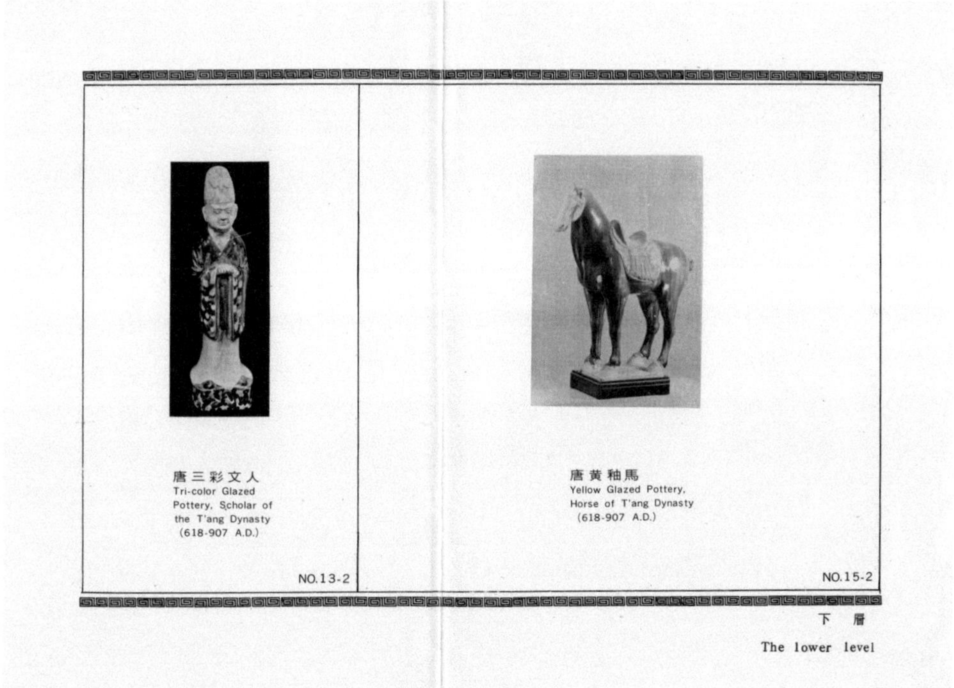
唐三彩文人
Tri-color Glazed Pottery, Scholar of the T'ang Dynasty (618-907 A.D.)
NO.13-2

唐黃釉馬
Yellow Glazed Pottery, Horse of T'ang Dynasty (618-907 A.D.)
NO.15-2

下層
The lower level

1970 年第一批中華文物箱第二箱下層配置圖
（《贈澳「中華文物箱」》，檔號 065-0422-19-1，史博館檔案）

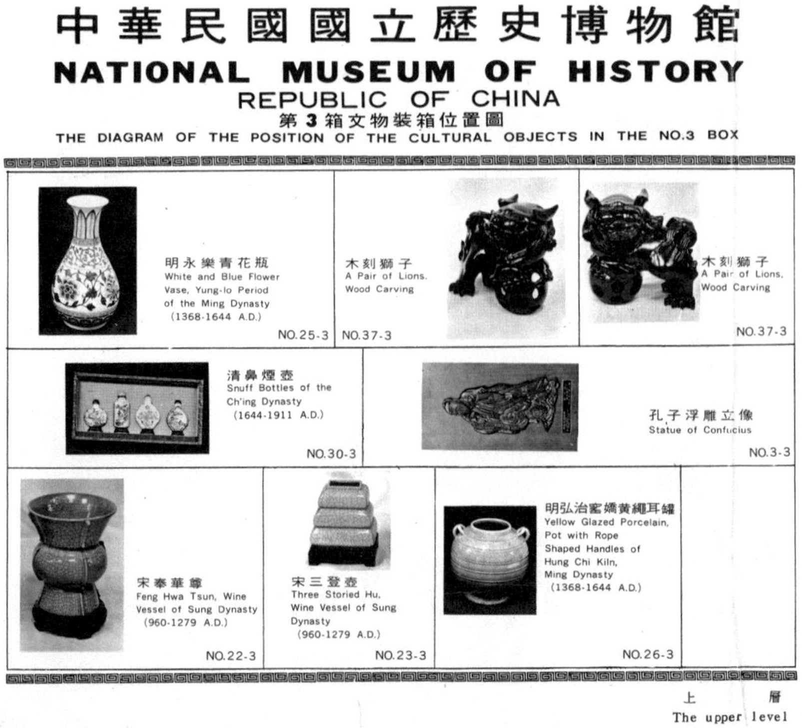

1970 年第一批中華文物箱第三箱上層配置圖

（《贈澳「中華文物箱」》，檔號 065-0422-19-1，史博館檔案）

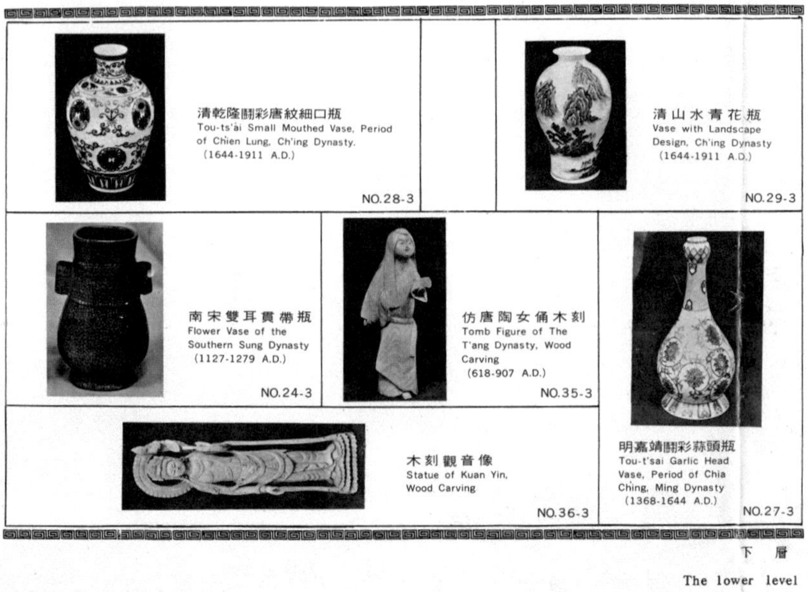

1970 年第一批中華文物箱第三箱下層配置圖

（《贈澳「中華文物箱」》，檔號 065-0422-19-1，史博館檔案）

中華民國國立歷史博物館
NATIONAL MUSEUM OF HISTORY
REPUBLIC OF CHINA
第 4 箱文物裝箱位置圖
THE DIAGRAM OF THE POSITION OF THE CULTURAL OBJECTS IN THE NO.4 BOX

NO.1-4	中華民國伍仟年歷代世系表 The Successive Generations of Chinese History in the Five Thousand Years	1幅 (1)
NO.2-4	國 旗 Chinese National Flag	2面 (2)
NO.4-4	國父遺像 Dr. Sun Yat-sen, father of the Republic of China	1幀 (1)
NO.5-4	總統 蔣公遺像 The Late President Chiang Kai-shek	1幀 (1)
NO.6-4	宮 燈 Palace Lantern	2個 (2)
NO.17-4	犀皮刻漆 Lacquer Carving	2幅 (2)
NO.38-4 ~51-4 74-4 ~76-4 79-4 ~84-4	書畫立軸 Scroll paintings	25件 (25)
NO.52-4 ~55-4	花鳥國畫 The Bird and Flower Paintings	4幅 (4)
NO.58-4 ~63-4	扇形國畫 Paintings on Chinese Fan	6幅 (6)
NO.64-4 ~73-4	繪畫眞蹟 Genuine Paintings	10幅 (10)
NO.77-4 ~78-4	對 聯 Couplet	2幅 (2)
NO.85-4 ~86-4	郵票 Chinese Stamps	2套 (2 sets)
NO.87-4	長江萬里圖 The Great Yangtze River	1本 (1)
NO.88-4	齊白石・吳昌碩 畫集 The Paintings of Ch'i Pai-shih and Wu Ch'ang-shuo	1本 (1)
NO.89-4	溥心畬書畫集 P'u Hsin-yu's Paintings	1本
NO.90-4	張大千畫集 The Paintings of Chang Da-ch'ien	1本 (1)
NO.91-4	黃君璧畫集 The Paintings of Huang Chun-pi	1本 (1)
NO.92-4	溥心畬 作品明信片 The Paintings of P'u Hsin-yu	50套 (50)
NO.93-4	張大千作品明信片 The Paintings of Chang Da-ch'ien	50套 (50)
NO.94-4	黃君璧作品 明信片 The Paintings of Huang Chun-pi	50套 (50)
NO. 95-4 ~96-4	明信片 Post Cards	800張 (800)

1970 年第一批中華文物箱第四箱配置圖

（《贈澳「中華文物箱」》，檔號 065-0422-19-1，史博館檔案）

五批次中華文物箱展品類別綜合比率圖

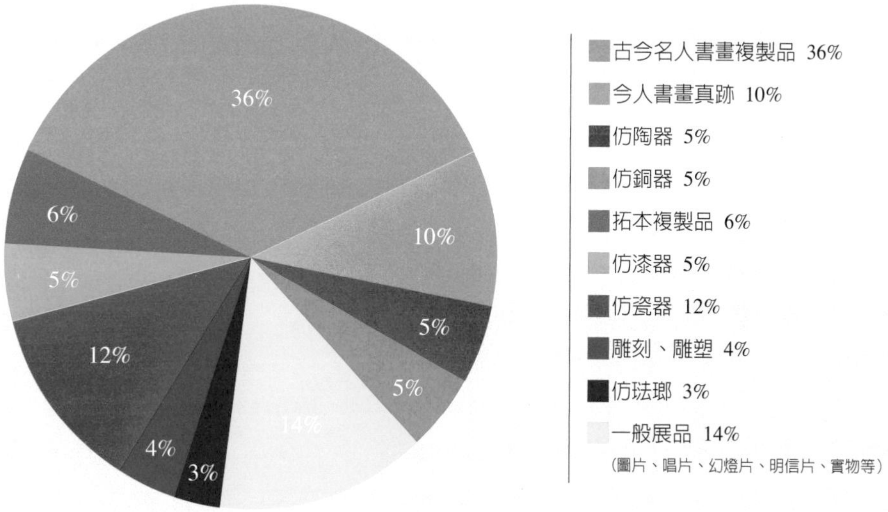

（編輯小組製圖）

▲ 文殊菩薩 Bodhisattva Manjusri

▼ 張大千事事如意 Everything Be as You Wish, by Chang Dai-chien, the Republican period

中華文物箱
CHINESE CULTURE CHEST

中華民國國立歷史博物館編印

Prepared by

The National Museum Of History.

49, Nan-Hai Rd., Taipei, Taiwan

Republic of China

中華文物箱

國立歷史博物館爲宏揚中華文化於海外，藉以介紹中華民國之進步實況，期使華僑留學生，以及當地國際人士獲致瞭解與認識，曾不斷製作「中華文物箱」分別在各地區作長期性展覽。

中國是世界上最古老的國家，歷史文化淵源深厚，而中華文物更是中華民族文化的結晶，光輝燦爛，夙爲世人所稱道。

中華文物箱具有中華文化的代表性，除了表達中華民族的傳統精神，其內容分爲八類：

扁壺
▲Pien Hu, flat pot

仿清景泰藍
▲Cloisonne, enamel ware, Ch'ing Dynasty

支頤彌勒菩薩
▲Maitreya Buddha

一、「銅器」以商周時代爲主，包括三千年前食器的鼎、簋、酒器的尊、觚、壺、爵，以及水器的匜等仿製。

二、「陶器」以盛唐及北魏時代明器爲主，包括三彩文官、三彩馬、三彩駝、以及舞樂女俑等仿製。

三、「瓷器」選用明清時代的青花、鬬彩、粉彩等各式花瓶仿製。

四、「琺瑯」選用清代製作包括各種形式與彩色的瓶罐仿製。

五、「古今名人書畫」選自兩宋，迄今名家，如錢選、文徵明、仇英、八大、石濤、鄭板橋、溥心畬、以及今人張大千等人作品，雖係複製，惟均保持原作神想，印製極爲精緻。另附有當代畫家國畫一組，悉爲眞蹟均爲當今中國繪畫之創作風貌，尤爲難得。

六、「雕刻」則選自北魏以後各代作品，如北魏支頤菩薩等仿製。

七、「攝影」一類，純係以我國現代技術，攝製歷代各類文物精品以作補充之介紹。

八、「其他」在中華文物箱內附有多種我國古今名畫集及各類歷史文物與繪畫的明信片等，有助於觀賞與研究。

文化乃人類所共有，中華文化應爲世界人類所共享。深願藉此文物展示，增進對中華文化的影響，促進中華民國與各國人民間心靈的交流與友誼的增進，我們更滿懷希望願永遠和你結合在一起，也期待你給我們一切的指教！

中華民國六十九年元月國立歷史博物館 謹識

1980年第四批中華文物箱展品摺頁－正面
（《籌辦第四批中華文物箱展》，檔號069-0108-2-17，史博館檔案）

CAJON DE LA CULTURA CHINA

Nº	DESCRIPCION	CANTIDAD
1	Tabla Cronológica de Cinco Mil Años de las Dinastías Chinas	1
2	Bandera Nacional de la República de China	2
3	Confucio (551-479 a.C.)	1
4	Dr. Sun Yat-sen, Padre Nacional de la República de China (1866-1925)	1
5	Recordado Presidente Chiang Kai-shek (1887-1975)	1
6	Lámpara del Palacio	2
7	Lei, Envase del Vino, con el Diseño del Animal Mitico T'ao T'ien, Dinastía Shang 1766-1122 a.C. (reproducción)	1
8	Yu, Envase del Vino, con el Diseño T'ao T'ien, Dinastía Shang, 1766-1122 a.C. (reproducción)	1
9	Kung, Envase del Vino, Forma de Rinocerontes con Cuerno, Dinastía Shang 1766-1122 a.C. (reproducción)	1
10	Ting, Recipiente de Alimentos, Dinastía Chou, 1122-256 a.C. (reproducción)	1
11	Pien Chung, Carillón, Instrumento Músico, Dinastía Chou, 1122-256 a.C. (reproducción)	1
12	Tou, Recipiente de Alimentos, Dinastía Chou, (reproducción)	1
13	Figura Cerámica, Dinastía Wei Norte, 386-534 d.C. (imitaciones)	2
14	Músicas, Cerámica Policromada, Seis Dinastías, 222-589 d.C. (reproducción)	1
15	Literato, Alfarería Vidriada Tricolor, Dinastía T'ang, 618-906 d.C. (reproducción)	1
16	Bailarina, Cerámica Policromada, Dinastía T'ang (reproducción)	1
17	Caballo, Alfarería Vidriada Tricolor, Dinastía T'ang (reproducción)	1
18	Caballo, Alfarería Pintada, Dinastía T'ang (reproducción)	1
19	Camello, Alfarería Vidriada Tricolor, Dinastía T'ang (reproducción)	1
20	Laca, Con una Superficie Similar al Pellejo de Rinoceronte (imitación)	2
21	"San Shi" Tsun, con Forma de Vasija para Vino, Dinastía Sung, 960-1279 (reproducción)	1
22	"San T'eng" Vasija, Dinastía Sung 960-1279 (reproducción)	1
23	Vaso con Manijas, Dinastía Sung del Sur (reproducción)	1
24	Jarro, Porcelana Vidriada Amarilla con Manijas de Cuerdas, Horno Jang-chi, Dinastía Ming, 1368-1644	1
25	Vaso con Manijas de Trompetas de Elefantes, con Azul Interior Vidriado, Dinastía Ch'ing 1644-1911 (reproducción)	1
26	Vaso con el Patrón de Flor, con Azul Interior Vidriado, Dinastía Ch'ing (reproducción)	1
27	Botella con Azul Interior Vidriado, Dinastía Ch'ing (reproducción)	1
28	Botella con el Estilo Tetraédrico, Azul Interior Vidriado, Dinastia Ch'ing (reproducción)	1
29	Botella con dos Manijas con el Patrón de Flor, Tou Ts'ai Dinastia Ch'ing (reproducción)	1
30	Vaso, Dinastía Ch'ing (reproducción)	1
31	Vaso con Boca Grande, Dinastía Ch'ing	1
32	Jarro de Porcelana Esmaltada Policromada, Dinastia Ch'ing (reproducción)	1
33	Ovejas, Marfil Esculturado, Dinastía Ch'ing	3
34	Cabeza de Budista, Piedra, Dinastía T'ang	1
35	Diosa de Merced, Kuang Yin, Madera Esculturada (imitación)	1
36	León, Madera Esculturada (imitación)	2
37	Mositerapía por Li T'ang, Dinastía Sung (reproducción)	1
38	Un inmortal por Liang Kai, Dinastía Sung (reproducción)	1
39	Hervir el Té, por Ch'ien Hsuan, Dinastía Sung del Sur (reproducción)	1
40	Paisaje por Wu Cheng, Dinastía Yuan (reproducción)	1
41	Pinos Viejos, por Sheng Chou, Dinastía Ming (reproducción)	1
42	Paisaje, Por Wen Cheng-ming, Dinastía Ming (reproducción)	1
43	Figuras Humanas por T'ang Yin (reproducción)	1
44	Un Santo en Arboleda de Bambú, por Hsia Ch'ang, Dinastía Ming (reproducción)	1
45	Esperando una Barca de Pasage en Otoño, por Cho Yin, Dinastía Ming (reproducción)	1
46	Shih Te (un Poeta de Ch'an (Zen) de Dinastía T'ang), por Wan Wen, Dinastía Ming (reproducción)	1
47	Paisaje, por Lan Ying, Dinastía Ming (reproducción)	1
48	Ciervo y Pino, por Pa-ta-shan-jen, Dinastía Ming (reproducción)	1
49	Paisaje, por Shih Ch'i, Dinastía Ming (reproducción)	1
50	Paisaje, por Shih T'ao, Dinastía Ming (reproducción)	1
51	Recordar a Pa-ta-shan-jen, por Shih T'ao (reproducción)	1
52	Orquídea y Bambú, por Shih T'ao, Dinastía Ming (reproducción)	1
53	Orquídea y Bambú, por Cheng Pan-chiao, Dinastía Ch'ing (reproducción)	1
54	Bebiendo el Té cerca de la Fuente, por Chin Tien-piao, Dinastía Ch'ing (reproducción)	1
55	Caballos, por Giuseppe Castiglione (1688-1767), Dinastía Ch'ing (reproducción)	1
56	Pavo real, por Giuseppe Castiglione (1688-1767), Dinastía Ch'ing (reproducción)	1
57	Desde Cinco Caminos Entran las Riquezas, Dinastía Ch'ing (reproducción)	1
58	Camarones, por Ch'i Pai-shih, Período Republicano (reproducción)	1
59	Buda, por Wang I-t'ing, Período Republicano (reproducción)	1
60	Tigres, por Chang Shang-tze, Período Republicano (reproducción)	1

Nº	DESCRIPCION	CANTIDAD
61	Paisaje, por P'u Hsin-yu, Período Republicano (reproducción)	1
62	Pavo real, por Chang Shu-ch'i, Período Republicano (reproducción)	1
63	Pájaro Azul y Manzana Roja, por Chang Shu-ch'i, Período Republicano (reproducción)	1
64	Patos Sienten la Primera Está Llegando, por Chang Shu-Ch'i, Período Republicano (reproducción)	1
65	Matrimonio de Gatos, por Chang Shu-ch'i, Período Republicano (reproducción)	1
66	Pájaro y Vistaria, por Chang Shu-ch'i, Período Republicano (reproducción)	1
67	Caballo, por Hsu Pei-hung, Período Republicano (reproducción)	1
68	Paisaje en el Método de Salpicar Tinta China, por Chang Dai-chien, Contemporáneo (reproducción)	1
69	Hadas, por Chang Dai-chien, Contemporáneo (reproducción)	1
70	Dióspiros, un Símbolo de "Que Todo Sea a su Espera", por Chang Dai-chien, Contemporáneo (reproducción)	1
71	Figuras en los Nueves Cantos Antiguos, por Chang Dai-chien, Contemporáneo (reproducción)	1
72	Paisaje por Huang Chun-pi Contemporáneo (reproducción)	1
73	Cascada y Montañas, por Huang Chun-pi, Contemporáneo (reproducción)	1
74	Tigre y Pájaro de Piedra, Dinastía Shang, Foto tomada por Tung Ming	1
75	Yu Envase del Vino, con el Diseño T'ao T'ien, Dinastía Shang, Foto tomada por Tung Ming	1
76	I, Envase del Agua, con la Forma de Tigre, Dinastía Chou, Foto tomada por Tung Ming	1
77	Botella Cuadrada, Envase del Vino, Dinastía Chou, Foto tomada por Tung Ming	1
78	Florero del Jade con Forma de Pez, Dinastía Ch'ing, Foto tomada por Tung Ming	1
79	Seleccion de las Porcelanas Destacadas de las Dinastías Pasadas, Foto tomada por Tung Ming	1
80	Pintura Tradicional Contemporánea	1
81	Pintura Tradicional Contemporánea	1
82	Pintura Tradicional Contemporánea	1
83	Pintura Tradicional Contemporánea	1
84	Pintura Tradicional Contemporánea	1
85	Pintura Tradicional Contemporánea	1
86	Pintura Tradicional Contemporánea	1
87	Pintura Tradicional Contemporánea	1
88	Pintura Tradicional Contemporánea	1
89	Pintura Tradicional Contemporánea	1
90	Calcado de Piedra del Período Hsi P'ing de la Dinastía Han (reproducción)	1
91	Caligrafía en Cursiva, por Yu Yo-jen, Período Republicano (reproducción)	1
92	Caligrafía en Caracteres Grabados Sobre los Caparazones de las Tortugas y Sobre Huesos, por Tun Tso-pin (reproducción)	1
93	Caligrafía en Caracteres Antiguos de Campana y Ting, por Kao Pa-shi, Período Republicano (reproducción)	1
94	Copla Simétrica en el Escrito Cursivo, por Pa-ta-shan-jen, Dinastía Ch'ing (reproducción)	2
95	Copla Simétrica en Caracteres Antiguos de Piedra y Tambor, por Wu Ch'ang-shuo, Dinastía Ch'ing (reproducción)	2
96	Copla Simétrica en el Escrito Regular, por P'u Hsin-yu, Período Republicano (reproducción)	2
97	Festival con Danza y Música, Dinastía Han (reproducción)	2
98	Pinturas de Danza y del Juego del Ajedrez, Dinastía Han (reproducción)	2
99	Selección de las Obras de los Pintores Antiguos	1
100	Cuatro Monjes de la Ultima Dinastía Ming	1
101	Gran Yangtze Río, Por Chang Dai-chien, Contemporáneo (reproducción)	1
102	Pinturas de Wu Chang-shuo y Ch'i Pai-shih	1
103	Pinturas de P'u Hsin-yu (1)	1
104	Pinturas de P'u Hsin-yu (2)	1
105	Pinturas de Chang Dai-chien	1
106	Selecciones de Chang Dai-chien	1
107	Pinturas de Huang Chün-pi	1
108	Pinturas de Hu K'e-ming	1
109	Pinturas de Cheng Dan-chen	1
110	Pinturas de Ou Hao-nien	1
111	Pinturas de P'u Hsin-yu (1) (Tarjeta Postal)	un lote
112	Pinturas de P'u Hsin-yu (2) (Tarjeta Postal)	un lote
113	Pinturas de Chang Dai-chien (1) (Tarjeta Postal)	un lote
114	Pinturas de Chang Dai-chien (2) (Tarjeta Postal)	un lote
115	Pinturas de Huang Chün-pi (Tarjeta Postal)	un lote
116	Cerámicas Chinas Antiguas (Tarjeta Postal)	un lote
117	Pinturas Chinas Antiguas (Tarjeta Postal)	un lote
118	Monedas Chinas Antiguas (Tarjeta Postal)	un lote
119	Pinturas de Shih T'ao (Trajeta Postal)	un lote

1972 年第二批中華文物箱展品摺頁—正面

（《中華文物箱（一）》，檔號 020-090502-0019-0003，國史館藏外交部檔案）（國史館提供）

PROLOGO

La característica de la civilización china es la tradición larga con mucha riqueza, variedad y profundidad en su historia y cultura. Como una creación espiritual, el arte chino con sus formas delicadas y espléndidas, ha expresado los sentidos simbólicos de la humanidad, amabilidad y benevolencia, su valor ha sido ofrecido perpetuamente a los seres humanos.

Bajo esta premisa, el "Cajón de la Cultura China" ha sido diseñado y fabricado por el Museo Nacional de Historia y guiado por el Ministrio de Educación. Su propósito es introducir la cultura china tradicional y presentar el progreso logrado por nuestra sociedad moderna democrática a los estudiantes chinos en los países extranjeros, a los chinos ultramarinos y a los amigos internationales de nuestro país.

Para preparar el "Cajón de la Cultura China", ha durado mucho tiempo la planificación y las técnicas respectivas han sido demandadas. El Departamento de Estudio de este Museo organizó un grupo ejecutivo especial que se dedicó a la designación del "Cajón", a la selección de artículos y al catalogar los objetos. Este proyecto está teniendo un gran éxito y ahora sigue reproduciendo los cajones.

Se puede dividir en dos categorías el contenido, primero, los objetos históricos y los del arte; segundo, artículos de interés general. Entre los artículos de interés general están: la "Bandera Nacional de la República de China", "Estatua de Confucio", "Retrato de Dr. Sun Yat-sen" y del "Recordado Presidente Chiang Kai-shek". Dentro de los tan variados items, los incluidos en los objetos históricos y del arte son las reproducciones de bronces antiguos y de calidad muy fina. Están compuestos de las vasijas de vino para el sacrificio LEI, YU y SSU KUNG de la dinastía Shang y el estilo cuadrado TING y una serie de carillones de la dinastía Chou. En este "Cajón" hay igualmente cerámicas variadas, desde la cerámica blanca de la dinastía Shang hasta los escolares, camellos y caballos tricolores de la dinastía T'ang. Las esculturas, porcelanas, pinturas, las de esmalte y el arte chino folklórico, todos forman una parte integrada del contenido de este "Cajón".

Más adelante, hay numerosas obras originales de los artistas contemporáneos famosos de la República de China, las cuales estan compuestas de figuras humanas, paisajes, frutos, pájaros y animales.

Los items contenidos en este "Cajón de la Cultura China", si bien muy variados y diversos, el estudio escolar y la apreciación estética han sido considerados en la selección. Este cajón con el mérito de la transportación fácil y el lugar pequeño, en cualquier situación, es conveniente para la exhibición.

Está incluído en este "Cajón" un catálogo especial con ilustraciones que da una introducción breve a sus contenidos. Con nuestros esfuerzos para promover e introducir el arte y la cultura chinos a todo el mundo, estamos convencidos de que la civilización china no es aislada, sino una civilización integrada que pertenece a este mundo y vale la pena su apreciación.

中華文物箱展品目錄

中華文化悠久博大

夫中華文化，博大精深，就中華文物言，為華夏文化之具體表現，其精美絕倫，巧奪天工，象徵崇禮尚義，仁民愛物之精神，咸為我民族文化高度智慧之心血結晶。

國立歷史博物館為加強中華文化對海外之宏揚，介紹中華民國進步繁榮之實況，期使僑胞留學生與國際人士對我中華文化之認識，以及我國民主自由，民生樂利之現狀，作系統性、概括性之了解，藉以增強向心力，鞏固團結，秉承教育部之指示，承辦「中華文物箱」之製作，專供我海外機構，為國際人士與我國留學生暨僑胞等作長期展覽與文化活動之用。兩年來使用效果頗佳，現仍續有製作中。

中華文物箱，分歷史文物美術品及一般綜合性展品兩類，至為精美，包括有「中華五千年歷代世系表」、「中華民國國旗」、「孔子浮雕立像」、「國父遺像」「總統蔣公遺像」等，其他器物，多係仿古複製，銅器有：殷商饕餮紋方罍、殷商饕餮紋卣、殷商有角獸頭兕觥、周代方鼎、周代編鐘。陶器有：殷商白陶豆、北魏陶俑、唐三彩文人、唐三彩馬、唐三彩駱駝等。另有瓷器、雕刻、琺瑯、歷代名畫、法書、畫磚拓本、畫集圖卷，以及精印古器物、民俗版畫等圖片多種。此外，最可貴的是籌組特別增列國內當代名家黃君璧等國畫原作，包括人物、山水、蔬果、翎毛、畜獸、鱗介、草蟲各類。是故在展品內容方面，極為豐盈。復力求攜帶與運輸方便，佈置與安全兼顧，研究與觀賞並重為原則，展品分類裝箱，在任何大小場地，均可陳列，俾可作為一規模性之中華文物展覽。

蓋文化者，乃人類之文化，中華文化亦然，應為世界人類所共享。值茲中華文物箱運往海外各地運用傳展之際，乃就其中展品，擇其一二，選印圖錄，吉光片羽，彌足珍貴，藉收宏揚之效，使我中華文化種子，傳播全球，光照寰宇，促進國際文化交流，臻於世界大同之理想，則國家幸甚，人類幸甚矣！

1972 年第二批中華文物箱展品摺頁—反面

（《中華文物箱（一）》，檔號 020-090502-0019-0004，國史館藏外交部檔案）（國史館提供）

1976 年第三批中華文物箱展品摺頁—正面

（《贈澳「中華文物箱」》，檔號 065-0422-19-1，國史館藏外交部檔案）（國史館提供）

1976 年第三批中華文物箱展品摺頁—背面

（《贈澳「中華文物箱」》，檔號 065-0422-19-1，史博館檔案）

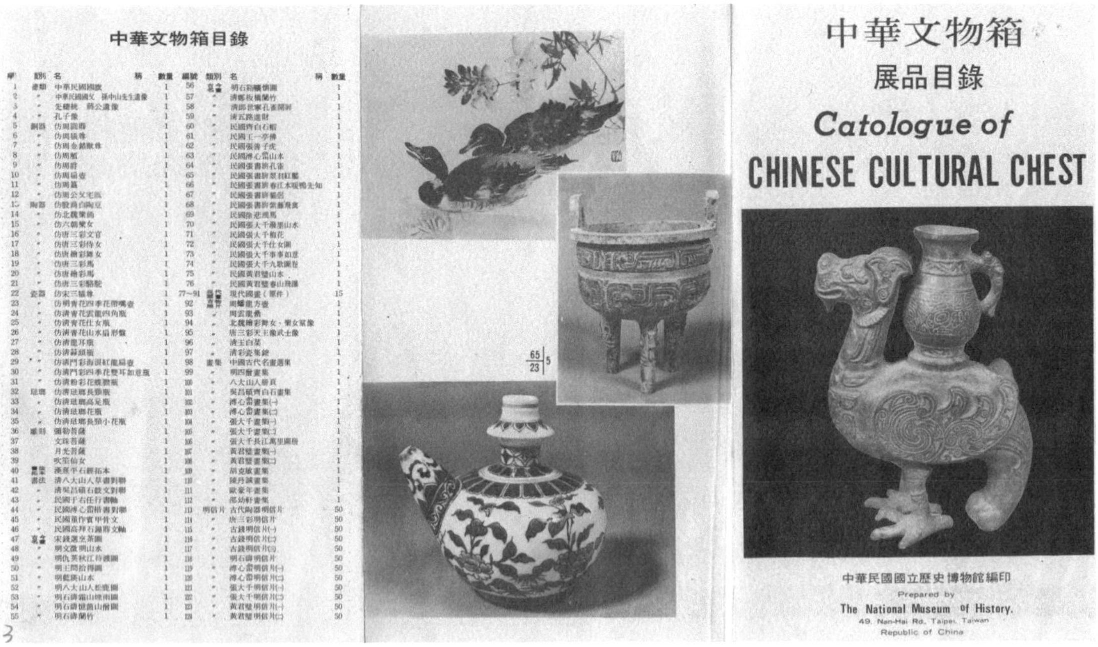

中華文物箱目錄

序	類別	名稱	數量	編號	類別	名稱	數量
1	書類	中華民國國旗	1	56	字畫	明石濤觀瀑圖	1
2	〃	中華民國國父 孫中山先生遺像	1	57	〃	清鄭板橋蘭竹	1
3	〃	先總統 蔣公遺像	1	58	〃	清郎世寧孔雀開屏	1
4	〃	孔子像	1	59	〃	清五路進財	1
5	銅器	仿周圓鼎	1	60	〃	民國齊白石蝦	1
6	〃	仿周犧尊	1	61	〃	民國王一亭佛	1
7	〃	仿周金錯獸尊	1	62	〃	民國張善孖虎	1
8	〃	仿周觚	1	63	〃	民國溥心畬山水	1
9	〃	仿周爵	1	64	〃	民國張書旂孔雀	1
10	〃	仿周扁壺	1	65	〃	民國張書旂翠羽紅艷	1
11	〃	仿周簋	1	66	〃	民國張書旂春江水暖鴨先知	1
12	〃	仿周公父宅匜	1	67	〃	民國張書旂鶴侶	1
13	陶器	仿殷商白陶豆	1	68	〃	民國張書旂紫藤飛燕	1
14	〃	仿北魏樂俑	1	69	〃	民國徐悲鴻馬	1
15	〃	仿六朝樂女	1	70	〃	民國張大千潑墨山水	1
16	〃	仿唐三彩文官	1	71	〃	民國張大千梅花	1
17	〃	仿唐三彩侍女	1	72	〃	民國張大千仕女圖	1
18	〃	仿唐繪彩舞女	1	73	〃	民國張大千事事如意	1
19	〃	仿唐三彩馬	1	74	〃	民國張大千九歌圖卷	1
20	〃	仿唐繪彩馬	1	75	〃	民國黃君璧山水	1
21	〃	仿唐三彩駱駝	1	76	〃	民國黃君璧春山飛瀑	1
22	瓷器	仿宋三犧尊	1	77~91	現代國畫	現代國畫（原件）	15
23	〃	仿明青花四季花帶嘴壺	1	92	古物照片	周蟠龍方壺	1
24	〃	仿清青花雲龍四角瓶	1	93	〃	周雲龍觥	1
25	〃	仿清青花仕女瓶	1	94	〃	北魏繪彩舞女、樂女俑像	1
26	〃	仿清青花山水扇形盤	1	95	〃	唐三彩天王像武士像	1
27	〃	仿清龍耳瓶	1	96	〃	清玉白菜	1
28	〃	仿清蒜頭瓶	1	97	〃	清彩瓷集錦	1
29	〃	仿清鬥彩海濤紅龍扁壺	1	98	畫集	中國古代名畫選集	1
30	〃	仿清鬥彩四季花雙耳如意瓶	1	99	〃	明四僧畫集	1
31	〃	仿清粉彩花蝶撇瓶	1	100	〃	八大山人冊頁	1
32	琺瑯	仿清琺瑯長頸瓶	1	101	〃	吳昌碩齊白石畫集	1
33	〃	仿清琺瑯高足瓶	1	102	〃	溥心畬畫集(一)	1
34	〃	仿清琺瑯花瓶	1	103	〃	溥心畬畫集(二)	1
35	〃	仿清琺瑯長頸小花瓶	1	104	〃	張大千畫集(一)	1
36	雕刻	彌勒菩薩	1	105	〃	張大千畫集(二)	1
37		文殊菩薩	1	106	〃	張大千長江萬里圖冊	1
38		月光菩薩	1	107	〃	黃君璧畫集(一)	1
39		吹笛仙女	1	108	〃	黃君璧畫集(二)	1
40	碑帖拓本	漢熹平石經拓本	1	109	〃	胡克敏畫集	1
41	書法	清八大山人草書對聯	1	110	〃	陳丹誠畫集	1
42	〃	清吳昌碩石鼓文對聯	1	111	〃	歐豪年畫集	1
43	〃	民國于右任行書軸	1	112	〃	邵幼軒畫集	1
44	〃	民國溥心畬楷書對聯	1	113	明信片	古代陶器明信片	50
45	〃	民國董作賓甲骨文	1	114	〃	唐三彩明信片	50
46	〃	民國高拜石鐘鼎文軸	1	115	〃	古錢明信片(一)	50
47	字畫	宋錢選烹茶圖	1	116	〃	古錢明信片(二)	50
48	〃	明文徵明山水	1	117	〃	古錢明信片(三)	50
49	〃	明仇英秋江待渡圖	1	118	〃	明石濤明信片	50
50	〃	明王問拾得圖	1	119	〃	溥心畬明信片(一)	50
51	〃	明藍瑛山水	1	120	〃	溥心畬明信片(二)	50
52	〃	明八大山人松鹿圖	1	121	〃	張大千明信片(一)	50
53	〃	明石濤靈山煙雨圖	1	122	〃	張大千明信片(二)	50
54	〃	明石濤健薇山樹圖	1	123	〃	黃君璧明信片(一)	50
55	〃	明石濤蘭竹	1	124	〃	黃君璧明信片(二)	50

3

65/23 5

中華文物箱
展品目錄
Catologue of
CHINESE CULTURAL CHEST

中華民國國立歷史博物館編印
Prepared by
The National Museum of History,
49, Nan-Hai Rd., Taipei, Taiwan
Republic of China

1980 年第四批中華文物箱展品摺頁—正面

（《澳、美、荷中華文物箱運用實況案》，檔號 071-0108-1-39，史博館檔案）

▲ 犧尊 Hu Tsun, sacrificial vessel

CHINESE CULTURE CHEST

With a view to disseminating Chinese culture abroad, to introducing the progress of the Republic of China to the understanding of both the overseas Chinese and local foreigners, the National Museum of History has made incessant effort in designing the Chinese Culture Chest for long-standing exhibitions in various areas of the world.

As the oldest civilized nation, China is an ancient country with a long and profound history. The richness, variety and depth of Chinese culture has always been admired by people all over the world.

The Chinese Culture Chest contains all representative articles which are miniatures of Chinese culture, the content can be divided into eight categories:

1) Bronze: the multitude of the bronze belong to Shang Dynasty, including food containers as Ting, Kuei; wine vessels as Ts'un, Ku, Hu and Chueh; and water containers as I. All of them are reproductions of those dated to three thousand years ago.

2) Pottery: most of the pottery reproductions are funerary objects of the T'ang and Northern Wei Dynasty, including tri-color civil officials, tri-color horses, tri-color camels and figurines of female dancers and musicians.

3) Porcelain: these are deliberately selected vase reproductions of Ming and Ching Dynasties with blue and white, gorgeous colors and pink color motif.

4) Enamel: these are selected enamel vase and pitcher reproduction of Ching Dynasty, with a great variety in forms and styles.

5)Paintings: of Ancient and Modern Famous Artists: these can be divided into two categories, one is reproduction copies of renowned artists from the Sung Dynasty to the present time, including Chien Hsuan, Wen Chen-ming, Ch'iu Yin, Pa Ta, Shih Tao, Cheng Pan-chiao, Fu Hsin-yu and Chang Ta-chien. Despite that the first category are reproduction copies, they possess the essence of the original works. The second category are all original works of the contemporary artists, from whose works we can witness the creative style of the modern Chinese paintings.

6)Sculpture: these are reproductions of successive generations from the Northern Wei onward, such as the Chih I Buddha.

7)Photograph: these are outcomes by applying the modern photographic technique to make photographs on the art works of successive generations for a detailed explanation of each art work.

8) Others: there are still many other items for appreciation and research, among them are Painting Collection of Ancient and Modern Chinese Artists, Post Cards of Historical Antique and Paintings.

We hold that culture is a common treasure of all human beings, thus Chinese Culture should be shared and appreciated by all human races. It is our earnest hope that through the exhibition of Chinese Art Works, people of the Republic of China and all people of the whole world can better understand each other paving the way to the exchange of culture and promotion of friendship between us. We expect to work hand in hand with all of you for the work of arts, and anticipate your kindest comments.

▲ 圓鼎 Yuan Ting, round caldron

▲ 仿宋三犧尊 San Hsi Tsun, sacrificial vessel, Sung Dynasty

▼ 仿明青花四季花帶嘴壺 Snouted Pot with Rosa Indica Pattern, Blue and White, Ming Dynasty

▲ 宋錢選烹茶圖 Making Tea, by Ch'ien Hsuan, Sung Dynasty

張大千潑墨山水 Landscape in Splash Ink Method, by Chang Dai-chien, the Republican period ▶

▲ 民國張書旂春江水暖鴨先知 Ducks Sense Spring Is Coming, by Chang Shu-ch'i, the Republican period

3

1980 年第四批中華文物箱展品摺頁—背面

（《籌辦第四批中華文物箱展》，檔號 069-0108-2-17，史博館檔案）

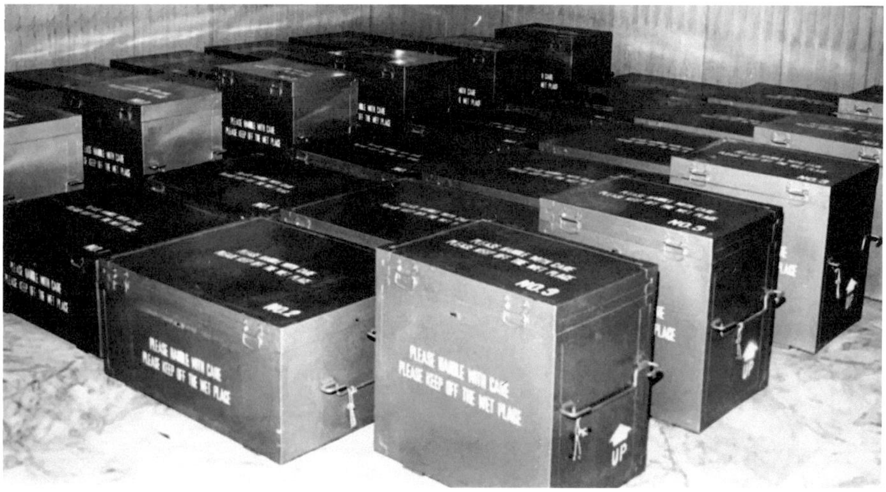

1969 年至 1970 年第一批中華文物箱

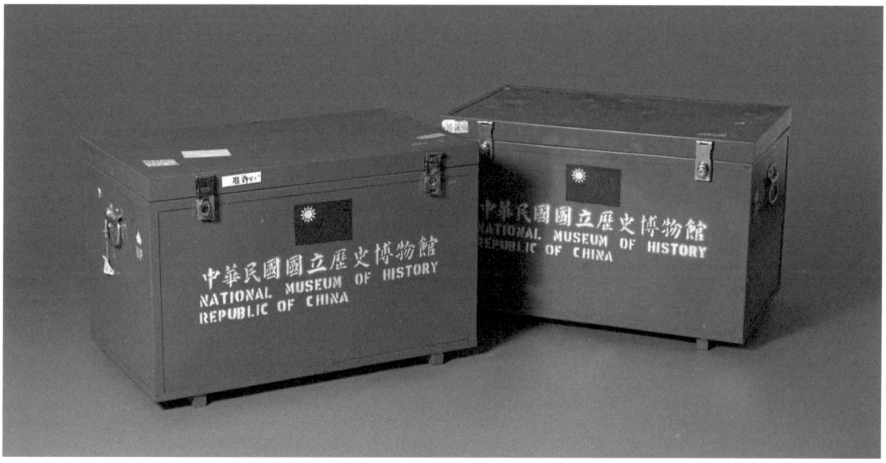

1971 年至 1972 年第二批中華文物箱

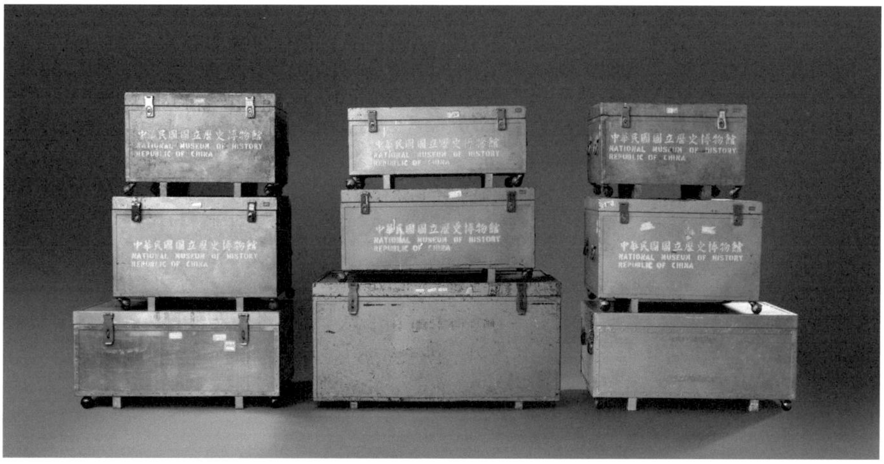

1974 年至 1985 年第三批至第五批中華文物箱

展覽回顧

文物箱國際巡迴展覽風貌

The Cultural Chest's International Touring Exhibitions

1970 年 4 月，第一批中華文物箱備製完成，本館邀請教育部國際文教處、行政院新聞局、教育部文化局、外交情報司、僑委會、救國團、中國國民黨中央第三組及第四組、交通部郵政總局、退輔會、亞盟、海軍總部政戰部、空軍總部政戰部、經合會、蒙藏委員會、臺灣省觀光局、農復會等提供文物資料之單位，於同年 5 月 5 日至本館參觀預展並檢視文物，受邀單位達十餘個，可見當年中華文物箱製作之規模與範圍。（史博館典藏）

上：同前頁，1970 年 5 月 5 日，本館舉辦第一批中華文物箱預展之古物圖版展品。（史博館典藏）

下：1970 年 8 月，第一批中華文物箱製作完成，暫置於本館地下一樓遵彭廳，準備輸出美國與比利時。（史博館典藏）

1971 年 3 月，我國駐美國西雅圖總領事館借用西雅圖市基督教青年會禮堂舉辦「中華文物展」，展出中華文物箱文物的現場情形。（《中華文物箱（一）》，檔號 067-0108-2-1-09，史博館檔案）

1977 年 2 月，我國留學生在泰國曼谷市郊亞洲理工學院（Asian Istitute of Technology），於「AIT Day」舉辦「中華文物展」，展示中華文物箱文物之入口及現場情形。（《中華文物箱（一）》，檔號 020-090502-0019-0253，國史館藏外交部檔案）（國史館提供）

1976 年 11 月，中華文化復興運動推行委員會菲律賓分會於菲律賓馬尼拉岷倫洛（Binondo）中山街自由大廈舉行「中華文物展」，場面極為盛大。（《中華文物箱》，檔號 067-0108-2-2-01，史博館檔案）

1977 年 4 月至 7 月，我國駐巴拿馬共和國大使館於巴拿馬國立人文博物館（Museo del Hombre Panameño）舉辦「中華文物展」，由中華民國駐巴拿馬大使曾憲揆（左二）與巴國館長卡瑪科女士（右二）出席開幕酒會。（《中華文物箱（一）》，檔號 020-090502-0019-0290、020-090502-0019-0286，國史館藏外交部檔案）（國史館提供）

1977 年 9 月，由我國駐西雅圖總領事館、美國史波肯（Spocane）公共圖書館和東華盛頓大學合作，於美國華盛頓州西雅圖市附近的史波肯公共圖書館舉行中華文物展覽。（《中華文物箱（一）》，檔號 020-090502-0019-0329、020-090502-0019-0337，國史館藏外交部檔案）（國史館提供）

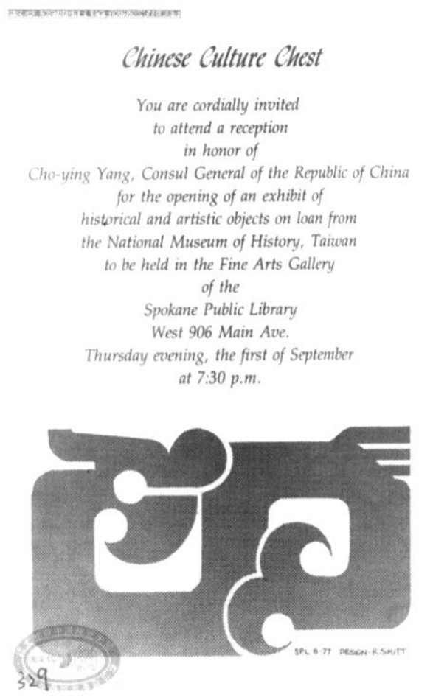

1980年7月，中澳協會、澳中經協及澳洲中華文化中心於墨爾本舉辦「中國美術及工藝展覽」，由我國駐澳洲辦事處主任陳厚佶（右五）、澳洲中華文化中心主任雷鎮宇（右四）、史博館館長何浩天（左三）、藝術顧問姚夢谷（右三）、畫家陳丹誠（右二）、畫家李奇茂（左一）及館員姜慧音（右一）參加開幕，除展覽中華文物箱展品及臺灣當代書畫作品之外，李奇茂並於現場揮毫完成《牧牛圖》，會場盛況空前。（《文化交流》，檔號 071-0108-1-1-08，史博館檔案）

1981 年 4 月，巴拿馬佩諾諾梅（Penonomé）建城 400 週年慶，我國駐巴拿馬共和國大使館應邀舉辦「中華文物展」，展示中華文物箱之中華傳統器物及書畫。（《秦教授借用傳統中國服飾卷》，檔號 068-Z1270.02-R00100-001-14-10，外交部檔案）

同前頁，1981 年 4 月巴拿馬佩諾諾梅（Penonomé）舉辦「中華文物展」。
中華文物箱中，亦包含文宣刊物《勝利之光》（國防部出版）、《光華》（行政院新聞局出版）雜誌等文宣品，亦為文物箱中另一重點，由此次巡展可窺見之。（《秦教授借用傳統中國服飾卷》，檔號 068-Z1270.02-R00100-001-14-10，外交部檔案）

1981 年 1 月，本館奉教育部指示，特別製作中華文物箱一組致贈馬來西亞怡保培南中學，供該校長期陳列。1982 年 11 月，該校校長陳郁菲（左四）女士邀請本館何浩天（左五）館長參訪，並於圖書館前合影。此行同行者有畫家黃君璧（左三）先生及本館館員黃永川（右四）。（史博館典藏）

1983 年 5 月，我國駐瓜地馬拉大使館於瓜地馬拉巴里歐斯港市（Puerto Barrios）舉辦中華文物展，展示中華文物箱之文物。（《秦教授借用傳統中國服飾卷》，檔號 068/Z1270.02/R00100/001/5/11，外交部檔案）

1983 年 10 月，我國僑團於智利安塔法加斯塔（Antofagasta）舉辦慶祝中華民國國慶大會，女性僑胞穿著中華文物箱提供之中華歷代服飾進行走秀演出，成為中華文物展活動中受歡迎的項目之一。（《中南美地區非專案新聞文化工作（三）》，檔號 020-090203-0003，國史館藏外交部檔案）（國史館提供）

1988 年 4 月，由法國民間團體組成的法北友華協會 [Association France-Chine (Formose)] 在法國聖羅市（Saint-Lô）市立劇院的展覽廳舉行中華文物箱展。（《法南友協專卷》，檔號 067/Z1240.08/R00006/001/7/08、067/Z1240.08/R00006/001/7/03，外交部檔案）

1988 年 4 月至 5 月間，法北友華協會 [Association France-Chine (Formose)] 在巴黎近郊耶爾市（Yerres）舉行中華文物箱展覽，展出第三、四批中華文物箱展品，並加上故宮博物院之書畫複製品一併展出。（《法南友協專卷》，檔號 067/Z1240.08/R00006/001/6/05、067/Z1240.08/R00006/001/6/07，外交部檔案）

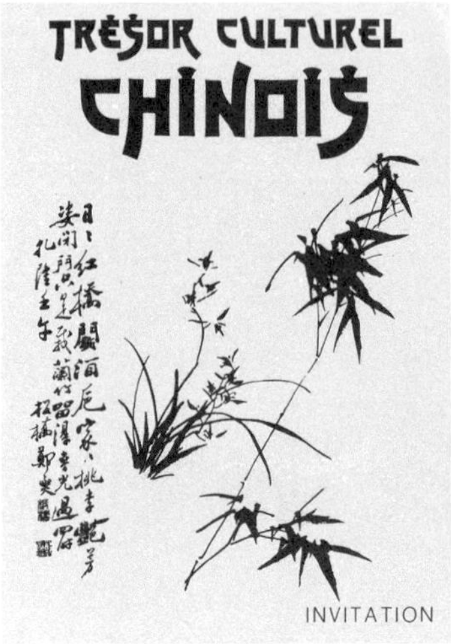

1988 年 9 月，法國法北友華會 [Association France-Chine (Formose)] 於巴黎近郊呂埃・瑪麗梅松市（Rueil-Malmaison）舉行中華文物展，內容包含史博館第三、四批中華文物箱藏品，並加上國立故宮博物院之 59 件書畫複製品一併展出。（《法南友協專卷》，檔號 067/Z1240.08/R00006/001/5/06、067/Z1240.08/R00006/001/5/05，外交部檔案）

1989 年 4 月，法北友華協會 [Association France-Chine (Formose)] 於巴黎近郊利福里加爾岡市（Livry Gargan）舉行中華文物展，內容包含史博館第三、四批中華文物箱藏品暨中華歷代服飾走秀表演情形。（《法南友協專卷》，檔號 067/Z1240.08/R00006/001/3/04，外交部檔案）

輸出地圖

文物箱全球分配國家概況

Overview of the Global Distribution of the Cultural Chest

1969-1986 年五批次中華文物箱籌製與分配國家概況表

批次	籌製時間	製作數量	展品內容	分配國家
一	1969.5-1970.11	10 組 每組 1 箱 每組 97 種 共計 10 箱	國旗、國父遺像、蔣總統玉照、歷史文物圖片、仿古文物、民謠唱片、中華民國郵票等	美國、比利時、以色列
二	1971.4-1972.4	13 組 每組 3 箱 每組 100 種 共計 39 箱	國旗、國父遺像、蔣總統玉照、歷史文物圖片、仿古文物、國畫複製品、仿古緙絲、服裝、民謠唱片、宮燈、中華民國郵票等	美國、日本、比利時、西班牙、象牙海岸
三	1974.5-1976.5	20 組 每組 4 箱 每組 110 種 共計 80 箱	歷史文物及美術品：銅器、陶器、瓷器、書法、名畫、雕刻、攝影、其他等複製品、今人書畫真跡；一般展品：中華五千年歷代世系表、國旗、孔子浮雕立像、國父遺像、蔣總統遺像、中華民國郵票、畫冊等	澳洲、日本、巴拿馬、哥倫比亞、美國、泰國、菲律賓、法國、英國、加拿大、墨西哥、阿根廷、西德、香港、馬來西亞、黎巴嫩
四	1978.8-1980.8	40 組 每組 8 箱 每組 124 種 共計 320 箱	歷史文物及美術品：銅器、陶器、瓷器、書法、名家畫冊、雕刻、攝影、其他等複製品、今人書畫真跡；一般展品：中華五千年歷代世系表、國旗、孔子浮雕立像、國父遺像、蔣總統遺像、中華民國郵票、繪畫明信片、畫冊等	日本、大韓民國、印尼、馬來西亞、美國、加拿大、澳洲、法國、奧地利、比利時、瑞士、荷蘭、盧森堡、希臘、象牙海岸、賴索托、馬拉威、海地、祕魯、瓜地馬拉、巴拉圭、沙烏地阿拉伯、約旦、波利維亞、梵諦岡教廷、西德、南非等
五	1985.2-1986.10	77 組 每組 8 箱 每組 108 種 共計 616 箱	歷史文物及美術品：銅器、陶器、瓷器、玉器等複製品、歷代服飾、一般展品：中華五千年歷代世系表、國旗、孔子浮雕立像、國父遺像、蔣總統遺像、圖書、畫冊、國樂錄音帶等	日本、大韓民國、新加坡、印尼、馬來西亞、美國、澳洲、紐西蘭、法國、英國、德國、荷蘭、盧森堡、瑞士、西班牙等

（資料來源：編輯小組整理）

1969-1986 年五批次中華文物箱製作數量表

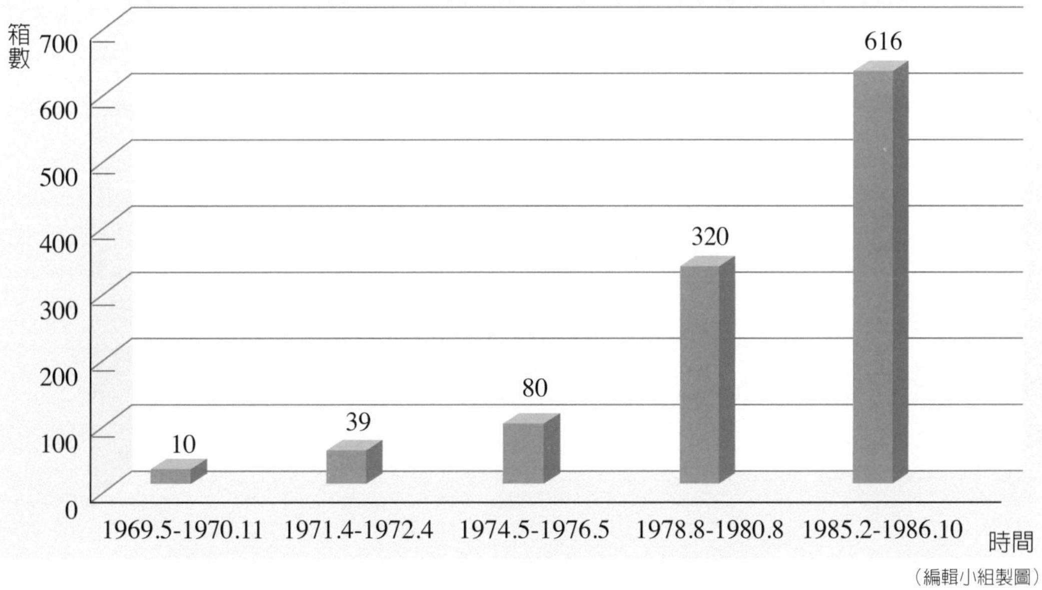

（編輯小組製圖）

1969-1972 年中華文物箱第一、二批分配國家圖

1974-1976 年中華文物箱第三批分配國家圖

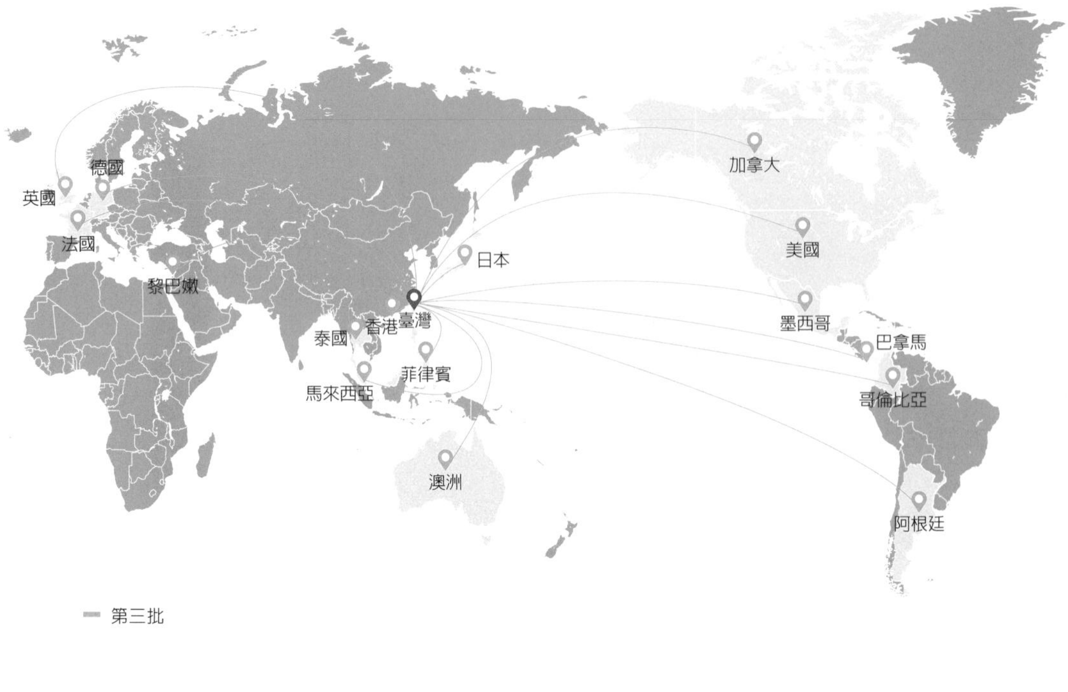

1978-1980 年中華文物箱第四批分配國家圖

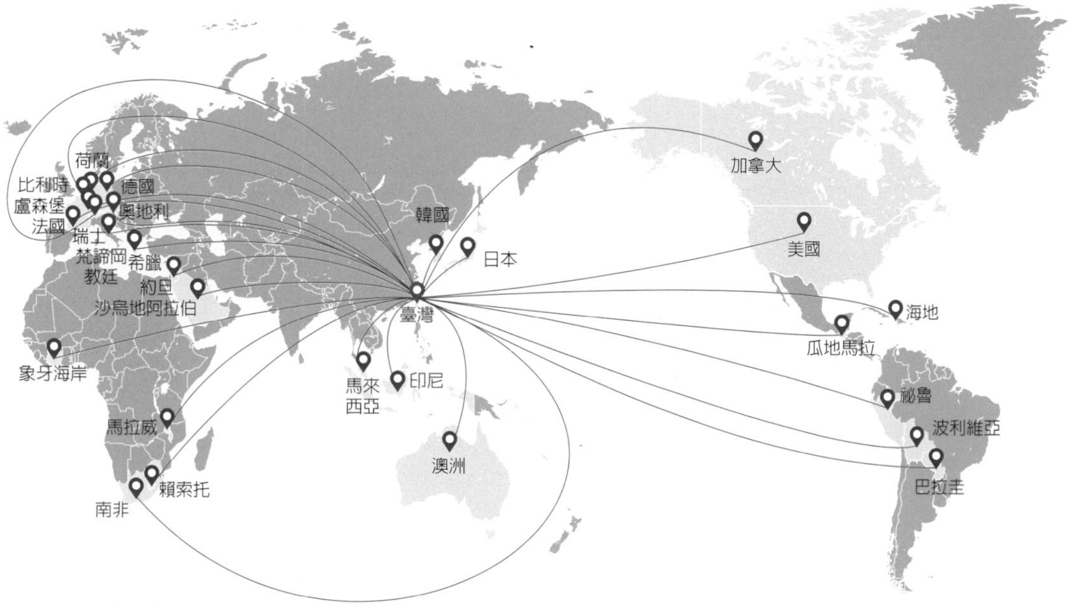

第四批

1985-1986 年中華文物箱第五批分配國家圖

第五批

第三部

附錄

PART 3 Appendix

相關政府機關首長一覽表（1969-1986）

List of Heads of Relevant Government Agencies (1969-1986)

時間	行政院院長	教育部部長	外交部部長	行政院新聞局局長	僑務委員會委員長	史博館館長
1969	嚴家淦	鍾皎光	魏道明	魏景蒙	高長信	王宇清
1970	嚴家淦	鍾皎光	魏道明	魏景蒙	高長信	王宇清
1971	嚴家淦	鍾皎光 羅雲平	周書楷 魏道明	魏景蒙	高長信	王宇清
1972	嚴家淦 蔣經國	羅雲平 蔣彥士	周書楷 沈昌煥	魏景蒙	毛松年	王宇清
1973	蔣經國	蔣彥士	沈昌煥	魏景蒙 錢　復	毛松年	王宇清 何浩天
1974	蔣經國	蔣彥士	沈昌煥	錢　復	毛松年	何浩天
1975	蔣經國	蔣彥士	沈昌煥	錢　復 丁懋時	毛松年	何浩天
1976	蔣經國	蔣彥士	沈昌煥	丁懋時	毛松年	何浩天
1977	蔣經國	蔣彥士 李元簇	沈昌煥	丁懋時	毛松年	何浩天
1978	蔣經國 孫運璿	李元簇 朱匯森	沈昌煥 蔣彥士	丁懋時	毛松年	何浩天
1979	孫運璿	朱匯森	蔣彥士 朱撫松	丁懋時 宋楚瑜	毛松年	何浩天
1980	孫運璿	朱匯森	朱撫松	宋楚瑜	毛松年	何浩天
1981	孫運璿	朱匯森	朱撫松	宋楚瑜	毛松年	何浩天
1982	孫運璿	朱匯森	朱撫松	宋楚瑜	毛松年	何浩天
1983	孫運璿	朱匯森	朱撫松	宋楚瑜	毛松年	何浩天
1984	孫運璿 俞國華	朱匯森 李　煥	朱撫松	宋楚瑜 張京育	毛松年	何浩天
1985	俞國華	李　煥	朱撫松	張京育	曾廣順	何浩天 李鼎元
1986	俞國華	李　煥	朱撫松	張京育	曾廣順	李鼎元 陳癸淼

（編輯小組整理）

文物箱籌製及輸出單位組織架構圖

Cultural Chest Preparation, Production and Dispatch Agency Organizational Charts

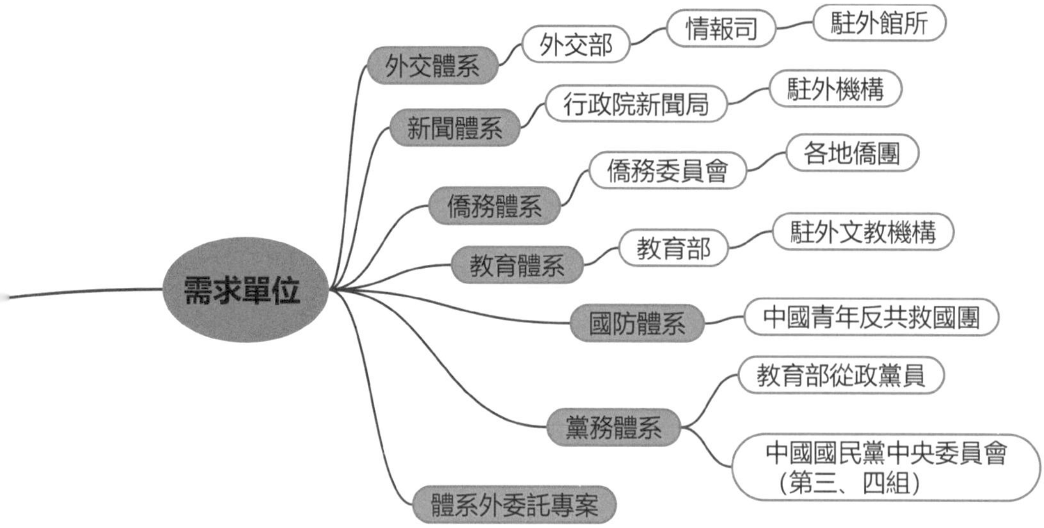
需求單位
外交體系
外交部
情報司
駐外館所
新聞體系
行政院新聞局
駐外機構
僑務體系
僑務委員會
各地僑團
教育體系
教育部
駐外文教機構
國防體系
中國青年反共救國團
黨務體系
教育部從政黨員
中國國民黨中央委員會（第三、四組）
體系外委託專案

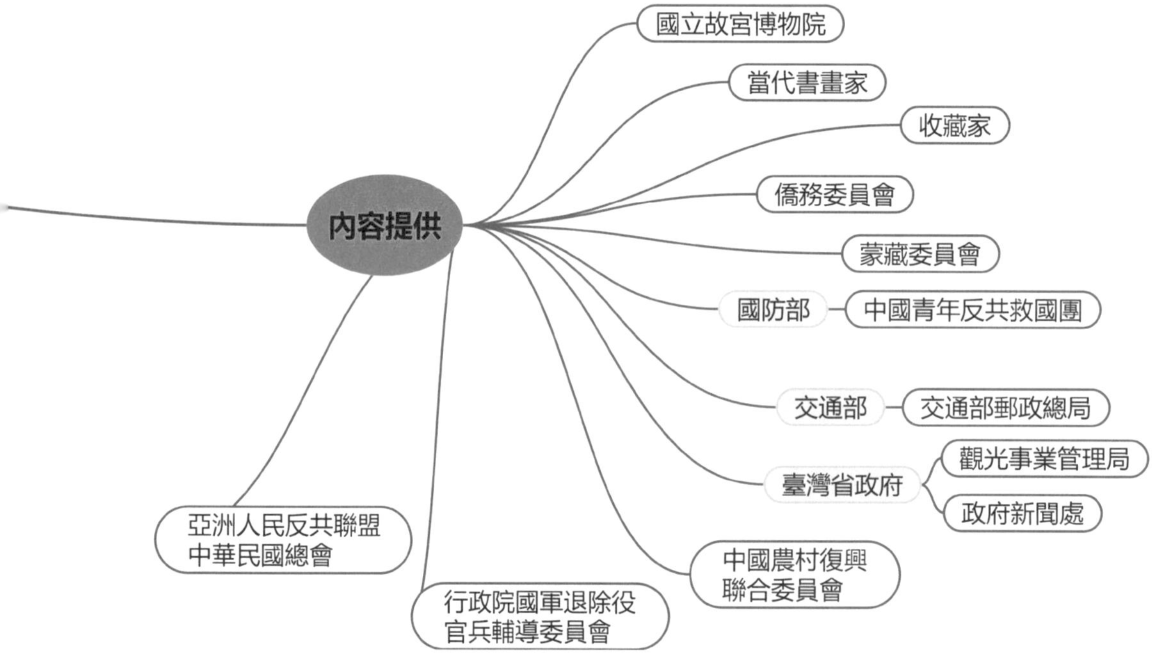
內容提供
國立故宮博物院
當代書畫家
收藏家
僑務委員會
蒙藏委員會
國防部
中國青年反共救國團
交通部
交通部郵政總局
臺灣省政府
觀光事業管理局
政府新聞處
中國農村復興聯合委員會
行政院國軍退除役官兵輔導委員會
亞洲人民反共聯盟中華民國總會

文物箱需求及分工單位關係圖

Relation Chart of Cultural Chest Requirements and Responsible Agencies

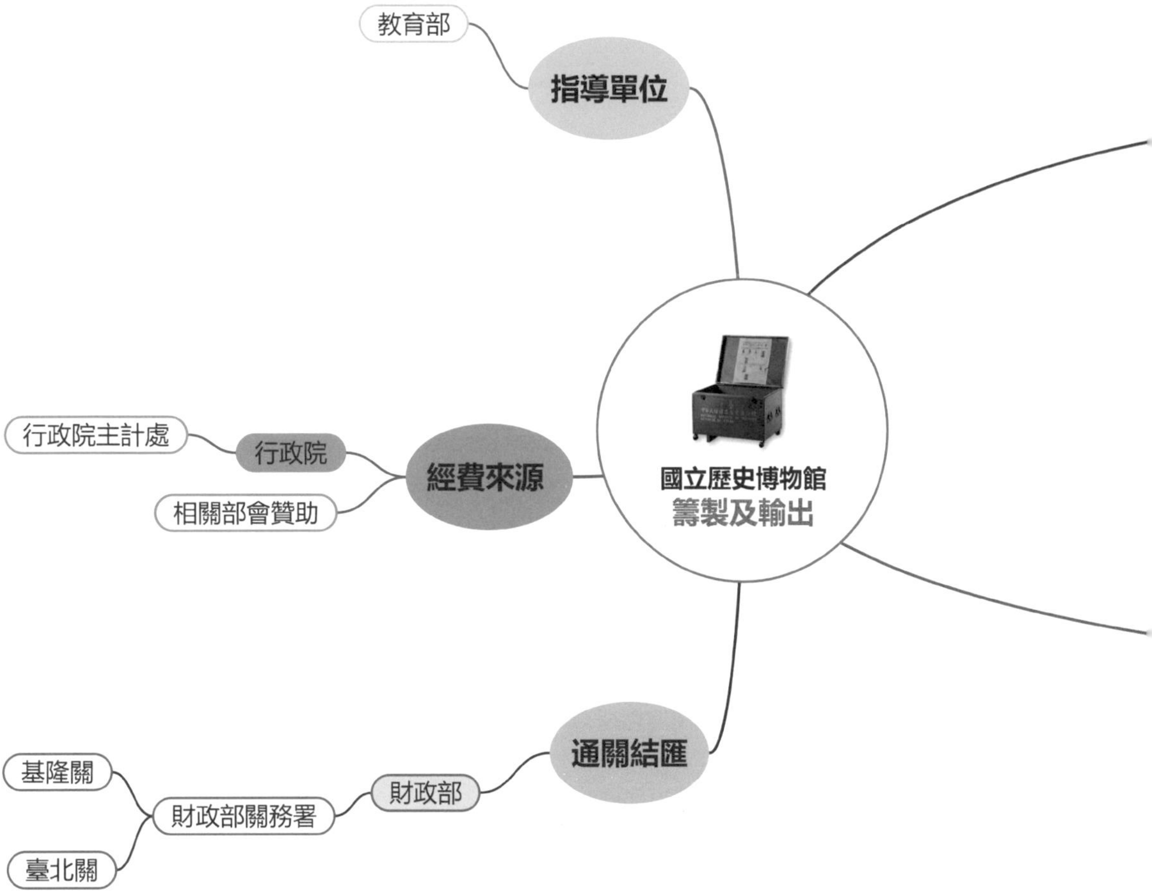

「中華文物箱」作業程序說明：

中華文物箱各批次作業程序雖然不盡相同，但差異不多，略述如下：

程序一、政策制定與預算獲得：（一）製作箱（組）數、製作內容。（二）政策配發地區（製作會議訂定）。（三）任務需要及臨時要求（不定期）。（四）需求單位：外交部、行政院新聞局、僑務委員會、教育部駐外文化參事處、國民黨海工會；此外，各地僑團、華校等機構亦有來函索取者。

程序二、文物製作與審查會議：（一）召開文物樣本預展審查會議。（二）依會議意見進行文物修改。（三）委外製作（文物類）或徵件（書畫類），以及文物箱本題及內部設計製作。

程序三、本國通關寄送：（一）申請通關放行（關稅總局臺北關、基隆關）。（二）貨運與船運（安全包裝公司與海運商）。

程序四、需求地區與通關取件：(一) 文物箱到達需求地區（或鄰近海港），辦理通關。（二）部分國家予以禮遇通過免稅，部分國家課稅（或重稅），亦有不准進口者。

程序五、辦理展覽：（一）需情地區之運送（無貨運港口或內陸國家）。（二）展場協調與鄰近館所文物箱支援。

程序六、意見調查：各需求地區提供對文物箱之各種意見，俾利本館下批製作時之參考。

政府機關現存文物箱檔案目錄總表

General List of Government Agencies' Current Cultural Chest Archive Catalogs

機關序號	現存機關	個別序號	案卷檔號	案卷名稱	案件總數
1	行政院	1	0062/2-2-3-2/39	訂製「中華文物箱」經費乙案	1
		2	0063/7-8-1-10/4	訂製中華文物箱撥款案	2
2	行政院主計處	1	0062/260.2/A-3	六十二～六十四年行政院及部會業務相關案件	1
		2	0063/260.2/A-12	六十二～六十三年教育部業務相關案件	1
		3	0067/247/A-12	行政院、內政部、外交部、教育部、退輔會財務管理	2
3	教育部	1	無	中華文物箱案	44
4	外交部	1	060/Z1211.21/R00001/002	智利駐外單位人事經費問題卷	2
		2	061/Z1211.21/R00001/001	巴拿馬內部工作卷	1
		3	063/Z1211.31/R00002/001	63-66 年英國內部工作卷	1
		4	064/711.13/0012/1	安祥專案（駐堪薩斯領事館）（一）	2
		5	066/352/0002/1	法北友華協會（二）	1
		6	067/757.5/GEN0001/1	駐新加坡代表處財產贈減表	1
		7	067/Z1222/R00001/004	遠揚計劃－廣告專文案	1
		8	067/Z1240.08/R00006/001	法南友協專卷	8
		9	068/Z1270.02/R00100/001	秦教授借用傳統中國服飾卷	13
		10	071/312.22/006/1	西班牙人士訪華	2
		11	072/301.2/FRA001/1	駐法國代表處工作計畫及報告	1
		12	072/350/LUX0001/1	中盧文教體育交流案	1
		13	072/Z1240.08/R00001/001	友我團體及個人補助類	1
		14	072/Z1240.08/R00001/002	友我團體及個人補助類	1
		15	073/313.1/0010/1	法北友華協會（一）	5
		16	074/310.11/0003	駐法處人事	1
		17	074/Z1200.09/R02018/002	警政署及中美貿易與中華民國青年舉重協會等綜合事務案	1
5	僑務委員會	1	0060/004399/61	一般經常性案件	26
6	財政部	1	0065/5-616-6/1	一般性出口	3
		2	0065/5-628/1	一般性出口	1
		3	0069/1-629/1	一般性出口	3
7	財政部關務署	1	0061/031/01	一般性出口	1
8	財政部關務署基隆關	1	0079/032/01	一般性出口	3
			0079/121/01	一般性出口	
			0079/031/01	一般性出口	
9	國史館	1	020-090203-0003	中南美地區非專案新聞文化工作案（三）	11
		2	020-090203-0063	對中南美洲國家宣傳（四）	2
		3	020-090203-0090	對亞西地區宣傳（一）	2
		4	020-090203-0105	對哥倫比亞宣傳	6
		5	020-090203-0117	對歐洲國家宣傳（四）	2

機關序號	現存機關	個別序號	案卷檔號	案卷名稱	案件總數
		6	020-090203-0119	對澳大利亞宣傳	6
		7	020-090203-0125	歐洲地區非專案新聞文化工作（二）	23
		8	020-090203-0126	歐洲地區非專案新聞文化工作（三）	1
		9	020-090502-0019	中華文物箱（一）	43
		10	020-090502-0020	中華文物箱（二）	62
		11	020-099910-0004	文教雜卷（一）	1
		12	020-099999-0085	情報司雜卷：五十八年（二）	2
10	國家發展委員會檔案管理局	1	A319000000B 0058/002399/52/0007/019	一般性案件	1
		2	A319000000B 0060/002399/51/0027/011	一般性案件	1
		3	A319000000B 0060/002399/51/0029/016	一般性案件	1
		4	A319000000B 0060/002399/51/0031/007	一般性案件	1
11	中華郵政股份有限公司	1	066/560/046/01	交通部函行政院研考會檢送本部總局副局長簡爾康張翊等訪問中南美各國郵政報告書暨提要	3
12	國立歷史博物館	1	060-1-514-1	國際巡展文物箱（第一批）	46
		2	060-1-597-3	新聞稿（三）	1
		3	060-4-461-1	代辦文物箱出口案	33
		4	061-1-765-1	第二批中華文物箱	41
		5	061-1-773-1	中華文物在雪梨展出	1
		6	061-4-408-1	西班牙中華文物展展品進出口案	2
		7	061-4-460-1	中華文物箱出口（第二批）	1
		8	063-0417-6-1	中華文物箱製作	2
		9	063-1-974-1	教育部委託特製中華文物箱（青年訪問團使用）	1
		10	064-0108-1-1	本館承辦「中華文物箱」	7
		11	065-0108-2-1	文化交流	4
		12	065-0417-1-1	「中華文物箱」製作	1
		13	065-0417-6-1	中華文物箱製作	1
		14	065-0422-19-1	贈澳「中華文物箱」	6
		15	066-0422-16-1	中華文物箱	8
		16	067-0108-1-1	本館製作文物箱三組寄交亞特蘭大堪薩斯與加利西哥總領事館	14
		17	067-0108-2-1	中華文物箱	56
		18	067-0108-2-2	中華文物箱	57
		19	067-0422-22-1	中華文物箱寄美亞特蘭大加利西哥及堪薩斯總領事館	3

機關序號	現存機關	個別序號	案卷檔號	案卷名稱	案件總數
		20	068-0105-14-1	澳洲中華文物展	2
		21	068-0108-5-1	文化交流－文物箱	9
		22	068-0422-26-1	中華文物箱寄委內瑞拉、智利	13
		23	068-0417-5-1	「中華文物箱」製作（外交部委製）	1
		24	069-0105-3-1	海外文物箱展	8
		25	069-0107-8-1	劉國松、彭既白、陳孟利、丁星五	1
		26	069-0108-1-1	籌辦第四批中華文物箱案	42
		27	069-0108-1-2	籌辦第四批中華文物箱展	36
		28	069-0417-1-1	營繕工程－「中華文物箱」製作	5
		29	069-0422-42-1	贈吉隆坡文物箱 8 箱	1
		30	070-0101-1-1	中華文物箱	18
		31	070-0107-17-1	聯繫函件	3
		32	070-0443-1-1	雜卷	1
		33	071-0108-1-1	澳、美、荷中華文物箱運用實況案	8
		34	071-0108-7-1	文化交流	45
		35	071-0126-8-1	其他雜卷	1
		36	073-0107-4-1	聯繫函件	1
		37	074-0108-2-1	中華文物箱	31
		38	074-0422-24-1	製作文物箱及歷代服飾全套	2
		39	075-0108-1-1	中華文物箱	5
		40	075-0422-5-1	中華文物箱交駐美堪薩斯州辦事處	1

（編輯小組整理）

政府機關現存中華文物箱檔案件數統計圖

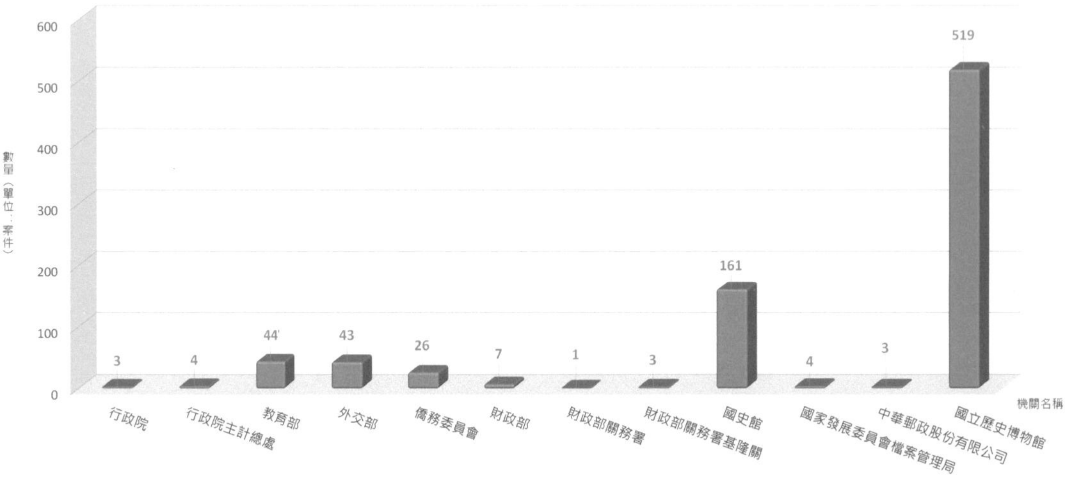

駐外單位現存文物箱文物一覽表

List of Existing Cultural Chest Artifacts of Organizations Located Overseas

序號	類別	品　名	文物圖版	海外現存地點
1	銅器	仿周圓鼎		駐秘魯代表處、駐紐約辦事處、駐南非代表處、駐法國代表處
2	銅器	仿周犧尊		駐秘魯代表處、駐紐約辦事處、駐南非代表處、駐法國代表處
3	銅器	仿周金錯獸尊		駐秘魯代表處、駐法國代表處
4	銅器	仿周觚		駐秘魯代表處、駐南非代表處、駐法國代表處、駐波士頓辦事處、金山灣區華僑文化服務中心
5	銅器	仿周爵		駐秘魯代表處、駐紐約辦事處、駐南非代表處、駐泰國代表處、駐法國代表處
6	銅器	仿周扁壺		駐紐約辦事處、駐南非代表處、駐法國代表處、駐秘魯代表處、金山灣區華僑文化服務中心
7	銅器	仿周簋		駐秘魯代表處、駐紐約辦事處、駐法國代表處
8	銅器	仿周公父宅匜		駐秘魯代表處、駐紐約辦事處、駐南非代表處、駐法國代表處、駐西班牙代表處
9	銅器	仿殷商饕餮紋卣		駐泰國代表處
10	銅器	仿周編鐘		駐紐約辦事處、駐泰國代表處、駐西班牙代表處、金山灣區華僑文化服務中心

序號	類別	品　名	文物圖版	海外現存地點
11	銅器	仿殷鸞紋戈		駐西班牙代表處、駐波士頓辦事處
12	銅器	仿殷爵		駐西班牙代表處
13	銅器	仿周鉞		駐西班牙代表處
14	銅器	仿漢鏡		駐西班牙代表處
15	銅器	仿商子父辛爵		駐瓜地馬拉共和國大使館
16	陶器	仿殷商白陶豆		駐南非代表處
17	陶器	仿北魏樂俑		駐秘魯代表處、駐紐約辦事處、駐南非代表處、駐法國代表處
18	陶器	仿六朝樂女		駐秘魯代表處、駐紐約辦事處、駐南非代表處、駐波士頓辦事處、駐法國代表處
19	陶器	仿唐三彩文官		駐南非代表處、駐泰國代表處、駐法國代表處、駐波士頓辦事處、金山灣區華僑文化服務中心
20	陶器	仿唐陶武人俑	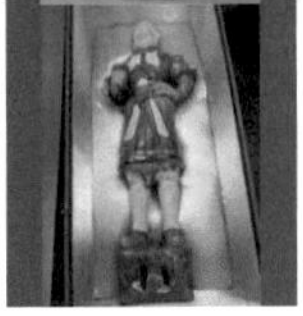	駐西班牙代表處、駐波士頓辦事處

序號	類別	品　名	文物圖版	海 外 現 存 地 點
21	陶器	仿唐三彩侍女俑		駐紐約辦事處、駐法國代表處、駐波士頓辦事處
22	陶器	仿唐繪彩舞女俑		駐南非代表處、駐法國代表處、駐波士頓辦事處
23	陶器	仿唐陶黃釉坐俑		駐西班牙代表處
24	陶器	仿唐三彩大馬		駐秘魯代表處、駐紐約辦事處、駐法國代表處、駐波士頓辦事處、駐南非代表處
25	陶器	仿唐繪彩馬		駐法國代表處、駐波士頓辦事處
26	陶器	仿唐黃釉馬		駐泰國代表處
27	陶器	仿唐三彩駱駝		駐紐約辦事處、駐智利代表處、駐泰國代表處、駐波士頓辦事處、駐法國代表處、駐西班牙代表處
28	陶器	仿唐三彩雙角獸	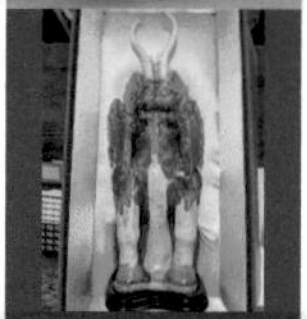	駐波士頓辦事處
29	琺瑯	仿清琺瑯侈口花瓶		駐泰國代表處
30	琺瑯	仿清琺瑯花瓶		駐秘魯代表處、駐紐約辦事處

序號	類別	品　名	文物圖版	海外現存地點
31	琺瑯	仿清琺瑯高足瓶		駐南非代表處、駐法國代表處
32	琺瑯	仿清琺瑯長頸花瓶		駐秘魯代表處、駐紐約辦事處、駐南非代表處
33	琺瑯	仿清琺瑯長頸小花瓶		駐秘魯代表處、駐紐約辦事處、駐南非代表處、駐法國代表處
34	琺瑯	仿清琺瑯花瓶		駐紐約辦事處、駐泰國代表處
35	瓷器	仿宋三犧尊		駐法國代表處、駐秘魯代表處、駐南非代表處
36	瓷器	仿清乾隆青花雲龍四角瓶		駐秘魯代表處、駐紐約辦事處、駐法國代表處
37	瓷器	仿清乾隆青花仕女瓶		駐法國代表處、金山灣區華僑文化服務中心
38	瓷器	仿清青花山水扇形盤		駐法國代表處、駐南非代表處
39	瓷器	仿清龍耳瓶		駐秘魯代表處、駐紐約辦事處、駐法國代表處、駐南非代表處
40	瓷器	仿清紫地蒜頭瓶		駐秘魯代表處

序號	類別	品　名	文物圖版	海外現存地點
41	瓷器	仿清青花釉裡紅龍紋扁壺		駐法國代表處、金山灣區華僑文化服務中心
42	瓷器	仿明青花四季花帶嘴壺		駐法國代表處、駐南非代表處
43	瓷器	仿清雍正鬥彩四季花卉雙耳如意瓶		駐秘魯代表處、駐紐約辦事處、駐法國代表處
44	瓷器	仿清乾隆粉彩花蝶膽瓶		駐秘魯代表處、駐紐約辦事處、駐南非代表處
45	瓷器	仿清乾隆粉彩花蝶膽瓶		駐紐約辦事處
46	瓷器	仿明弘治窯嬌黃繩耳罐		駐紐約辦事處、駐泰國代表處、駐西班牙代表處
47	瓷器	仿明嘉靖五彩蒜頭瓶		駐紐約辦事處
48	瓷器	仿明永樂青花蕉葉花卉瓶		駐紐約辦事處
49	瓷器	仿清乾隆鬥彩團花瓶		駐紐約辦事處
50	瓷器	仿清乾隆青花山水瓶		駐泰國代表處、駐紐約辦事處、金山灣區華僑文化服務中心

序號	類別	品　名	文物圖版	海 外 現 存 地 點
51	雕刻	雙獅戲球		駐泰國代表處
52	瓷器	仿宋雙耳貫帶瓶		駐智利代表處、駐西班牙代表處
53	瓷器	仿清雍正鬥彩花卉雙耳如意瓶		駐瓜地馬拉共和國大使館
54	瓷器	仿清雍正鬥彩花卉雙耳如意瓶		駐瓜地馬拉共和國大使館
55	瓷器	仿清祭紅大碗	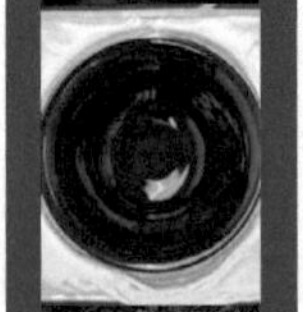	駐波士頓辦事處
56	瓷器	仿清康熙青花釉裡紅三龍大筆筒		駐波士頓辦事處
57	漆器	仿清剔紅圓盤		駐泰國代表處、駐瓜地馬拉共和國大使館
58	漆器	仿明雕漆圓盒		駐西班牙代表處
59	漆器	仿明清菊花盤		駐西班牙代表處
60	雕刻	彌勒菩薩		駐秘魯代表處、駐紐約辦事處

序號	類別	品　名	文物圖版	海外現存地點
61	雕刻	文殊菩薩		駐紐約辦事處、駐南非代表處
62	雕刻	月光菩薩		駐南非代表處
63	雕刻	吹笙仙女		駐紐約辦事處、駐南非代表處
64	雕刻	仿唐女俑		駐泰國代表處
65	雕刻	仿清牙雕三羊		駐泰國代表處
66	書畫	清 八大山人草書對聯（複製品）		駐秘魯代表處、金山灣區華僑文化服務中心
67	書畫	清 吳昌碩篆書五言聯（複製品）		駐秘魯代表處、駐南非代表處、駐泰國代表處、駐法國代表處
68	書畫	民國 于右任草書立軸（複製品）	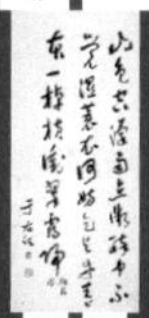	駐秘魯代表處、駐法國代表處
69	書畫	民國 溥心畬楷書對聯（複製品）		駐秘魯代表處、駐南非代表處
70	書畫	民國 溥心畬行書七言聯（複製品）		駐泰國代表處（僅存下聯）

序號	類別	品　名	文物圖版	海外現存地點
71	書畫	民國 溥心畬行書中堂（複製品）	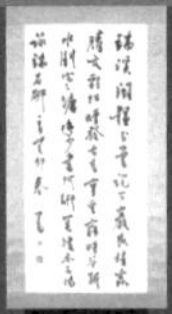	金山灣區華僑文化服務中心
72	書畫	民國 董作賓甲骨文（複製品）		駐南非代表處、駐泰國代表處、駐波士頓辦事處、金山灣區華僑文化服務中心、駐法國代表處
73	書畫	民國 高拜石鐘鼎文軸（複製品）		駐秘魯代表處、駐南非代表處
74	書畫	明 文徵明《山水》（複製品）		駐秘魯代表處、駐南非代表處、駐法國代表處、駐波士頓辦事處、駐泰國代表處
75	書畫	明 仇英《秋江待渡》（複製品）		駐南非代表處、駐秘魯代表處
76	書畫	明 藍瑛《山水》（複製品）		駐法國代表處、駐泰國代表處
77	書畫	明 八大仙人《松鹿圖》（複製品）		駐南非代表處、金山灣區華僑文化服務中心
78	書畫	明 石濤《霜山煙雨圖》（複製品）		駐秘魯代表處、駐南非代表處、駐法國代表處
79	書畫	仿明石濤《憶箇山僧圖》（複製品）		駐南非代表處、駐法國代表處
80	書畫	明 石濤《蘭竹》（複製品）		駐秘魯代表處、駐南非代表處、駐法國代表處

序號	類別	品　　名	文物圖版	海外現存地點
81	書畫	明 石濤《谿曠懷圖》（複製品）		駐南非代表處、駐法國代表處
82	書畫	清 鄭板橋《蘭竹》（複製品）		駐南非代表處
83	書畫	清 郎世寧《孔雀開屏》（複製品）		駐秘魯代表處、駐波士頓辦事處
84	書畫	清《五路進財》（複製品）		駐南非代表處、駐法國代表處、駐秘魯代表處
85	書畫	民國 齊白石《蝦》（複製品）		駐南非代表處、駐法國代表處
86	書畫	民國 王一亭《佛》（複製品）		駐秘魯代表處、駐南非代表處、駐泰國代表處
87	書畫	民國 張善孖《老虎》（複製品）		駐秘魯代表處、駐波士頓辦事處、金山灣區華僑文化服務中心
88	書畫	民國 溥心畬《山水》（複製品）		駐秘魯代表處、駐南非代表處、駐法國代表處
89	書畫	民國 徐悲鴻《馬》（複製品）		駐秘魯代表處
90	書畫	民國 張大千《仿敦煌香供養天女圖》（複製品）		駐法國代表處、駐秘魯代表處

序號	類別	品　名	文物圖版	海外現存地點
91	書畫	民國 張大千《潑墨山水》（複製品）		駐秘魯代表處
92	書畫	民國 張大千《梅花》（複製品）		駐法國代表處、駐波士頓辦事處
93	書畫	民國 張大千《事事如意》（複製品）		駐南非代表處
94	書畫	民國 張大千《九歌圖卷》（複製品）	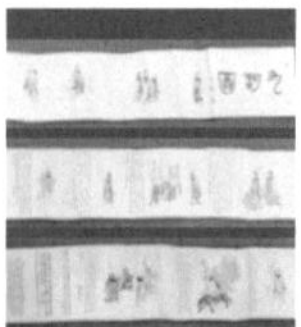	駐秘魯代表處、駐法國代表處、金山灣區華僑文化服務中心
95	書畫	民國 張大千《荷花》（複製品）		駐泰國代表處
96	書畫	民國 黃君璧《山水》（複製品）		駐南非代表處
97	書畫	民國 黃永川《雲巖飛瀑》（真跡）		駐南非代表處
98	書畫	民國 呂佛庭《山水》（複製品）		駐南非代表處、駐秘魯代表處
99	書畫	民國 張書旂《孔雀牡丹》（複製品）		駐泰國代表處、駐秘魯代表處
100	書畫	仿漢《熹平石經》拓本（複製品）		駐秘魯代表處、駐南非代表處、駐泰國代表處、駐法國代表處、駐波士頓辦事處、金山灣區華僑文化服務中心

序號	類別	品　　名	文物圖版	海 外 現 存 地 點
101	書畫	仿漢《舞蹈圖》、《博弈圖》拓本（複製品）	 	駐泰國代表處、駐波士頓辦事處
102	書畫	仿漢《群獸圖》、《乘鹿圖》拓本（複製品）	 	駐泰國代表處
103	書畫	仿漢《雜技圖》、《樂舞圖》拓本（複製品）	 	駐泰國代表處、駐波士頓辦事處、金山灣區華僑文化服務中心
104	書畫	仿漢《飪魚圖》、《舞龍圖》拓本（複製品）	 	駐泰國代表處
105	書畫	仿漢《弋射圖》、《收穫圖》拓本（複製品）	 	駐泰國代表處、駐波士頓辦事處、金山灣區華僑文化服務中心
106	書畫	仿漢《飛人圖》、《車騎圖》拓本（複製品）	 	駐泰國代表處、金山灣區華僑文化服務中心、駐法國代表處
107	書畫	明 陳洪綬《無量壽佛圖》（複製品）		駐泰國代表處
108	書畫	民國 林賢靜《牡丹》（真跡）		駐泰國代表處
109	書畫	民國 陳榮德《虎》（真跡）		駐泰國代表處
110	書畫	民國 傅狷夫《塔山一角》（真跡）		駐泰國代表處

序號	類別	品　名	文物圖版	海外現存地點
111	書畫	民國 吳平《花卉》（真跡）		駐泰國代表處
112	書畫	民國 季康《仕女》（真跡）		駐泰國代表處、駐秘魯代表處
113	書畫	宋 李唐《炙艾圖》（複製品）		駐泰國代表處、金山灣區華僑文化服務中心
114	書畫	宋 錢選《烹茶圖》（複製品）		駐南非代表處、駐秘魯代表處
115	書畫	民國 劉平衡《梅花》（真跡）		駐法國代表處
116	書畫	民國 周建卿《蝦》（真跡）		駐法國代表處、駐南非代表處、駐秘魯代表處
117	書畫	民國 高鍾文《楊桃》（真跡）		駐法國代表處
118	書畫	民國 涂璨琳《火雞》（真跡）	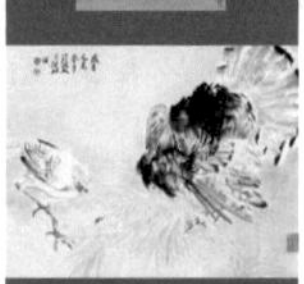	駐法國代表處
119	書畫	民國 馮諄夫《雲山》（真跡）		駐法國代表處
120	書畫	民國 邵幼軒《花鳥》（真跡）		駐法國代表處

序號	類別	品　　名	文物圖版	海外現存地點
121	書畫	民國 黃永川《山水》（真跡）		駐法國代表處
122	書畫	民國 盛元芳《松竹》（真跡）		駐法國代表處
123	書畫	民國 高拜石書法（真跡）	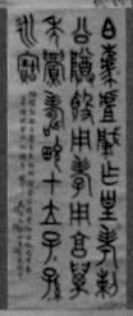	駐法國代表處
124	書畫	清《竹林七賢圖》（複製品）		駐法國代表處
125	書畫	民國 溥心畬《鍾馗》（複製品）		駐西班牙代表處
126	書畫	明 王問《拾得像》（複製品）		駐西班牙代表處、駐秘魯代表處、駐南非代表處、駐法國代表處、金山灣區華僑文化服務中心
127	書畫	明 文徵明《江南春圖》（複製品）		駐西班牙代表處
128	書畫	民國 張書旂《孔雀牡丹》（複製品）		駐波士頓辦事處、駐秘魯代表處
129	書畫	明 宣宗《戲猿圖》（複製品）		駐波士頓辦事處
130	書畫	民國 蔣宋美齡《山水》（複製品）		駐波士頓辦事處

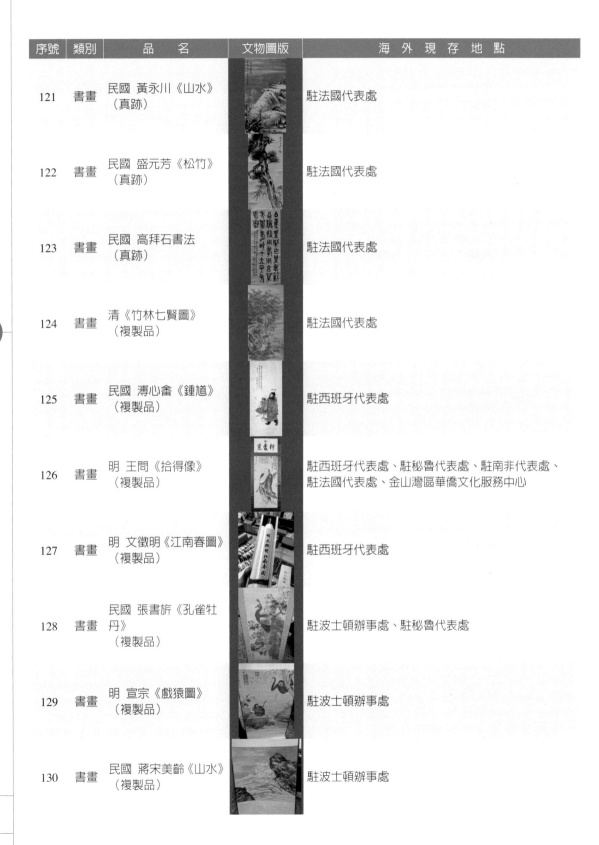

序號	類別	品　名	文物圖版	海外現存地點
131	書畫	民國 蔣宋美齡《花卉》（複製品）		駐波士頓辦事處
132	書畫	民國 涂璨琳《葡萄小島》（真跡）		駐秘魯代表處
133	書畫	民國 高鐘文《凌霄花》（真跡）		駐秘魯代表處
134	書畫	清 王翬《萬壑松風圖》（複製品）		駐泰國代表處
135	書畫	民國 蘇峯男《雲山》（真跡）		駐秘魯代表處
136	書畫	民國 林賢靜《鳥上枝頭》（真跡）		駐秘魯代表處
137	書畫	民國 張曼萍《壽桃》（真跡）		駐秘魯代表處
138	書畫	民國 李可梅《牡丹》（真跡）		駐秘魯代表處
139	書畫	民國 顏小僊《紫葳》（真跡）		駐秘魯代表處
140	書畫	民國 范伯洪《雪出行江》（真跡）		駐秘魯代表處

序號	類別	品　　名	文物圖版	海 外 現 存 地 點
141	書畫	民國 盛元芳《寶島風光》（真跡）	無	駐南非代表處
142	書畫	民國 邵幼軒《紫藤游禽》（真跡）	無	駐南非代表處
143	書畫	民國 安國鈞《以文會友》（真跡）	無	駐南非代表處
144	書畫	民國 林賢靜《美齡蘭》（真跡）		駐南非代表處
145	書畫	民國 李可梅《三魚圖》（真跡）		駐南非代表處
146	書畫	民國 徐國庵《瓶供圖》（真跡）	無	駐南非代表處
147	書畫	民國 王維庵《秋菊》（真跡）	無	駐南非代表處
148	書畫	民國 于洪東《葡萄松鼠》（真跡）	無	駐南非代表處
149	書畫	民國 張曼萍《牡丹》（真跡）	無	駐南非代表處
150	書畫	民國 涂璨琳《秋景》（真跡）	無	駐南非代表處

序號	類別	品　名	文物圖版	海外現存地點
151	書畫	民國 王農《柳塘春牧》（真跡）		駐南非代表處
152	總類	國父孫中山先生遺像		駐泰國代表處
153	總類	總統蔣中正先生遺像		駐秘魯代表處、駐泰國代表處、駐法國代表處
154	總類	先師孔子行教像		駐秘魯代表處、駐南非代表處、駐泰國代表處
155	總類	中華民國五千年歷代世系表		駐泰國代表處
156	總類	中華民國郵票		駐泰國代表處
157	圖片	周蟠龍方壺		駐南非代表處、駐法國代表處
158	圖片	周雲龍罍	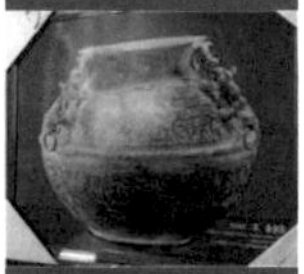	駐南非代表處、駐法國代表處
159	圖片	北魏彩繪舞女及樂女群像		駐南非代表處、駐法國代表處
160	圖片	唐三彩天王像及武士像		駐南非代表處、駐法國代表處

序號	類別	品　名	文物圖版	海 外 現 存 地 點
161	圖片	清玉白菜		駐南非代表處、駐法國代表處
162	圖片	清彩瓷集錦		駐南非代表處、駐法國代表處
163	畫集	《吳昌碩齊白石書畫選集》		駐秘魯代表處
164	畫集	《溥心畬畫集（一）》		駐秘魯代表處
165	畫集	《溥心畬畫集（二）》		駐秘魯代表處
166	畫集	《張大千畫集》		駐秘魯代表處、駐泰國代表處
167	畫集	《胡克敏畫集》		駐秘魯代表處
168	畫集	張大千《長江萬里圖》冊頁（複製品）		駐南非代表處
169	服裝	蒙族男裝		駐瓜地馬拉共和國大使館、駐西班牙代表處
170	服裝	蒙族女裝	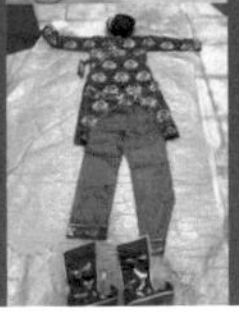	駐西班牙代表處

序號	類別	品名	文物圖版	海外現存地點
171	服裝	滿族男裝		駐西班牙代表處
172	服裝	臺灣原住民男裝		駐西班牙代表處
173	服裝	臺灣原住民女裝		駐西班牙代表處
174	服裝	藏族女裝		駐西班牙代表處
175	服裝	回族女裝		駐西班牙代表處
176	服裝	漢朝官服		駐瓜地馬拉共和國大使館
177	服裝	民初男裝		駐西班牙代表處
178	服裝	民初女裝		駐西班牙代表處
179	服裝	滿族女裝		駐西班牙代表處
180	服裝	藏族男裝		駐瓜地馬拉共和國大使館、駐西班牙代表處

序號	類別	品名	文物圖版	海外現存地點
181	服裝	清皇帝龍袍		駐瓜地馬拉共和國大使館
182	服裝	回族男裝		駐瓜地馬拉共和國大使館、駐西班牙代表處
183	服裝	宋朝花木蘭服		駐瓜地馬拉共和國大使館
184	服裝	越西施服		駐瓜地馬拉共和國大使館
185	服裝	苗族女服		駐瓜地馬拉共和國大使館

（駐外單位資料提供）

編輯說明：

一、本館 2020 年 4 月至 8 月間，委請外交部及僑務委員會函發我國 56 個駐外單位（2020 年 4 月 8 日僑教社字第 10902007672 號函、2020 年 4 月 20 日外公衆規字第 10929502760 號函），協助確認海外現存中華文物箱狀況，計有 10 個駐外單位現存 348 件當年史博館輸出的展品文物（見下表）。

二、本表之文物圖版主要以駐外單位提供之原圖刊登，若與本館現存之仿製文物相同者或未提供圖版者，則使用本館圖版以取得清析影像。

駐外單位現存中華文物箱文物數量統計表

序號	現存文物駐外單位	現存文物數量
1	駐智利代表處	2
2	駐瓜地馬拉共和國大使館	12
3	金山灣區華僑文化服務中心（南灣）	19
4	駐波士頓辦事處	26
5	駐西班牙代表處	28
6	駐紐約辦事處	29
7	駐泰國代表處	43
8	駐法國代表處	61
9	駐祕魯代表處	62
10	駐南非代表處	66

（編輯小組整理）

駐外單位現存中華文物箱文物數量統計圖

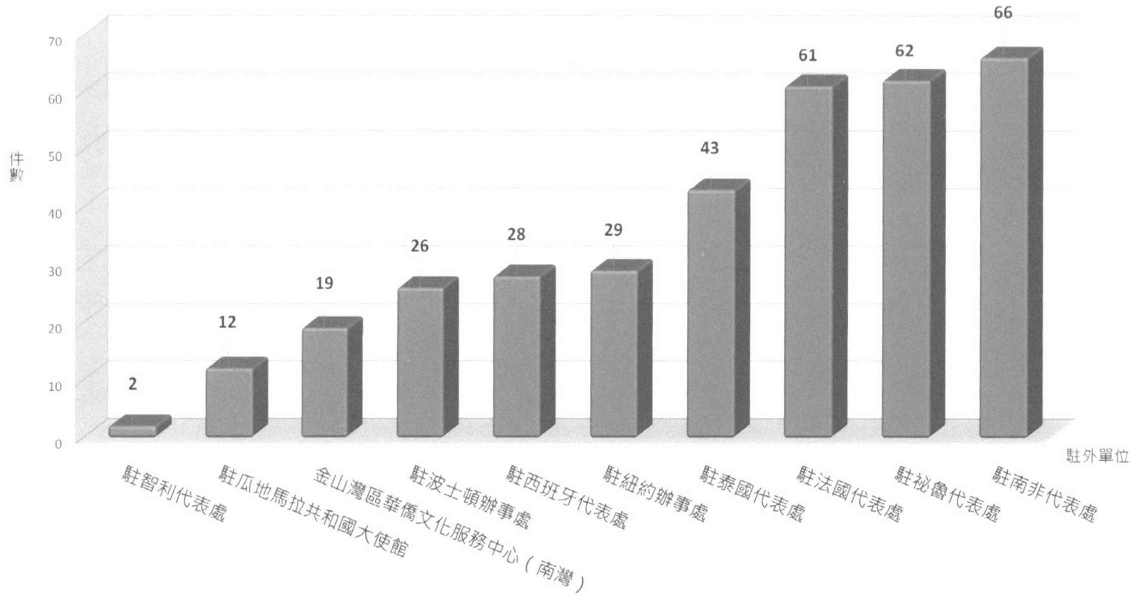

新聞集錦（一九七〇—二〇二〇）

News Highlights (1970-2020)

項次	日期／報(刊)名／版次(期數／頁數)	標　題	內　　　容
1	1970.05.06 ／ 中國時報／ 4	中華文物箱今製成展出	【中央社台北五日電】「中華文物箱」第一批十箱，已由國立歷史博物館設計製作完成，將於明日在該館二樓展覽一天。國立歷史博物館說：「中華文物箱」的製造，是為隨時借供我國旅居各國中國留學生或華僑團體等，用於文化活動，或參加各項中小型國際展覽時使用。「中華文物箱」的設計，著眼點在加強宣揚國家文化、促進文化交流。箱內展覽品分為十二項，九十六類，包括：一、元首相及一般展品。二、各類古器物圖片。三、古畫。四、今人國畫。五、銅器。六、陶器。七、文字史料。八、石刻。九、玉器。十、漆器。十一、彩色幻燈片。十二、國樂唱片。這批「中華文物箱」展出一天後，將運往我國駐外各使館保存，以備隨時借供展覽。
2	1970.05.06 ／ 中央日報／ 6	史物館創新猷將展出文物箱內容展示我國歷史藝術文物	【本報訊】一項專為我國在海外的留學生、僑團、國外人士設計的「中華文物箱」一批十箱，定於今日在國立歷史博物館，展出一天，並已於昨日下午舉行了一場預展。 這批中華文物箱是由國立歷史博物館館長王宇清經過了多方的思考，和廣求學者專家的意見，設計而成的。 為了顧及運輸存放以及展出的方便，文物箱的體積，並不很大，但是在這些高約三尺，長約三尺五吋，寬約兩尺五吋的箱子裏，都能包含了我國五千年來悠久優秀的歷史和藝術文物。 史博館長王宇清表示，箱子中的展品可分為十二項，九十六類，包括了①國旗、總理遺像、總統肖像、和我國歷史系統圖，②圖片計有古銅器、玉器、甲骨、漢陶、宋元明清代精瓷，③古畫的複製品，④張大千手繪國畫的複製品，⑤商國銅器的複製品，⑥史前及唐代陶器的複製品，⑦漢簡的複製品，⑧北周石刻的複製品，⑨宋、清玉器的複製品，⑩明清雕漆器皿的複製品，11. 中華民國各種建設進步實況的彩色幻燈，12 國樂唱片等。 最難得的是，這個文物箱，雖大部分介紹我國古代的歷史藝術，但是對於今人的成就亦有介紹，使看過的人，都會覺得中國文化不但源遠流長博大精湛，即使到了目前，還是保持了優美的傳統，繼續在發揚著。 在每幅圖片及國畫的下方，精印了一面「青天白日滿地紅」國旗，不用大肆宣傳、就可使參觀的觀衆，一目瞭然的瞭解到，這批精美文物來自民主自由的中國。 在這些文物裏，「中國歷史系統圖」，將是使外國人士瞭解我國歷史變遷的一項重要展品，這幅圖中，是用迴旋式的圖與字介紹每一個朝代的興革，並附有每個朝代裏的重要人物和事蹟，十片一套的國樂唱片，是準備在展出時播放的，讓觀衆一面欣賞我國文物，一面在柔美和悅的音樂聲中，更會對中華文化興起景仰之情。 王宇清說，這批文物箱，很適合一次小規模的展出，因為在國外常會遇到租借場地的困難，而中華文物箱中的展品，只要在一所約有五十建坪大小的房間，就可以隨意地展出，極其方便。 他指出，這次只不過是一種試辦的性質，如果反應良好，即將繼續籌製更多的箱數，並進一步的充實內容，運往各國藏展。 據悉，中央三組，鑑於中華文物箱設計的精美，已有意託請製作兩箱，運送海外僑團。 昨日參觀預展，並聽取教育部國際文教處處長姚舜及史博館長王宇清，聯合主持簡報的各單位代表，計有中央三組、教育部、外交部、僑務委員會、新聞局、文化局、救國團總團部等單位代表二十餘人。 他們都認為「中華文物箱」不僅精美實用，充分表達了中華文化的精神，而且花極少量的經費，獲致豐碩的成果，實在是求新求行的具體行為與表現。

項次	日期／報(刊)名／版次(期數／頁數)	標　題	內　　　容
3	1971.09.23／中央日報／4	僑委會購置中華文物箱寄贈菲華反共總會	【中央社臺北廿二日電】僑務委員會今天購置價值新臺幣五萬元的中華文物箱，寄給我國駐菲律賓大使館，轉交菲華反共總會，以充實該會慶祝中華民國建國六十年雙十國慶舉辦的全菲照片巡迴展覽。 中華文物箱內容包括十二項：一、總統玉照及一般展品；二、圖片：包括先史人類、銅器、玉器、甲骨、陶器；三、古畫（複製品）；四、今人國畫（複製品）；五、銅器（複製品）；六、陶器（複製品）；七、史料文字（複製品）；八、石刻（複製品）；九、玉器（複製品）；十、漆器（複製品）；十一、彩色幻燈片（中華民國各種建設進步實況）；十二、國樂唱片。 這項展覽會是由菲華各界慶祝中華民國建國六十年籌備委員會，為擴大介紹自由祖國軍、經、文、教、社會等各項進步實況而舉辦。
4	1972.02.12／中央日報／3	供應僑胞舉辦文化活動大批中華文物近期運往國外	【本報訊】國立歷史博物館最近特別設計的一批「中華文物箱」已經完成，將於近日內，運往美國及歐洲各使領館，供應海外僑胞及留學生舉辦各項文化活動。 歷史博物館最近製作完成的這批文物箱，於昨日上午在該館公開陳列，並邀請各有關機構人員檢視參觀，做最後的檢討修正。 史博館為了便利海外各地的僑胞和留學生們，在當地舉辦各項小型展覽和民間聯誼活動，曾在民國五十九年設計第一批「中華文物箱」，運往我國各駐外機構，深受歡迎。 這次新設計的第二批「文物箱」，為了充實內容，已由原來的一箱一組，改為三箱一組，昨日共展出十五組四十五箱。 每組附裝的文物，包括以前原有的國旗，國父遺像，總統肖像，我國歷史系統圖，古銅器，玉器，甲骨，宋元明清精瓷等的圖片，歷代名畫，張大千國畫，商代銅器，史前及唐代陶器，漢簡，北周石刻，宋代及清代玉器，明清雕漆器皿等的複製品，國內建設實況及風景的彩色幻燈片及國樂唱片等和這次新增的文物。 這次的設計，除了將原來用石膏製成的複製品，改用玻璃纖維製作，以防運送途中破碎之外，新增的物品，包括蔣夫人山水畫複製品一幅，緙絲及明代清代的扇面畫複製品和作為舞蹈表演用的漢、滿、蒙、回、藏族的服裝，宮燈及中國民謠唱片集十張。 設計的文物箱，除了可用於舉行小型晚會集各種表演、展覽場合，有系統地介紹自殷商到現代的中華文化內容之外，也可做海外僑校講授中國歷史的實際教材。 這批文物箱作昨日檢視修正後，將在近日裝箱運往國外。

項次	日期／報(刊)名／版次(期數／頁數)	標　題	內　　　容
5	1972.05.03 ／中國時報／ 7	弘揚中華文化第二批中華文物箱啓運歐美日本展出	【本報訊】國立歷史博物館設計籌製之中華文物箱，第二批三十九大箱，已於製作完成後，啓程運往歐美及日本等地區，藉此弘揚中華文化。 　中華文物箱中之展品，分為：一般展品，圖片、古今名畫、古器物、彩色幻燈片，國樂唱片等七大類，計每組三箱展品共二一三件。展品內容有；國父遺像、總統肖像、中華民國國旗，中國歷史系統圖。 　圖片方面則是將稀世之寶攝製而成，名畫又包括唐宋明清直到現代作品，蔣夫人及張大千所繪極受世人重視的山水亦經選入。 　古器物則包羅銅器、陶器、石刻、玉器及漆器。 彩色幻燈片的主題，分為台灣風光、農村進步及民俗民畫等。國樂唱片中，是十首中國民謠。 　另外尚有中華民國郵票，仿古舞蹈展示服裝－包括漢、滿、蒙、回、藏五族具代表性者，另有仿古宮燈及長江萬里圖卷等。 　所有展品，皆以中、英、西、法等四種文字說明。 　史博館說：這一批文物運往的單位是： 美國：我國駐美大使館文化參事處，以及波士頓、芝加哥、檀香山、休士頓、洛杉磯、舊金山、西雅圖等總領事館。 　歐洲：我國駐西班牙大使館和比京中山文化中心。日本：我國駐日本大使館文化參事處。
6	1972.05.03 ／臺灣民聲日報／ 2	二批中華文物往歐美日弘揚	【中央社臺北二日電】國立歷史博物館設計籌製的中華文物箱第二批三十九大箱，開始運到歐美和日本等地區，弘揚中華文化。 　這種綜合編列的文物箱的展品，分一般展品、圖片、古今名畫、古器物、彩色幻燈片、國樂唱片和其他等七大類，每組三箱二百十三件，所有展品都有中、英、西班牙、和法文四種文字說明，專供僑團和留學生舉行小型展覽活動。 　史博館說：這一批文物運往的單位是： 美國：我國駐美大使館文化參事處，以及波士頓、芝加哥、檀香山、休士頓、洛杉磯、舊金山、西雅圖等總領事館。 　歐洲：我國駐西班牙大使館和比京中山文化中心。日本：我國駐日本大使館文化參事處。
7	1972.08.06 ／聯合報／ 8	藝術走廊	【本報訊】由國立歷史博物館籌製的第二批「中華文物箱」卅九箱，已經先後運抵美國、日本、西班牙和比利時，交付我駐外機構。美西地區反共愛國學生聯盟會，曾於七月廿三日「自由中國日」活動中運用，受到重視。 　「中華文物箱」是「把知識送上門去」構想的實踐。內容有古器物圖片、中國古畫、仿古藝術緙絲、今人國畫、各代銅器、陶器、石刻、玉器、漆器的複製品等一百多類。美西地區留學生的「自由中國日」活動，是在金山灣區吉貝城與當地美國人士聯合舉辦。當時曾展示中華文物箱的全部展品。

項次	日期／報(刊)名／版次(期數／頁數)	標　題	內　　　　　　容
8	1972.08.06 ／中央日報／ 6	中華文物箱受海外歡迎	【本報訊】國立歷史博物館昨天表示：由該館籌製的第二批「中華文物箱」，運抵海外地區使用後，效果良好。 第二批「中華文物箱」有十三組，計卅九箱，已先後運抵美國、日本、西班牙、比利時等地，供僑團及留學生舉辦各種活動及小型展覽用。 這批文物箱，內有一般展品、古器物圖片、古人國畫作品、仿古藝術緙絲、今人國畫作品，以及殷、周、漢、唐、南北朝、明、清的銅器、陶器、石刻、玉器、漆器等，雖為複製品，但製作精良，幾可亂真。 另外，尚備有中華民國風土人情彩色幻燈片、國樂及中國民謠唱片、仿古宮燈、五族服飾等一百多件。 歷史博物館說：七月廿三日，美西地區反共愛國學生聯盟會，在金山灣區吉貝城與當地美籍友好聯合舉辦「自由中國日」活動中，中華文物箱內展品全部陳列，並舉行漢、滿、蒙、回、藏五族服裝表演，獲得參觀人士讚揚。
9	1975.10.16 ／聯合報／ 9	中華文物箱將海外展覽	【本報訊】歷史博物館設計的「中華文物箱」已全部完成。包括二千件歷史文物和美術品，將運到海外展出。史博館已經先後製作兩批運出，這次的製作以一般性文物和專題文物兩類，內容包括中華五千年歷代世系表、中華民國國旗、孔子浮雕像、銅器、陶器、版畫、名人繪畫明信片、國內名家國畫原作等。
10	1975.10.16 ／中國時報／ 5	中華文物箱已全部完成將運海外展出	【本報訊】為加強中華文化對海外的宏揚，及介紹中華民國進步繁榮實況，由教育部委託國立歷史博物館製作的「中華文物箱」，已全部完成。共有歷史史文物暨美術品二千件，分裝二十組，即將運往海外地區。 此次製作的「中華文物箱」，以一般綜合性文物即專題文物兩類為主，力求攜帶運輸方便，佈置與安全兼顧，研究與觀賞並重。其內容包括「中華五千年歷代世系表」、「中華民國國旗」、「孔子浮雕立像」、「國父遺像」、「總統　蔣公遺像」，以及現代仿製的銅器、陶器、漆器、瓷器等。此外更特別增列國內名家國畫原作兩百幅，包括人物、山水、花卉、草蟲等類。
11	1975.10.16 ／中央日報／ 6	由歷史博物館精心製作「中華文物箱」第三批將運海外長期展覽	【本報訊】國立歷史博物館受教育部委託，精心製作八十箱中華文物，即將運往海外地區，提供給國際人士與我國留學生、僑胞等，作長期展覽之用。這類「中華文物箱」曾先後製作兩批運往海外，極受歡迎，這次的文物箱分裝成二十組，以一般綜合性文物及專題文物兩類為主，力求 攜帶與運輸方便， 佈置與安全兼顧， 研究與觀賞並重為原則，展品分類裝箱，在任何大小場地，均可陳列。 「中華文物箱」的內容包括有：「中華五千年歷代世系表」、「國旗」、「孔子浮雕立像」、「國父遺像」、「總統　蔣公遺像」等，所有器物均係現代製作，包括銅器、陶器、漆器、瓷器、雕刻、琺瑯、歷代名畫、扇面繪畫、法書、畫磚拓本、畫集、圖卷，以及精印古器物、民俗版畫、名人繪畫明信片等一百種。除精美的文物之外，增列國內名家國畫原作二百幅，每組分配各十幅，包括人物、山水、花卉、蔬果、翎毛、畜獸、鱗介、草蟲各種，此項包括八大類別之國畫，系得國內藝術界人士熱心贊助，提供一時之作，計有黃君璧、馬壽華、劉延濤、高逸鴻、梁中銘、梁又銘、姚夢谷等。同時，交通部郵政總局以「臺灣風光」與「歷史文物」為主題的各式郵票，精裝成框，一併納入中華文物箱展覽。

項次	日期／報(刊)名／版次(期數／頁數)	標　題	內　　　容
12	1975.12 ／雄獅美術／ 58 ／ 133	第三批中華文物將運海外長期展覽	國立歷史博物館受教育部委託，精心製作八十箱中華文物，即將運往海外地區，提供給國際人士與我國留學生、僑胞等作長期展覽之用。這類「中華文物箱」曾先後製作兩批運往海外極受歡迎，這次的文物箱分裝成二十組，以綜合性文物及專題文物為主。內容包括有：「中華五千年歷代世系表」、「國旗」「孔子浮雕立像」、「國父遺像」、「總統蔣公遺像」等，所有器物均係現代製作，包括銅器陶器、漆器、瓷器、雕刻琺瑯、歷代名畫、扇面繪畫法書、畫磚拓本、畫集、圖卷，以及精印古器物、民俗版畫、名人繪畫明信片等一百種。除精美的文物外，增列國內名家國畫原作二百幅，每組分配各十幅，包括人物、山水、花卉、蔬果、翎毛、畜獸、鱗介、草蟲各種，此項包括八大類別之國畫，係得國內藝術界人士熱心贊助。
13	1979.01.16 ／民生報／ 7	國際文教處今年工作重點加強藝術文化交流	【本報訊】教育部國際文教處為因應國際局勢，本年度的工作計畫，將經由民間文教團體辦理，並擴大加強三項文教交流。……(三)國際歷史文物及藝術品展覽：自民國六十五年委託國立歷史博物館研製十九組「中華文物箱」，裝載書畫、陶瓷器、銅器、服飾前往我駐外文化機構的留學生團體，績效良好，目前正趕製四十組，以應海外各文教單位之需。為瞭解適應海外情勢，國際文教處處長鮑幼玉已在上月卅日走訪美國各州考察，預定本月下旬返國。
14	1981.02 ／雄獅美術／ 120 ／ 38-39	活的美術教育	歷史博物　的展覽活動分為固定性　藏展覽、特展、一般性書畫及其他藝展，和國內外巡迴展覽、機場畫廊。 ……展覽組主任夏美馴說：「解決的方法是製作『中華文物箱』，箱內包括仿製的銅器、陶器、瓷器、琺瑯、書法，以及當代國畫家的作品與古今名畫複製品、雕刻仿製品、歷史文物圖片等等。」中華文物箱的目的既在宣揚中華文化與藝術，同時又希望使接觸觀賞的人，真正體會到中華民國是自由民主、繁榮進步的國家。夏主任說，中華文物箱的製作始於民國五十八年五月，完成於五十九年十一月，共製作十組，每組一箱。由於所需甚多，常供不應求。六十年四月到六十一年四月又製作一批，數量增為十三組，每組三箱。六十三年五月到六十五年五月製作第三批，數量為二十組，每組四箱。六十七年八月到六十九年八月製作第四批，增為四十組，每組八箱。文物箱的形式與內容，也在國外使用單位建議下逐年改善，以配合實際所需。夏主任說：「中華文物箱的運送有空運與海運兩種，完全視對方需要而定。但是無邦交的國家，為顧及納稅問題，還得製備外文清 註明每件價格，更特別說明用途是展覽而非出售，且是專門贈與的性質。」……

項次	日期／報(刊)名／版次(期數／頁數)	標　題	內　　　容
15	1988.03.17 ／聯合晚報／ 8	哥本哈根廿二日舉辦中國週介紹中華文化的守護神．促進雙方交流	【哥本哈根電】一九八八年北歐國際旅遊展，十七日起在哥本哈根市盛大舉行，有來自世界各地六十餘國參加展出，介紹世界各地觀光活動，預料將吸引北歐及中歐觀光旅遊界人士數百萬人參觀。丹麥自由中國新聞處配合此項國際旅遊展，將在三月廿四日在哥本哈根市舉辦「中華民國日」。三月廿二日至廿六日在 Ringsted 市舉辦「中國週」活動，擴大宣揚中華民國觀光旅遊實況與中華文化守護者的形象，以增進北歐人士對中華民國的了解與支援，促進雙方觀光與文化交流。「中華民國日」活動的舉辦地點在哥本哈根市中心亞洲樓中國餐廳，邀請對象包括亞太旅遊協會北歐會員、各大新聞媒體旅遊記者、北歐旅遊展籌備會負責人員、政經及學術界領袖，共一百五十人。節目內容有雞尾酒會、中華民國國情簡報、中國式自助餐會、放映紀錄影帶，並有華航機票 (阿姆斯特丹至台北) 往返兩張為抽獎的獎品、華航空中小姐才藝表演、贈送紀念品等。「中國週」活動在丹麥古都 Ringsted 文化中心舉行，開幕酒會由該市政府在三月廿二日上午十一時至十二時舉行，邀請當地及大哥本哈根區政治、工商界及傳播界人士兩百人參加，主辦單位駐丹麥自由中國新聞處以中式點心招待嘉賓。五天的活動，包括中華民國國情及旅遊簡介、中華文物展 (中華文物箱或仿古名畫展)、中華文藝表演 (包括古箏演奏、中國結及茶道表演、中國書法示範)，在 Kino 電影院及文化中心舉行中國電影欣賞會及中華民國工商產品展、中丹貿易座談會。「中國週」的高潮活動是三月廿六日在 Ringsted 文化中心禮堂舉行的「中華文化晚會」邀華航小姐作才藝表演，西德不來梅中文學校舞蹈團表演中國舞蹈等各項遊藝活動助興。
16	2020.03.09 ／聯合報／何定照	開箱之祖！神秘中華文物箱飄搖年代的沉默文化大使	歷史博物館整建發現神秘鐵箱 一只只大鐵箱，埋藏台灣文化外交史。國立歷史博物館近年閉館整建，發現數個大鐵箱，裡頭各有上百件文物。原來這是外交部 1960 年代起委託教育部、由史博館發想製作的「中華文物箱」，曾遊走全球六大洲 20 餘國，特別是在台灣退出聯合國的國際飄搖年代，擔任最沉默有力的文化大使。網址：http://vip.udn.com
17	2020.03 ／歷史文物／ 304 ／ 52-57 ／陳嘉翎	史博製造，文化外交：「中華文物箱」的開箱文	史博庫房的角落裡，沉睡著一批「中華文物箱」。打開這些塵封已久的箱子，進入眼簾的仿製文物，竟隱藏著一段輝煌的過往。筆者於是透過機關檔案的考察與人員訪談，回溯中華文物箱的來龍去脈，並期藉由本文揭開文物箱於 1970 至 80 年代，如何進行文化複製與再現、輸出與傳播的一段精采歷程。這些物與事，也為當年政府推動文化外交工作，留下了最珍貴的紀錄與見證。…… 網址：https://www.nmh.gov.tw/nmhpublish_93_1459.html
18	2020.06.18 ／國史館／專題演講／廖新田	開箱文──史博館中華文物箱	1969 至 1986 年之間，政府為加強我國文化在海外之弘揚與介紹中華民國進步繁榮之實況，指示國立歷史博物館製作 5 批典藏文物複製品裝箱成為「中華文物箱」，透過我國駐外各機構於駐在國進行系統性與 括性之介紹、推廣與展覽，開啓海外文化傳播與爭取國際能見度的重要歷程，寄送各國之文物箱共計 770 餘箱。「中華文物箱」的形成，可以探知當時選取複製文物的文化價值，亦可窺探文化輸出與外交關係間的緊密連結。網址：http: //cultureexpress.taipei/ViewEvent.aspx?id=24942

（編輯小組整理）

大事紀要（一九六九－一九八六）

Chronicle (1969-1986)

日期	項　　目	本館及國內外大事（與外交、藝文發展相關）
1969. 04.08	我駐美大使館致外交部代電請設置展覽箱 10 套，包括文物、書畫、服飾、器皿及新聞照片等交由該館運用，與教育部擬設置「文化箱」之構想相合，為「中華文物箱」計畫由來。（史博館檔案 060-1-514-1-30）	4 月，美國總統尼克森在美國國會就四八〇法案報告中，讚揚臺灣對亞、非開發國家之農業技術援助。
1969. 06.02	教育部責成本館就設置文化箱一事，研擬具體可行辦法報核，暫設 20 箱交該部駐美、加、比等文化參事處運用。（史博館檔案 060-1-514-1-30）	6 月，本館第一任館長包遵彭轉任國立中央圖書館館長，王宇清升任第二任館長。
1969. 06.11	本館陳教育部有關文化箱籌辦計畫暨經費概算報核，正式進入規劃階段。（史博館檔案 060-1-514-1-43）	6 月，教育部修正 1953 年頒佈之《總動員期間社會教育實施綱要》。
1969. 07.12	教育部召開「研討設置第一批中華文物箱座談會」，邀集外交部、僑務委員會、行政院新聞局、中央委員會第三及第四組、教育部會計處、國際文教處、文化局、青年反共救國團及本館等單位，針對文物箱經費預算及其他事項進行研擬。（史博館檔案 060-1-514-1-45、46）	7 月，《文藝》月刊創刊。人類首次登陸月球。
1969. 11.27	本館函請有關單位提供相關展品作為第一批中華文物箱內容赴外展出，計有臺灣省政府新聞處、僑務委員會、交通部郵政總局、空軍總司令、海軍總部、農復會、蒙藏委員會、退輔會、亞盟、臺灣省觀光事業管理局等 10 個單位提供幻燈片、圖片、郵票、畫刊等文宣。（史博館檔案 060-1-514-1-42、40、33、31、28、23、06、34、37、36、32、29）	8 月，金龍少年隊在美國榮獲世界少棒賽冠軍。
1970. 03.23	教育部函請本館寄我駐外單位秘魯大使館及其他海外各地亟需中華文物箱展示，以響應國內「中華文化復興」政策。（史博館檔案 060-1-514-1-26）	3 月，「中華民國版畫學會」成立。
1970. 05.05	本館奉命籌辦第一批中華文物箱 10 箱，全部製備完成，於該館舉行第一次展品成果預展，特邀外交部、教育部、僑務委員會、交通部郵政總局等相關單位，蒞臨指導。（史博館檔案 060-1-514-1-20）	4 月，本館與美國新聞處聯合舉辦「月球岩石展覽」，吸引 35 萬人次參觀。教育部公布《各省市公立博物館規程》，規定各省市至少應設置博物館 1 所。「四二四刺殺蔣經國案」，行政院副院長蔣經國在美國紐約市被留美博士生黃文雄槍擊未遂。
1970. 08.04	本館函請基隆關國際貿易局惠准免結匯放行第一批中華文物箱 10 箱，由基隆海運輸出至我國駐美大使館文參處 8 箱，駐比利時大使館文參處 2 箱。（史博館檔案 060-1-514-1-11）	8 月，第五次全國教育會議有關社會教育決議，文化建設與社會教育並列。
1970. 09.17	第一批中華文物箱 10 箱啓運，教育部令我駐美國與駐比利時大使館文化參事處提領。（史博館檔案 060-1-514-1-08、07）	10 月，我國與加拿大斷交。 11 月，我國與義大利斷交。蔣中正於陽明山中山樓演說，稱中華文化無人可以毀滅。
1971. 04.12	本館召開籌備第二批中華文物箱第一次籌製會議，依教育部國際文教處、中央委員會第三、四組、外交部、行政院新聞局、僑務委員會第二處對第二批文物箱樣品檢視意見提出處理報告表。（史博館檔案 061-1-765-1-32）	1 月，藍蔭鼎獲歐洲藝術討論會與美國藝術評論學會 推選為「第一屆世界十大水彩畫家」之一。 3 月，《雄獅美術》創辦。
1971. 04.16	外交部函告駐美總領事會議建議，中華文物箱體積過大，建議以小箱分裝為原則，俾利國外小型交通工具之裝運。（史博館檔案 061-1-765-1-31、30）	

日期	項　　　目	本館及國內外大事（與外交、藝文發展相關）
1971.07.02	本館向教育部檢據報銷請領第二批中華文物箱 39 箱經費，總計新臺幣 50 萬元。（史博館檔案 061-1-765-1-04）	8 月，教育部發布《民族精神教育實施方案》。 9 月，參加第十一屆巴西聖保羅藝術雙年展。
1971.07.07	本館召開第二批中華文物箱第二次籌製會議，就展品內容之充實、裝箱、展品目錄、說明、經費提出討論，決議增加舞蹈用服裝、翻譯美法西文、分甲乙丙三箱裝載展品減輕重量，經費由教育部撥付。（史博館檔案 061-1-765-1-40）	10 月，聯合國大會 2758 號決議通過，中華人民共和國政府成中國唯一合法代表，中華民國退出聯合國。 11 月，本館舉辦「中華文化復興運動展」。
1972.02.11	本館召開第二批中華文物箱第三次籌製會議，就樣品改進展示，由各機構代表分別勘驗。（史博館檔案 061-1-765-1-12）	2 月，美國總統尼克森正式訪問中共，為首位訪問中國大陸的在任美國總統。
1972.02.21	本館呈教育部第二批文物箱已完成待運，邀中央第三組、僑務委員會、外交部暨釣部國際文教處等機構派員親驗展品。（史博館檔案 061-1-765-1-11）	2 月，我國與阿根廷斷交。
1972.03.27	本館陳教育部籌製完成第二批中華文物箱，報請鑒核併附寄送分配單位名單。（史博館檔案 061-1-765-1-03）	3 月，舉行第五屆中華民國總統選舉，由蔣中正連任總統、嚴家淦連任副總統。
1972.05.01	財政部關務署函准本館籌製完成之第二批中華文物箱 13 組分別運往我駐外使領館，包括美國、日本、西班牙、比利時等 12 處。（財政部關務署檔案 0061/031/01、史博館檔案 061-4-460-1-01）	5 月，我國與盧安達斷交。許深州、陳進、黃鷗波、林之助、林玉山、陳慧坤等人創「長流畫會」，於省立博物館舉行首展。 6 月，美國發生水門事件。 9 月，我國與日本斷交。 10 月，我國與多哥斷交。
1973.01.23	教育部召開中華文物箱檢討會議，邀有關單位檢討海外展出效果。決議請有關單位意見逕交本館，由本館研擬第三批文物箱計畫書及經費概算書後再召開會議。（教育部檔案 06200013543）	1 月，我國與達荷美（今貝南）第二次斷交。我國與薩伊（今剛果民主共和國）斷交。
1973.03.01	行政院新聞局檢送轄下駐外單位之意見轉告教育部。（教育部檔案 06200007154、06200008955）	2 月，「中國現代繪畫的前途」座談會在海外學人聯誼中心舉行。
1973.04.12	本館呈教育部第三批中華文物箱籌製計畫綱要。（教育部檔案 06200013543）	3 月，我國與西班牙斷交。
1973.04.25	教育部召開商討製作第三批中華文物箱事宜，認為有繼續製作的必要，並增設專題文物箱。（教育部檔案 06200013543、06200041307）	
1973.09.13	教育部匯集有關單位需求，決定訂製第三批中華文物箱 100 組，計需新臺幣 1,462 萬元，函請行政院准予專案核撥。（行政院主計總處檔案 0062/260.2/A-3、教育部檔案 06200022811）	7 月，本館王宇清館長退休，何浩天升任第三任館長。
1973.10.11	行政院函覆教育部要求按照「商討中華文物箱製作事宜會議紀錄」擬定第三批籌製計畫，並依預算執行辦法檢附申請第二預備金之相關資料。（行政院檔案 0062/2-2-2/39）	10 月，本館參加第十二屆巴西聖保羅藝術雙年展（最後一次參展）。中東戰爭引發第一次石油危機。
1973.11.07	教育部再函行政院為訂製第三批中華文物箱，切實檢附並撰成計畫說明及申請動支第二預備金數額表等件。（教育部檔案 06200041307、行政院主計總處檔案 0067/247/A-1265）	
1973.11.09	教育部召開商討第三批中華文物箱訂製事宜會議。（教育部檔案 06231062994）	12 月，中華民國特殊教育法將藝術資優教育納入特殊教育體系中。

日期	項　　目	本館及國內外大事（與外交、藝文發展相關）
1974.02.19	行政院函覆教育部申請動用第二預備金一事應予緩議，教育部函本館應就64年度增列之300萬元統籌辦理。（行政院檔案0063/7-8-1-10/4、教育部檔案06300005707）	1月，中共「批林批孔運動」。我國主辦的「亞洲美術教育會議」在省臺中圖書館揭幕。
1974.03.15	教育部轉知各有關單位提出文物箱汰舊換新項目列表。（教育部檔案06300013121、國史館藏外交部檔案020-090502-0019-0007）	3月，亞太博物館會議在故宮舉行。
1974.03.30	外交部電轄下各駐外單位，請詳列前發中華文物箱中需汰舊換新者，以便補充。（國史館藏外交部檔案020-090502-0019-0006）	3月，我國與加彭斷交。
1974.05.27	依照行政院文物箱汰舊換新建議，教育部根據各駐外機構反映意見，再專案呈請行政院核示訂製中華文物箱。（教育部檔案06300013121）	4月，中華民國與波札那斷交。 5月，中華民國與馬來西亞終止領事關係。
1974.06.06	教育部函本館加速辦理第三批中華文物箱展品內容汰舊換新工作，以應海外應用。（史博館檔案067-0108-2-2-54）	6月，我國與委內瑞拉斷交。 7月，我國與尼日首次斷交。
1974.09.06	教育部洽本館趕製第三批中華文物箱，俟製妥當後再專案邀請有關單位議定分配。（史博館檔案067-0108-2-2-52）	8月，美國總統尼克森因水門事件辭職；副總統福特接任總統。 9月，蔣經國宣布十大建設計畫。
1974.12.20	本館完成第三批中華文物箱汰舊換新工作（史博館檔案067-0108-2-2-47）	12月，楊三郎等成立「中華民國油畫學會」。甘比亞與中華民國斷交。
1975.10.06	本館奉教育部籌辦第三批中華文物箱展品內容汰舊換新工作，所有歷史文物美術品類及一般展品類之樣本均精選完成。（史博館檔案067-0108-2-2-44）	4月，總統蔣中正去世，嚴家淦繼任總統。蔣經國獲選為中央委員會主席。 6月，《藝術家》創刊。 10月，本館舉辦「中西名家畫展」，首次引進西方名畫原作。生態陳列法展出「北京人」。
1975.12.20	汰舊換新第三批中華文物箱製作完成，本館邀集各有關單位親臨詳鑑。（史博館檔案067-0108-2-2-47）	11月，第一屆全國美展開幕。
1976.03.31	教育部召開第三批中華文物箱分配會議。（教育部檔案06531001919、國史館藏外交部檔案020-090502-0019-0079）	
1976.04.21	僑委會轉知海外僑校，經洽有關單位據告中華文物箱因製作數量不多，無法分配運用。（僑委會檔案I000642775）	
1976.05.26	教育部函請受配單位妥善運用第三批中華文物箱，並列入財產移交，加強公物保管責任。（國史館藏外交部檔案020-090502-0019-0120、史博館檔案067-0108-2-2-37）	5月，「亞太地區博物館會議」於本館舉行。
1976.07.21	本館檢送教育部及有關單位中華文物箱展品目錄及運裝船時間表各乙份，請轉知海外單位收受清點，並回報使用情形。（教育部檔案06500031060）	9月，毛澤東逝世，四人幫垮台，文化大革命象徵性結束。 11月，蔣經國獲選首任中國國民黨黨主席。張大千自巴西移居臺北。
1977.11.29	教育部委託本館代製分運美國之中華文物箱3組，就展品內容精心改進製作完成並舉辦預展。（國史館藏史博館檔案020-090502-0019）	9月，行政院長蔣經國向立法院提出施政報告，進行12項建設計畫，第十二項為「建立每一縣市文化中心，包括圖書館、博物館及音樂廳」。

日期	項目	本館及國內外大事（與外交、藝文發展相關）
1977.12.08	菲律賓馬尼拉岷倫洛（Binondo）中山街自由大廈舉行中華文物展，場面盛大。（國史館藏外交部檔案 020-090502-0019-0356、020-090502-0019-0370）	12 月，「文化建設規劃大綱」通過，各縣市得設立文化中心。
1978.05.31	為應海外工作需要及各單位要求，本館籌辦第四批中華文物箱，教育部報請行政院核撥經費再行訂製 40 套，計需新臺幣壹仟貳佰萬元。（史博館檔案 069-0108-1-1、行政院主計總處檔案 0067/247/A-1260）	5 月，蔣經國、謝東閔就任第六任總統、副總統。
1978.07.07	本館承教育部囑製作中華文物箱 7 組，分別海運英國、智利、委內瑞拉、哥斯大黎加、烏拉圭等國。（國史館藏史博館檔案 020-090502-0019）	6 月，教育部擬定《文化建設規劃草案》，自 68 年度至 72 年度間完成各縣市文化中心的建立。
1978.08.04	行政院准撥教育部訂製第四批中華文物箱所需經費新臺幣壹仟萬元，本館到部洽領並即刻展開籌製作業。（史博館檔案 069-0108-1-1）	
1978.09.04	本館擬具中華文物箱管理意見，供駐外單位使用，並召開第四批中華文物箱籌辦會議。（史博館檔案 69-0108-1-1、2）	
1978.10.27	第四批中華文物箱擬分配海外單位名單共 33 個單位，包含美國、巴拿馬、哥倫比亞、法國、英國、梵蒂岡、日本、泰國、菲律賓、澳洲、南非、馬拉威、德國、祕魯、委內瑞拉、巴西、韓國、印尼及印度等國。（史博館檔案 069-0108-1-1、國史館藏史博館檔案 020-090502-0019、僑委會檔案 I000647869）	10 月，法國在臺北設立法亞貿易促進會（FATPA）推廣雙邊經貿關係。臺灣第一條高速公路－中山高速公路全線通車。 12 月，「全省美展」自第三十三屆起重新檢討審查辦法。
1979.03.10	僑委會轉知教育部有關馬來西亞怡保培南中學陳董事長孟利函請提供該校中華文物箱以供長期展覽。（僑委會檔案 I000650057）	1 月，我國與美國斷交。 4 月，中華民國與美國簽訂《臺灣關係法》生效。
1980.05.29	本館舉辦第四批中華文物箱預展檢驗，並舉行分配會議。（教育部檔案 06900026995）	6 月，蔣經國提出「三民主義統一中國」主張。
1980.07.13	本館寄存西雅圖辦事處運用之中華文物 15 件失竊，向當地報警追查。（國史館藏外交部檔案 020-090502-0019）	
1980.08.22	教育部邀集行政院新聞局僑委會、中央海外工作會及外交部 4 單位至本館商討第四批中華文物箱分配事宜，會議由教育部國際文教處鮑處長幼玉主持。（國史館藏外交部檔案 020-090502-0019）	8 月，「第一屆國際漢學會議」於中研院舉行，姚夢谷、王壯為、李霖燦等人發表書畫論文。
1980.09.18	第四批中華文物箱 20 組海運出口。（史博館檔案 071-0108-7）	9 月，臺灣省政府在作成決策，決定「臺灣省立美術館」館址，並完成徵圖及初步規劃。
1980.11.18	本館奉教部核定特製就第四批中華文物箱，每組 124 種，分裝 8 箱，運至盧森堡孫中山中心等 17 個單位，供該地區長期巡展。（史博館檔案 071-0108-7）	10 月，總統令修正公布《社會教育法》。
1981.04.24	本館請教育部函請轉知所屬受配單位，妥善運用中華文物箱內各類文物複製品，各組並有現代名家國畫 15 幅尤具價值，請列入財產管理，勿以禮品轉送，人事如有異動應專案移交。（史博館檔案 070-0101-1、教育部檔案 07000021010）	3 月，「中華水彩畫家學會」成立。
1981.08.22	本館召開第四批中華文物箱分配會議（史博館檔案 71-0108-7）	7 月，立法院公布施行「文建會組織條例」。

日期	項目	本館及國內外大事（與外交、藝文發展相關）
1982.05.24	教育部函請外交部再徵詢該部駐外單位關於中華文物箱需求反應，俾利決定製作第五批文物箱。（教育部檔案07300028636、史博館檔案 074-0108-2）	6 月，五月、東方畫會舉行 25 週年聯展。蔣經國總統頒授中正勳章予張大千。
1982.07.30	行政院新聞局檢送初步彙整駐外單位有關中華文物箱需求及建議事項。（史博館檔案 074-0108-2）	6 月，本館《寶島長春圖卷》參加「第十八屆亞細亞現代美術展」，於東京上野之森美術館、東京都美術館兩地展出。 11 月，「中華民國現代畫學會」成立。
1983.09.27	瓜地馬拉等 15 屆全國民俗華會及 ALTA VERAPAZ 省商展會於瓜國北部文化大城戈班市（Coban）舉辦中華文物展。（國史館藏外交部檔案 020-090203-0003）	8 月，本館《寶島長春圖卷》於韓國漢城國立現代美術館舉行「中韓現代書畫展」展出。 11 月，本館《寶島長春圖卷》於比利時布魯塞爾市政廳等地展出。 12 月，「臺北市立美術館」開幕。
1984.03.26	本館向教育部陳報歷年承辦中華文物箱概況及各方反映意見表。（史博館檔案 074-0108-2）	
1984.11.27	教育部請本館研製中華文物箱第五批之內容暨概估預算。（教育部檔案 07331007030）	05.20 蔣經國、李登輝就任第七任總統、副總統。 12.16 文建會舉辦「臺灣地區美術發展回顧展」。
1984.12.27	本館開始籌製第五批中華文物箱（史博館檔案 074-0108-2）	10 月，文建會發布實施「加強文化及育樂活動方案」。
1985.01.14	本館召開研商製作第五批中華文物箱協調會議（史博館檔案 074-0108-2）	1 月，文建會輔導各縣市辦理「地方美展」；各縣市文化中心訪視活動展開，重點在輔導各縣市文化中心進行特性規劃，成立民俗特色文物館舍。
1985.04.04	教育部函請本館概估研製中華文物箱第五批 77 套所需預算送部供參。（史博館檔案 074-0108-2）	3 月，本館《寶島長春圖卷》於香港展出。 9 月，本館展出美國費城賓州大學博物館藏古代埃及文物展，轟動全國，並於臺南、臺中市文化中心巡展。
1985.10.01	教育部委託本館製作第五批中華文物箱，本館陳請核撥所需經費新臺幣 4,004 萬元。（史博館檔案 074-0108-2）	10 月，本館何浩天館長屆齡退休，李鼎元接任第四任館長。
1985.12.08	本館陳報教育部歷年來承辦中華文物箱概況，及在海外運用與陸續需要情形暨反映意見。（史博館檔案 074-0108-2）	2 月，本館李鼎元館長離職，陳癸淼接任第五任館長。
1986.11.24	本館配合政府推行國內「文化下鄉」政策，推出文物箱巡展車到各縣市文化中心展出，至此停止輸出海外。（1986.11.24 民生報第四版）	文建會籌建完成各縣市文化中心。

（編輯小組整理）

資料來源：
包遵彭（1969），國立歷史博物館歷年大事紀要（1955-1969），國立歷史博物館的創建與發展。臺北市：國立歷史博物館。
外交部網站 https://www.mofa.gov.tw/News.aspx?n=245&sms=109&page=2&PageSize=20
文化部網展 https://www.moc.gov.tw/content_246.html
教育部部史近代中外歷史與教育大事對照 http://history.moe.gov.tw/worldhistory.asp?YearStart=51&YearEnd=60&page=3
教育部部史重要教育文獻 http://history.moe.gov.tw/important_list.asp
臺灣美術年表 https://schoolweb.tn.edu.tw/~ykes_www/uploads/oldweb/art2/html/ah-f1960.htm
國立歷史博物館網站 https://www.nmh.gov.tw/

國家圖書館出版品預行編目（CIP）資料

開箱：國立歷史博物館「中華文物箱」檔案彙編（一九六九一一九八六）/ 國立歷史博物館編輯委員會編. -- 初版. -- 臺北市：國立歷史博物館，2021.11
面：　公分
ISBN 978-986-532-408-7（軟精裝）

1. 外交　2. 國際關係　3. 文化交流　4. 歷史檔案

541.28　　110015704

開箱

國立歷史博物館「中華文物箱」檔案彙編（一九六九一一九八六）

Unpacking Culture

The Chinese Cultural Chests in the National Museum of History: Selected Archives (1969-1986)

發行人	廖新田	Publisher	Liao Hsin-tien
出版者	國立歷史博物館 10066 臺北市南海路 49 號 電話：+886- 2- 23610270 傳真：+886- 2- 23931771 網站：www.nmh.gov.tw	Commissioner	National Museum of History No. 49, Nanhai Road, Taipei, Taiwan, 10066 Tel: +886-2-23610270 Fax: +886-2-23931771 http: www.nmh.gov.tw
編者	國立歷史博物館編輯委員會	Editorial Committee	Editorial Committee of National Museum of History
主編	郭冠麟	Chief Editor	Kuo Gwan-lin
執行編輯	陳嘉翎、楊庭頤	Executive Editor	Chen Chia-ling, Yang Ting-yi
編輯助理	史修華	Editing Assistant	Shih Hsiu-hua
檔案說明	郭冠麟、陳嘉翎	Archives Interpreters	Kuo Gwan-lin, Chen Chia-ling
檔案掃描	楊庭頤、吳佩芬	Archives Scanning Supervisors	Yang Ting-yi, Wu Pei-fen
檔案撰打	施語菡	Archives Typist	Shih Yu-han
文字校對	陳嘉翎、林詩晏、吳佩芬、史修華、高以璇	Proofreaders	Chen Chia-ling, Lin Shih-yen, Wu Pei-fen, Shih Hsiu-hua, Kao I-hsuan
文物諮詢	劉　靜	Artifact Advisor	Liu Ching
美術諮詢	張承宗	Art Advisor	Marco Chang
美術設計	関月菱	Art Designer	Kuan Yueh-ling
攝影	許雨文化事業有限公司	Photographer	HSU-YU Culture Co., Ltd
英文翻譯	時代數位內容股份有限公司	English Translator	TIME Digital Contents Co., Ltd
印刷製作	四海圖文傳播股份有限公司 235045 新北市中和區錦和路 28 號 3 樓 電話：+886-2-27618117	Printer	Suhai Design and Printing Company 3F., No. 28, Jinhe Road, Zhonghe Dist., New Taipei City, Taiwan, 235045 Tel: +886-2-27618117
出版日期	2021 年 11 月	Publication Date	November 2021
版次	初版	Edition	First Edition
定價	新臺幣 500 元	Price	NT$500
展售處	五南文化廣場臺中總店 40042 臺中市中山路 6 號 電話：+886-4-22260330 國家書店松江門市 10485 臺北市松江路 209 號 1 樓 電話：+886-2-25180207 國家網路書店 http://www.govbooks.com.tw	Distributed by	Wunanbooks No. 6, Chung Shan Road, Taichung, Taiwan, 40042 Tel: +886-4-22260330 Songjiang Department of Government Bookstore 1F., No. 209, Songjiang Road, Taipei, Taiwan, 10485 Tel: +886-2-25180207 Government Online Bookstore http:// www.govbooks.com.tw

GPN：1011001392
ISBN：978-986-532-408-7（軟精裝）

GPN: 1011001392
ISBN: 978-986-532-408-7 (Soft hard cover)